Roy Morris

Ambrose Bierce – Allein in schlechter Gesellschaft

ROY MORRIS

Ambrose Bierce
Allein in schlechter Gesellschaft

BIOGRAPHIE

AUS DEM AMERIKANISCHEN
VON
GEORG DEGGERICH

HAFFMANS VERLAG

Die Originalausgabe
›Ambrose Bierce – Alone in Bad Company‹
erschien 1995 bei Crown Publishers, Inc., New York.

1. Auflage, Frühjahr 1999

Satz: Fotosatz Michel, Gießen
Herstellung: Offizin Andersen Nexö, Leipzig
ISBN 3 251 20286 3

Inhalt

Prolog

Als der einundsiebzigjährige Ambrose Bierce Ende Dezember 1913 spurlos im Rauch und Staub der mexikanischen Revolutionswirren verschwand, hatte er vermutlich mehr Feinde als jeder andere Zeitgenosse. Nicht zu Unrecht, wie er selbst bereitwillig zugegeben hätte: Mit zäher Ausdauer hatte er daran gearbeitet, sich verhaßt zu machen, was ihm zuletzt mehr als gelungen war. Die Zielscheiben seines Spottes waren selbst gemessen an den nicht gerade zimperlichen Maßstäben seiner Zeit groß und vielfältig und reichten vom mächtigsten Räuberbaron bis zur unscheinbarsten, sanftmütigsten Dichterin. Sein einstiger Freund George Sterling, selbst Opfer Bierceschen Invektiven, bezeichnete die vernichtende Literaturkritik des älteren Mannes – nach dessen Tod – als ein »Rädern von Schmetterlingen«. Zweifellos gab es Dutzende solcher zarten Opfer, deren einzige Verfehlung ihre mäßigen Schreibkünste waren (gemessen an Bierces rigiden Anforderungen) oder die Tatsache, daß sie sich unbedacht ins Licht der Öffentlichkeit begeben und sich damit wie umherhuschende Mäuse dem unbarmherzigen, hungrigen Blick des Kolumnisten ausgesetzt hatten. Ob groß oder klein, für Bierce genügte es, daß seine Opfer repräsentative Exemplare jener Spezies waren, die er mit harschem Unmut »den ewigen Schafskopf, den Durchschnittsmenschen« nannte. Narren, so seine Prophezeiung, werde es immer geben, auch »wenn wir übrigen uns dereinst in die Nacht der ewigen Vergessenheit zurückgezogen haben«.

Sein eigener Rückzug in die Nacht der ewigen Vergessenheit vollzog sich in Schüben von ernüchternder Regelmäßigkeit: durch Tode, Selbstmorde, emotionale Entfremdung, den schmerzlichen Verlust seiner Kreativität und das Scheitern, mit seinen außergewöhnlichen Kurzgeschichten (zumindest zu Lebzeiten) ein breites nationales Publikum zu erreichen. Selbst sein heroischer Einsatz im amerikanischen Bürgerkrieg auf seiten der Union schien zuletzt beinahe bedeutungslos. Geschichte, schrieb er im bissigsten Lexikon der Weltliteratur, *Des Teufels Wörterbuch,* ist der »meist falsche Bericht über meist unwichtige Ereignisse, die von meist kriminellen Herrschern und meist närrischen Soldaten bewirkt worden sein sollen«. Als er auf dem Höhepunkt des Vergoldeten Zeitalters auf die Nation blickte, für deren Erhalt er vier Jahre gekämpft hatte, schien ihm deren Existenz nicht länger gerechtfertigt. Die Sklaven verdienten ihre Freiheit sowenig wie die Geschäftsleute ihre Reichtümer, und die Soldaten der Konföderation, die seinen Schädel am Kennesaw Mountain »wie eine Walnuß« aufgeknackt hatten, waren zu Unrecht besiegt worden. »Es waren tapfere und aufrichtige Gegner«, schrieb er über die Südstaatler, »die wenig mit den politischen Wirrköpfen gemein hatten, die für ihren Untergang verantwortlich waren.« Gegenüber seinem in Virginia geborenen Verleger Walter Neale überlegte er laut, ob er auf der richtigen Seite gekämpft hatte.

Wie sehr er auch an der Rechtschaffenheit des Kriegs gezweifelt haben mag, fest steht, daß er sein Leben genauso einschneidend und nachhaltig prägte wie das von vier Millionen weiterer Soldaten. Selbst noch ein Junge, als er in der ersten Kriegswoche in die Armee eintrat, fand Bierce sich in kürzester Zeit an vorderster Front unter »verhärteten und unbußfertigen Menschentötern, denen der Tod in seinen furchtbarsten Formen vertraute Tatsache ihrer alltäglichen Beobachtung ist; die auf Bergen schlafen, welche vom Donner der großen Kanonen zittern, die inmitten strömender Geschosse speisen und zwischen den toten Gesichtern ihrer besten Freunde Karten spielen«. Von Natur aus düster und zur Schwermut neigend, sah Bierce im Krieg die bittere Bestätigung seiner dunkelsten Vorahnungen über das Wesen des Menschen. Die Erfahrung machte ihn nicht zwangsläufig zum Pazifisten – er nahm sich selbst und andere nicht wichtig genug, um der Existenz des einzelnen einen besonderen Wert beizumessen –, aber jedwede naive Vorstellung eines ehrbaren Kriegs wurde in ihm auf schmerzliche, unvergeßliche Weise ausradiert. Und als er sich drei Jahrzehnte später daranmachte, seine Kriegserlebnisse in Erzählungen zu verarbeiten, geschah dies mit der erklärten Absicht, die tödliche Zufälligkeit aufzuzeigen, die das Leben von Soldaten wie Zivilisten in der modernen Welt bestimmt. Wie bei Ernest Hemingway, dessen Werk er weit stärker beeinflußt hat, als bislang erkannt wurde, tötet der Krieg in Bierces Geschichten die besten Soldaten zuerst, um sich zu gegebener Zeit um den Rest zu kümmern. Auch wenn viele ehemalige Soldaten es so gesehen und viele Autoren es so beschrieben haben, ist der Gerechtigkeit halber darauf hinzuweisen, daß Bierce der erste war – noch vor Stephen Crane, vor e. e. cummings, vor Robert Graves, vor Wilfred Owen, vor Siegfried Sassoon, vor John Dos Passos, vor Norman Mailer, vor Joseph Heller, vor Kurt Vonnegut, vor Tim O'Brien, vor der langen Kavalkade anglo-amerikanischer Schriftsteller, die auf unterschiedlichste Art versucht haben, den anhaltenden Abstieg der Menschheit ins atavistische Dunkel festzuhalten und zu verdammen. Damit wird nicht behauptet, Bierce sei den anderen als Autor überlegen, nur gebührt ihm ein Ehrenplatz am Kopf der Tafel.

Nachdem er – denkbar knapp – dem Bürgerkrieg entronnen war, hatte er zuweilen wie der todkranke Keats den Eindruck, eine posthume Existenz zu führen. Es ist bezeichnend, daß sich mehrere seiner Erzählungen, darunter auch seine größte, »Ein Vorfall an der Owl-Creek-Brücke«, um Charaktere drehen, die kurz vor der Schwelle ihres Todes stehen oder sie auch schon ein kleines Stück überschritten haben. »Wenn ich mich frage, was aus dem jungen Ambrose Bierce geworden ist, der in Chickamauga gekämpft hat«, erzählte er einem Freund, »bin ich geneigt zu antworten, er ist tot. Ein kleiner Rest lebt in meiner Erinnerung fort, aber die übrige Person ist tot und ausgelöscht.« In gewissem Sinn von seinem früheren Leben befreit, verbrachte Bierce die folgenden fünfzig Jahre damit, die bequemen Heucheleien und faulen Kompromisse zurückzuweisen, die seinen Landsleuten ein Weiterleben ermöglichten. »Mein zukünftiges Programm«, verkündete er zu Beginn seiner Karriere, »besteht in der ausgewogenen Kritik sämtlicher gesellschaftlicher Einrichtungen, darunter alle Herrschaftsformen, ein Großteil der Gesetze und Gebräuche und die gesamte Gegenwartsliteratur; es folgt dem unbedingten Glauben an die Darwinsche Lehre, wird Intoleranz mit Intoleranz begegnen und jedem Menschen mit einer Mission den Kampf ansagen … sowie menschliches Leid und menschliches Unrecht in all ihren Ausprägungen mit der Haltung reiner Neugierde betrachten, mit der man einen Ameisenhaufen untersucht.« Für den Rest seines Lebens hielt er unbeirrt an dieser Philosophie fest, auch wenn er dafür den Preis von Einsamkeit, Verbitterung und geistiger Isolation zu zahlen hatte.

Nach zahllosen Verlusten und Niederlagen – er war ein Meister moralischer Pyrrhussiege – nahm Bierce zuletzt sein eigenes Verschwinden in Angriff. Und obwohl Dutzende Forscher in den letzten achtzig Jahren alles unternommen haben, ihn aufzuspüren, ist Bierce ebenso hartnäckig wie fraglos glücklich verschollen geblieben, ein vom Untergang besessener alter Mann, über dessen eigenen Tod sich sagen ließe, er habe gar nicht stattgefunden, da er hinter der Bühne vonstatten ging und ein Abgang ohne Zeugen den Tod um seine übliche Zuschauerschaft aus Trauernden, Kiebitzen und Klatschmäulern betrügt. »Meine Gebeine wird nie jemand finden«, versprach er, und so ist es auch gekommen. Mit einem Ausspruch John Lennons zum Tod von Elvis Presley (der in gleicher Weise auf Lennon selbst zutrifft) könnte man Bierces spektakuläres Verschwinden im Winter 1913 als »gelungenen Karrieresprung« bezeichnen. Auch wenn das Geheimnis letztlich unlösbar scheint, hat dies noch keinen in der Legion der Forscher davon abgehalten, seine eigene Theorie zum Tod von Bierce zum besten zu geben. Und wenn durch solche Spekulationen der Name Bierce in irgendeiner Weise in der Diskussion geblieben ist, haben sie durchaus einem vernünftigen Zweck gedient, da Ambrose Bierce ungeachtet seines begrenzten und unversöhnlichen literarischen Talents zu den Autoren gehört, die es heute noch wert sind gelesen zu werden.

Man muß heute keine Lanze mehr für Bierces literarischen Rang brechen wie noch in den ersten Jahrzehnten nach seinem Tod. »Chickamauga« und »Ein Vorfall an der Owl-Creek-

Brücke« wie auch sein bahnbrechender Bericht »Was ich von Shiloh sah« werden so lange bestehen, wie Leser gute Literatur im allgemeinen und jenen niederträchtigen Krieg im besonderen in Ehren halten. Auch seine Horrorgeschichten mit ihren übernatürlichen, eine Gänsehaut erzeugenden Phänomenen und ihrem rabenschwarzen Humor sind nach wie vor lesenswert. Dutzende seiner Definitionen aus *Des Teufels Wörterbuch* gehören längst zum allgemeinen nationalen Erbe, auch wenn vielen ihre eigentliche Herkunft unbekannt ist: »EHE, *die* – Zustand oder Befindlichkeit einer Gemeinschaft, die aus einem Herrn, einer Herrin und zwei Sklaven besteht, insgesamt also aus zwei Personen«; »SELBSTACHTUNG, *die* – Fehleinschätzung«; »ALLEIN, *adj.* – In schlechter Gesellschaft«; »EINMAL, *adv.* – Genug«; »DIPLOMATIE, *die* – Die patriotische Kunst, gegen Bezahlung für sein Vaterland zu lügen«; »FRIEDE, *der* – In der Weltpolitik eine Periode des Betrugs zwischen zwei Perioden des Kampfes«; »BRAUT, *die* – Frau mit besten Aussichten auf vergangenes Glück«; »ÜBERZEUGT, *adj.* – Lautstark im Irrtum«; »JAHR, *das* – Periode von dreihundertfünfundsechzig Enttäuschungen«. Oder die treffende Bemerkung zum Kampf der Geschlechter: »Ach, könnten wir einer Frau in den Arm und nicht gleichzeitig auch in die Hände fallen.« Bierce gebührt auch das Verdienst, die kürzeste und vernichtendste Buchkritik geschrieben zu haben: »Vorder- und Rückeinband dieses Buches liegen zu weit auseinander.« Die Liste ließe sich endlos fortsetzen.

Wie so viele komplizierte Geister läßt Bierce sich am besten über seine Widersprüche beschreiben. Ein im Grunde seines Wesens guter Mensch, der sich darin gefiel, den Bösewicht zu spielen; ein Mann, der seine private Großherzigkeit in der Öffentlichkeit hinter der Maske der Grausamkeit verbarg; ein sensibler Mensch, der menschlichem Leiden in seinen Werken mit einer Kaltschnäuzigkeit begegnete, die er privat längst nicht immer aufzubringen vermochte; ein wohlwollender Mann, der geduldig die Werke Dutzender junger unbekannter Autoren las und redigierte, während er ausgewiesene Autoren wie Henry James, William Dean Howells, Stephen Crane, Charles Dickens oder Oscar Wilde ohne jeden persönlichen Grund in aller Öffentlichkeit niedermachte. (Als er hörte, Howells, der damals herrschende Doyen der amerikanischen Literatur, habe ihn zu den drei besten Schriftstellern des Landes gerechnet, gab Bierce prompt zurück: »Ich nehme an, Mr. Howells beansprucht die beiden anderen Plätze.«) Bierce konnte aber auch unbarmherzig sein, insbesondere gegenüber Freunden, von denen er sich, häufig mit einiger Berechtigung, im Stich gelassen fühlte. Er genoß die Gesellschaft begabter, intelligenter und unabhängiger Frauen, attackierte andererseits aber mit fast manischem Eifer die weiblichen Emanzipationsbestrebungen seiner Zeit. Obwohl er als erfolgreicher Verführer auftrat und eine beachtliche Liste von Eroberungen vorzuweisen hatte, rühmte er sich, nie einem anderen Mann die Frau oder Geliebte ausgespannt oder sich je vor einer Frau entblößt zu haben. Er war Republikaner mit klein geschriebenem *r*, wenn auch kein Demokrat mit klein geschriebenem *d*. Genausowenig war er ein Protofaschist, wie einige spätere Kritiker ihm vorgeworfen haben. Wenn alle Regierungsformen ihm gleichermaßen suspekt vorkamen, dann deshalb, weil sie sich zwangsläufig aus menschlichen Wesen zusammensetzten. Sein Vaterland bedeutete ihm so viel, daß er für es in den Krieg zog und es in einem weiteren Krieg mit der gleichen Entschlossenheit kritisierte, weil er – genau wie die meisten modernen Historiker – der Überzeugung war, dieser Krieg sei nutzlos, unbegründet und ehrlos. Er war ein wackerer Zechkumpan, ein aufmerksamer Zuhörer und ein schlagfertiger Gesprächspartner, ohne anderen jedoch viel von sich preiszugeben. Einerseits Gesundheitsfanatiker und Fitness-Apostel, war er doch auch lebenslang Asthmatiker, der so manche Nacht hechelnd über einen Stuhl gebeugt in einem einsamen Hotelzimmer verbrachte und mit dem nächsten – oder letzten – Atemzug rang. Obwohl er durch eine Kriegsverletzung regelmäßig unter rasenden Kopfschmerzen und Schwindelanfällen litt, wies er das Angebot einer großzügigen Entschädigung durch die Regierung mit der schnippischen Bemerkung zurück, davon habe nichts im Vertrag gestanden, als er sich damals als Mörder für sein Land verdingte.

Wenn Bierce in der heutigen Zeit politischer Korrektheit und Dünnhäutigkeit zuweilen auch den Eindruck krankhafter Angriffslust erweckt, so hat er seine Kämpfe zumindest stets in aller Öffentlichkeit ausgetragen, und nicht immer ging es dabei um kleine und unbedeutende Scharmützel. Als der kalifornische Eisenbahnmagnat Collis P. Huntington 1896 persönlich bei der Regierung vorstellig wurde, um eine lebenslange Stornierung seiner Schulden in Höhe von fünfundsiebzig Millionen Dollar zu erwirken, was im Grunde einer Schuldtilgung gleichkam, eilte Bierce umgehend nach Washington, um über die Vorgänge für William Randolph Hearsts Zeitung ›Examiner‹ in San Francisco zu berichten. Huntington – in einer der vornehmeren Formulierungen des Kolumnisten »eine aufgeblasene alte Schweinshaut« – war die ideale Zielscheibe für einen frustrierten Idealisten wie Bierce. Als Kapitalist reinsten Wassers, nach dessen eigenen Worten »alles, was nicht festgenagelt ist, mir gehört, und was sich losbrechen läßt, ist nicht festgenagelt«, gab sich Huntington nicht einmal den Anschein, am Allgemeinwohl interessiert zu sein. In ihm hatte Bierce erstmals in seiner Karriere einen Gegner gefunden, der seine schwärzeste Häme verdiente. Mehrere Monate lang machte er sich in bitterbösen Artikeln, die inzwischen längst journalistische Legende geworden sind, über »das Schwein des Jahrhunderts« her. Gab Huntington noch ein leichtes Ziel ab, so machte sich Bierce auch für weniger populäre Fälle stark. Als es während seiner Zeit in San Francisco unter der Bevölkerung zu Pogromen gegen die asiatischen Einwanderer kam, brandmarkte Bierce den Mord an einer Chinesin öffentlich als einen Fall von »galoppierendem bösartigem Christentum«. Und als eine Handvoll Mormonen auf dem Weg nach Utah gelyncht wurde, verurteilte er dies als einen Gewaltakt »der verabscheuenswürdigsten und gemeinsten Art, die je den für gewöhnlich geraden und konsequenten Weg religiöser Verfolgung beschmutzt haben«. Wiederholt erhob er seine Stimme gegen Rassismus, politische Intrigen und Regierungskorruption, oft unter der Gefahr gewaltsamer Vergeltung. Stets jedoch schrieb er mit so viel Wortgewalt und Autorität, daß einer seiner Zunftkollegen witzelte, die meisten Leser würden hinter den Initialen »A.G.«, mit denen er seine Kolumnen zeichnete, ein Kürzel für »Allmächtiger Gott« vermuten.

Ob allmächtig oder nicht, Bierce hätte seine liebe Not, in der um so vieles empfindsameren und dünnhäutigeren Gesellschaft von heute seinen Platz zu finden, zumal es ihm schwer genug fiel, sich in seiner eigenen zu behaupten. Die Bezeichnungen, die er sich im Laufe seiner turbulenten vierzigjährigen Karriere erwarb, waren nahezu ausnahmslos negativ: *Bitter Bierce,* Lexikograph des Teufels, der boshafteste Mann von San Francisco, der Schurke mit dem rotbraunen Haar. Selbst der Ehrentitel eines Samuel Johnson der Westküste erscheint weniger glanzvoll im Licht von Bierces Einwand, dem guten Doktor sei in seinem berühmten Wörterbuch ein kapitaler Fehler unterlaufen: Patriotismus sei nicht die letzte Zuflucht eines Schurken, sondern die erste. Womit auch immer man ihn verunglimpfte, Bierce zeigte sich über alle Anfeindungen erhaben, und vielleicht war er dies auch. Dennoch trug er stets einen geladenen 45er-Revolver unterm Mantel und hatte einen blankpolierten Totenschädel auf seinem Schreibtisch, der seinem Bekunden nach einem früheren Freund gehörte und als Talisman zum Schutz vor bösen Geistern diente. Als auf der Höhe seiner journalistischen Laufbahn einige vornehmere Leser Anstoß an der Art seiner persönlichen Angriffe nahmen, wies er sie brüsk zurecht, »weiter Schuhe, Pfannkuchen oder sich selbst zu verkaufen. Ich für meinen Teil handle mit Beschimpfung.« Darin lag sogar eine gewisse Bescheidenheit. Jedes Fischweib versteht sich aufs Schimpfen; aber nur wenige haben es darin zu einer so messerscharfen – und nie bereuten – Meisterschaft gebracht wie Ambrose Bierce.

I

Das ärgste aller Übel

Im Frühjahr 1882 fieberte ganz San Francisco dem exklusiven Auftritt von Londons berühmtesten Literaten, Oscar Wilde, entgegen, der sich zu einer Reihe von Vorträgen über die Zukunft der Kunst im Zeitalter der Philister angekündigt hatte. Der Paradiesvogel Wilde befand sich auf halbem Weg einer Vortragsreise durch hundertfünf Städte im hintersten Winkel Amerikas, wo er sein Evangelium eines transzendenten Ästhetizismus vor ungehobelten Leuten ausbreitete, die nicht einmal eine anständige Tasse Tee aufbrühen konnten. Bekleidet mit einem maßgeschneiderten Frack aus schwarzem Samt, Kniebundhosen und Strümpfen aus reiner Seide, war er die fleischgewordene Verkörperung dessen, was er bescheiden »die Wissenschaft des Schönen« nannte, und seine Auftritte wurden von einer ganzen Armee blaßäugiger, blumenschwenkender Jünger wie auch von einem Sturm euphorischer Presseberichte begleitet – die angemessene Art, wie Wilde stolz vermerkte, einen *petit roi* zu empfangen. Nicht alle Journalisten allerdings waren ihm willig zu Diensten, nicht einmal im sprichwörtlich weltoffenen San Francisco. Vor allem ein Mann zeigte sich entschieden unbeeindruckt. Ambrose Bierce, Herausgeber eines Wochenblattes mit dem treffenden Namen ›Wasp‹, Wespe, und Amerikas unmittelbares Pendant zur Wildeschen Kunst des spitzzüngigen Aphorismus und der vernichtenden Entgegnung, berichtete über den Besuch in seiner Kolumne vom 31. März. »Der König der Langeweiler, Oscar Wilde«, eröffnete er seinen Lesern, »ist mit seinem opulenten Geschwätz und seiner Geistesarmut bei uns eingefallen. Er hat sich auf seine Hinterläufe gestellt und zur tiefen Belehrung von Eseln und Eselinnen durch seinen Darmausgang am Hals erbärmlichste Geistlosigkeiten unters Volk geblasen. Dieser unverbesserliche Stümper hat nichts zu sagen, und er tut dies mit großzügigen Kostproben schlechter Vortragskunst, garniert mit vulgären Geschmacklosigkeiten in Auftreten, Gestik und Kleidung. Nie hat es einen abscheulicheren Aufschneider, einen größeren Holzkopf und einen platteren Phrasendrescher gegeben. Mehr vermag ich dazu nicht zu sagen.«[1]

Wilde hatte unwissentlich auf der anderen Seite des Kontinents Bierces Zorn erregt, als er die Satire bei seiner Ankunft in New York eine »ebenso unfruchtbare wie schamlose, ebenso impotente wie impertinente« Kunstform nannte. Bierce war weder unfruchtbar noch impotent und kannte keine Scham, war aber impertinent genug, an dem beiläufigen Seitenhieb des Neuankömmlings gegen seine bevorzugte Methode der verbalen Kriegsführung Anstoß zu nehmen. »Diese lächerliche Knallcharge«, schrieb er in der ›Wasp‹, »besitzt die göttliche Unverfrorenheit, seinen Namen neben den von Swinburne, Rossetti und Morris zu stellen – ein Hahn auf einem Misthaufen, der zum Flug mit Adlern aufsteigen will. Der Kleinste und Vorwitzigste in der Bruderschaft der Einfaltspinsel, von den boshaften Schelmen Londons, denen sein leeres Geschwätz den Kopf vernebelt hat, zum König der Querköpfe gekrönt und ans Kreuz geschlagen, hat diese Auszeichnung in seiner unverbesserlichen Naivität angenommen und wird darin von den zahllosen Dummköpfen hierzulande willig bestärkt.« Auch wenn Bierces eigene Querköpfigkeit nicht weniger königlich war und er in der Anmaßung literarischer Größe Wilde in nichts nachstand, war der irische Bürgerschreck nicht der einzige, der seinen Unmut hervorrief. Ambrose Bierce konnte sich über viele Dinge ereifern: Prediger, Politiker, Ärzte, Anwälte, Kapitalisten, Sozialisten, Chauvinisten, Anarchisten, Einwanderer, Frauen, Bohemiens und Hunde. Der Verseschmied James Whitcomb Riley – für Bierce ein besonderes Greuel – kam der Sache recht nah, als er im Scherz bemerkte: »Bierce redigiert Gott«.[2]

Dabei war es weniger ein Redigieren Gottes als vielmehr ein sachliches Überprüfen. In einer Zeit, in der verbrämte Rituale und aufgesetzte Gewißheiten gesellschaftliche Heuchelei und

Gier nur mühsam verdeckten, hatte Bierce es sich zur Aufgabe gemacht, die Wahrheit zu sagen. Eine ebenso einsame wie undankbare Aufgabe, die zuletzt ihn selbst (wie auch die Menschen in seiner Umgebung) aufzehren sollte. Aber bis dahin konnte nicht einmal die parfümierte Beredsamkeit eines Oscar Wilde diesen Fürsprecher unliebsamer Wahrheiten von seinem Weg abbringen. Vierzig hitzige und streitbare Jahre lang durchkämmte Bierce als Zeitungskolumnist, Kurzgeschichtenautor und unbeirrbarer Tugendwächter sein Territorium mit der Hartnäckigkeit und Ausdauer eines Pfarrers, der mit Adleraugen darüber wacht, daß keins seiner Schäfchen in der Kirchenbank schläft oder unachtsam ist. Wie geringfügig derartige Verfehlungen in seinem »privaten Moralsystem« auch sein mochten, es war seine Pflicht, sie bloßzustellen und zu brandmarken. Selbst ungläubiger Puritaner, konnte Bierce auf eine lange Ahnenreihe gottesfürchtiger Neuengländer zurückblicken, an deren fundamentalen Werten – Ehrlichkeit, harte Arbeit und persönliche Rechtschaffenheit – er in seinem Handeln unbeirrt festhielt, auch wenn er sie in seinen Werken wiederholt der Lächerlichkeit preisgab.[3]

Allerdings war Bierce weit davon entfernt, bei seinen Vorfahren Orientierung zu suchen. »Ich kenne einen Mann«, sagte er einmal in Anspielung auf seine eigene Person, »in dessen Charakter nicht auch nur ein Vorfahre seit dem 17. Jahrhundert die geringste Spur hinterlassen zu haben scheint.« Nimmt man hinzu, daß genau zu dieser Zeit der erste Bierce England verlassen und seinen Fuß auf amerikanischen Boden gesetzt hatte, scheint Bierce den väterlichen Zweig der Familie gänzlich abschneiden zu wollen. Zumindest ihre strenge Religiosität lehnte er entschieden ab. Sein Ur-Ur-Ur-Urgroßvater Augustin Bearse (wie der Name ursprünglich lautete) hatte damals seinen neugeborenen Sohn zwei Meilen durch einen wirbelnden Schneesturm getragen, um den Säugling in der Dorfkirche taufen zu lassen und seine Seele vor der ewigen Verdammnis zu retten. Ambrose, sein berühmtester Nachfahr, kannte mit Sicherheit die Geschichte vom Gang durch den Schnee, aber wenn sie in ihm eine ähnliche Frömmigkeit wecken sollte, bewirkte sie eher das genaue Gegenteil. Sein Leben lang attackierte Bierce vehement jede offizielle Religion, nach seiner Definition in *Des Teufels Wörterbuch* die »Tochter von Hoffnung und Furcht; erklärt der Unwissenheit das Wesen des Unbegreiflichen«. In gleicher Weise betrachtete er den Glauben als »das Vertrauen in unbewiesene Dinge, für die es keine Parallelen gibt und die jemand erzählt, der keine Kenntnis davon besitzt«. Christen schließlich, seine Vorfahren mit eingeschlossen, waren in seinen Augen Menschen, »die die Lehren Christi befolgen, soweit diese nicht mit einem sündhaften Leben unvereinbar sind«. Bierce selbst mochte vieles gewesen sein, aber er war selten inkonsequent, insbesondere wenn es um seinen Glauben oder besser gesagt Unglauben ging. In diesem Punkt ließ er sich keine Gelegenheit zu Spott und Häme entgehen.[4]

Stellt man sich vor, Bierce wäre dem Begründer des amerikanischen Zweigs der Familie je begegnet, hätte Augustin zweifellos jede Verwandtschaft mit ihm auf der Stelle bestritten. 1638 hatte Augustin (später verkürzt zu Austin) Bearse als Zwanzigjähriger seine Heimatstadt Southampton am südlichsten Zipfel von Thomas Hardys Wessex verlassen und sich nach Massachusetts eingeschifft. Southampton war eine Hochburg der Royalisten und hatte nur wenig von dem puritanischen Eifer, den der junge Bearse wie einen Virus mit in die neue Welt brachte. Als Ambrose Bierce auf den Plan trat, war dieser Eifer allerdings längst verflogen. Zwischen Austin, von dem es in den Geschichtschroniken Massachusetts heißt, er sei »einer der ganz wenigen mit untadeligem Ruf« gewesen, und Ambrose, dessen Ruf alles andere als untadelig war, lag eine unüberbrückbare Kluft von Anschauung und Erfahrung. Der junge Freisasse Bearse, einer von hundertzehn Passagieren auf Master John Jobsons Schiff Confidence auf der Überfahrt von Southampton, war arbeitsam, gottesfürchtig und darauf aus, eine Familie zu gründen. Auf der Fahrt über den Atlantik lernte er seine zukünftige Frau Mary Wilder kennen, deren Mutter Martha er gemäß der damaligen Gepflogenheit dadurch ehrte, daß die zweitgeborene Tochter nach ihr benannt wurde. Er ließ sich auf fünf Hektar steinigen Bodens in Barnstable, Massachusetts (auf Cape Cod) nieder, wo es ihm innerhalb weniger Jahre gelang, seinen Besitz auf zwanzig Hektar und zwei kleine Inseln auszuweiten, die unter der einheimischen Bevölkerung noch heute als »Bearse's Islands« bekannt sind. Als Gründungsmitglied der Reverend John Lothrop's Baptist Church wurde von Austin gesagt, er habe »seine Familie nach dem eigenen Vorbild zu nützlichen Mitgliedern der Gesellschaft erzogen«. Auf dem festen Fels neuenglischer Frömmigkeit (Lothrop, dem die verbissenen Puritaner Bostons noch zu liberal waren, mußte für seine religiösen Auffassungen sogar ins Gefängnis) begründete Austin die für alle nachkommenden Generationen geltende Tradition eines hohen Lebensalters, zahlreicher Nachkommen und finanziellen Wohlstands. Seine Kinder und Kindeskinder kämpften nach guter amerikanischer Sitte im King Philip's War, dem French and Indian War, dem Unabhängigkeitskrieg und dem Mexikanischen Krieg, ihren diversen Feldherren mit dem gleichen Pflichtbewußtsein dienend, mit dem sie den sonntäglichen Gottesdienst besuchten. Als für Ambrose Bierce der Zeitpunkt kam, im Bürgerkrieg zur Waffe zu greifen, konnte er auf eine lange militärische und noch längere religiöse Tradition in der Familie zurückblicken, mit der sich sein Handeln rechtfertigen ließ.[5]

Familientraditionen bedeuteten Bierce allerdings nicht viel, und Stammbäume noch weniger. Seine einzige nachweisliche Verbeugung vor den Vorfahren lautet auszugsweise: »Mein holdes Heimatland,/Heimstatt von Schmach und Schand,/Von dir ich sing – /Land, wo der Ahne schritt/Und junge Hexen briet,/Der Quäker blutend litt/Auf deinen Wink.« Genealogie, die Geschichte jener Hexenverbrenner, bezeichnete er als »Bericht über jemandes Abstammung von einem Ahnen, dem seine Genealogie gleichgültig war«. Dabei wäre es für Bierce ein leichtes gewesen, seine Familiengeschichte bis zu den Ursprüngen zurückzuverfolgen – nur war ihm nichts daran gelegen. Wenn je ein Kind ohne die Last unliebsamer Verwandtschaft das Licht der Welt erblicken könnte, Bierce wäre zweifellos der erste Anwärter gewesen. Seine Eltern – die er als »ungewaschene Wilde« bezeichnete – waren ihm ein ebenso großes Ärgernis wie er ihnen ein Rätsel. Berücksichtigt man ihre strenge religiöse Erziehung und die Tatsache, daß Bierce sein Leben lang peinlichst auf Sauberkeit bedacht war, klingt seine Aussage wenig überzeugend. Fest steht, daß es sich um bescheidene, ehrbare und fromme Leute handelte, die bereits neun hungrige Mäuler zu stopfen hatten, als Ambrose am 24. Juni 1842 dazustieß, um die lange Liste der Vornamen mit *A* im abgewetzten Stammbuch der Familie um seinen exklusiven Vornamen zu erweitern. Aus nicht näher bekannten Gründen, die vermutlich mit seinem eigenen ungewöhnlichen Vornamen Marcus Aurelius zusammenhingen, hatte der Vater sämtlichen seiner Sprößlinge Namen mit dem Anfangsbuchstaben *A* gegeben: Abigail, Amelia, Ann, Addison, Aurelius, Augustus, Almeda, Andrew, Albert und Ambrose.[6]

Zum Zeitpunkt von Ambroses Geburt lebte die Familie in der notdürftig zusammengezimmerten Siedlung Horse Cave Creek in Ohio, nachdem es die Vorfahren in den vergangenen zwei Jahrhunderten von Barnstable, Massachusetts, über Cornwall, Connecticut, die ehemalige Western Reserve im Norden Ohios, und von dort weiter nach Süden bis Horse Cave Creek verschlagen hatte. Die Region war eine Brutstätte des Erweckungsglaubens, in der es von Geisterbeschwörern, Zungenrednern, wirren Predigern und Psalmodisten nur so wimmelte. Einige frühe Bierce-Biographen haben behauptet, die Eltern hätten sich als Anhänger eines seriöseren Glaubens von den nächtlichen Exzessen unter freiem Himmel ferngehalten. Unterschlagen wird dabei allerdings die Tatsache, daß sie zuvor in ihrer Geburtsstadt Cornwall in einem nicht weniger aufgeheizten, wenngleich auch kultivierteren religiösen Umfeld aufgewachsen waren. Als Mitglieder der First Congregational Church of Christ waren Marcus Bierce und Laura Sherwood oft genug mit ihren Spielkameraden unter dem stets wachsamen Blick des Reverend Timothy Stone zusammengezuckt, ein Zögling Jonathan Edwards, der es sich als sein größtes Verdienst anrechnete, Tanzveranstaltungen für die Jugend während der gesamten zwei Jahrzehnte seiner Amtszeit erfolgreich unterbunden zu haben. Stone, der bei der Ausübung seines Berufs unter einer teilweisen Lähmung des Mundes litt, galt verständlicherweise nicht als großartiger Prediger. Seine rednerischen Schwächen glich er jedoch durch wilde Erweckungsfeiern aus, die eine ganze Woche dauerten und seinen jungen Schäfchen buchstäblich den Teufel aus dem Leib trieben. Viele sanken unter Tränen vor dem Altar nieder und flehten um Rat, wie sie ihre Seele retten konnten. (Zuerst, ließ Stone sie wissen, indem sie in seiner Gegenwart den Hut vom Kopf nahmen.) Vor dem Hintergrund dieser erniedrigenden Rituale und der späteren Teilnahme an ähnlichem Erweckungszauber in Indiana scheint es unwahrscheinlich, daß die Bierces zu Hause hockten und Socken strickten, während der Heilige Geist über die Nachbarn kam.[7]

Marcus, Sohn eines Veteranen aus dem Revolutionskrieg, der mit Washington in Valley Forge gekämpft hatte, heiratete eine gute Partie; Laura Sherwood war die Tochter des ersten Diakons in Reverend Stones Gemeinde und direkte Nachfahrin des Mayflower-Passagiers William Bradford. (Auf Marcus' Seite bestand offenbar auch eine Verbindung zur Mayflower durch die Ur-Urgroßmutter Experience Howland Bierce.) Die Hochzeit war leider aber auch schon der einzige Glanzpunkt im Leben von Marcus Bierce. Groß, ungelenk und schleppend in der Sprache, hielt er sich pflichtbewußt an die beiden besonderen Auszeichnungen der Familientradition: viele Kinder zu zeugen und ein langes Leben zu führen. Die eher prosaischen Beschäftigungen zwischendurch schienen ihm weit mehr Sorgen zu bereiten. Mit wechselndem Geschick versuchte Marcus sich tapfer als Farmer, Ladeninhaber, Vermögensberater und – was vor dem Hintergrund seines lebenslangen Kampfes gegen die Armut geradezu paradox anmutet – Armenpfleger in den Gemeinden und Weinbergen des Herrn im Amerika zur Mitte des 19. Jahrhunderts. Sein Herz allerdings gehörte ganz anderen Dingen, insbesondere seiner Bibliothek. Denn trotz seiner schwieligen Arbeiterhände war Marcus Bierce eine Art Ästhet, zumindest gemessen am Umfeld des Mittleren Westens. Seine private Büchersammlung galt als die größte im ganzen Land; und genau hier erfuhr sein zehntes Kind, Ambrose, in der stillen Lektüre den dauerhaften Trost großer Literatur. Einer apokryphen Quelle zufolge soll der junge Ambrose im Alter von zehn Jahren draußen auf der Weide des Vaters gesessen und in Popes Übersetzung der *Ilias* vertieft gewesen sein, während der Wind sanft durch sein blondes Haar fuhr. Ein zwar rührendes, aber unwahrscheinliches Bild, das eher zu einem noch schlummernden romantischen Dichter paßt als zu einem gewöhnlichen

Farmerssohn. Gleichwohl machte Ambrose, ob nun im Haus oder unter freiem Himmel, reichlich Gebrauch von der erstaunlich gutsortierten Bibliothek seines Vaters (Marcus war ein heimlicher Verehrer Byrons und der den Zeitgeschmack beherrschenden *Gothic Novel*). Vielleicht ist er dabei auch auf das Schauerstück *Ambrose Gwinett; or A Sea-Side Story* des wenig bekannten englischen Dramatikers Douglas Jerrold gestoßen, dem er seinen Namen verdankte, zumal Bierces bekannteste Kurzgeschichte »Ein Vorfall an der Owl-Creek-Brücke« das zentrale Motiv des Stücks, in dem ein junger Mann auf wundersame Weise dem Strick entkommt – oder zumindest zu entkommen scheint –, übernommen hat. Im Hinblick auf seine Familie hat Bierce sich nur selten zu Komplimenten hinreißen lassen, aber seinen Vater bezeichnete er später, offenbar ohne ironischen Unterton, als »einen Mann von beträchtlicher Gelehrtheit«, und fügte hinzu, »alles, was ich habe, verdanke ich seinen Büchern«.[8]

Was die Mutter betrifft, lagen die Dinge anders. Obwohl sie etwas von William Bradfords literarischem Talent an ihren jüngsten Sproß weitervererbt haben dürfte, hat Laura Bierce ihrem Sohn sonst nicht viel gegeben – zumindest wenn man seinem rückblickenden Bericht trauen darf. Bierce hat keine Memoiren hinterlassen, und nur wenige seiner Bekannten haben ihn je über seine Familie oder Kindheit sprechen hören. Aber wie so viele Schriftsteller vor und nach ihm hat er von Zeit zu Zeit unverarbeitetes autobiographisches Material in seine Erzählungen einfließen lassen. Wenn man allein nach den psychologischen Wurzeln so horrender Geschichten wie »Mein Lieblingsmord«, »Hundeöl«, »Ein unvollständiger Brand« und »Der Hypnotiseur« fragt, die Bierce unter dem bezeichnenden Titel *The Parenticide Club* (*Der Elternmörder-Club)* gesammelt hat, scheint es, daß ihr Autor – um es gelinde zu sagen – ein leicht gestörtes Verhältnis zu seinen Eltern hatte. »Nachdem ich meine Mutter unter Umständen von einzigartiger Scheußlichkeit ermordet hatte«, heißt es in der Anfangszeile einer der Geschichten. Eine andere beginnt mit dem Satz: »An einem frühen Junimorgen 1872 ermordete ich meinen Vater – eine Tat, die mich damals tief beeindruckte.« Die beispiellos makabre Erzählung »Der Hypnotiseur« endet damit, daß der Held der Geschichte seine Eltern dazu bringt, sich für wilde Hengste zu halten; im Anschluß daran sieht er ungerührt zu, wie die Eltern übereinander herfallen und sich zu Tode treten, um zum Schluß mit beißender Genugtuung festzustellen, »daß der Urheber dieses Kampfes eine Waise war«. Die Tatsache, daß diese Erzählungen unterhaltsam sein sollten – und dies auf eine düstere Art auch sind –, läßt sie im Grunde nur noch grausamer erscheinen. Ein Autor, der seine frommen, rechtschaffenen Eltern in geifernde Abtreiber und Kindsmörder verwandelt, wie Bierce es in »Hundeöl« tut, ist nicht gerade ein Vorbild an kindlicher Ergebenheit.[9]

Mitglieder der Verwandtschaft haben später nachdrücklich darauf bestanden, daß Bierce seine Eltern keineswegs gehaßt hat, zumindest nicht in einer im Alltag sichtbaren Weise. Statt dessen schien er sie mit Verachtung zu strafen, weil er sie für die materielle wie psychische Not, die er als Kind erleiden mußte, verantwortlich machte. Zweifellos war das Leben in Kosciusko County, Indiana, wohin die Familie zurückgekehrt war, als Ambrose vier war, alles andere als leicht und unbeschwert. Warsaw, die nächste Ansiedlung im nördlichen Indiana, lag drei Meilen entfernt und besaß gerade einmal eine Sägemühle, eine aus Holz gezimmerte Schule, die unverzichtbare Kirche und ein paar grob zusammengeschusterte Holzhütten. (Als ein zweiter bekannter amerikanischer Autor, Theodore Dreiser, vierzig Jahre später nach Warsaw kam, war die von glasklaren, fischreichen Seen umgebene Stadt ironischerweise zu einem Angler- und Urlaubsparadies erblüht. Dreiser selbst mochte darin wenig Trost finden: Er und seine Familie waren gesellschaftlich geächtet, nachdem eine seiner Schwestern mit dem Ortsapotheker durchgebrannt und eine zweite von einem reichen Lebemann geschwängert worden war, zugleich der banale und wenig erquickliche Hintergrund seiner beiden großen Romane *Schwester Carrie* und *Eine amerikanische Tragödie*.) Marcus und die älteren Söhne machten sich sofort daran, am Ufer des Goose Creek in Sichtweite des zwei Meilen entfernten Tippecanoe River Land für ein Wohnhaus zu roden. In den altehrwürdigen Tagen der American Frontier bescherte der Alltag viel Mühsal und wenig Annehmlichkeiten. Dennoch lebten die

Bierces nicht besser oder schlechter als die meisten ihrer Nachbarn. Nimmt man hinzu, daß Bierce nie harte körperliche Arbeit verrichten mußte und, für damalige Verhältnisse unüblich, bis zum Alter von vierzehn Jahren die Schule besuchen durfte, sollte man seine spätere Bemerkung, »dort draußen im Wilden Westen mußten wir im Schweiße unseres Angesichts um unser Überleben kämpfen«, mit einem Augenzwinkern lesen. Seine persönlichen Bedrängnisse waren eher psychischer denn physischer Natur und gingen offenbar weniger von anderen als von ihm selbst aus. Vereinfacht gesagt – wobei solche Dinge natürlich niemals einfach gelagert sind – hielt Bierce seiner Mutter einen Mangel an Liebe zu ihrem Sohn vor.[10]

Auf das Gefühl, vernachlässigt oder zumindest zu wenig beachtet zu werden, reagierte der Junge durchaus typisch: Er zog sich zurück. Während seine älteren Geschwister ein offenbar unkompliziertes Verhältnis zu den Eltern hatten (sein Bruder Andrew lebte bis zu ihrem Tod bei ihnen), hielt der verschlossene Ambrose sich abseits und floh, wo er nur konnte, die häusliche Umgebung. Den sentimentalen Heimatkitsch parodierend, mit dem sein Zeitgenosse James Whitcomb Riley schamlos das amerikanische Publikum malträtierte, sang Bierce sein persönliches Loblied auf »die Malaria-Farm im feuchten, pilzbestandenen Sumpf,/Wo man ein Fieber einfing, das nie verging./Der schaumbedeckte Tümpel, daneben der Schweinekoben,/Die Grube, in die der stinkende Abfluß des Hauses mündete;/Die dunkle Hütte im Schatten, der verpestete Scheunenhof« – und so weiter. Ein Leben lang sollte Ambrose ein abgrundtiefer Ekel auf die Umgebung seiner Kindheit erhalten bleiben.[11]

Seine Eltern taten zweifellos ihr Bestes für ihn, aber sie waren von Schulden gebeutelt und vergrämt über den Tod ihrer drei jüngsten Kinder: Arthur starb 1846 im Alter von neun Monaten, und auch die 1848 geborenen Zwillinge Adelia und Aurelia überlebten die beiden ersten Lebensjahre nicht. Der frühe Kindstod war im damaligen Amerika keine Seltenheit, und als Christen war das Ehepaar Bierce mit dem unergründlichen Willen Gottes gänzlich ausgesöhnt. Dennoch hatten sie bis zu ihrem elften nie ein Kind verloren, und man kann vermuten, daß die Familie noch stärker Trost in der Religion suchte, als dies ohnehin der Fall war. Ambrose hat in für ihn typischer Weise nie über den Tod seiner Geschwister gesprochen oder seine Anteilnahme am Schicksal der Eltern zum Ausdruck gebracht. Ganz im Gegenteil, er verspottete die schmerzgeplagte Mutter sogar noch als »die fromme alte Dame, die nach dem Gottesdienst daheim ›Aus tiefster Finsternis rufe ich zu dir‹ sang«. Für seinen Vater zeigte er zumindest einen Anflug von Mitgefühl, obwohl auch hier sein beiläufiger Spott nie fehlt. In der Kurzgeschichte »Drei und eins sind eins« (die damit endet, daß die gesamte Familie des Protagonisten durch ein Artilleriegeschoß ausgelöscht wird) gibt Bierce ein nur wenig verhülltes Porträt seines Vaters: »Der ältere Lassiter zeigte jenes strenge Verhalten, das so oft ein kompromißloses Pflichtbewußtsein anzeigt und eine warmherzige und liebevolle Veranlagung verbirgt. Er war aus jenem Eisen, aus dem man Märtyrer macht; aber im Innersten der Gußform hatte sich ein edleres Metall verborgen gehalten, das bei niedrigerer Temperatur schmilzt, niemals aber das harte Äußere färbt oder weicher macht.« Möglicherweise aus Enttäuschung über das nicht zu leugnende Wesen des Jungen oder auch aus seinem eigenen unversöhnlichen Kummer heraus ließ Marcus seinen Sohn regelmäßig den Stock spüren – mit dem vorhersehbaren Resultat, daß der Junge dadurch nur noch widerspenstiger und verstockter wurde. »Ungehorsam«, spöttelte Bierce vierzig Jahre später, »ist der Silberstreif an der Wolke der Knechtschaft. Hätte unser frommer Vater nicht seinen täglichen Tadel mit Hilfe sämtlicher Instrumentarien, derer er habhaft werden konnte, an uns ausgelassen, wäre vielleicht ein presbyterischer Diakon aus mir geworden. Man sehe uns jetzt an!«[12]

Ganz besonders Bierces Mutter konnte es ihrem Sohn nie recht machen. Als kleiner Junge fragte Ambrose sie einmal, ob es tatsächlich einen Weihnachtsmann gäbe. Natürlich bejahte sie dies wie alle Eltern, doch Ambrose fand nur allzubald, vermutlich durch seine Brüder, die Wahrheit heraus. »Von da an«, sagte Bierce, »verachtete ich meine falsche Mutter aus der Tiefe meines kleines Herzens. Und selbst jetzt vermag ich nicht zu sagen, daß ich irgendein dringendes Bedürfnis verspüre, meine

Bekanntschaft mit ihr in jenem anderen Leben fortzusetzen, dem wir alle, wie sie mir unaufhörlich versicherte, entgegenstreben.« Die meisten Kinder geraten über die Existenz des Weihnachtsmanns nicht in ein dauerhaftes Zerwürfnis mit der Mutter, aber Bierce hatte ein hartnäckiges Gedächtnis. John Dos Passos hat einmal über Ernest Hemingway gesagt, er sei der einzige Mann, dem er begegnet sei, der seine Mutter haßte, nur ist Dos Passos nie Ambrose Bierce begegnet. Selbst später noch verachtete Bierce das Weihnachtsfest als ausgemachten Schwindel. Seine Vorstellung eines festlichen Menüs bestand aus »einem Kinderleichnam/knusprig braun gebraten« und »dazu, frohgemut,/Einen halben Krug Blut«. Der Kern des Problems war natürlich weder Weihnachten noch der Weihnachtsmann, sondern seine Mutter. Bierce selbst beschrieb die Sache so: »Das menschliche Herz hat nur ein bestimmtes Quantum an Zuneigung zu vergeben. Je größer die Zahl der Objekte, auf die diese Zuneigung entfällt, desto weniger bleibt für jedes einzelne übrig. Und in Laura Bierces Haushalt gab es eine beachtliche Schar Kinder.«[13]

Ein so angespanntes, konfliktbeladenes Verhältnis zur eigenen Mutter drängt nach psychischer Entladung. Bei Bierce schlug sich das Empfinden familiärer Entfremdung in einer Reihe lebhafter Albträume nieder, die so schrecklich waren, daß er sich ein halbes Jahrhundert später noch an sie erinnerte. In einem fuhr er bei Nacht durch eine verbrannte Landschaft. Der Boden war mit dunklen Wasserlachen übersät, als sei der apokalyptischen Feuersbrunst unmittelbar eine große Regenflut gefolgt. Im Westen brannte ein karmesinrotes Licht in einer zerstörten Festung. Er ging zu der Ruine und wanderte durch die verlassenen Gemäuer, bis er zu einem großen kahlen Raum kam, in dem auf einem Bett ein Leichnam aufgebahrt lag. Als er sich über ihn beugte, mußte er mit Entsetzen feststellen, daß der starre Blick und die erkalteten Züge des Toten seine eigenen waren. Ein zweiter Traum war noch schauerhafter. Er befand sich darin allein – »in meinen Albträumen bin ich immer allein« – in einem gespenstischen Wald, durch den sich träge ein Fluß dunklen Blutes wand. Auf der Suche nach der Quelle stieß er auf ein mit Blut gefülltes weißes Marmorbecken, um dessen

Rand zahllose Körper in symmetrischer Anordnung lagen, alle auf dem Rücken und mit durchschnittenen Kehlen, aus denen immer noch Blut rann. Er hatte das unzweifelhafte Gefühl, die Bluttat wäre die unmittelbare Folge eines von ihm begangenen Verbrechens, »das natürliche und notwendige Resultat eines Vergehens«, an das ihm jede Erinnerung fehlte. In solchen Träumen erlebte Bierce Nietzsches Vision eines gottverlassenen Universums, in dem »Die Menschheit tot seit Jahrhunderten schon,/Die Engel in unbekannte Gräber entflohn;/Die Teufel der Hölle kalt und erstarrt,/Und Gottes Leichnam hingestreckt vor einem weißen Thron!«[14]

Man muß kein geübter Psychologe sein, um in diesen Träumen ein tiefes Gefühl von Selbsthaß, Entfremdung und Minderwertigkeit zu entdecken, aus dem wiederum eine heftige pathologische Abwehrreaktion gegen die Eltern resultierte, denen man die Geburt verdankte, nach Bierce »erstes und ärgstes aller Übel«. In gewisser Weise sind dies die Träume eines Serienmörders, mit dem Unterschied, daß bei Bierce die Morde auf der gedruckten Seite in einem langen Reigen blutiger, makabrer und grausamer Geschichten stattfinden, in denen mehr oder weniger unschuldige Menschen gehängt, erwürgt, erschossen, zu Tode getrampelt, gebraten, geröstet oder zu Öl verarbeitet werden. Einige wenige sterben sogar, vielleicht aus reiner Barmherzigkeit, aus schierer Angst. Für ein Kind wie Bierce, das den Tod dreier seiner Geschwister miterlebt und seine Eltern in düsterer Trauer versinken gesehen hatte, mußte das Gefühl persönlicher Verletzbarkeit in manchen Augenblicken unerträglich gewesen sein.[15]

Die existentiell empfundene Einsamkeit prägte auch sein Verhältnis zu den verunsicherten Geschwistern. Nur zu seinem zweitjüngsten Bruder Albert entwickelte er eine halbwegs innige Freundschaft. Albert trug den Spitznamen »Grizzly« und war offen und unkompliziert, das genaue Gegenteil des verschlossenen Ambrose. Bei einer Erweckungsfeier unter freiem Himmel spielten die beiden den Eltern einen üblen Streich, indem sie einem unschuldigen Pferd Stroh aufbanden, es anzündeten und das panische Tier genau in dem Moment in das Meßzelt jagten, als der Wanderprediger seine sorgfältig einstudierte

Rede über »Saulus von Tarsus« zum besten gab. Mit leisem Understatement bemerkte Albert später, er und Ambrose hätten der Mutter »das Leben nicht so angenehm gestaltet, wie es uns vielleicht möglich gewesen wäre«. Die übrigen Geschwister waren in Bierces Augen entweder zu alt, zu brav, zu korrekt oder auch zu langweilig für seinen wachsenden rebellischen Geist. Die Mädchen waren wie die Mutter von beispielhafter Tugendhaftigkeit. Eine von ihnen, Almeda, ging später als Missionarin nach Afrika. Dem Gerücht nach soll sie gestorben sein, nachdem sie eine Sammlung von Ambroses blasphemischen Texten gelesen hatte. (Eine andere Legende behauptet, sie wäre von Kannibalen verspeist worden, was nicht weniger phantastisch klingt.) Die Brüder, schrieb Bierce, waren »so artig und wohlerzogen, wie man es sich nur vorstellen kann. Jeden Sonntag gingen sie brav zum Katechismusunterricht und warteten anschließend geduldig auf das Erscheinen der Mädchen. Außerdem waren alle sieben durch und durch folgsam; nie hätten sie an der elterlichen Autorität gezweifelt, und wenn ihr Vater ihnen einschärfte, was gut und richtig sei, genügte ein kurzer Wink mit dem Holzprügel, um alle Einwände zu zerstreuen und sich dem reiflicheren väterlichen Urteil anzuschließen.«[16]

Nicht einmal Gus, der später stolze dreihundert Pfund auf die Waage brachte, oder Addison, der als Muskelprotz in einem Wanderzirkus auftrat, konnten den scharfzüngigen jüngeren Bruder beeindrucken. Und als ein dritter Bruder, Aurelius, bei einem Arbeitsunfall im – gerade für einen Bierce – frühen Alter von zweiunddreißig Jahren starb, verewigte ein wenig bekümmerter Ambrose ihn in seiner Zeitungskolumne als »Mr. Bildad Snobblepopkin, dessen Beispiel für alle schnellebigen Existenzen durchaus instruktiv ist«. Aurelius alias Snobblepopkin, schrieb Bierce, »enthielt sich aller geistiger Getränke, aß nie gewürztes Fleisch und ging nie nach neun zu Bett. Sommers wie winters stand er punkt zwei Uhr früh auf und nahm eindreiviertel Stunden lang ein eisiges Bad. Während der letzten zwanzig Jahre ist er täglich vor dem Frühstück fünfzehn Meilen gelaufen, um anschließend auf das Frühstück zu verzichten. Bis zu seinem Tod hatte er nie einen Arzt aufgesucht oder Gelegenheit gehabt, einen Zahnarzt zu verfluchen. Wer weiß, wie lange er den Schicksalsstürmen noch getrotzt hätte, wäre er nicht im jungen Alter von zweiunddreißig Jahren von einer Kreissäge gestoppt worden. Er hat mit seinem Leben ein so leuchtendes Beispiel gegeben, daß es uns um seinen Tod beinahe leid tut.« Vielleicht war es die körperliche wie geistige Ähnlichkeit zwischen Aurelius und seinem Vater, die Bierce zu dieser selbst für ihn ungewöhnlich bitteren Tirade veranlaßte.[17]

Außerhalb der Familie fand Bierce die Möglichkeiten an gesellschaftlichem Umgang nicht weniger dürftig. Zwar lief er jeden Tag zu Fuß von Walnut Creek aus in seiner derben Bauerntracht die drei Meilen zur Schule, fand aber unter den Klassenkameraden nur wenige echte Freunde. Selbst seine erste Freundin, Bernice Wright, konnte sich später nur noch vage an den jungen Ambrose (den sie Brady nannte) während der Schulzeit erinnern. Verwunderlich ist dies keineswegs: Vom rauhbeinigen Treiben auf dem Schulhof hielt Ambrose sich demonstrativ fern und zeigte keinerlei Interesse an sportlichen Wettkämpfen, herbstlichen Ausflügen mit dem Heuwagen oder Tanzabenden während der Wintermonate. Nicht ganz frei von verletzter Eitelkeit bemerkte er später einmal, er habe nie genau den Unterschied zwischen »Käsekästchen, Blindekuh und Mäuschen-pieps-einmal« begriffen. Demgegenüber betrachtete er Baseball und andere beliebte Sportarten nur als »letztes militantes Aufbäumen eines bankrotten Intellekts vor dem Sirenengesang des natürlichen Stillstands«. Bierce zog es vor, sich alleine auf langen Märschen durch die Wälder um Warsaw zu ertüchtigen, wo er eine lebenslange Zuneigung für kleine Tiere entwickelte, insbesondere für solche, die gemeinhin wenig beliebt waren, wie etwa Schlangen und Eidechsen. Um so mehr haßte er Hunde wegen ihres sklavischen Bettelns um Zuwendung und Anerkennung; sie wären sämtlichst, wie Bierce nörgelte, »Kriecher, Heuchler und Speichellecker«. Auch an Katzen fand er wenig Gefallen. In der Erzählung »Katzencargo« ließ er gleich sechstausend dieser Tiere mit dem größten Vergnügen untergehen. In typisch adoleszenter Verunsicherung strich Bierce umher und brütete über seine Eltern, Lehrer, Klassenkameraden und sich selbst nach. Noch fünfzig Jahre später erinnerte er sich des abgrundtiefen Ekels, den er für die Welt empfand. »Der Jugendliche sieht die gemeine Welt vor sich ausgebreitet«, erklärte er seinem Verleger Walter Neale. »Er kann kaum ein paar Schritte machen, ohne gleich in eine Jauchegrube zu treten. Ihm erscheint es geradezu unbegreiflich, warum seine Vorgänger sie nicht trockengelegt haben.« Bezeichnenderweise ist das einzige Relikt dieser einsamen Schulzeit ein Grabspruch, den Bierce von einem Kindergrab auf dem Dorffriedhof abschrieb: »Sie nahm den bitteren Lebenskrug/Und wies ihn ab nach einem Zug/Wollt' nicht von diesem Gifte trinken/Und ließ hinab ins Grab sich sinken.« Man ahnt, daß Bierce sich wie Thomas Gray häufig auf Dorffriedhöfen herumgetrieben haben muß.[18]

Mit fünfzehn kehrte Bierce der Familie endgültig den Rükken. Offenbar mit dem elterlichen Segen zog er nach Warsaw und wurde Setzerlehrling bei Reuben Williams neugegründetem Abolitionisten-Blatt ›Northern Indianan‹. Darüber hinaus erhielt er im Haus des Herausgebers Kost und Logis. Wie die schwelgenden Erinnerungen Mark Twains, Benjamin Franklins, William Dean Howells und anderer junger amerikanischer Autoren beweisen, war dies ein durchaus klassischer erster Schritt für einen jungen Büchernarren. Außerdem konnte sich Ambrose der vollen Unterstützung seines Vaters – auch wenn sie ihm wenig bedeutet haben dürfte – gewiß sein, da Marcus Bierce zu den ersten Sklavengegnern gehörte und in einer besonderen Kladde Artikel aus anderen Abolitionisten-Zeitschriften sammelte, in der auch so unsäglich banale Ergüsse privater Verskunst wie »Des Töchterchens erste Schritte«, »Die Wehklage eines kleinen Mädchens über ihr verlorenes Landhaus« und – vielleicht nicht ganz zufällig – »Die Unbekümmertheit einer jungen Ehefrau« ihren Platz fanden. Überraschenderweise hat Bierce seine Lehrlingszeit nie erwähnt, was sich daraus erklären mag, daß er Gerüchten zufolge die Zeitung verließ, nachdem man ihn zu Unrecht des Diebstahls bezichtigt (und nachträglich freigesprochen) hatte.[19]

Aus welchen Gründen auch immer Bierce so plötzlich dem Journalismus in Warsaw den Rücken kehrte, seinen nächsten Unterschlupf fand er bei seinem Onkel Lucius Verus Bierce, dem großen Mann in der Familie. Lucius war Marcus' jüngerer

Bruder, in jeder anderen Hinsicht aber der eindeutig Aufgewecktere der beiden. Bereits mit zarten fünfzehn Jahren hatte er als erster das Elternhaus verlassen, um ohne einen Pfennig in der Tasche ein Studium zu beginnen. Fünf Jahre lang besuchte er die Universität von Athens in Ohio, wo er 1822 den Abschluß eines Bachelor of Arts erwarb. Die spätere Karriere seines berühmten Neffen und dessen rastlosen Geist vorwegnehmend, erwanderte er ein Jahr lang den amerikanischen Süden und hielt seine Erlebnisse in dem Buch *Travels in the Southland* fest. Nach Ohio zurückgekehrt, studierte er Jura, eröffnete eine Kanzlei und mischte kräftig im politischen Alltagsgeschäft von Geben und Nehmen mit. Als Ambrose Anfang 1859 vor seiner Türschwelle auftauchte, war Lucius bereits viermal Bürgermeister von Akron gewesen und gehörte zu den Gründungsvätern der Republikanischen Partei Ohios.[20]

In seiner abenteuerlustigen, kämpferischen Art war Onkel Lucius das genaue Gegenteil von Bierces Vater, und man kann annehmen, daß Ambrose sich den draufgängerischen, übergroßen Verwandten zumindest in einigen Dingen zum Vorbild nahm. Der Militärdienst hatte in der Familie eine lange Tradition, die bis zum Ur-Ur-Uronkel Joseph zurückreichte, der bereits auf seiten der Briten im King Philip's War gekämpft hatte; auch Lucius, der unter dem mißlichen Umstand litt, in eine Zeit nationalen Friedens hineingeboren zu sein, entdeckte nach angestrengter Suche seine ganz persönliche militärische Mission. Als Junge mußte Ambrose oft die Geschichte von Onkel Lucius' dramatischer Rolle bei der mißglückten »Befreiung« Kanadas gehört haben. Als langjähriges Mitglied der Bürgerwehr Ohios und leitender Kopf einer geheimen militärischen Vereinigung, die unter den wechselnden Namen »Hunters and Chasers of the Eastern Frontier«, »The Patriots« oder »The Grand Eagles« firmierte, hatte Lucius mitgeholfen, ein Lumpenheer von fünfhundert Kanadiern, Amerikanern und polnischen Abenteurern aufzustellen, um damit in Windsor, Ontario, einzufallen und das Land vom vermeintlich verhaßten britischen Joch zu befreien. Am 3. Dezember 1838 setzte »General« Bierce, wie er sich inzwischen zu nennen pflegte, an Bord eines beschlagnahmten Passagierdampfers mit einem Trupp Freiwilliger über den Eriesee und zündete die britischen Baracken bei Windsor an. Danach teilte er fatalerweise die Truppe und marschierte mit dreißig Mann in die Stadt ein, während die übrigen Invasoren unbekümmert in einem nahegelegenen Obsthain ihr Lager aufschlugen. Noch am selben Morgen wurden sie von anglo-amerikanischen Soldaten überfallen, die sämtliche Eindringlinge töteten oder gefangennahmen. Lucius und seiner Gefolgschaft gelang es, einige Kanus in ihren Besitz zu bringen und über den Detroit River zurück auf US-Territorium zu paddeln, wobei ihre Rückkehr weit weniger majestätisch ausfiel als ihr Auslaufen.[21]

Fünf der Gefangenen wurden auf der anderen Seite gehängt und der Rest nach Van Diemen's Land transportiert, was in denkbar größter Entfernung zum Eriesee lag. Lucius selbst mußte sich wegen des Verstoßes gegen amerikanische Neutralitätsgesetze verantworten, aber die Anklage wurde aufgrund öffentlichen Drucks fallengelassen. Mit dem neuen Spitznamen »Der Held von Windsor« und dem erbeuteten Schwert eines britischen Offiziers, das er für den Rest seines Lebens in Ehren hielt, kehrte er nach Akron zurück. Politisch schadete ihm das Fiasko wenig, obwohl eine Zeitung des gegnerischen Lagers bei seiner Nominierung für das Amt des Staatsanwalts witzelte, man habe ihn nur deshalb als Kandidaten vorgeschlagen, weil man ihm »eine ähnlich flotte Gangart bei der Führung der Amtsgeschäfte zutraut, wie er sie schon in Windsor unter Beweis gestellt hat«.[22]

Um die Mitte des Jahrhunderts konnte Lucius für eine weitere ehrenwerte Sache kämpfen, diesmal sogar im eigenen Land: die Abschaffung der Sklaverei im amerikanischen Süden. Seit er als Jugendlicher auf seiner Wanderung durch die Region in Charleston, South Carolina, einer Sklavenauktion beigewohnt hatte, war Lucius ein erbitterter Gegner der Sklaverei und immer bereit, den Kampf gegen jene »unbegreifliche Einrichtung« mit Wort und Tat zu unterstützen. Durch einen ungewöhnlichen Zufall erhielt er 1855 die Gelegenheit, sich unmittelbar für die Sache der *abolitionists* einzusetzen. In seiner Nachbarschaft in Akron lebte ein gewisser John Brown, der wie er aus Connecticut stammte. Über seine Anwaltstätigkeit hatte Lucius engen Kontakt mit dem chronisch Prozesse führenden Brown, der zudem wie er Mitglied der Kongregationalistengemeinde war (wenn auch mit weit mehr Inbrunst – fast schon Fanatismus – als der zunehmend skeptischer werdende Lucius). Im Zuge des Kansas-Nebraska-Act von 1854 und der anschließenden Pogrome in den betroffenen Gebieten beschloß Brown, seinem unsteten Stern zu folgen und sich vor Ort der Armee der Sklavengegner anzuschließen. Er verließ Ohio mit einer Wagenladung Waffen und Munition, die mit besten Empfehlungen von Lucius Bierce unter fragwürdigen Umständen aus einem aufgelösten Bürgerwehrdepot in Tallmadge beschafft worden waren. Dazu gehörten auch die Schwerter, mit denen Lucius und seine Männer in Windsor eingefallen waren und die Brown und seine Gefolgsleute wenige Monate später dazu benutzen sollten, am Ufer des Pottawatomie Creek in Kansas eine Siedlerfamilie, die sich für die Sklaverei ausgesprochen hatte, abzuschlachten. Sofern Lucius irgendeine Mitschuld an dem Verbrechen empfand, ließ er sich nichts davon anmerken. Als Brown im Dezember 1859 für die Bluttat von Harpers Ferry gehängt wurde, ließ Lucius das Gericht und alle Geschäfte Akrons schließen sowie eine Stunde lang in der Stadt die Trauerglocken läuten. Auf einem Protestmarsch am selben Abend nahm er bewegt Abschied von seinem alten Freund, den er »den ersten Märtyrer im unausweichlichen Kampf zwischen Freiheit und Sklaverei« nannte und dann noch hinzufügte: »Gott sei gedankt, daß er von den Waffen, die ich ihm mitgegeben habe, so guten Gebrauch gemacht hat. Mögen Männer wie Brown auch sterben, ihre Taten und Überzeugungen werden für immer weiterleben.« Ganz im Gegensatz zu ihren Opfern.[23]

Es ist ungewiß, wie lange Ambrose bei seinem Onkel in Akron blieb (Lucius Bierces gesamter Nachlaß wurde 1899 bei einem Brand im Buchtel College, der heutigen Universität von Akron, vernichtet), jedenfalls besuchte er gegen Ende des Jahres 1859 die Militärakademie in Kentucky. Irgendwie hatte Lucius seinen widerspenstigen Neffen dazu überredet, sich wenige Meilen von der Bundeshauptstadt Frankfort entfernt in Franklin Springs am Kentucky Military Institute einzuschreiben. Die Schule war 1847 von Col. Robert Thomas Pitcairn Allen gegründet worden, einem West-Point-Zögling von 1834, dessen einziger Ruhm darin bestand, ein altes Gebäude auf dem Akademie-Gelände in Brand gesteckt und dafür entlassen worden zu sein. Allen gelang allerdings die Rehabilitation durch Präsident Andrew Jackson (der später Old Hickorys Nichte heiratete) und diente anschließend ohne besondere Auszeichnung im Seminolen-Krieg. Unter Allen wurde das KMI zu einer der ruhmreichen Kaderschmieden des Südens, aus der zahlreiche zukünftige Konföderierte hervorgingen, darunter auch Generalmajor Robert F. Hoke, einer von Robert E. Lees vielen tapferen und fähigen Nachwuchsoffizieren.[24]

Der anspruchsvolle Lehrplan der Schule umfaßte die Fächer Latein, englische Grammatik und amerikanische Geschichte sowie Zusatzkurse in Architektur, Politikwissenschaft, Physiologie, Mathematik, Verfassungsrecht und Leibesübungen. Als besondere Auszeichnung wurde auf »die hinreichende Entfernung der Anstalt von den verführerischen und korrupten Einflüssen der Großstadt«, nämlich Frankfort, hingewiesen. Genau hier erwarb Bierce vermutlich sein charakteristisches militärisches Auftreten sowie seine zeichnerischen und kartographischen Kenntnisse, die ihm in den Folgejahren so sehr von Nutzen sein sollten. Allerdings fehlen auch hier wieder jede Zeugnisse. Vielleicht war der Fluch der Jugendsünde Allens dafür verantwortlich, daß die Schule nach 1850 von zwei Bränden heimgesucht wurde, wobei der zweite in das Jahr von Bierces Aufenthalt fiel, so daß allein eine Karteikarte seine Zeit am KMI belegt, auf der er als »Bierce, Ambrose G., Ohio« geführt wird. Die Angabe des Bundesstaats mag sich dabei entweder auf den Ort seiner Geburt oder auf den Ort seines letzten Aufenthalts bei seinem Onkel in Akron beziehen. Wie dem auch sei, über seine Zeit am KMI verlor Bierce später kein Wort, und zum Sommer des folgenden Jahres kehrte er nach Indiana zurück, wenngleich auch nicht in den Schoß der Familie.[25]

Die neun Monate zwischen dem Austritt aus dem Kentucky Military Institute und dem Beginn des Bürgerkriegs gehören zu einer der Phasen in Bierces ansonsten geschäftigen Leben, in der er sich, vielleicht als Folge klinischer Depression, ziel- und willenlos mit einer Reihe von niedrigen – um nicht zu sagen erniedrigenden – Jobs über Wasser hielt. Nachdem er sich dreißig Meilen nördlich von Warsaw in Elkhart niedergelassen hatte, verdingte er sich zunächst als Hilfsarbeiter in einer Ziegelei, bevor er die doppelte Aufgabe eines Kellners und Ladenschwengels in A. E. Fabers Geschäft übernahm, das gleichzeitig Eisdiele, Austernbar, Kurzwarenladen und Wirtshaus darstellte. Während er den Männern im Hinterzimmer Sandwiches und Bier an die Tische brachte und vorne den ehrbareren Bürgern Nieten, Nägel oder Eiswaffeln verkaufte, machte er auf seine neue Umgebung den Eindruck eines »ziemlich verschrobenen und eigensinnigen« jungen Mannes, dessen Zukunftsaussichten nach den Worten des Dorfchronisten Maurice Frink nur als ausgesprochen »trostlos« zu bezeichnen waren. Sollte er die Präsidentschaftswahlen im Herbst desselben Jahres und den sich beschleunigenden Zerfall der Nation verfolgt haben, so hat er darüber keinerlei persönliches Zeugnis hinterlassen. Einige Male allerdings muß er sich auf den Weg nach Warsaw gemacht haben, wo er die Freundschaft zu seiner ehemaligen Mitschülerin Bernice Wright auffrischte, deren Vater in Warsaw eine Pension betrieb. Bernice, die Bierce aus unerfindlichen Gründen Fatima nannte, nahm Bradys Werben weit weniger ernst als er vermuten mochte; als er ihr später ein anonymes und reichlich wirres Gedicht sandte, in dem er den paradiesischen Nektar ihrer Lippen beschwor, konnte sie sich für ihr Lebtag nicht erinnern, wen sie da, wie der Dichter ausdrücklich hervorhob, »genau zweimal« geküßt hatte.[26]

Wie lange Bierce nach Abbruch der Militärschule als Eisverkäufer einer eintönigen Existenz nachging, läßt sich nicht genau sagen. Aber im Frühjahr 1861 hatte er zum ersten Mal in seinem Leben Glück, selbst wenn es für den Rest des Landes das genaue Gegenteil bedeutete: In Fort Sumter brach der Bürgerkrieg aus. Der abolitionistischen Gesinnung seines Onkels folgend – wobei der Wunsch, einem trostlosen Job in einer trostlosen Stadt entkommen zu können, nicht weniger ausschlaggebend gewesen sein dürfte –, folgte Bierce als zweiter Freiwilliger in Elkhart County Abraham Lincolns Ruf zu den Waffen und trat im April 1861 der Unionsarmee bei. Am neunzehnten des Monats setzte er seinen Namen auf die Bewerberliste der Kompanie C, Neuntes Indiana-Regiment, unter Führung von Anwalt Robert H. Milroy. Endlich hatte der verbitterte junge Mann, dem seine Eltern, seine Geschwister, seine Schulkameraden, seine Nachbarn und die Welt überhaupt gleichgültig waren, eine wenn auch vorübergehende Berufung gefunden, die größer war als seine innere Bitterkeit. »Als ich noch grün und unerfahren war«, schrieb er später, »konnte ich mich für die Freiheit noch so erwärmen, daß ich vier Jahre lang für sie kämpfte. Es mag dabei noch um andere Dinge gegangen sein, aber sie bedeuteten mir alle nichts.« Auch Albert folgte dem Ruf und meldete sich zum Achtzehnten Leichten Artillerieregiment in Ohio, das Onkel Lucius höchstpersönlich nach seiner Ernennung zum zweiten Generaladjutanten des Landes aufgestellt hatte.[27]

Da der Drill des Regiments eine Woche später in Indiana beginnen sollte, blieb Bierce, beseelt von jenem naiven Patriotismus, der junge Männer auf beiden Seiten der Mason-Dixon-Linie zur Waffe greifen und begeistert in den Krieg ziehen ließ, keine Zeit für langes Abschiednehmen. Er brachte jedoch ein offenkundig Keats nachempfundenes Sonett zu Papier, das er anonym an Bernice Wright schickte. In seiner befremdlichen Mischung aus Liebe und Sünde ist das Gedicht vielleicht typisch für einen Jungen, der sich nur langsam vom religiösen Trauma seiner Kindheit erholt. Wie alle jungen Dichter war er zweifellos stolz auf seine schwülstigen, nachgeahmten Verse, die Bernice ebenso geschmeichelt wie verwirrt haben dürften:

Fatima, stiege ein Engel vom Himmel zu mir,
Umhüllt von glänzendem Lichte,
Und sagte, deine Sünden vergebe ich dir,
Wenn ich auf die Liebe zu dir verzichte, –
Wollte ich mich auch Gottes Willen fügen,
Nie könnte ich meine Liebe zu dir betrügen,
Stolz würde ich ihm zur Antwort geben:
»Laß mir die Liebe – ich will in Sünde leben,
Mich doppelt beladen mit aller Schuld,
Und die Hölle ertragen in stiller Geduld.«
Mächtiger als der Tod ist deine Huld,

Und wüßtest du, wessen Herz sich nach dir verzehrt,
Erschiene es dir deiner Liebe gar wert.
Zweimal im Leben habe ich das Paradies gespürt:
Denn genau zweimal haben sich unsere Lippen berührt.[28]

Überall im Land nahmen in diesen ersten Wochen des Bürgerkriegs Tausende von Möchtegern-Rittern auf ähnliche Weise Abschied von ihren Jugendlieben. Alle marschierten sie in den Krieg – oder was sie in ihrer Naivität für den Krieg hielten, nämlich eine Art sportlicher Wettstreit zwischen zwei rivalisierenden Parteien. Tröstlich an dieser kindlichen Vorstellung war nur, daß keiner wissen konnte, wie grundfalsch sie war und wie wenige von ihnen bei Kriegsende nach Hause zurückkehren würden. Bierce würde zurückkehren, wenn auch erst Jahre später und in nichts an den grünen Bauernlümmel erinnernd, der gänzlich unbedacht dem Ruf seines Landes zu den Waffen gefolgt war. In der Zwischenzeit würde er einen der amerikanischen Jugend nur allzu vertrauten Initiationsritus durchlaufen, eine Art umgekehrter Metamorphose vom flatternden Schmetterling zur eingesponnenen Raupe, vom Jungen, der mit seinen Spielgefährten auf der Wiese Fangen spielte, zum Soldaten, der auf versengten Feldern über Leichen steigt. Auf der anderen Seite sollte Bierce vom Krieg in einer eigentümlichen, wenn auch vorhersehbaren Weise profitieren, so wie andere werdende Autoren vor und nach ihm vom Krieg profitiert haben – sofern sie ihn überlebten: Er würde ihm eine eigene Stimme geben. Und wenn jemand auf die sich anschickende menschliche Katastrophe vorbereitet war, dann niemand anders als der von Albträumen geplagte, mit Gott entzweite und sich auf Friedhöfen herumtreibende Bierce. Das ganze Land sollte zum Friedhof werden, wo Helden und Schurken gleichermaßen den Götzen von Stolz und Haß geopfert wurden. Und mittendrin, wie der vom Kampf gezeichnete Ishmael, der am Ende eines düsteren Albtraums seinen Kopf gegen Queequegs Sarg stößt, stand der achtzehnjährige Ambrose Bierce, um das Geschehen mit wachen Sinnen, wachem Herzen und wachem Verstand zu verfolgen.

2

Was ich von Shiloh sah

Während der kauzige und ungeliebte Ambrose Bierce sich von Elkhart auf den Weg nach Indiana machte, um dort in Kompanie C des Neunten Freiwilligen Infanterieregiments von Indiana seinen Dienst anzutreten, trafen Tausende anderer Männer im Land – von denen viele mehr zu verlieren hatten als Bierce – ihre eigene Entscheidung über Krieg oder Frieden. In Cambridge, Massachusetts, trat vier Tage nach Bierce der Harvardstudent Oliver Wendell Holmes, Jr., Sohn des berühmten Neuenglanddichters, dem Zwanzigsten Massachusetts-Regiment bei. Holmes traf seine Entscheidung wenige Wochen vor dem Abschlußexamen, woraufhin ihm ein entfernter Bekannter namens William Dean Howells einen ebenso verwunderten wie apologetischen Brief schrieb: »Ich habe gerüchteweise gehört, du seist der Armee beigetreten. Wenn ja, wie? warum? wann?« Howells, Journalist in Columbus, Ohio, hatte soeben eine wohlwollende Biographie Abraham Lincolns geschrieben und rechnete sich dadurch hohe Chancen aus, zum amerikanischen Konsul in Venedig berufen zu werden. Als Grund, sich nicht zur Armee gemeldet zu haben, schob er das Wetter vor: »Die heißen Tage stehen an. Das Exerzieren wird hart und anstrengend sein. Und was ich früher an Schneid besessen habe, hat sich durch meine geistigen Studien in metaphysischen Dunst aufgelöst.« Einige Monate später teilte Howells einem Freund aus dem fernen Venedig mit: »Bedauerst du nicht auch, daß die Atlantik-Staaten mit soviel Pulverdampf in den Krieg ziehen? Es ist gewiß patriotisch; aber liest man davon nicht schon genug in den Zeitungen? Ich persönlich ziehe den attischen Honig vor.«[1]

In New York City verwandelte sich ein weiterer Journalist in einen Ästheten: Der zweiundvierzigjährige Dichter Walt Whitman hatte rasch entschieden, daß der Krieg nur etwas für junge Männer sei, während sein persönliches Credo darin bestand, allem Alkohol, fettigem Fleisch und späten Mahlzeiten »zum Zwecke der Reinigung, Vergeistigung und Wiederbelebung des eigenen Körpers« zu entsagen. Sein jüngerer Bruder George Whitman allerdings meldete sich, nachdem er zusammen mit einer viertel Million New Yorker Major Robert Anderson, dem Helden von Fort Sumter, am Union Square einen großen Empfang bereitet hatte. Später würde George Whitman in der Schlacht von Fredericksburg verwundet werden und sein Bruder Walt ihm zur Seite eilen; und dort, in den stinkenden Fieberlazaretten von Washington, D. C., würde er seinen Dienst leisten, nämlich Verbände wechseln, Briefe schreiben, Geschichten erzählen und die Hände Dutzender verwundeter und sterbender junger Soldaten halten. Als er nach dem Krieg gefragt wurde, ob er in Gedanken noch häufig an diesen »schlimmen Ort« zurückkehre, sagte Whitman: »Ich lebe noch immer dort.«[2]

Im exklusiven Seebad Newport auf Rhode Island feierte der sensible Bücherwurm Henry James, Jr., seinen achtzehnten Geburtstag am gleichen Tag, an dem der frisch vereidigte Präsident Abraham Lincoln 75 000 Freiwillige, darunter Bierce und Holmes, dazu aufrief, die sich rasch ausbreitenden Unruhen im Süden unter Kontrolle zu bringen. James, der kurz darauf an einem »obskuren Leiden« erkrankte, das bequemerweise seinen militärischen Einsatz verhinderte (wenn auch nicht den Besuch der Harvard Law School), begnügte sich damit, die Ausfahrt der Soldaten aus der Ferne zu beobachten. Auch der vierundzwanzigjährige Henry Adams, Enkel und Urenkel zweier amerikanischer Präsidenten, schiffte sich ein, allerdings nicht an die Front in Virginia, sondern nach London. Das Ziel des jungen Adams war der Court of St. James's, wo sein Vater soeben zu Lincolns Gesandtem in Großbritannien ernannt worden war. Anders als Howells würde Adams sein Fernbleiben vom Kriegsschauplatz zuweilen – wenn auch in Maßen – bedauern, während er gleichzeitig seinen Dienst am Gerichtshof als ganz private »Feuerprobe« betrachtete, in der er sich »unbeirrt in Zeiten des Zweifels, unerschütterlich in Zeiten der Katastrophe, jederzeit kühl und besonnen und keinem Druck nachgebend« bewährt hatte.[3]

Auch im Süden sahen junge Männer dem Ausbruch des Kriegs entgegen. An der Oglethorpe University, im damaligen Milledgeville in Georgia, vernachlässigte der Dichter und Musiker Sidney Lanier seine Tutorenpflichten, um einer Gruppe Kommilitonen auf dem Campus beim Aufziehen der neuen Konföderationsflagge zuzusehen. Wenige Wochen später verließ Lanier die Universität und gesellte sich zu den Macon Guards in seiner Heimatstadt, die sich mit einem schmissigen »On to the Field of Glory!« auf den Weg nach Virginia machten. Ein anderer Dichter des Südens, der aus Charleston stammende Henry Timrod, verfaßte ein Loblied auf »Die Baumwollkapsel« und meldete sich anschließend beim Dreißigsten South-Carolina-Regiment. Das Regiment des schwindsüchtigen Timrod wurde zum Glück von einem Freund der Familie kommandiert, der ihm den eher harmlosen Posten des Regimentsschreibers zuwies. Doch auch dem zeigte sich Timrod nicht gewachsen, so daß er seine Soldatenuniform gegen einen Korrespondentenausweis eintauschte, obwohl er so kurzsichtig und nachtblind war, daß einer der Kollegen ihn »nach Einbruch der Dunkelheit führen mußte, als wäre er blind«. Zur gleichen Zeit bangte auf dem Mississippi der rotschöpfige junge Lotse Sam Clemens, der sich später Mark Twain nennen sollte, auf der Fahrt von New Orleans flußaufwärts nach St. Louis darum, von einer der beiden Parteien aufgegriffen und zum Dienst auf ein Kriegsschiff gesteckt zu werden. Clemens gelang schließlich die Rückkehr nach Hannibal in Missouri, wo er zunächst heimlich den die Sache des Südens unterstützenden Marion Rangers beitrat, bevor er sich wenige Wochen später in die Territorien absetzen konnte, um gerade noch rechtzeitig dem Bürgerkrieg mit all seinen Schrecken zu entkommen.[4]

Howells, Adams, James und Clemens, vom Literaturkritiker Daniel Aaron bissig als »die vier Drückeberger« bezeichnet, verbrachten die Kriegsjahre in europäischen Salons, Studentenquartieren der Back Bay oder, was Clemens betrifft, in einem

Minencamp in Nevada. In Aarons Augen wären die vier »die vermutlich talentiertesten, wenn nicht gar ihrer Wesensart nach geeignetsten Männer gewesen, den Krieg für die Historie und die Literatur festzuhalten«. Das einzige Problem bestand darin, daß sie »nie nahe genug ans Kampfgeschehen herankamen, um darüber zu schreiben«. Diese zweifelhafte Ehre würde letztlich dem weniger talentierten und gebildeten, dafür aber um so unerschrockeneren Ambrose Bierce zufallen, dem es von all den jungen Männern von '61 als einzigem gelingen sollte, die heraufziehende nationale Tragödie in große Kunst zu verwandeln. Zuallererst aber mußte er einen Soldaten aus sich machen und – was noch wichtiger war – den Krieg überleben. Denn sein Los war es, unmittelbar am Kampfgeschehen teilzunehmen und mehr als ihm lieb sein konnte zu lernen, wie Männer für abstrakte politische Ideen und den laut tönenden Ruf der Ehre im Kampf litten und ihr Leben ließen.[5]

Das frischgebackene Regiment schiffte sich von Camp Morton am Rande von Indianapolis ein. Benannt war das Lager nach dem neuen republikanischen Gouverneur Oliver P. Morton. Wie Bierces Onkel Lucius war Morton einer der Gründungsväter der Republikanischen Partei und ein glühender Anhänger Abraham Lincolns. »Wenn die Gründung dieser Nation einen blutigen Kampf wert war«, donnerte Morton im April 1861, »dann ist ihr Erhalt ihn genauso wert.« Dem Aufruf des Präsidenten zur Truppenaufstellung folgend, brachte Morton pflichtschuldig beinahe die dreifache Zahl der von Indiana geforderten Rekruten zusammen, die hastig auf den Jahrmarktswiesen zusammengepfercht und im Schnellverfahren von Farmerjungen zu Soldaten gemacht wurden. Indiana war auf einen Krieg denkbar schlecht vorbereitet. In der staatlichen Waffenkammer fanden sich gerade einmal dreizehn alte Musketen von 1812 und zwei rostige Sattelpistolen, so daß die zwölftausend neuen Rekruten während der ersten chaotischen Wochen im Lager notdürftig in Zivilkleidung und mit einem Besenstiel in der Hand gedrillt wurden. Nachts schliefen sie in den Viehverschlägen des Jahrmarkts, was angesichts ihrer späteren Rolle im Krieg eine Ironie darstellte, die von Bierce selbst hätte stammen können. Bei Kriegsende waren 24 400 Männer Indianas, etwa zwölf Prozent des Gesamtverlusts auf seiten der Union, durch feindliche Kugeln oder Epidemien dahingerafft worden; andererseits sorgte der umtriebige Morton dafür, daß 57% der einsatzfähigen männlichen Bevölkerung eine Uniform bekamen, einzig übertroffen von Kansas mit 59,4%.[6]

Das Neunte Indiana-Regiment bestand wie die meisten Regimenter des Mittleren Westens vorwiegend aus Farmern, mit Ausnahme einiger Händler, Schuljungen und dem ein oder anderen verschrobenen Individualisten wie Bierce, die in keine Kategorie paßten. Robert H. Milroy, Anwalt aus Salem, wurde zum Befehlshaber des Regiments ernannt. Neben seinen bürokratischen Fähigkeiten konnte Milroy zumindest einige theoretische militärische Kenntnisse und praktische Erfahrung vorweisen: einen Abschluß in Militärwesen an der Partridge Academy in Norwich, Vermont, und eine Dienstzeit als Hauptmann des Ersten Indiana-Regiments im Mexikanischen Krieg. Seinem strengen, beinahe biblischen Aussehen würde Milroy später alle Ehre erweisen, indem er in West Virginia für den Süden kämpfende Guerillas mit solcher Härte bekämpfte, daß die Konföderation ein Kopfgeld auf ihn aussetzte. Ein weniger strenges, zweifellos aber willkommenes Mitglied des Regiments war Oliver Wright, Fatimas Bruder, der seine Schwester über die Vorgänge in Kompanie C unterrichtete und sie, vermutlich gänzlich arglos, dazu aufforderte, Bierce gut zu unterhalten, wenn er auf Fronturlaub nach Warsaw käme.[7]

Nach fünf Wochen Drill bei regnerischem Frühlingswetter wurde das Regiment für einsatzbereit befunden. Gouverneur Morton war höchstpersönlich in Begleitung von Generalmajor George B. McClellan, Oberkommandierender für die Ohio-Region, zur Truppeninspektion erschienen, um am 29. Mai um Mitternacht den Marschbefehl für das Regiment zu erteilen, das als erstes Indiana-Regiment überhaupt an die Front im Westen Virginias geschickt wurde. Nach neun Stunden Wartezeit auf dem Bahnhof rumpelte der Regimentszug endlich quer durch Ohio, wo er überall von einer jubelnden Menge und blumenstreuenden Mädchen empfangen wurde. »Wie man hört«, schrieb ein begeisterter Korrespondent des ›Indianapolis Sentinel‹, »soll mehr als ein tapferer Patriot die ›rosigen Lippen‹ einiger der schönsten Töchter Ohios gekostet haben. Im Namen des Himmels, zu welchen Taten sollen Männer sich nicht berufen fühlen, wenn sie auf diese Weise angefeuert werden, die beste Verfassung und das glücklichste Land der Welt vor Unheil zu bewahren?«[8]

Wer wollte dem widersprechen? Zwei Tage später erreichten die unentwegten Kämpfer in ihren neuen Blauröcken und mit richtigen Musketen ausgerüstet Grafton, Virginia, in der Nähe von Tygart Lake. Hier erfuhren sie, daß eine Einheit der Konföderation sich im Dorf Philippi, achtzehn Meilen südlich an der Landstraße zwischen Beverly und Fairmont, einquartiert hatte. Der Gegner war allerdings kaum mehr als ein bunt zusammengewürfelter Haufen. Die Infanterie bestand aus lauter Grünschnäbeln, die gerade erst mit einer Schiffsladung unbrauchbarer Patronen und verrosteter Gewehre ausgerüstet und von sechzehnjährigen Kadetten des Virginia Military Institute gedrillt worden waren. Die Kavallerie besaß zumindest genügend Zelte, aber kaum Waffen (pro Kompanie waren vierzig Säbel und eine Pistole vorhanden). Unter Führung des sich tapfer schlagenden jungen Oberst George A. Porterfield war es ihnen dennoch gelungen, oberhalb von Grafton zwei wichtige Eisenbahnbrücken zu zerstören, bevor sie sich nach Philippi zurückgezogen hatten. Nachdem einige junge Anhängerinnen der Konföderation sie gewarnt hatten, ein Angriff der Yankees stünde unmittelbar bevor, luden Porterfield und seine Männer ihre spärliche Ausrüstung auf ein paar klapprige Planwagen, um sich beim ersten Anzeichen von Gefahr zurückzuziehen.[9]

Unterdessen traf in Grafton der Generalstab der Unionstruppen zusammen – Milroy, Brigadegeneral Thomas A. Morris, Oberst Benjamin F. Kelley und Brigadegeneral Frederick W. Lander, Generaladjutant von McClellan, der die Operation aus dem fernen Cincinnati überwachte –, um einen Angriffsplan zu entwerfen. Während die Herren rauchten und über Strategien debattierten, nahmen Bierce und seine Kameraden die Umgebung in Augenschein. »Es war ein seltsames Land«, schrieb Bierce. »Bevor wir den Ohio River überquert hatten, hatten nur wenige von uns einen Berg oder wenigstens einen Hügel in der Höhe einer Kirchturmspitze gesehen. Uns Präriebewohnern, die in den flachen Ebenen Ohios oder Indianas geboren und groß geworden waren, erschien die Bergwelt wie ein unaufhörliches Wunder. Der Begriff Raum gewann hier eine völlig neue Dimension.« Die Offiziere beschlossen, ihre Truppen zu teilen und Philippi von zwei Seiten anzugreifen. Nach einem beschwerlichen Nachtmarsch durch strömenden Regen bezogen die Unionstruppen im Morgengrauen Position und warteten auf das Pistolensignal zum Angriff. Unglücklicherweise war eine andere Sympathisantin der Konföderation, Mrs. Thomas Humphreys, von einem durch ihren Garten marschierenden Trupp pitschnasser Yankees geweckt worden und wollte sofort ihren Sohn losschicken, das Dorf zu warnen. Als die Unionssoldaten ihren Plan vereitelten, feuerte Mrs. Humphreys einen Pistolenschuß auf die Männer ab. Die angriffsbereite Artillerie hielt dies für das vereinbarte Signal und feuerte ohne Rücksicht auf Freund oder Feind in Richtung Philippi.[10]

Milroys Regiment, darunter auch Bierce, ging im Kanonenhagel eiligst in Deckung. Zu ihrem Glück befanden sich die Konföderierten in Philippi bereits mit einem Fuß auf dem Rückzug, dem sie schnell den zweiten folgen ließen, so daß das erste Gefecht des Bürgerkriegs unrühmlich als das »Rennen von Philippi« in die Geschichtsbücher einging. Ein Kanonier aus Ohio konnte seine Freude über die wundersame Wirkung von ein oder zwei Kanonenschüssen auf den überraschten Feind kaum verhehlen. »Sie schwirrten auseinander wie aufgeschreckte Bienen«, schrieb er. »In alle Richtungen flohen die tapferen Ritter, und wußten doch nicht wohin?« Bierce zeigte sich als unmittelbar Betroffener der Aktion weit weniger beeindruckt. »Die Konföderation verlor in Philippi ein Bein«, bemerkte er später abfällig in seiner Bürgerkriegsreminiszenz »On a Mountain«. Tatsächlich war der Beinschuß durchaus bedeutsam, sowohl in militärischer wie auch in medizinischer Hinsicht. Der verwundete Soldat, ein Student des Washington College mit Namen James E. Hanger, hatte mit anderen Männern der Churchville Kavallerie (Virginia) in einem Stall Deckung gesucht, als der erste Kanonenschuß der Unionstruppen den Bürgerkrieg eröffnet hatte. Die sechs Pfund schwere Kugel schlug neben dem Stall ein, prallte vom Boden ab und segelte von dort in den Unterstand, wo sie den Soldaten am Bein traf. In dieser Nacht wurde von einem Unionsarzt an Hanger die erste Feldamputation des Kriegs ausgeführt. Während seiner Genesung fertigte der erfinderische Rekonvaleszent sich aus Faßdauben ein künstliches Bein und konnte später die Konföderationsregierung in Richmond dazu bewegen, ihm die überaus lukrative Herstellung von künstlichen Gliedmaßen für ihre Soldaten zu übertragen. Sein Unternehmen, die J. E. Hanger Company, ist noch heute der weltgrößte Prothesenhersteller. Als Bierce zweiundvierzig Jahre später Hanger in Philippi besuchte, stellte er nüchtern fest, »ihm fehlte nach wie vor ein Bein; es war ihm nicht nachgewachsen«.[11]

Eine andere Kampfverletzung machte weit mehr Eindruck auf Bierce. Oberst Kelley, Kommandierender des Ersten Virginia Infanterie-Regiments, war den flüchtenden Rebellen hinterhergeritten und hatte ein paar Gewehrsalven auf sie abgefeuert. Ein gegnerischer Soldat, John Shefee, hatte zurückgeschossen und den leichtsinnigen Kelley direkt in die Brust getroffen. Während General Lander den Schützen aufgriff, wurde Kelley zum Sterben in ein Wirtshaus geschafft. Bierce ließ sich den Blick auf den ersten Toten der Union, und noch dazu einen Oberst, nicht entgehen. Später erinnerte er sich, daß man Kelley »glatt in die Brust getroffen hatte, wo ein zweifingerbreites Loch klaffte. Bei Gott, wie das blutete! Offene Wunden waren in jenen goldenen Tagen noch neu für mich, und mit Lady Macbeth sagte ich mir: ›Wer hätte gedacht, daß der alte Mann [Kelley war gerade vierundfünfzig geworden] so viel Blut in sich gehabt hätte!‹« Zur allgemeinen Überraschung überlebte Kelley seine Verwundung; sie brachte ihm sogar einen Offiziersstern ein. Bis zum Kriegsende sicherte er die Baltimore & Ohio Railroad in West Virginia. Sein unzufriedener Vorgesetzter, Generalmajor Phil Sheridan, beklagte sich später, »General Kelley ist übervorsichtig, wo alles sicher ist, und entschieden leichtsinnig, wenn wirkliche Gefahr droht«, eine Bemerkung, die zusätzliches Gewicht erhielt, als Kelley im Frühjahr 1865 zusammen mit Unionsgeneral George Crook in einem Hotel in Cumberland, Maryland, Partisanen des Südens in die Hände fiel.[12]

An den Unionskanonieren, die ihm und seinen Kameraden

zu Beginn des Gefechts ein paar unangenehme Minuten bereitet hatten, nahm Bierce später indirekt Rache. In der Kurzgeschichte »Eine Sorte Offizier« läßt er einen Hauptmann der Union auftreten, der buchstäblich im dichtesten Gefechtsnebel (das Schlachtfeld liegt unter einer undurchdringlichen Nebelbank) den schroffen Befehl erhält, auf alles zu schießen, was sich vor ihm bewegt. Verärgert über die herablassende Art des befehlsgebenden Brigadegenerals – »Hauptmann Ransome, es ist Ihnen nicht erlaubt, irgend etwas zu wissen. Es reicht aus, daß Sie meinen Befehl befolgen« –, läßt Ransome stumpf auf die eigenen Männer schießen, selbst nachdem ihn ein Leutnant seiner Batterie von dem tragischen Irrtum in Kenntnis gesetzt hat. Als der Divisionskommandeur auf ihn zureitet und wissen will, warum Ransome seine eigenen Leute getötet habe, erhält er die schnippische Antwort: »Das zu erklären bin ich nicht imstande. In den Befehlen wurde mir diese Information vorenthalten. Es schien nicht meine Angelegenheit zu sein.« Ransome will offenbar den für den Befehl verantwortlichen General bloßstellen. Zu seinem Nachteil jedoch ist der Offizier kurz zuvor im Gefecht gefallen, und der junge Leutnant, der bei der Befehlsvergabe zugegen war (und gleich darauf grundlos von Ransome beleidigt wurde), vermag nicht zu bestätigen, daß der Hauptmann unter direktem, zwingendem Befehl gehandelt habe. Von seiner eigenen Rachsucht zu Fall gebracht, sieht Ransome seiner Hinrichtung entgegen – ein Schicksal, das Bierce und der Rest des Regiments vermutlich allen Unionskanonieren in Philippi wünschten.[13]

Nach ihrer tragikomischen Aufnahme in die Bruderschaft des Kriegs verbrachten die Männer des Neunten Indiana-Regiments eine Art Sommerfrische auf der Spitze des Cheat Mountain unterhalb von Philippi. Selbst rückblickend erschienen Bierce die Tage in West Virginia in einem ungewöhnlich goldenen Glanz. »Wenn ich durch den Schleier eines halben Jahrhunderts zurückblicke«, schrieb er, »erscheint mir die Gegend wie ein Traumland, überragt von den zauberhaften Gebirgsrücken der Alleghenies. Vor meinen Augen erstrecken sich wieder ihre blaßblauen, unendlichen Wellenkämme über purpurnen Tälern seligen Schlafs, ›wo ein ewiger Nachmittag herrscht‹.« Bierce und seine Zeltgenossen erforschten die Landschaft wie Stadtjungen im Sommerlager, schnitzten Ringe und Pfeifen aus Lorbeerwurzeln und sammelten fleißig Fichtenharz, das sie den Freunden daheim als Kaugummi schickten. »Die Flachlandbewohner, die in das Gebiet um den Cheat Mountain eingefallen waren, wurden hier neu geboren, und der Westen Virginias – ein West Virginia gab es noch nicht – erschien ihnen wie ein Zauberreich. Wie ergötzten wir uns an seiner wilden Schönheit!«[14]

Zumindest in einem Punkt trog Bierce seine Erinnerung. Ein West Virginia gab es bereits oder sollte es aufgrund des Scharmützels von Philippi in Kürze geben. Am 11. Juni, acht Tage nach dem Gefecht, trafen sich pro-unionistische Delegierte aus dem westlichen Virgina in Wheeling und beschlossen, aus dem Staatenbund auszutreten und eine provisorische Regierung einzusetzen. George McClellan zeigte sich sehr erfreut über diese Entscheidung, da sie seine Wahl der bahnstreckenreichen Region als Ausgangsbasis für zukünftige Angriffe bestätigte, während Bierce und seine Kameraden dadurch erneut in Gefahr gerieten. Als Antwort auf die Niederlage der Konföderation in Philippi schickte Südstaatengeneral Robert E. Lee Truppenunterstützung über die Allegheny Mountains, um die strategisch wichtige Verbindung zwischen Parkersburg und Staunton zu halten. Lees Besorgnis läßt sich daran ermessen, daß er seinem persönlichen Adjutanten, den einundvierzigjährigen Brigadegeneral Robert S. Garnett, mit der Leitung der Operation beauftragte. Garnett, Absolvent und ehemaliger Kommandant an der United States Military Academy in West Point, befestigte mit seiner 4500 Mann starken Truppe zwei Schlüsselpässe am Rich Mountain und Laurel Hill in der Nähe von Beverly. McClellan machte sich ebenfalls auf den Weg und erreichte am 23. Juni Grafton, wo er einen schwülstigen Appell an seine Truppen richtete, den er auf seiner eigens mitgeführten Handpresse vervielfältigen ließ: »Soldaten! Es ist mir zu Ohren gekommen, daß ihr hier in Gefahr wart. Darum bin ich hergeeilt, mich an eure Spitze zu stellen und die Gefahr mit euch zu teilen. Jetzt fürchte ich nur noch eines – daß ihr nicht die Feinde finden werdet, die eures Schwertes würdig sind.«[15]

Wie Bierce und seine Kameraden auf McClellans feurige Ansprache reagierten, ist nicht überliefert, doch setzte sie ihrer vierwöchigen Sommerpause ein jähes Ende. Unter ihrem neuen Stabsoffizier Thomas Morris – in McClellans Augen »ein ängstliches altes Weib« – setzten sie sich am 3. Juli in Marsch, um sich Garnetts Truppen bei Laurel Hill zu stellen. Morris, wie McClellan einer der vier Jahrgangsbesten in West Point, sollte Garnett bloß »unterhalten«, während McClellan einen größeren Verband gegen Oberst John Pegrams dreizehnhundert Rebellen weiter südlich am Rich Mountain führen wollte. Bei seiner Ankunft am Fuß des Berges mußte Morris zu seinem Verdruß feststellen, daß die von ihm zu unterhaltende Konföderationstruppe seiner eigenen zahlenmäßig überlegen war. »Ich gestehe, mir ist nicht wohl bei der Sache, solange wir in der Minderzahl sind«, meldete er durchaus nachvollziehbar McClellan. Der aber wollte davon nichts wissen. Gereizt gab er zurück, er habe freiwillig »den schwierigeren & gefährlicheren Teil der Operation übernommen«, ohne freilich zu erklären, warum seinen 7000 Männern von 1300 gegnerischen Soldaten mehr Gefahr drohte als Morris und seinen 3500 Männern von 4000 auf seiten des Gegners. »Ich muß Generäle unter mir haben, die bereit sind, nicht weniger zu riskieren als ich«, fügte er hinzu. Trotz seiner Befürchtungen werde Morris keine weitere Unterstützung erhalten. Weit drohender allerdings war der Hinweis, aller Pflichten enthoben und nach Indiana zurückgeschickt zu werden, sollte er auf zusätzlichen Männern beharren. Morris war klug genug, sich der Drohung zu beugen.[16]

Während McClellans Einheit am 11. Juli am Rich Mountain zum Kampf gegen die Rebellen blies, nahmen Morris' Truppen die Brustwehren der Konföderierten bei Laurel Hill unter Feuer. Bierce und seine Kompanie hatten unter einer Baumgruppe Schutz gefunden und sich den ganzen Nachmittag über ein Sonntagsschießen mit der Gegenseite geliefert. »Kurz vor Anbruch der Dunkelheit«, schrieb Bierce, »waren einige Dutzende unserer Männer des Scharmützels überdrüssig und stürmten wie auf einen gemeinsamen Impuls hin, ohne daß, wie ich denke, Befehl dazu gegeben worden war, durch den Wald geradewegs auf die Brustwehren der Konföderierten zu. In Anbetracht des haarsträubenden Leichtsinns dieser Aktion schlugen wir uns redlich, auch wenn wir weitaus schnelleren Fußes wieder aus dem Wald heraus waren als wir hineingekommen waren. Unteroffizier Dyson Boothroyd aus Kompanie A wurde bei diesem Gefecht tödlich verwundet.« Wie in allen seinen Bürgerkriegs-Erinnerungen blieb Bierce bescheiden, was seine Beteiligung am Kampfgeschehen anging. Tatsächlich hatte er sich während des Gefechts ruhmreich hervorgetan, und zum Glück war ein Reporter des ›Indianapolis Journal‹ in der Nähe, um Bierces erste Heldentat festzuhalten: »Die Gefreiten A. J. *[sic]* Bierce und Boothroyd, Neuntes Indiana-Regiment, waren bis auf fünfzehn Schritte gegen die feindliche Brustwehr vorgestürmt, als Boothroyd in den Nacken getroffen wurde und zu Boden sank. In unmittelbarer Schußlinie des Feindes und ohne weitere Unterstützung zog Bierce den Unglücklichen mitsamt Gewehr volle zwanzig Meter aus der Gefahrenzone, während die Kugeln ihm um die Ohren pfiffen.« Bierces Tat entspricht auf verblüffende Weise Ernest Hemingways nicht weniger mutigem Einsatz im Ersten Weltkrieg, als er ganz allein einen verwundeten italienischen Soldaten auf dem Rücken zurück zu den eigenen Linien trug, mit dem einen Unterschied allerdings, daß Bierce anders als Hemingway ohne eigene Verletzung davonkam. In beiden Fällen jedoch starben die Geretteten kurze Zeit später und vermittelten den beiden zukünftigen Schriftstellern so ein unauslöschliches Gefühl für die Absurdität allen Heldentums. Wie Hemingway kehrte auch Bierce später an den Schauplatz seines ersten Gefechts zurück, wo er »genau den Felsen wiederentdeckte, an dem [Boothroyd] gelegen hatte«. An der Stelle des ehemaligen Lagers, vermeldete er ironisch, »ist jetzt eine *Rennbahn*«. Sowohl Bierce als auch Hemingway betrachteten ihren mutigen Einsatz als selbstverständlich; Bierce allerdings hielt es nicht für nötig, in der Öffentlichkeit je damit zu prahlen.[17]

Nach stundenlangem Kampf war es McClellans Truppen gelungen, die Stellungen der Konföderation am Rich Mountain auszuhebeln und den Gegner in panischer Flucht nach Norden zurückzuschlagen, wo die Soldaten sich mit Garnetts Truppen am Laurel Hill zu verbünden hofften. Sie konnten nicht wissen, daß Garnett bereits von ihrem Mißgeschick erfahren und zur Vermeidung eigener Verluste beschlossen hatte, die Bergflanke zu räumen und sich zehn Meilen nordöstlich zum Cheat River zurückzuziehen. Bierce und seine Kameraden setzten ihnen hinterher, stellten die Rebellen bei Carrick's Ford und erschossen Garnett am Ufer des Flusses – der erste gefallene General des Kriegs. Unterdessen gelang es McClellan, Pegram und die Hälfte seiner flüchtenden Truppe einzukesseln und gefangenzunehmen. Die Schlacht von Rich Mountain (Laurel Hill wurde allenfalls als kleineres Scharmützel betrachtet) brachte das westliche Virginia unter die Kontrolle der Union und McClellan den Oberbefehl über die Potomac-Armee, wodurch zugleich das acht Tage später stattfindende Debakel bei Bull Run besiegelt wurde. »Soldaten der West-Armee!« tönte McClellan. »Ich bin mehr als zufrieden mit euch. Ihr habt zwei Armeen aufgerieben, die von erfahrenen und geschulten Soldaten geführt wurden und sich in aller Ruhe in den Bergen verschanzen konnten. Ich habe Vertrauen zu euch und bin zuversichtlich, daß auch ihr gelernt habt, mir zu vertrauen.« Vielleicht hatten sie das, nur war es Bierce und dem Rest des Neunten Regiments nicht vergönnt, noch länger in West Virginia zu bleiben und das neugewonnene Vertrauen zu ihrem Kommandanten auf die Probe zu stellen. Zum Ende des Monats hatten sie ihre dreimonatige Dienstzeit abgeschlossen und waren wieder in Indianapolis, wo sie mit einem üppigen Bankett und einer Kostümparade empfangen wurden. Die meisten meldeten sich gleich wieder, als das Regiment Ende August neu aufgestellt wurde, und Bierce wurde, vermutlich aufgrund seiner Heldentat bei Laurel Hill, zunächst zum Sergeant und dann zum Feldwebel befördert. »Die Armee«, schrieb ein ehemaliger Nachbar mit einiger Verwunderung, »schien im jungen Ambrose Eigenschaften zu wecken, von denen zu seiner Zeit in Elkhart nie etwas zu sehen gewesen war« – oder auch in Warsaw, wie man selbstredend hätte hinzufügen können.[18]

Obwohl McClellan volltönend verkündet hatte, »unser Sieg ist vollkommen und die Sezession in diesem Land mausetot«, waren Bierce und sein Regiment alsbald wieder in Virgina, um dafür zu sorgen, daß die Sezession – oder zumindest ihr sich hartnäckig umhertreibender Geist – auch mausetot blieb. Erneut fanden sie sich am Fuß des Cheat Mountain, »zur Sicherung einer Straße, die von nirgendwo Richtung Südosten lief«. Als Veteranen des Sommerfeldzugs, notierte Bierce, »betrachteten uns die anderen als ›altgediente Kämpfer‹. (Dabei mochte das Durchschnittsalter unseres Trupps bei knapp zwanzig Jahren liegen.) Als die Elite der Armee gefielen wir uns in allen möglichen militärischen Marotten; einige gingen sogar so weit, die Uniformjacken stets zugeknöpft zu lassen und ihr Haar zu striegeln. Der Aufgabe, die Aufständischen zu unterdrücken, begegneten wir mit einem Patriotismus, der nicht einen Moment daran zweifelte, daß jeder Rebell ein von Gott und den Engeln verfluchter Teufel sei.« Ihr flammender Patriotismus sollte bald Gelegenheit zur Bewährung bekommen. Robert E. Lee, dem der Verlust West Virginias keine Ruhe ließ, hatte sich höchstpersönlich an die Spitze neuer Truppen gesetzt, um Cheat Mountain von der Union zurückzuerobern.[19]

Bierces bei Elkwater lagerndes Regiment befand sich zu weit abseits, um am ersten glücklosen Angriff der Konföderation auf Cheat Mountain am 12. September zum Einsatz zu kommen, aber am 3. Oktober konnte es in der Nähe des Greenbrier River seine Kräfte gegen die Brustwehren der Rebellen erproben. Das Scharmützel »ist in keinem Geschichtsbuch verzeichnet«, schrieb Bierce, »aber es hat gleichwohl stattgefunden. Sein Hergang läßt sich kurz und knapp wiedergeben. Nach langem Marsch machten wir vor dem befestigten Lager des Feindes auf der gegenüberliegenden Seite des Tals halt. Unser Kommandant war umsichtig genug, uns außer Schußweite des Gegners zu halten, was umgekehrt den Nachteil mit sich brachte, daß der Feind für uns ebenfalls unerreichbar war, da wir über keine besseren Gewehre verfügten. Unglücklicherweise – um nicht zu sagen unfairerweise – war er in Besitz mehrerer gut geschützter Kanonen, mit denen er uns zu seiner größten Zufriedenheit schwer zurichtete. Erbost kehrten wir in unser Lager zurück – einige wenige Tote zurücklassend.« Zu den Gefallenen des Regiments gehörte ein Kamerad namens Abbot, an dessen ungewöhnlichen Tod Bierce sich mit beißendem Sarkasmus erinnerte: »Er hatte sich flach zu Boden geworfen und war von einer ausrollenden Kanonenkugel in die Seite getroffen worden. Später entfernte man die Kugel aus dem Leichnam. Es war ein massives rundes Projektil, das offenbar aus einer privaten Gießerei stammte und den ›Stempel‹ des Herstellers trug: in schwach eingestanzten Buchstaben war der Name ›Abbot‹ zu lesen.« Der neunzehnjährige Bierce war auf dem besten Weg, seinen Sinn für das Groteske zu schärfen.[20]

Zwei Monate später wurden seine Ironie und sein Patriotismus bei einem Einsatz in Camp Allegheny, an der Südspitze des Tygart Valley, auf eine harte Probe gestellt. Brigadegeneral Joseph J. Reynolds, der neue Kommandant, hatte beschlossen, die feindlichen Stellungen bei Buffalo Mountain auszukundschaften, ein Vorhaben, das aus Sicht des rasch zum erfahrenen Veteran gereiften Bierce eher der Absicht diente, »sich den Anschein von Tätigkeit zu geben, als daß damit die Hoffnung auf einen militärischen Erfolg verbunden war«. Statt dessen führte die Operation zu einer schmerzlichen Niederlage der Union. »Hier«, schrieb Bierce, »kämpfte das Regiment sein härtestes Gefecht in West Virginia und ging dabei mit fliegenden Fahnen unter.« Als Bierce Jahrzehnte später an den Schauplatz zurückkehrte, standen die alten Brustwehren der Rebellen noch, auch wenn ihr Holz inzwischen so morsch war, daß Bierce darin mit dem Finger nach Souvenirkugeln bohren konnte (zu seiner Enttäuschung blieb die Suche erfolglos). Die Verteidigungswehren waren so gebaut, daß sie sowohl den vorderen Linien als auch der Nachhut Schutz boten, was sich als weise Entscheidung erwies, da Reynolds seine Männer aufteilte und unter ortskundiger Führung von zwei Seiten angreifen ließ. Nachdem es den beiden Kolonnen erwartungsgemäß nicht gelungen war, sich vor Ort zu einem gemeinsamen Angriff zusammenzuschließen, genossen die Rebellen »den unschätzbaren militärischen Vorteil, der in der Zivilsprache ›Umzingelung‹ heißt«. Bierces Trupp, der von hinten gegen den Feind vorrücken sollte, wurde durch zahllose umgestürzte Baumstämme aufgehalten, ein Umstand, der ihnen vermutlich das Leben rettete, wie Bierce festhielt, da er sie daran hinderte, in geschlossenen Reihen anzugreifen. »Wir suchten hinter den Stämmen Deckung«, schrieb er, »und beschossen den ganzen Tag über die

Kerle hinter ihrer Brustwehr, um dann in einer Gemütsverfassung, die dem Nachwuchs Satans zur Ehre gereicht hätte, den langen Rückzug anzutreten.«[21]

Die Stimmung des Regiments wurde durch das, was ihnen auf dem Rückweg begegnete, kaum gehoben. Bereits beim Marsch an die Front hatten sie »Dinge am Wegesrand liegen gesehen«. Diese »Dinge« hatten sich als die Leichen von Scouts der Union entpuppt, die von »Allegheny Ed« Johnsons Konföderationsarmee in einem vorangegangenen Gefecht abgeschlachtet worden waren. Mit seiner Leidenschaft für das Makabre hatte Bierce sofort einen näheren Blick auf die Toten geworfen und »neugierig die Decken über den tongelben Gesichtern gelüftet. Wie abstoßend sie aussahen mit ihren blutigen Striemen, ihrem leeren, starrenden Blick und ihren unter verzerrten Lippen entblößten Zähnen!« Der Anblick ihrer toten Kameraden machte die Männer des Neunten sprachlos – »noch eine Stunde später brauchte niemand in unseren Reihen zum Schweigen ermahnt zu werden«. Die Truppen waren nicht weniger patriotisch gestimmt als zuvor, bemerkte Bierce, »aber keiner von uns wollte auf diese Weise enden«.[22]

Als sie am nächsten Tag »todmüde und von der Niederlage entmutigt« die gleiche Stelle passierten, mußten Bierce und die anderen überrascht feststellen, daß die toten Soldaten ihre Haltung verändert hatten und ohne Bedeckung dalagen. Die Ursache – und ihre Folgen – war rasch ausgemacht. Eine Herde wilder Schweine hatte die Gesichter der Toten verstümmelt. In der Kurzgeschichte »Der Gnadenstoß« gibt Bierce Jahre später eine genaue Beschreibung des grauenhaften Anblicks: »Fünfzig Yards entfernt sah er auf dem Rücken eines niedrigen, dünn bewaldeten Bergs einige dunkle Objekte, die sich zwischen den gefallenen Männern bewegten – eine Herde Schweine. Eines stand mit dem Rücken zu ihm, die Schultern hochgereckt. Die Vorderfüße standen auf einem menschlichen Körper, der Kopf war gesenkt und unsichtbar. Der borstige Grat des Rückens ragte schwarz vor dem roten Westen auf. Die Schweine warfen, als sie ihn erblickten, ihre karmesinroten Rüssel hoch, betrachteten ihn mißtrauisch eine Sekunde und rasten dann mit einem rauhen gleichzeitigen Gegrunz außer Sicht.« In der realen Situation wurden die Schweine umgehend von den Soldaten erschossen – Bierce nannte es »militärisch exekutiert« –, aber niemand konnte sich dazu durchringen, die Tiere zu verspeisen. »Die Cheat Mountains waren ein ausgezeichnetes Jagdrevier für Großwild«, notierte Bierce trocken, »auch im Jahr 1861.«[23]

Die Gebirgslandschaft West Virginias diente Bierce nach dem Krieg auch in der Kurzgeschichte »Ein Reiter vor dem Himmel« als Kulisse. In ihr tritt der ortskundige Führer, der Bierces Kolonne zum Lager der Rebellen bei Buffalo Mountain geführt hatte, als ein junger, wohlhabender Virginier auf, der sich spontan den Unionstruppen angeschlossen hat. Dieser Verräter Virginias, wie sein Vater ihn traurig nennt, befindet sich als Wachposten in einem Lorbeergebüsch am Rande eines Felsvorsprungs, der mehrere hundert Fuß senkrecht abfällt. Da der Name des Protagonisten, Carter Druse, klanglich eine gewisse Ähnlichkeit mit dem des Autors besitzt, mag ein versteckter Seitenhieb darin stecken, daß er als »der Sohn wohlhabender Eltern, ein Einzelkind« beschrieben wird, das »all jene Behaglichkeit und Bildung und angenehmen Lebensumstände erfahren hatte, die Reichtum und Geschmack verschaffen konnten«. Druse weiß, daß sein Regiment in dieser Nacht einen Überraschungsangriff auf das Lager des Feindes geplant hat, und ist überrascht, als er plötzlich einen berittenen Scout der Konföderation auf der gegenüberliegenden Felsklippe auftauchen sieht. Während Druse noch mit dem Gedanken ringt, den Reiter aus dem Hinterhalt zu erschießen, fallen ihm die mahnenden Worte des Vaters zum Abschied ein: »Tu, was du als deine Pflicht ansiehst.« Er zielt auf das Pferd, so daß Roß und Reiter gemeinsam über den Rand der Felswand in die Tiefe stürzen. Ein Offizier der Unionstruppe, der sich am Fuß der Steilwand befindet, sieht »ein erstaunliches Bild – ein Mann auf einem Pferd ritt durch die Luft hinab ins Tal!« Der Reiter vor dem Himmel entpuppt sich als Druses eigener Vater, und selbst der abgebrühte Sergeant, dem er später die Geschichte erzählt, kann die Tat kaum fassen. »Du großer Gott!« sagt er und geht davon. Die Geschichte ist wie die Erzählungen aus *Der Elternmörder-Club* ein weiteres Beispiel für einen zwanghaften Vatermord, und das Bild des auf seinem Pferd sitzenden Reiters, der lautlos und mit wehendem Haar vom Himmel herabstürzt, ist ebenso gespenstisch wie ergreifend.[24]

Das Gefecht bei Camp Allegheny war für Bierces Regiment das letzte in Virginia. Nach einem frostigen Winter auf dem Cheat Mountain, »einen Paß bewachend, durch den niemand wollte«, wurde die Einheit nach Tennessee verlegt, wo sie im Februar 1862 in Nashville mit Brigadegeneral William Nelsons Division zusammentraf. Die in den Bergen verbrachten Monate hatten bei den Männern eine Art Rip-van-Winkle-Effekt hinterlassen, eine Erfahrung außerhalb der Zeit, die selbst dem übernatürlichen Gleichmut Bierces nicht entgangen war. Dennoch hatte der Einsatz in Virginia offenbar keine richtigen Soldaten aus dem Neunten gemacht. Ihr neuer Brigadekommandant, Oberst William B. Hazen aus Ohio, beklagte bei seiner Ankunft, daß die Männer »sich während der drei Monate Dienst in West Virginia zahlreiche Unarten zugelegt hatten, die nur durch einige Strenge ausgetrieben werden konnten«. Wenn das Regiment Strenge und Disziplin brauchte, war es zweifellos an den richtigen Mann geraten. Der damals einunddreißigjährige William Babcock Hazen, West-Point-Absolvent von 1855 und Berufssoldat, hatte bereits in Oregon gegen Rouge River Indianer gekämpft und war in Texas von Komantschen verwundet worden. Als Kommandant der neuen Neunzehnten Brigade in Nelsons Division der unter Oberfehl von Generalmajor Don Carlos Buell stehenden Army of the Ohio hatte Hazen, ein Jugendfreund des zukünftigen Präsidenten James A. Garfield, seine militärische Ausbildung ein weiteres Mal in die Waagschale geworfen.[25]

Von gedrungener Gestalt und mit stutzerhaftem van-Dyck-Bärtchen, machte Hazen eher den Eindruck eines preußischen Offiziers (später hatte er das Glück, als offizieller Beobachter am siegreichen Feldzug der Deutschen im Französisch-Preußischen Krieg teilzunehmen). In West Point zum Strategie-Offizier ausgebildet, entwickelte er schon früh die für seine gesamte Karriere bezeichnende Eigenschaft, Vorgesetzte zu kritisieren und mit Gleichgestellten zu streiten, was einen aufgebrachten Offizier später zu der Bemerkung veranlaßte, »Hazen war ein Synonym für militärischen Ungehorsam«. Oberst Gideon C.

Moody, der neue Kommandant des Neunten Indiana-Regiments (Milroy war nach seiner Beförderung in West Virginia geblieben, wo er die strafrechtliche Verfolgung den Süden unterstützender Zivilisten aufnahm), wurde von ihm mit dem harschen Befehl empfangen, seine Jungoffiziere jeden Abend antreten zu lassen und ihnen *Die Kriegsartikel* und *Die Armeestatuten* vorzulesen, »bis alle sie vernünftig begriffen haben«. Zu seinem Leidwesen wurde das Regiment nicht nur jeden Morgen zu einem anderthalbstündigen Drill abkommandiert, sondern auch regelmäßig von »Wachen der Militärpolizei« kontrolliert, die strengstens dazu angehalten waren, »lautes Rufen, wie gestern vereinzelt bei der Rückkehr des Regiments zu vernehmen war, zu unterbinden«. Offenbar gab es einige Soldaten im Regiment, die nicht gut auf Oberst Hazen zu sprechen waren.[26]

Bierce gehörte in seiner unverbesserlich eigensinnigen Art nicht zu ihnen; er verehrte Hazen vom ersten Tag an. Hier war ein aus geradem Holz geschnitzter junger Offizier, der bereit war, die Dinge in die Hand zu nehmen, ein Mann, der mit einfachen Soldaten wie mit Generälen frei heraus redete, kurzum, das Ideal eines geborenen Neinsagers wie Bierce. Jahre später lobte der Autor Hazen als »meinen Kommandanten und meinen Freund, meinen Lehrmeister in der Kunst der Kriegsführung. Er war aggressiv, arrogant, tyrannisch, ehrenhaft, aufrichtig, tapfer, ein fähiger Soldat, ein treuer Freund und eine durch und durch kontroverse Persönlichkeit« – was keine schlechte Beschreibung von Bierce selbst abgibt. Zu gegebener Zeit würde Hazen Bierce in seinen persönlichen Stab berufen; vorerst war er einer von viertausend anonymen Männern in Hazens Brigade, ein frischgebackener Feldwebel mit stolzem Bürstenschnäuzer und tiefblauen Augen, der sich alle Mühe gab, seiner ungehobelten Kompanie den richtigen Gleichschritt und das Schultern des Gewehrs beizubringen.[27]

Sehr bald schon sollte die Brigade auf das unter Hazen in Camp Andrew Jackson in Nashville erworbene Spezialtraining angewiesen sein. Am 29. März setzte sie sich zusammen mit dem Rest der Nelson-Division und drei weiteren Divisionen aus Buells Armee in Marsch, um sich mit Generalmajor Ulysses S. Grants starken Unionstruppen zu verbünden, die im Südwesten Tennessees am Westufer des Tennessee River bei Pittsburg Landing kampierten. Grant, der kurz zuvor bei Fort Donelson einen Sieg errungen hatte, bereitete – wenn auch eher nachlässig – einen Angriff auf den Rest der Konföderationsarmee vor, die beim Eisenbahnknotenpunkt Corinth im benachbarten Mississippi, in unmittelbarer Nachbarschaft zum Lager der Union, Zuflucht gesucht hatte. Grants Soldaten hatten ihre Zelte auf einem breiten Plateau aufgeschlagen, das zum Fluß hin in einer fündunddreißig Meter hohen Steilwand aus gelbem Ton abfiel und auf beiden Flanken von zwei schmalen Flüssen begrenzt wurde. Auf dem mit fünf Divisionen besetzten morastigen und zerklüfteten Gelände herrschte ein Gedränge wie auf dem Viehmarkt von Chicago. Dennoch war der Platz von Grants älterem Untergebenen, Brigadegeneral William Tecumseh Sherman, als »exzellenter Lager- und Exerzierplatz« ausgewählt worden. Die Unionssoldaten nutzten ihn allerdings vornehmlich zu ersterem Zweck und waren bemüht, ihre Lage bis zum Eintreffen von Buells Armee aus Nashville so angenehm wie möglich zu gestalten.[28]

Grant glaubte, durch seinen ersten Kriegserfolg in Belmont, Missouri, eine wichtige Lektion gelernt zu haben, nämlich die schlichte Tatsache, daß der Feind ihn ebenso fürchtete wie umgekehrt, so daß »ich von diesem Tag an bis zum Ende des Krieges nie wieder Angst vor einer Begegnung mit dem Feind verspürte«. Eine Einstellung, die sich sehr bald schon als äußerst kostspielig für einen Armeekommandanten erweisen sollte. In seiner leichtsinnigen Entscheidung, das Lager nicht zu befestigen, da die Moral der Truppe durch solche Vorsichtsmaßnahmen sinken könne, wurde Grant durch den rotbärtigen Sherman noch unterstützt, der unbekümmert verkündete, »ich sehe keine Gefahr eines Angriffs auf unsere Stellung«. Einem nervösen jungen Oberst riet Sherman gar, »gehen Sie doch mit Ihrem verdammten Regiment zurück nach Ohio. Kein Feind befindet sich näher als Corinth.« Corinth lag dreiundzwanzig Meilen vom Unionslager entfernt, und Sherman lag mit seiner Einschätzung etwa zweiundzwanzig Meilen daneben. In strömendem Regen war die Konföderationsarmee in Mississippi aufgebrochen und plante noch vor Tagesanbruch einen Überraschungsangriff. Der Kommandant der Südstaatler, General Albert Sidney Johnston, ließ sich durch Grants vierzigtausend Soldaten nicht einschüchtern. »Ich würde es auch mit einer Million aufnehmen«, erklärte er und feuerte seine 44 000 Mann starke Truppe an, »die Agrarsöldner zu vertreiben, die gekommen sind, um euch zu unterjochen und euch eure Freiheitsrechte, euer Eigentum und eure Ehre zu nehmen«.[29]

Bierce und die anderen Agrarsöldner hätten sich über Johnstons verschrobene Beschreibung zweifellos amüsiert, wären sie am Morgen des 6. April nicht damit beschäftigt gewesen, dem Kannonendonner entgegenzueilen. Die Schlacht von Shiloh, so benannt nach einem nahegelegenen Ausflugsziel, hatte im Morgengrauen begonnen, als Johnstons verwegene Rebellen aus den Wäldern jenseits des Lagers brachen, um über die schlafenden Unionssoldaten in ihren Zelten herzufallen und sie wie Maiskolben auf ihre Bajonette zu spießen. Sherman stand neben einer Ordonnanz, als die ersten Grauröcke aus dem Morgennebel auftauchten. Erst als die Ordonnanz von einer Kugel niedergestreckt wurde, begriff Sherman, was da vor sich ging. »Mein Gott, die greifen uns an!« Grant saß gerade in seinem Hauptquartier am Ostufer des Flusses bei Savannah beim Frühstück, als er in der Ferne Geschützfeuer hörte. Schnell seinen Appetit verlierend, bestieg er ein Depeschenboot und ließ sich nach Pittsburg Landing übersetzen, nachdem er eine Eilnachricht an William Nelson geschickt hatte, mit seiner Division schnellstens nachzurücken. »Wenn Sie unverzüglich auf das Schlachtfeld eilen und alles Gepäck am Ostufer des Flusses zurücklassen«, fügte er hinzu, »wäre dies für uns von Vorteil und könnte unsere Rettung sein. Die Truppenstärke der Rebellen wird auf über 100 000 Mann geschätzt.«[30]

Obwohl Grant die Stärke des Feindes weit überschätzt hatte, lag er mit der Einschätzung der Gefahr genau richtig. Nelsons Division – darunter auch Bierce – befand sich gute zehn Meilen von Pittsburg Landing entfernt und war gerade damit beschäftigt, die Dreitagesration an die Männer auszuteilen, als der Hilferuf eintraf. Unverständlicherweise verstrichen weitere kostbare Stunden, bis die Division sich in Marsch setzte. In der Zwischenzeit trieben die Konföderierten die gestandenen Soldaten der Union unaufhaltsam dem Fluß zu; und nur durch den tapferen, wenngleich aussichtslosen Widerstand einer Gruppe Männer aus Benjamin Prentiss' Division, die sich mitten in der Unionslinie in einer flachen Wagenrinne verschanzt hatten, erhielt Grant genug Zeit, seine zerrütteten Truppen in einem mehrere Meilen umspannenden Bogen vom Snake Creek auf der rechten bis Pittsburg Landing auf der linken Seite neu zu formieren. Als Bierces Brigade am gegenüberliegenden Flußufer ankam, geschwächt um ein Drittel ihrer Männer, die sie auf dem Eilmarsch zum Schlachtfeld vor Erschöpfung zurücklassen mußten, herrschte Sonnenuntergang. Beide Seiten waren gleichermaßen geschockt über das Blutvergießen, das sie bis dahin angerichtet hatten. Am Ende der Schlacht hatten sich mehr Amerikaner gegenseitig getötet als im Unabhängigkeitskrieg, dem Krieg von 1812 und dem Mexikanischen Krieg zusammengenommen.[31]

Bierce und seine Kameraden konnten davon natürlich nichts wissen, aber die wogende Menge der Fahnenflüchtigen und Ausreißer am anderen Flußufer zeigte ihnen schnell, welche Hölle sie auf der anderen Seite erwartete. In seiner meisterhaften, im Dezember 1881 in der ›Wasp‹ veröffentlichten Kriegserinnerung »Was ich von Shiloh sah« beschreibt Bierce eindringlich die Szene am Flußufer: »Entlang des geschützten Sandstreifens zwischen der Uferböschung und dem Wasser drängte sich eine wogende Menschenmenge – mehrere tausend Männer. Die meisten waren unbewaffnet, viele von ihnen verwundet, einige tot. Die Mannschaften des Lagers waren mit allen Rängen vertreten; all die Feiglinge, darunter auch einige Offiziere. Keiner von ihnen wußte, wo sich sein Regiment befand, oder ob er überhaupt noch eins besaß. Viele besaßen keins. Die Männer waren besiegt, zerrieben, gebrochen. Sie waren taub für ihre Pflichten und kannten keine Schande mehr. Nie hat sich ein verwirrterer Troß hinter den Linien vernichteter Bataillone eingefunden. Sie hätten eher stur auf der Stelle gestanden und sich Mann für Mann erschießen lassen, als wieder die Uferböschung emporzusteigen. Die tapfersten Männer einer Armee sind ihre Feiglinge. Um alles bemüht, dem Tod durch Feindeshand zu entgehen, sind sie bereit, ihn ohne ein

Wimpernzucken aus der Hand der eigenen Offiziere zu empfangen.«[32]

Auf die Männer aus Bierces Regiment mußte der Tod noch eine Nacht warten. Sie überquerten den Fluß auf einem von zwei hölzernen Dampfbooten, die wie Flaschenkorken zwischen den Ufern hin und her hüpften. Rundum schlugen unablässig Kanonenkugeln ins Wasser und warfen spritzende Fontänen in die Luft, während zwei kleine Geschützboote der Union, »die wie Schildkröten aussahen«, aufs Gratewohl zurückfeuerten. Auf dem Nachbarboot sah Bierce eine junge Frau – »die Ehefrau eines Soldaten«, wie er vermutete – mit einer zierlichen Pistole mit Elfenbeingriff auf dem Oberdeck stehen. Damit, erklärte sie Bierce, würde sie ihrer Pflicht nachkommen, »sollte es zum Schlimmsten kommen«. Auch wenn ihr das Schlimmste erspart blieb, erinnerte sich Bierce voller Stolz daran, »vor diesem kleinen Dummchen den Hut gezogen zu haben«. Bei der fraglichen Dame mag es sich um Ann Wallace, die Frau von Brigadegeneral William H. Wallace, gehandelt haben, die ihrem Mann von La Salle in Illinois aufs Schlachtfeld nachgeeilt war, um bei ihrer Ankunft festzustellen, daß die Schlacht bereits in vollem Gange war und ihr Mann in einem heißumkämpften Frontabschnitt, dem sogenannten »Hornissennest«, Stellung bezogen hatte. Wenn Bierce tatsächlich der Frau von General Wallace begegnet war, sollte sie in Kürze Witwe sein; Wallace starb drei Tage nach dem Gefecht an mehreren Kopfschüssen, nachdem seine Frau sich noch rechtzeitig zu ihm durchgekämpft hatte.[33]

Als das Boot an der Landungsstelle anlegte, mußten Profoswachen den Mob der Flüchtigen mit Bajonetten zurückdrängen; einige sprangen dennoch an Bord und wurden während der Fahrt in den Fluß gestoßen, »wo einer nach dem anderen hilflos ertrank«. Die Männer des Neunten schlugen und stießen sich durch den Mob ans dunkle Ufer. Zentimeter um Zentimeter kämpften sie sich durch die pechschwarze Nacht und bei stechendem Regen zu den Linien am linken Unionsflügel vor. Überall trafen sie auf fremde Regimenter, die in der Dunkelheit flüsternd vom großen Sterben an der Front berichteten. Oft traten sie auf tote oder sterbende Soldaten. Lichtblitze zuckten durch das spanische Moos über ihnen, während Feldsanitäter unaufhörlich Verwundete in die Notlazarette hinter den Linien schafften, von denen Bierce bemerkte, daß »ständig neue Verwundete in die Zelte gebracht wurden, und doch waren sie nie belegt; ohne Unterlaß spien sie die Toten aus, und doch waren sie nie leer. Es hatte den Anschein, als ob die Verlorenen hierhergebracht und ermordet wurden, damit sie nicht das Geschäft derer behinderten, die am nächsten Tag ihr Leben lassen sollten.« Nach endlosen Stunden wich die Nacht dem Morgengrauen.[34]

Unmittelbar nach Tagesanbruch führte Bierce Männer eines Schützenbataillons über eine Wiese, die mit Blutlachen übersät war. Die Luft war elektrisiert vom Versprechen – oder der Drohung – eines neuen Kampfes, aber bis auf den vereinzelten Ton eines feindlichen Signalhorns war die Landschaft totenstill, während die Männer das Feld überquerten. Zerborstene Bäume »neigten ihre grünen Köpfe herab«, ihre Stämme bis auf sechs Meter Höhe von Einschußlöchern zernarbt, während dort, wo Granaten in den Boden gefahren waren, spitze Metallstücke aus schlammigen Trichtern emporragten. Die Hinterlassenschaft des Kampfes lag rundum verstreut: »Rucksäcke, Feldflaschen, von aufgeweichtem und gequollenem Zwieback gedehnte Brotbeutel, die jeden Moment zu platzen drohten, vom Regen in den Boden getriebene Decken, Gewehre mit verbogenen Läufen oder zersplitterten Kolben, Koppel, Mützen und die unvermeidlichen Sardinenbüchsen – die ganze erbärmliche Gerätschaft des Kampfes, die sich auf der aufgeweichten Erde verteilte, soweit das Auge reichte.« Ebenfalls überall verstreut, und für die nachrückenden Männer weitaus bedrohlicher, lagen steife Pferdekadaver, umgestürzte Pulverwagen, zerborstene Protzen und Leichen. Als Bierce den Zug anhalten ließ, um nachrückende Unionstruppen zu einer geschlossenen Front aufschließen zu lassen, begegneten die Männer dem ersten von unzähligen Schrecken dieses neuen Tages. Ein Unionssergeant, »der in besseren Zeiten ein wahrer Riese gewesen sein mußte«, lag mit dem Gesicht nach oben. Jetzt starb er langsam und qualvoll, »die Luft mit konvulsivischem, rasselndem Schnauben einsaugend und sie in schaumigen Flocken ausspeiend, die cremig über seine Wangen liefen und sich an Hals und Ohren sammelten. Gleich über der Schläfe hatte eine Kugel eine tiefe Kerbe gerissen; daraus quoll das Hirn in feinen Klumpen, die flockig und faserig zu Boden tropften.« Bierce zeigte sich verwundert, daß jemand »unter so mißlichen Umständen und mit so wenig Hirn noch leben konnte«. Einer seiner Männer bot sich an, den verwundeten Sergeant mit dem Bajonett von seiner Qual zu erlösen, aber Bierce wies den Gnadenakt ab – »eine solche Tat war unüblich, und außerdem schauten zu viele zu«.[35]

Vor den Unionslinien zeigten sich außer Schußweite berittene Scouts der Konföderation und ließen Bierce und die anderen glauben, die Front des Gegners sei in der Nacht zurückgefallen. Nachdem sie sich ein Stück weit auf offenes Gelände vorgewagt hatten, blieben die Soldaten erneut stehen, um auf das Nachrücken der anderen zu warten. Bierce jedoch hatte anderes im Sinn. Er orderte seinen Zug im Laufschritt vorwärts, um die Plänklerlinie, die sich augenblicklich auf der gegenüberliegenden Seite des Feldes zeigte, zu unterstützen. »In dem Moment – ich vermag es kaum zu beschreiben – schien der Wald in einem Feuerball aufzulodern und mit einem Krachen wie das Aufschlagen einer riesigen Welle am Strand zu verschwinden, wobei das Krachen in ein heißes Zischen und das eklige ›Schmatzen‹ überging, das Blei beim Eindringen in Fleisch verursacht. Ein Dutzend meiner tapferen Kameraden fiel um wie Kegel. Einige richteten sich mühsam auf, um wieder und wieder einzuknicken. Die noch standen, feuerten in das qualmende Gehölz und zogen sich verbissen zurück.« Die Männer hatten schlimmstenfalls damit gerechnet, zwischen den Bäumen auf vereinzelte Plänkler der Rebellen zu treffen; tatsächlich aber »waren wir an eine Schlachtlinie geraten, die ihr Feuer so lange kühl zurückgehalten hatte, bis sie unsere Zähne zählen konnte«. Zum Rückzug gezwungen, führte Bierce seine Männer auf dem gleichen Weg zurück, den sie gekommen waren, während die Erde zu ihren Füßen von einschlagenden Kugeln hochspritzte. Vom raschen Umschlag der Ereignisse überrumpelt – ein ruhiger Morgenspaziergang hatte sich in einen tödlichen Hinterhalt verwandelt –, verlor Bierce dennoch nicht sein waches Gespür für das Lächerliche, indem er festhielt, wie ein junger Offizier, der an dem Vormarsch teilgenommen hatte, mit feierlichem Ernst auf Oberst Hazen zugeschritten war und ihm, als habe noch kein anderer es bemerkt, gemeldet hatte: »Der Feind steht auf der anderen Seite des Feldes, Sir.«[36]

Zur Hauptfront zurückgekehrt, suchten Bierce und die anderen Schutz zwischen mehreren Feldbatterien, die Hazen zur Unterstützung der Angriffslinie herangeschafft hatte. Drei Stunden lang lieferten sich beide Seiten ein Kartätschengefecht, während die Männer der Infanterie ihre Gesichter in den feuchten Boden drückten und abwechselnd den feindlichen Schrapnellhagel oder das ohrenbetäubende Dröhnen der eigenen »verfluchten Geschütze« über sich ergehen lassen mußten. Zum Kräftesammeln vorübergehend von der Front abkommandiert, gelangte Bierces Regiment an der Rückseite der Unionsstellung auf einen Hügel, der eine tiefe Schlucht überblickte. Hier waren am Vortag Männer des Fünfundfünfzigsten Illinois-Regiments in einen Hinterhalt geraten und auf der Flucht durch die Schlucht grausam abgeschlachtet worden. Scharfschützen der Rebellen hatten sich zu beiden Seiten des Hügelkamms aufgestellt und sie wie Schafe abgeschossen, während sie vergeblich die steilen Felswände zu erklimmen versucht hatten. Als Bierce die grausige Szenerie überblickte, bat er um die Erlaubnis, »in das Tal des Todes hinabzusteigen und meine verwerfliche Neugierde zu stillen«. Einmal mehr wurde er durch sein zwanghaftes Interesse für das Makabre mit einem Anblick konfrontiert, den er nie vergessen würde: Hunderte von verwundeten oder toten Unionssoldaten waren durch ein sich rasch ausbreitendes Feuer, ausgelöst durch den Funkenflug der Gewehre, zu Asche verbrannt. Bis zu den Knöcheln in ihrer Asche stehend, untersuchte Bierce die verkohlten Überreste seiner Regimentskameraden, wobei »bei einigen jener unschöne Mangel an Haltung zu beobachten war, den der plötzliche Tod durch die Kugel hervorruft, während der weitaus größte Teil in Positionen der Agonie verharrte, die auf die Qual der Flammen hinwiesen. Die Kleider waren zur Hälfte verbrannt – Haare und Bart ganz; der Regen hatte zu spät eingesetzt, um ihre Nägel zu verschonen. Einige waren zu doppeltem Umfang aufgequollen, andere wiederum auf Zwergengröße geschrumpft. Je nach Intensität der Feuereinwirkung waren ihre Gesichter schwarz und aufgedunsen oder gelb und verschrumpft. Die Kontraktion der Muskeln hatte ihre Hände in Klauen verwandelt und ihren Gesichtern ein häßliches Grinsen aufgesetzt.« Selbst für Bierce war das starker Tobak, und er bricht seine hypnotische Beschreibung des Greuels mit den hämischen Worten ab: »Pfui Teufel! Ich kann die Reize dieser galanten Herren nicht alle aufzählen, die schließlich das bekommen hatten, wofür sie sich freiwillig gemeldet hatten.« Auch hier antizipiert Bierce um gute fünfzig Jahre die ebenso anziehende wie abstoßende Wirkung eines gewaltsamen, häßlichen Todes, wie sie Ernest Hemingway in so makabren Texten wie »Eine Naturgeschichte der Toten« zeigt, der fast schon voyeuristischen Beschreibung verstümmelter italienischer Frauen, die bei der Explosion eines Munitionsdepots getötet wurden.[37]

Bierces Regiment kehrte rechtzeitig an die Front zurück, um drei Angriffe der Konföderation mit abzuwehren, mit denen der Feind die Unionsflanke aufzurollen versuchte. Der Geschützlärm schwoll immer mehr an, bis er einen Augenblick wie verstummt schien – »das Ohr versagte seinen Dienst« –, bevor die Rebellen in wildem Durcheinander den Rückzug antraten. »Blei hatte nach ehernem Gesetz über Stahl gesiegt«, schrieb Bierce, »Heldentum sein wahres Antlitz gegenüber gemeiner Niedertracht offenbart.« Hazen leitete zu Pferd einen Gegenangriff, der die Brigade zurück an den Lagerplatz brachte, den Grants Männer am Tag zuvor aufgegeben hatten, um anschließend erneut von frischen Truppen der Konföderation zurückgeschlagen zu werden, die Bierce und seine Kameraden in Windeseile in den Schutz der nun »geliebten Geschütze« zurücktrieben. Hazen wurde auf dem Rückzug pikanterweise von seiner Truppe abgeschnitten, was ihm nach dem Krieg den bösen Vorwurf einbrachte, seine Männer unter Beschuß im Stich gelassen zu haben. Ganze neunzehn Seiten widmete er in seinen Memoiren der Widerlegung dieser haltlosen Beschuldigung, um schließlich resigniert festzustellen, daß »noch jeder meiner Gegner diese Lüge immer wieder neu gegen mich verbreitet hat«.[38]

Für den Rest des Regiments jedoch war die Schlacht bei Shiloh mit dem kurzen Vormarsch und Rückzug dieses Nachmittags beendet. General Nelson, ein ehemaliger Oberfähnrich der Navy mit scharfer Zunge und herrischem Auftreten, das ihm den wenig schmeichelhaften Spitznamen »Bull« eingebracht hatte, kam persönlich ins Lager und dankte dem Regiment für seine Tapferkeit. Die gesamte Brigade hatte selbstlos gekämpft und 399 Männer verloren, während die durchschnittlichen Verluste in Buells Armee gerade bei der Hälfte lagen. Obwohl an vorderster Front kämpfend, hatte Bierce den Kampf unverletzt überstanden – zumindest physisch. Denn bei allen, die daran teilgenommen hatten, hinterließ Shiloh seine Spuren. Selbst altgediente Soldaten wie William Sherman waren geschockt über das Ausmaß menschlicher Zerstörung. »Die Szenen auf diesem Schlachtfeld hätten jeden Menschen vom Krieg kuriert«, sagte er. Der zukünftige Präsident James A. Garfield, ein Freund Hazens, schrieb an seine Frau: »Ich bin auf dem Schlachtfeld Zeuge unvergleichlicher Grausamkeiten geworden. Kein Glorienschein, der die großartigen Triumphe des Kriegs umhüllt, kann je die unbeschriebenen und nicht in Worte zu fassenden Schrecken dieses Ortes vergessen machen.« Grants Armee hatte einen knappen Sieg davongetragen und die Konföderationstruppen zum Rückzug gezwungen, aber der Erfolg war teuer erkauft. Niemand war auf die Zahl der Opfer vorbereitet – 23 741 Tote, was der doppelten Zahl der Verluste entsprach, die bis dahin insgesamt in den vier großen Schlachten des Kriegs bei Bull Run, Wilson's Creek, Fort Donelson und Pea Ridge zu beklagen gewesen waren. Durch und durch Realist, gab Grant »jeden Gedanken daran auf, daß die Union anders als durch vollständige Eroberung zu retten ist«. Der Südstaatenautor George Washington Cable wiederum fand das passende Epitaph für die vielen tausend Toten, die auf dem Schlachtfeld ihr Leben gelassen hatten: »Nach Shiloh hatte der Süden nie wieder ein Lächeln.«[39]

Die Schlacht markierte einen der entscheidenden Wendepunkte des Bürgerkriegs, und sie bewirkte auch bei Ambrose Bierce eine gänzlich veränderte Sichtweise. Der beinahe märchenhafte Charakter der Kämpfe in Virginia war über Nacht einem wahnsinnigen, blutrünstigen Abschlachten gewichen, wie es die amerikanische Geschichte bis dahin nicht gekannt hatte. Was Bierce in Shiloh gesehen und gehört hatte, würde ihn bis an sein Lebensende begleiten und in einigen seiner besten Geschichten Niederschlag finden. Geschichten, die wiederum eine ganze Generation amerikanischer Schriftsteller unmittelbar beeinflussen und ihr Bild des Kriegs nachhaltig prägen sollten. Der unreife Teenager aus Indiana, der in grausamen Todesträumen geschwelgt und sich auf einsamen Friedhöfen einem fiebrigen Nervenkitzel hingegeben hatte, war nun Zeuge eines organisierten Mordens geworden, das seine kühnsten Phantasien weit in den Schatten stellte. Das nächtliche Übersetzen über den von Geschossen aufgepeitschten Fluß, der Mob der von Angst getriebenen Deserteure, der unwirkliche Marsch durch den Regen an die Front, der sterbende Sergeant, dessen Gehirn »cremig« die Wangen herablief, der plötzliche Hinterhalt aus der Stille, die Schlucht der verkohlten Leichen, das Schrapnell-Zischen und das leise Schmatzen von Kugeln beim Eindringen in den Körper – es scheint wahrlich nicht zu hoch gegriffen, in Ambrose Bierces »Was ich von Shiloh sah« den Urtext aller modernen Kriegsliteratur zu sehen, zumindest aus amerikanischer Sicht. Bierce und seine Kameraden würden in den folgenden drei Jahren noch weitere Kämpfe zu bestreiten haben, aber keiner würde je wieder ähnliche Erfahrungen machen wie an jenem Aprilmorgen in Tennessee. In gewissem Sinne war es das Ende einer Welt; die kommende neue Welt wäre ein kälterer, unwirtlicherer und auch tödlicherer Ort, an dem die geschliffene Rhetorik kriegstreibender Politiker, für Bierce wie für andere, unwiderruflich durch das diskreditiert worden war, was ihr unbedarftes, leichtfertiges Reden angerichtet hatte.

3

Die Wälder von Chickamauga

Einige Wochen nach Shiloh reiste der Gouverneur Indianas, Oliver P. Morton, an die Front, um sich mit eigenen Augen vom Zustand seiner geschätzten Truppen in Tennessee zu überzeugen. Bei seiner Ankunft im nördlichen Mississippi waren die Unionstruppen unter der Führung ihres neuen Kommandanten, Generalmajor Henry »Old Brains« Halleck, der den vorübergehend in Verruf geratenen Grant an der Spitze der Armee abgelöst hatte, gerade dabei, nach althergebrachter Strategie des achtzehnten Jahrhunderts einen Belagerungsring um den Konföderiertenstützpunkt Corinth zu schließen. Morton war kein Militärexperte, brachte aber gegenüber dem Kriegsminister Edwin Stanton seine Besorgnis zum Ausdruck, daß »der Feind in Corinth zahlenmäßig überlegen ist und jüngst weitere Verstärkung erhalten hat. Man bereitet sich augenscheinlich auf einen Entscheidungskampf vor, an dessen Ausgang ihre Führung offenbar nicht den geringsten Zweifel besitzt. Die Folgen einer Niederlage in Corinth sind kaum auszumalen.« Zum Glück für die Union hatte der General der Konföderation, P. G. T. Beauregard, mit eigenen Sorgen zu kämpfen. Seine Gegner waren nicht nur die mehrere Tausend Unionssoldaten, die sich grabend und schaufelnd immer näher an die Stadt heranarbeiteten, sondern die ältesten Geißeln der Menschheit: Masern, Ruhr, Typhus und andere bekannte Infektionskrankheiten. Die Wasserversorgung der Stadt war durch mangelnde Hygiene gänzlich zusammengebrochen; Mitte Mai lag ein Drittel der Konföderationssoldaten in Corinth, etwa achtzehntausend Mann, krank danieder. Hinzu kamen Tausende in Shiloh Verwundeter, die in Häusern, Hotels, Kirchen, Geschäftsräumen und

Bahnhofsgebäuden untergebracht waren und der Stadt eher den Charakter eines Lazaretts als einer Festung gaben. Ambrose Bierce, dem Treiben von außen zusehend, nannte die Stadt zu Recht einen »elenden Ort – die Hauptstadt eines Sumpfs«.[1]

Regen und aufgeweichte Straßen verlangsamten den Vormarsch der Union. Zudem hatte es Halleck auch nicht besonders eilig, nach Corinth zu kommen. Nachdem der Norden in Shiloh nur knapp einer Katastrophe entgangen war, wollte Halleck alles vermeiden, ein zweites Mal von einem gefährlichen und unkalkulierbaren Gegner überrascht zu werden, dessen tatsächliche Stärke er beharrlich um ein Dreifaches überschätzte. Vorsicht, wenn nicht gar Ängstlichkeit, kennzeichneten seinen Führungsstil. Er brauchte nur den unglücklichen Grant mit trüber Miene durchs Hauptquartier schleichen zu sehen, um daran erinnert zu werden, was Leichtfertigkeit für eine vielversprechende Karriere bedeuten konnte. (Grant, der nach seinem blamablen Auftritt in Shiloh zum unbedeutenden zweiten Kommandanten degradiert worden war, erwog ernstlich, ganz aus der Armee auszutreten. Er hätte dies sicherlich auch getan, wenn nicht William Sherman, sein Leidensgenosse in puncto Unvorsichtigkeit, ihn hartnäckig zum Verbleib gedrängt hätte.) Bierce, der Grants Kriegserfolge stets fair einzuschätzen wußte, vertrat wie viele andere Soldaten aus Don Carlos Buells Army of the Ohio die Überzeugung, Buells entscheidende Rolle in der Schlacht von Shiloh sei von Grant und seinen Anhängern bewußt heruntergespielt worden. Noch sechsunddreißig Jahre später beklagte er die weitgehende Mißachtung Buells durch die Historiker. »Buells großes Verdienst«, schrieb Bierce im Dezember 1898 im ›San Francisco Examiner‹, »war die Befreiung von Grants Armee aus der mißlichen Lage, in die sie die Dummheit ihres Kommandanten bei Shiloh gebracht hatte. Die Fakten liegen klar auf der Hand. Am Ende des ersten Tags der Schlacht war Grants Lager in feindlicher Hand und seine Armee ans Flußufer zurückgedrängt (er behauptet, man habe sich freiwillig zurückgezogen). Die Nacht hatte den Kampf vorübergehend unterbrochen. Buell, der am gleichen Abend eingetroffen war, hatte am nächsten Morgen übergesetzt und dreißigtausend Mann in die Schlacht geschickt. In erbittertem

Kampf, der bis zum Abend dauerte, gelang es der Unionsarmee mit vereinten Kräften, verlorenes Terrain zurückzugewinnen und die drohende Niederlage in einen Sieg umzumünzen. Niemand wird diese Fakten leugnen wollen.«[2]

Im Mai 1862 lagen Kontroversen dieser Art noch außerhalb von Bierces Gesichtskreis. Ihm reichte die Gewißheit, Shiloh überlebt zu haben, anders als hundertsiebzig Männer des Neunten Indiana-Regiments, das den höchsten Verlust während des Kriegs zu beklagen hatte. Kurz darauf erkrankte Oberst Hazen an Malaria und mußte fünf Wochen pausieren. Wie sich herausstellte, sollte Hazen nicht viel verpassen. Nachdem die Unionsartillerie Corinth einen ganzen Tag unter Beschuß genommen hatte, zogen Beauregards Konföderierte sich am 29. Mai heimlich zurück, nichts weiter zurücklassend als ein paar Kanonenattrappen und als Rebellen verkleidete Strohpuppen, die wie zum Spott ein breites Grinsen zeigten. »Als wir am Morgen des 30. Mai in die zerstörte Stadt einmarschierten«, schrieb Unionsgeneral Lew Wallace, »fanden wir buchstäblich nichts – nicht einen verwundeten Soldaten, nicht ein rostiges Bajonett und nicht einen Bissen Speck – nur eine verlassene Stadt und ein paar Geschützattrappen.« Die groteske Antiklimax der Situation dürfte so recht nach Bierces Geschmack gewesen sein; er wird laut aufgelacht haben, als Halleck nach dem Einmarsch der Truppen verkündete, man habe soeben »einen grandiosen und wichtigen Sieg errungen, der in die Geschichtsbücher eingehen wird«. Die Soldaten im Feld wußten dies besser, genau wie die Kriegskorrespondenten vor Ort. »General Halleck hat einen der blassesten Triumphe dieses Kriegs errungen«, stellte die ›Chicago Tribune‹ fest, »der letztlich einer Niederlage gleichkommt.« Das war vermutlich etwas überspitzt formuliert; immerhin hatte die Konföderation das Feld geräumt. Bierce kam der Wahrheit schon näher, als er den Corinth-Feldzug »eine feierliche Farce« unter der Führung eines schwerfälligen und unentschlossenen Kommandanten nannte. »Schritt für Schritt«, schrieb er über Halleck, »waren seine Truppen, ständig in Gefechtsformation entwickelt gegen schnelle Vorstöße gegnerischer Plänkler, ständig sich eingrabend gegen Kolonnen, die nie kamen, über dreißig Meilen Wald und Sumpf auf einen Feind vorgerückt, der darauf eingestellt war, bei Feindberührung zu verschwinden wie ein Gespenst beim ersten Hahnenschrei. Es war ein Feldzug der ›Ausfälle und blinden Alarme‹, von Erkundungsvorstößen und Rückzugsmärschen, von Mißverständnissen und Gegenbefehlen.« Nachdem er jede Berührung mit dem Feind so fleißig vermieden hatte, wird Halleck zweifellos aus tiefstem Herzen gesprochen haben, als er Washington wissen ließ, »das Resultat entspricht ganz meinen Wünschen«.[3]

Gouverneur Mortons Ausflug an die Front wurde später von Bierce in der bitter ironischen Kurzgeschichte »Ein Vorpostengefecht« verarbeitet. In ihr schließt sich »unser Freund, der Gouverneur«, einer Gruppe »ausgezeichneter Zivilisten« an, die der Wunsch zum Schauplatz des Kampfes geführt hat, »von den Schrecknissen des Kriegs zu sehen, was sie in Sicherheit sehen konnten«. In Begleitung seines persönlichen Stabs, tadellos beschneidert und zylinderbehütet inmitten des gemeinen Mobs eines Feldlagers, zieht der Gouverneur rasch den Spott der schmutzverkrusteten, Gräben aushebenden Soldaten auf sich, zumal seine »dekorative Bedeutungslosigkeit« in lebhaftem Kontrast zu ihrem eigenen zerlumpten Dasein steht. Beim Besuch eines Regiments seines Landes an der Front ist der Gouverneur überrascht vom Aussehen eines Hauptmanns namens Armisted, den er selbst einige Monate zuvor in Dienst genommen hatte. Obwohl es sich um einen jungen Mann handelt, ist Armisted bereits schwer vom Krieg gezeichnet: »Sein Haar, noch vor wenigen Monaten braun, war grau gestreift. Das Gesicht, gebeizt vom Wetter, war durchfurcht wie von Alter. Eine lange fahlgraue Narbe quer über der Stirn markierte den Hieb eines Säbels; eine Wange war verzerrt und verzogen durch das Werk einer Kugel. Nur eine Frau aus dem loyalen Norden hätte den Mann anziehend gefunden.«[4]

Hinter der letzten Beobachtung verbirgt sich eine bittere Pointe: Armisted, ein Südstaatler, der für den Norden kämpft, ist nur der Armee beigetreten, um den Tod zu finden, nachdem er von der Untreue seiner Frau erfahren hat. Der Gouverneur, dessen ausgestreckte Hand er demonstrativ abweist, flieht beim ersten Anzeichen von Gefahr hinter die Front, während Armisted kühl und entschlossen ein Rückzugsgefecht kommandiert.

Die ganze Geschichte hindurch ist Bierce streng darum bemüht, das prosaische Schicksal des Soldaten mit den lächerlichen Vorstellungen des weltfremden Politikers zu konterkarieren. Als neben ihm ein Soldat von einer Kugel getroffen wird, schaudert es den Gouverneur: »In all dem war nichts vom Glanz des Krieges – keine Spur von Ruhm«, klagt er. »Selbst in seiner Bedrängnis und Gefährdung konnte der hilflose Zivilist es sich nicht versagen, dies mit den prunkvollen Paraden und Truppenschauen zu seinen Ehren zu vergleichen – mit den glänzenden Uniformen, der Musik, den Fahnen und dem Parademarsch. Es war ein häßliches und ekelerregendes Geschäft; für alles Künstlerische in seinem Wesen abstoßend, brutal, von schlechtem Geschmack.« Als sich der Gouverneur beim Rückzug von der Front den Knöchel verstaucht und dem Feind in die Hände zu fallen droht, eilt Armisted mit seinen Männern dem am Boden kauernden Politiker zu Hilfe. In einem kurzen, hitzigen Gefecht werden Armisted und einige seiner Männer getötet, während der Gouverneur überlebt. Neben der Leiche des Hauptmanns findet er einen Brief von dessen Frau – »nichts sonderlich Bemerkenswertes – nur einer schwachen Frau Bekenntnis uneinträglicher Sünde – die Reue einer treulosen Frau, die ihr Verführer verlassen hat«. Der Verführer ist selbstredend niemand anderes als der Gouverneur, für den Armisted, obwohl er die Wahrheit wußte, sein Leben geopfert hat.[5]

»Ein Vorpostengefecht«, eine der besseren Geschichten Bierces, ist eine bittere Abrechnung mit der Vorstellung romantischer Verführung wie auch mit blindem Patriotismus. Die ungewöhnliche Verbindung beider Aspekte kann aber auch als Abschied eines altgedienten Soldaten von den Waffen gelesen werden, als die teuer bezahlte Erkenntnis, daß glühende patriotische Aufrufe letztlich nur der Verführung dienen und oft Ausdruck einer skrupellosen Gesinnung sind. Bierce hat dieses Thema in späteren Geschichten immer wieder aufgegriffen und vielleicht sogar William Dean Howells zu seiner großen Erzählung »Editha« von 1905 inspiriert, in der eine gedankenlose junge Frau ihren widerstrebenden Verlobten zum Beitritt in die Armee drängt und damit seinen Tod im Spanisch-Amerikanischen Krieg besiegelt. (Man muß dabei unwillkürlich an jene englischen Schulmädchen denken, die während des Ersten Weltkriegs auf den Straßen zum Zeichen der Verachtung weiße Federn an wehrfähige Zivilisten verteilten.) Genauso fühlt man sich an die salbungsvolle Malerei der Bürgerkriegszeit erinnert, etwa an George C. Lambdins 1865 entstandenes Gemälde »Die Weihung, 1861«, auf dem ein Mädchen des Nordens mit deutlich sichtbarem Verlobungsring das blumengeschmückte Schwert eines jungen Offiziers – welch eine Symbolik – sanft an die Lippen führt. Auf einer eher persönlichen Ebene schließlich führt uns das Thema zurück zu dem für Bierce ungewöhnlich idealistischen Eintritt in die Armee und seinem späteren Zerwürfnis – ohne zu weit vorgreifen zu wollen – mit Bernice Wright. Weibliche Untreue ist zweifellos eine von Bierces lebenslangen Obsessionen und steht in vielen seiner Geschichten im Vordergrund; insofern ist es gut möglich, daß die lebenslustige, unberechenbare Fatima einen sehr viel stärkeren Einfluß auf Bierces anfängliche Kriegsbegeisterung – und anschließende Ernüchterung – hatte, als bislang vermutet.

Nach der Eroberung Corinths nahm das Neunte Indiana-Regiment an der Verfolgung der sich weit ins Landesinnere von Mississippi zurückziehenden Konföderationstruppen teil, bevor es im Spätfrühling zur Instandsetzung und Bewachung der Memphis & Charleston Railroad im Norden Alabamas abkommandiert wurde. Die Bahnlinie, von Leroy Walker, dem Kriegsminister des Südens, als »das Rückgrat der Konföderation« bezeichnet, war eine der strategisch wichtigen Verbindungen nach Chattanooga, Tennessee, und von dort weiter nach Nashville, Knoxville und anderen Städten in Virginia. Brigadegeneral Ormsby Mitchel hatte sie Anfang Mai in seine Gewalt gebracht und damit die undankbare Aufgabe übernommen, mit knapp achttausend Soldaten etwa vierhundert Meilen feindliches Territorium zu kontrollieren. Dabei wimmelte es in der Gegend von bewaffneten Guerillabanden auf seiten des Südens, die sich »Lederstrumpf-Partisanen« nannten und nach Belieben Unionskuriere aufbrachten oder vermeintliche Sympathisanten des Nordens terrorisierten. Immer wieder kam es zu blutigen Zusammenstößen zwischen den »Lederstrümpfen« und den »Tories« der Union. Die Situation wurde zusätzlich noch durch gerissene Wegelagerer verkompliziert, die ähnlich blaue Uniformen wie Mitchels Truppen trugen, wenngleich sie keine der beiden Kriegsparteien unterstützten. Diese »kostümierten Yankees« raubten und mordeten wahllos und ohne Rücksicht auf die politischen Ansichten ihrer Opfer. Die Unionsoffiziere hatten verständlicherweise ihre liebe Not, zwischen den verschiedenen Outlaw-Gangs und der offiziellen Kavallerie der Konföderation zu unterscheiden, die sich oftmals der gleichen Strategie blitzartiger Überfälle bediente. Es bestand daher die Tendenz, sämtliche Gefangene den Guerillas zuzurechnen und entsprechend mit ihnen zu verfahren – sie also kurzerhand aufzuknüpfen. Dies wiederum führte zu Vergeltungsaktionen des Südens an aufgegriffenen Unionssoldaten und schürte den Haß zwischen Armee und Zivilbevölkerung. (Bierces berühmteste Erzählung, »Ein Vorfall an der Owl-Creek-Brücke«, in der ein Spion der Rebellen seinen unvermeidlichen Tod findet, spielt bezeichnenderweise im Norden Alabamas.)

Ein markantes Beispiel für diese – sowohl im übertragenen wie im buchstäblichen Sinne – schwelende Feindschaft zeigte sich, als Bierces Regiment Anfang Juni Quartier in Athens, Alabama, bezog. Die ansehnliche Kleinstadt, Verwaltungssitz von Limestone County, war wenige Wochen zuvor in heimtückischer Weise von Oberst John Basil Turchin, einem als Turchininoff geborenen russischen Emigranten, und seiner Achten Unionsbrigade überfallen worden. Der schillernde Turchin, je nach Standpunkt des Betrachters als »der russische Blitz« oder »der verrückte Kosak« bezeichnet, hatte sein soldatisches Handwerk als Mitglied der Zarenarmee im Krimkrieg gelernt. Mit typisch europäischer Kaltblütigkeit, was die Behandlung der Zivilbevölkerung angeht, hatte Turchin seine Brigade auf Athens losgelassen, nachdem ein Reiterregiment der Konföderation am Vortag eins seiner Regimenter aus der Stadt gejagt hatte: »Ich halte für zwei Stunden meine Augen geschlossen«, hatte Turchin seinen Soldaten versprochen, die auf diesen Wink hin plündernd, brandschatzend und alles niederwalzend über Häuser und Geschäfte hergefallen waren und jeden niedergemetzelt hatten, der ihnen in den Weg getreten war. Mindestens ein schwarzes Dienstmädchen wurde mehrfach vergewaltigt, und eine schwangere Frau wurde so mißhandelt, daß sie eine Fehlgeburt erlitt und anschließend starb. Die »Schändung von Athens« erhitzte die öffentliche Meinung auf seiten des Nordens wie des Südens und spaltete die Unionsarmee in Turchin-Anhänger und Turchin-Gegner. General Buell gehörte entschieden zum zweiten Lager; er ließ die Vorwürfe gegen den früheren Zaristen durch ein Kriegsgericht prüfen. Gleichzeitig erließ Buell strenge Verordnungen zum Schutz der Zivilbevölkerung und deren Eigentum, die Turchin abfällig als Verordnung »zum Schutz von Kartoffelgärten« verspottete. Und William S. Furay, Korrespondent der ›Cincinnati Gazette‹, warf Buell eine Politik vor, der »mehr am Schutz von Kohlbeeten oder der Unversehrtheit eines befreiten Sklaven gelegen ist als an einem Sieg über den Feind«. Drei Monate nach ihrem ruhmreichen Sieg in Shiloh sah Buells Armee sich im Kreuzfeuer der Kritik.[6]

Bierce schwieg zwar zu Turchin und seinen Taten, hielt aber später mit seiner persönlichen Auffassung von den notwendigen Eigenschaften eines guten Soldaten nicht hinter dem Berg. Als Antwort auf den demonstrativen religiösen Eifer, mit dem Präsident William McKinley und der Rest des Landes im Spanisch-Amerikanischen Krieg ihren imperialistischen Machthunger zu bemänteln suchten, klagte Bierce: »An diesem Krieg kann nur teilnehmen, wer ein von der Mehrheit der Hausbesitzer seines Wahlbezirks unterschriebenes Tugendzertifikat beibringen kann und von seinem Pastor als fromm erklärt wird. Würden die besten Kämpfer meiner alten Kompanie aus den fünfzig Schlachtfeldern des Südens ausgegraben, zum Leben erweckt und mit neuer Jugend beschenkt, würden sie von den Rekrutierungsstellen aufgrund moralischer Untauglichkeit im Kampf gegen spanische Kugeln verächtlich zurückgewiesen! Sie mögen in mancher Hinsicht ein schändlicher Haufen gewesen sein, aber ein jeder von ihnen hätte es spielend mit zehn der frommen Milchgesichter und psalmodierenden Laffen unserer verkommenen Zeit aufgenommen. Pah! Ein Soldat sollte Unmengen Brandy runterstürzen, von Herzen fluchen und ein bekanntes Kartenspiel spielen können, um seine Kameraden um den Monatssold zu bringen. Er sollte wissen, wie man eine

Farm ausraubt, eine Stadt plündert oder den wohlhabenden Zivilisten ausnimmt, ›ohne Rücksicht auf die politische Zugehörigkeit‹.« Bierces friedlich unter der Erde ruhenden Kameraden erfüllten offenbar diese Voraussetzungen. Im August lobte die heimische ›Elkhart Review‹ das »Verdammte Neunte« dafür, »zäher marschieren und kämpfen zu können als jedes andere Regiment der Armee«, um stolz hinzuzufügen, daß »die Jungs unterwegs eine Sau stehlen, braten und verspeisen können, ohne aus der Marschformation auszutreten«.[7]

Solche vielseitigen Talente kamen dem Regiment, dessen Heldentum sehr bald auf die Probe gestellt werden sollte, nur zugute. Nachdem es Mitte August zunächst nach Murfreesboro, Tennessee, verlegt worden war, wurden das Neunte und seine Nachbarregimenter einen Monat später eilig nach Kentucky geschickt, um dem dreisten Einmarsch der Konföderation unter General Braxton Bragg Einhalt zu gebieten. Die Division war inzwischen einem neuen Kommandanten unterstellt, Brigadegeneral William Sooy Smith. Bull Nelson war bereits nach Kentucky vorausgeeilt, um das Kommando über eine neue Division Freiwilliger aus Indiana und Ohio zu übernehmen, die als Nachbarstaaten befürchteten, als nächste an der Reihe zu sein, sollte Kentucky von den anrückenden Rebellenhorden überrannt werden. Während der Nachschub der Union nach Louisville eilte, erlitt Nelson in der Schlacht von Richmond (Kentucky) eine Niederlage, bei der seine zahlenmäßig unterlegene und schlecht gedrillte Division fast 6000 ihrer insgesamt 7000 Männer verlor, davon allein 4300 beim ersten Angriff des Feindes. Gedemütigt durch diesen Mißerfolg, beklagte sich Nelson lautstark und unziemlich über die himmelschreiende Unfähigkeit der Truppen aus Indiana. Hazen, der bei seiner Ankunft in Louisville mit Nelson dinierte, bemerkte sofort, daß der General »eine grobe Abneigung gegenüber Indiana und allen seinen Bewohnern entwickelt hatte. Mit Ausnahme von Gouverneur Morton, dem er stets höchstes Lob zollte, habe ich ihn nie auch nur ein freundliches Wort über einen Menschen aus diesem Staat verlieren hören, dessen bloße Erwähnung für ihn bereits ein rotes Tuch war. Wiederholt hat er mir auseinandergesetzt, wie das Land einst durch den ›Abschaum‹ aus den

Bergen von Kentucky, Tennessee und North Carolina besiedelt wurde; und von seinem Bruder Tom, der Minister in Mexiko war und den er sehr schätzte, behauptete er, er habe während seiner Zeit in Indiana alle guten Manieren verloren.«[8]

Nelson sollte sehr bald durch die Begegnung mit einem waschechten Bürger Indianas in Gestalt des Brigadegenerals Jefferson C. Davies weit mehr als nur seine guten Manieren verlieren. In Begleitung des umtriebigen Morton trat Davies in der Lobby des Galt House Nelson in den Weg und stellte ihn bezüglich seiner abfälligen Äußerungen über Indianas Soldaten im allgemeinen und Jefferson C. Davies im besonderen zur Rede. Nelson, der nicht umsonst Bull hieß, reagierte auf den in aller Ruhe vorgebrachten Vorwurf, indem er den kleineren Davies mit einem gezielten Schlag quer durch die Halle schickte und Gouverneur Morton Gleiches anbot, welcher aber dankend ablehnte. Mit Nelsons rosigem Handabdruck im Gesicht lieh Davies sich von einem Gast in der Lobby eine Pistole und schoß Nelson auf dem eleganten Treppenaufgang des Hotels gezielt in die Brust. »Tom, ich sterbe«, keuchte Nelson General Thomas Crittenden zu, womit er – allen gegenteiligen Beteuerungen zum Trotz – auch recht behalten sollte.[9]

Die Bluttat unter den beiden Generälen hatte für Bierce und sein Regiment wenn auch nicht direkte, so doch nicht weniger drastische Konsequenzen. Buell, der von Washington bereits harsch gerügt worden war, weil er gegenüber der Zivilbevölkerung in Alabama nicht genügend Härte gezeigt hatte und Abraham Lincolns Heimatland nicht schnell genug zu Hilfe gekommen war, drohte nun in Kentucky eine weitere Entscheidungsschlacht, während sein bester Divisionskommandant im Leichenschauhaus von Louisville aufgebahrt lag und sein reuloser Mörder in eben dem Hotel, in dem die Tat verübt worden war, unter Hausarrest stand. Auch Buells Auftreten in der Schlacht von Perryville acht Tage später war wenig geeignet, sein Ansehen bei der Lincoln-Administration zu heben, auch wenn die Union einen knappen Sieg errang. Durch eine meteorologische Täuschung, einen sogenannten »akustischen Schatten«, hatte Buell das nur wenige Meilen entfernte Geschützfeuer nicht gehört, so daß die Hälfte seiner Armee von Braggs

Konföderierten überrannt wurde, bevor er das Kampfgeschehen überhaupt bemerkte. Nur das glückliche Eintreffen neuer Truppen, darunter auch Bierces Regiment, verhinderte am folgenden Tag ein erneutes Aufflammen der Kämpfe, da die Rebellen sich mißmutig zurückzogen, nachdem sie die Dienstlisten der Union um weitere 4200 Namen gekürzt hatten.

Wenige Tage später war auch Buell von der Liste gestrichen, vom Präsidenten kurzerhand entlassen, weil er seinen Sieg nicht ausgenutzt, sondern die Rebellen unbehelligt ins östliche Tennessee hatte abziehen lassen. Sein Nachfolger war Generalmajor William S. Rosecrans aus Cincinnati, in Bierces späterer Einschätzung »ein Wirrkopf erster Güte«. Für Buell, dessen nicht geringster Fehler es war, der falschen Partei anzugehören, war die militärische Karriere beendet. Anläßlich seines Todes dreißig Jahre später beschrieb Bierce seinen ehemaligen Kommandanten im Rückblick als »herausragende Persönlichkeit, die von vielen altgedienten Soldaten der Armee als der fähigste Mann des ganzen Kriegs erachtet wurde«. Hazen bemerkte kategorisch, »General Buell war der beste General, den der Krieg hervorgebracht hat«, um weiter hinzuzufügen, »die Armee war nach seinem Ausscheiden nie wieder so vortrefflich«.[10]

Rosecrans, bei seiner Ankunft von Querelen dieser Art noch gänzlich unberührt, verlegte sein Kommando sogleich zurück ins südliche Tennessee, wo er bei Nashville sein Lager aufschlagen ließ und seiner Streitmacht zur Absicherung territorialer Besitzansprüche den Namen Army of the Cumberland gab (nach dem Fluß Cumberland, der mitten durch Tennessee verläuft). »Old Rosy«, wie sein Spitzname lautete, war nicht der einzige, der in diesem Herbst befördert werden sollte. Auch Ambrose Bierce, gerade erst zwanzig geworden, sah sich eher unverhofft am 1. Dezember 1862 zum Leutnant befördert. Seit seiner Heldentat im Vorjahr bei Laurel Hill hatte er sich keine weiteren – zumindest offiziellen – Verdienste erworben, doch hatte er bislang keinen Tag gefehlt, was angesichts des Massakers von Shiloh und den Massenepidemien vor den Toren Corinths keine geringe Leistung bedeutete. Zudem waren blutige Schlachten in der Art von Shiloh, wie er in einem anderen Zusammenhang bemerkte, immer »gut für jene, die auf eine Beförderung warteten«. Trotz seiner zurückhaltenden Bescheidenheit stieß Bierces Beförderung bei seinen Kameraden in Kompanie C auf wenig Wohlwollen. Die ihm eigene Verschlossenheit, die von vielen als Arroganz ausgelegt wurde, hatte keine der sonst üblichen engen Kameradschaften entstehen lassen. Vergeblich sucht man in seinen Kriegserinnerungen nach den Namen guter Freunde; neben den Vorgesetzten finden bezeichnenderweise nur die beiden unseligen Soldaten Abbot und Boothroyd Erwähnung, die nur dadurch sein flüchtiges Interesse gewannen, daß sie vor seinen Augen ihr Leben ließen. Darüber hinaus »kann man im Militärleben für sich allein sein, wenn man es wünscht«, wie er mit gewisser Zufriedenheit bemerkte. Wenige Tage nach seiner Beförderung gingen bei der ›Elkhart Review‹ eine Reihe von Briefen von der Front ein, in denen Kritik an seinem plötzlichen Aufstieg laut wurde und Bierce übertriebenermaßen als jemand beschrieben wurde, »der bei der Kompanie äußerst unbeliebt ist«. Bierce antwortete auf diese Vorwürfe seinerseits mit einem Brief, der von der Zeitung zwar nicht abgedruckt, zumindest aber dem Inhalt nach wiedergegeben wurde und in dem er dem Blatt vorwarf, ihm sei »großes Unrecht« widerfahren. Die ›Review‹ reagierte mit der gewohnten doppelbödigen Art der Vierten Gewalt, indem sie konzedierte, »Leutnant Bierce hat sich durch Tapferkeit und Disziplin einen Ruf erworben, auf den er zu Recht stolz sein kann. Dennoch würden wir ihm die ungerechte Behandlung seiner Untergebenen auch dann nicht durchgehen lassen, wenn er das Geschick und die Tapferkeit eines Napoleon Bonaparte *[sic]* besäße.«[11]

Die Wurzel des ganzen Problems lag offenbar darin, daß Bierce von oben befördert und nicht von seinen Kameraden dazu vorgeschlagen worden war. Allerdings war dies, zumindest Ende 1862, durchaus keine Seltenheit. Die demokratische Wahl von Regimentsoffizieren, die ursprünglich dazu dienen sollte, den persönlichen Ehrgeiz anzustacheln und den Zusammenhalt der Truppe zu stärken – während sie andererseits in den nachrückenden Soldaten den falschen Glauben weckte, sein Schicksal selbst in der Hand zu halten –, war weitgehend einem professionellen Beförderungssystem auf der Grundlage persönlicher Verdienste gewichen. Bierce war ein ehrenwerter

Kandidat (selbst einer der aufgebrachten Briefeschreiber hatte eingeräumt, er sei »ein guter und tapferer Soldat, der keine Furcht kennt«), und er besaß den weiteren Vorteil, durch seine Zurückgezogenheit keiner besonderen Clique anzugehören. Bierce mag sich an den Wirbel um seine Beförderung erinnert haben, als er Jahre später den typischen Freiwilligen des Bürgerkriegs abschätzig als einen Mann beschrieb, »der sein eigener kleiner General sein will, selbst alle Entscheidungen treffen will und sich gegen jede Unterordnung auflehnt, von der sein Erfolg und sein Wohl letztlich abhängen«. Ob Oberbefehlshaber oder einfacher Leutnant, Beförderungen bei der Cumberland-Armee waren im Herbst 1862 heftig umstritten.[12]

Bierces Regiment hatte die Schlacht von Perryville verpaßt, aber unter »Old Rosy« sollte ihnen solches Glück kein zweites Mal widerfahren. Am Tag nach Weihnachten räumte die Armee ihr Lager und setzte sich in südlicher Richtung nach Murfreesboro in Bewegung, dreißig Meilen unterhalb von Nashville, wo man die Konföderationsarmee bei den Vorbereitungen zu einer Offensive vermutete. Hazens Brigade, jetzt Teil von Generalmajor John M. Palmers Division, wurde dem linken Unionsflügel zugewiesen, dessen Flanke die Verbindungsstraße nach Nashville und die Nashville & Chattanooga Railroad zu sichern hatte, die an dieser Stelle parallel zueinander verliefen, bevor sie weiter nördlich auseinanderstrebten. Rosecrans, der dramatische Ansprachen liebte, hatte seinen Offizieren am Vorabend erklärt, man werde die Rebellen angreifen, »sie aus ihren Löchern treiben und sie zum Kampf oder zur Flucht zwingen!« Zur Demonstration seiner Entschlossenheit hatte er mehrfach mit dem Kaffeebecher auf den Tisch gepoltert. Das Ganze war gutes Theater, nur hegten die Konföderierten ähnliche finstere Absichten. Schlimmer noch, sie brachten der Union eine vernichtende Niederlage bei, als sie im Morgengrauen des 31. Dezember deren rechten Flügel angriffen und ihn wie eine Schwingtür zurückstießen.[13]

Am anderen Ende der Front hockten Bierce und seine Männer um die Feuerstellen und nahmen ihre letzte Stärkung vor der Schlacht zu sich, die Rosecrans ihnen gnädigerweise zugestanden hatte, offenbar darauf vertrauend, daß die benachbarten Rebellen ebenfalls Wert auf ein gutes Frühstück legten, bevor man in den Kampf zog. Um halb sieben wurde das Frühstück durch schweres Kanonen- und Gewehrfeuer gestört, gefolgt von einem konfusen Zwischenspiel, bei dem Bierces Regiment zuerst nach vorn, dann um hundertachtzig Grad kehrt, dann nach links, nach rechts und schließlich wieder nach hinten kommandiert wurde, um den von allen Seiten einfallenden Feind abzuwehren. Zuletzt hieß Oberst W. H. Blake das Regiment einfach zu Boden gehen und abwarten. Allerdings kam dieser kluge Befehl für fünf Männer der Einheit zu spät, die von einer einzigen Kanonenkugel weggemäht wurden.[14]

Kurz darauf war das Regiment wieder auf den Beinen und besetzte eine mit Zedern und Eichen bestandene flache Kuppe, die in späteren Kampfberichten »Round Forest« oder eindrucksvoller »Hell's Half-Acre« genannt wurde. Die kaum sichtbare Erhebung wurde bald zum dominierenden topographischen Merkmal des Schlachtfelds. Rosecrans, der seine Linien im Anschluß an den Überraschungsangriff, der seine Armee bereits um die Hälfte dezimiert hatte, verzweifelt zu schließen versuchte, hatte sich ganz auf den »Round Forest« als letzte Bastion seiner ursprünglichen Frontlinie konzentriert. Den ganzen Morgen über schlugen das Neunte Indiana und seine Nachbarregimenter aus Hazens Brigade Angriffswellen der Konföderierten zurück, darunter eine Attacke des Achten Tennessee-Regiments, bei der der Süden phänomenale 68 Prozent Verluste erlitt, die höchste Verlustquote eines Konföderiertenregiments während des gesamten Kriegs. In der Zwischenzeit formierten sich geflohene Unionsregimenter neu an der Seite von Hazens Männern. Das Neunte Indiana wurde auf seiner Rechten vom Zweiten und Fünfzehnten Missouri unterstützt, angeführt von Brigadegeneral Phil Sheridan, dessen Division als einzige auf dem rechten Unionsflügel beim ersten Angriff der Rebellen nicht auseinandergebrochen war.[15]

Die Konföderierten, durch ihren Anfangserfolg dazu gezwungen, über eine offene Fläche von achthundert Metern vorzustürmen, auf der zuvor die Unionsregimenter gestanden hatten, zogen sich schließlich wie schon im Oktober in Perryville zurück. Am späten Nachmittag rückten in einer letzten verzweifelten Anstrengung zwei Brigaden mit Truppen aus Tennessee und Florida durch das blutgetränkte Baumwollfeld vor »Round Forest« vor, um von Hazens Soldaten in einem Gefecht zurückgeschlagen zu werden, das sich jeder Beschreibung durch den Brigadekommandanten entzog. »Das grausige Spektakel dieses Angriffs läßt sich nur in der Vorstellung wiederholen«, schrieb Hazen, »da alle Worte weit hinter dem tatsächlichen Geschehen zurückbleiben.« Auch Oberst Blake fehlten zur Beschreibung der Heldentaten seines Regiments bei »Hell's Half-Acre« die richtigen Worte, wenn auch nicht die entsprechenden Adjektive: »Keins meiner Worte könnte der unbeugsamen Tapferkeit gerecht werden«, schrieb er, »mit der diese heldenhaften Männer von sieben Uhr früh bis vier Uhr nachmittags die Stellung gehalten haben. Die Offiziere der Neunten Indiana-Infanterie gehören für mich zu den Mutigsten unter den Mutigen.« Dennoch hatten sie für ihren Heldenmut teuer bezahlt: Ein Oberstleutnant, ein Hauptmann und vier Leutnants waren im Kampf getötet oder verwundet worden. Zu den letzteren gehörte der Hufschmied J. D. Braden aus Elkhart, den eine Kugel am Kopf getroffen hatte, während er die Verteidigung des Bahndamms an der Rückseite der Unionslinien dirigierte. Der an seinem eigenen Blut würgende Braden war überrascht, als er Ambrose Bierce an seiner Seite kniend sah; wie viele andere im Regiment hatte er Bierce immer für »kalt und unnahbar« gehalten. Jetzt aber, berichtete Braden, »nahm Bierce meine Hand, um, wie wir beide glaubten, Abschied zu nehmen. Ich sage Ihnen, er hat geweint wie ein kleines Mädchen.« Es mag so gewesen sein – Bierce selbst verlor in gewohnter Weise kein Wort über den Zwischenfall –, sicher jedenfalls ist, daß Bierce den verwundeten Offizier vom Boden hob und ihn durch den Kugelhagel in Sicherheit brachte, was ihm nicht nur die Beförderung zum Oberstleutnant einbrachte, sondern gewiß auch den unermeßlichen Dank des Geretteten.[16]

Während der Schlacht ereignete sich einmal mehr einer jener schauerlichen Vorfälle, an denen Bierces Vorliebe für das Makabre sich weiden konnte. Auf dem Höhepunkt des Kampfes waren Rosecrans und sein Gefolge hinter den Regimentsreihen entlanggeritten, als eine Kanonenkugel der Rebellen haarscharf am Ohr des Generals vorbeirauschte und seinem Adjutanten, Oberst Julius Garesché, den Kopf vom Rumpf trennte. Blut und Hirn spritzten auf Rosecrans' Uniform, während Garesché kopflos zwanzig Schritte weiterritt, bevor sein Körper kraftlos vom Pferd glitt. Bierce mochte den Vorfall mit eigenen Augen gesehen oder auch nur davon gehört haben, jedenfalls ließ er es sich nicht nehmen, in einer Nachkriegskolumne darüber zu berichten. »In der Schlacht von Stones River«, schrieb er im ›Examiner‹, »beabsichtigte General Rosecrans die Moral seiner bedrängten Truppe zu stärken, indem er mit seinem Gefolge die Front gleich hinter der Feuerlinie abritt. Bedauerlicherweise brachte er den Auftritt um den gewünschten Effekt, indem er in wildem Galopp daherjagte, was andererseits seinen Stabschef nicht davon abhielt, sich von einer Kanonenkugel den Kopf wegschießen zu lassen. An diesem Tag gingen gewiß einige Köpfe der Truppe verloren, aber kein zweiter auf so elegante Weise.«[17]

Stones River war eines der erbittertsten Gefechte des Bürgerkriegs und gehörte zu den wenigen Kämpfen, die mitten im Winter stattfanden. Die ganze Nacht über fiel Schnee, und ein bitterer Frost tötete viele Verwundete, während er paradoxerweise anderen das Leben rettete, indem er ihre Blutungen stoppte. Oberst Blake schickte Suchtrupps des Neunten Indiana nach den Verwundeten aus, deren hauptsächliche Arbeit jedoch darin bestand, die Glieder der frisch Verstorbenen geradezurücken. Beide Seiten erlebten eine Höllennacht, vielleicht sogar die schlimmste des ganzen Kriegs. Konföderationsgeneral William Preston klang beinahe wie Ambrose Bierce, als er bemerkte: »Der Frost, die vielen Toten und Verwundeten und die dunklen Zedern, unter denen wir lagerten, boten den wilden Anblick eines dämonischen Banketts.« Bierce selbst hatte eine weitere grausame und schlecht dirigierte Schlacht unbeschadet überstanden, während Dutzende seiner Regimentskameraden aus Indiana auf »Hell's Half-Acre« gefallen waren. Insgesamt zählte sein Regiment hundertdreizehn Tote und Verwundete, während der Verlust der gesamten Brigade bei vierhundertneunundzwanzig lag. Hazen, der kaum zu Übertreibungen neigte, beurteilte die Schlacht bei Stones River kurz und bündig als »die größte Leistung meiner Truppen im ganzen Krieg«. Zur Erinnerung an das Gefecht ließ Hazen wenige Monate später erstmals in der Geschichte des Kriegs einen Heldenfriedhof an der Stelle seiner Verteidigungsstellung bei »Round Forest« abstecken und in dessen Zentrum eine drei mal drei Meter große Gedenktafel mit der Aufschrift errichten: »Hazen's Brigade. Zum Gedenken an ihre Soldaten, gefallen zu Stones River am 31. Dezember 1862. Ihre Gesichter weisen zum Himmel, ihre Füße in Richtung des Feindes.« Auch wenn einige von Hazens Offizieren später das Recht eines Generals anzweifelten, sich selbst ein Denkmal zu setzen, das Monument blieb und wurde zum Vorbild für Tausende weiterer Gedenksteine, die über die Schlachtfelder des Kriegs verstreut sind, während es zugleich das einzige blieb, das noch zu Kriegszeiten errichtet wurde.[18]

Hazens Denkmal spielt in einer von Bierces Schauergeschichten, »Eine fortgeführte Identität«, eine zentrale Rolle. Es geht darin um einen Mann, der in der Morgendämmerung auf einem Hügel steht – ein an sich bereits merkwürdiger Umstand – und plötzlich in einer Viertelmeile Entfernung eine große Kolonne Soldaten eine Straße entlangziehen sieht. Noch alarmierender jedoch ist die Tatsache, daß der aus Infanterie, Kavallerie und Artillerie bestehende Troß völlig lautlos marschiert. Der Mann, offenbar selbst Soldat, ist sowohl über die Stille wie auch über das unnatürliche Timbre seiner eigenen Stimme, mit der er sich laut etwas vorspricht, beunruhigt. Er führt den stummen Zug der Soldaten (von dem er nicht sagen kann, ob es sich um Freund oder Feind handelt) auf das Phänomen des akustischen Schattens zurück, was auf einen Veteranen aus Buells Armee hinweisen könnte. Seine größte Befürchtung allerdings ist, bei den Soldaten könnte es sich um eine Streitmacht der Konföderierten handeln, was bedeuten würde, seine eigenen Unionstruppen hätten die Schlacht von Stones River verloren. Im Schutz seines Verstecks, das bezeichnenderweise in einem »Zedernhain« liegt, läßt der Mann die Phantomarmee passieren, während er geistesabwesend in die Landschaft blickt und sich mit der Hand durchs Haar fährt, als taste er nach einem Einschußloch.[19]

Die Erzählung schwenkt nun auf einen zweiten Mann, einen Arzt aus Murfreesboro, der nach einem nächtlichen Notruf nach Hause zurückkehrt, als ihn in der Nähe des Schlachtfelds von Stones River vom Straßenrand her ein scheinbar verwirrter alter Mann in Zivilkleidung anspricht. Der Mann stellt sich dem Arzt als »Leutnant vom Stab von General Hazen« vor und möchte wissen, »was hier geschehen ist. Wo stehen die Armeen? Wer hat die Schlacht gewonnen?« Der Arzt antwortet mit einer Gegenfrage: »Sind Sie verwundet?« »Nicht ernsthaft«, sagt der Mann. »Ich wurde von einer Kugel getroffen und war bewußtlos. Es muß ein leichter Streifschuß gewesen sein: Ich finde kein Blut und habe keine Schmerzen.« Der Arzt vermutet augenblicklich, der Mann leide unter Wahnvorstellungen, und ruft sich sein Wissen »über verlorene Identität und die Wirkung vertrauter Szenen zu ihrer Wiederherstellung« in Erinnerung. Er spricht den verwirrten Mann darauf an, daß er nicht die Uniform seines Rangs und seiner Truppe trage, und fragt ihn nach seinem Alter. Dreiundzwanzig, lautet die Antwort. »Sie sehen nicht so aus; ich hätte Sie kaum auf dieses Alter geschätzt«, sagt der Arzt, dessen zunehmend skeptischerer Tonfall den Mann verärgert und ihn beleidigt davonziehen läßt. Durch die Einwände des Arztes gleichwohl beunruhigt, betrachtet der Mann seine Hand und fährt sich damit über das Gesicht – beides erscheint ihm in der Tat alt für jemanden, der nur »eine kurze Bewußtlosigkeit« erlitten hat. Als er weiter bemerkt, daß um ihn herum Sommer ist, während die Schlacht von Stones River im Winter stattfand, sagt er sich: »Ich muß lange im Lazarett gewesen sein«, und führt die Gelassenheit des Arztes darauf zurück, ihn für einen »entlaufenen Verrückten« gehalten zu haben. »Ich bin nur ein entlaufener Patient«, sagt er laut. Schließlich gelangt er an ein kleines Stück Land, eingefaßt von einer niedrigen Steinmauer, in dessen Mitte er auf ein verwittertes Denkmal stößt. Natürlich handelt es sich um Hazens Gedenkstein, und der Mann erleidet einen tödlichen Schock, als er sein gealtertes Gesicht in einer Wasserlache sieht und endlich erkennt, daß er durch eine Verwundung im Krieg sein Bewußtsein verloren und die letzten vierzig Jahre seines Lebens ohne Erinnerung zugebracht hat.[20]

»Eine fortgeführte Identität« ist mit knapp fünf Seiten eine eher kurze Erzählung, die aber weitreichende Bezüge enthält, insbesondere wenn man sie vor dem Hintergrund von Bierces eigenen Kriegserlebnissen liest. Ruft man sich die vom Autor oft geäußerte Feststellung in Erinnerung, im Krieg sei ein Teil seines Selbst gestorben, so scheint die Geschichte zu bestärken, daß Bierce und andere Veteranen wie der amnesische alte Mann als »gedungene Mörder« im Dienst der Union fraglos einen wichtigen Teil ihres Selbst verloren. Der Mann in der Erzählung teilt mit Bierce nicht nur Rang und Brigadezugehörigkeit, sondern auch das physikalische Faktum seiner späteren Verwundung bei Kennesaw Mountain. Darüber hinaus besuchte Bierce als alter Mann ebenfalls das Schlachtfeld von Stones River, um einen letzten Blick auf die Schrecken seiner Jugend zu werfen. Dennoch ist die Geschichte mehr als ein bloßes Stück Autobiographie. Wie die Bierce-Expertin M. E. Grenander gezeigt hat, ist »Eine fortgeführte Identität« ein Musterbeispiel der Bierceschen »mimetischen Erzählung«, in der durch eine kunstvoll entwickelte Handlungssequenz beim Leser ähnliche Gefühle geweckt werden wie bei deren Protagonisten (ein Trick, den Hemingway von Bierce übernahm). In Bierces Kriegsgeschichten besteht diese Sequenz in der Regel aus einem vagen Bewußtsein der Gefahr, einer sich rasch steigernden Furcht und einer schicksalhaften – und oft tödlichen – Reaktion, die auf einer gravierenden Fehleinschätzung der Realität beruht. Der Protagonist in Bierces Erzählungen ist meist feinfühlig und intelligent und geht davon aus, sich durch Rationalität aus seiner Lage befreien zu können. Stets jedoch wird er durch seine eigenen Sinne betrogen, die in der Hitze des Gefechts durch widersprüchliche Signale die Orientierung verlieren. Nicht selten gerät die Zeit selbst aus den Fugen und erscheint verlangsamt oder beschleunigt, ein Phänomen, das von Soldaten im Kampf immer wieder bestätigt wurde.[21]

In »Eine fortgeführte Identität« hat die Zeit vierzig Jahre lang stillgestanden. Indem Bierce dem Leser abwechselnd bestimmte Informationen preisgibt, während er andere zurückhält, vermittelt er geschickt den wachsenden Schrecken eines verwirrten und verlorenen alten Mannes, der, wie er selbst zu Beginn der Geschichte sagt, vermutlich aus einem Lazarett »entlaufen« ist. (Es gab und gibt nach wie vor ein großes Veteranenheim in Murfreesboro, unweit des einstigen Schlachtfelds, was erklären mag, wie der alte Mann ganz allein im Morgengrauen in die ihm merkwürdig vertraute Landschaft geraten ist.) Andererseits jedoch zeigt die Geschichte eindrucksvoll, daß niemand seiner Vergangenheit zu entrinnen vermag, selbst wenn es einem gelingt, sie zeitweilig zu vergessen. Früher oder später, scheint Bierce zu sagen, muß man in den Spiegel sehen – was in diesem Fall wörtlich zu nehmen ist – und sich den Folgen seiner jugendlichen Taten stellen. Wie Eliots *Gerontion,* mit dem er große Ähnlichkeit besitzt, ist der Protagonist in Bierces Erzählung »ein alter Mann in einem dürren Monat«, der durch »manchen schlauen Gang« der Geschichte geirrt ist und am Ende seines Lebens, und sei es nur für einen Moment, zu der Frage gedrängt wird: »Gibt es Erlaß für diese Art Erkennen?«

Nach Stones River bezog die Armee in Readyville, Tennessee, ihr Winterquartier. Hazen ließ seine Offiziere sofort in theoretischer und angewandter Taktik unterrichten, wozu tägliches Abhören und regelmäßige Prüfungen gehörten. Zur Pflichtlektüre zählten Jominis *Kriegskunst* und Hardees *Taktik* (in den fünfziger Jahren von dem gleichen William Hardee geschrieben, der nun als Kommandant eines Konföderationskorps nur wenige Meilen entfernt in Tullahoma kampierte). Hazens Ausbildungseifer hatte durch das unselige Erlebnis in Stones River neue Nahrung erhalten. »Die genaue Beobachtung des Betragens und des Zustands unserer Truppen in den vergangenen Tagen hat mich in dem lange gehegten Verdacht bestärkt, daß unsere Armee, verglichen mit den Soldaten, die ich vor gut einem Jahr so sorgfältig ausgebildet habe, unter gravierenden Mängeln in der Regimentsführung leidet«, schrieb er in seinem Gefechtsbericht. »Die berechtigten Hoffnungen unseres Landes werden sich meiner Überzeugung nach nicht erfüllen, solange dieser Inkubus nicht gründlich ausgetrieben wird und junge Männer mit ausgewiesenen militärischen Kenntnissen und Führungsqualitäten ohne Rücksicht auf ihr Dienstalter zu Offizieren gemacht werden. Ich habe auf dem Feld Kompanieoffiziere mit mehr als einjähriger Erfahrung gesehen, die weder die Kraft noch das Wissen hatten, ihre Männer in doppelter Reihe zu formieren.«[22]

Durch die schweren Verluste der Brigade waren im Offizierskorps einige Plätze frei geworden. Einer derjenigen, die die Lücken füllen sollten, war Ambrose Bierce, der am 25. April 1863 zum Oberleutnant befördert wurde. Zunächst diente er vorübergehend als Generalprofos, der über Ordnung und Disziplin im Lager zu wachen hatte. Zu seinen Aufgaben gehörte auch die Mithilfe bei militärischen Exekutionen, eine im allgemeinen ungeliebte Pflicht, die Bierce mit seiner Vorliebe für das Groteske allerdings eher als Abwechslung sah. In einem Fall sollten zwei Unionssoldaten aufgrund »eines außergewöhnlich abscheulichen Mordes außerhalb militärischer Belange« gehängt werden; offenbar hatten sie Zivilisten statt Soldaten des Südens getötet, eine feine Unterscheidung, die damals wie heute von Soldaten immer wieder mißachtet wird. Die Brigade hatte sich zum Schauspiel der zweifachen Hinrichtung um das Schafott versammelt, als einen der Männer im entscheidenden Augenblick der Glaube überkam, wie dies bei Todeskandidaten durchaus nicht unüblich ist. Doch just als er rief, er begebe sich nun »heim zu Jesus«, fuhr in der Nähe ein Zug vorbei und übertönte das innige Bekenntnis des Mannes mit einem hämischen Pfeifsignal. Der ungläubige Bierce war nicht der einzige, der an diesem makabren Scherz Gefallen fand, der, wie er sagte, »den Sinn dieser Versammlung weitaus besser zum Ausdruck brachte als jedes Bekehrungsgelöbnis; und als die Klappe unter den Füßen jenes Freizeitattentäters und seines Kumpans fiel, hingen die Stricke durch die von unten aufbrandende Woge des Gelächters praktisch einige Sekunden schlaff in der Luft. Die beiden sind die einzigen mir bekannten Personen im Jenseits, denen die grausige Ehre zuteil wurde, unter tosendem Gelächter aus dem Diesseits zu scheiden.«[23]

Eine weitere Hinrichtung betraf einen Reiteroffizier, der wegen Fahnenflucht im Gefecht verurteilt worden war. Man hatte dem Offizier die Augen verbunden und ihn breitbeinig über einem Sarg aufgestellt, so daß er nach seiner Erschießung einfach hineinplumpsen und den Totengräbern unnötige Arbeit ersparen würde. Vor der Vollstreckung des Urteils bat der Mann darum, den kommandierenden Offizier sprechen zu dürfen. Nach kurzem Flüstern schüttelte dieser den Kopf, und die Hinrichtung nahm ihren Lauf. Neugierig auf den letzten Willen des Mannes wandte Bierce sich an den Offizier. Offenbar hatte er darum gebeten, bei seinem Ritt auf dem Sarg einen Sattel untergeschoben zu bekommen.[24]

Ende April wurde Bierce für einige Wochen die Aufsicht über die Scouts in Hazens Brigade übertragen. In dieser Zeit nahm er am nächtlichen Überfall auf das Konföderationslager bei Woodbury teil, ein Ereignis, das er in der kurzen Erzählung »Ein vereitelter Hinterhalt« festgehalten hat. In der Absicht, die Rebellen zu überraschen und in einen Hinterhalt zu locken, marschierte die gemischte Schwadron aus Infanterie und Kavallerie, darunter auch Bierces altes Regiment, vierzehn Meilen unbemerkt gegen den Feind. Auch wenn der Plan fehlschlug, weil eine zweite Brigade nicht rechtzeitig aufschloß, gelang es der Dritten Ohio-Kavallerie, ins feindliche Lager einzudringen und eine Handvoll konföderierter Wachen zu töten oder gefangenzunehmen sowie fünfzig Pferde, vier Wagen, acht Maultiere und sämtliche Vorräte zu erbeuten. Die Unionskavallerie stand unter dem Kommando von Major Charles B. Seidel, der in Bierces fiktiver Wiedergabe des Überfalls unter seinem tatsächlichen Namen auftritt. Die Erzählung ist nicht weiter bemerkenswert, endet aber mit einem für Bierce typischen Knalleffekt. Beim Zureiten auf einen dunklen Zedernwald überfällt den Major eine plötzliche Unruhe, als er am Straßenrand die reglose Gestalt eines Mannes stehen sieht. Der Major erkennt in dem Mann den Kavalleristen Dunning, der allein der Truppe vorausgeritten war. Zu Dunnings Füßen liegt ein totes Pferd und im rechten Winkel über dessen Nacken ein toter Rebell. Als der Major anreiten will, hält Dunning ihn durch eine warnende Geste zurück. Seidel reitet zurück, davon ausgehend, Dunning werde ihm folgen und von seinen Beobachtungen berichten. Nach einer Stunde vergeblichen Wartens reitet der Major erneut zu der Stelle und findet Dunning ausgestreckt über dem Nacken seines Pferdes, »seit Stunden tot«; seine Warnung konnte nur ein postmortales Signal gewesen sein.[25]

Im Mai 1863 wurde Bierce als Vermessungsoffizier in Hazens

persönlichen Stab berufen. Hazen, der inzwischen zum Brigadegeneral befördert worden war, hatte Bierce offenbar persönlich für diesen Posten vorgeschlagen. Wodurch er auf Bierces Qualitäten aufmerksam wurde, bleibt ein Geheimnis, da sich in den erhaltenen Brigadebüchern keine auffälligen Lobeshymnen auf den unbekannten jungen Leutnant finden. Vielleicht hatte Hazen von Bierces Rettung des verwundeten Leutnants Braden bei Stones River erfahren; es ist auch nicht ganz auszuschließen, daß Hazen bei der Tat persönlich zugegen war, auch wenn sie in seinem offiziellen Bericht der Schlacht nicht erwähnt wird. Für Bierce selbst lagen die Gründe für seine Ernennung ebenso im dunkeln wie für alle anderen; er schrieb sie »allerlei Kunststückchen im Abteilungshauptquartier« zu und bemerkte, daß Hazen »eine Berufung in seinen Stab offenbar für eine Auszeichnung hielt, die es so klug einzufädeln galt, daß sich daraus keine innerparteilichen Querelen entwickelten und der Friede in jenem Teil des Landes, der nicht heillos miteinander zerstritten war, nicht gefährdet wurde«. Wie dem auch sein mochte, Bierce schied, vermutlich ohne großen Tusch und noch weniger Bedauern, aus dem Neunten Indiana-Regiment aus und teilte fortan eine Baracke mit den Offizieren aus Hazens Stab. Zu seinen neuen Bekannten gehörte auch Hauptmann Sherburne Eaton vom Einhundertvierzigsten Ohio, ein umgänglicher junger Yale-Absolvent, der einige Jahre älter als Bierce war und nach dem Krieg noch zweimal zu wenig glücklichen Anlässen seinen Weg kreuzen sollte.[26]

Weitgehend ungeklärt bleibt auch, wie Bierce die hohe Kunst des Kriegstopographen erlernte. Seine kartographischen Kenntnisse gehen vermutlich auf die Militärakademie in Kentucky zurück, wo während seines einjährigen Aufenthalts Kurse in Ingenieurswesen, Beobachtung und Kartographie auf dem Lehrplan standen. Darüber hinaus hatte er bereits während der Schulzeit in Warsaw ein gewisses zeichnerisches Talent demonstriert, da Bernice Wright sich später erinnerte, wie er sie mit Karikaturen ihrer Mitschüler und Lehrer unterhalten hatte. Dieses Talent kam ihm jetzt zweifellos gelegen, da Bierce nun nicht mehr die tägliche Schinderei im Lager mitmachen und vor allem nicht mehr in vorderster Front kämpfen mußte. Gefahrlos war der Posten eines Vermessungsoffiziers dennoch nicht; im Krieg birgt jeder Dienst seine Risiken. Eine detaillierte Beschreibung seiner neuen Aufgaben gibt Bierce in der Erzählung »George Thurston« von 1883, seiner ersten veröffentlichten Bürgerkriegsgeschichte. »Ob im Lager oder auf dem Marsch, in Baracken, Zelten oder im Feldlager, meine Pflichten als Vermessungsoffizier zwangen mich zu schuften wie ein Biber – den ganzen Tag im Sattel und die halbe Nacht am Zeichentisch, um die Vermessungsergebnisse in Karten umzusetzen. Es war eine gefährliche Arbeit; je näher ich an die feindlichen Linien herankommen konnte, um so wertvoller waren meine Aufzeichnungen und die daraus resultierenden Karten. Bei diesem Geschäft zählten Menschenleben nichts neben der Möglichkeit, den Verlauf einer Straße zu erkunden oder eine Brücke zu skizzieren. Manchmal mußten ganze Kavallerieschwadronen donnernd gegen einen starken Infanterieposten ausgesandt werden, damit die kurze Zeit zwischen Angriff und unvermeidlichem Rückzug dazu genutzt werden konnte, eine Furt auszuloten oder den Kreuzungspunkt zweier Straßen festzustellen.«[27]

Kurzum, es handelte sich um eine gefahrvolle, einsame, aber auch anspruchsvolle Aufgabe, die einem verschlossenen jungen Mann vom Schlage Bierces gerade recht sein mußte. Wie recht, zeigt eine flüchtige Bemerkung in einem ›Examiner‹-Beitrag vom Juli 1887: »Bis auf den heutigen Tag kann ich keine Landschaft betrachten, ohne deren Vorteile für Angriff und Verteidigung zu bemerken; hier ist die geeignete Stelle für eine Feldschanze, dort der ideale Platz für eine Feldbatterie.« Was den technischen Aspekt betrifft, war Bierce vermutlich mit einem Taschenkompaß, einem sogenannten Zirkumferentor, ausgerüstet, der aus zwei vertikalen Messingplatten mit einem Sehschlitz besteht und mit Hilfe einer kurzen Röhre auf einen Pegelstab aufgesteckt werden kann. Die Entfernungen maß er wahrscheinlich eher mit eigenen Schritten aus, als daß er dazu eine der üblichen sechzig Fuß langen Ketten benutzte, wie aus einer handschriftlichen Notiz auf dem Rücken seiner Kladde aus dem Bürgerkrieg hervorgeht: »Durchschnittliche Schrittlänge 18 auf 50 Fuß = 2 $^{7}/_{9}$ Fuß, 2 $^{7}/_{9}$ Fuß = 2 Fuß 9 $^{1}/_{3}$ Zoll.«

In Anbetracht der Gefährlichkeit seines Jobs war es zudem unerläßlich, die Ausrüstung möglichst klein und handlich zu halten. Nach der Rückkehr ins Lager zeichnete Bierce von Hand die Karten, wobei er sich häufiger auf seine Erinnerung als auf seine Aufzeichnungen verlassen mußte, da »unsere häufigen Scharmützel mit konföderierten Vorposten, Patrouillen und Spähtrupps meinem Gedächtnis ein lebhaftes und offenbar unauslöschliches Bild einprägten, das an die Stelle exakter Aufzeichnungen zu treten hatte, die anzufertigen wahrlich nicht immer ganz einfach war, wenn die Gewehre krachten, die Säbel klirrten und die Pferde wild durcheinanderrasten. Diese munteren Treffen waren rot eingetragene Beobachtungen.«[28]

Am 23. Juni 1863 räumte die Cumberland-Armee ihr Lager in Readyville und setzte sich endlich in Richtung Süden in Bewegung, nachdem die Lincoln-Administration Rosecrans seit Monaten vergeblich dazu gedrängt hatte. Ihr Ziel war Chattanooga, wo zwei der wichtigsten Bahnlinien der Konföderation, die East Tennessee & Virginia sowie die Memphis & Charleston, sich kreuzten und den östlichen mit dem westlichen Teil des Südens verbanden. Nach einer Reihe glänzender Täuschungsmanöver gelang es Rosecrans, Braxton Bragg aus seinen Verteidigungsanlagen bei Tullahoma zu drängen und die Rebellen zum Rückzug nach Chattanooga zu zwingen. Hazens Brigade ging bei Poe's Tavern, zehn Meilen oberhalb der Stadt, in Stellung, während Rosecrans den Großteil seiner Truppen weiter nach Süden führte, um bei Bridgeport, Alabama, den Fluß zu überqueren und dem ahnungslosen Feind in den Rükken zu fallen. Hazen zog derweil alle Aufmerksamkeit auf sich, indem er »ein sinnloses, aber weithin hörbares Feuerwerk« veranstaltete. Der Plan schien zunächst aufzugehen, doch nachdem Hazens Brigade zum Rest der Armee aufgeschlossen und an einer Furt den Fluß überquert hatte, zog man in ein vom Gegner geräumtes Chattanooga ein.[29]

Rosecrans hätte gut daran getan, es dabei zu belassen und den beachtlichen Gewinn an Boden abzusichern, wozu sein Stellvertreter, Generalmajor George Thomas, ihm riet. Doch Rosecrans, der vom Kriegsministerium eine Reihe ungehaltener und verletzender Telegramme erhalten hatte, in denen er aufgefordert wurde, »der Rebellion den entscheidenden Schlag zu versetzen«, gönnte seinen Truppen nur eine kurze Verschnaufpause, um sie dann in drei Kolonnen aufzuteilen und unüberlegt Bragg durch die gebirgige Wildnis im Nordwesten Georgias hinterherzusetzen. Mit dem Vorteil, es nachträglich besser zu wissen, schrieb Hazen in seinen Memoiren: »Sobald wir auf unserem Marsch nach Georgia kamen, war für jeden ersichtlich, daß wir keiner flüchtenden Armee folgten, sondern einem Feind, der sich aus strategischen Gründen zurückfallen ließ.« Sein frisch rekrutierter Vermessungsoffizier Bierce räumte ebenfalls ein, »wir wußten sehr wohl, daß ein Kampf bevorstand: Allein die Tatsache, daß wir ihn unter allen Umständen vermeiden wollten, hätte uns warnen sollen, da Bragg sich stets dann zurückzog, wenn wir die Auseinandersetzung suchten, und selbst angriff, wenn wir nichts sehnlicher als eine Kampfespause wünschten. Wir hatten ihn aus Chattanooga vertrieben, ohne unsere eigene Armee komplett dort zu sammeln, und sein Rückzug war so bereitwillig erfolgt, daß unseren Truppen, die ihm in Sichtweite folgten, weit mehr daran gelegen war, nicht den Anschluß an den Rest der Armee zu verlieren als die Verfolgung fortzusetzen. Bis Rosecrans seine drei verstreuten Kolonnen wieder vereint hatte, waren wir weit vor Chattanooga und unsere rückwärtige Verbindungslinie so schwach, daß Bragg sich unversehens umwandte und uns abzuschneiden versuchte. Die Schlacht von Chickamauga wurde um die Vorherrschaft über eine Verbindungsstraße gekämpft.«[30]

Braggs Plan sah in der Tat vor, die Hauptrückzugsader der Unionsarmee, die durch die Rossville-Schlucht verlaufende LaFayette Road, abzuschneiden. Gelang dies, konnte er den Feind Stück für Stück vernichten, wie ein Fuchs ein wehrloses Huhn zerpflückt. Doch Rosecrans durchschaute das Vorhaben des Gegners in letzter Sekunde und zog seine fußmüden Truppen in einem verzweifelten Gewaltmarsch am Westufer eines tief abfallenden, unheilvoll erscheinenden Flusses namens Chickamauga zusammen, was in der Sprache der Cherokee »schlechtes Wasser« bedeutet. Der ungastliche Name und Ruf des Flusses rührte von einer Pockenepidemie, der ein am Flußufer lebender Zweig des Stammes zum Opfer gefallen war; Historiker mit mehr Sinn für das Dramatische als Kenntnis der Indianersprache hatten das Wort mit »Totenfluß« übersetzt, auch wenn sie damit im nachhinein prophetisches Gespür bewiesen.

Die Schlacht begann am Morgen des 19. September, und von Beginn an war klar, daß sie blutiger sein würde als alle vorherigen, einschließlich der Kämpfe von Shiloh und Stones River. Von Norden nach Süden folgte eine Angriffswelle der nächsten, wobei die Konföderation, nach den Worten Bierces, »auf das Gesetz der Wahrscheinlichkeit setzte: von unzähligen Angriffen müßte einem der Durchbruch gelingen«. Der Ort der Schlacht, auf dem dichte, rankenüberwucherte Waldstücke mit einzelnen freien Ackerflächen abwechselten, begünstigte das Abschlachten; durch dichten Pulverdampf hindurch stolperten die Einheiten zwischen den Bäumen umher, traten dann blinzelnd auf freies Feld hinaus, wo sie von den auf der gegenüberliegenden Seite im Wald versteckten Scharfschützen und Artilleristen des Gegners in Windeseile niedergemäht wurden. Hazens Brigade war zunächst bei der Abwehr eines Angriffs von Brigadegeneral Preston Smiths Tennessee-Regiment eingesetzt, wobei ihnen kein Geringerer als John Basil Turchin, inzwischen General einer eigenen Brigade, zu Hilfe eilte. Turchin war im Anschluß an die sechzehn Monate zurückliegende Plünderung von Athens wegen »undisziplinierten und unmilitärischen Verhaltens« relegiert worden, anschließend aber von Abraham Lincoln auf Druck radikaler Republikaner (und zugleich als Demonstration seiner eigenen »harten Kriegslinie«) in die Armee zurückgeholt und befördert worden. Hazens Männer hatten sich zur LaFayette Road zurückfallen lassen und mit neuer Munition eingedeckt, um sich anschließend weiter rechts bei einer als Brotherton Cabin bekannten Hütte wieder in die Front einzureihen. Ahnungslos begaben sie sich dabei an einen Frontabschnitt, der für die Union zum Desaster zu werden drohte. Die »Little Giants«-Division unter Generalmajor A. P. Stewart schickte sich soeben an, die Unionsfront in der Mitte zu durchbrechen und auf einen kahlen Hügelkamm vorzustoßen, auf dem lediglich zwanzig Unionskanonen und ein paar versprengte Regimenter die Rebellen von der Straße nach Chattanooga trennten.[31]

Hazen schickte seine Brigade eilig vor, den Vorstoß der Konföderierten zu verzögern – ihn abzuwehren schien unmöglich –, während er gleichzeitig »aus sämtlichen mir zur Verfügung stehenden berittenen Offizieren und Soldaten«, darunter auch Bierce, eine Schützenlinie zur Unterstützung der Artillerie auf dem Brotherton Ridge zusammenzog. Den Sieg spürend, durchbrachen unterdessen die Konföderierten unter Führung von Brigadegeneral William Bate die dürftige Unionslinie und preschten geradewegs über eines der tödlichen offenen Felder von Chickamauga auf den Hügelkamm zu. Auf Kommando feuerte die Unionsartillerie aus zwanzig Kanonen eine Kartätschenladung gegen den Feind. »Etwa fünf Minuten lang, die mir wie eine Stunde vorkamen«, schrieb Bierce, der direkt hinter den Geschützen stand, »war nichts weiter zu hören oder durch den Pulverdampf hindurch zu sehen als das infernalische Dröhnen der Kanonen und eine riesige Staubwolke, die sich über dem zerpflügten Boden erhob. Als alles vorüber war und sich die Staubwolke verzogen hatte, bot sich ein unbeschreibliches Bild des Grauens. Die Konföderierten waren noch da – bis auf den letzten Mann, wie es schien –, einige sogar unmittelbar vor der Mündung unserer Kanonen. Nur befand sich keiner dieser tapferen Männer mehr auf den Beinen, und alle waren von einer dicken Staubschicht überzogen, so daß es den Anschein machte, als hätte man sie in gelbe Uniformen gesteckt. ›Wir begraben sogar unsere Opfer‹, sagte ein Kanonier grimmig.«[32]

Die draufgängerischen Konföderierten zogen sich hinter die LaFayette Road zurück, und beide Armeen verbrachten im dichten Unterholz zu beiden Seiten der Straße auf ihren Gewehren liegend eine schlaflose Nacht. Bierce sprach mit untypischer Einsilbigkeit von einer »Nacht des Wachens«. Für die vielen tausend Verwundeten und qualvoll Sterbenden, die ohne Aussicht auf Hilfe auf den Stoppelfeldern und im dichten Unterholz lagen, um die sie von Tagesanbruch bis zum Einbruch der Dunkelheit wie die Derwische gekämpft hatten, war die frostkalte Nacht weitaus schlimmer. Wie in Shiloh flammten unentwegt Buschbrände auf, denen all jene zum Opfer fielen, die sich aufgrund ihrer Verletzungen nicht fortschleppen konnten. Da es sich um einen ungewöhnlich trockenen September handelte, quälte die Unionssoldaten der Durst, während die Konföderierten ihren am Chickamauga Creek stillen konnten. Dutzende Föderierte starben an einem trüben Viehtümpel in unmittelbarer Nähe zum Hauptquartier der Union bei Widow Glenn's Cabin, wobei ihr Blut die schaumige Wasseroberfläche färbte und dem Gewässer den schaurigen Namen »Bloody Pond« einbrachte. Schlimmer noch waren die Schreie der Verwundeten, die die eisige Nachtluft noch weiter als gewöhnlich trug. Ein Unionist aus Kentucky erinnerte sich mit Schaudern an »das erbarmungswürdige Schreien und Stöhnen der elenden Verwundeten bei Freund und Feind, die in Hörweite auf beiden Seiten der Linien durch die frostklare Nacht hallten. Nie zuvor hatten sich uns die Schrecken des Krieges so grausam gezeigt. Ihr klägliches Rufen nach Wasser war deutlich zu vernehmen, und vereinzelt waren die gequälten, halb wahnsinnigen Schreie von Verwundeten zu hören, die nach einem Kameraden oder Freund riefen. Für das Achte war dies zweifellos die schlimmste Nacht während des gesamten Kriegs.« Ein Sterbender rief stündlich mit immer schwächerer Stimme: »In Gottes Namen, kommt und helft mir!«, bevor sein markerschütterndes Flehen schließlich verstummte.[33]

Als die Sonne sich rot im Morgendunst erhob, hing über dem Schlachtfeld immer noch dichter Pulverqualm. Der zukünftige Präsident James A. Garfield, zu der Zeit Rosecrans' Stabschef, verkündete vor der Tür von Widow Glenn's Cabin unheilvoll: »Dies wird ein wahrhaft blutiger Tag.« Hazens Brigade hatte sich mit der Unionsarmee in der Nacht parallel zur LaFayette Road in nordöstlicher Richtung abgesetzt und war bei Tagesanbruch emsig damit beschäftigt, am südlichen Zipfel von Kelly's Field Brustwehren zur Abwehr des erwarteten Angriffs der Rebellen zu errichten. Der erfolgte auf dem Fuße durch die herausragende Division des irischen Generalmajors Patrick Cleburne. Neunzig Minuten lang rannten die Konföderierten hartnäckig gegen die Unionsstellung an, ohne auch nur eine Lücke in die provisorischen Verteidigungsanlagen reißen zu können. Die Bedeutung der bescheidenen Brustwehr, über deren Errichtung Divisionskommandant Richard W. Johnson sogar mit

Hazen gestritten hatte, wird an der Diskrepanz der Verlustzahlen ersichtlich, die Union und Konföderation in diesem Frontabschnitt erlitten. Brigadegeneral Lucius Polk beispielsweise verlor auf Südstaatenseite binnen weniger Minuten 350 Soldaten, während Brigadegeneral Charles Cruft, dem die Attacke galt, nicht einen Mann verlor und der neben ihm kämpfende Hazen lediglich 13 im Gegensatz zu 400 Toten am Vortag zu beklagen hatte. Mit feinsinnigem Understatement bemerkte Hazen dazu: »An diesem Beispiel zeigte sich deutlich der Vorteil einer geschützten Verteidigung.«[34]

Nach Abwehr des Angriffs hatten Hazens Männer noch je vierzig Schuß Munition in ihren Patronentaschen, während die Protzenkisten der sie unterstützenden Artillerie (die soeben Rebellengeneral James Deshler füsiliert hatte, indem sie ihm buchstäblich das Herz aus dem Leib geschossen hatte) leer waren. Hazen sandte Bierce nach rechts, um für Nachschub zu sorgen. Kurz darauf entdeckte Bierce einen Ausrüstungszug mit mehreren Munitionswagen, aber der verantwortliche Offizier war unwillig, sie Bierce mit auf den Weg zu geben – »er zweifelte an der Kontrolle unserer Truppen über das Gebiet, durch das ich die Wagen geleiten wollte«. In seinem neuen Amt als Stabsoffizier schien Bierce dazu auserkoren, bei allen entscheidenden Schlachtetappen in Chickamauga zugegen zu sein. Die dramatischste stand kurz bevor. In Begleitung des mißtrauischen Zugoffiziers ritt Bierce einen flachen Hügelkamm hinauf, der sich unmittelbar hinter Brigadegeneral Thomas Woods Division im Zentrum der rechten Unionsflanke erstreckte. »Zu meinem Erstaunen«, schrieb Bierce, »blickte ich auf einen dichten Schwarm Konföderierter; die gesamte Landschaft schien sich auf uns zu zu bewegen! Sie rückten zu Tausenden vor, noch dazu so flink, daß wir gerade noch Zeit hatten, die Pferde herumzureißen und hügelabwärts zu galoppieren, den Munitionszug, bei dem die meisten Wagen durch das panische Wendemanöver umgekippt waren, dem Feind überlassend.«[35]

Bierce war soeben Zeuge des vermutlich dramatischsten Durchbruchs des Krieges geworden. Wood, der von Rosecrans den überstürzten Befehl erhalten hatte, eine nicht existierende Lücke in der Föderationsfront zu schließen, hatte seine Position in genau dem Augenblick verlassen, als fünf Divisionen der Konföderation bei Brotherton Cabin die LaFayette Road überquerten und in die nun weithin sichtbare Lücke vorstießen, die Woods Abzug in die Unionsflanke gerissen hatte. Der Zeitpunkt ihres Angriffs hätte für die Rebellen nicht günstiger und für den Norden nicht schlimmer sein können. Die halbe Unionsarmee, darunter auch ihr böse gefoppter General, floh vom Schlachtfeld, während einige Soldaten noch riefen: »Wir sehen uns in Ohio!« Rosecrans gehörte der Ehre halber nicht dazu. Er gab den Männern seines Stabs, denen die feindlichen Kugeln um die Ohren pfiffen, die knappe Anweisung: »Wenn Ihnen Ihr Leben lieb ist, beeilen Sie sich, hier fortzukommen.« Ein Ratschlag, den die wenigsten brauchten.[36]

Zusammen mit James A. Garfield ritt Rosecrans hinter dem Schlachtfeld über die Dry Valley Road Richtung Norden nach Rossville Gap und Chattanooga, sich einen Weg durch den Strom der flüchtenden Fußsoldaten bahnend. Garfield bemerkte, daß Rosecrans wie abwesend schien, »als ob er nichts sah oder hörte«, von psychischer und physischer Erschöpfung übermannt. Rosecrans, ein frommer Katholik, gab vor, die Jungfrau Maria um Hilfe anzurufen – was durchaus zutreffen konnte. An einer Weggabelung stiegen beide vom Pferd, legten nach Art der Indianer ein Ohr an den Boden und lauschten dem fernen Geschützlärm vom Schlachtfeld. Anschließend entspann sich zwischen beiden eine kurze Diskussion über das weitere Vorgehen, deren Inhalt aus Gründen der Selbstrechtfertigung später in unterschiedlichen Versionen wiedergegeben wurde. Rosecrans behauptete, Garfield hätte sich geweigert, mit neuen Befehlen nach Chattanooga zu reiten, so daß er gezwungen war, dies selbst zu tun. Garfield seinerseits erklärte, er hätte sich lediglich angeboten, umzukehren und in Erfahrung zu bringen, wie Thomas sich auf der linken Unionsflanke hielt. Wer auch immer recht haben mochte, Rosecrans bestieg sein Pferd und eilte nach Chattanooga, von wo aus er ein verzweifeltes Telegramm an Abraham Lincoln richtete: »Wir haben eine vernichtende Niederlage erlitten; Ausmaß noch unbekannt.« Garfield war unterdessen zur linken Flanke der Union gestoßen, wo Thomas auf einem hufeisenförmigen Vorsprung namens Snodgrass Hill Stellung bezogen hatte. Siebzehn Jahre später beförderte Garfields bedeutungslose Rückkehr zum Schlachtfeld, von seinen Parteigängern zu »Garfield's Ride« stilisiert, den Politiker aus Ohio geradewegs ins Weiße Haus, aus dem ihn die Kugel eines Attentäters umgehend wieder hinausbeförderte.[37]

Auch Ambrose Bierce gelangte auf Umwegen gerade noch rechtzeitig zu Thomas, um den Schlußakt im blutigen Drama von Chickamauga mitzuverfolgen. »Über General Garfields Heldentum ist sehr viel dummes Geschwätz verbreitet worden«, schrieb Bierce. »Nachdem der Feind ihn auf der rechten Flanke in die Flucht geschlagen hatte, kehrte er kurzerhand um und kämpfte auf der standhaften linken unter General Thomas weiter. Dazu bedurfte es wenig Heldenmuts; es war die Pflicht eines jeden Mannes in der Armee, einschließlich ihres Kommandanten. Auch ich habe so gehandelt und nie erwartet, deswegen zum Präsidenten ernannt zu werden.« Bei Snodgrass Hill stellte sich die verbliebene Hälfte der Armee einem letzten verzweifelten Gefecht, begünstigt durch die topographische Lage und die schiere Erschöpfung der anrennenden Konföderierten, von denen viele am Ende ihrer Kräfte waren, nachdem sie die Föderierten mehrere Meilen durch unwegsames Gelände verfolgt hatten. Bei seiner Ankunft schloß Bierce sich Thomas an, nachdem ihm zuvor Korpskommandant James S. Negley in umgekehrter Richtung entgegengekommen war. Bierce bemerkte später, er habe Negley vorgeschlagen, »umzukehren und gemeinsam den Sieg zu erringen oder zu sterben. Bedauerlicherweise wurde mein großherziges Angebot recht unwirsch abgewiesen, was ich rücksichtsvoll mit der offenkundigen Geistesabwesenheit des Generals entschuldigte. Sein Geist, denke ich, war in Nashville, hinter einer Brustwehr.«[38]

Thomas, ein untersetzter, behäbiger und unerschütterlicher Virginier, der fest auf seiten der Union stand (einige Jahre zuvor hatte er eine reiche Erbin aus New York geheiratet), dirigierte den Widerstand der Föderierten mit stoischer Ruhe, wenn nicht gar mit übermenschlicher Entschlossenheit, die ihm später bei seinen Bewunderern den Ehrentitel »Fels von Chickamauga« einbrachte. Sein Gleichmut begann jedoch zu wanken, als sich plötzlich im Rücken seiner linken Flanke eine Kolonne Soldaten näherte. Ihr Aufmarsch wurde von einer großen Staubwolke begleitet, so daß Thomas nicht ausmachen konnte, ob es sich um Unionisten oder Konföderierte handelte. Einmal mehr war Bierce im richtigen Moment zur Stelle. »Als ich meinen Blick sehnsüchtig nach hinten richtete«, schrieb er, »entdeckte ich plötzlich aufblitzendes Metall in der Sonne: hinter unseren Linien zogen neue Truppen auf! Meinen bedeutenden ›Fund‹ meldend, beauftragte mich der General, ihre Identität in Erfahrung zu bringen. Ich ritt auf sie zu, bis ich unsere Männer erkannte, überbrachte die freudige Botschaft an die Front und wurde noch einmal losgeschickt, sie zur Stellung des Generals zu geleiten.«[39]

Die frischen Truppen gehörten Generalmajor Gordon Grangers Reservekorps an, das etwa drei Meilen hinter der Front am Missionary Ridge sein Lager hatte. Ohne Marschbefehl erhalten zu haben, war Granger allein dem Kampflärm gefolgt und gerade noch rechtzeitig eingetroffen, um Thomas bei der Abwehr eines weiteren Ansturms der Konföderierten gegen den zerklüfteten Felshang zu unterstützen. Nachdem er Granger zu Thomas gebracht hatte, beschloß Bierce »aus Mangel einer besseren Beschäftigung einen Besuch abzustatten«. Sein Bruder Albert war Offizier in der Achtzehnten Ohio-Leichten-Artillerie, und es kam zu einem kurzen, wenn auch gefährlichen Wiedersehen auf der Rückflanke von Snodgrass Hill. Als unweit von ihnen ein Artillerie-Offizier vom Pferd geschossen wurde, setzten die beiden Brüder ihn kurzerhand gegen einen Baum und fuhren in ihrer Unterhaltung fort. Schließlich brach Bierce auf, um sich dem Rest von Hazens Brigade anzuschließen, die sich nach dem Debakel auf der rechten Unionsflanke ihren eigenen Weg nach Snodgrass Hill gesucht hatte. Dienstbeflissen wie immer, erkundigte sich Hazen bei Bierce zuerst, was aus der Artilleriemunition geworden sei, mit deren Beschaffung er ihn drei Stunden zuvor beauftragt hatte.[40]

Bis zum späten Nachmittag war die Munition überall knapp geworden, und Bierce war nicht allein mit seiner Befürchtung, bei einem weiteren Generalangriff der Konföderierten werde der Hügel fallen. Allerdings ging auch den Rebellen die Munition aus, so daß der Kampf zu sporadischen, vereinzelten Gefechten verebbte, bei denen Trauben von Soldaten, eingehüllt in dichten Pulverdampf, mit Schüssen, Kolbenhieben und Bajonettstößen übereinander herfielen. Kurz darauf gaben die föderierten Offiziere den Befehl, sich nach Rossville Gap und Chattanooga zurückzuziehen. »Die Sonne hatte es nicht eilig unterzugehen«, erinnerte sich Bierce, und keiner der erschöpften Verteidiger von Snodgrass Hill »erlitt nicht wenigstens einmal Todesqualen, während man sich für einen neuen Angriff der Rebellen bereithielt«. Als es schließlich zu dunkel zum Kämpfen wurde, zogen Bierce und die anderen vom Hügelkamm ab. In ihrem Rücken konnten sie den gellenden Schlachtruf der siegreichen Konföderierten hören. »Kein Sterblicher«, schrieb Bierce, »hat je einen häßlicheren Lärm vernommen – wie erschöpft und entmutigt unsere Männer nach zwei Tagen erbitterten Kampfes auch waren, ohne Schlaf, ohne Rast, ohne Nahrung und ohne Hoffnung.« Die Schlacht von Chickamauga, die größte des westlichen Kriegsschauplatzes und das blutigste zweitägige Szenario des gesamten Krieges, war geschlagen.[41]

Drei Jahrzehnte später kehrte Bierce in seiner Imagination für seine vielleicht eindrucksvollste Kurzgeschichte an die grausigen Schauplätze von Chickamauga zurück. »Chickamauga« ist in gewisser Weise auch seine amerikanischste Erzählung, sich einreihend in eine lange Kette amerikanischer Erzählliteratur, deren Thema die Verwüstung von Jugend und Unschuld durch die blinden Kräfte von Gewalt, Krieg oder bloßem Schicksal ist. Der Neuankömmling in einem fremden Land, oft als Kind dargestellt, um die Reinheit und Verletzbarkeit eines Amerika zu unterstreichen, das sich tastend seinen Weg durch einen feindseligen Kontinent sucht, hat in der amerikanischen Literatur viele Namen: Natty Bumpo, Goodman Brown, Huck Finn, Henry Fleming, Nick Adams, Jack Crabbe, Jay Gatsby, Tom Joad, Holden Caulfield, Dean Moriarty oder Augie March – alle streben sie auf eigene Weise nach einer Form der Selbsterkenntnis, die ihrer schmerzlichen Reise einen Sinn verleihen könnte. Der namenlose Protagonist in »Chickamauga« ist tatsächlich ein Kind, und noch dazu ein sehr junges. Angetrieben vom atavistischen »Feuer des Kriegers« einer tausendjährigen Geschichte europäischer Eroberung, gelangt es auf seinem Streifzug abseits der elterlichen Farm in einen Wald, bewaffnet mit einem plumpen Holzschwert, das es nach Bildern von Soldaten in den Büchern seines Vaters gefertigt hat. »Da die Mühelosigkeit, mit der er unsichtbare Gegner überwand, die sein Vorgehen aufzuhalten trachteten, ihn leichtsinnig machte, beging er den so gewöhnlichen militärischen Fehler, die Verfolgung bis zu einem gefährlichen Extrem zu betreiben, bis er sich nämlich am Rand eines breiten, aber seichten Baches fand, dessen schnelle Wasser ihn daran hinderten, sofort dem fliehenden Feind nachzusetzen, der sie mit vernunftwidriger Leichtigkeit durchquert hatte.« Die Beschreibung entspricht genau Rosecrans' unverzeihlichem Fehler in Chickamauga und ist die erste von mehreren Passagen der Geschichte, in denen die Erlebnisse des Kindes die der Unionsarmee während der Schlacht in ironischer Weise widerspiegeln.[42]

Von einem Kaninchen in die Flucht geschlagen, stolpert das Kind durch dichtes Buschwerk ins Innere des Waldes, wo es sich am Bachsaum niederlegt und unbekümmert um den »eigenartigen gedämpften Donner« in der Ferne in tiefen Schlaf fällt. Als der Junge Stunden später im Zwielicht der Dämmerung erwacht, dringt er noch tiefer in den Wald, bis er auf einen Zug von Männern stößt, die mit quälend langsamen Bewegungen dem Bach zustreben. Das sich anschließende Bild ist unvergeßlich: die blutüberströmten Verwundeten von Chickamauga, die sich vom Schauplatz des Kampfes fortschleppen, um an einem stillen Platz zu trinken und zu sterben, während das unwissende Kind sie für bemalte Zirkusclowns hält. Keine Stelle bei Bierce ist so kraftvoll wie die folgende, vielzitierte Passage, die in ihrer eindringlichen Schlichtheit unübertroffen ist: »Es waren Menschen. Sie krochen auf Händen und Knien. Sie benutzten nur ihre Hände, zogen ihre Beine nach. Sie benutzten nur ihre Knie; die Arme hingen schlaff an den Seiten. Sie versuchten auf die Füße zu kommen, schlugen aber im Versuch lang hin. Sie taten nichts natürlich, und nichts wie der andere, außer sich Fußbreit um Fußbreit in die gleiche Richtung voranzubewegen. Einzeln, zu zweit, in kleinen Gruppen kamen sie durch die Düsternis; manche hielten dann und wann an, während andere langsam an ihnen vorbeikrochen, und nahmen danach ihre Bewegung wieder auf. Sie kamen zu Dutzenden und zu Hunderten; zu beiden Seiten, soweit man in der sich vertiefenden Düsternis sehen konnte, erstreckten sie sich, und der schwarze Wald hinter ihnen schien unerschöpflich. Die Erde selbst schien sich auf den Bach hin zu bewegen. Manchmal ging einer, der innegehalten hatte, nicht wieder weiter, sondern lag bewegungslos. Er war tot. Andere, innehaltend, machten sonderbare Bewegungen mit ihren Händen, streckten ihre Arme empor und senkten sie wieder, umklammerten ihre Köpfe; wandten die Handflächen nach oben, wie man manchmal Menschen beim öffentlichen Gebet tun sieht.«[43]

Das Schauspiel ahnungslos verfolgend, springt das Kind einem der Verwundeten auf den Rücken und will reiten, wie es dies mit den Sklaven seines Vaters schon oft getan hat. Sein Opfer sackt durch den Stoß zu Boden, kann den Jungen aber abschütteln, und »wandte ihm dann ein Gesicht zu, dem der Unterkiefer fehlte – von den oberen Zähnen bis zur Kehle klaffte ein großes rotes Loch, befranst mit Fleischfetzen und Knochensplittern. Der Mann schüttelte seine Faust vor dem Kind; das Kind, jetzt doch von Furcht erfüllt, rannte zu einem nahen Baum, verkroch sich dahinter und begann, die Lage ernsthafter zu betrachten.« Der Strom der Verletzten schleppt sich unterdessen weiter »wie ein Schwarm großer schwarzer Käfer«, durch ihr Leiden auf eine formlose Menschenmasse reduziert, wobei ihre »gräßliche Pantomime« durch die absolute Stille ihrer Qualen noch schrecklicher erscheint. Bierce unterstreicht das unmenschliche Bild zusätzlich dadurch, daß er die Spur der von den Männern zurückgelassenen Ausrüstungsgegenstände mit der Fährte verwundeter Tiere auf der Flucht vor ihren Jägern vergleicht.[44]

Das Geschehen nach wie vor nicht begreifend, hüpft das Kind an die Spitze des Zuges, sein kleines Holzschwert schwingend und die Männer zu einem in der Ferne leuchtenden roten Feuerschein führend. Siegesgewiß – wie Rosecrans vor Chickamauga – schreitet das Kind im vermeintlichen »Vertrauen auf die Treue seiner Streitkräfte« den Männern voran. Am Schluß der Erzählung macht der Junge eine grausige Entdeckung: Vor ihm liegt die lodernde Ruine seines Elternhauses und der verstümmelte, von Granaten zerfetzte Leichnam seiner Mutter: »Da, im Licht der Flammen deutlich sichtbar, lag der tote Körper einer Frau – das weiße Gesicht nach oben, die Hände seitwärts gereckt und in Grasbüschel verkrampft, die Kleidung zerrissen, das lange dunkle Haar wirr und voll von geronnenem Blut. Der größere Teil der Stirn war fortgerissen, und aus dem gezackten Loch quoll das Hirn hervor, überschwemmte die Schläfe, eine schaumige graue Masse, bekrönt von Trauben karmesinroter Bläschen – das Werk einer Granate.« Das – wie wir jetzt erfahren – taubstumme Kind wird hier unmittelbar mit der grausamen Realität des Kriegs konfrontiert, die es zuvor für ein Spiel gehalten hat, eine Erfahrung, die auch altgediente Soldaten wie Bierce gemacht hatten, deren euphorische Kampfbegeisterung in den ersten Kriegstagen einem dumpfen Ekel angesichts der horrenden menschlichen Opfer dieses skrupellosen Unternehmens gewichen war. Nicht länger blind für das tatsächliche Geschehen in den Feldern ringsum, stößt das Kind »eine Reihe unartikulierter und unbeschreibbarer Schreie hervor – irgendwo zwischen dem Schnattern eines Affen und dem Kollern eines Truthahns – ein erschreckender, seelenloser, gottloser Laut, die Sprache eines Teufels«. Angesichts des unerträglichen Anblicks, der buchstäblichen Vernichtung seiner Kindheit, der einzig angemessen erscheinende Laut.[45]

Der Literaturkritiker Vincent Starrett, einer der ersten Bewunderer Bierces, hat dessen Bürgerkriegsgeschichten zu Recht als »unvergängliche Traktate für den Frieden« bezeichnet. »Chickamauga« ist zweifellos eine tiefempfundene und bewegende Geschichte aus der Feder eines Autors, dem gemeinhin Zynismus und Gefühlskälte unterstellt wird. Mehr noch, sowohl der physische wie metaphorische Weg des kindlichen Protagonisten durch das dunkle Dickicht der Unwissenheit hin zum Feuerschein einer grausamen Erkenntnis als auch die ironische Verfremdung religiöser Motive und der virtuose Einsatz einer doppelten Erzählführung, bestehend aus einem kindlichen (oder unreifen) Protagonisten und einem reiferen und weiseren auktorialen Erzähler, macht die Geschichte zu einer vorweggenommenen Kurzfassung von Stephen Cranes weitaus berühmteren Roman *The Red Badge of Courage.* Zu Cranes Ehre sei gesagt, daß er den großen Einfluß Bierces breitwillig anerkannte; dennoch ist der unmittelbare Zusammenhang zwischen »Chickamauga« und Cranes großem Roman in der modernen Literaturkritik bislang kaum beachtet worden. Bierce war kein besserer Autor als Crane – was im übrigen nur von ganz wenigen Schriftstellern gesagt werden kann –, aber er hatte im Gegensatz zu Crane am Krieg teilgenommen und »das große Sterben« aus nächster Nähe gesehen, und er hatte sein Testament ein halbes Jahrzehnt vor Crane zu Papier gebracht. Allein dafür gebührt Bierce, unabhängig von allen literarischen Verdiensten, ein Ehrenplatz. Seine Erlebnisse in Shiloh, Stones River und Chickamauga hatten seinem Gedächtnis einen unerschöpflichen Vorrat lebendiger Eindrücke eingebrannt, ähnlich dem einst verbreiteten Glauben, das Gesicht des Mörders sei in den toten Pupillen seines Opfers eingebrannt. In beiden Fällen hatten diese Augen das blanke Entsetzen gesehen.[46]

Im Jahr 1898 fuhr eine neue Generation amerikanischer Soldaten im Zug über die alten Schlachtfelder in den Spanisch-Amerikanischen Krieg. Die Tatsache, daß Bierce in Chickamauga in einer einzigen Stunde mehr an Kampfhandlungen erlebt hatte, als den meisten jungen Freiwilligen in ihrem ganzen Leben zuteil werden würde, mag seinen ungewöhnlich salbungsvollen Rückblick entschuldigen: »Denjenigen unter uns, die sowohl die Angriffe Braggs wie auch den Zahn der Zeit überlebt haben und in der Erinnerung der treuen Kameraden gedenken, die wir auf jenem Stück Erde zurücklassen mußten, bedeutet dieser Ort viel. Mag er auch den jungen Soldaten weniger bedeuten, deren Zelte sich nun dort erheben, wo einst mit gebeugten Häuptern und gefalteten Händen Gottes mächtige Engel unsichtbar zwischen den Helden in Blau und Grau standen, die in den Wäldern von Chickamauga ihre letzte Ruhestätte fanden.«[47]

4

Ein mutiger und unerschrockener Soldat

Die Schlacht von Chickamauga war vorüber, doch der Kampf um Chattanooga hatte gewissermaßen erst begonnen. Verstört und demoralisiert zog sich die Cumberland-Armee am Abend des 20. September 1863 nach Chattanooga zurück – ohne die 16 000 Soldaten, die tot oder verwundet auf den Schlachtfeldern im Nordwesten Georgias zurückgeblieben waren. Die erschöpften Überlebenden machten sich unverzüglich daran, Bäume zu fällen und Brustwehren gegen die von jedermann erwarteten neuen Angriffe der Konföderation zu errichten. Während föderierte Pioniere ausschwärmten und ein Haus nach dem anderen in seine Balken zerlegten – ein Unionskorrespondent schrieb, die Stadt habe ausgesehen wie »Treibgut nach einem heftigen Sturm auf See« –, versuchten die Rebellen bei Snodgrass Hill ihren kommandierenden General vergeblich zu einer neuen Offensive zu drängen. Jede verlorene Stunde, warnte Kavalleriekommandant Nathan Bedford Forrest, könnte zehntausend Männern das Leben retten. Aber Braxton Bragg blieb eisern. Drei ganze Tage vertändelte er damit, tote Pferde und erbeutete Artilleriemunition zählen zu lassen, bevor er seine Armee in einem halbkreisförmigen, sechs Meilen langen Belagerungsring vom Missionary Ridge im Osten bis zum Lookout Mountain im Süden in Stellung brachte. Entgegen dem beinahe einmütigen Rat seiner Untergebenen beschloß Bragg, den Feind auszuhungern und zur Aufgabe zu zwingen, ohne weiteres Blutvergießen zu riskieren.

Braggs fragwürdige Entscheidung setzte die beiden Armeen für die nächsten Wochen fest, während die beiden verfeindeten Regierungen ungeduldig auf neue Taten ihrer Generäle warteten. In Washington bemühte sich ein enttäuschter Abraham Lincoln darum, William Rosecrans' angeschlagene Moral aufzurichten, indem er ihm telegrafisch seine Unterstützung und guten Ratschläge übermittelte. Gleichzeitig trafen bei ihm geheime Telegramme des stellvertretenden Kriegsministers Charles A. Dana ein, der Rosecrans noch vor Chickamauga besucht hatte und nun gemeinsam mit ihm in Chattanooga festsaß. Als stiller Parteigänger U. S. Grants genoß Dana weiterhin Rosecrans' persönliches Vertrauen, obwohl er eifrig daran arbeitete, den General beim Präsidenten in Verruf zu bringen, indem er sowohl die gefährliche Lage der Armee in Chattanooga als auch deren Unzufriedenheit mit Old Rosy, der sie in diese Lage gebracht hatte, übertrieben darstellte. In den Reihen der Soldaten herrschte fraglos einiger Unmut über die blamable Vorstellung des Generals in Chickamauga und seine eilige Flucht. Die meisten Männer teilten jedoch Bierces nach dem Krieg geäußerte Ansicht, daß »Rosecrans' Rückzug vom Schlachtfeld nicht aus Feigheit geschah. Als er in die panische Fluchtbewegung auf der rechten Flanke geriet, mußte er zwangsläufig annehmen, die ganze Armee sei eingebrochen. Sein Fehler allerdings war, das vermutete Desaster nicht weiter nachgeprüft und auch nicht versucht zu haben, eine Wendung des Schicksals herbeizuführen, indem er die sich sammelnden Flüchtlinge in Chattanooga festhielt, anstatt sie zur Unterstützung der standhaften Linken erneut ins Feld zu führen. Es gibt keinen Grund zu zweifeln, daß er seine Entscheidung nach bestem Wissen und Gewissen traf, nur war beides bei ihm nie besonders gut ausgeprägt.«[1]

Das noch verbliebene Vertrauen der Mannschaften in ihren General nahm allerdings dramatisch ab, als die Nahrungsvorräte auszugehen drohten. Da Chattanooga nicht vollständig vom Belagerungsring der Konföderierten eingeschlossen war, konnten einige Lebensmittel über die Berge im Norden der Stadt herbeigeschafft werden, aber es gab dennoch nie genug für alle. Horden von Soldaten folgten jedem Wagen auf dem Weg in die Stadt und suchten im Schlamm nach Eßbarem. Vor den Ställen wurden Wachen postiert, die verhindern sollten, daß die Männer den Hafer für die Tiere stahlen; eine Einheit aus Kansas verspeiste sogar einen Hund, der sich leichtsinnig ins Lager gewagt hatte. Auf dem Schwarzmarkt wurden Kekse für einen Dollar das Stück, Kuhschwänze für zehn Dollar gehandelt. Die beißende Kälte eines frühen Wintereinbruchs verschlechterte die Lage der Soldaten noch zusätzlich.

Nachdem es jedoch über Wochen zu keinen neuen Kampfhandlungen gekommen war, begann die Armee sich neu aufzubauen und zu reorganisieren. Zu seiner persönlichen Genugtuung erhielt Bierce die Kopie eines Schreibens von Hazen an den Divisionskommandanten John M. Palmer ausgehändigt, in dem dieser darum bat, Bierce und einen weiteren Offizier fest in seinen Stab aufnehmen zu dürfen. »General Palmer läßt ausrichten, daß er beide Offiziere sehr schätzt«, schrieb Oberstleutnant Lyne Starling zurück, »und sie zu den besten Männern seiner Abteilung zählt. Aus dem aufrichtigen Wunsch heraus, beiden Parteien meine Hochachtung zu erweisen, sei Ihrem Wunsch freudig entsprochen.« Bierce verwahrte Starlings Brief bis an sein Lebensende. Nicht weniger erfreut hätte ihn Hazens Gefechtsbericht über die Schlacht von Chickamauga, in dem Bierce einer »besonderen Erwähnung« wert befunden wurde. Sein Ruf in der Armee wuchs von Tag zu Tag.[2]

Nachdem Dana Ende Oktober in einer neuen Telegrammflut gewarnt hatte, die Stadt befände sich in großer Gefahr, und, schlimmer noch, Rosecrans erwäge einen weiteren Rückzug, enthob Lincoln den General schließlich seines Amtes. Seit Chickamauga, sagte Lincoln, habe Rosecrans »verwirrt und benommen wie eine auf den Kopf geschlagene Ente« gehandelt. Das war Rosecrans gegenüber nicht ganz fair, der emsig an dem Plan arbeitete, die Nachschublinie zwischen Chattanooga und dem Eisenbahndepot in Bridgeport wiederherzustellen. Aber Lincoln wollte nicht länger darauf warten, daß Rosecrans endlich die Initiative ergriff, und beschloß (mit entsprechender Schützenhilfe durch Dana), U. S. Grant von Vicksburg im Osten abzuziehen und zum neuen Kommandanten der Unionstruppen in Chattanooga zu ernennen, davon ausgehend, Grant werde unverzüglich und beherzt eingreifen.[3]

Grant zögerte keinen Augenblick, Lincolns Erwartungen nachzukommen. Vier Tage nach seiner Ankunft in der Stadt setzte er die erste Phase von Rosecrans' Plan durch, indem er Hazen mit 1300 handverlesenen Soldaten unbemerkt von den Wachen der Rebellen am Fuß des Lookout Mountain den Tennessee River hinabschickte, um an der strategisch wichtigen Anlegestelle von Brown's Ferry einen Brückenkopf einzurichten, während weitere 3500 Mann unter Führung des unverwüstlichen John Turchin sich dem Fähranleger auf dem Landweg über den Moccasin Point näherten. Die heimliche Flußfahrt durch den Frühnebel am Morgen des 27. Oktober besaß alle Voraussetzungen für eine gute Bierce-Geschichte, doch ist über seine Rolle bei dieser Mission nichts bekannt, wenn er denn überhaupt daran teilnahm. Nachdem ein Soldat aus Unachtsamkeit über Bord ging und ein zweiter durch einen herabhängenden Ast ins Wasser gestoßen wurde (der erste ertrank, den zweiten fischte man aus dem Fluß), erscheint es naheliegend, daß Bierce, wäre er in dieser Nacht in einem der Boote gewesen, irgendwo von diesen Mißgeschicken berichtet hätte, da absurde Zwischenfälle dieser Art so recht seinen morbiden Neigungen entsprachen. Gleichwohl ist von dem gesamten Unternehmen aus seiner Hand nicht mehr als eine Landkarte von Brown's Ferry erhalten.

Ein anderes absurdes Kriegsabenteuer hingegen wurde von Bierce aufgegriffen. Im Anschluß an die erfolgreiche Einnahme von Brown's Ferry durch die Union starteten die Konföderierten einen Gegenangriff bei Wauhatchie, einem mehrere Meilen südlich des Flusses gelegenen Eisenbahndepot im Lookout Valley. Der Überraschungsangriff begann vielversprechend mit heftigen Attacken der Rebellen gegen die Rückseite der Unionsfront. Der Ernst der Situation schlug jedoch bald ins Lächerliche um. Aus Furcht überrannt zu werden, ließen einige Koppelknechte der Union ihre Tiere im Stich, woraufhin Dutzende verschreckter Maultiere unter Feuerbeschuß durchgingen und in die Reihen der Konföderation stürmten. In der pechschwarzen Nacht glaubten die Südstaatler von einem starken Trupp feindlicher Kavallerie angegriffen zu werden und nahmen flugs Reißaus. (Ein Unionsoffizier forderte scherzend, die siegreichen Maultiere müßten zu Pferden befördert werden.) Ein anonymer Poet der Neunundzwanzigsten Ohio-Infanterie verewigte den Zwischenfall in einer sechsstrophigen Lobeshymne mit dem Titel »Der Sturm der Maultierbrigade«. Mit einer Verbeugung vor Tennyson lautete dessen erste Strophe:

Eine halbe Meile, eine halbe Meile,
Eine halbe Meile voraus,
Mitten hinein in die Georgia-Truppen
Donnerten die zweihundert.
»Vorwärts, Maultierbrigade«,
»Auf die Rebellen!« wieherten sie,
Mitten hinein in die Georgia-Truppen
Donnerten die zweihundert.[4]

Die Geschichte kam fraglos auch Bierce zu Ohren – sie verbreitete sich rasch bei beiden Armeen und gelangte sogar zu den Truppen im Norden Virginias – und führte erfreulicherweise zu einer seiner wenigen komischen Kriegsgeschichten. »Jupiter Doke, Brigadegeneral«, geschrieben 1891, erzählt in Briefform von den grandios lächerlichen Heldentaten der Titelfigur, einem drittklassigen Politiker aus dem tiefsten Illinois, der es irgendwie zu einem Generalposten in der Armee gebracht hat. Bei Kriegsbeginn ist Doke (dessen Name, Herkunftsstaat und politischer Hintergrund verräterisch auf Ulysses S. Grant hinweisen) Postmeister von Hardpan Crossroads in Posey County. Als Antwort auf das knappe Schreiben des Kriegsministers, in dem ihm seine Ernennung mitgeteilt wird, ergeht Doke sich in einem großspurigen, klischeebeladenen Dankesbrief, in dem er verspricht (genau wie Grant in seiner Antrittsrede), »auf das größte Wohl der größten Anzahl« hinzuarbeiten und dabei ein besonderes Auge auf »den Triumph der Partei bei allen Wahlen« zu haben. Als gerissener Politiker bittet Doke auch gleich darum, seinen Sohn zum neuen Postmeister zu machen.[5]

Der Kriegsminister, der sofort erkennt, welch unbrauchbaren Pappkameraden er da vor sich hat, schickt Doke umgehend in voller Uniform an die Kentucky-Front, nachdem er vom dort zuständigen Kommandanten (mit dem wunderbaren Namen Blount Wardorg) in Erfahrung gebracht hat, daß es in dem Gebiet von feindlichen Partisanen wimmelt. Doke jedoch entgeht unbedarft den Kugeln der Heckenschützen, indem er einen anderen Politiker aus Hardpan County, den Vetter seiner Frau, Mr. Briller, genannt »Patrick Henry von Hardpan«, als seinen Stellvertreter schickt, der das Unionslager in Distilleryville allerdings nie erreicht. Tränenreich berichtet Doke, daß Briller »zweifellos auf dem Altar seines Vaterlandes geopfert ward«. Im gleichen Atemzug schreibt er einen Brief an den Präsidenten mit der Bitte um Kontrakt – darin sein Amt mißbrauchend –, sein Kommando durch die Firma seines Schwagers »mit Feuerwaffen und Ausrüstungen« versorgen zu lassen. Als er danach völlig grundlos an der Spitze seiner Brigade einer neu eintreffenden Artillerie-Kompanie entgegenreitet, wird er beinahe von einer Kanonenkugel getötet, da die neuen Kanoniere ihn irrtümlich für den Feind halten. Doke bittet daraufhin umgehend den Präsidenten um »den Stuhl des Gouverneurs vom Territorium Idaho«.[6]

Während Doke seinen überflüssigen Ritt unternimmt, nutzt der Feind seine Abwesenheit, um über den Fluß zu setzen und seine sämtlichen Vorräte zu entwenden, der eigenen optimistischen Auffassung nach nur der Auftakt zu dem Vorhaben, »Cincinnati zu zerstören und das Tal des Ohio zu besetzen«. Die sich anschließende »Schlacht« von Distilleryville ist – wie so viele Kämpfe des Bürgerkriegs – eine einzige Komödie der Irrungen, deren entscheidender Wendepunkt von den verantwortlichen Generälen auf beiden Seiten gänzlich mißverstanden und falsch wiedergegeben wird. Doke unterbreitet der Lokalpresse in typischer Manier eine selbstherrliche Version des Rebellenangriffs, dessen Abwehr er seiner eigenen »Kriegslist« zuschreibt. Mit dem Hinweis darauf, daß von den beteiligten Truppen (außer der eigenen Person) niemand aus Posey County stammt, übergeht Doke unbekümmert die Liste der Gefallenen. Genauso verschweigt er seinen Rückzug nach Jayhawk, einem nahegelegenen Dorf in Kentucky, von wo aus er sich beim ersten Feindeskontakt weiter zurückziehen sollte. Ein durchgehend ironischer Zug der Geschichte besteht darin, daß Doke alles durch die Brille des Politikers sieht und bei seinem Eintreffen in Jayhawk sofort einen Rückzugsausschuß einsetzt, der ordnungsgemäß parlamentarische Vertreter wählt und eine klingende Resolution verabschiedet, »daß, wenn Verrat erneut sein widerliches Haupt auf dieser Seite des Flusses erhebt, jeder Mann der Brigade ein Maultier zu besteigen und daß der Zug sich unversäumt in Richtung Louisville und den loyalen Norden in Bewegung zu setzen hat«. Getreu dem Namen der kleinen Ansiedlung, erleichtert Doke die »ansässigen Demokraten« rasch um 2300 Maultiere, die er für eine eilige Flucht bereithält.[7]

Die Konföderierten, die ihrerseits einen Vorstoß in den loyalen Norden planen, machen sich an die Umzingelung von Dokes Brigade, von der ein wachsamer General des Südens bemerkt, sie sei »offenbar ohne Befehlshaber«. Das folgende Geschehen wird wie in Kurosawas Film *Rashomon* von den drei konföderierten Generälen vor Ort geschildert. In den Augen von Generalmajor Gibeon J. Buxter wurde »plötzlich die Kolonne an der Spitze von einem jener schrecklichen Wirbelstürme getroffen, für die diese Gegend berüchtigt ist, und vollkommen vernichtet«. Buxter beziffert seine Verluste mit 14 994 von insgesamt 15 000 Mann. Generalmajor Dolliver Billows berichtet, die Föderierten bei Jayhawks seien »durch 50 000 Mann Kavallerie verstärkt worden«, die »mit erstaunlicher Wut« über seine Division hergefallen seien. Er gibt seine Verluste mit 11 199 von 11 200 Mann an – er selbst ist der einzige Überlebende – und kündigt an, seine »Ausgangsstellung nach Mobile, Alabama« zu verlegen. Brigadegeneral Schneddeker Baumschank, ein deutscher Proselyt auf seiten des Südens, gibt bloß zu Protokoll, »un dann passierte was, ich weiß nich was«, wodurch ihm sämtliche Pferde, Männer und Kanonen geraubt worden seien, und setzt hinzu, »ich kämpf nich mehr in ein verfluchtes Land wo ich Prügel bekomm un nich weiß wie«. Alle drei Generäle (deren verquere Namen die der von Grant bei Fort Donelson geschlagenen Konföderierten-Generäle parodieren) melden gehorsam den Tod des jeweils anderen. Die Geschichte endet mit dem offiziellen Beschluß des Kongresses der Vereinigten Staaten, in dem der Präsident ersucht wird, den gänzlich unfähigen Doke zum Generalmajor zu ernennen.[8]

Einem ehemaligen Sklaven namens Hannibal Alcazar Peyton bleibt es ironischerweise vorbehalten, den wahren Bericht des

Kampfes zu geben. Wie es seinem maurischen Namen geziemt (sein Vorname entspricht übrigens dem zum Tode verurteilten Spion in »Ein Vorfall an der Owl-Creek-Brücke«), ist Peyton offenbar die einzig wachsame Seele in der ganzen Umgebung. Als er den Feind in der Nacht anrücken hört, weckt er den selig schlummernden Doke mit dem Ruf: »Raus hier ums Lehm!« Doke springt ohne weitere Aufforderung im Schlafgewand aus dem Fenster und rennt durch den Maultierstall, woraufhin die erschreckten Tiere ihn für »den Deubel mitn Brandeisen« halten und die Straße entlang geradewegs in die anrückenden Konföderierten preschen. Wie in Wauhatchie ist der Angriff der Maultierbrigade auch in Jayhawk ein voller Erfolg, und die Rebellen ergreifen panisch die Flucht.[9]

»Jupiter Doke« ist ohne Zweifel eine Lügengeschichte, die den Leser zum Schmunzeln bringen soll; zugleich aber hat Bierce, wie gewöhnlich, noch einen tieferen und ernsthaften Zweck im Sinn. Wie der Kritiker G. Thomas Houser bemerkt hat, besteht die Erzählung buchstäblich aus einem Krieg der Wörter, durch den Bierce geschickt den Prozeß, wie Geschichte während und nach den Ereignissen geschrieben wird, aufs Korn nimmt. Die Geschichte bedient sich einer ganzen Reihe schriftlicher Vermittlungsformen: offizieller Befehlsschreiben, persönlicher Briefe, Tagebucheintragungen, Zeitungsberichte, Kongreßresolutionen und Augenzeugenberichte. Jeder Autor ist auf seine Weise darum bemüht, nicht die Wahrheit wiederzugeben, sondern die Ereignisse zu manipulieren und ihre Resultate zu schönen. Der Kriegsminister beabsichtigt, Doke in den Tod zu schicken, indem er ihn in leuchtender Generalsuniform durch feindliches Gebiet reiten läßt, und später ist er leichten Herzens bereit, die gesamte Brigade des Generals für einen strategischen Vorteil zu opfern. Doke ist seinerseits unumwunden bestrebt, sich entweder finanzielle oder politische Vorteile zu verschaffen oder die Wahrheit über seine himmelschreiende Inkompetenz zu verschleiern. Die Generäle der Konföderation versuchen mit allen Mitteln ihre eigenen Fehler zu vertuschen. Das Provinzblatt beglückwünscht sich selbst für sein fragwürdiges Unterfangen, Dokes Bericht von der Front zu drucken (und schlägt Doke gar für das Präsidentenamt vor). Nur die beiden Männer mit den passenden Namen Blount Wardorg und Hannibal Peyton sehen der Wahrheit ins Auge und geben sie unverfälscht und unparteiisch weiter.

In Anbetracht der zahlreichen kaum verschlüsselten Seitenhiebe auf Ulysses S. Grant gilt es daran zu erinnern, daß die Geschichte entstand, kurz nachdem Grant 1885 und 1886 seine Memoiren veröffentlicht hatte, die alsbald zu Bestsellern wurden und das Land im Sturm eroberten. Andere Generäle auf seiten der Union wie der Konföderation bereiteten ebenfalls ihre Memoiren vor, und das ›Century Magazine‹ hatte soeben seine erfolgreiche Serie mit Berichten aus dem Bürgerkrieg in einer vierzehnbändigen Buchreihe mit dem Titel *Battles and Leaders of the Civil War* auf den Markt gebracht. Selbst die Regierung hatte sich dem Krieg der Bücher angeschlossen und mit der Herausgabe seiner vielbändigen *Official Records of the Union and Confederate Armies* begonnen. Nachdem zwei Jahrzehnte lang fast völliges Schweigen über den Krieg geherrscht hatte, konnte man nun den Eindruck gewinnen, daß jeder Offizier vom Oberstleutnant aufwärts seine eigene Version der Ereignisse zu Papier brachte. Abgesehen von der Tatsache, daß Bierce als Berufsschriftsteller dem Eindringen gutbezahlter Dilettanten in seine eigene Domäne ablehnend gegenübergestanden haben dürfte, ist gleichfalls zu vermuten, daß er auf den selbstgerechten Tonfall der diversen Memoiren wie auch auf deren anmaßenden Anspruch mit Bestürzung und Ekel reagierte. In seinem zuvor veröffentlichten Essay »The Crime at Pickett's Mill« hatte Bierce bereits erklärt, keiner, ob General oder einfacher Gefreiter, könne je die ganze Wahrheit über irgendeine der Schlachten vermitteln. »Der zivile Leser darf bei der Lektüre militärischer Kampfberichte nicht davon ausgehen, daß irgendeiner der Beteiligten einen umfassenden Überblick über das Geschehen besessen hätte«, schreibt er. »Aussagen dieser Art werden selbst von den Kommandierenden in der Regel im Licht späterer Erkenntnisse getroffen, wie etwa den offiziellen Feindberichten. Ein einfacher Untergebener weiß in der Tat selten Genaueres über die Stärke des Gegners – außer daß er ihm gefährlich werden kann –, noch gegen wen er überhaupt kämpft. Und was die Mannschaften angeht, so besitzen sie keine weiteren Kenntnisse als über die von ihnen mitgeführten Waffen.« Nicht zufällig hat Bierce seine persönlichen Erinnerungen »Was ich von Shiloh sah« und »Ein wenig von Chickamauga« genannt.[10]

Mit Grants Eintreffen in Chattanooga hatte Bierce ein weiteres Mal Gelegenheit, die Kriegskünste des aufstrebenden Generals aus nächster Nähe zu studieren. Als Adjutant Hazens hatte er freien Zugang zum Hauptquartier der Armee, und da die Truppen nach wie vor in der Stadt festsaßen (obwohl die Versorgung sich gebessert hatte, nachdem die Nachschubroute, die sogenannte *cracker line,* zwischen Bridgeport und Chattanooga wieder geöffnet war), waren seine Dienste als Späher und Topograph wenig gefragt. Zum ersten und einzigen Mal während des Kriegs war die heilige Troika der Union, Grant, William Tecumseh Sherman und Phil Sheridan, an einem Ort versammelt, und Bierce war während der Belagerung unmittelbar in ihrer Nähe. Bedauerlicherweise schrieb er so gut wie nichts über den Chattanooga-Feldzug, sondern beschränkte sich auf eine beiläufige Zeitungskolumne zu den Trinkgewohnheiten des Oberkommandos der Union: »Der Rotwein hatte es den hohen Herren besonders angetan«, schrieb er in der ›Wasp‹ vom 13. Februar 1886. »Der verderbliche Kelch kreiste ohne Unterlaß. Einige soffen sich regelrecht unter den Tisch; in meiner Erinnerung gehörte Grant auch dazu. Er trank zwar nie soviel, wie es dem Feind gefallen hätte – nicht mehr jedenfalls, als ich selbst aus einer anderen Flasche trank –, aber ich fürchtete die ganze Zeit um ihn, was undankbar war, da er sich um mich nicht die geringsten Sorgen zu machen schien. Sein unbedingtes Vertrauen berührte mich tief.« Man könnte Bierces Äußerungen zu den Grant unterstellten Saufgelagen in Chattanooga aufgrund seiner demonstrativen Abneigung gegen den General in Zweifel ziehen, hätte nicht Grants eigener Stabschef, Brigadegeneral John A. Rawlins, zur gleichen Zeit einen vielsagenden Brief an seine Verlobte geschrieben, in dem er sich über »den ungehemmten Alkoholmißbrauch im Hauptquartier« beklagte, und darüber hinaus einen nie abgeschickten Brief an Grant selbst aufsetzte, der die deutliche Warnung an den General enthielt, »unverzüglich auf allen Alkoholgenuß zu verzichten«, sofern er nicht die »bittersten Verwünschungen seiner empörten und getäuschten Männer« auf sich laden wolle. Die Botschaft erreichte Grant offenbar trotzdem, und er blieb so weit nüchtern, daß er den Rest des Feldzugs anständig, wenn auch nicht mit der Brillanz führte, wie seine Anhänger – und er selbst – dies später behaupteten.[11]

Die Belagerung von Chattanooga wurde in Etappen aufgehoben, deren erste die Einnahme von Brown's Ferry und die Öffnung der *cracker line* war. Als nächstes trafen Mitte November 37 000 Mann Verstärkung aus Virginia und Mississippi unter Führung von Generalmajor Joseph Hooker und Generalmajor William Sherman ein. Das neue Kontingent war als solches bereits größer als die gesamte Belagerungsmacht der Konföderierten, ein Vorteil, den Braxton Bragg leichtfertig noch dadurch vergrößerte, daß er Generalleutnant James Longstreet mit seinen 15 000 Mann aus der Armee von Nord-Virginia zu einer fruchtlosen Expedition ins einhundert Meilen entfernte Knoxville, Tennessee, abkommandierte. Longstreet, dessen Eingreifen in Chickamauga den Ausgang der Schlacht entscheidend beeinflußt hatte, war mittlerweile bei Bragg in Ungnade gefallen, da er eine unter den Generälen kursierende Petition unterschrieben hatte, in der Konföderationspräsident Jefferson Davies aufgefordert wurde, Bragg zu entlassen, ein Wunsch, der sehr zum Nachteil der Konföderation auf taube Ohren stieß. Davies wurde durch die Petition so weit in Unruhe versetzt, daß er zu einem Treffen der unzufriedenen Generäle nach Missionary Ridge reiste, weigerte sich aber weiterhin, seinen langjährigen Freund Bragg abzusetzen. Mittlerweile litten die schlechtgekleideten und unzureichend versorgten Soldaten unter Braggs Kommando mehr als die von ihnen eingekesselten Yankees. Eine Tagesration bestand in der Regel aus einer Handvoll harter Kekse und einem Löffel Zucker, und viele Rebellen konnten nachts vor Hunger nicht schlafen. »Wir dachten nur noch ans Verhungern«, erinnerte sich später ein Soldat. Langeweile, Erfrierungen, Lausplagen und schiere Ernüchterung über den scheinbar nutzlosen Sieg von Chickamauga quälten die Konföderierten und zerfraßen ihre Moral. »Die Männer machten einen kranken, ausgemergelten und gebrochenen Eindruck«, schrieb ein Soldat aus Tennessee. Ein Oberst aus Braggs Stab unterschätzte die Lage gewaltig, als er notierte: »Unsere Position, scheint mir, ist nicht ohne Mängel.«[12]

Am 23. November wurde die dritte Etappe von Grants Plan durch General Thomas' Truppen ausgeführt, die unter dem Vorwand einer Uniformparade den Beobachtungsposten der Konföderierten am Orchard Knob, einer Bergkuppe zwischen Chattanooga und Missionary Ridge, eroberten. Unter den Augen der Rebellen marschierten Thomas' Truppen mit Trommelschlag und wehenden Fahnen aus der Stadt. Die Konföderierten hielten das Ausrücken für ein Manöver und waren völlig überrascht, als die beiden Divisionen an der Spitze plötzlich ihren Schritt beschleunigten und auf den Hügel zustürmten. Hazens Brigade befand sich an vorderster Front und erlitt in dem kurzen, aber heftigen Scharmützel mit 125 Toten und Verwundeten die größten Verluste. Die Eroberung von Orchard Knob brachte die Unionstruppen bis auf eine halbe Meile an den Missionary Ridge heran und bot damit einen idealen Aussichtspunkt für Grant und seinen Stab, von dem aus sie zwei Tage später die Angriffe auf den Bergkamm verfolgen konnten.

Wieder einmal kämpfte Hazens Brigade an der Spitze und war vermutlich die erste Unionseinheit, die den Hauptkamm des Missionary Ridge erreichte, eine Ehre, über die damals heiß gestritten wurde und auch heute noch wird. In seinem Buch *Narrative of Military Service* führt Hazen eine eindrucksvolle Liste von Augenzeugen des legendären Manövers ins Feld, die seinen Anspruch untermauern sollen, als erster den Hügelkamm erklommen zu haben. Ursprünglich hatten die Männer der Cumberland-Armee lediglich den Auftrag, die Rebellen in der Mitte des Missionary Ridge hinzuhalten, während Shermans Mississippi-Kontingent die rechte Flanke des Gegners von Norden her aufrollen und Hookers Potomac-Armee gleichzeitig gegen die linke Flanke der Rebellen von Lookout Mountain her vorstoßen sollte, den sie am Vortag in einer Aktion mit dem klingenden Namen »Schlacht über den Wolken« eingenommen hatten. Grants Plan geriet jedoch rasch ins Stocken, als Shermans Männer durch Generalmajor Cleburnes eisern kämpfende Division an der Nordseite von Missionary Ridge festgehalten wurden, während Hooker bei der Durchquerung des Chattanooga Creek immer wieder im Morast steckenblieb und erst verspätet seine Angriffsposition erreichte. Unterdessen wurde der von Orchard Knob zusehende Grant immer nervöser. Sein enger Freund Sherman ließ ein ums andere Mal im Hauptquartier nachfragen, wo Thomas bliebe. (»Ich bin hier«, schrieb Thomas gereizt zurück.) Am späten Nachmittag schließlich gab Grant Thomas den Befehl zum Sturmangriff auf die gegnerischen Schützengräben. Hazens Brigade aus Woods Division marschierte als erste. Kein Angriff in der amerikanischen Geschichte wurde so oft beschrieben wie das durch sie eröffnete Manöver.[13]

Als Mitglied des Stabs hat Bierce Hazen vermutlich während des Angriffs begleitet, auch wenn sich bei beiden kein späterer Hinweis darauf findet. Nach Hazens Auskunft nahm die gesamte Brigade, Diener, Köche und Schreiber eingeschlossen, an dem Vormarsch teil. Am Fuß der Bergkette wurde die Division zusammen mit drei weiteren Divisionen zu beiden Seiten der zwei Meilen langen Front durch schweres Geschützfeuer aufgehalten. Doch dann begann die gesamte Front in einem unkoordinierten, spontanen Vormarsch mit der Erstürmung des Hangs. Grant, der keinen solchen Befehl gegeben hatte, war fassungslos. Er fragte Thomas, wer den Angriffsbefehl gegeben habe. »Weiß ich nicht«, gab Thomas lakonisch zurück. »Ich nicht.« Korps-Kommandant Gordon Granger leugnete ebenfalls, das Signal zum Angriff gegeben zu haben, fügte aber hinzu: »Wenn diese Kerle einmal losgelassen sind, kann niemand sie aufhalten.« Grant brummte etwas in der Art, daß Köpfe rollen würden, wenn der Angriff fehlschlage, bevor er sein Fernglas wieder auf den gegenüberliegenden Bergkamm richtete.

Wider alle Logik war der Angriff jedoch erfolgreich, was einerseits im furchtlosen und entschlossenen Vorgehen der Unionstruppen, andererseits aber auch im zögerlichen und konfusen Handeln der Konföderierten begründet lag. Hazen, der den Hang zu Fuß erklommen hatte, war unmittelbar zugegen, als Truppen der Ersten Ohio-Infanterie die feindliche Linie durchbrachen, über die Brustwehren des Gegners setzten und eine Kanone der Rebellen in ihre Gewalt brachten, die zuvor auf sie herabgefeuert hatte. Die Soldaten wendeten die Kanone sofort nach rechts und nahmen unter Hazens Kommando Braggs nur wenige hundert Meter entferntes Hauptquartier unter Beschuß. Bierce muß gleichfalls in unmittelbarer Nähe gewesen sein, da Major Richard T. Whitakers Gefechtsbericht dieser Etappe der einzige ist, in dem Bierce während des gesamten Bürgerkriegs namentlich erwähnt wird: »Nachdem wir den Kamm und die Brustwehren erobert hatten und der Feind vor uns floh, wurde ein Teil des Regiments unter dem Kommando von Leutnant Bierce aus General Hazens Stab nach rechts gesandt.« Immer mehr Männer der Brigade erreichten die Bergkuppe, von wo aus sie nach links oder rechts ausschwärmten und die Rebellenstellungen von der Seite her angriffen, um die Bresche zu vergrößern. Die eroberten Kanonen der Konföderation wurden flugs auf ihre ehemaligen Besitzer gerichtet, wobei später ein erbitterter Disput zwischen Hazen und Sheridan über den rechtmäßigen Anspruch auf die erbeuteten Waffen entbrannte. Wieder trug Hazen zahlreiche Augenzeugenberichte zusammen, die seiner Brigade die Eroberung der Kanonen zusprachen, ohne damit Sheridan an Ort und Stelle noch zu einem späteren Zeitpunkt überzeugen zu können. Der Streit schwelte die nächsten zwanzig Jahre ununterbrochen weiter und beeinträchtigte Hazens Nachkriegskarriere nachhaltig, da Sheridan nach Kriegsende zu seinem unmittelbaren Vorgesetzten im Westen wurde.[14]

Wichtiger als die internen Querelen war, daß die Belagerung von Chattanooga gebrochen war. Während demoralisierte Konföderierte über den Rückhang von Missionary Ridge flohen, schwärmten auf der anderen Seite Scharen freudetrunkener Föderierter bergan. »Chickamauga! Chickamauga!« riefen sie den abziehenden Rebellen hinterher. Am Orchard Knob waren Grant und sein Stab unterdessen wie vom Donner gerührt. Immerhin war Charles Dana geistesgegenwärtig genug, Washington zu benachrichtigen: »Lob sei Gott«, telegrafierte er dem Präsidenten. »Der Sieg ist unbestritten unser. Missionary Ridge ist soeben durch Thomas' Truppen in einem glorreichen Angriff erobert worden.« Es handle sich, so Dana weiter, »um eines der größten Wunder der Militärgeschichte, genauso furchtgebietend wie ein unmittelbares Eingreifen Gottes.« Das war vielleicht ein wenig übertrieben, aber Dana war schließlich auch ein militärischer Laie. Grant, der Profi, erkannte rasch, was auf Missionary Ridge geschehen war und was nicht, und nahm spätere Gratulationen mit sichtlichem Unbehagen entgegen. »Zur Hölle mit dem Kampf«, soll er gebraust haben, »ich hatte nichts damit zu tun.«[15]

Für Bierce und die anderen Soldaten der Cumberland-Armee, die den Kampf in die eigenen Hände genommen und den Sieg errungen hatten, war Missionary Ridge der Höhepunkt in einem achtzehn Monate währenden Ringen um Tennessee. Innerhalb dieser Zeit hatten sie drei der blutigsten Schlachten in der amerikanischen Geschichte geschlagen – in Shiloh, Stones River und Chickamauga – und neun lange Wochen der Belagerung und des Hungers in Chattanooga erduldet, bevor sie bei Missionary Ridge das Blatt gegen ihre konföderierten Peiniger gewendet hatten. Für Bierce, der als Feldwebel in Tennessee angekommen war und den Feldzug als Oberstleutnant und geschätztes Stabsmitglied des Brigadekommandanten beendete, bedeutete die Serie der Schlachten nicht weniger als der Schritt von der Jugend ins Mannesalter. Der junge Mann mit dem blonden Bürstenbart, der Mitte Dezember 1863 auf Fronturlaub nach Warsaw zurückkehrte, hatte wenig mit dem gelangweilten, teilnahmslosen und seinen Weltekel pflegenden Teenager gemein, der im April 1861 an die Front ausgerückt war. Inzwischen hatte er sich die Hörner abgestoßen, wie man damals so schön sagte, und blickte nun wie viele junge Soldaten vor und nach ihm wie durch eine Art Schleier auf die Welt, der ihn und seine Kameraden vom Rest der Gesellschaft, eingesponnen in ihren bürgerlichen Kokon, trennte. Dennoch suchte Bierce in jenen Wintermonaten durch den Schleier Kontakt zur anderen Seite – nämlich zu seiner alten Schulfreundin Bernice Wright. Und zumindest vorübergehend sah es so aus, als ob auch sie ihre Hand nach ihm ausstreckte.

Bernice war in den vergangenen zwei Jahren ebenfalls gereift. Sie besaß zwar noch ihre mädchenhafte Ausgelassenheit (ein Foto aus dieser Zeit zeigt eine junge Frau im Kleid, mit kräftigen, sonnengebräunten Armen, einem ebenfalls gebräunten runden Gesicht und einem breiten, sinnlichen Mund), aber sie war zugleich hübsch, ohne Freund und vermutlich die einzige Person, die Ambrose Bierce – abgesehen von seiner Familie – in ganz Warsaw näher kannte. Er besuchte sie im Gasthaus ihres Vaters, wo Bernice, die vermutlich die Wahrheit ahnte, ihn sogleich auf ein seltsames Gedicht ansprach, das sie bei Ausbruch des Kriegs erhalten hatte. »Wenn du den Mann kennen würdest, der dieses Gedicht geschrieben hat, würdest du ihn lieben?« fragte Bierce. »Gewiß würde ich ihn lieben«, gab sie zurück. »Wie sollte ich jemanden nicht lieben, der so viel für mich empfindet?« Ermuntert durch dieses offenherzige Geständnis, gab Bierce sich als Autor des Gedichts zu erkennen, womit der Beginn einer typischen Kriegsromanze besiegelt war. Es folgten lange Waldspaziergänge, Kutschfahrten mit Pferdegeläut, geflüsterte Unterhaltungen im elterlichen Salon, Hausmusikabende und Lesungen – alles unter der gestrengen Aufsicht von Bernices Schwester Clara. Bierce stellte sie sogar seiner Familie vor. Nach der Hölle von Shiloh und Chickamauga muß ihm dies alles wie ein Traum vorgekommen sein; doch selbst im Traum trat Bierces streitbares Temperament hervor. Als Bernice eines Tages mit dem alten Strohhut ihres Vaters, über den sie ausgelassen den Schleier ihrer Haube gelegt hatte, aus dem Haus gesprungen kam, riß Bierce den Schleier wütend herunter und befahl ihr, sich anständig anzuziehen. Nachdem sie dies getan hatte, fuhren beide »einvernehmlich und gutgelaunt« davon, auch wenn man vermuten darf, daß dieser mißlaunige Zwischenfall den ersten feinen Riß im gemeinsamen Glück markierte, das die beiden Liebenden verband. Bierces steife Art war gewiß ein wenig geeignetes Gegenstück zum unbekümmerten Frohsinn seiner Angebeteten.[16]

Trotz möglicher Vorbehalte über die Vereinbarkeit ihrer unterschiedlichen Temperamente hatten die beiden einander versprochen, als Bierce im Februar 1864 an die Front zurückmußte. Ob es sich dabei um eine offizielle Verlobung handelte, wie einige frühe Biographen glaubten, muß offen bleiben, da Bernice später den größten Teil ihrer Korrespondenz vernichtet hat. Bierce jedenfalls betrachtete es als Verlobung und kehrte mit einem ihm bis dahin unbekannten Widerwillen zur Armee im Osten Tennessees zurück, wobei zu seiner plötzlichen Einsamkeit das Wissen des Veteranen trat, daß der bevorstehende Feldzug auf Atlanta nicht weniger gefährlich werden würde als der gerade überstandene Waffengang in Chattanooga. Fast schon einer Gewohnheit folgend, schrieb Bierce ein Abschiedsgedicht für Bernice, in dem er den Verlust ihrer Liebe mit Schrecken ausmalt:

Schicksal, du hast über so manches Herz
Kummer gebracht und bitteren Schmerz
Tränen einer hoffnungslosen Pein
Ich trotze dir. Auch wenn deine Macht
Mich tief hinabstößt in finstere Nacht,
So soll mein Mut ungebrochen sein.

Es ruhe, solange sie mich liebt, dein Schwert;
Doch wenn ihre Liebe mir nicht mehr gehört,
Treibe die Klinge mir tief in die Brust,
Damit ich nicht länger bange –
Ein bloßes Spielzeug weiblicher Lust –
Und mich auf ewig der Wahnsinn umfange.[17]

Am 6. Mai marschierte die Cumberland-Armee unter einem neuen, wenngleich nicht unbekannten Kommandanten, William Tecumseh Sherman, nach Georgia ein. Grant war, vor allem dank des Triumphs seiner Armee bei Missionary Ridge, zum Generalleutnant (ein Rang, der seit George Washington nicht mehr verliehen worden war) und Oberbefehlshaber der Unionsarmee befördert worden. Im Gegenzug hatte Grant Sherman zum Befehlshaber der westlichen Armeen ernannt, die das Gebiet östlich des Mississippi bis zum Süden der Appalachen umfaßten. Gemeinsam hatten sie beschlossen, eine Großoffensive gegen die Hauptarmeen der Konföderation in Georgia und Virgina zu beginnen. Sherman sollte nach Süden gegen Atlanta, die eigentliche Hauptstadt des Deep South, vorrücken, während Grant die Potomac-Armee zu einer Entscheidungsschlacht gegen Robert E. Lee in der »Wilderness« – jenem undurchdringlichen Waldstück in der Nähe von Fredericksburg, wo Lee der Union genau ein Jahr zuvor eine schwere Niederlage zugefügt hatte – führen wollte. Der Krieg wurde von nun an zu einem unerbittlichen und zermürbenden Kräftemessen, bei dem sich zwei Gegner gegenüberstanden, die in den ersten drei Kriegsjahren nur zu gut gelernt hatten, einander flink und effizient abzuschlachten. Grants grundsätzliche – und sich nachher als völlig richtig erweisende – Überlegung war, daß der Norden mehr Männer ins Feld führen konnte als der Süden, so daß die Union, sofern man die Konföderation in einen unerbittlichen Kampf an zwei größeren Fronten verwickeln konnte, zuletzt unweigerlich den Sieg davontragen würde. Ein Zermürbungskrieg erfordert natürlich einen gewissen Ausschuß auf beiden Seiten, und genau an diesem Punkt kamen Bierce und seine Kameraden ins Spiel. Ihre Aufgabe bestand darin, sich unermüdlich gegen den Fels der Tennessee-Armee zu werfen, bis deren Widerstand gebrochen war. Die Tatsache, daß bei diesem Manöver unzählige Männer ihr Leben lassen würden, war ein Preis, den Grant und Sherman bereitwillig, wenn nicht gar mit Freuden, in Kauf nahmen.

Der erste Opfergang begann am 7. Mai bei Rocky Face Ridge, westlich von Dalton, wo die Konföderierten unter ihrem neuen Kommandanten Joseph E. Johnston (Bragg war ins wohlverdiente Exil nach Richmond gegangen) aufmarschiert waren und warteten. Mit fünfzigtausend Mann, die entlang eines zweihundertfünfzig Meter hohen Bergkamms in Stellung gegangen waren und von dort die Lebensader der Armee, die Western & Atlantic Railroad nach Atlanta, bewachten, befand sich der Süden theoretisch in einer gesicherten Position. Unter der persönlichen Aufsicht des defensiv eingestellten Johnston hatten die Rebellen für den erwarteten Angriff der Union eine Reihe von Überraschungen vorbereitet. Die Artillerie hatte ihre Kanonen bereits auf fest markierte Zielpunkte justiert; Pioniere hatten entlang der Bahnlinie Durchflüsse des Mill Creek gestaut und so den Fuß der Hügelkette in einen künstlichen Sumpf verwandelt; und am Rand des Steilhangs lagen große Felsblöcke, um beim ersten Feindkontakt herabgestürzt zu werden. In den Schützengräben blitzten die Gewehre in der Sonne, während die Föderierten jenseits des künstlichen Sees Mäusebussarde in den Bäumen hocken sahen. »Was machen die da nur?« fragte ein Soldat seinen Kameraden. »Uns zählen«, sagte der andere.

Nach Shermans Strategie sollten zwei Armeeflügel bei Mill Creek Gap und Dug Gap einen Vorstoß auf Dalton vortäuschen, während ein dritter Flügel unter Führung seines besonderen Protegés, Generalmajor James McPherson, in einem weiten Bogen nach Westen marschieren und dreizehn Meilen weiter südlich durch den unbewachten Snake Creek Gap auf die Eisenbahnlinie bei Resaca stoßen sollte. Voraussetzung für das Gelingen des Plans war, daß die Föderierten den Eindruck einer Großoffensive gegen die Talausgänge im Norden erweckten, von Sherman beschwörend als die »furchtbaren Tore des Todes« bezeichnet. Die Truppen der Cumberland-Armee unternahmen deshalb einen Vorstoß nach dem anderen gegen den steilen Berghang – Missionary Ridge hatte sich in dieser Hinsicht als ausgezeichnetes Übungsfeld erwiesen –, nur um wieder und wieder zurückgeworfen zu werden. Mindestens zweimal gelang es einer Gruppe Unionssoldaten, den Bergkamm zu erklimmen, um alsbald hinweggefegt zu werden wie lästige Fliegen auf einer Pferdekruppe. Hazens Brigade war den ganzen 9. Mai über in schwere Kämpfe am Mill Creek Gap verwickelt, konnte aber nur zwei Drittel der Strecke zur Bergkuppe vorrücken. Mit weitreichenden Whitworth-Gewehren ausgerüstete Scharfschützen der Konföderierten stellten »ein großes Ärgernis« dar, wie Hazen vermerkte, da sie seine Männer aus einer Meile Entfernung wie vom Blitz getroffen niedermähen konnten. Verständlicherweise, schrieb Hazen, waren die Soldaten »über die Scharfschützen sehr beunruhigt«, so daß er sie am nächsten Tag vom Hang abzog und unter einem schützenden Felsvorsprung wenige hundert Meter von der Nachhut der Union entfernt postierte.[18]

Während die Cumberland-Armee den konföderierten Hekkenschützen bei Dalton zu Zielübungen diente, konnten McPhersons Truppen ungehindert den Snake Creek Gap passieren. Der Plan schien ganz nach Wunsch aufzugehen. »Das ist Joe Johnstons Tod«, triumphierte Sherman, als er die Nachricht hörte. Ein von seinem Schützling weniger eingenommener und siegessicherer Kommandant hätte durchaus ein warnendes Signal aus McPhersons Bericht herausgehört, der zwei Meilen vor Resaca stand und im Begriff war, »die Bahnlinie zu zerstören, um dann diesseits der Talschlucht in Stellung zu gehen und auf weitere Befehle zu warten«. Seine Order hatte allerdings nicht gelautet, eine starke Verteidigungsposition aufzubauen, sondern »die gegnerische Flanke oder die Bahnlinie an irgendeinem Punkt zwischen Tilton und Resaca beherzt anzugreifen« – was McPherson definitiv unterlassen hatte. Eine in der Nacht übermittelte zweite Nachricht McPhersons lieferte den einleuchtenden Grund für dieses Versäumnis. »Der Feind hat starke Verbände in Resaca«, hieß es darin, »und soweit wir festgestellt haben, ist die Stadt durch Feldbefestigungen gedeckt. Nachdem wir bis zur Dämmerung scharmützelt hatten und ich erkennen mußte, daß ich die Bahnlinie nicht vor Einbruch der Dunkelheit erreichen würde, gab ich den Befehl zum Rückzug und ließ zwischen Sugar Valley und dem Talausgang unser Nachtlager aufschlagen.« Sherman, der eine gänzlich andere Nachricht erwartet hatte, konnte es kaum fassen. Mit »dreiundzwanzigtausend der besten Männer in der Armee« unter seinem Kommando, jammerte Sherman, hätte McPherson »nach Resaca einspazieren können«. So aber wußten die Konföderierten um die Strategie der Union und konnten durch eine rasche Verlegung ihrer Truppen das Rennen um Resaca problemlos für sich entscheiden. »Na, Mac«, sagte Sherman bei seiner Ankunft in Resaca, »Sie haben die Chance Ihres Lebens verpaßt.« Noch weitaus folgenschwerer allerdings war sein Fehler für die Infanterie der Union, die nun gegen eine weitere gut befestigte Stellung des Gegners zu kämpfen hatte.[19]

Als Sherman endlich am Morgen des 14. Mai den Snake Creek Gap durchquerte und sich für einen Angriff auf Resaca bereitmachte, hatten die Konföderierten einen drei Meilen langen Befestigungswall entlang mehrerer Hügelkämme, die im Nordwesten der Stadt parallel zur Bahnlinie verliefen, buchstäblich mit bloßen Händen aufgeschüttet. Zwischen beiden Armeen floß der hüfttiefe Camp Creek, der an beiden Ufern von tiefen Querrinnen, dichtem Gestrüpp und Unterholz gesäumt wurde. Hazens Brigade ging auf dem linken Unionsflügel in

Stellung, und Bierce fertigte eine flüchtige Skizze »vor Ort« an, auf der die Position der Brigade zu Kampfbeginn festgehalten ist. In einer Neuauflage seines ursprünglichen Plans beabsichtigte Sherman, die Rebellen durch eine Reihe frontaler Angriffe hinzuhalten, während eine kleinere Streitmacht der Föderierten im Rücken der Armee einen weiten Bogen zog und dem Feind unterhalb von Resaca den Fluchtweg über den Oostanaula River abschnitt. Als am Mittag der Generalangriff eröffnet wurde, nahm auch Hazens Brigade daran teil und gelangte bis auf zweihundert Meter an die Front der Konföderierten heran. Dann jedoch geriet der Vormarsch ins Stocken, und Hazen verlor 60 Mann. Andere Unionsbrigaden traf das gleiche Schicksal – auf Konföderationsseite bewies General Cleburne einen ungewöhnlich gälischen Sinn für Understatement, indem er die Unionsangriffe »ausnahmslos unglückliche Ausrutscher« nannnte –, und zuletzt endete der erste Kampftag mit einem Patt. In der Nacht lieferten sich beide Seiten Wortgefechte, wobei die Nordstaatler riefen: »Johnny Reb! Gibt's drüben auch was zu kauen?« Worauf die Südstaatler antworteten: »Welcher Nigger führt bei euch das Kommando?«[20]

Am nächsten Morgen erhielt Hazen Order, sich beim ersten Anzeichen eines gegnerischen Rückzugs einem Großangriff anzuschließen. Als er Plänkler der Rebellen eilig hinter die Front zurückfallen sah, kommandierte er seine Männer unverzüglich nach vorn. Unglücklicherweise schloß sich keine weitere Unionstruppe dem Vorstoß an, und die Brigade verlor in weniger als einer Minute einhundert Männer, bevor Hazen sie zurückrufen konnte. Wie schon am Vortag hockten die Föderierten für den Rest des Tages in der roten Tonerde Georgias und lieferten sich ein Sonntagsschießen mit dem Feind, was nach Hazens Worten zumindest »eine Langzeitübung im Scharfschießen auf kurze Distanz« darstellte. Rechts von Hazen schlich sich ein Soldat des 149. New York leichtsinnig vor, um den Feind besser ins Visier nehmen zu können, und wurde prompt erschossen. Er sank auf den Wall des Schützengrabens, woraufhin konföderierte Scharfschützen seinen Kopf buchstäblich mit Blei füllten.[21]

Nachdem Joseph Johnston erfahren hatte, daß zwei Unionsdivisionen unterhalb von Resaca den Oostanaula River überquert hatten und den Konföderierten den Fluchtweg versperrten, ließ er noch in der Nacht die Front auflösen und die Armee entlang der Bahnlinie in Richtung Atlanta zurückfallen. Mit insgesamt elftausend Toten auf beiden Seiten hatte die Schlacht bei Resaca weder Union noch Konföderation einen Vorteil gebracht. Die nüchterne Bilanz der Opfer lieferte zugleich einen Vorgeschmack auf den weiteren Verlauf des Feldzugs. Tausende weiterer Soldaten, darunter viele Veteranen des seit drei Jahren anhaltenden Abschlachtens, würden in Dutzenden von Schlachten und namenlosen Scharmützeln auf dem Weg nach Atlanta ihr Leben lassen.

Die Grausamkeit der Kämpfe von 1864 wird dadurch unterstrichen, daß mehrere von Bierces Bürgerkriegsgeschichten, darunter drei seiner besten, während des Atlanta-Feldzugs spielen. Die erste, »Tot bei Resaca«, handelt von einem jungen Unionsleutnant namens Herman Brayle, Adjutant eines nicht genannten Generals (vermutlich Hazen), den das im Titel vorhergesagte Schicksal ereilt. Brayle, vom Erzähler als »der beste Offizier in unserem Stab« bezeichnet, ist bei seinen Kameraden beliebt, besitzt allerdings »eine höchst tadelnswerte und unsoldatische Eigenschaft: Er war eitel ob seines Mutes.« Im Gefecht macht Brayle sich ohne Grund zur Zielscheibe des Feinds, indem er bewegungslos auf seinem Pferd sitzt oder weithin sichtbar im Freien steht, während alle anderen in Deckung gehen. (In einer bissigen Seitenbemerkung schreibt Bierce, daß die hochrangigeren Offiziere »hinter der Kuppe eines Hügels dem Vaterland so unendlich kostbare Leben loyal schonten«.) Wann immer er einen Befehl an die Front zu überbringen hat, schickt Brayle sein Pferd hinter die Linien und schreitet langsam nach vorn, wobei sein Auftritt durch seine prachtvolle Uniform noch imposanter wird. Ein solches Verhalten, erklärt der Erzähler, »ist leicht zu verurteilen, und es ist nicht sehr schwierig, sich der Nachahmung zu enthalten, aber es ist unmöglich, es nicht zu achten«. Einige Offiziere machen ihm Vorhaltungen, werden aber mit einer lockeren, leichtfertigen Antwort abgewiesen.[22]

Bei Resaca wird Brayle beauftragt, in Sichtweite der feindlichen Befestigungsanlagen einem Regimentsoberst an der Front eine Nachricht zu überbringen. Sich der Anweisung des Generals widersetzend, sein Pferd zurückzulassen und hinter den Linien den ungefährlicheren Weg durch den Wald zu nehmen, reitet Brayle im leichten Galopp aufs Feld und gerät sofort unter feindlichen Beschuß. Ironischerweise werden die Männer auf beiden Seiten durch sein selbstmörderisches Auftreten dazu ermuntert, aufzuspringen und sich mit Gewehr- und Artilleriefeuer ein hitziges Gefecht zu liefern. Brayle, dem man mittlerweile sein Pferd weggeschossen hat, »stand da und erwartete den Tod. Der ließ ihn nicht lange warten.«[23]

Der Erzähler gerät später in den Besitz von Brayles Brieftasche und stößt darin auf einen Brief seiner Verlobten, der das außergewöhnliche Verhalten des Mannes schlagartig erklärt: »Der Brief verriet Bildung und gute Herkunft, doch war es ein gewöhnlicher Liebesbrief, falls ein Liebesbrief gewöhnlich sein kann. Viel war nicht an ihm, aber doch etwas. Nämlich dies: ›Mr. Winters, den ich dafür immer hassen werde, hat herumerzählt, daß Du während einer Schlacht in Virginia, während der er seine Verletzung erhielt, hinter einem Baum kauernd gesehen wurdest. Ich glaube, er wollte Dich in meinen Augen herabsetzen, was, wie er weiß, die Geschichte erreicht hätte, wenn ich sie glaubte. Ich könnte es ertragen, von meines Soldaten-Liebsten Tod zu hören, nicht aber von seiner Feigheit.‹«[24]

Nach dem Krieg macht sich der Erzähler auf den Weg, den Brief seiner Absenderin zurückzubringen. Die besagte Frau, Miss Mendenhall, überfliegt ihn mechanisch und sagt: »Das ist sehr freundlich von Ihnen, obwohl ich kaum glaube, daß es der Mühe wert war.« Als sie dann einen Blutflecken auf dem Papier entdeckt, wirft sie den Brief angeekelt ins Kaminfeuer, ungeachtet des Einwurfs des Erzählers, der Fleck sei »das Blut des treuesten und tapfersten Herzens, das je schlug«. Danach will Miss Mendenhall wissen, wie Brayle gestorben sei. Der Erzähler schließt mit den Sätzen: »Das Licht des brennenden Briefes spiegelte sich in ihren Augen und überzog die Wange mit einem Hauch von Karmesin, gleich dem Fleck auf seinem Blatt. Ich hatte nie zuvor etwas so Schönes gesehen wie dieses verabscheuungswürdige Geschöpf.

›Ihn hat eine Schlange gebissen‹, erwiderte ich.«[25]

»Tot bei Resaca« ist in verschiedener Hinsicht bemerkenswert. Zunächst einmal enthält die Geschichte eine kurze, aber eindringliche Beschreibung der Schlacht, die, obwohl wenig bekannt, zu den unseligen Begegnungen des Kriegs gehörte und von einem Soldaten der Rebellen als »ein einziger Schlamassel« bezeichnet wurde. Bierce selbst gibt folgenden Bericht des Geschehens: »Nacheinander spien ihn Gewehrsalven gehässig an, sowie er in Reichweite kam, und unsere eigene Reihe im Waldrand brach sichtbar und hörbar in Deckungsfeuer aus. Jetzt sprangen ohne Rücksicht auf sich oder ihre Befehle unsere Jungs auf, schwärmten ins Freie und sandten breite Kugelvorhänge gegen den flammenden Kamm der anstößigen Erdwälle, die zur Antwort Gegenfeuer in ihre ungeschützten Gruppen schickten, mit tödlicher Wirkung. Die Artillerie beider Seiten schloß sich dem Gefecht an und interpunktierte das Rattern und Brausen mit tiefen erderschütternden Abschüssen und zerfetzte die Luft mit Hagelstürmen von Schrapnell, wovon die gegnerischen bei uns die Bäume zerfetzten und mit Blut bespritzten und die unseren den Qualm seiner Waffen mit Sandfontänen und Staubwolken aus seiner eigenen Brustwehr besudelten.«[26]

Nicht weniger vortrefflich ist seine Beschreibung der gewöhnlichen Pflichten und Gefahren eines Stabsoffiziers: »Unter solchen Umständen ist das Leben eines Stabsoffiziers einer Brigade entschieden ›kein glückliches‹, hauptsächlich wegen seiner unsicheren Dienststellung und der sich ständig entnervend ändernden Gefühle, denen er ausgesetzt ist. Aus seiner Stellung jener relativen Sicherheit, aus der heil zu entfliehen ein Zivilist einem ›Wunder‹ zuschreiben würde, mag er mit einem Befehl zu irgendeinem Kommandeur in der vordersten Linie geschickt werden – einer im Augenblick unsichtbaren Person, die nicht immer leicht zu finden ist ohne viel Suchen zwischen Männern, die ein bißchen beschäftigt sind, und in einem Getöse, in dem Frage wie Antwort in der Zeichensprache ausgetauscht werden müssen. In solchen Fällen ist es üblich, den Kopf einzuziehen und in scharfem Laufschritt loszuhetzen, als Objekt des lebhaften Interesses einiger Tausend bewunderter Scharfschützen. Und bei der Rückkehr – naja, Rückkehr ist nicht üblich.«[27]

Die Geschichte ist aber auch aufgrund des kaum versteckten Porträts von Bierce selbst von Interesse. Herman Brayle teilt mit dem Autor weit mehr als nur den auffälligen Gleichklang der Namen. Wie Bierce stammt er aus Ohio, dient als Generaladjutant, hat helles Haar und grünblaue Augen und hat bei Stones River und in Virginia gekämpft. Bierce allerdings legte im Krieg kein selbstmörderisches Verhalten an den Tag, auch wenn er sich zweimal als Held betätigte, indem er zwei Kameraden im Kugelhagel rettete. Aber er war sich des fatalen Charakters der Aufgabe eines Stabsoffiziers durchaus bewußt, sowohl in der Geschichte, die er ein Vierteljahrhundert nach dem Krieg schrieb, als auch in einem vielsagenden und enthüllenden Brief, den er wenige Wochen nach der Schlacht bei Resaca an Bernice Wrights Schwester Clara schrieb. Er verdient es, in voller Länge wiedergegeben zu werden, da es sich um den einzig noch existierenden Brief Bierces aus dem Krieg handelt. Der Brief ist auf den 8. Juni 1864 datiert und wurde von Acworth, Georgia, abgeschickt:

Meine liebe Clara:

Ist es Dir sehr unangenehm, von mir einen Brief zu erhalten?

Wenn ich so dächte, würde ich nie wieder einen Stift zur Hand nehmen. Es ist wahr, Du hast mich nie darum gebeten, Dir zu schreiben, aber zu wissen, daß ich noch lebe, kann dem nicht unwillkommen sein, der mich als seinen Freund erachtet. Ich weiß nicht, Clare, was Dir das Wort Freund bedeutet, die Du so viele davon hast, aber für mich hat Freundschaft eine weit tiefere Bedeutung als die Definition im Webster oder Worcester. Und meine Freundschaft zu Dir ist ein Gefühl, das man nicht in Sprache fassen kann. Du nennst dies Schmeichelei? Wenn ja, kennst Du mich nicht, und ich verzeihe Dir.

Dies ist mein erster Brief an Dich, aber mein Versäumnis ist kein Zeichen von Gleichgültigkeit. Ich wußte, Tima würde Dir gegenüber gelegentlich von mir sprechen. Aber ich wünsche sehr, von Dir zu hören; nicht, weil ich von Dir etwas über Tima erfahren möchte, sondern über Dich. Du scheinst immer geglaubt zu haben, Clare, daß ich Dich nur als Timas Schwester mag – eine Art not-

wendiges Übel. (Vide – unsere Kutschfahrt am Eagle Lake. Muß ich Dir sagen, daß Du ungerecht gegen mich warst?) Nein, Clare, gleich nach unserer süßen Tima liebe ich Dich mehr als sonst jemanden auf der Welt.

Vielleicht ist dies nicht recht – vielleicht sollten meine Mutter und meine Schwestern in meinem Herzen an erster Stelle stehen –, aber so ist es nun einmal.

Ich bin meines gegenwärtigen Lebens ganz und gar überdrüssig und des Soldatendaseins müde. Nicht wegen seiner Schrecken und Gefahren; auch nicht, weil seine Mühen auf mir lasten, sondern weil ich mit Dir und meiner Liebsten zusammen sein möchte. Die wunderbaren Wochen mit Dir, gerade wie ein Traum, haben den Soldaten beinahe verdorben und einen nachdenklichen Menschen aus ihm gemacht.

Frage Tima, warum sie mir nicht mehr schreibt. Habe ich sie gekränkt? Vielleicht habe ich in meinen Briefen eine herzlose und grausame Bemerkung gemacht, wie ich es früher des öfteren getan habe. Wenn dem so ist, wird sie mir hoffentlich vergeben. Ihr letzter Brief ist vom 11. Mai.

Hältst du es für möglich, daß meine Briefe an sie in fremde Hände gelangen? Sag es mir bitte, denn der Gedanke drückt mich schwer. Ach, mein Glück wäre vollkommen, wenn ich doch nur wieder mit Euch vereint wäre. Ich frage mich, warum ich einige Male in Deiner Nähe so unglücklich sein konnte.

Aber ich sollte für das mir gewährte Glück mit Dir dankbar sein – so viel mehr, als ich verdiente – als dem Schicksal zu zürnen, das mich von Dir trennt. Ich wage kaum zu hoffen, Dich wiederzusehen, und vielleicht ist es besser so. Jeden Tag sterben Bessere als ich. Seit wir Cleveland, Tenn., verlassen haben, hat meine Brigade fast ein Drittel ihrer Männer durch Tod oder Verwundung verloren.

Darunter waren zahllose gute Männer, die der Armee und der Welt fehlen. Und ich bin noch immer dabei. Aber meine Zeit wird kommen. Ach, wie schön wäre es, für Dich und Tima zu sterben statt für mein Land – für eine Sache, von der man nicht weiß, ob sie richtig oder falsch ist. Hältst Du mich nun für einen schlechten Patrioten, weil ich so rede? Vielleicht bin ich es. Ein Soldat schert sich nicht um derlei Fragen.

Stört es Dich, wenn ich nach D. frage? Liebst Du ihn noch? Oder glaubst Du, ihn zu lieben?

Ist diese Frage unverschämt? Du weißt, Du hast mir einmal erzählt, dies sei der Fall. Gib mir doch bitte eine Antwort.

Ach, ich wünschte, ich könnte Dir zur Seite stehen. Du bist so gut zu mir gewesen. Aber mir sind die Hände gebunden. Ich kann Dich nur warnen. Zwischen den Felsen hier gibt es ein Metall, das von weitem wie Gold aussieht. Doch bei näherem Hinsehen erweist es sich als wertlose Schlacke. Ich glaube, Du sitzt Kieselsteinen auf.

Erzähle mir von Dir und Tima. Welche Bücher Ihr lest, mit wem Ihr Umgang pflegt und ob Ihr viel Spaß habt. Hauptmann Webster läßt Grüße an Dich und Tima ausrichten. Ist Jo Williams übrigens in W.? Je weniger Ihr Euch mit ihm abgebt, desto besser. Solltest Du Gründe verlangen, so gebe ich sie Dir. Hast Du inzwischen meine Mutter kennengelernt, und besucht Tima sie, wie sie mir versprochen hat? Wie geht es Lyde C.?

Nun, Clare, solltest Du mir nicht umgehend schreiben, nehme ich dies als Beweis, daß Du nie wieder von mir hören willst.

Grüße auch Slissa und die Mädchen herzlich von mir.

Nimm meine Liebste in Deine Arme und gib ihr tausend Küsse von mir.

Mit mehr Liebe als ich ausdrücken kann bin ich

Dein Freund
A. G. Bierce

P. S. Hast du von Ol gehört? Ich bekomme keine Antwort von ihm.

B – – – – – – – – – –

Ein schwerer Regen fällt, und ich bin sehr einsam. Als ich soeben meinen Feldranzen durchsah, fiel mein Blick auf ein verstecktes kleines Spitzentaschentuch. Kennst Du es noch? Und dann fand ich auch ein paar Kiesel; unscheinbare Dinge, fürwahr, aber jeder ist durchsichtig, und wenn ich hineinsehe, erblicke ich zwei winzige Figuren mit ein wenig gelupften Röcken, so daß dar-

unter zarte kleine Füßchen erscheinen, die durch den weichen Sand laufen und diese Kleinigkeiten für mich auflesen. Welch zierliche kleine Abdrücke ihre Füße hinterlassen. Doch der nächste Regen wird sie alle auslöschen. Die Spuren auf dem harten und steinigen Grund meines Herzens aber werden bleiben. Immer wieder stelle ich fest, wie spitzbübische Wesen in den Garten meiner Seele eingedrungen sind und darin schlimmer gewütet haben als Schuljungen in einem Melonenfeld.

Aber keine der kleinen Spuren soll der grausame Gärtner Zeit tilgen. Die schlichte Wahrheit, Clare, heißt, daß ich Dich und Tima so liebe, daß mir die Worte fehlen.

Ich wünsche nur, ich könnte mein ganzes Leben mit Euch beiden verbringen und brauchte nichts weiter zu tun, als mich ganz der himmlischen Trunkenheit Eurer Gesellschaft hinzugeben. Dafür würde ich aller Welt und aller Familienbande entsagen; würde auf jeden Ehrgeiz und jedes Ziel im Leben verzichten und mich vor aller Welt zum Narren machen.

Brady[28]

Zweifellos der typische Brief eines einsamen jungen Soldaten in einer regnerischen Nacht, der jedoch einen ungewöhnlich tiefen Einblick in die Psyche des Autors gewährt, wenn man ihn wie eine von Bierces Kurzgeschichten analysiert. Der offenbare Anlaß des Briefes, mit dem Bierce in Erfahrung zu bringen sucht, warum Bernice ihm seit einem Monat nicht mehr geschrieben hat, wird interessanterweise durch eine Fülle von Hinweisen verdeckt, in denen er Clara seine nicht weniger große Liebe gesteht. Es ist durchaus unüblich, der Schwester der Geliebten seine persönliche Zuneigung in einem Brief so unverblümt mitzuteilen, es sei denn, man will sich alle Türen offenhalten. Bierce-Biograph Richard J. O'Connor hat vermutlich recht, wenn er sagt: »Bierce hätte sich besser an die weniger frivole Clara gehalten, die sein Wesen und seine düsteren Anwandlungen offenbar ernster zu nehmen verstand als die lebenslustige, unbedarfte Bernice.« In seinem Brief unternimmt Bierce in der Tat einige Anstrengungen, Clara genau dies nahezulegen. Mit einer knappen Nebenbemerkung entläßt er in für ihn typischer Manier den Anspruch der Mutter auf seine besondere Zuneigung; bemerkenswert ist auch, daß Bierce erstmals moralische Zweifel an den Zielen der Union äußert (was er in seinen späteren Schriften offen aussprechen wird). Seine Sorge, der Brief könne in unbefugte Hände geraten, und die unverhohlene Art, mit der er Clara vor ihrem vorgeblichen Liebhaber »D.« und dem geheimnisvollen Jo Williams warnt, sind frühe Belege für die paranoide Eifersucht, die Bierces engere Beziehungen zu Frauen sein Leben lang überschatten sollten. In gleicher Weise liefert auch der unberechtigte und verletzende Hinweis auf falsches Gold und den Umgang mit »Kieselsteinen« ein weiteres frühes Indiz für seine Unart, anderen schulmeisternde Ratschläge zu geben, wie sie ihr Leben führen sollten. Und sein merkwürdiger Vergleich von Clara und Bernice mit spitzbübischen Schuljungen, die »den Garten meiner Seele« verwüstet haben, illustriert nachdrücklich, wie bedeckt und verschwiegen sich Bierce in Herzensdingen gab.[29]

Nicht weniger interessant ist Bierces fatale Einschätzung seines Schicksals – »meine Zeit wird kommen«. Man könnte darin eine dramatisierende Selbststilisierung sehen, mit der ein altgedienter Soldat sich bei den Freunden daheim in Szene setzen will, wäre Bierce und seiner Brigade zwei Wochen zuvor nicht etwas widerfahren, das selbst den unerschrockensten Soldaten nachdenklich gestimmt hätte. Gemeint ist ein Zwischenfall, den Bierce später mit treffender Bitterkeit »Das Verbrechen von Pickett's Mill« genannt hat, ein mörderischer Überfall auf eine komplette Konföderiertendivision durch Hazens Brigade, der von Sherman und anderen beteiligten Unionsoffizieren über Jahrzehnte genauso totgeschwiegen wurde wie ein Jahrhundert später amerikanische Kampfhandlungen in Vietnam.

Die Schlacht bei Pickett's Mill fand am Nachmittag des 27. Mai statt, zwei Tage nachdem ein ähnlicher Vorstoß der Föderierten bei New Hope Church – von den Überlebenden »Höllenloch« genannt – kläglich gescheitert war. Sherman, der die Linien der Konföderation gefährlich weit auseinandergerückt sah, beabsichtigte den Feind von der rechten Flanke her aufzurollen. Der Mann, dem diese Aufgabe zugeteilt war, Generalmajor Oliver O. Howard, hatte pikanterweise einige Erfahrungen mit Flankenattacken, wenn auch dahingehend, daß seine eigenen Truppen sowohl in Chancellorsville als auch in Gettysburg von der Flanke her aufgerollt worden waren. Howard, der wegen seiner religiösen Überzeugungen den Spitznamen »Christian General« trug (weniger fromme Zungen nannten ihn »Old Prayer Book«), hatte in der Schlacht von Seven Pines einen Arm verloren, wofür er beizeiten eine Ehrenmedaille erhalten sollte, aber er hatte nichts von der gezierten Scheinheiligkeit eingebüßt, die Sherman später zu der Bemerkung veranlaßte, Howard »wäre besser im Rock zur Welt gekommen«. Seine Männer, besonders die Veteranen aus dem Mittelwesten, die ihm nach der Schlacht von Chickamauga beim Eintreffen in Virginia zugeteilt worden waren, betrachteten ihn als Unglücksbringer und nannten ihn aufgrund seiner vielen Mißerfolge im Feld nur »Uh-Oh« Howard. Keiner jedoch hätte sich das tatsächliche Ausmaß seiner Unfähigkeit vorzustellen vermocht. Bei Pickett's Mill sollten sie widerwillig erfahren, wie sehr ihn – und sie – das Glück verlassen konnte.[30]

Die Wassermühle Pickett's Mill, dreißig Meilen nordwestlich von Atlanta am Little Pumpkin Vine Creek gelegen, wurde von der frisch verwitweten Mrs. Pickett betrieben, deren Ehemann als Kavallerist der Konföderation in Chickamauga sein Leben gelassen hatte. Sherman hatte Howard instruiert, einen östlichen Bogen im Hinterland des Flusses zu schlagen, dann nach Süden vorzustoßen und die vermeintlich ungeschützte Flanke der Rebellen anzugreifen. Das tief zerklüftete Gelände – man konnte in keine Richtung weiter als fünfzig Meter blikken – sollte dem riskanten Manöver Schutz bieten. Aus unerfindlichen Gründen ließ einer von Howards Brigadekommandeuren, Oberst William Gibson, den Vormarsch in regelmäßigen Abständen durch ein Hornsignal anzeigen, so daß die konföderierten Späher unweigerlich über den Vormarsch der Union unterrichtet waren. Als Howard gegen vier Uhr nachmittags in Position ging, hatte der Feind sich auf einem felsigen, mit Bäumen bestandenen Bergkamm direkt gegenüber vorteilhaft in Stellung gebracht.[31]

Um seinen Fehler wettzumachen, beschloß Howard, die Brigaden kolonnenweise ins Feld zu schicken, so daß jeweils nur eine Brigade den Angriff führte, um dann von der nächsten abgelöst zu werden. Die zweifelhafte Ehre, den Kampf zu eröffnen, fiel an Hazens Brigade. »Wir schicken Hazen vor und warten ab, wie weit er kommt«, verständigte sich Divisionskommandant Thomas Wood mit Howard. Hazen hatte die Bemerkung zufällig aufgeschnappt und Bierce mit einem kurzen Blick signalisiert, daß er sich »des kriminellen Fehlers sehr wohl bewußt war«. Punkt halb fünf rückten Hazens Truppen vor, kamen aber sogleich vor einer dreißig Meter tiefen Felsspalte zum Stehen, die diagonal ihren Weg kreuzte. Das Unterholz war so dicht, daß die Fähnriche ihre Flaggen eingerollt lassen mußten, damit sie nicht von herabhängenden Ästen zerfetzt wurden. Als Vermessungsoffizier war Bierce so weit vorausgeeilt, daß er dem grimmig dreinblickenden Hazen vermelden konnte, die Stimmen der feindlichen Artillerie deutlich vernommen zu haben, die in einer halben Meile Entfernung auf sie warteten. Feindliche Plänkler wichen beim Vormarsch der Union sofort zurück, was einige Föderierte voreilig mit dem Ruf quittierten: »Na, ihr Grünschnäbel, habt wohl eure Holzprügel vergessen!« Zeitungsberichte parodierend, die dem Süden fehlende Kampfmoral bescheinigt hatten, riefen Stimmen von der anderen Seite: »O weh, wir sind demoralisiert!«[32]

Während die Brigade in die Schlucht hinabstieg und sich anschließend den steinigen Hang emporquälte, konnten die Fähnriche endlich ihre Flaggen ausrollen und sie in der einbrechenden Dämmerung hin und her schwenken. In dem Augenblick eröffneten die Rebellen wie auf ein geheimes Kommando hin das Feuer. Bierce, der wie alle Offiziere zu Fuß marschierte, hörte »ein klingelndes Rasseln der Musketen und das wohlvertraute Zischen der Kugeln. Die Baumlücken vor uns füllten sich mit blauem Pulverdampf. Der Lärm war ohrenbetäubend; Geschoßsalven pfiffen durch die Luft. In dem anhaltenden, unveränderlichen Brüllen der Handfeuerwaffen konnte man das regelmäßige Donnern der Kanonen eher fühlen als hören, aber der Kartätschenhagel, der mit schrillem Geheul zwischen den Bäumen niederging und krachend gegen Stämme und Äste schlug, war klar zu vernehmen.«[33]

Die Brigade hatte das große Pech, ausgerechnet der besten Division der Konföderation gegenüberzustehen, der des gefürchteten Cleburne, dessen kampferprobte Truppen Sherman bereits im vergangenen November am Missionary Ridge die Stirn geboten und ihm bei Resaca ein weiteres Mal übel mitgespielt hatten. Andererseits machte es keinen großen Unterschied, auf welchen Gegner man traf. Zu diesem Zeitpunkt des Kriegs hätte jede fest verschanzte altgediente Truppe den ungedeckten Angriff einer einzelnen Brigade auf praktisch unpassierbarem Terrain zurückschlagen können. Cleburne zollte den Yankees bei Pickett's Mill später sogar sarkastisches Lob, indem er feststellte, »ihr Mut hätte einem aussichtsreichen Unternehmen geziemt«. Allerdings, so Cleburne, »brauchten meine Männer nicht einmal Holzprügel, sondern nur zu warten, bis sie den Hang erklommen hatten, um sie in aller Ruhe abzuschlachten«. Nach fünfundvierzig Minuten war alles vorüber. Hazens Brigade verlor 467 Mann, von denen ein Drittel unmittelbar auf dem Schlachtfeld starben. Dieser ungewöhnlich hohe Anteil unterstreicht zum einen die Zielkünste der Konföderierten, wird aber auch durch die Tatsache erklärt, daß sich den Verwundeten nirgends Schutz bot. Ein Offizier der Konföderation fand nach der Schlacht die Leiche eines Yankees, den nicht weniger als siebenundvierzig Kugeln durchsiebt hatten.[34]

Während des Kampfs schickte Hazen seine Stabsoffiziere hinter die Linien, um herauszufinden, was mit den anderen Brigaden geschehen war, die sich in Fünf-Minuten-Abständen dem Angriff anschließen sollten. Als Bierce wie die anderen mit leeren Händen zurückkam, erblickte er eine sogenannte »Totenlinie«, einen buchstäblichen Wall gefallener Soldaten, der jedes weitere Vorrücken verhinderte. Bei Pickett's Mill befand sich die »Totenlinie« etwa fünfzehn Schritte vor der gegnerischen Front. Niemand gelangte über sie hinaus, und nur wenige gelangten überhaupt so weit. Samuel Foster, Hauptmann der Konföderation, zählte nach der Schlacht fünfzig tote Yankees in einem Umkreis von zehn Metern, die meisten von ihnen »durch Kopfschüsse getötet, so daß bei vielen der Schädel aufgeplatzt war und ihr Hirn herausfloß«. Ohne einen Befehl abzuwarten, begannen die Überlebenden der Brigade den Rückzug. Hazen versuchte nicht, sie aufzuhalten. »Die eigentliche Schlacht war entschieden«, schrieb Bierce, »aber hier und dort nahm das Abschlachten weiter seinen Lauf und hielt bis zum Einbruch der Dunkelheit an. Während der traurige Rest unserer Brigade durch den Wald floh, trafen wir auf Gibsons Brigade, die, wäre der Angriff nach Plan verlaufen, fünf Minuten nach uns hätte eintreffen müssen, um nach wiederum fünf Minuten Unterstützung von der nächsten Brigade zu erhalten. Tatsächlich jedoch waren fünfundvierzig Minuten verstrichen, in denen der Feind uns zerrieben hatte und nun den gleichen gefälligen Dienst für unsere Nachfolger bereithielt.«[35]

Als Howard die Metzelei abbrach, hatte Woods Division fast fünfzehnhundert Mann verloren. Als bittere Ironie des Schicksals erhielt Howard von Sherman die Order, den Angriff abzublasen, allerdings zwei Stunden zu spät, um das Geschehen noch zu verhindern. Sherman verlor später kein Wort über die Schlacht von Pickett's Mill, weder in seinen Gefechtsberichten noch in seinen vielgelesenen Memoiren. Howard war sie ein einziger Satz wert. Angewidert stellte Bierce fest, daß die siegreichen Rebellen der Schlacht mehrere ausführliche Berichte gewidmet hatten, wohingegen »die Besiegten es nicht einmal für nötig erachteten, sie zu erwähnen«. Unvergessen blieb sie allein den Männern, die dort im Feld gestanden hatten, und den Familien der Opfer.[36]

Nach Pickett's Mill zog Sherman sich zum Eisenbahndepot nach Acworth zurück, von wo aus Bierce wenige Tage darauf den Brief an Clara Wright schrieb. Nachdem es ihm weder bei New Hope Church noch bei Pickett's Mill gelungen war, die Flanke der Konföderierten auszuhebeln, beschloß Sherman, entlang der Bahnlinie geradewegs nach Marietta und von dort weiter nach Atlanta vorzudringen. Unterdessen hielten die Scharmützel und das gegenseitige Abschlachten weiter an; in weniger als einem Monat nach Beginn des Feldzugs waren auf beiden Seiten 21 000 Mann im Gefecht getötet oder verwundet worden. Bierce und seine Kameraden hätten dem Konföderationssoldaten fraglos zugestimmt, der seinen Eltern schrieb, »das Soldatenleben hier draußen ist beschwerlich, und nur ein ganzer Mann kann es durchstehen«. Selbst innerhalb des Lagers waren die Soldaten nicht sicher – in Bierces Brigade wurde ein Mann durch einen Querschläger getötet, der lautlos von irgendwoher kam, zwei andere wurden bei einem schweren Unwetter vom Blitz erschlagen. Elf Tage Dauerregen verwandelten das Lager in einen Sumpf, und die ununterbrochenen Angriffe der Heckenschützen und Plänkler hielten die Männer in ständiger Anspannung. Sherman klagte in einem Brief an seinen Bruder John, den Senator von Ohio, daß der Feldzug zu »einem großen Indianerkrieg« verkommen sei. Konföderationsgeneral Samuel French nahm das Bild auf, indem er vorschlug, eine Bibelgesellschaft solle Sherman ein Gebetbuch schicken, »anstatt sie alle an entfernte Heiden in Übersee zu verteilen, wobei zwischen beiden letztendlich kein Unterschied besteht. Der eine ist von Natur aus unzivilisiert, der andere, fürchte ich, gerät durch Gewohnheit immer mehr dazu. Vielleicht hat es etwas mit dem ›Tecumseh‹ zu tun.«[37]

Der Krieg war nun zu dem »kompromißlosen Kampf« geworden, den Grant und Sherman – mit dem Segen Abraham Lincolns – zwei Monate zuvor angestrebt hatten. Er hatte allerdings nichts Ehrenhaftes oder Glorreiches an sich. Am 14. Juni wurde Südstaatengeneral Leonidas Polk, ein ehemaliger Kirchenmann, der das Kreuz gegen das Schwert eingetauscht hatte, bei Pine Mountain durch eine wohlgezielte Artilleriesalve getötet, wobei das Geschoß seinen Körper durchschlug und schmatzend am Stamm eines hinter ihm stehenden Baumes explodierte. Soldaten der Rebellen verbreiteten das Gerücht, Sherman selbst habe die Kanone abgefeuert; einer von ihnen heftete ein Schild an einen Baum mit der Aufschrift: »Ihr verdammten Yankeeschweine habt unseren alten Gen. Polk auf dem Gewissen.« Einige Südstaatler forderten gar, die schwarze Flagge zu hissen. Tatsächlich war dies auf beiden Seiten wiederholt geschehen, nachdem das unablässige mechanische Abschlachten die Männer in Bierces Worten in »all diese verhärteten und unbußfertigen Menschentöter« verwandelt hatte, »denen der Tod in seinen furchtbarsten Formen vertraute Tatsache ihrer alltäglichen Beobachtung ist«. In beiden Lagern lebten die Soldaten mit einem wachen Gespür ihres drohenden Untergangs.[38]

Bierce hielt dieses Untergangsgefühl in drei Kurzgeschichten fest, die während des Atlanta-Feldzugs spielen und bezeichnenderweise alle direkt oder indirekt vom Selbstmord handeln. »Einer der Vermißten« handelt vom Schicksal des Gemeinen Jerome Searing, Scharfschütze im Dienst der Union. Als er bei Kennesaw Mountain eine Kolonne abziehender Konföderierter ins Visier nimmt, wird er durch eine verirrte Kanonenkugel in den Trümmern eines Gebäudes eingeklemmt, wobei der Lauf seines Stecher-Gewehrs geradewegs auf seinen Kopf gerichtet ist. Unter Schutt begraben, sieht Searing sich plötzlich mit eben dem Schicksal konfrontiert, das er dem Feind zugedacht hatte. Er starrt dem Tod in der Mündung seines Gewehrs buchstäblich ins Gesicht, ein Bild, das perfekt die Situation der beiden Armeen im mörderischen Sommer des Jahres 1864 beschreibt. Am Ende seiner Widerstandskraft angelangt, zieht Searing schließlich den Abzug. Der Schuß hatte sich jedoch bereits gelöst, als er die Waffe fallen ließ, doch vom bloßen Schrecken der Situation überwältigt, stirbt er vor Angst. Während seine Agonie Stunden gedauert zu haben schien, sind in Wahrheit nur zweiundzwanzig Minuten vergangen.[39]

In der zweiten Geschichte, »Ein Offizier, ein Mann«, zieht ein unerfahrener Hauptmann der Union freudig in sein erstes Gefecht, von dem er sich die Gelegenheit verspricht, sowohl »ein Paar dunkler Augen« daheim als auch die Veteranen unter ihm zu beeindrucken, von denen er bislang »angesehen wurde wie einer, der sich vor seiner Pflicht gedrückt hatte, bis er gegen seinen Willen ins Feld gezwungen wurde«. Graffenreid, so der Name des Offiziers, verliert jedoch rasch die Kriegsglut, als eine feindliche Granate detoniert und er sich, sehr zur Erheiterung der Männer in seiner Abteilung, schützend die Hände vors Gesicht hält. Noch peinlicher wird die Situation, als der Mann neben ihm tödlich getroffen wird. Der Hauptmann wirft sich sofort neben den Toten, während die anderen Offiziere ohne Hast absitzen und ihre Pferde aus der Gefahrenzone hinter die Linien bringen lassen. Am Boden liegend, macht Graffenreid angewidert seine erste Begegnung mit dem Tod auf dem Schlachtfeld. Unter der Brust des Gefallenen »floß ein kleines Blutrinnsal hervor. Es hatte einen schwachen, süßlichen Geruch, der ihm Übelkeit bereitete. Das Gesicht war in die Erde gepreßt und flachgequetscht. Es sah bereits gelb aus und war abstoßend. Nichts erinnerte an die Glorie eines Soldatentodes oder milderte die Scheußlichkeit des Zwischenfalls.« Wie bei Searing in »Einer der Vermißten« sind die Schrecken, die Graffenreid sich ausmalt, weit schlimmer als die Realität (der Feind hat mittlerweile kampflos das Feld geräumt). »Er heftete die Augen auf den Wald, wo wieder alles still war. Er versuchte sich vorzustellen, was sich dort abspielte – die sich zum Angriff formierenden Reihen von Soldaten, die von Hand an den Rand des offenen Geländes vorgeschobenen Geschütze. Er bildete sich ein, er könne die schwarzen Schlünde aus dem Unterholz hervorragen sehen, bereit, ihren Geschoßhagel auszustoßen. Das Feuer der Schlacht loderte jetzt nicht eben hell in dieses Kriegers Seele.« Zu guter Letzt, der Anspannung des Wartens nicht länger gewachsen, stürzt Graffenreid sich wie ein besiegter römischer Feldherr in sein Schwert. Er und der tote Soldat an seiner Seite sind die beiden einzigen Männer, die in diesem unbedeutenden Scharmützel ihr Leben gelassen haben.[40]

In der dritten Geschichte, »Ein Sohn der Götter«, opfert sich ein namenloser junger Offizier, um herauszufinden, ob der Feind hinter einem vorausliegenden Hügelkamm steht. Üblicherweise ist dies die Aufgabe der Plänkler, die dem Hauptfeld der Armee vorauseilen. Aber der junge Offizier, der mit seinem Schimmel und einer scharlachroten Satteldecke alle Aufmerksamkeit auf sich zieht, übernimmt aus unerfindlichen Gründen freiwillig ihren Dienst. »Dieser militärische Christus«, wie der Erzähler ihn nennt, galoppiert vor dem versteckten Feind hin und her, um ihn zur Eröffnung des Feuers zu bewegen. »Solange er vorrückt, wird die Linie nicht feuern – warum sollte sie? Er kann ungefährdet in die feindlichen Reihen reiten und Kriegsgefangener werden. Das aber würde seiner Absicht widersprechen. Es würde unsere Frage nicht beantworten; es ist notwendig, daß er entweder unverletzt zurückkehrt oder vor unseren Augen erschossen wird. Nur so werden wir wissen, was zu tun ist.« Nachdem er die Stärke des Feindes ausgekundschaftet hat, wendet der Offizier schließlich sein Pferd »und jagt wie der Wind geradewegs den Abhang herab – zu seinen Freunden, zu seinem Tod!« Mit der ersten Gewehrsalve der Rebellen wird der Offizier vom Pferd geschossen, doch bevor die nächste tödliche Gewehrladung fällt, schwingt er seinen Säbel zum »Salut eines Helden vor Tod und Geschichte« hoch über dem Kopf. Von der Übermacht des Gegners in Kenntnis gesetzt, zieht die Unionsarmee sich zurück – wobei sich die Vermutung aufdrängt, Bierce hätte sich von General Howard bei Pickett's Mill eine ähnliche Entscheidung erhofft. Aber die Geschichte ist Fiktion, nicht geschichtliche Wahrheit, eine subtile – oder sardonische – Allegorie, in der eine Christusfigur sich für die Kameraden opfert, so wie Tausende Soldaten auf dem Weg nach Atlanta ihr Leben opferten, ohne dafür den Dank und die Bewunderung eines großen Publikums zu gewinnen. Bierce spricht in ihrer aller Namen, wenn er klagt: »Ach, die vielen nutzlosen Toten! Die große Seele, deren herrlicher Körper dort drüben ruht, so auffällig vor dem versengten Hügelhang – hätte ihr nicht das bittere Bewußtsein einer vergeblichen Selbstopferung erspart bleiben können? Hätte denn nicht eine einzige Ausnahme die gnadenlose Vollkommenheit des göttlichen ewigen Planes zu sehr gestört?«[41]

In der wirklichen Welt gibt es solche Ausnahmen natürlich nicht, und Bierce hatte bereits eine Vorahnung seines eigenen Schicksals geäußert. Der »göttliche Plan«, wenn er denn existierte, verlangte von jedem Soldaten in der Armee immer wieder unscheinbare heroische Taten, die so sehr unter der erdrückenden Gewißheit des Todes standen, daß Bierce sie später als Beispiele einer ungewollten – oder zumindest doch willenlosen – Selbsttötung empfand. Genau fünfzehn Tage, nachdem er an Clara Wright geschrieben hatte, »meine Zeit wird kommen«, war es soweit. Am 23. Juni 1864 wurde Bierce durch einen Scharfschützen der Rebellen am Kopf getroffen, als er bei Kennesaw Mountain eine Plänklerlinie anführte. Die Kugel traf ihn an der linken Schläfe, zertrümmerte das Schläfenbein und bohrte sich am Schädel vorbei bis hinter das linke Ohr. Hazen, der den Zwischenfall festhielt, beschrieb die Verletzung als »sehr gefährlich und kompliziert, da die Kugel im Kopf steckenblieb«. (In seinen Memoiren beklagte sich Hazen, daß Bierce, »ein mutiger und unerschrockener Soldat«, umsonst verwundet worden sei, da die von ihm angeführte Plänklerlinie längst nahe genug an den Feind herangerückt war.) Aber auch diesmal blieb Bierce das Glück – zumindest teilweise – treu. Entweder hatte die Kugel nicht mehr genug Durchschlagskraft, oder sie traf ihn in einem unüblichen Winkel, ähnlich einer indirekt gespielten Billardkugel. Vielleicht besaß Bierce aber auch nur einen ungewöhnlich harten Schädel. Wie auch immer, obwohl Kopfschüsse im Bürgerkrieg in der Regel tödlich waren, überlebte Bierce wie durch ein Wunder sowohl den Treffer, als auch die zweitägige holprige Zugfahrt auf einem offenen Ladewagen zurück nach Chattanooga. Unter einer einfachen Zeltplane mit allerlei beschädigtem Kriegsgerät zusammengepfercht, ratterte er mit anderen Verwundeten der Union in sengender Hitze und strömendem Regen nach Norden. Später erinnerte er sich, daß der Regen ihm weit weniger zugesetzt hatte als das helle klare Mondlicht, das ihm durch die geschlossenen Lider gedrungen war und in seinem Kopf ein stechendes Hämmern im Rhythmus des Zuges verursacht hatte.[42]

Von seinem Krankenbett in Chattanooga aus bat Bierce um dreißig Tage Heimaturlaub in Warsaw, der ihm gewährt und später bis in den September hinein verlängert wurde. Die Wunde heilte nur langsam, und die geringste körperliche Anstrengung löste rasende Kopfschmerzen und Ohnmachtsanfälle aus. Noch mehr allerdings quälte ihn sein Herz. Fünf Monate nachdem er Warsaw und die wartende Geliebte bei bester Gesundheit verlassen hatte, war er wieder daheim und spazierte mit einem mächtigen Kopfverband die vertrauten staubigen Straßen entlang – allerdings allein, denn er und Bernice waren kein Paar mehr. Die Trennung war bitter, auch wenn die Ursachen nicht mehr genau zu ermitteln sind. Offenbar war es zu einem Streit über die vernachlässigte Korrespondenz der einen oder anderen Seite gekommen, wobei Bierces krankhaftes Mißtrauen in die weibliche Treue ebenfalls eine Rolle gespielt haben mag. Böse Worte fielen, Andenken wurden zurückgegeben, und die Verbindung – ob nun mit oder ohne Verlobungsversprechen – war gelöst.[43]

Im Hinblick auf die Zukunft war es wohl für beide die bessere Lösung, aber für den Augenblick war Bierce untröstlich. Trübsinnig verkroch er sich in die Bibliothek seines Vaters und verbrachte die Tage lesend auf dem Sofa, die Beine unter einem schweren Armeemantel ausgestreckt. Einmal ritt er zum alten Gehöft seines Bruders Gus, der sich später erinnerte, Ambroses Kopf sei »gänzlich eingewickelt« gewesen. (Offenbar von außen wie von innen, denn wie Gus seinem Bruder Albert erzählte, hatte Ambrose bei seinem Besuch einen reichlich verwirrten Eindruck gemacht, was angesichts dessen, was er kurz zuvor alles durchgemacht hatte, nicht weiter verwundert.) Seine Eltern mögen ihn mit einschlägigen Passagen aus der Bibel getröstet oder ihm einfach nur seine Ruhe gelassen haben. Jedenfalls ertrug Bierce Warsaw, solange es ging, bevor er Mitte September zur Armee zurückkehrte. Er fühlte sich immer noch unwohl – später erklärte er, der Schuß habe seinen Kopf »aufgeknackt wie eine Walnuß« – und konnte sich nur per Kutsche fortbewegen. Zumindest aber hatte er Indiana und alle damit verbundenen unseligen Erinnerungen hinter sich gelassen. Und diesmal, schwor er sich, würde er nie wieder zurückkehren. Dieser Abschnitt seines Lebens war unweigerlich vorüber.[44]

5

Ich lehne die Ernennung respektvoll ab

Manches hatte sich in den drei Monaten verändert, die Bierce zur Genesung fern der Front verbracht hatte. Das bedeutsamste Ereignis war die Einnahme Atlantas durch William Tecumseh Sherman, der nach Washington telegrafiert hatte: »Haben Atlanta gewonnen und in der Tasche.« Unter einem neuen Kommandanten, dem dreiunddreißigjährigen General John Bell Hood, waren die Konföderierten zu guter Letzt hinter ihren Brustwehren hervorgekommen und hatten die Unionsarmee angegriffen, mußten allerdings in drei schlecht vorbereiteten Ausfällen eine verheerende Niederlage einstecken, bevor sie am 1. September 1864 überraschend die Stadt räumten. Nach dem Fall Atlantas schmiedete Sherman ehrgeizige Pläne für einen Vorstoß bis zur Küste. Während Hood seinen eigenen Künsten überlassen bleiben sollte (und denen von Generalmajor George H. Thomas, der den Oberbefehl über die in Tennessee verbleibenden Unionsstreitkräfte erhalten hatte), wollte er gegen die Ostküste Georgias marschieren. Nachdem mit einem organisierten Widerstand der Konföderation nicht mehr zu rechnen war, prophezeite Sherman, er werde »Georgia das Winseln lehren«. Mit Hilfe seiner sechzigtausend exzellent gedrillten und kampferprobten Soldaten würde er seine Lieblingsmaxime, »Der Krieg ist die Hölle«, unter Beweis stellen.[1]

Zum begleitenden Stab des Unternehmens gehörte auch Bierces alter Kommandant und Freund William B. Hazen. Nach zweiunddreißig Monaten fähiger, wenn nicht gar tapferer Dienste an der Spitze der Neunzehnten Brigade war Hazen endlich zum Divisionskommandanten von Shermans eigener Zweiter Division, Fünfzehntes Korps der Tennessee-Armee, befördert worden. Als Bierce im September zurückkehrte, hatte Hazen bereits Abschied von seiner alten Brigade genommen, so daß beide sich erst nach Kriegsende wiedersehen würden. Als Mitglied des Stabs von Oberst Sidney Post, einem wohlbeleibten ehemaligen Zeitungsverleger, der Hazens Nachfolge angetreten hatte, übernahm Bierce leichtere Aufgaben. Zu seinem Glück waren seine Vermessungstalente wenig gefordert. Wie er später einräumte, wurde er nach wie vor von »Ohnmachtsanfällen heimgesucht, manchmal ohne erkennbaren Grund, meistens jedoch durch Wettereinfluß, Nervosität oder Übermüdung«. Durch ein ärztliches Attest war er vom Marschieren befreit und hielt sich meist in der Nähe des Lagers auf.[2]

Ein möglicher Hinweis auf seine innere Verfassung nach der Rückkehr an die Front findet sich in der kurzen, eher unbedeutenden Erzählung »Die Mitbewohner«. Darin berichtet ein Oberst Levering von einem unheimlichen Erlebnis in Atlanta »im September 1864 – kurz nach der Belagerung«. Nicht nur Ort und Datum, sondern auch die Umstände entsprechen Bierces eigener Situation, denn wie der Erzähler anführt, hatte Levering sich »noch nicht ganz von einer Schußwunde im Kopf erholt, die sich aus einem Wortwechsel ergeben hatte«. Zur Nacht steigt Levering in einem baufälligen Hotel ab und wird von einem geisterhaften Nachtportier in ein dunkles Zimmer geführt. »Von zwei Tagen und einer Nacht harter Eisenbahnfahrt erschöpft«, läßt der Oberst sich aufs Bett fallen und schläft sogleich ein. Gegen Morgen wird Levering durch das Mondlicht, »das irgendwie etwas gespenstisch wirkte«, geweckt und muß überrascht feststellen, daß er das Zimmer mit einem Dutzend weiterer Gäste teilt – allesamt tot und ordentlich entlang der Wand aufgereiht. Er will sich beim Nachtportier beschweren, doch der sitzt nur starr da, »mit einem farblosen Gesicht und den weißesten, leersten Augen, die ich je gesehen habe. Er hatte nicht mehr Ausdruck als der Rücken meiner Hand.« Kurz darauf verschwindet der Nachtportier und ein zweiter Mann erscheint, der sich als Nachtwächter ausgibt. Er erklärt Levering, das Hotel habe während der Belagerungszeit als Krankenhaus gedient und sein Zimmer sei die »Leichenkammer« gewesen, in der man die Toten aufgebahrt habe; außerdem, so die Auskunft des Nachtwächters, sei der Nachtportier seit ein paar Wochen tot. Er schlägt Levering vor, noch einmal einen Blick in das Zimmer zu werfen, aber der Oberst wehrt lauthals ab und springt durch die Tür auf die Straße.[3]

»Die Mitbewohner« ist zweifellos keine große Erzählung, aber ihr Inhalt, der auf Bierces Verwundung, seinen Zugtransport ins Lazarett (inklusive des grellen, verstörenden Mondlichts) und seine Kindheitsträume anspielt, in denen ihm ebenfalls Tote in unheilvoll symmetrischer Anordnung begegnet waren, offenbart einen jungen Mann, der mit seinem Überleben noch nicht zu Rande gekommen ist. Der traumähnliche, verwirrte Zustand des Erzählers erinnert gleichfalls an Bierces ständige Schwindelgefühle nach seiner Verwundung, eine von Kopfschmerzen begleitete Schattenwelt irgendwo zwischen der taghellen Welt der Lebenden und der dunklen, unwirklichen Welt der Toten. Das Gefühl, eine Art posthumer Existenz zu leben und sich des eigenen Überlebens nicht gewiß zu sein, ist durchaus geläufig bei Menschen mit einem schweren Trauma – wozu eine Schußverletzung am Kopf unzweifelhaft gehört. Zumal man Bierce, der Hunderte seiner Kameraden auf genau diese Weise hatte sterben sehen, ein leises Staunen über seine wundersame Rettung nicht verdenken kann.[4]

Allerdings waren seine müßigen Tage im Lager gezählt. Mitte Oktober, während er immer noch aus Washington auf die Genehmigung seines Marsches an die Küste wartete, führte Sherman seine Armee in Richtung Norden nach Gaylesville, Alabama, um Hoods Konföderierte in Schach zu halten, die im dreißig Meilen entfernten Gadsden ihr Lager aufgeschlagen hatten. Mehrere Tage lang standen sich beide Seiten zögerlich abwartend gegenüber. Für Bierce war es »ein erwartungsvolles Stillhalten zwischen zwei tatendurstigen Parteien«. Die erzwungene Untätigkeit zerrte an den Nerven aller Beteiligten, so daß Bierce und ein Leutnant namens Cobb eines Morgens beschlossen, ein wenig Abwechslung in ihren Alltag zu bringen. Nachdem sie einen tiefen Fluß durchritten hatten – wobei Bierce seine »makellose neue Uniform« ruinierte –, ließen sie sich trocknen und ritten weiter zum Coosa River. Dort stießen sie auf drei Unionssoldaten, die ein kleines Boot versteckt hielten, das die beiden sofort für ihr »verrücktes Unternehmen« requirierten. Zu fünft setzten sie über den Fluß und marschierten durch ein Maisfeld, bis sie zu einer unbewirtschafteten Plantage kamen, wo eine Handvoll Frauen und Kinder im Hof spielten. Plötzlich tauchte vor und hinter ihnen feindliche Kavallerie auf und eröffnete das Feuer. Cobb flüchtete in den Wald, während Bierce und die drei Gemeinen über einen Zaun setzten und quer über ein Feld auf einen hundert Meter entfernten Sumpf zueilten. Außer Atem versteckte sich Bierce in einem Dornengestrüpp, während »die anderen – wie ein geschlagener Kommandant sagen würde – dem Gegner weiter auswichen«. Hinter sich hörte er, wie die Hunde losgelassen wurden.[5]

Bis zum Abend blieb Bierce in seinem Dornenversteck neben der Straße, von wo aus er deutlich »verschiedene abschätzige Bemerkungen über die Tapferkeit der Yankees und entmutigende Absichtserklärungen im Falle meines Aufgreifens« hörte. Des weiteren entnahm er den Reden des Feindes, daß die drei Gemeinen ergriffen worden waren und nach Süden ins Gefangenenlager von Andersonville geschickt werden sollten; von ihnen hat er nie wieder gehört. In der Dunkelheit schlich er sich die Straße entlang und durch das mannshohe Maisfeld zurück zum Fluß. Den Gedanken verwerfend, durch die dunklen Fluten zu schwimmen, stapfte Bierce auf der Suche nach dem Boot das Ufer entlang. Dabei wäre er beinahe auf einen Posten der Rebellen getreten, der ein kleines Lager zu bewachen hatte. Zu seinem Glück befanden sich der Posten und seine Kameraden in tiefem Schlaf, während Bierce sich eilig und leise davonmachte.[6]

Bei einem zweiten feindlichen Lager auf seinem Weg hatte er weniger Glück. Durch den Schuß eines Wachpostens aufgeschreckt, flüchtete Bierce durch ein Maisfeld, kletterte anschließend auf einen Baum und blieb dort »wie ein Vogel auf der Stange bis zum Morgengrauen hocken«. Dann watete er durch den Fluß bis zu einer Insel in der Mitte, um von dort weiter bis zur Unionsseite zu schwimmen. Doch vor Erschöpfung und Anspannung fiel er in Ohnmacht. Er erwachte erst am späten Nachmittag und verbrachte die letzten Stunden Tageslicht damit, sich aus den Planken eines eingefallenen Schuppens ein Floß zu bauen. Als er es gerade zu Wasser lassen wollte, »vernahm ich ein kurzes metallisches Klicken – das Spannen eines Gewehrs! Ich saß in der Falle«. Ein Mitglied der konföderierten Bürgerwehr hatte Bierce auf der Insel rumoren gehört. Jetzt brachte er seinen Gefangenen stolz nach Hause, wo er von »den Honoratioren der ganzen Nachbarschaft empfangen wurde. Ein Yankee-Offizier in voller Uniform – abzüglich der Stiefel, in die seine geschwollenen Füße nicht mehr hineingepaßt hatten – war ein wahrlich seltener Anblick, und die zusammengelaufenen Spötter konnten sich gar nicht sattsehen. Sie waren ein wenig enttäuscht über das Fehlen von Hörnern, Hufen und Schwanz, trugen ihren Verdruß aber mit wohlwollendem Gleichmut.« Inmitten der Festlichkeiten sank Bierce in einen tiefen Schlaf, worauf seine Häscher ihn höflich zu Bett trugen.[7]

Am nächsten Morgen brachte man ihn zusammen mit einem weiteren Gefangenen der Union, den man bei einem Überfall auf der anderen Flußseite aufgegriffen hatte, hinter die Linien. Bierce hielt nicht viel von seinem Schicksalsgenossen, »einem höchst widerlichen Kerl – ein Fremder undefinierbarer Herkunft, der unsere Sprache gerade genug beherrschte, um zu zeigen, daß er sich selbst nicht beherrschen konnte«. Mehr noch beunruhigte ihn allerdings die beiläufige Bemerkung seiner Wachen, sollte man dem die Gegend kontrollierenden Guerilla-Häuptling Jeff Gatewood begegnen, »er mich ihnen wegnehmen und am nächsten Baum aufknüpfen werde«. Als sich kurz darauf Reiter näherten, versteckte man Bierce gnädigerweise vorsorglich im Gebüsch, um ein solches Ansinnen zu verhindern.[8]

Die Nacht verbrachten die vier auf einer Farm, wo Bierce sich schlafend stellte, bis die Wachen eingenickt waren. Dann sprang er, unter besonderer Vorsicht, seinen Mitgefangenen nicht zu wecken, zur Tür hinaus und jagte, über Zäune springend und Hunden ausweichend, auf den Wald zu. Zu seiner Überraschung setzte man ihm nicht hinterher. Nachdem er sich einen weiteren Tag durch dichtes Gestrüpp gezwängt und kleinere Bäche durchquert hatte, gelangte Bierce ans Flußufer und warf sich ohne Zögern ins Wasser. Auf der anderen Seite erblickte er »eine himmlischere Vision, als sie je einem sterbenden Heiligen zuteil wurde – zwei Blauröcke, die ein gestohlenes Schwein auf einem Pfahl abtransportierten«. Schwankend lief er zurück ins Lager, wo der unverwüstliche Cobb ihn bereits erwartete und ihm »die hübsche Geschichte eines Mannes erzählte, den eine Kanonenkugel zerrissen hatte«, woraufhin Bierce kopfüber ins Lagerfeuer kippte. »Was ist los, Cobb?« fragte Oberst Henry McConnell, der Kommandant der Brigade. »Keine Ahnung, Oberst«, erwiderte Cobb, Bierce an seinen Füßen aus der Asche ziehend, »Gott sei Dank ist die Glut erloschen!«[9]

Nachdem er nur knapp dem Tod oder der Gefangenschaft entronnen war – was als Insasse des Konföderiertengefängnisses in Andersonville in etwa auf das gleiche hinauslief –, hatte Bierce beizeiten genug Kräfte gesammelt, um seine Brigade auf dem Gewaltmarsch nach Tennessee Mitte November zu begleiten. Hood und seine dreißigtausend Mann starke Tennessee-Armee hatten sich vom nordwestlichen Alabama aus in ihren Heimatstaat begeben, in der verzweifelten Absicht, sich zwischen General Thomas in Nashville und das Vierte und Dreiundzwanzigste Korps zu schieben, die von Pulaski aus unterwegs nach Nashville waren. Dank der besseren Wegstrecke und des ungewöhnlich widrigen Wetters, das die Landschaft in eine zähe Schlammwüste verwandelt hatte, in der die Wagen steckenblieben, gelangten die Föderierten vor den Rebellen zum Knotenpunkt Columbia am Südufer des Duck River, wo sie sich auf den Ansturm der heranrückenden Horde vorbereiteten. »Es ist eine der stolzesten Erinnerungen meines Lebens«, schrieb Bierce vierundzwanzig Jahre später im ›San Francisco Examiner‹, »daß ich, obwohl es einer der schnellsten und härtesten Gewaltmärsche des ganzen Krieges war, genügend Kraft, Zähigkeit und Ausdauer bewies, um dabei mitzuhalten.« In Anbetracht des konföderierten Kavallerie-Generals Nathan Bedford Forrest, der wie ein Racheteufel über das Land zog und auf alles schießen ließ, was sich bewegte, hatte Bierce auch kaum eine andere Alternative.[10]

Am 27. November ließ sich der Kommandant der Unionskolonne, Generalmajor John Schofield, ein weiteres Mal vom

Duck River zum zehn Meilen weiter nördlich gelegenen Spring Hill zurückfallen. Am nächsten Morgen beobachteten Bierce und die Männer von Posts Brigade von ihrem vorgeschobenen Posten aus, wie Hoods Armee in einem »faszinierenden und ehrfurchtgebietenden Schauspiel« kampfentschlossen auf Spring Hill zumarschierte. Dennoch gelang es Schofields abgeschnittener Kolonne, sich im Schutz der Nacht an den Rebellen vorbei in das zehn Meilen weiter nördlich gelegene Städtchen Franklin zurückzuziehen. »Auf die Dummköpfe hat Gott ein besonderes Auge«, schrieb Bierce, »und eine seiner schützenden Maßnahmen ist die noch größere Dummheit der anderen.« Gleichwohl stand das Unternehmen so sehr auf des Messers Schneide, daß Bierce glaubte spüren zu können, wie sein Haar unterwegs ergraute.[11]

Die Unionsarmee ging südlich von Franklin in einem Halbkreis in Stellung, während aufopferungsvolle Pioniere sich verzweifelt daranmachten, die einzige Eisenbahnbrücke über den Harpeth River im Norden der Stadt zu reparieren. In der Zwischenzeit zog Hoods Armee auf dem zwei Meilen entfernten Kamm von Winstead Hill auf wie das Gebiß eines Drachens. Zwischen beiden Armeen breitete sich eine plane Ebene aus, die keinerlei natürlichen Schutz bot. Wer hier leichtfertig einen Angriff wagte, würde den Musketen und Kanonen der Union ein leichtes Ziel bieten. Bierce jedenfalls traute niemandem eine solche Dummheit zu, und »hätte Hood der Mißerfolg von Spring Hill nicht noch im Magen gelegen, wäre er vermutlich um unsere linke Flanke herumspaziert und hätte uns problemlos überrannt« – was Forrest zur gleichen Zeit seinem Kommandanten nahezulegen versuchte. Doch der junge Heißsporn Hood, der in Gettysburg einen steifen Arm davongetragen und zwei Monate später in Chickamauga ein Bein verloren hatte, war fest zum Angriff entschlossen. »Offenbar«, bemerkte Bierce, »war dies nicht sein Tag, Menschenleben zu schonen.«[12]

Der Angriff der Konföderierten begann am 30. November 1864 eine Stunde vor Sonnenuntergang. Das Unternehmen war nicht nur eins der verwegensten, sondern auch das mit Abstand verheerendste des ganzen Kriegs. Nicht einmal Picketts Angriff bei Gettysburg hatte so hohe Verluste eingebracht – mit

6252 Toten, Verwundeten oder Gefangenen, wovon allein 1750 unmittelbar auf dem Schlachtfeld starben, hatte Hood mehr Opfer zu beklagen als die Unionsarmee an allen Tagen der »Sieben-Tage-Schlacht« um Richmond von 1862. Auf der Verlustliste befanden sich allein die Namen von sechs Generälen: Patrick Cleburne, Otho Strahl, John Adams, John Carter, Hiram Granbury und ein Draufgänger mit dem provozierenden Namen States Rights Gist. Die Bitterkeit der Situation wird noch dadurch unterstrichen, daß die Soldaten auf Winstead Hill nahezu einmütig den Mißerfolg des Angriffs vorausgesehen hatten. Cleburne, dessen blauweiße Flagge auf jedem größeren Schlachtfeld im Westen über seiner gefürchteten Division geweht hatte und der sechs Monate zuvor bei Pickett's Mill den mörderischen Schlag gegen Hazens Brigade geführt hatte, sprach für viele, als er murmelnd feststellte: »Wenn wir schon sterben müssen, so wollen wir mannhaft sterben.«[13]

Bierces Brigade hatte das seltene Glück, aus dem Zentrum des Kampfes abgezogen zu werden, so daß er die Schlacht von einem Felsvorsprung nördlich des Harpeth River verfolgen konnte. Wie viele andere registrierte er mit Verwunderung den bitteren Kontrast zwischen dem milden Herbstwetter und dem »teuflischen Geschehen«, das sich vor seinen Augen abspielte. »Eine schläfrige Atmosphäre lag in der Luft«, schrieb er. »Die Sonne stand karmesinrot am graublauen Himmel und vertrieb den feinen Dunst des Indianersommers, so bezaubernd wie ein Tagtraum im Paradies.« Als der Angriff der Konföderierten begann, konnte einer von Bierces Kameraden, Hauptmann Dawson aus General Thomas Woods Stab, den Anblick nicht länger ertragen. »Mit uns ist es aus«, sagte Dawson verzweifelt zu Bierce. »Ich will in aller Stille eine letzte Zigarette rauchen.« Bierce war weniger empfindsam und verfolgte gebannt »ein Handgemenge von unglaublicher Wildheit. Zwei lange, unregelmäßige, sich ständig verändernde Farbstreifen verzehrten sich gegenseitig entlang ihrer Berührungsnaht. Gleichzeitig bewegte sich der wogende Fleck immer weiter von der Stadt fort, bis sich seine graue Hälfte in ihre einzelnen Bestandteile auflöste, die langsam von der anbrandenden Flut zurückgedrängt wurden.« Die Unionslinie hatte gehalten. In der Nacht verließen die Föderierten ungehindert Franklin und gelangten sicher nach Nashville. Am nächsten Morgen begruben die Südstaatler ihre Toten, starr vor Schreck angesichts des sinnlosen Massakers. Unter den Totengräbern war auch Sam Watkins aus dem Ersten Tennessee. Er stammte aus Columbia und befand sich unweit der Heimat. Jetzt fiel sein Blick auf »eine riesige Opferstätte. Der Tod hatte über Nacht großes Bankett gehalten. Überall lagen aufeinandergetürmt die Leichen. Nie wieder habe ich einen so erschreckenden und bedrückenden Anblick erlebt.« Es war das geeignete Epitaph für eine ganze Armee.[14]

In Nashville warteten die Föderierten geduldig hinter ihren Befestigungsanlagen, während Hood und seine geschundene Armee sich auf den winterlichen Hügeln ringsum verschanzten. Die Unionstruppen waren unterdessen so selbstsicher, daß Bierce und seine Kameraden die Zeit fanden, einem jungen Stabsleutnant namens Haberton einen klug eingefädelten Streich zu spielen. Haberton hatte »eine unerträgliche Schwäche: Er war Schürzenjäger und legte wie die meisten von der Sorte Wert darauf, daß alle davon erfuhren«. Der selbsternannte Wüstling hatte alle im Stab mit seinen endlosen Geschichten amouröser Eroberungen so sehr ermüdet, daß sie eine verdiente Strafe ersannen: Sie überredeten eine siebzehnjährige Ordonnanz mit Namen Arman, die »nach Gesicht und Gestalt besonders mädchenhaft wirkte«, in Frauenkleider zu schlüpfen, die sie in dem als Hauptquartier dienenden Haus gefunden hatten. Haberton wurde aufgetragen, die junge »Dame« und ehemalige Bewohnerin dieses Hauses mit seinem außergewöhnlichen Charme zu unterhalten. Während des Schäferstündchens mit der holden Besucherin explodierte im Zimmer über ihnen eine feindliche Granate. »Himmel ... und Zwirn!« schrie die Ordonnanz, um im gleichen Moment aufzuspringen, aus dem Zimmer zu stürzen und sich dabei ihre »Mädchenkleider« vom Leib zu reißen. Bierce und die anderen, die verstohlen der Unterhaltung gelauscht hatten, brachen in »Wogen unerschöpflichen Gelächters« aus. Vom plötzlichen Umschwung des Geschehens wie vom Blitz gerührt, machte Haberton »aus seinem Gesicht das widerwärtigste Grinsen, von dem jemals alles Lächeln verleumdet wurde«, und erklärte wenig überzeugend: »*Mich* könnt ihr nicht zum Narren halten!«[15]

Bierce war mittlerweile dem Stab von Brigadegeneral Samuel Beatty zugeteilt, der die Dritte Division befehligte. Beatty war ein aus Pennsylvania stammender jovialer und bodenständiger Mann, der Bierces Herz gewonnen hatte, als er auf das Telegramm eines bedrängten Oberst, in dem dieser »einen Angriff von General Erschöpfung« meldete und um Ablösung bat, scherzend sagte, der genannte »General« sei »der fähigste Kavallerieoffizier der Konföderationsarmee. Ich selbst habe in Mexiko unter ihm gedient.« In der Schlacht von Nashville am 15. und 16. Dezember war Bierce wieder einmal vom Kampfgeschehen freigestellt und verbrachte die Zeit »als Zuschauer zu Pferde«. Am zweiten Tag der Schlacht gewann eine Brigade Schwarzer seine besondere Aufmerksamkeit. In einer ›Examiner‹-Kolumne von 1898 erinnerte er sich, daß er selbst einmal Linienoffizier in einem Schwarzen-Regiment werden wollte, seine Bewerbung aber wieder zurückgezogen habe, nachdem er »sich besonnen und eingeredet hatte, die Neger würden nicht anständig kämpfen«. In Nashville mußte er beschämt erkennen, »einen Narren aus mir gemacht zu haben«. Während er beobachtete, wie ein gemischtes Kommando aus Schwarzen und Weißen am Overton Hill zurückgeworfen wurde, sah Bierce die unerfahrenen schwarzen Soldaten unbeirrt durch ein dichtes Gewirr gefällter Bäume gegen die Brustwehren der Rebellen vorrücken. »Ich habe nie bessere Kämpfer gesehen«, schrieb er. »Sie zögerten keine Sekunde: Ihre langen Linien setzten in perfekter Ordnung über das tödliche Hindernis hinweg und blieben genauso standhaft wie die weißen Veteranen zu ihrer Rechten. Und der Anteil derer, die hinweggerafft und nach dem Kampf beerdigt wurden, war proportional genauso hoch. Man hätte sich kein schöneres Beispiel für Tapferkeit und Disziplin vorstellen können.« Bierces Einschätzung wurde durch den Unionskommandanten Generalmajor James B. Steedman bestätigt, der nach der Schlacht berichtete: »Ich konnte nicht feststellen, daß die Hautfarbe irgendeinen Unterschied in der Kampfmoral meiner Truppen gemacht hätte. Alle, Weiße wie Schwarze, erfüllten ehrenhaft ihre Soldatenpflicht.«[16]

Die Schlacht von Nashville war die letzte vernichtende Niederlage für die konföderierte Tennessee-Armee, die nach der Schlacht ungeachtet aller Anstrengungen und Vorsätze nie wieder als geschlossene Einheit operierte. Bierce begleitete einen Teil von Thomas' Armee ins Winterlager bei Huntsville, Alabama, wo er durch General Beatty eine letzte öffentliche Belobigung für seine Verdienste als Freiwilliger erfuhr: »Leutnant A. G. Bierce, Neuntes Indiana, Kartenoffizier, hat mir zuverlässige Dienste erwiesen.« Nach wie vor unter seiner Kopfverletzung leidend und das baldige Ende des Kriegs erahnend, meldete Bierce sich am 8. Januar 1865 zur Untersuchung bei Dr. C.T. Hoagland, Regimentsarzt der Einundsiebzigsten Ohio-Infanterie, der ihm offiziell attestierte, dem Patienten sei aufgrund seiner ernsten Kopfverletzung »anstrengende geistige oder physische Anstrengung« nicht gestattet und er sei daher »untauglich für den Militärdienst der Vereinigten Staaten«. Zwei Tage später leitete Bierce den Befund Hoaglands an das Hauptquartier weiter, zusammen mit einem persönlichen Brief, in dem er aus gesundheitlichen Gründen um seine Entlassung aus der Armee bat. Sein Schreiben wurde rasch nach oben weitergeleitet, und am 25. Januar setzte General Thomas seine beglaubigende Unterschrift unter das Entlassungsgesuch. Nach drei Jahren, neun Monaten und sechs Tagen in der Armee war Ambrose Bierce wieder Zivilist. Jahre später sollte er mit einer bezeichnenden Mischung aus Stolz und Abneigung festhalten: »Einst hatte ich das Glück, eine Kompanie von Soldaten anzuführen – richtige Soldaten. Keine professionellen Kämpfer auf Lebenszeit, das Produkt des europäischen Militarismus, sondern einfache amerikanische Freiwillige, die ihr Vaterland liebten und für es kämpften, ohne einen Hintergedanken, persönlich davon zu profitieren; dieser Trick wurde den Überlebenden erst später von Gentlemen beigebracht, die um ihre Stimme buhlten.«[17]

Bierce gehörte zwar nicht mehr der Armee an, arbeitete aber weiterhin für die Regierung. Da er auf keinen Fall nach Indiana zurückkehren wollte, übernahm er eine Stelle beim Finanzministerium, das ihn für ein Monatsgehalt von 105 Dollar abzüglich Steuern beauftragte, »erbeutetes und verlassenes Eigentum« zu konfiszieren. Sein Vorgesetzter war Hauptmann

Sherburne B. Eaton, ein früherer Mitarbeiter in Hazens Stab. (Vieles spricht dafür, daß Eaton Bierce die Entlassung aus der Armee nahegelegt hatte, da er in einem Brief vom 6. Januar 1865 Bierce bereits als Angestellten seiner Abteilung erwähnt.) Die Arbeit war ebenso gefährlich wie unangenehm, bestand sie doch im wesentlichen darin, versteckte Baumwollballen in Sümpfen, auf zerstörten Plantagen, in geheimen Lagerhäusern, oder wo auch immer findige Baumwollpflanzer ihre lukrative Ware verstecken konnten, aufzuspüren. Bei Kriegsende lag der Preis für einen Ballen Baumwolle bei fünfhundert Dollar, so daß sich zwischen den staatlichen Agenten und den Baumwollfarmern ein oftmals tödliches Versteckspiel entwickelte. Viele Farmer hatten ihre Ware bereits an die Südstaatenregierung verkauft, waren aber aufgrund der Seeblockade der Union und des plötzlichen Zusammenbruchs der Konföderation nicht in der Lage (beziehungsweise wenig geneigt), sie auch auszuliefern. Diese »staatliche« Baumwolle wurde zu Konterbande erklärt, deren rechtmäßige Beschlagnahmung für die US-Regierung durch die Agenten des Finanzministeriums erfolgen sollte. Tatsächlich aber arbeiteten die Agenten – und Dutzende dreister Gauner, die sich als Agenten ausgaben – hauptsächlich in die eigene Tasche, indem sie sämtliche Baumwolle, derer sie habhaft werden konnten, ohne Rücksicht auf legale Besitzansprüche beschlagnahmten. Ein Gesetz sicherte den Agenten ein Viertel aller sichergestellten Baumwolle als Prämie; wie man sich leicht denken kann, wurde folglich sämtliche sichergestellte Ware zu Regierungseigentum erklärt.[18]

Über den Staat von Alabama breitete sich ein feingesponnenes Netz von Korruption. Zu den Hauptakteuren gehörten neben skrupellosen Finanzamtsagenten auch die sogenannten »Baumwollspione«, ortskundige Bürger, die für eine entsprechende Gewinnbeteiligung versteckte Lager aufspürten; »loyale« Südstaatler, die hoch und heilig beteuerten, die konfiszierte Baumwolle gehöre ihnen, um sie erneut auf dem freien Markt zu verkaufen und den Gewinn mit den Agenten zu teilen; korrupte Zugführer, die Mittel und Wege fanden, daß auf der Fahrt nach Mobile oder New Orleans ganze Wagenladungen Baumwolle verlorengingen; und schließlich bestechliche Dampfschiffkapitäne, die in der Nacht private Docks anliefen. Pflanzer, die ihre Baumwolle – ob nun zu Recht oder Unrecht – verkaufen wollten, hatten keine andere Wahl, als sich mit den staatlichen Agenten und ihren Zuträgern einzulassen, wobei sie in der Regel nicht mehr als ein Viertel oder die Hälfte des Marktwerts ihrer Ernte erzielten. Leichtgläubigen Eigentümern wurde des öfteren von Agenten geraten, ihre Baumwolle einfach der Regierung zu überschreiben, die sie für die ordnungsgemäße Einschaltung des Finanzministeriums entsprechend großzügig entschädigen würde. Von Regierungsseite wurden Anträge dieser Art konsequent abgewiesen, nachdem die zuständigen Agenten jegliche Kenntnis einer freiwilligen Überschreibung leugneten. Das Geschäft versprach reiche Gewinne – ein fleißiger Agent in Demopolis, Alabama, schöpfte in einem einzigen Monat 80 000 Dollar ab –, und für die verschiedenen Bezirksleiter war es durchaus üblich, Agentenkommissionen für 25 000 Dollar zu verkaufen. Alabama, das bei Kriegsende über mehr Baumwolle verfügte als jeder andere Staat, war eine besonders beliebte Sinekure. Bereits im August 1865 warnte Präsident Andrew Johnson General Thomas, der inzwischen die militärische Leitung übernommen hatte: »Wie mir zugetragen wurde, werden in verschiedenen Teilen Alabamas unzählige Betrügereien durch vorgebliche Finanzamtsagenten verübt, die Baumwolle unter dem Vorwand sicherstellen, sie gehöre der Konföderationsregierung.« Spätere Statistiken enthüllten, daß von den 150 000 Baumwollballen aus Alabama, die rechtmäßig der Regierung der Vereinigten Staaten gehörten, ganze 20 000 sichergestellt werden konnten, und selbst die hatten bis zu ein Drittel ihres Gewichts eingebüßt, bevor sie die Regierung erreichten. »Ich bin sicher, einige anständige Baumwollagenten in den Süden entsandt zu haben«, lamentierte Schatzmeister Hugh McCulloch später, »aber manchmal habe ich große Zweifel, ob irgendwer lange anständig blieb.«[19]

Einer der wenigen Anständigen war Ambrose Bierce. Obwohl er jede Verbindung zu seinen puritanischen Vorfahren entschieden ablehnte, gehörte persönliche Aufrichtigkeit zu seinen hervorstechenden Eigenschaften, die ihn für Bestechung und jede Form von Korruption unempfindlich machte. Anders gesagt, er war nicht käuflich, auch wenn ihn dieser bewundernswerte Zug im Nachkriegs-Alabama in einige Gefahr brachte. Seine Unbestechlichkeit bedrohte nicht nur seine zwielichtigen Mitarbeiter, sondern auch die Pflanzer vor Ort, die es gewohnt waren, mehrere tausend Dollar für einen unterschriebenen Blanko-Frachtbrief hinzulegen. Nicht weniger angespannt war sein Verhältnis zu den Baumwollspionen und Eidbrüchigen, deren schändlicher Verdienst von ebenso schändlichen Finanzamtsagenten abhing, von den einfachen Südstaatlern ganz zu schweigen, deren Heimatboden nun fest in der Hand der verhaßten Besetzer war. Und schließlich waren da auch noch die konföderierten Kriegsheimkehrer, »Männer, die für den Dienst an der Waffe gedrillt waren« und sich nicht unbedingt der offiziellen Kapitulationserklärung verpflichtet fühlten, die Robert E. Lee und andere Konföderationskommandanten jüngst im Feld unterzeichnet hatten. »Viele vollzogen in unmerklichen Schritten den leicht und natürlich erscheinenden Übergang vom Soldaten zum gemeinen Mörder«, schrieb Bierce, »ohne Bewußtsein des zwischen beiden bestehenden moralischen Unterschieds.«[20]

Die Stadt Selma im Zentrum Alabamas, in der Bierce und Eaton sich Ende April niederließen, hatte der Krieg besonders hart getroffen. Nur wenige Stunden vor dem Waffenstillstand war eine Kavallerieeinheit der Union unter Generalmajor James Wilson in die Stadt eingefallen und hatte Zeughaus, Salpeterwerke, Gefängnis und Werft niedergebrannt. Zu allem Unglück war zwischen militärischen Zielen und Privatbesitz wenig Unterschied gemacht worden, und eine Reihe von Häusern und Geschäften war gleichfalls ein Raub der Flammen geworden. Hunderte erbeuteter Pferde und Maultiere hatte man auf den Straßen erschossen und liegengelassen, so daß der Verwesungsgeruch für Monate wie ein Symbol der Niederlage des Südens in der Luft hing. Jedem Nordstaatler galt als lebender Verkörperung dieser Niederlage der »erbitterte Haß« der Bevölkerung, und Bierce hielt fest, daß, »obwohl meine Pflichten inzwischen rein ziviler Natur waren, meine Behandlung gleichwohl nicht entsprechend ausfiel, worüber ich keineswegs erstaunt war«. Wie wenig zivil eine solche Behandlung sein konnte, wurde

Bierce zwei Tage nach seiner Ankunft am grausamen Schicksal zweier Nordstaatenoffiziere vor Augen geführt, die man mit durchschnittener Kehle im Straßengraben nach Selma fand. Eaton, der noch vor Bierce in der Stadt eingetroffen war, »kam gerade noch rechtzeitig, um als einziger Trauergast der Beerdigung seines Vorgängers beizuwohnen, dessen Unglück es gewesen war, mit seiner Auslegung der Dienstvorschriften das Mißfallen eines Gentlemans erregt zu haben, der seine eigenen Interessen durch diese Auslegung berührt sah«. Selma war im Frühjahr 1865 so gefährlich, daß die beiden Agenten es sich zur Gewohnheit machten, sich jeden Abend per Handschlag zu verabschieden und »einen gedankenschweren Satz auszusprechen, der ›letzter Worte‹ würdig war«, eine Vorsichtsmaßnahme, die sie in Kriegstagen nicht für nötig erachtet hatten. »Die Sterblichkeitsrate«, schrieb Bierce, »war unter den Neuankömmlingen im Distrikt von Selma in jenen Tagen in der Tat ausgesprochen hoch.«[21]

Während Eaton die meiste Zeit zu offiziellen – oder privaten – Geschäften in New Orleans weilte, war Bierce mit der Verwaltung seiner öffentlichen Aufgaben weitgehend auf sich allein gestellt. Er empfand seine Pflichten als »äußerst unangenehm, nicht nur für die Leute in der Umgebung, sondern auch für meine eigene Person«. Dennoch bemühte er sich um die pflichtgemäße Erfüllung seines Amtes, wobei er einmal über mehrere Wochen siebenhundert Ballen nicht konfiszierter Baumwolle aufzuspüren suchte, indem er Abend für Abend mit zwei einheimischen Gentlemen dinierte, die er in Verdacht hatte, über den Verbleib der Baumwolle informiert zu sein. Beide Seiten erhofften sich konkrete Vorteile davon, den jeweils anderen betrunken zu machen, doch da man von den Plänen seines Gegenübers wußte, gab man sich bei Tisch »ausgesprochen enthaltsam«. Das Unternehmen führte schließlich zu nichts, da Bierce nicht gewillt war, für eine Gewinnbeteiligung von fünfundzwanzig Prozent ein Blanko-Schiffspapier zu unterschreiben, und die Pflanzer ihrerseits zu den gleichen Konditionen ablehnten, das Versteck der Baumwolle preiszugeben. »Ich bin zuzeiten disloyal genug«, schrieb Bierce, »um mich der Hoffnung hinzugeben, daß sie meine Nachfolger genauso übervorteilten, wie sie es mit mir gemacht haben. Man kann nicht umhin, eine gewisse Sympathie für Männer zu empfinden, die den Wert eines guten Essens zu schätzen wissen.«[22]

In ähnliche Versuchung wurde Bierce durch einen wüsten Kumpan namens Jack Harris geführt, ein zeitweiliger Mitarbeiter Eatons, den Bierce später als Musterbeispiel des kalifornischen Abenteurers betrachtete. Zu der Zeit jedoch erschien ihm Harris wie aus einem Buch entsprungen, »ein großer, kräftiger Kerl mit dunkler Haut, schwarzem Bart, schwarzen Augen, schwarzer Seele und ein begnadeter Unterhalter. Er trank ohne Ende, spielte hoch, fluchte wie ein Rohrspatz, spottete über alles und jeden, gab offen und stolz zu, ein Schurke zu sein, kannte keine Furcht, lieh sich von jedem Geld und warf es mit vollen Händen zum Fenster hinaus.« Harris war so ausgefuchst, daß er einmal den Kapitän eines Dampfschiffs dazu breitgeschlagen hatte, die Abfahrt um vier Tage zu verschieben, was dem Kapitän täglich vierhundert Dollar Verlust einbrachte, während Harris sich raufend und hurend an Land herumtrieb. Dieses Mal schlug Harris Bierce vor, den Diebstahl von eintausend Ballen Baumwolle zu decken, die Harris an verschiedenen Stellen entlang des Alabama River versteckt hatte. Bierce sollte entweder einige Blanko-Frachtpapiere ausstellen oder Harris auf der Fahrt flußabwärts begleiten. Nach Bierces Worten war dies »der verwegenste Vorschlag, den er mir bis dahin unterbreitet hatte«. Als Bierce unter dem Vorwand ablehnte, man könne die gestohlene Baumwolle im Mobile Bay nicht auf ein größeres Schiff umladen, zeigte sich Harris »verblüfft und, wie ich denke, gequält über meine Einfalt. Für wie dumm ich ihn hielte?« Er hatte überhaupt nicht vor, die Baumwolle umzuladen, sondern wollte vielmehr im Schutz der Nacht aus der Bucht auslaufen und seine Fracht nach Havanna bringen. Kuba schien eine unwiderstehliche Faszination auf ihn auszuüben. Jahre später erfuhr Bierce, daß man ihn bei einer Freibeuter-Expedition, die kubanische Rebellen mit Waffen versorgte, gefangengenommen und erschossen hatte. Bei der Exekution hatte er dem anwesenden Priester erklärt: »In Gottes Namen, ich bin Atheist!« Bierce war klug genug, die Teilnahme an Harris' Plan abzulehnen.[23]

Nützlichere Freunde fand er in zwei Brüdern aus Selma, die gegen Kriegsende als Konföderationsoffiziere gedient hatten. Charles und Frank – Bierce verschwieg ihre Nachnamen – waren »gut erzogen, tapfer, großmütig, empfindsam in Fragen der Ehre, von allen geachtet, von vielen geliebt und von einigen gefürchtet«. Obwohl beide begnadete Raufbolde waren und kein Duell scheuten, boten sie Bierce den dringend benötigten Schutz. »Von dem Zeitpunkt an, da meine Freundschaft mit ihnen bekannt wurde, konnte ich mich überall sicher fühlen; eine beflaggte Armee hätte mich bei der Ausübung meiner unliebsamen Pflicht nicht so zuverlässig vor Gefahren, Hindernissen und sogar Beleidigungen schützen können. Die zwei waren Pfundskerle.« Eines Abends hatte Bierce Gelegenheit, ihre kämpferischen Qualitäten aus der Nähe mitzuerleben. Auf dem Heimweg nach einer feuchtfröhlichen Nacht wurden sie von einem Unbekannten verfolgt, der weder seinen Namen nennen noch sein Anliegen vorbringen wollte. Da die Brüder keine Waffen trugen, zog Frank kurzerhand Bierces Pistole aus dessen Jackentasche, drehte sich um und schoß dem Mann ins Bein, wobei die Kugel einen Knochen über dem Knie zerschmetterte. Von der unerwarteten Wendung der Ereignisse in Verlegenheit gebracht – »der Schuß war ein wenig voreilig und zweifellos ungerechtfertigt« –, half Bierce den Mann in ein nahegelegenes Hotel tragen, wo ein Arzt am nächsten Morgen das Bein amputierte. Bierce und die Brüder zahlten die Rechnungen des Fremden und brachten ihn auf den Weg nach Mobile, auch wenn sie nie herausfanden, warum er ihnen überhaupt gefolgt war. Ein korrupter Friedensrichter sprach das Trio anschließend von einer gröberen Rechtsverletzung frei und verurteilte Frank lediglich zu einer Geldstrafe von fünf Dollar für unziemliches Benehmen.[24]

In ein Feuergefecht ernsthafterer Art wurde Bierce einige Wochen später verwickelt, als er und Eaton eine Schiffsladung beschlagnahmter Baumwolle den Tombigbee River hinunter nach Mobile brachten. Kurz vor Sonnenuntergang passierte das Dampfschiff eine Flußbiegung und wurde von der Strömung in Ufernähe getrieben. Plötzlich prasselten Schüsse gegen das Boot, die das Holz splittern und Scheiben bersten ließen. Die

Pistole im Anschlag, sah Bierce eine Gruppe bewaffneter Desperados am linken Ufer; von Baum zu Baum eilend, hielten die Banditen das Schiff beständig unter Feuer. Die Agenten hatten vorsorglich ein Dutzend Soldaten zu ihrem Schutz mit an Bord genommen; nur hatte keiner der Soldaten an Munition gedacht. Das Feuer erwidernd, wartete Bierce vergeblich darauf, daß die Soldaten mit einfielen. »Von allen hilflosen Sterblichen«, schrieb er empört, »ist ein Soldat ohne Patronen der größte Narr.« Zu allem Unglück hatte der Steuermann auch noch das Ruder verlassen, so daß das Boot immer näher ans Ufer trieb. Der Kapitän war nirgends zu sehen, der Heizer gleichfalls nicht auf seinem Posten, und Dutzende Ballen wertvoller Baumwolle – das Stück zu 500 Dollar – kippten über Bord ins Wasser. In die Hände der Banditen zu fallen, hätte für Bierce und Eaton ein schnelles Ende am Strick bedeutet. Zu guter Letzt wurden sie allein dadurch gerettet, daß die Wegelagerer eine denkbar ungünstige Stelle für ihren Überfall ausgewählt hatten: Gleich hinter der Flußbiegung mündete ein unpassierbarer Nebenfluß in den Strom. Nachdem Bierce den Kapitän mit vorgehaltener Pistole überredet hatte, das Steuer wieder zu übernehmen, entkam das Schiff – abgesehen von fünfzig Einschüssen im Steuerhaus – glimpflich der Gefahrenzone. Nachher erfuhr Bierce, daß ihm ein ungleicher Verbündeter bei der Abwehr des Überfalls zur Seite gestanden hatte. Ein ehemaliger Konföderierter, der als freier Mitfahrer mit an Bord war, hatte »eine altertümliche Pferdepistole« hervorgezogen und einige Salven auf die Banditen abgefeuert. Als Bierce ihn fragte, warum er ausgerechnet zwei Yankee-Agenten gegen die eigenen Landsleute aus Alabama verteidigt habe, erwiderte der Reb nur, er habe sein Fahrgeld abarbeiten wollen.[25]

Die Schießereien und Diebstähle – ob nun offizieller oder inoffizieller Art – hielten den ganzen Sommer und Herbst des Jahres 1865 an. Ein Agent des Finanzministeriums lud zweitausend Ballen beschlagnahmter Baumwolle auf ein Schiff und segelte damit unbekümmert nach Frankreich. Ein anderer wurde verhaftet, weil er 227 Ballen weit unter Marktwert eingekauft hatte; seine Strafe wurde gemildert, nachdem er die Namen anderer Agenten preisgab, die in einen Diebstahl von schwindelerregenden fünfzigtausend Ballen Baumwolle verwickelt waren. Im Mai explodierte in Mobile ein großes Munitionsdepot, wobei Dutzende Menschen getötet und zwanzig Straßenblöcke dem Erdboden gleichgemacht wurden. Allgemein wurde gemutmaßt, skrupellose Agenten hätten die Explosion verursacht, um damit ihre Verbrechen zu decken, obwohl dies nie bewiesen werden konnte. Bierce blieb weiterhin unberührt von den dunklen Machenschaften, was von seinem unmittelbaren Vorgesetzten nicht mit der gleichen Ausschließlichkeit gesagt werden konnte. Eine verbliebene Seite aus Eatons Hauptbuch zumindest zeigt, daß er sich auf kreative Buchführung verstand. Unter die Einnahmen von 20 799,48 Dollar aus dem Verkauf beschlagnahmter Baumwolle setzte Eaton nicht näher bezeichnete Ausgaben, die exakt einen Betrag von 20 799,48 Dollar ergaben. Das ganze System, schrieb Bierce, »eröffnete Möglichkeiten des Betrugs, wie sie selten einer Einrichtung der öffentlichen Hand gewährt wurden, und wenn, der allgemeinen Moral stets großen Schaden zufügten«.[26]

Von daher empfand Bierce große Erleichterung, als im Herbst ein unerwarteter Brief von Generalmajor William B. Hazen eintraf, in dem er eingeladen wurde, sich einer Inspektionsreise der Festungsanlagen im amerikanischen Nordwesten anzuschließen. Hazen, der inzwischen zum stellvertretenden Generalinspektor des Platte-Departments ernannt worden war, hatte den Auftrag erhalten, die Situation im neu eingerichteten Mountain District zu erkunden, zu dem das Gebiet des Powder River in Montana und Wyoming gehörte. Bierce nahm das Angebot, das ihm die Beförderung zum Hauptmann in Aussicht stellte, sofort an, obwohl es noch einige Monate dauern sollte, bis er von seinen Agentenpflichten entbunden wurde und sich den roten Alabamalehm endgültig von den Stiefeln kratzen konnte. Im Juli 1866 schloß er sich Hazen in Omaha, Nebraska, an, zu der Zeit Endstation der Union Pacific Railroad, die sich von hier weiter in den Westen vorschob, bevor sie drei Jahre später am Promontory Point in Utah mit der Central Pacific Railroad zusammenstieß. Die Expedition, zu der Hazen, Bierce, ein Koch und ein Fuhrmann gehörten, während auf einzelnen Wegetappen berittene Eskorten und ortskundige Führer zu ihnen stoßen sollten, machte sich Ende Juli durch das Tal des Platte River auf den Weg ins zweihundert Meilen entfernte Fort Kearny. Eine staubige Wagenspur war das einzige Zeichen von Zivilisation in dieser noch unberührten Landschaft. Der Trail wurde regelmäßig von Knochenhaufen gesäumt, die »nicht nur von Tieren stammten«, und vereinzelte Grabhügel zierten schlichte Nachrufe wie »Er war ein anständiger Kerl« oder »Er kämpfte bis zum Umfallen«. Bierce übertrieb kaum, als er feststellte, »ich verließ wenige Meilen hinter einem Dorf in Nebraska die Straße und traf erst bei Dutch Flat in Kalifornien wieder auf die nächste«. Zwischen beiden Punkten erstreckte sich eine Wildnis, die auf den damaligen Karten als Great American Desert eingezeichnet war.[27]

Trotz der Einsamkeit war die Expedition für den vierundzwanzigjährigen Bierce eine Art Ausflug. Er hatte kaum offizielle Pflichten, außer dem gelegentlichen Anfertigen einer Karte und »den General und andere hohe Tiere zu unterhalten«. Die frische Luft tat seinem Asthma gut, das ihn seltsamerweise während des Kriegs kaum geplagt hatte, in Alabama aber wieder – vielleicht aufgrund der vielen Baumwollpollen – zurückgekehrt war. Die Reisegesellschaft ließ keine Sehenswürdigkeit aus: Court House Rock, Crazy Woman Flats, Clear Fork, Tongue River, Little Bighorn, Yellowstone und die Black Hills. Unterwegs inspizierten sie die weitverstreuten Militärposten, die – mehr schlecht als recht – die Interessen der Regierung im Tal des Platte River und entlang des Bozeman Trails überwachten. Diese Interessen standen in der Regel denen der angestammten Bewohner des Gebiets entgegen, also der Sioux, der Cheyenne, der Arapaho, der Pawnee, der Shoshoni und der Crow, die zunehmend mißmutig auf den wachsenden Einfall von Goldgräbern, Farmern, Bahnarbeitern und mit anderer Gerätschaft ausgerüsteten weißen Abenteurern reagierten, die unablässig über ihr Land zogen. Einen Monat bevor Hazens Expedition aufgebrochen war, hatte in Fort Laramie am Ausgangspunkt des Bozeman Trail ein Treffen zwischen Vertretern der Regierung und der Indianer stattgefunden. Die Verhandlungen hatten kein glückliches Ende genommen. Der Kriegshäuptling der Sioux, Red Cloud vom Stamm der Oglala, war wutentbrannt abgezogen, nachdem er von den Plänen der Regierung erfahren hatte, entlang des Trails drei neue Forts zum Schutz der weißen Siedler zu errichten. Deren Chefunterhändler, Regierungsbeauftragter E. B. Taylor, mußte entweder blauäugig optimistisch oder übertrieben sarkastisch gestimmt gewesen sein, als er nach Washington meldete: »Verhandlungen zufriedenstellend abgeschlossen. Großes Einvernehmen auf beiden Seiten.«[28]

Red Cloud schickte sich an, mit allem Nachdruck eine ganz andere Sicht der Dinge zu demonstrieren, als Bierce und seine Gruppe am 10. August in Fort Reno, einem der neuen Armeeposten, eintrafen. Zwei Tage nach ihrer Ankunft überfiel eine Gruppe Sioux einen Siedlertreck in der Nähe, trieben das Vieh auseinander und stahlen die Pferde. Wiederum zwei Tage später ermordeten sie wenige Meilen vom Fort entfernt zwei unvorsichtige Reisende. Kurze Zeit darauf stahlen die Indianer eine Maultierherde aus der Koppel des Forts. Alarmiert forderte Hazen die Armee auf, zwei zusätzliche Kompanien Kavallerie von Fort Laramie in das Gebiet von Powder River zu verlegen, um weiteren Überfällen vorzubeugen. Der unfreundliche Empfang trug zweifellos zu seinem abschätzigen Bild der Prärieindianer bei. »Der ideale Indianer in den Köpfen der Allgemeinheit existiert nur in Gedichten und Coopers Romanen«, schrieb Hazen. »Der Indianer, der heute die Prärien bewohnt, ist ein verkommener Bettler und Dieb, der die Schwachen und Wehrlosen mordet, nie aber einen bewaffneten Gegner angreift. Er bricht jedes Versprechen und setzt es nur dazu ein, noch leichter zu morden und zu brandschatzen. Er kennt kein anderes Empfinden als Rache und Furcht und strebt nur danach, sein Landstreicherdasein fortzusetzen. Alle Bemühungen, seine Lebensbedingungen zu verbessern, haben zu nichts geführt und werden auch in Zukunft die Schuld seines Undanks nur vergrößern.«[29]

Als wolle er seine schlechte Meinung von den Indianern unter Beweis stellen, machte sich Hazen ohne militärische Eskorte auf den Weg nach Fort Phil Kearny, das siebenundsechzig Meilen nordwestlich von Fort Reno am Little Piney, einem Seitenfluß des Powder River, lag. Bierce seinerseits fand diese Etappe der Reise wenig unterhaltsam. Er beschrieb später eine typische

Nacht auf dem Trail. »Die Flammen des Lagerfeuers recken sich in den schwarzen Himmel empor. Wir geben ihnen mit Salbeigestrüpp ständig neue Nahrung. Ein schwarzer Wall umschließt uns; aber sobald man dem Feuer den Rücken kehrt und ein paar Schritte geht, erblickt man den gezackten Grat schneebedeckter Berge, vom Mondlicht gespenstisch kalt erleuchtet. In unregelmäßigen Abständen hören wir in der Ferne einen Wolf heulen – einmal aus der einen, dann aus der anderen Richtung. Wir halten im Reden inne und lauschen; mit flüchtigem Blick überfliegen wir unsere Waffen, unsere Sättel, unsere angebundenen Pferde: Es könnte sich auch um Wölfe handeln, die unter dem Namen Sioux bekannt sind.«[30]

Trotz seiner Befürchtungen erreichten sie am 27. August sicher Fort Phil Kearny. Während ihres Aufenthalts wurden sie von den Offizieren des Postens »gastlich aufgenommen«, darunter Oberst Henry B. Carrington, der kommandierende Offizier, Hauptmann Frederick H. Brown, der Quartiermeister, und Leutnant George Washington Grummond. Hauptmann William J. Fetterman, ein dreiunddreißigjähriger Infanterieoffizier, der in zahlreichen Schlachten des Bürgerkriegs gestanden hatte, an denen auch Bierce teilgenommen hatte, traf erst später im Fort ein. Keine vier Monate später sollten Fetterman, Brown und Grummond den Tod finden, zusammen mit achtundsiebzig weiteren Soldaten und Zivilisten, ermordet von Red Clouds Sioux, die sie am Bozeman Trail unweit des Forts hinterrücks überfielen. Alle drei gehörten zu jener Sorte »ehrgeiziger junger Armeeoffiziere«, schrieb Bierce, »die die besten Jahre ihres Lebens damit verbrachten, Schlachtvieh zu beaufsichtigen und jenem unbegreiflichen Patrioten, dem amerikanischen Berufssoldaten, die Geheimnisse von Hardees Taktik einzutrichtern«. Für manche bedeutete dies ein kurzes Leben. Fettermans tragischer Tod mag Bierce zu dem Gedankenspiel veranlaßt haben, daß, wenn er bei der Armee geblieben wäre, er es vielleicht »zum Hauptmann gebracht hätte. Mit den Jahren, ein langes Leben vorausgesetzt, wäre ich zum dienstältesten Hauptmann der Armee aufgestiegen; und wenn es zu einem weiteren Krieg gekommen wäre und einer der Feldoffiziere mir den Dienst erwiesen hätte, eine Kugel in den Leib zu kriegen, wäre ich Zweiter Major geworden, eines weiteren Aufstiegs gewiß, sobald nur genügend meiner Vorgesetzten, der Gesamtzahl der Majore entsprechend, getötet, entlassen oder eines natürlichen Todes gestorben wären – welch eine beglückende Aussicht!«[31]

Nach drei Tagen in Fort Phil Kearny zog die Expedition weiter nach Fort C. F. Smith, diesmal in Begleitung einer sechsundzwanzigköpfigen Infanterieabteilung unter der Führung von Leutnant James Bradley, ebenfalls ein junger Bürgerkriegsveteran. Bradley, der dem Fetterman-Massaker um einen knappen Monat entging, nachdem er vorübergehend nach Fort Bridges in Utah abkommandiert worden war, wurde später die grausame Ehre zuteil, als erster Weißer die Hinterlassenschaft von Custers letzter Schlacht zu entdecken. Als Späher unter Oberst John Gibbon war Bradley auf dem fruchtlosen Feldzug von 1876 der Marschkolonne vorausgeritten, als er in der Ferne fahle Klumpen entdeckte, die er zunächst für Büffelkadaver hielt. Tatsächlich waren es Custer und seine Männer. Doch weder sein knappes Entkommen bei Fort Phil Kearny noch seine schaurige Entdeckung Custers und seiner abgeschlachteten Siebten Kavallerie waren Bradley offenbar eine bleibende Lehre – ein Jahr später wurde er am Ufer des Big Hole River im westlichen Montana beim Sturm auf ein Dorf der Nez-Percé-Indianer getötet.[32]

Ein anderer Begleiter auf einem Teil der Reise war der legendäre schwarze Bergführer Jim Beckwourth. Der ehemalige Sklave aus Virginia, der später Adoptivhäuptling der Crow Nation wurde und einen lange gesuchten Paß durch die Sierra Nevada nach Kalifornien entdeckte, war 1866 bereits siebenundsiebzig Jahre alt, nach wie vor aber ein rüstiger und hellwacher Kundschafter. Als sie eines Abends am Lagerfeuer saßen und den Wind in den Bäumen rauschen hörten, wurde Beckwourth von Hazen gefragt, was er tun würde, wenn sie plötzlich von Indianern umzingelt wären. »Ich würde ins Feuer spucken«, erwiderte der alte Mann. Zum Glück waren solche Vorsichtsmaßnahmen überflüssig, und die Gruppe erreichte Fort C. F. Smith ohne Zwischenfälle. Das auf einer Anhöhe dreihundert Meter vom Bighorn River entfernt liegende Fort befand sich gerade im Baubeginn. Zelte umstanden einen hohen Fahnenmast, an dem jeden Tag unter Trommelwirbeln und Kanonendonner eine gigantische amerikanische Flagge gehißt und wieder eingeholt wurde. Hauptmann Nathaniel Kenney war Kommandant des Postens und der berühmte Pionier Jim Bridges Kundschafter des Lagers.[33]

Während ihres Aufenthalts im Fort sahen sie die ersten Bisons. Die zotteligen Riesen der Prärie zeigten wenig Furcht vor Menschen, obwohl sie von weißen Jägern und anderen »Sportsmännern« in immer größerer Zahl abgeschlachtet wurden. Bierce berichtet, die Männer hätten ihr Lager mit Warnfeuern und einer mit Schwertern bewehrten speziellen Bisonwache schützen müssen, um zu verhindern, daß die Tiere »uns beim Grasen bissen«. Selbst diese Maßnahmen erwiesen sich eines Nachts als unzureichend, als »eins der Tiere einen schlummernden Fuhrknecht, dessen lange Haare im saftigen Gras ruhten, beinahe skalpierte. Seine Schreie, als das wohlmeinende Tier ihn vom Boden zog und die Erde von den Graswurzeln schütteln wollte, klangen weder nachsichtig noch besänftigend, aber sie machten einen tiefen Eindruck auf die Herde, die ihre Schwänze aufrichtete und wie eine Armee mit aufgepflanzten Standarten neuen Weidegründen entgegenzog.«[34]

Von Fort Smith aus ging die Reise in nordwestlicher Richtung weiter nach Fort Benton, einer alten Niederlassung der American Fur Company im Quellgebiet des Missouri River oberhalb von Helena, Montana. Nach der Überquerung des Yellowstone River wurde die Landschaft zunehmend karger und das Wild spärlicher. Auch Trinkwasser war kaum noch zu finden, und alle, schrieb Bierce, »wünschten sich den Hungertod, da der Durst uns weit schlimmer quälte und sich der Hunger dagegen fast schon angenehm ausnahm«. Schließlich kamen sie heil, wenn auch als »abgerissene Truppe«, in Benton an. Noch Jahre später erinnerte sich Bierce mit Schaudern an jene Reiseetappe: »Sollte es in dem ganzen Gebiet einen Berg geben, den ich nicht bestiegen habe, einen Fluß, den ich nicht durchschwommen habe, eine Alkalipfütze, in die ich nicht meinen Mund gesteckt habe, oder einen Indianer, an den ich nicht mit Schaudern gedacht habe, bin ich sofort bereit, in einem Pullman-Schlafwagen umzukehren und meiner Pflicht nachzukommen.«[35]

Nachdem sie einige Tage ausgeruht und neue Kräfte gesammelt hatten, ritt die Gruppe nach Süden durch Helena und Virginia City, Montana, zwei florierende Goldgräberstädte, die nach Hazens Ansicht auf Armeeschutz verzichten konnten, da »Goldgräber die Indianer besser bekämpfen als Soldaten, immer in Gruppen auftreten und bewaffnet sind sowie eigene Vorkehrungen zu ihrer Verteidigung getroffen haben«. Mittlerweile rückte der Oktober näher, und die Expedition wurde angewiesen, über Salt Lake City, San Francisco und Panama nach Washington zurückzukehren – »ein Glanzstück militärischen Humors«, wie Bierce feststellte. In Camp Douglas, drei Meilen östlich von Salt Lake City, traf Hazen mit Brigham Young und anderen Mormonenführern zusammen, die ein Jahrzehnt zuvor ihren eigenen kurzen Bürgerkrieg mit der US-Regierung ausgefochten hatten. Hazen beschrieb die Mormonen als »loyal gegenüber unseren Gesetzen, wenn auch im Geist einer anderen, eigenen Volksgemeinschaft zugehörig«. Sie lebten, bemerkte er weiter, unter »einem theokratischen Despotismus«, der die Gläubigen »dumm, fleißig und gehorsam« halte. Als entschiedener Gegner aller Konfessionen entwickelte Bierce überraschenderweise eine lebenslange Wertschätzung der Mormonen, wenn auch nicht des Mormonentums. »Abgesehen von Juden und Chinesen«, schrieb er später, »kenne ich kein achtbareres Volk als sie.« Die fortgesetzte Verfolgung der Mormonen verurteilte er als »Gewaltakte der verabscheuenswürdigsten und gemeinsten Art, die je den für gewöhnlich geraden und konsequenten Weg religiöser Verfolgung beschmutzt haben«. Was seine eigene Person betraf, so »habe ich keine religiösen Überzeugungen. An den Mormonen selbst ist mir nichts gelegen. Sehr viel gelegen aber ist mir an Wahrheit, Vernunft und Anständigkeit; und wenn ich je aufhöre, mich über die Falschheit, Dummheit und Ungerechtigkeit zu empören, die diesem harmlosen Volk durch den brutalen und impotenten Pöbel von Schmierern und Wortverdrehern angetan wurde, werde ich länger gelebt haben als ich es verdiene.« Ein solch lautstarkes Eintreten für unterdrückte Minderheiten findet sich wiederholt bei Bierce und steht in deutlichem Kontrast zu seinem weitverbreiteten Ruf als eingefleischter Misanthrop.[36]

In Camp Douglas erreichte Hazen die Nachricht, daß er zum Oberst der neuorganisierten Armee ernannt worden war. Sein Kommando war das Achtunddreißigste Infanterie-Regiment, eins von vier neugebildeten schwarzen Regimentern, die der Kongreß soeben gebilligt hatte. Zuvor jedoch hatte er die Erlaubnis, den Winter 1866–1867 über als Vertreter der Regierung nach Europa zu reisen. Mit der Berufung in der Tasche, eilten Hazen und seine Gruppe westwärts nach Kalifornien, um – gerade recht nach Bierces makabrem Geschmack – ihr letztes Lager genau an der Stelle in der High Sierra aufzuschlagen, an der zwanzig Jahre zuvor die Donners ihr berüchtigtes Kannibalenpicknick veranstaltet hatten. »Im flackernden Licht und in den tanzenden Schatten unseres Lagerfeuers«, schrieb Bierce, »hörte ich zum erstenmal von den Vorfällen jenes furchtbaren Winters und bildete mir ein, im Geruch des über dem Feuer röstenden Fleisches etwas ausgesprochen Unheimliches zu spüren. Das Fleisch, das die Donners hier gebraten hatten, glich nicht dem unsrigen. Pardon: Ich meine, es glich nicht dem, das wir brieten.«[37]

In wenigen Tagen erreichte die Expedition über die neue Trasse der Central Pacific Railroad Sacramento, wo man sich gerade lange genug aufhielt, um im Plains Saloon in der kalifornischen Hauptstadt die farbenprächtigen Bilder von Fort Laramie und der Wind River Range zu bewundern – Motive, die sie kurz zuvor noch mit eigenen Augen gesehen hatten. Hazen hatte es eilig, nach San Francisco zu kommen und sich von dort nach Washington einzuschiffen; Bierce seinerseits war zuversichtlich, zum Hauptmann ernannt zu werden. Gemeinsam bestiegen sie einen Postdampfer von Sacramento nach San Francisco, kreuzten die San Francisco Bay und gingen in Clarke's Landing von Bord. In dem alten Militärstützpunkt, von den Einheimischen Presidio genannt, fragten sie nach ihrer Post. Bierces Berufung in die Fünfte US-Infanterie war nach einem längeren Irrweg tatsächlich eingetroffen. Das Schreiben war ursprünglich an die Adresse von Lafayette Burr, dem früheren Adjutanten des Neunten Indiana-Regiments, nach Elkhart geschickt worden. Burr hatte es nach Washington zurückgeschickt, von wo aus es an Hazen nach Omaha weitergeleitet worden war. Unterdessen jedoch war die Expedition bereits nach Westen aufgebrochen, so daß der Brief letztendlich nach San Francisco gelangte. Als Bierce ihn im Empfangszimmer des Presidio öffnete, traute er seinen Augen nicht – er enthielt seine Rückstufung zum einfachen Leutnant. Auch Hazen war enttäuscht und peinlich berührt darüber, seinem jungen Protegé vermeintlich falsche Hoffnungen gemacht zu haben. »Undank, stärker als des Verräters Arm, erdrückte mich fast«, sagte Bierce. »Ich reichte unverzüglich meine Entlassung ein, trennte mich von Hazen mehr im Schmerz als im Zorn und blieb in Kalifornien.«[38]

Hätten die beiden Männer einen kühleren Kopf bewahrt und genauer nachgedacht, wäre ihnen aufgegangen, daß Bierces Ernennung keineswegs eine Beleidigung, sondern durchaus ein beachtlicher Karrieresprung für einen jungen Mann war, der nach dem Bürgerkrieg in der Armee verbleiben wollte. Im Armeegesetz vom 28. Juli 1866 hatte der Kongreß eine Truppenstärke von 54 000 Mann beschlossen, was der dreifachen Stärke der großen Freiwilligen-Verbände der Jahre 1861–1865 entsprach. Offiziere, die den Krieg als Generalmajore beendet hatten (wie Hazen), wurden nun routinemäßig in den Rang eines Oberst, Majors oder sogar, wie es in einem Ausnahmefall geschehen war, eines Feldwebels zurückgestuft. Insofern bedeutete es eine Anerkennung seiner Verdienste im Krieg, daß Bierce als unbekannter Freiwilliger aus einem kleinen Kaff in Indiana überhaupt ein Offizierspatent erhielt. Nicht weniger typisch war der stolze, verletzte Ton, in dem Bierce zurückschrieb: »Ich lehne die Ernennung respektvoll ab.« Von nun an würde die Armee der Vereinigten Staaten ohne Ambrose Bierce auskommen müssen.[39]

6

Mentor, Geißel und Spiegel der Stadt

Nach einem Jahrzehnt des Umherziehens und des Kriegs, in dem er sich mit wechselndem Erfolg als Setzerlehrling, Kadett einer Militärschule, Brauseverkäufer, Ladenschwengel, Soldat, Finanzamtsagent und Grenzpionier betätigt hatte, fand Ambrose Bierce sich im Frühjahr 1867 abgeschoben und ohne Arbeit in San Francisco wieder. Für einen vierundzwanzigjährigen Junggesellen gab es schlimmere Plätze auf der Welt, obwohl Bierce anders darüber gedacht haben mag. Wie Tausende anderer in den zwei Jahrzehnten zuvor hatte er nie daran gedacht, San Francisco zu seiner neuen Heimat zu machen; noch hatte er bei seiner Ankunft an dessen nebelverhangener Küste eine Goldgräberschaufel, einen Seesack oder einen Kopf voller Pläne im Gepäck, wie man über Nacht reich werden konnte. Einzig der Zufall – genauer gesagt, der Befehl eines Vorgesetzten – hatte ihn hierher verschlagen, und er hätte wohl kaum daran gedacht, daß es, abgesehen von kurzen Unterbrechungen, für die nächsten dreißig Jahre sein Zuhause sein würde. Bierce und San Francisco würden zwar kein ideales Paar abgeben, sich aber dennoch als zwei wie füreinander geschaffene Kontrahenten erweisen.

Gegen Mitte der sechziger Jahre war aus dem verschlafenen mexikanischen Hafenstädtchen San Francisco eine lebhafte, man könnte auch sagen pulsierende Metropole mit 100 000 geschäftstüchtigen Einwohnern geworden. Der Goldrausch von 1848, bei dem die Bewohner dem manischen Exodus in die nahegelegenen Goldfelder gefolgt waren, hatte die Stadt vorübergehend entvölkert, kurz darauf aber zu einem neuerlichen Zustrom von Bankiers, Unternehmern, Kaufleuten und Gastwirten geführt, die den Goldgräbern dabei halfen, ihre über Nacht erworbenen Reichtümer anzulegen, auszugeben, zu verspielen oder auf andere Weise durchzubringen. Während des ersten Booms verdoppelte sich die Einwohnerzahl alle zehn Tage; zwei Jahre nach dem ersten Goldfund bei Sutters Mühle war San Francisco auf 35 000 Einwohner angewachsen. Nicht einmal sechs Großbrände zwischen 1848 und 1851 konnten den ungeheuren Aufschwung stoppen, obwohl sie unter der Bevölkerung zu einer leicht nachvollziehbaren kultischen Verehrung der Freiwilligen Feuerwehr führten. Das beste Beispiel für diese Obsession war die extravagante Lillie Hitchcock, eine in den Südstaaten geborene Schönheit, die eine lebenslange Schwäche für Feuerwehrmänner im allgemeinen und Löschzug No. 5 im besonderen entwickelte, nachdem ein Feuerwehrmann dieses Zugs sie im Alter von acht Jahren aus einem brennenden Hotel rettete. Mit roter Bluse, schwarzem Rock und einem goldenen Feuerwehrhelm, in dessen No. 5-Wappen ein großer Diamant eingelassen war, verließ die unverbesserliche Miss Hitchcock beim ersten Läuten der Alarmglocke unverzüglich Debütantinnenbälle und Teegesellschaften und kletterte auf den Vordersitz eines Feuerwehrwagens, um Löschzug No. 5 auf seinen zahlreichen Einsätzen zu begleiten.[1]

Viele der Großfeuer beruhten auf Brandstiftung und wurden von organisierten Gaunerbanden wie den berüchtigten Sydney Ducks gelegt, einer üblen Gruppe ehemaliger britischer Häftlinge, die für ihre zahllosen Verbrechen nach Australien verschifft worden waren, bevor sie sich den *forty-niners* in Kalifornien angeschlossen und schnell erkannt hatten, daß es weitaus einfacher war, Gold zu stehlen, als es selbst zu schürfen. In der Zahl ihrer Verbrechen wurden sie noch von den Hounds übertroffen, einer paramilitärischen Truppe ehemaliger New Yorker Soldaten, die während des Mexikanischen Kriegs nach Kalifornien gekommen waren. Die Hounds suchten ihre Opfer in erster Linie unter den ausländischen Einwanderern in den Vierteln von North Beach und Telegraph Hill, indem sie die Mexikaner, Chilenen und Peruaner, die dort in Zeltdörfern am Stadtrand lebten, in der Nacht überfielen. Zur Stärkung für ihre nächtlichen Raubzüge fielen sie in Scharen in die Restaurants der Stadt ein und bedienten sich – gratis, wie sich versteht – von der Speisenkarte. Die Plünderungen der Gruppe wurden zu einer solchen Bedrohung, daß ein privater Überwachungsausschuß, das sogenannte Committee of Vigilance, eingerichtet wurde. Gegen Mitte der fünfziger Jahre kam es zweimal zu Säuberungsaktionen durch die selbsternannten Friedenswächter, in deren Verlauf Dutzende der Ganoven gehängt, verprügelt, ausgepeitscht und nach Australien zurückgeschickt wurden.[2]

Ungleich schwieriger war es, den Schmugglern und Matrosenmaklern das Handwerk zu legen, die in Hafenspelunken wie dem Boar's Head, Nymphia, Fierce Grizzly, Cowboy Mag's, Fat Daugherty's oder So Different ahnungslosen Seeleuten auflauerten. Angeführt von so furchtlosen Rauhbeinen wie Shanghai Kelly, dem einarmigen Johnny Devine und der amazonenhaften Mother Bronson, sorgten die Bewohner der Barbary Coast, wie die Gegend bald genannt wurde, stets für eine volle Mannschaft auf den Handelsschiffen, wobei sie sich bei der Rekrutierung so überzeugender Mittel wie des Gummiknüppels, des Befestigungsholzes, des Spundhebers oder des subtileren, wenngleich nicht weniger effektiven Mickey Finn bedienten, einem Tropfen Laudanum oder Chloralhydrat, den man einem unachtsamen Matrosen an der Bar in sein Glas kippte, so daß er umgehend bewußtlos niedersank. Shanghai, ein regelmäßig angelaufener, wenn auch entfernter Zielhafen, gab dem beliebten Spiel seinen Namen, und das Wort *shanghai* wurde rasch als entschieden transitives Verb in die eigene Sprache aufgenommen.[3]

Dem vornehmeren Besucher bot San Francisco eine ganze Reihe von Sehenswürdigkeiten, angefangen bei den engen Gassen von Chinatown bis zu den Villen der Neureichen am Nob Hill. Wer zum erstenmal in die Stadt kam, wurde unweigerlich zum Cliff House mit dem Blick auf die im Ozean liegenden Seal Rocks geführt. Eine Touristin allerdings, die berühmte Journalistin Helen Hunt Jackson, war von dem Ausblick wenig beeindruckt. »Es ist«, schrieb sie, »so sehr in Mode gekommen, beim Anblick der Seehunde auf den Felsen von Cliff House gefühlsselig, wenn nicht gar sentimental zu werden, daß ich enttäuscht war, bei meinem Besuch nichts dergleichen zu empfinden. Mir ist im ganzen Tierreich keine Kreatur bekannt, die vom Aussehen und ihren Lauten her weniger zum öffentlichen Bestaunen geeignet wäre als der Seehund [eigentlich Seelöwe]. Formlos, knochenlos, gliederlos und ausdruckslos, sind sie weder Fisch noch Fleisch; sie besitzen die Farbe und Konsistenz von Kautschuk vermischt mit Pflanzenschleim, sind glitschig, klebrig und zäh wie gigantische Blutegel, wiegen und wälzen sich mit unnachahmlicher Plumpheit oder dösen faul und träge in der Sonne, bis sie brauner gebacken und erhitzter sind, als ihnen lieb ist, um sich dann ins Wasser zu werfen und gerade so viel Abkühlung zu suchen, daß sie weiter in der Sonne braten können. Dabei geben sie unablässig ein Gebrüll von sich, das zu gräßlich ist, um es in Worte zu fassen – eine Mischung aus Eselsgeschrei und Kreischen und Schnauben und Schnaufen. Man sollte sie abschießen und ihre Felle unter den Armen verteilen; und entlang des bezaubernden Strandes und auf den majestätischen alten Felsen würden endlich wieder Ruhe und Frieden einkehren.«[4]

Ein anderer unbeeindruckter Besucher, der englische Journalist W. F. Rae, bestieg den Hügel am Nordende der Montgomery Street, der Hauptdurchgangsstraße, und »sah zu meiner Überraschung den größten Teil der sich unter mir ausbreitenden Stadt in dichten Qualm gehüllt. Eine Vielzahl hoher Schlote spie Rauchwolken aus, für die ein Londoner Fabrikant eine schmerzliche Geldbuße zu entrichten hätte. Der Schmutz und die Finsternis über der Stadt waren gleichwohl weniger überraschend als der Anblick so vieler Fabriken. Ich hatte mir San Francisco wie ein zweites Liverpool vorgestellt: Aber ich war nicht darauf vorbereitet, auch ein zweites Birmingham vorzufinden.« Raes alles andere als überschwengliche Reaktion auf die Stadt wurde von einem Landsmann, dem Romancier Anthony Trollope, bestätigt, der in einem Reisebericht an den ›Liverpool Weekly Mercury‹ vertraulich mitteilte: »Ich wüßte nicht, auf all meinen Reisen je einer Stadt begegnet zu sein, die für den Durchschnittsreisenden weniger interessant wäre. Fremde haben gewöhnlich den Wunsch, San Francisco so schnell wie möglich den Rücken zu kehren.«[5]

Berühmte und erfolgreiche Schriftsteller können sich eine umgehende Weiterfahrt leisten, für Ambrose Bierce kam dies im Winter 1867 nicht in Frage. Auf den Rat einiger hilfsbereiter Offiziere im Presidio erwarb er unter Berufung auf seine Dienste für das Finanzministerium eine Stelle als Nachtwächter beim Bundesmünzamt. Der Job brachte magere fünfzehnhundert Dollar im Jahr, und Bierce zog mit einem Arbeitskollegen, Elisha Brooks, der wie er auf seiten der Union im Bürgerkrieg gekämpft hatte, in eine armselige Junggesellenbude. Die beiden jungen Männer verstanden sich gut, während sie von den alten Schlachten erzählten oder die Lokalpolitik diskutierten, was im allgemeinen Durcheinander des aufstrebenden San Francisco in etwa auf das gleiche hinauslief. Sich seines zeichnerischen Talents entsinnend, fertigte Bierce zu seinem Vergnügen eine Reihe Karikaturen der politischen Aspiranten der beiden großen Parteien an. Ein findiger Arbeitskollege nahm ohne Bierces Wissen eine Handvoll dieser Zeichnungen und verhökerte sie an die rivalisierenden politischen Lager, einen flotten Gewinn von 800 Dollar erwirtschaftend, die er mit dem ahnungslosen Künstler teilte.[6]

Wie die meisten Menschen, denen Bierce im Laufe seines Lebens begegnete, sahen die Angestellten des Bundesmünzamts in ihm eine merkwürdige Mischung aus eleganter Erscheinung und emotionaler Verschlossenheit, eine Person, von der unzweifelhaft eine starke Anziehungskraft ausging, gepaart mit einem schneidenden Verstand und der ungeselligen Neigung, allem und jedem zu widersprechen. Insbesondere die konfessionellen Religionen forderten seinen leidenschaftlichen Widerspruch heraus. Sie waren ihm zeitlebens verhaßt, und er machte kein Hehl daraus, seinen Unglauben offen zu bekennen. »Bierce«, erinnerte sich sein Mitbewohner Brooks, »war ein sehr warmherziger und umgänglicher Mensch, sofern man seine Verurteilung aller Religionen und seine derbe Sprache tolerieren konnte, in der er über Dinge lästerte, die den Menschen gewöhnlich heilig sind. Er gestattete es einem nie, in religiösen Fragen anderer Ansicht als er selbst zu sein. Ansonsten war er bei allen sehr beliebt.« Seine verunsicherten, leutseligen Arbeitskollegen konnten nicht wissen – und vermutlich redete er auch nie darüber –, wie tief seine Pietätslosigkeit in seiner Kindheit und seinem Elternhaus begründet lag, aber sie wußten genug, um das Thema nach ein paar harschen nächtlichen Belehrungen durch den unnachsichtigen Neuling tunlichst zu vermeiden.[7]

Irgendwann im Frühjahr – das genaue Datum ist unbekannt – teilte Bierce einem anderen Kollegen, Emory Long, seinen Entschluß mit, Schriftsteller zu werden. Angesichts der Tatsache, daß San Francisco mit seiner großen Zahl von Collegeabsolventen ganze Heerscharen von Amateur- und Berufsskribenten beherbergte, hielt Long diese Ankündigung für wenig bemerkenswert – warum sollte er auch? Man konnte den Eindruck gewinnen, daß nahezu jeder in der Stadt las, schrieb oder auch beides tat, weil er etwas zu bekritteln oder zu beweihräuchern hatte. In den fünfziger Jahren waren in San Francisco allein hundertzweiunddreißig Zeitungen und Zeitschriften erschienen, womit die Stadt mehr Periodika auf den Markt brachte als London und eine im Verhältnis größere Leserschar erreichte als das lesehungrige New York. Ein Jahrzehnt später erschienen von den hundertzweiunddreißig ursprünglichen Publikationen immerhin noch siebenundachtzig, darunter sechs Tageszeitungen, neun Zeitschriften der verschiedenen ethnischen Volksgruppen, acht religiöse oder parteipolitische Organe, diverse medizinische und juristische Magazine, Wirtschafts- und Handelsblätter, Literaturzeitschriften, die ›Police Gazette‹ und sogar ein Mode-Wurfzettel mit den neuesten Modellen aus Paris. Bayard Taylor, der Kalifornien-Korrespondent für die ›New York Tribune‹, beschrieb die Atmosphäre in der Stadt mit den Worten: »Die Luft ist wie magnetisiert von der kühnen, zielstrebigen und nie nachlassenden Geschäftigkeit, und wer es wagt, sich an den Rand dieses Wirbels zu begeben, gerät, ehe er sich versieht, in dessen schwindelerregenden Strudel.«[8]

Im Zentrum dieses urbanen Wirbels befanden sich einige wahrhafte Originale. An jedem beliebigen Tag konnten die Bewohner San Franciscos auf den Straßen im Zentrum so kauzige Individualisten wie den Großen Unbekannten beobachten, einen geheimnisvollen, elegant gekleideten Herrn, der jeden Nachmittag stumm auf der Montgomery Street flanierte; oder Old Rosie, dessen Markenzeichen eine frische Blume am Revers seines abgewetzten Anzugs war; oder Money King, der seinem Namen durch einen Geldverleih am Straßenrand gleich neben der Börse alle Ehre machte; zu guter Letzt Professor Frederick Coombs, stadtbekannter Experte für Phrenologie, der eine vage Ähnlichkeit mit George Washington dazu nutzte, mit gepuderter Perücke und in Kolonialtracht durch die Stadt zu tänzeln, dabei eine Fahne schwenkend, auf der er sich unverfroren als Washington der Zweite ausgab. Vorübergehend in den Hintergrund gedrängt wurden diese Einzelgänger durch Paraden des Alten und Ehrwürdigen Ordens von E Clampus Vitus, ein Verein der Spaßvögel, der die selbstherrlichen Titel und das hochtrabende Kauderwelsch so alteingesessener Verbände wie die Masons und die Elks verspottete. Getreu ihrem Motto *Credo Quia Absurdum* versammelten sich die Mitglieder im Saal der Verhaltenen Ovationen, um den Verfügungen ihres gewählten Vorstands, dem Ehrwürdigen Meister Humbug, zu lauschen und dem Komitee von Größter Bedeutung geschlossen als zweite Vorsitzende beizuwohnen. Bei allem Ulk fand der Verein aber auch die Zeit, Geld für Witwen und Waisen zu sammeln und gelehrte Traktate über so esoterische Themen zu schreiben wie die vorgebliche Entdeckung und Besiedlung Kaliforniens durch die Chinesen oder die vollständige Geschichte der ehrwürdigen »Messingtafel«, die Sir Francis Drake 1579 fünfundzwanzig Meilen nördlich von San Francisco bei Point Reyes an einen Mast geschlagen hatte, damit das Land für Queen Elizabeth I in Besitz nehmend und mit dem üblichen herrischen Ton der Baumeister des Empire verkündend, die bisherigen Besitzer der vortrefflichen Immobilie Westküste, die Miwok-Indianer, hätten »freiwillig Recht und Anspruch auf das gesamte Land an Ihre Majestät die Königin abgetreten«.[9]

Die herausragendste Figur der ganzen Gegend aber war ohne Zweifel Joshua Abraham Norton, der selbsternannte Kaiser Norton I, der sein Volk einundzwanzig Jahre lang mit harter, aber liebender Hand regierte. Bei seiner Antrittsvorstellung im Büro des ›San Francisco Bulletin‹ im Jahre 1859 hatte er mit unübertrefflichem Gleichmut verkündet: »Guten Morgen, ich bin der Kaiser der Vereinigten Staaten.« Norton, aus London stammender Sohn eines einfachen Schiffslieferanten, war während des Goldrauschs nach San Francisco gekommen und hatte es als

Geschäftsmann zu bescheidenem Wohlstand gebracht. Nachdem er durch einen schlecht geplanten Coup, mit dem er sich das Monopol über den Reismarkt sichern wollte (er und seine Teilhaber hatten sämtlichen Reis in Kalifornien aufgekauft, dabei aber ein entscheidendes Detail übersehen: In der Bucht von San Francisco wimmelte es von Schiffen, die bis ans Schanzdeck mit Reis gefüllt waren), sein gesamtes Vermögen eingebüßt hatte, verlor Norton seinen Verstand gleich mit, tauchte für mehrere Jahre unter, bevor er durch seinen dramatischen Auftritt als Norton I wiederkehrte. Bekleidet mit der blau-goldenen Uniform eines Oberst, die er dem Garnisonskommandanten des Presidio auf irgendeine Weise abgeschwatzt hatte, hielt Kaiser Norton jeden Tag hof in seiner Pension – der kaiserlichen Residenz –, tiefsinnige und gern gehörte Weisheiten von sich gebend, denen zufolge der Kongreß und die Präsidentschaft »aufgrund korrupter Machenschaften auf höchster Ebene« abzuschaffen seien und die Armee aufgefordert wurde, »die Hallen des Kongresses leerzufegen«. Er erhob eigene Steuern – zwanzig bis fünfundzwanzig Cent für Geschäftsleute, drei Dollar für Banker – und druckte eigene kaiserliche Pfandbriefe im Nennwert von zehn, fünfundzwanzig und fünfzig Cent. Wie zur Bestätigung seiner kaiserlichen Herrschaft wurden seine Geldscheine ohne Zögern von den Geschäften und Restaurants in der ganzen Stadt akzeptiert.[10]

Jeden Tag zog der Kaiser in festlicher Parade die Montgomery Street hinunter – seine Untergebenen buckelten und dienerten pflichtergeben beim Vorbeigehen –, begleitet von seinen beiden kaiserlichen Doggen Bummer und Lazarus (die tatsächlich Allerweltsköter waren). Die Hunde, wie auch Norton selbst, speisten gratis, hatten im Theater eigens für sie reservierte Plätze und wurden dem brasilianischen Kaiser Don Pedro II bei dessen Staatsbesuch in der Stadt offiziell vorgestellt. Als Bummer verschied, schrieb kein Geringerer als Mark Twain den Nachruf, in dem er festhielt, der Verblichene sei »reich an Jahren und Ehren und Krankheiten und Flöhen gestorben«. Und als Norton selbst 1880 starb, defilierten dreißigtausend Trauernde an seinem Sarg vorbei, während alle Fahnen der Stadt auf Halbmast geflaggt waren und der ›San Francisco Chronicle‹ die

Schlagzeile brachte: LE ROI EST MORT! Das Konkurrenzblatt ›Bulletin‹ bemerkte nicht ganz zu Unrecht: »Der Kaiser hat niemanden getötet, niemanden beraubt und niemandem Land abgenommen, was von kaum einem anderen seines Berufsstands gesagt werden kann.«[11]

Für Schriftsteller bedeutete es eine nicht weniger abwechslungsreiche Beschäftigung, dem exzentrischen Treiben stets auf den Fersen zu bleiben. Erster im Bunde war Francis Bret Harte, der in New York geboren, aber bereits als Teenager nach Kalifornien gekommen war und sich dort niedergelassen hatte, um die inzwischen legendären Heldentaten der *forty-niners* zu verewigen. Bret Harte schrieb regelmäßig Beiträge für die ›Golden Era‹, eine Wochenschrift, in der zukünftige Literaturgrößen wie Samuel Clemens, Charles Warren Stoddard und Alonzo Delano, deren Autorennamen Mark Twain, Pip Pepperpod und Old Block lauteten, ihre ersten Meriten verdienten. Weitere bekannte Journalisten waren John Rollin Ridge, zur Hälfte Cherokee-Indianer, der sich den Spitznamen Yellow Bird zugelegt hatte; der West-Point-Absolvent George H. Derby, besser bekannt als John P. Squibob oder John Phoenix; und die mit einem eher unglücklichen Namen geschlagene A. K. S. Clappe, die sich das weitaus wohlklingendere Pseudonym Dame Shirley zulegte.[12]

Die Verwendung solcher Spitznamen war eine im Gebiet der Frontier lange eingebürgerte Praxis, die zum Teil in den besonderen Berufsrisiken der Journalisten begründet lag. Die damals übliche Berichterstattung *ad hominem,* verbunden mit der im Westen beheimateten Tradition, Konflikte eigenmächtig und gegebenenfalls auch mit der Waffe auszutragen, machten den Reporterberuf zu einem entschieden unsicheren Metier. Der Gründer des ›Bulletin‹, James King, wurde vom Herausgeber der konkurrierenden ›Sunday Times‹, James P. Casey, auf offener Straße erschossen, weil er ihn (der Wahrheit entsprechend) als ehemaligen Insassen der New Yorker Besserungsanstalt Sing Sing bezeichnet hatte. Casey wurde anschließend vom Committee of Vigilance zusammen mit dem Spieler Charles Cora, der einen Polizisten getötet hatte, aufgeknüpft. Edward C. Gilbert, Herausgeber des ›Alta‹, starb im Duell mit Staatssenator James

W. Denver, der für seine Tat nur knapp dem gleichen Schicksal entging und später Kongreßabgeordneter, Gouverneur und Gründer von Mile High City wurde. Charles De Young wiederum, Chefredakteur des ›San Francisco Chronicle‹, wurde vom Sohn des frisch gewählten Bürgermeisters Isaac Kalloch erschossen, nachdem De Young zuvor selbst den Amtsinhaber angeschossen hatte. Der Herausgeber der ›Mazeppa‹ schließlich wurde auf der Straße von einer Frau ausgepeitscht, die ihre jungfräuliche Ehre durch das Blatt kompromittiert sah. Bei einem solchen Arbeitsklima ist leicht nachvollziehbar, daß der Herausgeber eines anderen Blattes seinen Antrag auf einen Waffenschein – reichlich gewunden – damit begründete, daß »sowohl die Stellung, die das Magazin, mit dem ich assoziiert bin, im laufenden Wahlkampf erlangt hat, als auch der Charakter der Amtsanwärter es mir unumgänglich machen, zu meinem persönlichen Schutz eine Waffe zu führen«.[13]

Auf der anderen Seite forderten die journalistischen Gepflogenheiten der Zeit regelmäßige gewalttätige Reaktionen geradezu heraus. Professionelle Diskretion war gänzlich unbekannt. Prentice Mulford etwa begann einen Artikel über einen Kollegen beim ›Bulletin‹ mit den Worten: »Der Gestank dieser vergifteten und eitrigen Zunge macht es einem nahezu unmöglich, an der Straßenecke der Market Street vorbeizugehen.« Elbert P. Jones, der Gründer der ersten Zeitung in San Francisco, des ›California Star‹, beschimpfte sein alter ego beim ›Monterey Californian‹ als »ein verlogener Sykophant und ausgewachsener Speichellecker«. Und der aus Cornwall stammende Tremenhere Lanyon Johns, der für das Theatermagazin ›Figaro‹ schrieb, beschwerte sich lauthals, daß »der ›Alta‹ am Montag alle Anzeichen von Tollwut aufwies. Gestern zeigte einer aus der Meute des ›Call‹ die gleichen Symptome. Die Besitzer beider Zeitschriften würden der Öffentlichkeit einen großen Dienst erweisen, wenn sie ihren tollwütigen Kläffern einen Maulkorb verpaßten. Der ›Figaro‹ wird es anderenfalls als seine Pflicht erachten, mit Strychnin präparierte Zigarren im Gang zu den Redaktionsräumen auszulegen, um diesem Übel ein Ende zu machen.«[14]

Grundsätzlich jedoch waren die Journalisten bereit, ihren persönlichen Zwist zu begraben, wenn sie sich im Montgomery

Block, einem vierstöckigen Klotz, der sich rühmte, das größte Gebäude westlich des Mississippi zu sein, auf einen Drink trafen. Der Affenfelsen, wie er liebevoll genannt wurde, befand sich nur einen Straßenblock vom Bundesmünzamt entfernt, so daß Bierce seine ersten literarischen Kontakte vermutlich hier knüpfte. Ein anderer beliebter Treffpunkt war das Büro der ›Golden Era‹, nur einen Straßenblock weiter auf der Montgomery Street. Die Ausgabe vom 31. März 1867 enthielt unter der Rubrik Leserbriefe eine ausgesprochen interessante, wenn auch nicht ganz eindeutige Notiz: »Für B. haben wir bei uns keine Verwendung. Wir raten ihm, ein eigenes Provinzblatt aufzumachen.« Sollte sich Bierce tatsächlich bei der Zeitung beworben oder auch nur versteckte Nachforschungen in dieser Richtung unternommen haben, könnte die öffentlich publizierte Ablehnung der Ansporn für seinen nächsten Schritt gewesen sein, ein ehrgeizig betriebenes Privatstudium, das sich auf die Lektüre ganzer Bücherstapel aus der städtischen Leihbücherei stützte. Brooks und Long, seine Arbeitskollegen vom Bundesmünzamt, erinnerten sich, daß Bierce sich in jenem Sommer durch alle sechs Bände von Edward Gibbons *Aufstieg und Fall des Römischen Reiches* fraß, dessen stark latinisierter Stil in seinem späteren Werk deutliche Spuren hinterlassen hat. Weitere stilbildende Autoren, die er seinen späteren Empfehlungen für angehende Schriftsteller nach zu urteilen in jener Zeit gelesen hat, waren Edmund Burke, Herbert Spencer, Walter Savage Landor und Alexander Pope. »Präzision«, schrieb er in seinem Handbuch für den korrekten Sprachgebrauch *Write It Right,* »ist die Grundvoraussetzung« für gutes Schreiben. Und gutes Schreiben ist »im wesentlichen das Sichtbarmachen klarer Gedanken«. Ein Stilgesetz, dem Bierce ein Leben lang folgte.[15]

Im gleichen Sommer verließ Bierce den eher zartbesaiteten Brooks und bezog ein eigenes Quartier im Russ House, vier Häuserblocks südlich des Münzamts auf der Pine Street. Gleich um die Ecke auf der Bush Street befand sich die Kaufmännische Bibliothek und einen bloßen Steinwurf entfernt an der Ecke Post und Market Street die Bibliothek des Handwerks. Abgesehen von der vorteilhaften Lage in unmittelbarer Nähe zum Münzamt und den Leihbüchereien, beherbergte das Russ House eine ständig wechselnde Klientel von Farmern, Viehtreibern, Spielern und anderen zwielichtigen Gestalten. Zudem befand sich die Pension inmitten der Theater, Restaurants und Bars, wo sich das gesellschaftliche Leben – damals wie heute – vorwiegend abspielte. Nur wenige Straßenblocks entfernt lag Chinatown mit seinen dunklen und geheimnisvollen Läden, in denen exotischer Tee, Seide, Lackwaren, Porzellan, Zigarren und, für die gehobeneren Ansprüche, Opium und Prostituierte feilgeboten wurden, alles unter der zweifelhaften Protektion chinesischer Geheimbünde, mit Beilen bewehrte Gaunerbanden, die ihre wahren erpresserischen Absichten hinter so harmlosen Namen wie *Kammer des Sanften Gewissens* oder *Kammer der Weitreichenden Tugend* verbargen. Chinesische Wunderheiler, denen ein lakonischer Beobachter »keine falsche Bescheidenheit bezüglich ihrer heilenden Fähigkeiten« attestierte, spannten zwischen den schmalen Gassen Spruchbänder mit so vielversprechenden Verheißungen wie »Dr. Hung Ly kuriert alle Krankheiten, 1. Etage« oder »Hilfe bei hartnäckigen und schmerzhaften chronischen Krankheiten – garantierter Erfolg«. Ein besonders von sich eingenommener Wunderheiler nannte sich mit wahrhaft orientalischer Schlichtheit »Der König der Schmerzen«.[16]

Mit lebhaftem Interesse verfolgte Bierce das öffentliche Treiben, darunter auch die Hinrichtung des stadtbekannten Banditen Juan Salazar, dessen letzter Auftritt vom Sheriff fachmännisch inszeniert wurde. »Der Sheriff«, schrieb Bierce, »kam seiner besonderen Pflicht mit soviel Geschick und Würde nach, daß man es fast als besondere Auszeichnung betrachten durfte, von ihm aufgeknüpft zu werden. Salazar stand ihm mit gefaßter Haltung zur Seite, und die Zuschauer, die sich seiner Verbrechen reuig gezeigt hatten, ertrugen seinen Tod mit christlicher Seelenstärke und Resignation.« Diese Sätze wurden ein Jahrzehnt nach dem Ereignis geschrieben, aber der für Bierce charakteristische herablassende Spott trat bereits während seiner Zeit beim Münzamt erstmals in Erscheinung. Wie Shelley in Oxford begann Bierce seine Schriftstellerlaufbahn mit einem feurigen Plädoyer des Atheismus, das er unter seinen irritierten Arbeitskollegen verteilte. Sein erster gedruckter Text jedoch war das reichlich überdrehte Gedicht »Basilica«, das am 21. September 1867 im ›Californian‹ erschien. In dem sechsundsechzig Verse langen Gedicht beschreibt der Dichter die Entdeckung eines unheilbringenden Basilisken am Strand, jener Fabelechse, deren Blick oder giftiger Atem töten kann. Ein paar Kostproben mögen genügen, den schwülstigen Ton des Gedichts wiederzugeben: »Ein opalener Becher, von Gold erfüllt«; »Von des Tages Fluch blutigem Tod/Und des Ozeans schwärender Agonie«; »Die Kehle bleich wie Elfenbein/Der Haut versteckter Faltenschrein«; »Aus dem Mund, von funkelnden Zähnen umringt/Der todesschwere Odem dringt.« Ein weiteres Gedicht, zwei Monate später im ›Californian‹ veröffentlicht, zeigte bereits eine gewisse Verbesserung. »A Mystery« beschreibt das Leben als »Der Vergangenheit Schwere, der Sünde Last/Vom dunklen Schatten der Zukunft umfaßt/Doch das Gewicht bleibt schwerelos, der Schatten ohne Gestalt/Während der Schrei der Gegenwart klanglos verhallt«. Das Leben selbst ist eine Enttäuschung, »das Geheimnis unserer Qualen ... das Blut, mit dem wir für jeden Wunsch zahlen«. Unoriginell, pathetisch und gezwungen, erregten die Gedichte in den literarischen Zirkeln wenig Aufmerksamkeit, einmal abgesehen davon, daß Bierces Name zum ersten Mal in der Öffentlichkeit genannt wurde. Bierce mag ähnlich gedacht haben, da er später notierte: »Als ich in meinen Zwanzigern war, stellte ich eines Tages fest, daß ich kein Dichter war. Es war der bitterste Moment meines Lebens.«[17]

Von seinen dichterischen Ambitionen befreit, begann Bierce Artikel zu schreiben. Angesichts seiner zukünftigen Reputation als Frauenfeind und politischer Reaktionär – wobei gesagt werden muß, daß es sich in beiden Fällen um grobe Vereinfachungen seiner tatsächlichen Überzeugungen handelt – mag es kurios erscheinen, daß Bierce in seinem ersten Artikel, der im Dezember 1867 wiederum im ›Californian‹ erschien, ein wohlwollendes Plädoyer für das Frauenwahlrecht unternimmt. Er klagt darin über fehlende Bildungsmöglichkeiten für Frauen, stellt fest, daß ihr Zugang zur Politik dem Berufsstand zu mehr Sittlichkeit und Anstand verhelfen würde, und entschuldigt sogar die vermeintlich radikalen Ausschreitungen der Suffragetten mit dem Hinweis, daß ein solcher Fanatismus »seinem Wesen nach fortschrittlich ist, und Fortschritt Wahrheit bedeutet«. Er wisse, fährt er fort, wie unpopulär das Thema sei, da es »seit geraumer Zeit einzig die Unterstützung der Philosophen und Dummköpfe gefunden hat; und da letztere selbstredend den meisten Lärm veranstalteten, überließ man es ganz ihren Händen. Selbst heute noch wird es nach landläufiger Meinung mit Spiritismus, freier Liebe und anderen verrückten Ketzereien in Verbindung gebracht: und das Schlagwort ›Frauenrechte‹, dessen bloße Erwähnung uns die Schamröte ins Gesicht treiben sollte, weil es überhaupt erst erfunden werden mußte, hat gemeinhin eine fast schon verächtliche Bedeutung angenommen.« Zum Schluß kann Bierce es sich nicht verkneifen, auch noch eine bissige Bemerkung über das scheinbar mangelnde Interesse der modernen Frauen am öffentlichen Leben anzubringen: »Ihr Nachwuchs und ihre Besucher sind so ziemlich ihre einzige Gesellschaft; und obwohl ersterer ihr gewöhnlich eine Quelle der Freude und letztere der Qual sind, eignen sich beide wenig, ihren Horizont zu erweitern und ihren Geist zu bilden.«[18]

Neben seinen literarischen Anstrengungen erreichte Bierce während des ersten Sommers in San Francisco eine unerwartet freudige Mitteilung aus dem Kriegsministerium. Durch einen Kongreßbeschluß war der Generaladjutant dazu aufgefordert worden, 6200 verdiente Veteranen des Bürgerkriegs auf der Grundlage ihres zuletzt eingenommenen Dienstgrads in den nächsthöheren Rang zu befördern. Aus nie geklärten Gründen erhielt Bierce aber nicht seine Ernennung zum Hauptmann, was dem korrekten Rang entsprochen hätte, sondern zum Major. Der offizielle Text des Schreibens lautete: »Hauptmann Ambrose Bierce wird für seine herausragenden Verdienste im Krieg mit dem 13. März 1865 zum Titularmajor ernannt.« Wen kümmerte es, daß Bierce nie Hauptmann gewesen war. Gleichwohl benutzte er seinen neuen Titel selten und war sich wie alle anderen bewußt, daß er ihn mehr oder weniger einem Mißverständnis verdankte. Dennoch war er aus guten Gründen stolz auf seine im Krieg erworbenen Verdienste und machte weder öffentlich noch privat je Witze darüber.[19]

Unterdessen schrieb er weiter kurze Artikel für den ›Californian‹ und die ›New Era‹, darunter einen wenig inspirierten anthropologischen Essay über »The Pi-Ute Indians of Utah« und eine oberflächliche Glosse über weiblichen Kopfputz, »The Tresses of the Fair Ladies«. Den für ihn wichtigsten Kontakt aber knüpfte er im Frühjahr 1868 mit dem ›San Francisco News Letter and Commercial Advertiser‹, kurz ›News Letter‹ genannt, eine Wochenzeitung, die der englische Journalist Frederick A. Marriott 1856 nach dem Vorbild seiner Londoner Blätter ›Illustrated News‹ und ›Morning Chronicle‹ gegründet hatte. Innerhalb eines Jahrzehnts war aus dem anfänglich einseitigen, handgefalteten Bogen für Anzeigen, Leserbriefe und Kurznachrichten eine sechzehn Seiten starke Wochenschrift mit Buchrezensionen, Theaterkritiken und grobschlächtiger Satire geworden, die ihrem besonderen Faible für das Makabre in einer regelmäßigen Kolumne über Geburten, Todesfälle und Hochzeiten, betitelt »Die Wiege, der Altar und das Grab«, freien Lauf ließ. Marriott, eine Dickens-Figur mit weißen Haaren und rosigen Wangen, war nach dem Attentat auf Abraham Lincoln beinahe gelyncht worden, nachdem ein aufgebrachter Mob von Trauernden aufgrund der den Süden unterstützenden Haltung des ›News Letter‹ in sein Büro eingedrungen war, seine Druckerpresse verwüstet und sämtliche Bleilettern auf die Straße gekippt hatte. Marriott hatte sich jedoch rasch erholt und den ›News Letter‹ bis 1868 zum erfolgreichsten Anzeigenblatt der Stadt gemacht. Ein Großteil seiner Einnahmen wanderte unverzüglich in seine wahre Leidenschaft, ein elf Meter langes, dampfgetriebenes Fluggerät namens Avitor, das er im Sommer 1869 zweimal erfolgreich in die Luft brachte. Unglücklicherweise fand der zweite Testflug am 4. Juli statt – ein zumindest für einen Briten nicht von den Sternen begünstigtes Datum –, als ein neugieriger Zuschauer den mit Wasserstoff gefüllten Ballon des Avitor versehentlich in Brand setzte und Marriotts Aerial Steam Navigation Company ein trauriges Ende bereitete. Zuvor jedoch hatte Bierce die Flugversuche in einer Zeichnung verewigt, auf der ein mit Geldsäcken beladener Marriott das Gefährt geradewegs in ein schweres Unwetter pustet, während der Herausgeber James W. Watkins mit einem Stoß heißer Luft entgegenzusteuern sucht und ein hämisch grinsender Teufel – Bierce? – das Steuerruder hält.[20]

Bierce begann seine Mitarbeit beim ›News Letter‹ mit anonymen Kurzmeldungen im Frühjahr oder Sommer 1868. Das Veröffentlichungsdatum seines ersten eigenen Beitrags ist nicht bekannt, aber seine persönlichen Kontakte mit der Zeitschrift lassen sich recht genau datieren. Aus späteren Berichten über seine erste Begegnung mit Mark Twain wissen wir, daß dieses Treffen im Büro des ›News Letter‹ stattfand; Twain war vorbeigekommen, schrieb Bierce, weil er Marriott Geld schuldete. Am 15. Dezember 1866 brach Twain von San Francisco zu einer Reise nach Europa und ins Heilige Land auf, die ihn als Autor von *The Innocents Abroad* (dt. *Die Arglosen im Ausland*) bald berühmt machen sollte; erst am 2. April 1868 fand er sich zur Eröffnung einer dreimonatigen Vortragsreise durch Kalifornien und Nevada wieder in der Stadt ein. Und da er bereits am 6. Juli des gleichen Jahres dem Westen für immer den Rücken kehrte (seine Abschiedslesung fand in der Handwerksbibliothek auf der Bush Street statt), mußte er Bierce innerhalb der dazwischenliegenden drei Monate getroffen haben. Zur Mitte des Jahres 1868 war Bierce jedenfalls emsig damit beschäftigt, unter den wohlwollenden Blicken des Herausgebers Watkins satirische Glossen für den ›News Letter‹ zu verfassen. Watkins war ein erfahrener und vielgereister Journalist, der sowohl für Zeitungen in London als auch an der Ost- und Westküste gearbeitet hatte. Großzügig nahm er Bierce unter seine Fittiche und gab ihm die Meister der Satire wie Swift, Voltaire und Thackeray zu lesen, wofür Bierce sich mit dem außergewöhnlichen Privileg einer lebenslangen Freundschaft revanchierte. Noch 1889, als Watkins von San Francisco nach New York ging, lobte Bierce »den unvergleichlichen Charme seines magischen Stils« und verstieg sich sogar zu der hochtrabenden Behauptung, »daß sein Sprachreichtum, seine Ausdrucksschärfe und der Zauber seines Stils in Amerika einzigartig und unübertroffen ist«.[21]

Bierces Einfluß machte sich bald bemerkbar, als der ›News Letter‹ Texte aus so abwegigen Periodika wie dem ›Hangtown Gibbett‹, der ›Weekly Howl‹ oder dem ›Siskiyou Knockdown‹ abdruckte. Ein fester Bestandteil der Zeitung war die Spalte »The Town Crier«, die traditionsgemäß dem Herausgeber vorbehalten war. Im Dezember 1868 übernahm Ambrose Bierce diese Rubrik, nachdem Watkins freiwillig zurückgetreten oder seinen Platz auf sanften Druck hin für seinen jungen Zögling geräumt hatte. Wie auch immer, es war der Moment, an dem der Grundstein für Bierces literarische Karriere und Reputation gelegt wurde.[22]

Die erste Ausgabe des ›News Letter‹ unter Bierces Federführung erschien am 5. Dezember 1868. Sie enthielt die redaktionelle Ankündigung, dem Klerus der Stadt »die ungeheure Diskrepanz zwischen dem religiösen Ideal, das den Geistlichen vorzuleben aufgetragen ist, und der tatsächlichen Lebensweise der Menschen vor Augen zu führen«. Das Thema gehörte zu Marriotts Steckenpferden, war aber von Watkins, der es als zu geschmacklos empfand, weitgehend vernachlässigt worden. Bierce waren Vorbehalte in dieser Richtung selbstredend fremd; als »Ressortleiter für theologische Fragen« kündigte er an, »unsere bescheidenen Unterweisungen wiederaufzunehmen und fortzusetzen, nicht den Applaus der Menge erstrebend, sondern das Lob der Gottesfürchtigen«. Man hat Bierces maßlose Kritik an der Religion im allgemeinen und einigen ausgewählten Geistlichen San Franciscos im besonderen verschiedentlich als bloßen Schachzug des Herausgebers im Streit um die Lesergunst abgetan, mit dem der ›News Letter‹ sich gegen das neugegründete ›Overland Monthly‹, einer von Bret Harte herausgegebenen, eher kosmopolitisch orientierten Literaturzeitschrift, zu behaupten suchte. Diese Erklärung unterschlägt jedoch Bierces tiefsitzenden und immer wieder zum Ausdruck gebrachten Haß auf religiöse Bekenntnisse jeder Form. Sollte Marriott ihn tatsächlich allein aus diesem Grund zum Chefredakteur gemacht haben, so hatte er fraglos eine inspirierte – wenn nicht gar göttlich inspirierte – Wahl getroffen.[23]

Mit der unverhohlenen Freude eines Katecheten, der einer besonders langweiligen Predigt entronnen ist, zog Bierce den geistlichen Würdenträgern der Stadt das Fell über die Ohren. »Rev. Mr. Fitch, Professor der Theologie in Yale«, wußte er zu berichten, »ist in die ewigen Jagdgründe eingegangen. Der Gedanke, daß dem Gelehrten die Gelegenheit zuteil wurde, die Richtigkeit seiner theologischen Theorien im Hauptquartier einer eingehenden Prüfung zu unterziehen, erfüllt uns mit freudiger Genugtuung. Nachdem er uns über viele Jahre das Neue Leben gepredigt hat, erscheint es nur gerecht, es ihm nicht länger vorzuenthalten. Für seine sämtlichen Kollegen erbitten wir das gleiche Privileg.« Ein andermal vermeldete er die Neuigkeit, daß »Rev. Dr. Hallelujah Cox seine Abschiedsvorstellung gegeben hat und nicht mehr vor kalifornischem Publikum erscheinen wird. Wir nehmen Hochwürdens Abschied zum Anlaß dieser bescheidenen Würdigung seiner ebenso bescheidenen Talente. Uns ist keine andere Person des öffentlichen Lebens bekannt, die die Natur in gleicher Weise mit den Nachteilen der Ignoranz und der Inkompetenz geschlagen hätte, und die Tatsache, daß es ihm trotz ungünstigster Voraussetzungen gelang, ohne Schande auf sich zu laden davonzukommen, spricht ebenso für seinen unbeugsamen Willen wie für unsere sträfliche Nachlässigkeit.« Und in einer dritten Kolumne schrieb Bierce: »Dr. Scudder scheint uns tatsächlich zu verlassen. Aus Brooklyn erreichte ihn das Angebot einer lukrativen Sinekure. Sobald er von dieser dankbaren Aufgabe erfahren hatte, entsann sich Hochwürden seiner schweren Erkrankung, die ihn bereits seit Monaten quälte und einen Klimawechsel lebensnotwendig machte. Wir freuen uns über sein Abtreten, unter welchem Vorwand auch immer, aber wir sind schmerzlich berührt, daß seine Erfindungsgabe nur für einen so dürftigen und innerhalb seines Berufsstandes so abgedroschenen Grund reichte; er hätte zumindest vorgeben können, daß in seiner zukünftigen Gemeinde ein armes altes Mütterchen der Pflege ihres Sohnes harre.«[24]

Wie zu erwarten, wurde das Büro des ›News Letter‹ von Leserbriefen überschwemmt, die sich über Bierces despektierliche Art empörten. »Die armen Teufel des Klerus können sich nicht von der Wahnvorstellung befreien, daß wir der Kirche Böses wollen«, antwortete er schnippisch auf eine dieser Beschwerden. »Kein Sonntag vergeht, da nicht einige von ihnen von ihren Kanzeln blendende Leuchtfeuer aus dem Evangelium gegen unseren armseligen Viehstall richten, damit sich auch bestimmt kein frommes Lamm in dessen Nähe verirrt und von unseren Mäulern zerfleischt wird, von denen das Blut unschuldiger Opfer trieft. Doch wir blinzeln friedlich in den kitzelnden Strahl, gähnen wohlgemut und strecken unsere Tatzen in dem künstlichen Sonnenschein aus, träumerisch versunken in unaussprechlicher Wonne.« Einem zweiten Korrespondenten antwortete er: »Von einem bekannten Gottesmann erreichte uns ein langer Brief ernsten Tadels über das, was er als unsere ›grundlosen Angriffe auf die von Gott Auserwählten‹ zu bezeichnen pflegt. Wir bestreiten mit Nachdruck, sie je grundlos angegriffen zu haben. ›Die von Gott Auserwählten‹ sind uns ständig ein großes Ärgernis. Dabei haben wir nichts gegen Priester«, fügte er beschwichtigend hinzu; »wir betrachten sie mit dem gleichen Interesse, das ein Entomologe gegenüber einer besonderen Insektenspezies empfindet.«[25]

Bierces Stellungnahmen fielen nicht immer so (vergleichsweise) harmlos aus. In einer Stadt, in der der Haß gegen die Chinesen täglich wuchs – ein Jahrzehnt später formierte sich in San Francisco eine neue Partei unter der plumpen Parole »Die Chinesen müssen weg!« –, waren Gewaltakte gegen chinesische Mitbürger an der Tagesordnung. Ungeachtet des ihm unterstellten Elitarismus, trat Bierce zeitlebens für benachteiligte Minderheiten wie die Chinesen und die Mormonen ein. In seiner Kolumne »Town Crier« berichtete er unbestechlich über die mit deprimierender Regelmäßigkeit begangenen Übergriffe weißer Christen auf die heidnischen Chinesen, dabei zwei Fliegen mit einer Klappe schlagend. »Eine tote Chinesin wurde am Dienstagmorgen in überaus unbequemer Haltung auf dem Bürgersteig liegend aufgefunden«, schrieb er 1870. »Die Todesursache konnte nicht zweifelsfrei festgestellt werden, aber da der Kopf der Frau ein Loch aufwies, wird ein Fall von galoppierendem bösartigem Christentum angenommen.« Eine andere Meldung lautete: »Letzten Sonntagnachmittag wurde ein Chinese, der arglos die Dupont Street entlangging, von den Stufen der First Congregational Church aus mit einem Schauer von Ziegeln und Steinen überfallen. Nach Vollendung dieser Andachtsübung zogen sich die Sonntagsschüler in die gebenedeiten Portale des Heiligtums zurück, um dort von Christus Jesus und Seiner Kreuzigung zu vernehmen.« Eine dritte Spalte bemerkte: »Am letzten Montag wurden zwei kleine Christen (mit großem C) dem Hohen Gericht (mit großem H) vorgeführt, weil sie einen Chinesen mit Steinen beworfen hatten. Wegen ihres jugendlichen Alters, guten Charaktereigenschaften, Hautfarbe, Nationalität, Religionszugehörigkeit und der politischen Einstellung ihrer Väter kamen sie mit einer Rüge davon.« Und schließlich: »Gestern wurde ein toter Chinese in einer Seitenstraße aufgefunden und zur Identifizierung ins Leichenschauhaus gebracht. Die Leiche war teilweise von einem Pflasterstein verdeckt, der wie ein kostbares Juwel in einem Krötenschädel die Stirn des Opfers zierte. Der Unterleib war von einer Brechstange durchbohrt, und ein Arm durch eine heftige natürliche Verkrampfung aus dem Gelenk getreten. Da der Verschiedene noch kurz vor dem Auffinden seiner sterblichen Überreste beim Genuß einer Opiumpfeife und in guter Verfassung gesehen wurde, wird sein Tod auf Herzversagen zurückgeführt.«[26]

Verbrechen aller Art forderten regelmäßige Kommentare heraus, wobei Bierce zufrieden bemerkte, daß »unsere Verbrechensbörse gute Abschlüsse meldet. Seit dem letzten Börsenbericht haben Einbrüche leicht zugelegt; Raubüberfälle mit steigender Tendenz; tätliche Angriffe lebhaft; Betrug flau; Bauernfängereien ausgeglichen; Morde unbedeutend; jugendliche Straftaten im Aufwind; Wahlbetrug saisonal bedingt schwach; Meineide auflebend; Abtreibungen ohne offizielle Angaben; Erpressungen mit leichten Umsatzsteigerungen; Trunkenheit weiterhin flau; Glücksspiele mit fallender Tendenz; Brandstiftung unverändert; Pfandleiher ohne Verbesserung.« Der Polizei von San Francisco attestierte er gravierende Mängel in Stil und Effizienz und beschrieb den typischen Polizisten als einen im Slum geborenen Schuft, der »einen im Vorbeigehen abschätzig mustert, während er unbescholtenen Frauen und jungen Mädchen hinterherstellt. Jede Art von Niedertracht findet sein ungeteiltes Wohlgefallen. Die Auszahlung eines monatlichen Entgelts, damit er fremdes Eigentum beschütze, verschafft einem das beruhigende Gewissen, zur Ausbreitung der Verderbtheit durch Belohnung der Untätigkeit beizutragen – also Diebstahl, Brandstiftung, nächtliche Überfälle und Schlimmeres mehr zu befördern, indem man ein System aufrechterhält, das sie fett und aufsässig macht.« Als Alternative empfahl er die Wiedereinsetzung der freiwilligen Schutzwehren: »Es ist die Pflicht der Bürger, die gemeinen Mörder den Händen des Gesetzes zu entreißen und ihnen mit dem nächstbesten Gegenstand die Schädel einzuschlagen. Zehn Jahre Sicherheit könnten kostensparend durch einen einzigen Monat großzügigen Aufknüpfens gewonnen werden.«[27]

Zwei Todesarten – Gattinnenmord und Suizid – verfolgte Bierce mit besonders leidenschaftlichem Interesse. Einer seiner ersten Beiträge im Dezember 1868 berichtet davon, daß »Charles O'Neil, offenbar in einem Anfall von Wahnsinn, seine Frau vom Balkon stieß und dabei ihren zarten Hals brach. Wenn nur wir, guter Charles O'Neil, über dich zu Gericht sitzen dürften – es würde einen zweiten Nackenbruch geben. Wir fordern sehnsüchtig ein Gesetz, das vorübergehende geistige Umnachtung zum Kapitalverbrechen erhebt.« Als geschmacklosen Mord betrachtete Bierce die Tat eines »Mr. John Beever aus St. Cloud, Minn., der nach längerer Trennung seine Frau besuchte und die Gelegenheit dazu nutzte, sie zum Abschied an ihrem Haarknoten in die hintere Waschküche zu zerren, um dort die Maske fallenzulassen und mit einem geschärften Beil seine wahre Natur zu entblößen. Damit hieb er so lange auf den Kopf der Frau ein, bis er ihn zu einem unansehnlichen Klumpen verunstaltet hatte, der bloß noch von wirren Haarsträhnen, verklumpt mit warmem Hirn und dampfendem Blut, zusammengehalten wurde – alles in allem kein ermunternder Anblick für das Dienstmädchen, das nach ihm sauberzumachen hatte. Es scheint uns nicht rechtens, eine Frau derart zu behandeln, nachdem man sie verlassen hat. Wer sich seiner ehelichen Verpflichtungen entledigt hat, sollte auch aller Privilegien enthoben sein. Zumal das Privileg, das eheliche Haupt zu zerstückeln und zu verstümmeln, nur äußerst spärlich angewendet werden sollte.« Das ist starker Tobak und zudem nicht einmal sonderlich erheiternd, selbst wenn man jener Zeit weniger aufgeklärte Ansichten über Gewalt in der Ehe einräumt als unserer. Die Häufigkeit, mit der Bierce in seiner Kolumne über Gatttinnenmord berichtete, läßt sich entweder damit erklären, daß derartige Verbrechen in viktorianischer Zeit häufiger waren als heute, was eher unwahrscheinlich ist, oder aber, daß sie auf den Kolumnisten selbst eine morbide und anhaltende Faszination ausübten, wie es nur allzu offensichtlich der Fall zu sein scheint.[28]

Auch wenn er sich in seinen besten Mannesjahren befand, war Bierce nicht weniger fasziniert vom Selbstmord. Nimmt man allein die Häufigkeit, mit der er in seinen damaligen und späteren Texten auftaucht, so folgt der Selbstmord gleich nach seinem Lieblingsthema Blasphemie an zweiter Stelle. (Wobei zu fragen wäre, ob die beiden Themen aus Bierces Sicht nicht unmittelbar zusammenhingen.) In einer Kolumne von 1870 etwa heißt es: »Wie der ›Bullletin‹ schreibt, scheinen die Menschen zu glauben, ihr Leben selbst in Händen zu haben und mit Recht entscheiden zu können, zu welchem Zeitpunkt sie diese Welt verlassen wollen. Dem haben wir nur hinzuzufügen, daß wir dieser Auffassung ungeteilt zustimmen.« Er gratulierte einem deutschen Bäcker dazu, der plötzlichen Eingebung, sich den Kopf wegzuschießen, ohne Zögern gefolgt zu sein. »Dieses Beispiel mag uns lehren, daß ein Mann Großes bewirken kann, wenn er Nägel mit Köpfen macht und einer Idee umgehend Taten folgen läßt. Man darf in diesen Dingen nicht zögerlich sein. Wenn man das Richtige zu tun glaubt, tue man es lieber gleich. Wie viele großartige Pläne sind schmählich im Keim erstickt, weil es an der festen Entschlußkraft jenes deutschen Bäckers fehlte. Von seinem Beispiel können sogar Staatsmänner lernen.« Weniger Erfolg hatte »ein armer Teufel namens Linton, der sich, weil er keine Arbeit finden konnte, mit einem stumpfen Meißel die Luftröhre durchtrennte. Unversehens hatte er mehr Arbeit, als ihm lieb war: und zwar, Luft zu bekommen. Im Zimmer war eine geladene Pistole, mit der er sich viel leichter hätte aus der Welt schaffen können. Aber einige Menschen stellen sich auch dann noch dumm an, wenn es darum geht, ihren heiligsten Pflichten gegenüber der Gesellschaft nachzukommen.«[29]

Als besonderen Service für deprimierte Leser verfaßte Bierce eine ausführliche Gebrauchsanweisung zur Kunst des Suizids: »Rasierklingen«, schrieb er, »sind durchaus zuverlässig, nur muß ihrer Anwendung das Wissen um den Sitz der Halsader vorausgehen. Versuchen Sie nie, mehr als eine gleichzeitig zu gebrauchen, und gehen Sie mit Bedacht zu Werk. Veranschlagen Sie mindestens eine halbe Stunde nach Dienstschluß. Der Schnitt ist von links nach rechts zu führen. Vom Gebrauch einer

Pistole ist abzusehen; sie macht zuviel Lärm und weckt das Baby. Wenn Sie es unbedingt auf diesem Weg tun müssen, nehmen Sie einen Revolver zur Hand, stecken Sie die Mündung in den Mund (nachdem Sie zuvor das Gebiß entfernt haben), schließen Sie die Lippen, um den Schall zu dämpfen, und feuern Sie fünfmal. Wenn Sie nach zwei Minuten kein Unwohlsein empfinden, feuern Sie das zweite Magazin leer und tauchen Ihren Kopf in einen Kübel Wasser. Gewehre sind vulgär. Außerdem müssen sie mit dem Zeh betätigt werden, der leicht vom Abzug abrutschen und zu Verletzungen der Hühneraugen führen kann. Kurzentschlossenen sei Hängen empfohlen, und zur Not tut es auch eine Prise Arsen. Vom Erstickungstod durch Ausblasen des Gaslichts ist abzuraten; der Leichnam verströmt dann einen üblen Geruch. Im Interesse der Kunst geben wir diese Ratschläge gerne gratis.«[30]

Ein gewisser Michael Brannan aus Los Angeles gewann Bierces »ungeteilte Bewunderung« für seine selbstzerstörerische Entschlossenheit, wenn auch nicht für deren Erfolge. »Mr. Brannan war der Launen des Lebens überdrüssig geworden«, bemerkte Bierce, »und sann darauf, sich mit Hilfe einer Schrotflinte zu kurieren – ein gemeines, abgedroschenes Mittel, das unsere entschiedene Mißbilligung verdient. Aber man beachte die enormen Qualitäten dieses Mannes! Er gab fünf Schüsse aus dieser Waffe auf seinen Kopf ab, von denen jedes einzelne Bleikügelchen eine karmesinrote Furche in seine Kopfhaut fräste, ohne jedoch durch die Schädelplatte in das heroische Hirn darunter zu dringen. Wen dieser wunderliche Versuch nicht mit Staunen erfüllte – ja, wer sich in einer solchen Situation eines freundschaftlichen Schusses oder dem helfenden Beistand eines erlösenden Axthiebs verwehren könnte, sollte sich nicht leichtfertig für einen christlichen Gentleman halten.«[31]

Unterhaltsamer und weit salopper waren einige von Bierces Beobachtungen zu weniger tödlichen Formen bürgerlicher Missetaten. »Unbekannte Täter haben versucht, den Safe im Büro des Schatzmeisters auszurauben. Hier ist bedächtiges Vorgehen gefragt; der ungeduldige Schurke sollte sich zunächst um einen Posten als Beamter bemühen. Die Verwandlung vom Beamten zum Dieb erfolgt wie von selbst und ohne große Hürden.« Als eine Versicherungsagentur ausgeraubt wurde, frohlockte er: »Wie du mir, so ich dir.« Tiefstes Mitgefühl empfand er für »einen Gentleman, der für wahnsinnig erklärt und in eine Anstalt eingeliefert wurde. Er glaubt, vom Teufel besessen zu sein, und sucht nach einer Jungfrau, die ihn heilen soll. Es ist nur besser für ihn, in einer Anstalt einzusitzen, da es mehr als unwahrscheinlich ist, daß er in San Francisco eine Jungfrau geeigneten Alters findet, die seine Gesundheit wiederherstellen könnte.«[32]

Bierce zeigte auch lebhaftes Interesse für das städtische Schulamt, dessen ehrwürdige Mitarbeiter ihn mit zahllosen unterhaltsamen Anekdoten belieferten. Als in einem Fall bekannt wurde, daß die Beamten aus einer Liste von zweihundert Büchern zur Anschaffung für das städtische Gymnasium eine Auswahl zu treffen hatten, bemerkte Bierce, die Prüfung der Liste werde »die erste intellektuelle Anstrengung sein, die sie in ihrem Leben unternommen haben«, und schloß zugleich die Hoffnung an, »die Bücher mögen in großen Lettern und mit großzügigem Zeilenabstand gedruckt sein«. Dem Hinweis, daß eine Gruppe aufgeschlossener Bürger eine neue Schule für chinesische Kinder eingerichtet habe, ließ Bierce die Überlegung folgen, ob »einige unserer am Gemeinwohl interessierten Chinesen eine Schule für amerikanische Kinder einrichten [werden] ... entweder um sich erkenntlich zu zeigen, oder als Vergeltungsmaßnahme«. Und als diskutiert wurde, ob Jungen und Mädchen gemeinsam erzogen werden sollten, plädierte er nachdrücklich dafür, die beiden Geschlechter »während der Vorbereitung auf die Ehe streng voneinander zu trennen. Sie gewinnen auf diese Weise mehr Kraft und sparen wertvolle Feuchtigkeit auf, die sie auf ihrem schweißtreibenden Weg durch die eheliche Wüste benötigen. Es ist eine subtile Form von Grausamkeit, die Jugend beider Geschlechter dem gemeinschaftlichen Umgang auszusetzen, bevor sie freiwillig dazu bereit ist, diese Last auf sich zu nehmen und als naturgegeben zu akzeptieren.« Als ein unglücklicher – oder besser gesagt unvorsichtiger – Kandidat für das Schulamt aufgrund seiner Kontakte zu einer Prostituierten unter Beschuß geriet, forderte Bierce die Wahl des Mannes mit der Begründung, er werde dadurch zwangsweise auf den rechten Weg zurückgeführt, da »keine ehrbare Dirne, die auf ihren Ruf achtet, weiterhin die Bekanntschaft mit einem Mann pflegen wird, der in das Schulamt gewählt wurde«.[33]

Zum Thema des – auch heute noch umstrittenen – Schulgebets sprach Bierce sich für ein gesetzliches Verbot aus, »das Vaterunser in öffentlichen Schulen zu beten. Das Vaterunser ist lange genug dadurch in Verruf geraten, daß es unisono von einhundert Lausebengeln und scheinheiligen Gören durch ihre triefenden Rotznasen gebrummelt wurde. Der ›Town Crier‹ führt jede Missetat seiner Nachbarskinder unmittelbar auf diesen barbarischen Ritus zurück. Nieder mit dem Vaterunser! – in unseren Schulen.« Als Ersatz für das Vaterunser bot er ein eigenes Gebet an, das ihm so gut gefiel, daß er es später in seine zweite Aufsatzsammlung *Nuggets and Dust* aufnahm: »O HErr, der Du, wie wir für den Zweck dieses Bittgebets annehmen wollen, Himmel und Erde erschaffen hast, ehe der Mensch Dich schuf; und der Du, sagen wir mal, von Ewigkeit zu Ewigkeit währest; wir flehen Dich an, Deine Aufmerksamkeit hierher zu richten und zu beschauen einen Haufen der verworfensten Affenärsche, auf denen Dein Auge ruhen zu lassen Du jemals das Vergnügen hattest: Aber in Ansehung der Tatsache, daß Du sandtest Deinen einzig gezeugten Sohn unter uns und uns die Glückseligkeit gewährtest, ihn ermorden zu können, möchten wir Dich mit allem Respekt darauf hinweisen, daß es geziemend ist, jene von uns in den Himmel aufzunehmen, die wir unsere Kirchengebühren entrichten, und uns dort eine Ewigkeit der Faulenzerei und absolut unvorstellbaren Juxes zu schenken. Wir erbitten dies im Namen Deines Sohnes, den wir aufgeknüpft haben, wie oben erwähnt. Amen.«[34]

In bemerkenswert kurzer Zeit war Bierce in San Francisco zu einer Berühmtheit aufgestiegen, deren vor Selbstsicherheit strotzende Leitartikel überall, von den Künstlersalons auf Russian Hill bis zu den erbärmlichsten Spelunken an der Barbary Coast, mit je unterschiedlichen Beimischungen von Zorn, Erschrecken, Vergnügen oder Entzücken gelesen wurden. Es war seine erste Begegnung mit dem Ruhm, den er in vollen Zügen genoß und mit dem er gekonnt zu spielen verstand. Der »Town

Crier«, verkündete er stolz, werde ständig von »weiblichen Verehrerinnen aufgehalten, die ihn um ein Foto ersuchen«. Was durchaus zutreffen mochte, da Bierce in seinen späten Zwanzigern zu einem auffallend gutaussehenden jungen Mann herangewachsen war, etwa einen Meter achtzig groß, mit hellblondem Haar, ockerfarbenem, kräftigem Schnurrbart, stechend blauen Augen und einem sanften hellen Teint, der fast schon feminin wirkte. Wie immer war er peinlich auf Reinlichkeit bedacht – einem Freund zufolge hatte man den Eindruck, als ob »er sich jeden Tag mehrmals rasierte« – und mit Ausnahme Bret Hartes war er der vielleicht bekannteste, zweifellos aber der bestgekleidete Journalist in San Francisco. Sein Ruhm und sein Selbstvertrauen wuchsen unaufhaltsam. In einem Brief riet Bierce seinem ungleichen Freund Charles Warren Stoddard, einem hageren, verzärtelten Dichter mit einer besonderen Vorliebe für polynesische Knaben, »überall nur wenig Schmeichelhaftes zu verbreiten, und von mir das gleiche zu sagen«. Zeitschriften im entfernten New York oder London zitierten seine besten Aussprüche, »die Rabelaissche Kühnheit seiner mordlustigen Artikel« lobend, und der ›Californian Mail Bag‹ nannte seine Kolumne »Mentor, Geißel und Spiegel der Stadt... klug, geistreich, tiefsinnig, unbekümmert, lebendig und unnachsichtig«. Das Konkurrenzblatt ›Bulletin‹ bezeugte ihm die offenherzigste Form der Anerkennung, als es über einen tot in einer Mülltonne aufgefundenen Säugling berichtete: »Kein Mensch kann heutzutage mehr auf dem Acker Kartoffeln ausgraben oder in seinem Vorgarten ein Loch für einen Zaunpfahl ausheben, ohne auf ein unschuldiges Wesen zu stoßen, das dort ohne Sarg oder Leinentuch verscharrt wurde. Gestern wurde in den Hafendocks die Leiche eines Säuglings in einer Mülltonne gefunden. Wenn Säuglinge in Blechdosen gesteckt, sozusagen ›für den Export‹ hergerichtet werden, als handle es sich um Austern, Shrimps, grüne Schildkröten oder Sülze, ist es an der Zeit, seine Stimme zu erheben und zu protestieren.«[35]

Schon bald hatte Bierce einige bissige und wenig schmeichelhafte Spitznamen erworben: der Schurke mit den rotbraunen Haaren, der Diabolische Bierce, der Lachende Teufel und, worauf er besonders stolz war, der Boshafteste Mann von San

Francisco. Letzterer wurde so bekannt, daß 1871 ein Reporter des ›San Francisco Call‹, der Bierce anläßlich eines Schau-Stierkampfs in San Rafael interviewte, seinen Lesern mitteilte, *the Wickedest Man* hätte die Veranstaltung »als reine Farce« empfunden; »nicht eine Leiche zum Ausstopfen, nicht einmal die eines Ochsen«. Dem Zitat nach zu urteilen, spielte Bierce die Rolle des stadtbekannten Bösewichts mittlerweile mit Bravour. Allerdings gab er sich auch alle Mühe, für jeden etwas Verletzendes zu finden. Neben Religion, Verbrechen und Politik erweiterte er die Palette seines Spotts um so ausgewiesene gesellschaftliche Heiligtümer wie Babys, Mütter, Weihnachten, den 4. Juli (»die alljährliche Zurschaustellung nationalen Schwachsinns«), die Society of California Pioneers, Senioren, Baseball, Hunde und das vielbewunderte Bild des Yosemite Valley aus der Hand des Malers Albert Bierstadt, dessen Vernichtung bei einem Brand Bierce mit Freuden vermeldete: »Dieses Gemälde«, klagte Bierce, »hat weit mehr unangenehmes Volk nach Kalifornien gelockt als die verschwörerische Bande unserer Hoteliers je aufzuholen vermag. Es erfüllt uns mit tiefer Zufriedenheit, daß der Hauptgrund für den Zuzug nach Kalifornien einen vernichtenden Schlag erlitten hat.« Selbst Frauenrechtlerinnen wie Susan B. Anthony, der er in einer früheren Kolumne für den ›Californian‹ Lob gespendet hatte, wurden nun scharf attackiert: »Die Frau mit dem markanten Bauklotzprofil, Miss Susan B. Anthony«, schrieb er wenig galant, »behauptete in ihrem gestrigen Vortrag, daß in Boston zehntausend Frauen ihren Lebensunterhalt als Schuhmacherinnen verdienen. In dem Fall mag Boston sich rühmen, zumindest über zehntausend bessere und nützlichere Frauen zu verfügen als dieses zänkische Mannweib, selbst wenn es ein eher blasser Ruhm ist.«[36]

Auch die Journalistenzunft blieb nicht verschont: »Wir möchten in aller Deutlichkeit klarstellen«, donnerte er, »daß wir die Presse dieses Landes zutiefst verachten und von ihr mit heiligem Zorn gehaßt werden. Wir empfinden keine Skrupel, die Zeitungen und ihre Herausgeber böse zu attackieren, und kein Bedauern, im Gegenzug gemein diffamiert zu werden.« Bei einer anderen Gelegenheit forderte er, »die widerliche Brut der Schleimer und Speichellecker mit Stumpf und Stiel auszurotten«, und fügte hinzu: »Mit Stolz bekennen wir, daß uns mit dem gewöhnlichen Esel San Franciscos mehr verbindet als mit dem gewöhnlichen Journalisten dieser Stadt. Ein Esel leckt seinem Herrn nicht die Füße. Und er läßt sich von seinem Besitzer auch nicht an der Leine herumführen, weil er dies für eine Schmach hält. Kein Esel würde Derartiges je tun, aber viele Journalisten in San Francisco haben es getan und tun es auch heute noch.« Selbst der unanstößige Mark Twain, den Bierce zu der Zeit kaum kannte, fiel dem Spott des »Town Crier« zum Opfer: »Mark Twain, dem bislang ein tadelloser Charakter zu bescheinigen war, sofern er sich einmal lange genug nüchtern zeigte, um ein solches Urteil zu erlauben, hat geheiratet«, schrieb Bierce 1870. »Es war nicht die Tat eines verzweifelten Mannes, und sie wurde auch nicht in einem Anfall von Wahn begangen – sein Wahn ist von einer anderen Sorte. Es war die kühle, methodische, kumulative Kulmination natürlicher Triebe, die sich in der Brust eines Waisenknaben regten und sich nach einem Menschen mit Reichtümern zum Liebhaben sehnten – einem Menschen mit einem Bankkonto zum Liebkosen.« Kurz darauf setzte Bierce seinen Bericht über die Twain-Ehe fort: »Meldungen zufolge wird Mark Twain, im siebten Himmel schwebend, keine Lesungen mehr geben. Das hätten wir von Mark nicht erwartet; wir sind davon ausgegangen, er werde nach seiner Hochzeit mit einem reichen jungen Ding Anstand genug besitzen, zumindest für ein oder zwei Jahre den Anschein von Arbeit aufrechtzuerhalten. Aber wie es scheint, hat seine angeborene Faulheit über sein Taktgefühl gesiegt und er hat sich mit der dumpfen Gleichgültigkeit eines Schweins in der Jauchegrube seinem natürlichen Laster ergeben.« Und die dritte Fortsetzung: »Mark Twains Schwiegervater ist gestorben und hat der jungen Braut eine viertel Million Dollar hinterlassen. Vor einigen Monaten hatten wir zu Marks Hochzeit einige Zweifel an der Schicklichkeit des Unternehmens angemeldet. Diese Zweifel sind nun durch den Tod ausgeräumt.«[37]

Trotz seiner fortgesetzten Beschimpfungen kam es überraschenderweise nur ein einziges Mal zu einer Verleumdungsklage gegen Bierce, die 1871 durch den Drucker und Herausgeber George T. Russell angestrengt wurde. Russell hatte Bierces Unmut auf sich gezogen, als er den ›News Letter‹ in der Theaterzeitschrift ›Figaro‹ kritisierte, deren vorübergehender Eigentümer er war. Er entschädigte sich für seine finanziellen Verluste, indem er erneut der Druckergewerkschaft beitrat und eine Stelle beim ›Morning Call‹ annahm. Genau einen Tag später gingen die Drucker des Blattes in Streik, ein mehr als ungewöhnlicher Zufall, den Bierce als ausgemachten Betrug betrachtete. Für sein Überlaufen wurde Russell mit einer Bierceschen Generalabfertigung bedacht, die selbst gemessen an den rauhen Sitten der Zeit ein eklatantes Beispiel von Rufmord bedeutete, oder, wie Bierce es sah, von Selbstverteidigung. Man muß sich die inkriminierende Passage im ›News Letter‹ vom 23. April 1870 in voller Länge auf der Zunge zergehen lassen, um ihre vernichtende Wirkung nachzuvollziehen: »Der hohlköpfige Einfaltspinsel, der für einige Monate als Herausgeber einer Theaterzeitschrift in dieser Stadt dilettierte, hat von so vielen Gentlemen, deren Weg zu kreuzen er die Verwegenheit besaß, Prügel bezogen, daß er sich gedrängt fühlte, sich den Luxus des schmerzfreien Stillsitzens zu erkaufen, indem er seine Anteile veräußerte. Diese lächerliche Fleischwerdung konzentrierter Geistesarmut, die, als eine wundersame Demonstration der krankhaften Boshaftigkeit von Mutter Natur, einer protestierenden Welt als ein Musterexemplar der menschlichen Spezies aufgezwungen wurde, schlug sich als anständiger Drucker durch, bis ihm sein Spiegel den versteckten Affen zeigte, dem er umgehend in Aussehen und Tat nachzueifern suchte. Seine kurze, aber brillante Karriere zeigt einmal mehr die Torheit, mit einem Spatzenhirn die Rolle eines Gentleman spielen zu wollen. Sollte immer noch nicht deutlich geworden sein, daß wir von George T. Russell sprechen, geben wir den Versuch, einen Holzkopf mit den einfachen Mitteln der feinsinnigen Anspielung beschreiben zu wollen, verzweifelt auf.«[38]

In nachfolgenden Kolumnen beschrieb Bierce den hoffnungslos unterlegenen Russell abwechselnd als »einstigen Besitzer der ›Figaro‹-Dreckschleuder«, »herumstreunenden Lügner einer Wildwest-Klamotte«, »einen begnadeten Kriecher«, »dieser Judas«, »ein verabscheuungswürdiges Subjekt«, »die nimmermüde

Schmeißfliege«, »das lahme Hühnchen« und – aus Bierces Sicht der übelste Vorwurf – »ein George T. Russell«. Letzterem folgte der vernichtende Zusatz: »Sollte uns ein zuvorkommender Gentleman eine noch verächtlichere Bezeichnung zur Verfügung stellen können, oder eine, die den Verdiensten des Betreffenden noch gerechter wird, werden wir nicht zögern, unsere Seite auch damit zu beschmutzen.« Nachdem Russell den Fehler begangen und Freunden gegenüber geprahlt hatte, er habe Bierce höchstpersönlich in seinem Büro aufgesucht und von ihm das Versprechen erzwungen, seine Attacken einzustellen, feuerte Bierce mit seiner eigenen Version der Geschichte zurück. »Die Fakten sind folgende«, schrieb er. »Mr. Russell suchte dieses Büro auf und faselte etwas von Verleumdungen und seiner besonderen Abneigung für Dinge dieser Art. Der Chefredakteur war unterdessen zu sehr darin vertieft, im Beisein von Mr. Russell eine Schmeißfliege zu zerpflücken, um den Einlassungen des letzteren mit Verstand folgen zu können. Anschließend wurde Mr. Russell höflichst aufgefordert, sich vor die Tür zu begeben, unter der Zusicherung, in der kommenden Ausgabe dieser Zeitschrift knusprig braun geröstet zu werden. Beim Verlassen des Büros fühlte sich der Chefredakteur durch seine Haltung so sehr an das würdige Betragen eines durchgeprügelten Spaniels erinnert, daß es ihm angebracht schien, unserem Hund Jack kräftig die Rute zu geben, über diese genußvolle Tätigkeit ganz die dem anderen Hundchen zugedachten Peitschenhiebe vergessend. Wir hoffen, mit diesem Absatz hinreichend Abbitte für unser leidiges Versäumnis geleistet zu haben.«[39]

Russell verklagte Marriott als Besitzer des ›News Letter‹ auf fünfzehntausend Dollar Schadensersatz und forderte noch einmal die gleiche Summe vom ›San Francisco Chronicle‹, der Bierces Kolumne übernommen hatte. Das Geschworenengericht wies eine Anklage ab, und auch im anschließenden Zivilprozeß wurde gegen den Kläger beschieden. Zuletzt zog Russell seine Klage zurück, nachdem Bierce zuvor mit Genugtuung vermerkt hatte, »einige seiner gewähltesten Aussprüche sind stehende Redensarten geworden«. Dabei, erklärte Bierce, hätte es ihn »nicht weniger zufrieden gestimmt, wenn Mr. Russell den Gerichtssaal als unbescholtener Gentleman verlassen hätte, anstatt ihn als ›herumstreunenden Lügner‹ und ›begnadeten Kriecher‹ gebrandmarkt hinausschleichen zu sehen; obwohl er stolz darauf sein darf, das Schmähvokabular der Menschheit um diese klangvollen, anregenden und ausdrucksstarken Begriffe bereichert zu haben.«[40]

Im Januar 1871 unterbrach Bierce vorübergehend seine selbstgewählte Aufgabe der Wortschatzerweiterung, um eine Serie von fünf lose miteinander verknüpften Essays für Bret Hartes ›Overland Monthly‹ zu schreiben. Das ›Overland‹ galt mittlerweile als die beste Zeitschrift des Westens, wenn nicht gar des ganzen Landes. Vom angestammten Herausgeberrecht Gebrauch machend, hatte Harte selbst – für das Vierfache des üblichen Beitragshonorars von fünfundzwanzig Dollar – einige Kurzgeschichten veröffentlicht, darunter Klassiker wie »The Luck of Roaring Camp«, »The Outcasts of Poker Flat« und »Tennessee's Partner« sowie das humoristische Gedicht »Plain Language from Truthful James«, das ihn unter seinem späteren Titel »The Heathen Chinese« weltberühmt machte. Am Erfolg des Gedichts sah auch Bierce sich beteiligt. Seiner Auskunft nach hatte Harte das Gedicht nicht im ›Overland‹ drucken wollen, sondern an den ›News Letter‹ geschickt. Erst nachdem Bierce ihn hartnäckig gedrängt hatte, war es schließlich doch in Hartes eigener Zeitschrift erschienen, wo es rasch entdeckt wurde und um die ganze Welt ging. Bierce war Harte zuerst im Bundesmünzamt begegnet, wo Harte als Sekretär der Direktion ein einträgliches Amt innehatte. Im Gegensatz zur landläufigen Meinung der literarischen Zirkel San Franciscos, von den zahllosen Schneidern ganz zu schweigen, die Harte durch unbezahlte Rechnungen in den Ruin getrieben hatte, stand Bierce sich gut mit dem Herausgeber des ›Overland‹. Im Jahr zuvor hatte er für ihn Partei ergriffen, als die Herausgeber des ›Call‹ und des ›Examiner‹ Einspruch gegen die Absicht der University of California erhoben hatten, Harte zum Ehrenprofessor für Gegenwartsliteratur zu berufen.[41]

Jetzt revanchierte sich Harte für den Gefallen, indem er die für Bierce ungewohnt ernsten und gedankenschweren Essays über Selbstbewußtsein und Konformismus, Glaube und Vernunft, Kunst und Altruismus sowie Krieg und Frieden annahm. Die von Bierce mit »Ursus« unterzeichneten und von Harte mit der Überschrift »Grizzly Papers« versehenen Artikel glänzen mehr durch Angabe als durch eigenes Nachdenken, da Bierce ausgiebig schwergewichtige Denker wie John Stuart Mill, Samuel Taylor, Francis Bacon, John Ruskin, Empedokles, Voltaire und Platon zu Wort kommen läßt. Im Gegensatz zum brachialen Humor des ›News Letter‹ zeichnen sich die Beiträge für das ›Overland‹ durch einen subtilen Zynismus aus, was zum Teil darin begründet liegt, daß die behandelten Themen gehaltvoller sind als der alltägliche Sensationsjournalismus, dem Bierce sich als »Town Crier« widmete. Ein so ätherisches Thema wie der Lehrcharakter der Kunst eignet sich zweifellos eher für feinsinnige Überlegungen als beispielsweise der jüngste Fall eines Stadtstreichers mit eingeschlagenem Schädel. Trotz der Ehrbarkeit der Themen ist in den Essays ein unverkennbar menschenverachtender Zug spürbar. Altruistische Handlungen verachtete Bierce als leere Gesten, begangen von selbstsüchtigen Individuen, die damit ungeachtet der wahren Nöte der Bedürftigen nur sich selbst gefallen wollen. »Wer einem Verhungernden begegnet, sollte nicht zögern, ihm seinen Schirm zu leihen«, spöttelte er. »Das ist rechtes Handeln.« Auch darf man für seine Gefälligkeit keine Gegenleistung erwarten. »Es gibt keinen schlimmeren Irrglauben, als daß eine gute Tat zurückgezahlt werden sollte. Eine Gefälligkeit zu vergelten, heißt sie zum Tauschhandel zu erniedrigen.« In allen Dingen muß man sein eigener Herr bleiben. »Ein Mensch mit sicherem Tritt, kräftigen Beinen, geradem Rückgrat und Gleichgewichtssinn hat keinen vernünftigen Grund, nicht auch ohne fremde Hilfe zu stehen«, behauptete Bierce. »Ein Mensch aus geradem Holz braucht nicht die Stütze der anderen: Er ist sich selbst genug. Es ist der Fluch unserer Zivilisation, daß der ›Verband‹ die kleinste Einheit bildet und das Individuum in der Masse untergeht.«[42]

Diese existentialistische Philosophie leitete über zum Thema Krieg, den Bierce als nur allzu beliebten menschlichen Zeitvertreib betrachtete. Obwohl er dem Gemeinplatz zustimmte, demzufolge der Krieg »dem Ehrgeiz der Wenigen und der Langmut der Vielen entspringt... besteht die schlichte Tatsache, daß der

Durchschnittsmensch eine diabolische Freude – oder, was eng damit zusammenhängt, eine tiefe Genugtuung – daran empfindet, seinen Nächsten zu töten«. Vielleicht ist der Krieg sogar »die einzige Sache, die in der Brust des gewöhnlichen Menschen wahrhaft aufrichtige Leidenschaft zu entfachen vermag«. Mit grimmiger Häme stellt Bierce fest, daß die vergangenen zwei Jahrzehnte »durch ein ungewohnt reges Abschlachten gekennzeichnet waren, wie um jene Bibel-Exegeten nachdrücklich Lügen zu strafen, die die Geburt des Millenniums für genau diese Zeit voraussahen«. Während »dem armseligen Irren, der glaubt, der menschliche Fortschritt nähere sich durch den Zuwachs brüderlicher Liebe in halbwegs erträglichem Tempo einem halbwegs erträglichen Zustand menschlicher Unvollkommenheit, die Ereignisse der jüngsten Vergangenheit ausgesprochen widersinnig, wenn nicht gar durch und durch aberwitzig erscheinen müssen. Versucht uns diese ehrenwerte Person doch seit Jahr und Tag einzureden, Löwe und Lamm lägen in Kürze friedlich beieinander, ohne daß letzteres sich zuvor nach herkömmlichem Brauch im Bauch des ersteren einzufinden hätte.«[43]

Ließen die »Grizzly Papers« auch den bodenständigen Humor der »Town Crier«-Kolumne vermissen, so machten sie Bierce einem breiten und gebildeteren Publikum bekannt. Zudem ebneten sie den Weg für die Veröffentlichung seines ersten literarischen Textes, der Kurzgeschichte »Das Spuktal«, die im Juli 1871 im ›Overland‹ erschien. Entgegen einem weitverbreiteten Mißverständnis wurde die Geschichte nicht von Harte, sondern von dessen Nachfolger William C. Bartlett angenommen, nachdem Harte im Februar 1871 Kalifornien verlassen hatte, um für das ›Atlantic Monthly‹ zu schreiben – künstlerisch gesehen eine falsche Entscheidung, da sie Harte seiner treuesten und verständigsten Leserschaft beraubte. (Mark Twain jedenfalls war fest davon überzeugt, der Zug, mit dem Harte in diesem Winter nach Osten rollte, hätte ebensogut seinen Sarg transportieren können, da »er den Teil seines Lebens, der lebenswert war, hinter sich hatte«.) Trotz Hartes Abwesenheit ist »Das Spuktal« eng seinen spannungsreichen Geschichten im Umfeld der Grenzer und Goldjäger nachempfunden. In ihr besucht ein junger Mann aus dem Osten die »hermaphroditische Behausung, halb Residenz und halb Kneipe«, eines zwielichtigen Schankwirts namens Whiskey Jo Dunfer. Dort hört er von Dunfer die unglaubliche Geschichte, derzufolge Dunfer seinen chinesischen Diener Ah Wee offenbar allein deshalb ermordet hat, weil dieser sich beim Bäumefällen dumm angestellt hatte. Nachdem Dunfer durch seinen Gehilfen Gopher, der ihn durch ein Astloch in seiner Hütte anstarrt, zu Tode erschreckt wird, reitet der Mann aus dem Osten weiter und gelangt schließlich ins Spuktal, wo er im Gras versteckt Ah Wees einsames Grab entdeckt. Der Grabstein trägt die merkwürdige Inschrift: »Ah Wee – Chinamann./Alter unbekannt. Arbeitete für Jo. Dunfer./Von dem ist dies Denkmal errichtet, um die Erinnerung an den Chink zu bewahren./Auch als Warnung an Himmelssöhne/sich nichts rauszunehmen. Hol alle der Teufel!/Sie war ein Pfundskerl.« Verwirrt stellt der Mann aus dem Osten fest, daß der Grabstein nur das Werk eines Menschen sein konnte, »der mindestens ebenso ein Verrückter wie ein trauernd Hinterbliebener gewesen sein muß«.[44]

Als der Mann vier Jahre später in das Tal zurückkehrt, wird er von einem »seltsamen kleinen Mann« mitgenommen, der sich als Dunfers Gehilfe Gopher entpuppt. Gopher erzählt ihm, Dunfer sei nun auch tot und »liegt neben Ah Wee am Ende von der Schlucht«. Wie Gopher weiter erklärt, habe Dunfer Ah Wee mit einer Axt getötet, nachdem er seine beiden Gehilfen gemeinsam im Gras liegend entdeckte, wobei Gopher nur eine Tarantula aus Ah Wees Ärmel zu ziehen versuchte. »Wie er sieht, daß die Spinne sich an meinem Finger festmacht, kapiert er, zu was für nem Esel er sich gemacht hat«, erinnert sich Gopher. »Er schmeißt die Axt weg un fällt auf die Knie, neben Ah Wee, der noch mal eben strampelt un die Augen aufmacht – Augen hatte er wie meine.« Gopher sagt, Dunfer sei, kurz nachdem er ihn beim ersten Besuch des Mannes durch das Astloch angestarrt habe, gestorben. Als er den Besucher dann auch noch beschuldigt, Dunfer vergiftet zu haben, erkennt der Mann aus dem Osten Gophers verwirrten Geisteszustand. »Und seit wann sind Sie wahnsinnig?« fragt er. Gopher antwortet, er habe den Verstand verloren, »als das Riesenvieh die Frau umgebracht hat, die ihn mehr geliebt hat als mich! – Un ich bin ihr von San

Francisco gefolgt, wo er sie beim Poker gewonnen hat! – Un ich hab jahrelang auf sie aufgepaßt, wie der Schuft, dem sie gehört, sich schämt, sich zu ihr zu bekennen un sie anständig zu behandeln! – Un ich hab wegen ihr sein verdammtes Geheimnis gehütet, bis es ihn aufgefressen hat!«[45]

»Das Spuktal« ist fraglos eine merkwürdige Geschichte. Dem Erzählaufbau nach ist es eine der üblichen Western Stories: Ein junger, unerfahrener Grünschnabel trifft auf bizarre und gefährliche Grenzer, von denen er etwas über das wahre Leben im Wilden Westen erfährt. Auf einer anderen Ebene jedoch scheint es in der Geschichte um ganz etwas anderes zu gehen, nämlich um Homosexualität (oder der Angst vor Homosexualität). Die Hinwendung zum eigenen Geschlecht war in den Goldgräberlagern, wo ein akuter Frauenmangel herrschte, nicht unüblich, und Bierce mußte zweifellos von solchen verbotenen Praktiken gehört haben. Das stereotype Bild des Chinesen zu jener Zeit – grazile Statur, überaus gepflegt und höflich, bekleidet mit der asiatischen Pumphose und Sandalen sowie die Haare zum Pferdeschwanz gebunden – zeichnete ihn als sexuell ambivalente Figur aus, wie auch die Geschichte Ah Wees geschlechtliche Identität im Ungewissen läßt, indem er zuerst als Mann, dann als Frau auftritt und zudem mit dem gleichfalls zwittrigen Gopher verglichen wird – »Augen hatte er wie meine«. Darüber hinaus finden sich im Text zahlreiche weitere Hinweise; Dunfers »hermaphroditische Behausung«; Gophers dreimal wiederholte Beschreibung als »seltsamer kleiner Mann«; Ah Wees Charakterisierung als »Heide« und »der perverseste Schuft außerhalb von San Francisco« mit den »verdammtesten Augen in dieser Waldkante«. Der Mord selbst erscheint als die Tat eines eifersüchtigen Liebhabers – Gopher sagt ausdrücklich: »Whiskey war eifersüchtig auf mich«, und fügt noch hinzu, Dunfer »hat ne Menge von dem *chink* gehalten; keiner außer mir hat gewußt, wie vernarrt er in den war«.[46]

Auch der Mann aus dem Osten bleibt nicht unberührt von der Widernatürlichkeit des Spuktals. Als er Gopher begegnet, traktiert dieser seinen Ochsen mit einem langen Stock, »der weder erblühte noch sich in eine Schlange verwandelte, wie ich fast erwartet hatte«. Zeitweilig scheint Gopher sogar mit dem jungen Mann zu flirten: »Der arme Teufel blähte sich tatsächlich wie ein Truthahn und tat, als müsse er eine imaginäre Krawatte zurechtrücken; die Wirkung beobachtete er in seiner Handfläche, die er als Spiegel vor sich hielt. Er warf sich in eine spöttische Pose beflissener Grazie und zupfte Verwerfungen aus seiner abgewetzten Weste.« Interessanterweise reagiert der junge Mann auf Gopher und seine Geschichte durchaus widersprüchlich: »Ich bildete mir ein, unter seinem absonderlichen Gehabe etwas von Mannhaftigkeit, beinahe von Würde entdekken zu können. Aber noch während ich ihn anschaute, kroch sein altes Wesen, so kaum merkbar unmenschlich, so aufreizend vertraut, wieder in seine großen abstoßenden und anziehenden Augen.« Zuletzt verläßt der junge Mann das Tal und seine verrückten Bewohner mit dem deutlichen Gefühl der Erleichterung, einem drohenden Unheil wie etwa der Begegnung mit Dunfers Gespenst entronnen zu sein, vor der Gopher sich zu Tode fürchtet.[47]

Jahre später definierte Bierce in *Des Teufels Wörterbuch* den Begriff Gespenst als »äußeres, sichtbares Zeichen einer inneren Furcht«. Ohne andeuten zu wollen, Bierce sei anderes als heterosexuell gewesen, scheint es dennoch offensichtlich, daß seine erste veröffentlichte Kurzgeschichte zahlreiche Hinweise auf ein inneres Unbehagen aufweist. Bierce, selbst aus dem Osten stammend, hatte sich zweifellos in einer Stadt niedergelassen, die wie das Spuktal nur wenige Tabus kannte, sexuelle und sonstige. Darüber hinaus war Bierce mit seinen ausgefallenen Vorlieben, seiner eleganten Kleidung und seinem beinahe femininen Äußeren selbst eine sexuell ambivalente Gestalt. Einer seiner engsten Freunde, Charles Warren Stoddard, war ein bekannter Homosexueller – »So ein nettes Mädchen«, hatte Mark Twain einmal gespöttelt –, und in »Das Spuktal« scheint Bierce, wenn auch nicht offen, so doch deutlich genug, zu beteuern, daß er einem ähnlichen Schicksal nur knapp entgangen ist.[48]

Ein Zwischenfall aus späterer Zeit scheint die Unsicherheit über seine sexuelle Ausrichtung noch zu unterstreichen. Wie durch seinen Freund und Herausgeber Walter Neale überliefert, ging Bierce einmal mit einem Revolver bewaffnet zum Haus eines Mannes, der ihn als homosexuell bezeichnet hatte, konnte aber im letzten Moment von einem Bekannten zurückgehalten werden, der ihm erklärte, der Betreffende sei ein ans Bett gefesselter Krüppel. Neale, der Bierce sehr gut kannte und den Vorwurf als »unverschämte Lüge« abtat, kam der Sache wohl am nächsten, als er bemerkte, »das Thema sexueller Anomalie hat ihn zweifellos genauso fasziniert wie alle pathologischen Verirrungen«. Aber, fügte er hinzu, »niemand, der Bierce kannte, hätte ihm je eine widernatürliche sexuelle Handlung unterstellt«.[49]

Wie auch immer, im Sommer 1871 wählte Bierce den offensichtlichsten Weg, seine Maskulinität unter Beweis zu stellen. Zur Überraschung seiner Freunde und Verwirrung seiner Feinde verliebte sich der notorisch misogyne und griesgrämige »Town Crier« in eine Schönheit der Bay Area, die, was nicht weniger verwunderlich war, die gleiche Leidenschaft für ihn empfand. Die betreffende Dame hieß Mary Ellen »Mollie« Day und war die attraktive, lebhafte, dunkelhaarige Tochter eines reichen Grubenbesitzers und dessen gesellschaftlich ambitionierter Frau. Zumindest für eine gewisse Zeit schien ihr gänzlich unspektakuläres junges Glück, einschließlich Segelausflügen, Konzertbesuchen, Bällen, Kartenspielen, Lesungen und Picknicks, beiden gleichermaßen ein neues, unbeschwertes Leben zu verheißen. Andererseits allerdings handelte es sich hier um den gleichen Mann, der wenige Monate zuvor in einer Zeitungsglosse geschrieben hatte: »Der ›Town Crier‹ hegt nicht die Hoffnung, je die unergründlichen Geheimnisse des weiblichen Geschlechts entschlüsseln zu können. Er weiß, daß die weiblichen Exemplare unserer Spezies anmutig und lebensfroh und unschuldig und rein und heilig sind; und daß sie zu Teuflinnen werden, sobald sich die erste Gelegenheit dazu bietet. Dennoch ist es eine Freude, sie zu küssen, wenn man gerade nichts Besseres zu tun hat.« Wann auch immer es zum ersten Kuß des Paares kam, er sollte für das zukünftige Glück der beiden nicht weniger fatale Folgen haben als jener verhängnisvolle erste Kuß im Garten Eden.[50]

7

Ein besseres Land

Es gehört zu den Kuriosa der Literaturgeschichte, daß die einzigen bedeutenden amerikanischen Autoren, die am Bürgerkrieg teilgenommen und später darüber geschrieben haben, Ambrose Bierce und Sidney Lanier, beide Frauen mit Namen Mary Day heirateten. Beide waren jedoch eher unter ihrem Spitznamen bekannt: die aus Georgia stammende Macon Mary Day wurde nach Südstaatenart kurz »May-day« gerufen, während Mary Ellen Day aus San Francisco überall »Mollie« hieß. Beide waren schlanke, attraktive, dunkelhaarige junge Frauen, die Klavier spielten (wobei die in New York ausgebildete Mayday die Talentiertere war), einen für sich einnehmenden, offenen Charakter besaßen und in ihren Kreisen gleichermaßen als gute Partie galten. Beide heirateten, mit jeweils unterschiedlich schmerzlichen Folgen, begabte, aber schwierige Kriegsveteranen, die die unauslöschlichen Narben der großen nationalen Katastrophe für den Rest ihres Lebens mit sich herumtrugen und später tapfer – und oft auch unbequem – darüber schrieben. (Es ist nicht bekannt, ob Bierce je Laniers frühen Roman *Tiger-Lilies* gelesen hat, dessen bildhafte Beschreibung einzelner Kampfszenen er sicherlich genossen hätte, auch wenn er bei der ängstlichen Frage des Helden: »Wie kann Gottes Herz all dies zulassen?« vermutlich nur verächtlich geschnaubt hätte.) Damit enden die Parallelen aber auch schon. Den Berichten nach führten die Laniers eine glückliche Ehe, und ihr einziger schwerer Schicksalsschlag war Sidneys Tuberkuloseerkrankung, die er sich in einem Gefangenenlager im Norden zugezogen hatte und die ihn zwang, zum Wohl seiner zeitlebens angegriffenen Gesundheit lange Zeit von Frau und Kindern getrennt zu leben.

Die Sorgen der Eheleute Bierce waren weit weniger offensichtlich, da Ambroses innere und äußere Verletzungen dem oberflächlichen Betrachter weniger auffallen mochten, trotz ihrer Verborgenheit aber im Endeffekt nicht weniger desaströse Folgen hatten.[1]

Mollie Day war in der Blüte ihrer jungen Jahre eine hübsche Frau mit schwarzen Haaren, die das genaue Gegenstück zu den blonden Haaren ihres neuen Verehrers bildeten. Ob sie nun »ausgesprochen schön« war, wie Bierce-Biograph Carey McWilliams versichert, oder bloß »attraktiver als der Durchschnitt«, wie Richard J. O'Connor glaubt, ist wie immer eine Frage des individuellen Geschmacks. Die bekannteste Fotografie von ihr zeigt eine junge Dame mit klaren dunklen Augen, kräftigen geraden Brauen, vollem schwarzgelocktem Haar, einer eher länglichen Nase und einem ironischen Lächeln. Bekleidet mit einer Seemannsbluse, gekräuseltem Halstuch und weitem Rock erscheint sie – abgesehen von der Augenpartie – wie eine typische junge Frau zur Blütezeit des Viktorianismus. Der auf den Betrachter gerichtete Blick verrät ein offenes und humorvolles Wesen, Eigenschaften, die sie in den kommenden Jahren brauchen würde. Charakterlich scheint sie eher die Eigenschaften des Vaters geerbt zu haben, ein Mann von hohem gesellschaftlichen Ansehen. Hauptmann Holland Hines Day (wie Bierces Titularmajor ein Ehrentitel) war Anfang der fünfziger Jahre von Illinois aus in den Westen aufgebrochen, um sein Glück als Bergbauingenieur zu versuchen. Er hatte als Aufseher verschiedener Minen in Kalifornien und Nevada gearbeitet, bevor er mit der Tintic-Mine in der Nähe von Salt Lake City zu Reichtum gelangte. Day war Vater eines Sohnes, James, und einer Tochter, die in der Obhut der Mutter aufwuchsen, während er die meiste Zeit die Geschäfte seiner Goldgrube im Mormonenland überwachte. Zumindest einmal war er, letztendlich aber ohne Erfolg, für ein Senatorenamt im Gespräch gewesen. Vermutlich zeigte der Hauptmann zu wenig Interesse, oder aber er war nicht gewillt, die nötigen Schmiergelder zum Erwerb des begehrten Amtes zu bezahlen. So blieb er beim Bergbau, während Bierce, der äußerst sparsam mit Komplimenten umzugehen pflegte, ihn nur »the Grand Old Man« nannte.[2]

Mrs. Day war von ganz anderem Schlag. Als geborene New Yorkerin, deren Wurzeln bis zu den holländischen Gründungsvätern reichten, besaß Mollies Mutter im Gegensatz zu ihrem Mann großen gesellschaftlichen Ehrgeiz. Sie sorgte dafür, daß ihre Kinder nach den Regeln der feinen Gesellschaft erzogen wurden, was bei dem eingebildeten James bestens gelang, während Mollie sich trotz Musik- und Tanzunterricht und ihrer Erziehung zur Gesellschaftsdame wenig empfänglich zeigte. Als die Familie (ohne den wie üblich anderweitig beschäftigten Vater) 1871 zur alljährlichen Sommerfrische in San Rafael – im Marin County auf der anderen Seite der Bucht – aufbrach, stand Mollies Sinn nach mehr als den Trauben junger Männer mit Strohhüten und Flanellanzügen, die sich vor den Yachten des Lotus Club drängten. In der Begegnung mit dem »boshaftesten Mann von San Francisco« sollten sich ihre Wünsche mehr als erfüllen.[3]

Ihre Mutter war von Beginn an gegen die Verbindung, wie aus einer Notiz in Bierces »Town Crier«-Kolumne klar hervorgeht: »Mollie, sagen Sie Ihrer Mutter, sie soll auch weiterhin nichts unversucht lassen, unsere gegenseitige Korrespondenz zu verhindern. Es könnte sein, daß sie recht hat.« Letztendlich hatte die alte Dame recht, auch wenn es zu diesem Zeitpunkt niemand ahnen konnte, am allerwenigsten die auserkorene junge Frau, die sich mehr und mehr zu dem attraktiven Kriegsveteran und gegenwärtigen Zeitungskolumnisten hingezogen fühlte. Die Tatsache, daß er nicht zur gehobenen Gesellschaft gehörte, machte weder Mollie noch ihrem auf Etikette wenig bedachten Vater etwas aus. Bierce seinerseits spielte die Rolle des klassischen Verehrers mit Bravour, indem er Mollie zu den damaligen gesellschaftlichen Großereignissen wie die Sharon Reception oder den Calico Ball ausführte, sie zu Kahnpartien, langen Spaziergängen um die Bucht und Tagesausflügen einlud oder mit ihr die Muscheln in Woodward's Gardens bestaunte. Vorübergehend vergaß er sogar seine lebenslange Abneigung gegen Gesellschaftsspiele und organisierte Kartenrunden mit Mollie, Charles Warren Stoddard und der unangefochtenen Königin der Literaturszene in San Francisco, Ina Coolbrith, die er kurz zuvor kennengelernt hatte. Außerdem rang er sich dazu durch, Mollies Fingerübungen auf dem Klavier zuzuhören, zeitweilig seinen Haß auf das Instrument vergessend, das er später als »Gerät zur Unterwerfung aufdringlicher Besucher« definierte. Wenn die rückblickend aufgestellte Behauptung des Bierce-Protegés Adolph Danziger stimmen sollte, daß Bierce »weit weniger in sie vernarrt war als sie in ihn« – was angesichts unserer Kenntnis von Bierces Charakter nur allzu plausibel erscheint –, so war die unterstellte ungleiche Verteilung der Leidenschaft zu jenem Zeitpunkt nicht auszumachen. Die Liebe des Paares schien und war offenkundig, was immer dies auch für die beteiligten Personen bedeuten mochte. Es würde noch einige Jahre dauern, bis Bierce seine eigene Definition des Wortes aufstellte, die wenig mit Strandfreuden und Picknicks zu tun hatte: »LIEBE, *die* – Zeitweiliger Wahnsinn, heilbar durch Heirat.«[4]

Die gemeinsame Kur traten beide am ersten Weihnachtstag 1871 an, ein eher ungewöhnliches Datum, da Bierce dieser Feiertag zeitlebens verhaßt war. Nicht weniger merkwürdig war, daß die Feier ganz privat im Haus der Days in San Francisco stattfand; man hätte erwarten dürfen, daß der Hochzeit eines so prominenten Paares durchaus ein größerer gesellschaftlicher Rahmen angestanden hätte. Vielleicht lehnte Bierce eine kirchliche Trauung schlichtweg ab, obwohl er sich dem segnenden Beistand eines Pfarrers, Reverend Horatio Stebbins von der First Unitarian Church, nicht verweigerte, der nach dem ungewohnt milden Urteil des Bräutigams »ein besserer Prediger, ein aufgeschlossenerer Mensch, ein profunderer Theologe und überhaupt ein angenehmerer Umgang« war als jeder andere Bibelwälzer seiner Zunft. Hauptmann Day war von Utah angereist, seine Tochter in die Hände des Bräutigams zu geben, während Mrs. Day der Zeremonie zweifellos mit einem grimmigen Lächeln beiwohnte. Der Empfang fand im Haus eines alten Freundes des Hauptmanns, Sandy Bowers, statt, einem in Irland geborenen Grubenarbeiter, der es zu noch größerem Reichtum als Day gebracht hatte, obwohl er weder lesen noch schreiben konnte und deshalb über die Bücher in seiner Bibliothek Bilder der jeweiligen Autoren geklebt hatte, sollte er unerwartet einmal eins konsultieren wollen. Sein Haus beherbergte außerdem eine Reihe nackter italienischer Statuen, die zum Hochzeitsempfang züchtig in pinkfarbene Tücher gehüllt waren, um jede Anstößigkeit zu vermeiden. Am folgenden Tag schrieb der ›Daily Evening Bulletin‹: »Am 25. Dezember schlossen in unserer Stadt Ambrose G. Bierce und Mary E. Day unter den Augen von Rev. Horatio Stebbins den Bund der Ehe.« Seine eigene Version des Sakraments steuerte Bierce einige Jahre später bei: »Sie standen vor dem Altar und gaben sich aus eigener Hand/Das Feuer, das sie in der Hölle verband./Doch umsonst! – kein Gott je ein Wohlgefallen findet/An einem Opfer, das mit unheiliger Flamme entzündet.«[5]

Das Paar verbrachte die Flitterwochen in einer Hütte in San Rafael, von wo Bierce an Stoddard schrieb, sie verbrächten »himmlische Tage«. Die eigentliche Hochzeitsreise stand allerdings noch bevor: Hauptmann Day hatte den Frischvermählten eine Reise nach England geschenkt, die im Frühjahr beginnen sollte. In der Zwischenzeit wandte Bierce seine Aufmerksamkeit wieder dem ›News Letter‹ zu, in dem er seine Hochzeit durch ein vermeintliches Komitee von Frauenrechtlerinnen kommentieren ließ, die wie in einem Dickens-Roman die Namen Almira Faircheek, Miss Turntoes, Eliza Straitlaice, Jane Squinteye und Medora Sawnose trugen. Wie die ehrenwerten Damen bemerkten, war »der unverbesserliche Frauenhasser und Verleumder des Ehestandes, der ›Town Crier‹, in die Grube gefallen, die er sich selbst gegraben hat«. Zugleich brachten sie ihre schwesterliche Anteilnahme für »das Opfer des Traualtars« zum Ausdruck, dem die »schreckliche Aufgabe« zugefallen war, die »einzige unsterbliche Seele, die ein Leben lang mit dem Teufel Verstecken gespielt und noch jedesmal verloren hatte«, zu einem normalen Menschen zu erziehen. Und schließlich gaben sie zu verstehen, »daß der heroischen Frau, die sich auf dem Altar dieses Scheusals geopfert und seinem Wunsch nachgekommen ist, in die ehrbaren Kreise aufgenommen zu werden, die Sympathien unserer Gesellschaft und der ganzen Welt gehören«, verbunden mit der Hoffnung, »sie möge frühzeitig aus dem Fegefeuer dieser qualvollen Existenz erlöst werden und in den Hafen der Witwenschaft einlaufen«.[6]

In späteren Jahren äußerte Bierce sich weit weniger amüsiert über die Ehe. Seinem Freund und Herausgeber Walter Neale hielt er lange Vorträge über die religiöse und historische Bedeutung dieses Ritus. Nach Bierces Überzeugung, schrieb Neale, war die Ehe »eine der menschlichen Natur, wie sie sich in den letzten siebentausend Jahren dargestellt hat, zuwiderlaufende Einrichtung« und als solche dem Untergang geweiht. Die Wurzel des Problems lag für ihn darin, daß die Ehe ein künstlicher Vertrag sei, mit dem zwei eng zusammenhängende, gleichwohl aber nicht zu vereinbarende Ziele verfolgt wurden: den von Natur aus polygamen Mann in eine dauerhafte monogame Beziehung zu zwängen sowie eine moralische und religiöse Rechtfertigung für das zu finden, was Bierce markanterweise mit »die Sündhaftigkeit geschlechtlicher Liebe« umschrieb. Im Alten Testament, erzählte er Neale, »finden sich lauter Hinweise auf die Ehe, in denen die Verfasser der Heiligen Schrift ihren Ekel vor dieser Angelegenheit zum Ausdruck bringen. Aber da die Verbindung nun einmal unausweichlich schien, entwickelte sich eine ausschließlich der Ehe vorbehaltene Sprache mit zahllosen eigenen Wörtern und Redewendungen, die sie wie Zuckerguß um eine bittere Pille schmackhafter machen sollten. Wörter wie *Liebeswerben, Ehelichung, Flitterwochen* und *Geburt* werden heutzutage selbst in feiner Gesellschaft schamlos ausgesprochen. *Kopulation* ist selbstverständlich im Wörterbuch verzeichnet, auch wenn man es in Gesellschaft nicht in den Mund nimmt. Synonyme für dieses Wort hingegen – Ausdrücke, die selbst den anständigen kleinen Damen im Teenageralter geläufig sind –, werden von den Lexikographen ignoriert. Mögen diese Ausdrücke auch noch so unverfänglich sein, so bezeichnen sie nicht anders als *Ehelichung* eine ›unanständige Handlung‹; aber anders als beim Wort *Ehelichung* hat sich deren Anstößigkeit noch nicht durch häufigen Gebrauch abgeschliffen und ihre eigentliche Bedeutung vernebelt.«[7]

Für eine gesellschaftlich so fest verankerte Einrichtung wie die Ehe sind das ungewohnt harte Worte, in denen die calvinistische Stimme des Familiengründers Augustin Bierce ebenso nachklingt wie die des Reverend Mr. Stone aus Cornwall, Connecticut, der nicht nur das kindliche Wesen – und damit die spätere Ehe – von Bierces Eltern, Marcus und Laura, prägte, sondern in der Verlängerung der Familiengeschichte auch das Wesen ihres jüngsten Sohnes. Wie genau die frischgebackene Mrs. Bierce auf die überraschend prüden Ansichten ihres Gatten zur Sexualität reagierte, ist nicht bekannt. Angesichts der abschätzigen Meinung Bierces von den intellektuellen Fähigkeiten der Frau erscheint es ohnehin unwahrscheinlich, daß er Mollie seine tiefsten philosophischen Einsichten anvertraute – zumindest nicht in den ersten Tagen ihrer Ehe. Als Frau hingegen bestand sie offenbar auf sämtlichen unbegründeten Forderungen der Ehe. Die typische Braut, behauptete Bierce, »verlangt von ihrem Partner in alle Ewigkeit die gleiche Leidenschaft in Wort und Tat, die ihn in den verliebten Stunden der Flitterwochen beflügelten. Genauso großen Wert legt sie auf die Koseworte, Zärtlichkeiten und all die anderen albernen Nichtigkeiten ihres Verehrers aus der Zeit der Verlobung. Dabei sind ihre Ansprüche unmöglich zufriedenzustellen. Ihr Geliebter starb in der Hochzeitsnacht und ließ sich am nächsten Morgen nicht wieder zum Leben erwecken. Er war für immer verschieden. Nicht einmal die Erinnerung an sein närrisches Werben ging auf seinen Nachfolger, den Ehemann, über. Und so konnte der Gatte nicht einmal ahnen, wie er sich als Liebhaber aufgeführt hatte, da er es ablehnte, über so gänzlich absurde Spielchen zu spekulieren, auf die sein Vorgänger auf Freiersfüßen sich eingelassen hatte.«[8]

Dies sind zugegebenermaßen die Worte eines älteren, enttäuschten und vermutlich gereifteren Mannes, nicht die eines frischvermählten Neunundzwanzigjährigen, aber gemeinhin blieb Bierce zeitlebens seinen Ansichten treu. In einer Kritik zu Tolstojs *Kreutzer-Sonate* schrieb er 1890 über die Ehe: »Ich für meinen Teil weiß kein Heilmittel, noch glaube ich, daß ein solches gefunden werden kann. Es gehört zur Natur der schlimmeren Übel, unheilbar zu sein – eine Wahrheit, gegen die das armselige Menschengeschlecht instinktiv aufbegehrt und damit die allgemeine Not noch zusätzlich durch dummes Geschwätz und sinnlose Anstrengungen vermehrt. Die Art der Ehe, wie sie gegenwärtig besteht, wird auch in Zukunft bestehen, und ihre Sodomsäpfel werden mit der Zeit nicht reifer und süßer schmecken. Aber die Lüge, sie für saftig und wohlschmeckend zu erklären, ist schändlich. Man lehre die Jugend nicht Enthaltsamkeit, sondern Seelenstärke. Beschreibe man ihr in aller Genauigkeit das vermeintliche Schlaraffenland, das die meisten mit einiger Gewißheit erwartet. Und sage man ihr, der Zweck der Ehe mag in mancherlei bestehen, was dem Lehrer dazu einfällt, nur eben *nicht* darin, glücklich zu werden.«[9]

Am 9. März 1872 richtete Bierce einen eher wehmütigen Abschiedsgruß an seine Leser. »Mit dieser Ausgabe des ›News Letter‹ endet zumindest vorübergehend unsere Mitarbeit. Wir behaupten nicht, jederzeit unterhaltsam gewesen zu sein; aber daß wir uns stets gefällig gezeigt haben, ist ebenso unbestritten, wie daß wir uns keines Mordes schuldig gemacht haben; unwahr hingegen ist, daß wir ›herzlich‹ gewesen sind. Wer wie wir sechs- bis achttausend Artikel mit der erklärten Absicht zu Papier gebracht hat, geistreich zu erscheinen, kann nicht umhin, eine Vielzahl kleinerer Lügen zu verbreiten und verschiedentlich Rufmord zu begehen. Ersteres haben wir unserem Schöpfer gegenüber zu verantworten, der von uns keine Entschuldigung erwarten darf; für letzteres helfen keine Entschuldigungen, selbst wenn uns der Sinn danach wäre – was nicht der Fall ist.« Bierce bestritt, ein weiteres Feld zur Entfaltung seiner Talente zu suchen. Seine einzigen Talente seien »ein tiefsitzender Haß auf Heuchelei, Scheinheiligkeit und Schwindel aller Art sowie das Bedürfnis, diesem Haß Ausdruck zu verleihen. Gibt es dazu ein weiteres Feld auf Gottes grüner Erde als San Francisco?« Seine Leser forderte er im Lebewohl dazu auf, »nach bestem Gewissen Anstand zu wahren. Glaube nichts ohne Beweise. Behandle göttliche Dinge mit angemessenem Respekt – halte dich entschieden von ihnen fern. Vertraue der Menschlichkeit nie ohne begleitende Sicherheit; es könnte ein böses Erwachen geben. Bedenke, daß es niemanden verletzt, solange als Feind behandelt zu werden, dem Respekt gebührt, bis er sich deiner Freundschaft als würdig erwiesen hat. Schärfe deinen Sinn für unliebsame Wahrheiten. Vor allem aber sei bemüht, die Dinge so zu sehen, wie sie sind, und nicht, wie sie sein sollen.« Alles in allem kann man darin die moderateste Beschreibung seiner persönlichen Lebensphilosophie sehen, die Bierce je zu Papier gebracht hat.[10]

Gemeinsam mit Mollie bestieg Bierce die Southern Pacific Railroad nach Salt Lake City, um von dort mit der Union Pacific die Fahrt über die Prärie in Richtung Ostküste fortzusetzen. Mit im Gepäck hatte er ein Bündel Empfehlungsschreiben von Frederick Marriott zur Einführung bei Marriotts Londoner Freunden. Sollte Bierce darüber nachgedacht haben, welchen weiten Weg er, nicht nur gemessen in Meilen, zurückgelegt hatte, seit er vor sechs Jahren mit General Hazen in den Westen aufgebrochen war, so behielt er dies für sich. Trotz seines Versprechens in der letzten ›News Letter‹-Kolumne, Kalifornien werde »für die nächsten Jahre sein Zuhause bleiben«, dürfte Bierce kaum die Absicht gehabt haben, nach San Francisco zurückzukehren, wie auch immer seine von dort stammende Frau insgeheim darüber gedacht haben mag. Bierce war von Natur aus ruhelos und nicht wirklich an einer journalistischen Karriere interessiert. Sein Aufbruch nach London signalisierte insofern den Wunsch, statt bloßem Tagesjournalismus größere literarische Ambitionen zu verwirklichen. Für einen solchen Schritt gab es genügend Vorläufer. Mark Twain hatte San Francisco verlassen, als Bierce dort eingetroffen war, und es als Autor von *Die Arglosen im Ausland* zu weltweitem Ruhm und zum englischen Salonlöwen gebracht. Bret Harte hatte der Stadt ein Jahr zuvor im Glanz seines Ruhms den Rücken gekehrt, auch wenn sich sein erhoffter weiterer Aufstieg noch nicht eingestellt hatte. Selbst Joaquin Miller, der selbsternannte »Dichter der Sierras«, den ganz San Francisco für einen Scharlatan hielt, war mit seiner Ein-Mann-Wild-West-Show nach England gegangen und hatte dort großen Erfolg, wenn auch nur vor ausschließlich jugendlichem Publikum, das einem Äffchen auf der Stange Erdnüsse zuwerfen durfte. Als literarische Goldmine hatte San Francisco ausgespielt; London dagegen war eine unerschöpfliche Goldader.[11]

Auf dem Weg nach New York besuchte Bierce auch kurz seine Familie in Elkhart, Indiana. Was seine Eltern als sittenstrenge Moralisten über die attraktive und mondäne Gattin ihres jüngsten Sprosses – vom scheinbar unermeßlichen Reichtum des Schwiegervaters ganz zu schweigen – gedacht haben mögen, bedarf wenig Phantasie. Ein möglicher Hinweis auf Bierces eigene

Reaktion auf seine Heimkehr findet sich in der späteren Erzählung »Mein Lieblingsmord«, in der der Vater des Erzählers als »ein finsterer, schweigsamer Mann« beschrieben wird, selbst wenn »die vermehrten Jahre sein herbes Wesen inzwischen etwas gemildert haben«. Eine vergleichbare Beschreibung der Mutter fehlt, obwohl Bierce sie in der Geschichte als Tänzerin in einem Lokal mit Namen »Die Heiligenherberge zur Drehleier«, von den Stammkunden nur »Das Bockende Walroß« genannt, auftreten läßt. Der Besuch währte jedenfalls nur kurz. Auch mit Bruder Andrew, der immer noch zu Hause lebte und als Gepäckträger bei der Bahn arbeitete, gab es eine kurze Begegnung, als Bierce eines Morgens zum Bahnhof ging und Andrew neben einem Schwarzen in der Tür des Gepäckwagens davonfahren sah. »Hm«, flüsterte Bierce theatralisch, »der würde selbst keinen schlechten Nigger abgeben.«[12]

Von New York aus schiffte sich das Paar Ende April nach Liverpool ein; Mollie ließ sich an Deck ihres Schiffes tapfer zum Abschied winkend fotografieren. Die Hafenstadt Liverpool war neun Jahrzehnte vor den Beatles und der British Invasion »wirtschaftlich gänzlich unfruchtbarer Boden, ein häßlicher Flecken Erde, auf dem allein der Handel gedeihen konnte«. London hingegen erschien ihnen bei ihrer Ankunft wunderbar, »die sauberste aller Städte«, wenn auch in jenen Tagen von Amerikanern überlaufen. Alles an England begeisterte Bierce, und seine vorteilhaften ersten Eindrücke sollten nie widerrufen werden. Die Landschaft war grüner, die Züge schneller, das Essen billiger und die Leute freundlicher. Der typische Engländer war in seinen Augen »ein warmherziger Kerl – ein Gefühlsmensch, der sich seines Gefühls ein wenig schämt«. In dem Sinne, daß sich dies auch von Bierce sagen ließ, kann man getrost persönliche Motive für seine Anglophilie vermuten. Wenige Wochen nach seiner Ankunft in England war der einstige »Town Crier« – die Geißel von Müttern, Kleinkindern, Predigern, Politikern, Baseball, Weihnachten und dem 4. Juli – vom Glanz des Lands der Väter buchstäblich wie erschlagen. In einem »Brief aus London«, der im ›Weekly Alta California‹ erschien, erläuterte er die Gründe für seinen neugewonnenen Seelenfrieden. »Dies ist ein besseres Land«, heißt es darin, »mit freundlicheren Bewohnern, und überhaupt in allem unübertrefflich. Man wird daraus folgern, daß mir England gefällt. *Gefällt?* – Ha, was für eine Frage.« Einen so ausgelassenen Ton sollte Bierce selten, wenn je wieder anschlagen.[13]

Die ersten Tage in London widmeten sich die Flitterwöchler den üblichen Touristenattraktionen: Westminster Abbey, Trafalgar Square, St. Paul's Cathedral und dem Tower of London. Sie besuchten das Pferderennen in Ascot, Restaurants, Theater, Konzerte und eine Ruderregatta auf der Themse, bei der, wie Bierce reichlich unpatriotisch festhielt, die amerikanische Mannschaft von den Briten blamabel geschlagen wurde. Überall begegneten ihnen Landsleute, die gleichfalls den günstigen Wechselkurs nutzten, um sich ins einzigartige Londoner Kulturleben zu stürzen. Zu den bekannten Gesichtern gehörte der alte Journalist Prentice Mulford aus San Francisco, dessen enthüllende Reportagen über die Londoner Slums ein weitaus unfreundlicheres Bild der englischen Hauptstadt entwarfen. Vielleicht einem Wink seines früheren Mitstreiters folgend, schickte Bierce einen realitätsnäheren Bericht nach Kalifornien: »Mir ist keine elendere Schicht bekannt als die der englischen Landarbeiter«, schrieb er im ›Alta California‹, »deren gegenwärtige entwürdigende Existenz allein eine dauerhafte Schande für die Regierung bedeutete, wenn dies je den Anstoß zu einer Verbesserung ihrer Lage hätte geben können. Wenn ein Mann einen ganzen Tag lang in schnurgerader Linie über seinen Grundbesitz reiten kann und dabei an tausend Türen vorbeikommt, hinter denen mit eingefallenen Augen das Elend kauert, ist an der Gesellschaft, in der dieser Mann lebt, etwas grundsätzlich faul.«[14]

Aber Bierce war nicht als Kritiker nach England gekommen; er war gekommen, um seine warmherzigen Gastgeber zu begeistern und zu unterhalten. Bewaffnet mit Marriotts Empfehlungsschreiben, gedachte er die journalistischen Bastionen der Fleet Street im Sturm zu erobern und seinen Namen auf die geschichtsträchtige Liste der berühmten englischen Essayisten zu setzen – Addison und Steele, Samuel Johnson, Lamb, Hazlitt, Carlyle, De Quincey und der Namen mehr. Seine erste professionelle Bekanntschaft, und bald darauf auch sein erster englischer Freund und Arbeitgeber, war Thomas Hood the Younger, Sohn des hochgeschätzten Autors von »The Song of the Shirt« und anderer populärer viktorianischer Gedichte. Tom Hood, der dem Gerücht nach in einer Punschschale getauft worden war und sich seitdem nie weit von einer solchen entfernte, war der Herausgeber des humoristischen Wochenmagazins ›Fun‹, das vergeblich dem weit bekannteren ›Punch‹ nachzueifern versuchte. Hood war ein freundlicher, entgegenkommender Mensch mit einer besonderen Schwäche für Amerikaner. Er hatte Joaquin Miller dazu überredet, sich das Haar lang wachsen zu lassen und in einem exotischen und bunten Wildwest-Kostüm in den Straßen und Salons des präraffaelitischen Londons aufzutreten – ein brillanter Werbegag, der den mäßig talentierten Miller über Nacht zur Sensation machte.[15]

Hood kannte Bierces Artikel für den ›News Letter‹ und nahm ihn auf der Stelle für ›Fun‹ unter Vertrag. Der erste Beitrag einer Reihe humoresker »Fables of Zambri the Parsee« erschien am 13. Juli 1872 unter dem rätselhaften Pseudonym »Dod Grile«. Bierce-Biograph Paul Fatout hat das Pseudonym als ein Anagramm von Douglas Jerrold bzw. »Dg Ierold« gedeutet, Autor des Dramas *Ambrose Gwinett; or a Sea-Side Story,* dem Bierce seinen Namen verdankte. Die tatsächliche Quelle des Anagramms war allerdings weniger kompliziert und weit treffender. Im Dezember 1872 hatte Hood einen Brief an Bierce mit der Anrede eröffnet: »Lieber God Rile (was selbstredend ein Anagramm darstellt).« Dod Grile war schlichtweg eine Umstellung von God Riled (Gott ärgern). Warum Bierce überhaupt ein Pseudonym wählte, ist nicht bekannt; vielleicht hoffte er, sich ähnlich wie Sam Clemens' Mark Twain ein einsilbiges alter ego zu erschaffen. Wenn dem so war, scheiterte sein Plan; Dod Grile wurde weder in England noch in Amerika bekannt, wo er stets Ambrose Bierce blieb.[16]

Die Zambri-Fabeln waren von Hood als Begleittexte für eine Reihe von Holzstichen in Auftrag gegeben worden, die den Eigentümern von ›Fun‹, den Brüdern Dalziel, bereits vorlagen. Vielleicht weil sie sich auf eine vorgegebene Situation zu beziehen hatten, gehören die Fabeln zu Bierces schwächeren Arbeiten. Ein Beispiel mag genügen, um ihren generellen Charakter zu veranschaulichen: »›Ich würde gern an dir hochklettern, wenn du nichts dagegen hast‹, rief der Efeu der jungen Eiche zu. ›Oh, nur zu‹, gab diese unbekümmert zurück. Also begann der Efeu sein Werk, und als er sah, daß er schneller als die Eiche wuchs, wand er sich wieder und wieder um deren Stamm, bis seine Kraft aufgebraucht war. Die Eiche jedoch wuchs langsam weiter; und da sie die Ranken des Efeus nicht abschütteln konnte, riß sie ihn einfach mit den Wurzeln aus der Erde. Damit endet die Geschichte von Eiche und Efeu, die allen jungen Autoren ein warnendes Beispiel sein sollte.« Für einen gestandenen Journalisten wie Bierce war das nicht mehr als eine bloße Fingerübung, die aber ihren Zweck zu erfüllen schien und ihm – oder zumindest Dod Grile – einen festen Platz bei einer der führenden Londoner Zeitschriften sicherte.[17]

Durch Hood gewann Bierce auch Zugang zu einer buntscheckigen Truppe Londoner Journalisten, die sich regelmäßig in der Bar des Ludgate Hill Bahnhofs trafen. Ihr Anführer war George Augustus Sala, extravaganter Kolumnist des ›Daily Telegraph‹ und ehemaliger Mitarbeiter bei Charles Dickens' Wochenzeitschrift ›Household Words‹, der als Kriegskorrespondent am Krimkrieg, am amerikanischen Bürgerkrieg und am Französisch-Preußischen Krieg von 1870/71 teilgenommen hatte, wo er von den Deutschen als Spion festgehalten worden war und nur knapp in die Schweiz entkommen konnte. Sala, ein enger Freund von William Makepeace Thackeray, hatte neben seinen umtriebigen journalistischen Arbeiten auch einige Romane sowie eine vielgelesene Biographie des Zeichners William Hogarth veröffentlicht. Sein Stil war so markant und unverwechselbar, daß man den Studenten in Oxford zur Regel machte: »Versuche niemals, wie Sala zu schreiben.« Als begnadeter Rhetoriker und Erzähler war er gleichfalls ein gefragter Redner. »Es heißt«, schrieb Bierce, »er könne in achtzehn Sprachen eine Tischrede halten. Ich kann zumindest bezeugen, daß er in jeder denkbaren Sprache zu Tische sitzen kann.« Wenn Sala sich auf der Gästeliste befand, hatte Bierce stets »das beglückende Gefühl, ohne Eintrittsbillet an einer öffentlichen Vorführung teilnehmen zu können«.[18]

Zur Ludgate-Hill-Truppe gehörten außerdem der einbeinig

gelähmte Henry Sampson, zweiunddreißigjähriger Mitherausgeber des ›Fun‹; der Dichter, Romancier und Biograph Walter Thornbury, wie Sala ein Mitarbeiter von Dickens' ›Household Words‹, der Bierces besondere Vorliebe für das Makabre und Kriminelle teilte (Dickens gab ihm zuletzt den Laufpaß, weil er sich über Gebühr mit so entschieden nicht zum häuslichen Alltag gehörenden Themen wie »Die Wiedergänger – Burke und Hare« oder »Der berühmte Doppelmord am Radcliffe Highway von 1811« beschäftigt hatte); und schließlich Hauptmann Mayne Reid, Abenteurer und Autor der Jugendbücher *The Rifle Rangers, The Scalp-Hunters, The Forest Exiles, The Wild Huntress* und *The Ocean Waifs,* die Bierce als Junge in Indiana verschlungen hatte. Ein gelegentlicher Zechkumpan war W. S. Gilbert, der Librettist von Arthur Sullivan. Alles in allem hatte sich in Ludgate Hill eine trinkfeste Truppe zusammengeschlossen, in die sich der englandbegeisterte Bierce bestens einpaßte. Noch Jahre später erinnerte er sich wehmütig an jene Zeit: »Man sagt, die Engländer seien tiefsinnige Denker und flaue Redner. Meine Erfahrung ist da ganz anders. Ich würde sie sogar als ausgesprochen gewitzt und zungenfertig beschreiben. Nirgendwo habe ich so geistreiche Konversation gehört wie unter den Künstlern und Schriftstellern in London. Ich habe diese Männer als angenehm, gastfreundlich, intelligent und unterhaltsam kennengelernt. Wir arbeiteten zu hart, aßen zu gut, besuchten zu viele Klubs und gingen erst spät am Vormittag zu Bett. Wir vergossen zuviel Rebenblut, kurz und gut: Wir brannten mit gewissenhaftem Eifer und einer perversen Freude die Lebenskerze nicht nur an beiden Enden, sondern auch von der Mitte her nieder.«[19]

Der einzige weitere Amerikaner in diesem Kreis – auch wenn er bereits seit über zwanzig Jahren im Ausland lebte und kaum noch dazuzurechnen war – war James Mortimer, Herausgeber und Verleger des ›Figaro‹, einer weiteren humoristischen Wochenzeitschrift. Mortimer war ein intimer Freund des abgesetzten französischen Kaisers Napoleon III. und Kaiserin Eugénie; nach ihrem Sturz hatte er ihnen einen Zufluchtsort auf dem Land verschafft und durfte sich später der zweifelhaften Ehre rühmen, das letzte Gespräch mit dem Kaiser vor dessen tödlicher Gallenblasenoperation im Sommer 1873 geführt zu haben. Mortimer war ein ausgewiesener Zyniker, Verfasser von Schmähschriften und Wüstling, der Bierce nur zu gern für den ›Figaro‹ rekrutierte. Unter der Rubrik »The Passing Showman« schrieb Bierce Artikel im Stil seiner alten »Town Crier«-Kolumne, in denen er – anders als Mark Twains *Innocents Abroad* – wenig arglos auftrat. Mortimer, ein gleichgesinntes Talent witternd, unterstützte Bierce nach Maßen und ermunterte ihn, »nach Herzenslust zynisch und gehässig zu sein, was sehr viel heißen will«. Er machte sich einen Spaß daraus, Bierce mit seinem verhaßten Vornamen aufzuziehen, indem er so abstruse Verballhornungen wie Abner, Abdelkader, Adolphus und Abednego Goliath Bierce für ihn erfand. Vermutlich war es auch Mortimer, der seinen bekanntesten und klingendsten englischen Spitznamen *Bitter Bierce* prägte.[20]

Nachdem Ambrose und Mollie unweit der Tottenham Court Road Quartier bezogen hatten, verließ Bierce im Juli 1872 den Ludgate-Hill-Clan, um mit einer der berüchtigtsten Figuren der Londoner Literaturszene, dem Piraten-Verleger John Camden Hotten, Kontakt aufzunehmen. Der neununddreißigjährige Hotten hatte in England als Hausverleger der amerikanischen Humoristen, darunter James Russell Lowell, Artemus Ward, Oliver Wendell Holmes und seit jüngstem auch Mark Twain, nicht nur einen Namen, sondern auch ein beachtliches Vermögen erworben. Da es keinen internationalen Urheberrechtsschutz gab (zu dessen Befürwortern er sich infamerweise erklärte), konnte Hotten jedes beliebige Buch eines amerikanischen Autors ohne lästige Honorarkosten auf den Markt bringen. Sein jüngstes Opfer war Mark Twain, dessen Buch *The Innocents Abroad* er in zwei Bänden unter dem Titel *The Innocents Abroad: The Voyage Out* und *The New Pilgrim's Progress: The Voyage Home* aufgelegt hatte. Der Erfolg des Werks machte Twain maßgeblich in London bekannt, auch wenn dem Schriftsteller wenig an dieser Hilfe gelegen war. Hotten verweigerte Twain nicht nur jegliche Gewinnbeteiligung, sondern besaß darüber hinaus die Unverfrorenheit, zwei weitere Bücher mit den reißerischen Titeln *Eye-Openers* und *Screamers* zusammenzuschustern und unter Twains Namen zu veröffentlichen, nachdem Hotten selbst mit kreativer Feder für den passenden Umfang gesorgt hatte. Twain geriet über die Machenschaften des Verlegers so sehr in Rage, daß er sich mit einem Transatlantikdampfer höchstpersönlich auf den Weg nach London machte, nachdem er zuvor einen Brief an den Londoner ›Spectator‹ abgeschickt hatte, in dem er Hottens »widerliche Hinzufügungen« brandmarkte und den drängenden Wunsch eingestand, »einen Besenstiel zu nehmen und diesem Kerl das Gehirn rauszuprügeln. Nicht weil ich wütend wäre, sondern nur um nachzusehen. Aus rein persönlicher Neugierde.« In Zukunft, schrieb Twain, sollte man besser von John Camden Hottentot sprechen.[21]

Bierce, der zweifellos von Hottens unlauteren Praktiken wußte, mag den Verleger vor allem deshalb um eine Zusammenarbeit ersucht haben, um einem ähnlichen Schicksal seiner Werke zuvorzukommen. Was der prüde Bierce vermutlich nicht wußte – zumindest hat er dies später nie erwähnt –, war Hottens zweite heimliche Reputation als Londons führender Verleger pornographischer Literatur. Der exzentrische Millionär und Büchersammler Henry S. Ashbee, ein Zeitgenosse Hottens (und zufriedener Kunde), betrachtete ihn als »den vielleicht einzigen englischen Verleger verbotener Literatur von Rang«. Zum Angebot in Hottens Katalog gehörten so gesuchte Titel wie *A Discourse on the Worship of Priapus, Aphrodisiacs and Anti-Aphrodisiacs* oder *Flagellation and the Flagellants: A History of the Rod in all Countries, from the Earliest Period to the Present Time,* mit »zahlreichen Illustrationen«.[22]

Bierce und Hotten verstanden sich zunächst ausgezeichnet, zumal Hotten vorgab, an einer geschäftlichen Zusammenarbeit mit Bierce interessiert zu sein. Als er hörte, daß Mollie aus Galena, Illinois, stammte, erklärte Hotten, er selbst habe in jungen Jahren während einer Reise durch die Vereinigten Staaten in Galena gewohnt. Und nicht nur das; er habe sein Zimmer direkt über der Gerberei von Ulysses S. Grants Vater gehabt. »Ich kannte ihn ziemlich gut«, sagte Hotten vom damaligen Präsidenten, »und hätte nie gedacht, daß er es mit seiner schweigsamen Art je so weit bringen wird.« Grant mußte während Hottens Aufenthalt in Galena in der Tat ausgesprochen schweigsam gewesen sein: Er ließ sich erst im Sommer 1860 dort nieder, vier

Jahre nach Hottens Rückkehr nach England. Von unstimmigen Datierungen einmal abgesehen, waren Bierce und Hotten sich rasch handelseinig: fünfundsiebzig Pfund für ein Buch mit ausgewählten journalistischen Arbeiten aus Bierces Zeit in Kalifornien, darunter die »Grizzly Papers« und einige alte »Town Crier«-Kolumnen. Erscheinen sollte der Band unter dem Titel *The Fiend's Delight.* Hotten bekräftigte die Abmachung, indem er Bierce ein Exemplar seiner neuesten Veröffentlichung, *Practical Jokes* von »Mark Twain und anderen Humoristen«, zukommen ließ. Außerdem lud er die Eheleute Bierce zum Abendessen mit »Mr. und Mrs. Pirate« in seine »Höhle« in Hampstead, der das Paar leider nicht folgen konnte, weil es sich auf dem Weg zu Shakespeares Geburtshaus in Stratford-upon-Avon befand.[23]

Der Besuch in Stratford, von Bierce geflissentlich in einem Brief an den ›Alta California‹ im Oktober 1872 festgehalten, sollte für beide der vorerst letzte gemeinsame Ausflug bleiben. Da sich Bierces chronisches Asthma im feuchten Londoner Klima verschlechterte, hatte er den Plan gefaßt, mit seiner im siebten Monat schwangeren Frau nach Bristol im Süden Englands zu ziehen, wo er sich von der salzigen Meeresluft gesundheitliche Besserung erhoffte. Zuvor jedoch nahm er zusammen mit Mark Twain und Joaquin Miller an einem Bankett im erlauchten Whitefriar's Club in Mitre Court teil. Trotz des Aufsehens, das Twain jüngst mit seiner Ankunft auf der Insel erregt hatte, war Bierce der eigentliche Ehrengast der Feier. Der ›South London Express‹ meldete am folgenden Tag: »Eine weltberühmte Persönlichkeit war gestern abend Ehrengast im White Friar's Club. Die Rede ist vom ›Town Crier‹, einer der originellsten und unerschrockensten Humoristen unserer Tage.« Vielleicht aus Verärgerung darüber, daß Bierce ihm den Platz streitig machte, stahl Twain ihm geschickt die Show. Als Bierce gebeten wurde, eine kurze Rede zu halten, schilderte er auf humoristische Weise seine erste Begegnung mit Twain fünf Jahre zuvor in der Redaktion des ›News Letter‹. Twain, der sich auf öffentliche Auftritte weit besser verstand als Bierce, gab sich während des Vortrags betont gelangweilt und starrte mit leerem Blick in die Runde. Das Publikum verfiel daraufhin in eisiges Schweigen, während Bierce seine Rede stockend zu Ende brachte. Danach sank er kreidebleich und fassungslos nieder. Nie wieder im Leben würde er öffentlich sprechen.[24]

Zu guter Letzt mußte auch der unverbesserliche Miller noch zu seinem Auftritt kommen. Als er in seiner üblichen Kostümierung mit kniehohen Cowboystiefeln samt Sporen, weißer Wildlederweste, mexikanischem Sombrero und mehreren Bowiemessern am Gürtel, für den Fall, daß Algernon Charles Swinburne oder ein anderer gefährlicher Desperado die Herzogin von Kent bedrängen sollte, verspätet beim Bankett erschien, empfingen ihn seine kalifornischen Landsleute mit kalter Mißachtung. Um die Aufmerksamkeit auf sich zu lenken, sprang Miller plötzlich auf, zog einen Goldfisch aus dem Aquarium und verschluckte ihn lebendigen Leibes. »Eine großartige Vorspeise!« brüllte er. Bierce und Twain ignorierten die theatralische Einlage geflissentlich und setzten ihr Essen unbekümmert fort, woraufhin Miller beleidigt von dannen zog.[25]

Bevor Bierce Ende September London verließ, erwarb Hotten auch noch die Rechte an seinem zweiten Buch, das unter dem Titel *Nuggets and Dust* erscheinen sollte. Am 12. Oktober ließ er – ziemlich verfrüht – in einer Anzeige im Londoner ›Spectator‹ das baldige Erscheinen von »NUGGETS AND DUST./ Geschürt von DOD GRILE« ankündigen. »Eine neue Form von Humor und Satire. Wenn Artemus Ward der Douglas Jerrold und Mark Twain der Sydney Smith von Amerika sind, gebührt Dod Grile der Titel des Dean Swift. Die Unerbittlichkeit und Schärfe seines Humors übertrifft alle bisherigen Versuche in dieser Richtung. Die New Yorker ›Nation‹ – eine literarische Autorität von bewunderswerter Klarsicht – verneigt sich ehrfürchtig vor Dod Griles sprühendem Witz und seinem erfrischenden Humor, verfaßt in einem meisterlich pointierten Stil.« Die Herausgeber der ›Nation‹ bekundeten ihrerseits eine völlige Unkenntnis von Dod Grile und stellten fest, daß »wir uns nicht vor Dod Grile verneigen; daß uns sein sprühender Witz und sein erfrischender Humor wie auch sein meisterlich pointierter Stil gänzlich unbekannt sind; daß wir erst durch Mr. Hottens Anzeige von diesem Menschen und seinen vermeintlichen Qualitäten erfahren haben und daß wir gern wüßten, warum man uns als sich ehrfürchtig vor Mr. Griles Talenten verneigend zitiert«. Zugleich jedoch beglückwünschte man Hotten zum Abschluß »eines wie auch immer gearteten Vertrags oder einer gemeinsamen Vereinbarung mit dieser Schlange, diesem verwegenen Gotteslästerer, diesem Feind aller unser Wesen auszeichnenden höheren Empfindungen, diesem einzigartigen und unverfrorenen Verächter von Anstand und Moral, dem ›Town Crier‹ des ›News Letter‹ aus San Francisco«. Der Leserschaft von Bierces Erstling versprach das Blatt »eine besondere Sorte ›amerikanischen Humors‹, der sich mit keinem anderen amerikanischen Humoristen vergleichen läßt, so wie die Abenteuer eines einfachen Hanswursts sich nicht mit denen eines wirbelnden kleinen Teufels vergleichen lassen, dessen Hörner prächtig gediehen«.[26]

Mit der Ankündigung eines zweiten Bierce-Titels, bevor das erste Buch überhaupt erschienen war, glaubte Hotten gewissermaßen das Feld für eine reiche Ernte literarischer Besprechungen zu bestellen. Bierce allerdings, durch Mollies Niederkunft in Bristol festgehalten, zeigte sich zunehmend verärgert über seinen prospektiven Verleger. Zunächst konnten sich die beiden nicht über die auszuwählenden Texte einigen; Bierce wollte ein Buch mit ausschließlich neuen Geschichten, während Hotten auf der Aufnahme früher Zeitungstexte aus dem ›Overland Monthly‹ und ›News Letter‹ insistierte, so daß die Arbeit bis ins neue Jahr hinein zum Erliegen kam. In der Zwischenzeit brachte Mollie Anfang Dezember ihr erstes Kind zur Welt, einen Sohn, dem sie nach Mollies Vater den Namen Day gaben. Wie Bierce später berichtete, hatte Mollie sich eine Tochter gewünscht und dem bei der Geburt anwesenden mürrischen alten Bristoler Arzt ihre Enttäuschung nicht verheimlicht. »Nun, Madam«, gab der Arzt trocken zurück, »in dem Alter macht das wirklich nur einen winzigen Unterschied.« Wie sich der frischgebackene Vater fühlte, gestand Bierce nicht, obwohl er scherzend notierte, »ein Baby im Haus ist reizend; solange sie sauber und gewaschen sind und wie frischgemähtes Heu duften, hat man sie gerne um sich. Sie vertreiben einem die schlechte Laune im Nu, da man seinen Unmut an ihnen auslassen und sie zwicken kann, ohne daß sie einen verpetzen können.« Diese an W.C. Fields erinnernde Einstellung zu Kindern unterscheidet sich in ihrer Unbeschwertheit deutlich von einem späteren Bekenntnis gegenüber Walter Neale: »Man hört immer wieder, Kinder seien eine hinreichende Entschädigung für den Kummer, den eine eheliche Verbindung mit sich bringt, und das sogar von Leuten, die einen Mord auch nicht als Belohnung für die Hinterbliebenen betrachten würden. Von all den Übeln der Ehe ist das Kind das ärgste – nur noch übertroffen von Kindern. Beide Elternteile verbringen ihr gesamtes Erwachsenenleben in ununterbrochener Sklaverei, sich fortlaufend über ihre Kinder streitend und nicht ahnend, daß ihre mißratene Brut alsbald nur noch Spott und Verachtung für sie empfindet und nach der endgültigen Trennung durch den Tod vermutlich nie wieder einen Gedanken an sie verschwendet.« Es ist ein trauriges Beispiel für Bierces innere Widersprüche, daß er niemals Gefühle von Stolz oder Glück über seine Vaterschaft zulassen konnte. »Ich glaube nicht«, schrieb er später, »daß ein solcher Stolz außer in der Brust von Schwachköpfen je existiert hat. Warum auch? – Worauf sollte ein Mann stolz sein? Eingeredet wird er einem allein von Großmüttern und Hebammen, unterstützt durch die Eitelkeit kleiner Mädchen und nachgeäfft von schadenfrohen Junggesellen zum Zeichen hämischer Verachtung.«[27]

Als wolle er diese Aussage unterstreichen, ließ Bierce Mollie und das Baby in fremder Obhut und begab sich zum Monatsende zurück nach London, wo er mit Hotten die Texte für *The Fiend's Delight* zusammenstellte. Da ihm für neue Geschichten keine Zeit blieb, gab Bierce den Plan einer Kurzgeschichten-Sammlung auf. Statt dessen entschied er sich für eine breit gestreute Mischung wenig inspirierter Texte, die er aus alten »Town Crier«-Kolumnen, jüngeren journalistischen Arbeiten und zwischenzeitlich notierten Aphorismen, die er »Laughorisms« nannte, zusammenklaubte. Wie von Bierce zu erwarten, enthält der Band Gewaltverbrechen jeder Art, darunter der obligatorische Gattinnenmord (durch Schürhaken und Holzhammer), diverse ausgesuchte Morde (durch einen Schuhputzer, eine Spitzhacke und eine Schrotflinte) sowie eine Reihe tödlicher Unfälle (durch eine Mähmaschine und, im Fall eines Kindes, durch den Hund der Familie). Hotten versuchte Bierce dazu zu bewegen, die »Messerschlächtereien« durch eher »erheiternde Zwischenfälle« zu ersetzen, aber Bierce blieb eisern. »Es gehört zu den erlesensten Vergnügen im Leben«, bemerkte er, »einen Eiszapfen an einer Schnur bei sich zu tragen und ihn einem Ahnungslosen in den Nacken zu stecken. Das plötzliche Zusammenzucken, der schnelle, ängstliche Schauder und der schrille Aufschrei des Gewahrwerdens sind Quellen eines reinen, weil diabolischen Vergnügens.« Das teuflische Element wurde auch in seiner Einleitung des Buches hervorgehoben: »Die Greuel dieses ›kalten Banketts‹ der Hölle entstammen vornehmlich verschiedenen kalifornischen Zeitschriften«, bekannte er. »Ich denke, ich habe eine stattliche Anzahl Personen auf die eine oder andere Weise umgebracht; aber der Leser möge bitte bedenken, daß keins der Opfer der Mühe wert war, am Leben zu bleiben. Darüber hinaus hatte ich auch die Interessen meines Mitarbeiters zu berücksichtigen. Sowohl bei der Niederschrift als auch bei der Auswahl der Texte stand mir mein gelehrter Freund, Mr. Satan, hilfreich zur Seite; und die meisten der hier vorgebrachten Ansichten gehen auf diesen ehrenwerten Gentleman zurück.« Das Titelbild zeigte einen vergnügten englischen Gentleman, der in aller Seelenruhe über einem offenen Feuer ein Baby röstete.[28]

Charles Warren Stoddard erzählte Bierce später, *The Fiend's Delight* sei »ein dummes Buch« gewesen, ein Urteil, das er öffentlich – wenn auch unter Pseudonym – auf den Seiten des ›Figaro‹ wiederholte, wo er es »ein höchst ärgerliches Schurkenstück, geboren aus grenzenloser Ignoranz und tiefer Verblendung«, nannte. Trotz seines plötzlichen Anfalls von Bescheidenheit verlangte Bierce dennoch für sein Werk bezahlt zu werden; Hotten schuldete ihm für sein erstes Buch sowie *Nuggets and Dust* insgesamt einhundert Pfund. Er, Mollie und das Baby waren in der Zwischenzeit zwei weitere Male umgezogen, zuerst für zwei Monate nach Bath und dann an Keats' alten Lieblingsplatz bei Hampstead Heath. Bierce drängte Hotten weiterhin auf Zahlung, während er gleichzeitig eine gewisse aristokratische Verachtung für derartige Nichtigkeiten zur Schau trug. »Ich arbeite hier drüben gerade so viel, daß ich meine laufenden Kosten tragen kann«, schrieb er an Stoddard. »Habe mich bislang nicht um eine feste Anstellung gekümmert und werde dies auch nicht tun, da das Ziel meiner Reise darin besteht, zu faulenzen und mir das Land anzusehen – genau wie Walt Whitman es ausgedrückt hat, als die Paralyse noch nicht mehr als sein Hirn befallen hatte, ›zu faulenzen und meine Seele einzuladen‹.«[29]

Die Lage spitzte sich zu, als Hotten im Frühjahr unerwartet schwer erkrankte. Sein Verlagsleiter, Andrew Chatto, bestellte Bierce zu sich und händigte ihm nach zähem zweistündigen Ringen einen Scheck über die gesamte ausstehende Summe aus. Chatto bat Bierce jedoch, den Scheck erst nach Ablauf einer Woche einzulösen, wobei er hinzufügte: »Es würde mich freuen, wenn Sie Hotten einen Besuch abstatten und mit ihm reden könnten. Er wünscht es.« Als Bierce am darauffolgenden Samstag pflichtschuldig vor Hottens Wohnsitz erschien, erfuhr er, daß er »in unzweifelhafter Fortführung seines Plans, den Scheck vorauszudatieren, in der vorangegangenen Nacht Schlag zwölf an einer Schweineleberpastete gestorben war«. Bierce machte sich eilends auf den Weg zur Bank, um den Scheck einzulösen, bevor die Nachricht von Hottens Tod – nicht an einer Schweineleberpastete, sondern an Hirnhautentzündung – die Runde machte. Unterwegs kehrte er kurz in Ludgate Hill ein, um den übrigen »Gentlemen von Geist und Vergnügen« die Kunde vom Ableben des Verlegers zu übermitteln. Hood, Sala, Sampson und Reid waren unter anderem anwesend, und »ich muß mit Bedauern gestehen, daß meine traurige Nachricht diese Sünder auf schockierende Weise berührte. Ihr Frohsinn jagte einem geradezu Schauer über den Rücken.« Die scharfzüngigen Herren, Bierce eingeschlossen, machten sich sofort daran, ein geeignetes Epitaph für Hotten aufzusetzen, dessen Tod für seine hinterbliebene Frau und ihre drei jungen Mädchen weit weniger amüsant war. Sala gewann den Wettbewerb unter lauten Beifallsbekundungen mit einem ebenso treffenden wie herzlosen Fazit von Hottens Karriere: »Hotten/Rotten/Forgotten.« Als Bierce endlich bei der Bank eintraf, weigerte man sich, den Scheck einzulösen. »Der Scheck ist ungültig«, lautete die Erklärung. »Mr. Hotten ist verstorben.« Es war wieder einmal »die uralte Geschichte vom Hasen und der Schildkröte«, bemerkte Bierce.[30]

Ein noch schlimmeres Unglück stellte sich im Sommer ein,

als Bierces Schwiegermutter unerwartet zu einem längeren Besuch anreiste. Mrs. Day hatte ihre frühere Einschätzung von Bierces Eignung zum Ehemann nicht geändert und dürfte über sein häufiges Ausgehen und die beschwipste Heimkehr spät in der Nacht wenig erbaut gewesen sein. »Meine Schwiegermutter ist hier«, teilte Bierce unheilvoll Stoddard mit, bevor er mit der ganzen Familie im Schlepptau für einen Monat nach Paris reiste. Die Stadt der Lichter begeisterte Bierce weit weniger als London – seine nachhaltigste Erinnerung war der Verzehr eines Pferdesteaks –, obwohl er Neale später berichtete, während eines privaten Abstechers nach Südfrankreich eine romantische Affäre mit einer nie identifizierten jungen Dame erlebt zu haben. Dies könnte natürlich bloße Erfindung gewesen sein, aber es ließe sich auch als rebellisches Aufbegehren eines Mannes erklären, der sich von der Familie zu sehr vereinnahmt fühlte. Was auch letztlich zutreffen mag, Bierce führte seine späteren Eheprobleme stets auf diese Affäre zurück.[31]

Vor seiner Reise auf den Kontinent schrieb Bierce einen herablassenden, wenn auch aufrichtig gemeinten Brief an Stoddard, der sich als Mark Twains Privatsekretär und Trinkkumpan auf dem Weg nach London befand. Der Brief, den er für Stoddard an seine Haustür heftete, verrät eine deutlich andere Einstellung zum Ludgate-Hill-Zirkel, als seine regelmäßigen Kontakte vermuten lassen. »Ich habe Tom Hood gebeten, nach dir zu sehen«, heißt es darin. »Doch sieh dich vor: Tom ist ein herzensguter Mensch und einer meiner treusten Freunde. Aber seine Bekannten sind von der übelsten Sorte und es allesamt nicht wert, ihm die Schuhriemen zu lösen. Verhalte dich ihnen gegenüber freundlich, aber vergiß nicht: 1. Gerate über sie nie ins Schwärmen; 2. Paß auf, daß sie nie über dich schwärmen; 3. Nimm keine Einladungen von ihnen an; 4. Zeche nicht mit ihnen; 5. Laß dich von ihnen nicht vereinnahmen; 6. Laß sie sich nicht in deinem Licht sonnen. Ich habe alle diese Fehler begangen und kann dich nur davor warnen.« Ganz im Stil Ernest Hemingways, der ebenfalls gute Ratschläge zu verteilen pflegte, die er selbst auf jede nur erdenkliche Weise zu umgehen suchte, versicherte Bierce Stoddard: »Glaube mir, ich kenne diese Bagage und ihre Art. Sie glauben mich zu kennen, aber sie täuschen sich. Ich bin mit einigen hundert ihrer Sorte befreundet, und sie halten sich für meine intimsten Vertrauten. Wenn jemand dies behauptet oder so auftritt, halte dich von ihm fern, denn er ist ein Lügner. Dieser Brief ist streng vertraulich, und ich möchte dich bitten, ihn mir nach meiner Rückkehr wiederzugeben.«[32]

Bierce weilte noch in Paris, als sein zweites Buch *Nuggets and Dust* vom Verlag Chatto & Windus publiziert wurde, der die Rechte von Hottens Witwe erworben hatte. (»Nachfolger von John Camden Hotten«, lautete die Ankündigung auf der Titelseite, was darauf schließen läßt, daß nicht ganz London so schlecht von Hotten dachte wie die Truppe von Ludgate Hill.) Das Buch war wie *The Fiend's Delight* ein Zusammenschnitt aus alten Kolumnen aus kalifornischen Tagen, ergänzt um einige neue Kurzgeschichten und eine Reihe englischer Reiseberichte unter der Überschrift »Aufzeichnungen eines amerikanischen Gespensts in unsichtbarer Tinte«, die eine gewisse Ähnlichkeit mit Mark Twains früheren Reiseskizzen besitzen, wenn sie auch deren unnachahmlichen Humor vermissen lassen. Wenn sich, wie einige Bierce-Forscher behaupten, in Texten wie »Stratford-on-Avon«, »St. Paul's« oder »Kenilworth« die Richtung andeutet, die Bierces Schaffen bei einem dauerhaften Aufenthalt in England genommen hätte, ist seine spätere Rückkehr nach Amerika nur zu begrüßen, da es sich vorsichtig formuliert bestenfalls um professionellen Journalismus handelt. Gelungener, wenn auch noch weit vom selbstgesetzten späteren Standard entfernt, sind die beiden Erzählungen »D. T.« und »A Working Girl's Story«. Erstere ist die Poe nachempfundene Geschichte eines Trinkers, der im Zustand des Delirium tremens mit einem allessehenden Auge konfrontiert wird, wobei die Erzählung einen interessanten Hinweis auf Bierces eigene häusliche Situation enthält: »Ich bin mir ziemlich sicher, nicht zuviel getrunken zu haben, was meiner festen Regel entspricht, obwohl es zwischen mir und meiner Frau unübersehbare Differenzen gibt, wo die Grenze des Zuviel festzulegen ist.« Die Geschichte endet mit einem eigentümlichen Understatement im Stil Hemingways: »Ich habe nie jemandem von diesem Auge erzählt und würde es auch jetzt nicht tun, wenn sich mir mein Ende nicht ankündigte und ich nicht davon überzeugt wäre, ein so vergnügliches Erlebnis sollte festgehalten werden. Es ist alles so ungemein komisch, die Sache mit der Kneipe, Dan Budd, dem alten Spukhaus und dem Auge.« Wie sagt noch Jake Barnes zu Lady Brett auf dem Rücksitz eines Madrider Taxis: »Es ist schön, sich das auszumalen, nicht wahr?«[33]

»A Working Girl's Story« ist bis auf den verunglückten Schluß eine herzbewegende Geschichte über ein verhungerndes kleines Mädchen, ihre Kanarienvögel und zwei Schutzengel, die sie (vielleicht auch nur in ihrer Vorstellung) in der Nacht ihres Todes besuchen. »Ich glaube, dieses arme Ding wird unserer Dienste nicht mehr lange bedürfen«, sagt einer der Engel. »Ich habe letztens oben im Hauptkontorbuch nachgesehen, seine Zeit ist beinahe abgelaufen.« Es ist die vermutlich sentimentalste Geschichte, die Bierce je geschrieben hat – zumindest bis zum letzten Absatz, als er es offenbar für geraten hielt, die rührselige Stimmung durch einen plötzlich auftauchenden schwarzen Jungen zu konterkarieren: »He, Missus! Lassn Se bloß de Finger von der: De gehört da Numma sibn aussn erste Stock!« Man hat unwillkürlich den Eindruck, als ob Bierce den emotionalen Schluß der Geschichte nicht ertragen konnte und sie deshalb ins Lächerliche ziehen mußte – was selbstredend einen weit tieferen Einblick in die eigentümliche Psyche des Verfassers gewährt, als dies bei einem ästhetisch stimmigen Ende der Fall gewesen wäre.[34]

Nicht weniger aufschlußreich ist seine Auswahl der kalifornischen Texte. Neben dem obligatorischen Aufzug von Morden, Selbstmorden, tödlichen Unfällen, Abtreibungen, Betrügereien, Diebstählen und »zahllosen anderen Begebenheiten dieser Art, die untrennbar und unausweichlich mit der menschlichen Existenz verknüpft sind«, hielt Bierce auch einen scheinbar wahllos getroffenen Querschnitt seiner Gedanken über Frauen und die Ehe für bewahrenswert, dessen Lektüre Mollie zu denken gegeben haben dürfte. »Ein junger Mann brach beim Schlittschuhlaufen auf dem Lake Champlain ein und drohte zu ertrinken. Schließlich wurde er von einer jungen Frau gerettet, die ihre Kleider zerriß und daraus ein Seil knotete, mit dem sie ihn aus dem Wasser zog. Natürlich heiratete er sie. Wäre er geistesgegenwärtig genug gewesen, hätte er sich dieses Schicksal durch Ertrinken ersparen können.« In einem anderen Text drohte er einer Frau mit Ohrfeigen, weil sie »einen Witz über ihre bessere Hälfte« und dessen wenig überzeugende körperliche Ausstattung eingereicht hatte. »Wir glauben nicht, Ehefrauen dazu ermuntern zu müssen, in dieser herzlosen Art über ihre Männer herzufallen«, donnerte Bierce, »ganz besonders nicht in der ersten Woche nach der Hochzeit.« Zum Fall eines verzweifelten jungen Mannes, der sich in einen Grubenschacht gestürzt hatte, nachdem seine Geliebte ihn verstoßen hatte, schrieb Bierce, er »wäre glücklich, Name und Adresse einer jungen Frau zu erfahren, die bereit wäre, mit einem zerschrammten Gesicht, gebrochenem Schienbein und zwei nutzlosen Beinen Vorlieb zu nehmen. Unser lädierter Freund ist der Meinung, ein solches Mädchen könne es unmöglich geben.« Einem anderen jungen Mann, den die Sorge plagte, seine Freundin könne das verbleibende Jahr bis zur versprochenen Hochzeit zu ihrem Vorteil nutzen, riet er, »den Hund auf sie zu hetzen«. Gerüchte über Krebserkrankungen durch bloßes Zwicken schließlich kommentierte er mit dem bissigen Hinweis: »Wer eine Frau oder Liebste hat, darf ihre makellose Haut nicht länger mit dem Fingernagel zwicken. Zubeißen ist besser.«[35]

Eine Frau, die Bierce im Herbst 1873 liebend gern gebissen hätte, war die Journalistin Helen Burrell, die unter dem Pseudonym »Olive Harper« schrieb. Nachdem Bierce ihr ein Interview abgeschlagen hatte, schrieb Burrell einen gehässigen Artikel für den New Yorker ›Daily Graphic‹, in dem sie ihn einen aufgeblasenen Wichtigtuer nannte, der früher als Hilfsarbeiter in einer Ziegelei gearbeitet hätte und nun mit dem Geld seiner Frau (genaugenommen dem seines Schwiegervaters) Europa bereiste. Burrells Bericht kam der Wahrheit beängstigend nahe, was seine schmerzliche Wirkung verständlich macht. Da Burrell eng mit Joaquin Miller befreundet war, sah Bierce in ihm den Informanten für Burrells detailreiche Anekdoten. Am 16. November 1873 richtete er einen Brief an Miller, der in mehreren großen Londoner Zeitschriften erschien. »Sehr geehrter Mr. Miller«, war dort zu lesen. »Sie könnten Mrs. Harper die Freundlichkeit erweisen und ihr auf welchem Wege auch immer mitteilen, daß mir an der zweifelhaften Ehre ihres Besuchs wenig gelegen ist. Sollte sie lange genug in Kreisen des Adels und unter Geschäftsleuten verkehren dürfen, werden sich ihre Umgangsformen hoffentlich bessern und ihr Konversationston einen Anflug von Anstand annehmen; gegenwärtig ist sie einfach bloß vulgär. Ich hoffe, Sie damit nicht verletzt zu haben; es täte mir ausgesprochen leid. Gleichwohl ist es besser, wenn Sie ihr einen Besuch ausreden, als daß mein Diener ihr die Tür vor der Nase zuschlägt.« Bierce konnte nicht wissen, daß Miller vorübergehend gar nicht in London weilte; nachdem er sich gleichzeitig mit einer Baroneß-Tochter und einem Cockney-Blumenmädchen, einer Vorläuferin von Eliza Doolittle, eingelassen hatte, war der Dichter nach Rom geflüchtet, wo er sich unvermittelt in eine glühende Affäre mit einer italienischen Gräfin stürzte. Mit Bierce verband ihn jedoch auch nachher ein herzliches, obgleich distanziertes Verhältnis, und der Burrell-Artikel war bald vergessen, wenn nicht gar verziehen.[36]

Im Frühjahr 1874 kehrte Bierce nach England zurück und ließ sich in Leamington in Warwickshire nieder. Am 29. April wurde ihr zweiter Sohn Leigh geboren, der in den ersten sechs Wochen zwischen Leben und Tod schwebte. Sobald sich sein Gesundheitszustand gefestigt hatte, kehrte Mrs. Day nach zehn Monaten Familienbesuch – Bierce hätte von Belagerung gesprochen – in die Staaten zurück. In der Zwischenzeit schrieb Bierce fleißig Beiträge für ›Fun‹ und ›Figaro‹ und beklagte sich bei Stoddard, daß seine alten Londoner Freunde mit Ausnahme Hoods ihm den Rücken gekehrt hätten. Neben seinen Artikeln für die humoristischen Wochenzeitschriften hatte er im Auftrag John Mortimers die Aufgabe übernommen, für die exilierte französische Kaiserin Eugénie, die Witwe Napoleons III., eine reiner Eitelkeit dienende Zeitschrift komplett zu schreiben und herauszugeben. Anlaß des Projekts war die für die Kaiserin alarmierende Nachricht, daß ein alter politischer Gegner, Henri Rochefort, der Marquis von Rochefort-Luçay, dem aufgezwungenen Exil in einer Strafkolonie in Neu-Kaledonien entronnen war und sich auf dem Weg nach England befand, um seine Angriffe gegen die Kaiserin in seiner Zeitschrift ›La Lanterne‹ fortzusetzen. Rochefort, den ein Zeitgenosse treffend als einen »zur Politik übergelaufener Baudelaire« beschrieb, war ein blasser, pferdegesichtiger, gelbhäutiger Abenteurer mit krächzender Stimme und langen spitzen Fingernägeln. Während seiner außergewöhnlichen journalistischen Karriere, die vom Zweiten Kaiserreich bis zum Ersten Weltkrieg andauerte, stritt Rochefort mit beinahe jedem, von Napoleon III. bis zu Georges Clemenceau, den er mit der ihm eigenen Zurückhaltung »einen abscheulichen Aussätzigen« nannte. Aber seine tiefste Feindschaft war dem Kaiser und seiner Familie vorbehalten, über die er in einem seiner unzähligen Revolutionsappelle vermerkte: »Ich habe die Schwäche besessen zu glauben, ein Bonaparte könne etwas anderes sein als ein gemeiner Meuchelmörder! Seit achtzehn Jahren nun liegt Frankreich in den blutigen Händen dieser Halsabschneider, die, nicht zufrieden damit, die Republikaner in den Straßen niederzuschießen, sie in gemeine Fallen locken, um ihnen hinterrücks die Kehle aufzuschneiden!« Bei einer solchen Rhetorik verwundert es wenig, daß Eugénie ihn, in Bierces Worten, als »einen Quälgeist und eine Gefahr« betrachtete.[37]

Um Rocheforts vielgefürchtetem Auflaufen zur alten Form zuvorzukommen, verständigte Mortimer sich mit Bierce auf eine Art prophylaktisches Gegenorgan. ›The Lantern‹ (die Kaiserin hatte auf diesem Namen bestanden, der ein Wiederaufleben der ›Lanterne‹ unter englischem Namen verhindern sollte) besaß weder einen regelmäßigen Erscheinungstermin noch ein fest umrissenes redaktionelles Konzept, abgesehen von der eher vagen Vorgabe Mortimers, sich eng an Rocheforts Original anzulehnen und »sich gegenüber bestehenden Institutionen und großen Namen entschieden respektlos zu geben«. Trotz einiger ungelöster professioneller Vorbehalte willigte Bierce ein. Er schien dabei von der Hoffnung getragen, ›The Lantern‹ zu einem regelmäßigen Forum zur Verbreitung seiner eigenen Weltanschauung zu machen, wie er in der ersten Ausgabe der Zeitschrift im Mai 1874 verkündete: »Mein zukünftiges Programm besteht in der ausgewogenen Kritik sämtlicher gesellschaftlicher Einrichtungen, darunter alle Herrschaftsformen, ein Großteil der Gesetze und Gebräuche und die gesamte Gegenwartsliteratur; es folgt dem unbedingten Glauben an die Darwinsche Lehre ... wird Intoleranz mit Intoleranz begegnen und jedem Menschen mit einer Mission den Kampf ansagen ... sowie menschliches Leid und menschliches Unrecht in all ihren Ausprägungen mit der Haltung reiner Neugierde betrachten, mit der man einen Ameisenhaufen untersucht.«[38]

In Übereinstimmung mit seiner neuen Aufgabe als »bester Kläffer von Leamington« feuerte Bierce seine Eröffnungsattacke nicht auf Rochefort, sondern auf den arglosen General Sir Garnet Wolseley ab, der durch seine Strafexpedition gegen die aufständischen Aschanti in Westafrika unlängst zu Reichtum und Ehre gekommen war. Außer acht lassend, daß die Aschanti selbst den Krieg angezettelt hatten, indem sie andere Stämme der Golfküste und britische Garnisonen überfallen hatten, schlug Bierce sich auf die Seite des Außenseiters. »Wenn das große Herz Englands durch das ungestüme Gelüst nach einträglichen Verbrechen angestachelt wird, wagen wir nicht unsere Hand zum Einspruch zu erheben«, schrieb er. »Wenn wir aber aus welchem Anlaß auch immer einen schwächlichen Gegner an die Wand gedrückt haben, dann laßt uns ins Gottes Namen rasch über ihn herfallen und seine Taschen aller wertvollen Gegenstände berauben, wozu der gütige HErr, indem er sie dorthin gab, unsere diebischen Hände auffordert. Aber die Aschanti-Frauen waren es nicht wert, aufgeknüpft zu werden ... Die gesamte Beute betrug £ 11 000 – wovon der Mann, der den Schmuck nach Hause schleppte, etwas mehr als vier Hälften davontrug. Wir geben zu bedenken, daß diese große geschäftstüchtige Nation mit Hilfe erfahrener Agenten in jedem Winkel der Welt und einer wachsamen Regierung daheim ihre Ehre mit weitaus größerem Nutzen verspielen könnte.«[39]

Mortimer, der im Gegensatz zu Bierce offenbar genauer wußte, welchem ausschließlichen Zweck ›The Lantern‹ diente, legte dem Herausgeber nahe, dem Schurken Rochefort »hier und da eine gesunde Lehre zu erteilen«. In der nächsten – und zugleich letzten – Ausgabe vom 16. Juli kam Bierce dieser Aufforderung mit Freuden nach: »Mr. Rochefort ist ein gestrauchelter Gentleman«, spöttelte er. »Gleichwohl hat es vor ihm tiefere Stürze gegeben. Könige wurden zu Dienern, ehrbare Männer zu Banditen, Diebe zu Kommunisten. Weder reich an Vermögen noch an Talenten, steht Mr. Rochefort, der nie weit oben stand, auch jetzt nicht weit unten – er hat die Falschheit der Extreme vermieden: nie wirklich ein Graf, ist er auch jetzt nur ein halber Sträfling, kein wirklicher *misérable,* sondern ein Mensch. Wir vermuten, Mr. Rochefort spürt schon jetzt den Schmerz einer unverheilten Wunde – seinen Mund.« Für Bierce, der auf diesem Gebiet hinreichend erfahren war, bedeutete dies leichte und gutbezahlte Arbeit. Die Kaiserin ließ zu ihrem persönlichen Lesevergnügen sogar eine französische Übersetzung drucken. Doch zu Bierces Nachteil hatte sich der Zweck der Zeitschrift nur allzu rasch und allzu gründlich erfüllt. Nach nur zwei Ausgaben sah sich der frisch eingetroffene Rochefort von einem grölenden Mob von ›Lantern‹-Lesern, die ihr behagliches viktorianisches Weltbild durch die kommunistisch-republikanischen Umtriebe des Franzosen bedroht sahen, durch die Londoner Straßen getrieben. Mit seiner Flucht nach Genf enthob Rochefort zugleich auch Bierce seiner Aufgabe. Ihres Hauptangriffsziels und damit der *raison d'être* beraubt, stellte ›The Lantern‹ im Sommer ihr Erscheinen ein, und Bierce mußte sich mit einer Briefschatulle aus Elfenbein zum Zeichen kaiserlichen Dankes zufriedengeben.[40]

Das Aus für die ›Lantern‹ bedeutete für Bierce einen schweren Rückschlag in seinen Hoffnungen auf eine längerfristige Anstellung. Der finanzielle Druck, eine Frau und zwei Kinder versorgen zu müssen, begann mehr und mehr auf ihm zu lasten. Sein Asthma, das sich in Streßsituationen stets verschlimmerte, plagte ihn erneut, und bei einem seiner seltenen Besuche in London geriet er in Streit mit George Augustus Sala, nachdem Sala ihm, halb im Scherz, »unziemliches Betragen für einen Bewohner einer britischen Kolonie« vorgeworfen hatte. Sein zurückgezogenes Leben in Leamington gab ihm ein Gefühl von Einsamkeit, das von der zunehmend unter Heimweh leidenden Mollie zweifellos geteilt wurde. Gelegentliche Besuche, wie etwa die von Prentice Mulford (der sich inzwischen des Blumenmädchens von Joaquin Miller angenommen hatte), konnten die quälende Langeweile des Paares nicht vertreiben. Ein untrügliches Zeichen für Mollies traurige Vernachlässigung ist die Tatsache, daß noch Jahre später eine ihrer glücklichsten Erinnerungen an England darin bestand, »mit Prentice Mulford Hefekuchen getoastet zu haben«. Ihr Mann, der Mulford für »einen geborenen Nörgler« hielt, teilte ihre hohe Wertschätzung von »Ekel Jimmy« ganz und gar nicht. Nicht einmal die Veröffentlichung eines dritten Buches, *Cobwebs from an Empty Skull,* konnte Bierce aufmuntern. Der Stolz auf seine Bücher war dahin, und Stoddard ließ er sogar wissen: »Für meine Bücher empfinde ich nichts als Verachtung. Ich glaube, als Journalist bin ich auf meine Weise unschlagbar; als Autor ein elender Stümper!« Wahr daran ist, daß nahezu alles, was er in England in Buchform oder in den verschiedenen Satireblättern veröffentlichte, zweitklassig ist. Wie andere amerikanische Schriftsteller im selbstgewählten Exil vor und nach ihm hatte er sich seiner lebenswichtigen Inspirationsquelle beraubt. Ungeachtet seiner Landadel-Attitüde war er in vielerlei Hinsicht nach wie vor ein Tourist. Wie Sala in vielleicht verletzenderem Ton als beabsichtigt gesagt hatte, kam Bierce aus der Neuen Welt, und keine vornehme Salonerziehung in aller Welt konnte an diesem feinen Unterschied etwas ändern.[41]

In den letzten Novembertagen 1874 starb Tom Hood, Bierces einziger richtiger Freund in England, im Alter von neununddreißig Jahren in seinem Landhaus in Surrey. Hood hatte sich alle Mühe gegeben, Bierce die Aufnahme in die abgeschottete Welt des englischen Journalismus sowohl in persönlicher als auch professioneller Hinsicht zu erleichtern, und sein Tod hinterließ eine Lücke, die niemand ausfüllen konnte oder auch wollte. Bei ihrer letzten Begegnung hatten die beiden wie zwei Schuljungen vereinbart, daß derjenige, der zuerst stirbt, versuchen wolle, dem anderen aus dem Jenseits ein Zeichen zu geben. Als Bierce sich eines Nachts kurz nach Hoods Tod auf dem Heimweg nach Leamington befand, spürte er plötzlich, wie der Geist Hoods in der Dunkelheit an ihm vorbeihuschte. »Daß mir der Geist meines toten Freundes begegnet war«, schrieb er, »daß er mich, wenn auch in ungewohnter Weise, gegrüßt hatte und dann verschwunden war, hatten mir meine Sinne unzweifelhaft bestätigt. Wie sehr mich das beeindruckt hatte, verriet mir mein beschleunigter Herzschlag, wann immer ich mir in den vielen Monaten danach diese seltsame Begegnung zurück ins Gedächtnis rief.« In seiner an Henry James erinnernden Spukgeschichte »Das verdammte Ding« hat Bierce Jahre später jenes denkwürdige Erlebnis festgehalten: »Letzte Nacht, bei Betrachtung der Sterne, als sie über den Kamm des Hügels östlich vom Haus stiegen, bemerkte ich, daß sie nacheinander verschwanden, von links nach rechts. Jeder Stern wurde nur einen Augenblick lang verfinstert, und immer nur ein paar gleichzeitig. Aber die ganze Länge des Hügelrückens wurden alle, die nicht mehr als einen oder zwei Grad über dem Kamm standen, ausgelöscht. Es war, als ob etwas zwischen mir und ihnen vorübergegangen wäre; aber ich konnte es nicht sehen, und die Sterne waren nicht dicht genug, um Umrisse aufzuzeigen. Ugh! Das gefällt mir nicht.« Für Wochen nach der Begegnung sah Bierce sich außerstande, irgend etwas zu Papier zu bringen.[42]

Hoods Tod markierte in gewisser Weise das Ende von Bierces Aufenthalt in England, obwohl es noch weitere zehn Monate dauern sollte, bevor er dem Land für immer den Rücken kehrte. Mollie allerdings wartete nicht mehr so lange. Im Mai 1875 bestieg sie mit den beiden Jungen ein Schiff nach San Francisco, um auf unbestimmte Zeit ihre Mutter zu besuchen. Einsam und verstört, verfiel Bierce »in eine Art Halbwahn ... ausgelöst durch Schlafmangel, Überarbeitung und lausiges Essen«. Im Sommer zog er zurück nach London, wo er unter dem neuen Herausgeber Henry Sampson weiter für ›Fun‹ schrieb. Im September traf ihn die unwillkommene Hiobsbotschaft, daß Mollie mit ihrem dritten Kind im sechsten Monat schwanger war; schlimmer noch, sie wollte das Kind in San Francisco zur Welt bringen. Bierce buchte sofort eine Überfahrt auf der *Adriatic* und verließ London Mitte September. Er würde weder die Stadt noch den europäischen Kontinent je wiedersehen. »Fast alle positiven Errungenschaften unserer amerikanischen Zivilisation verdanken wir England«, würde er später schreiben. »Die Fehler und Mißstände sind unser Werk. In Bildung und Gelehrsamkeit, in den Künsten wie in der Regierungsführung ist Amerika bloß ein fader und dünner Aufguß Englands.«

Von sich selbst im vornehmen englischen Stil in der dritten Person sprechend, setzte er hinzu: »Ein gewisser Bekannter, der Schriftsteller ist, wird gewöhnlich von den Leuten, über die er schreibt, beschuldigt, sich wie ein Titan unter Zwergen aufzuführen. Dabei wird man ihm kaum Eitelkeit unterstellen können, denn er gibt unumwunden zu, daß er die glücklichste und fruchtbarste Zeit seines Lebens dort verbrachte, wo er sich als Zwerg unter Titanen fühlte. Dies war die Zeit, die mein Bekannter in London verbrachte.«[43]

8

Prattle

Als Bierce Ende September 1875 in San Francisco eintraf, fand er eine stark – und wenig zu ihrem Vorteil – veränderte Stadt vor. Wie der Rest des Landes befand sich San Francisco fest im Griff einer erdrückenden Wirtschaftskrise, die durch den Zusammenbruch von Jay Cooke & Company, der größten Bank des Landes, und die daraus resultierende Panik bei den nervösen Spekulanten an der Wall Street ausgelöst worden war. Während Bierce in London mit Tom Hood, G. A. Sala und den anderen geistreichen Köpfen des Ludgate-Hill-Zirkels spitze Bonmots austauschte, versuchten Millionen seiner Landsleute verzweifelt, in der schwersten Finanzkrise seit fünfzig Jahren nicht unterzugehen. Selbst Kalifornien, das einen ganzen Kontinent vom Schwarzen Freitag entfernt lag, blieb von den lähmenden Auswirkungen des Crashs nicht verschont. Wenige Wochen vor Bierces Rückkehr nach San Francisco war William A. Ralston, Präsident der Bank of California, kurz vor der plötzlichen und unerwarteten Liquidation der Bank von seinem Amt zurückgetreten und wie gewöhnlich zum Schwimmen nach North Beach gefahren. Nur wenige Minuten später zog ein vorbeifahrendes Fischerboot den Leichnam aus der Nachmittagsbrandung. Ralstons Tod, ob nun Unfall oder Selbstmord – oder auch ein bißchen von beidem –, warf einen dunklen Schatten über die ganze Stadt. Ironischerweise wurde die Bank nach nur sechs Wochen Pause wiedereröffnet, ihre neue Solidität augenfällig durch glänzende Türme goldener Zwanzigdollar-Münzen demonstrierend, die gut sichtbar hinter jedem Schalter aufgestapelt waren.[1]

Trotz der Wiedereröffnung der Bank of California herrschte

in San Francisco weiterhin große Nervosität über den Zustand der Wirtschaft. Ursache dafür war vor allem die weitverbreitete Spekulation mit Bergwerksaktien, der die Einwohner seit langem mit geradezu obsessiver Leidenschaft verfallen waren. Seit den ersten Tagen des Goldrauschs war San Francisco von der Suche nach und dem Verkauf von Edelmetallen beherrscht. Die Entdeckung neuer Silbervorkommen im Jahr 1874 hatte die Aktienwerte der Comstock-Minen über fast zwei Monate täglich um unglaubliche eine Million Dollar emporschießen lassen. Ein Kleeblatt irischer Ladenbesitzer, die an die Börse gegangen waren – James Flood, John Mackay, James Fair und William O'Brien –, verschafften sich durch geschicktes Investment gleichsam über Nacht die Kontrolle über die Comstock Lode und wurden damit die ersten und berühmtesten »Silberkönige« der Stadt. Tausende Bewohner San Franciscos versuchten dem kühnen Erfolg der Iren nachzueifern und betrieben wildeste Spekulationsgeschäfte, mußten aber zu ihrer bitteren Enttäuschung erfahren, daß der Himmel seine Reichtümer in den seltensten Fällen unter den einfachen Sterblichen verteilt. Als sich die Nachricht eines Produktionsrückgangs der Lode verbreitete, stürzten die Aktien binnen einer Woche um 42 Millionen Dollar. Bis der Kurssturz abgefangen werden konnte, hatten die Aktien der von den Silberkönigen gegründeten Consolidated Virginia and California Holding insgesamt schwindelerregende 140 Millionen Dollar eingebüßt. Nach späteren Schätzungen des Historikers John S. Hittell entsprach die Summe »einem durchschnittlichen Betrag von 1000 Dollar für jeden weißen Erwachsenen in der Stadt, und auch wenn die große Mehrheit von ihnen nie eigene Aktienanteile besessen hatte, waren doch alle von dem Niedergang gleichermaßen indirekt oder auch direkt betroffen«. Die Silberkönige waren zu reich – und wohl auch zu gerissen –, um ihr riesiges Vermögen einzubüßen, aber Tausende von Kleinspekulanten verloren alles, und nicht weniger groß war die Zahl derer, die durch den unausweichlichen Dominoeffekt auf die lokale Wirtschaft ihren Arbeitsplatz verloren. Andere konnten ihren Job behalten, allerdings nur, nachdem sie »freiwillig« einer Lohnkürzung von 40 bis 60 Prozent zugestimmt hatten.[2]

Lohnvereinbarungen dieser Art hatten selbstverständlich auch unmittelbare Auswirkungen auf Ambrose Bierces Hoffnungen, im Sommer 1875 Arbeit zu finden. Obwohl Frederick Marriott Bierce bei seiner Abreise nach England versprochen hatte, jederzeit wieder beim ›News Letter‹ anfangen zu können, mußte er, auf seine damalige Zusage angesprochen, einräumen, momentan keine Verwendungsmöglichkeit für den einstigen »Town Crier« zu besitzen. Auch bei den anderen Zeitungen der Stadt herrschte Stellenmangel. So mußte Bierce sich, ungeachtet seiner teuren Anzüge von der Savile Row und einem reichen Fundus an Anekdoten aus der Londoner Literaturszene, mit einer Anstellung beim Bundesmünzamt zufriedengeben. Zeitgleich mit seinem beruflichen Abstieg kam im Oktober 1875 sein drittes Kind, ein rothaariges Mädchen namens Helen, zur Welt. Beides stürzte Bierce wie so oft in seinem Leben in eine schwere Depression. Als sich auch sein chronisches Asthma zurückmeldete, zog er mit seiner inzwischen fünfköpfigen Familie nach San Rafael, wo er und Mollie vier Jahre zuvor ihr erstes gemeinsames Heim bezogen hatten. Der Umzug entsprang ebenso dem Wunsch, der ständigen Gegenwart der Schwiegermutter zu entfliehen, wie seinen Atemproblemen Linderung zu verschaffen – was im ersten Fall so erfolglos war wie im zweiten. Mrs. Day kam regelmäßig zu Besuch und half Mollie mit den Kindern, während Bierce mit der gleichen Regelmäßigkeit von zu Hause fernblieb und sich die meiste Zeit in den verräucherten Räumen des Bohemian Club herumtrieb, wo er zwischen 1876 und 1877 das für ihn durchaus untypische Amt des Schriftführers übernahm. Im Klub erneuerte Bierce seine Freundschaft mit Jimmy Bowman vom ›Chronicle‹ und anderen Journalisten, mit denen er Spott und Tratsch austauschte und dabei becherweise Branntwein trank, den er augenzwinkernd als »Herztonikum, bestehend aus einem Teil Donner-und-Blitz, einem Teil Gewissensbisse, zwei Teilen blutrünstigen Mordes, einem Teil Tod-Hölle-und-Grab und vier Teilen durchgeseihten Satans« definierte. Nach einer besonders wild durchzechten Nacht wäre Bierce beinahe in der San Francisco Bay ertrunken, als seine Fähre mit einem anderen Boot kollidierte und Bierce über Bord ging. Vorbeifahrende Fischkutter zogen ihn aus dem Wasser, und Bierce war hocherfreut, in einer Zeitungsnotiz über den Zwischenfall zu lesen, daß »ein unbekannter Mann in panischer Angst von Bord sprang und ertrank«.[3]

Bierces ziellose Existenz zwischen schreienden Babies, lästiger Verwandtschaft, trostlosen Jobs und wüsten Trinkgelagen fand Anfang 1877 ein Ende, als er Mitherausgeber der neugegründeten Zeitschrift ›Argonaut‹ wurde. Wie fast alle Bewohner der Stadt verdankte Bierce seine neue Stelle – zumindest indirekt – dem verbliebenen Einfluß der Silberkönige auf die wirtschaftliche Entwicklung. Die anhaltende Unsicherheit über den eigenen Arbeitsplatz hatte eine gefährliche zweigeteilte Arbeitsmarktlage entstehen lassen: eine starke, gewerkschaftlich organisierte Arbeiterschaft auf der einen, ein nicht weniger großes und unzufriedenes Heer der Arbeitslosen auf der anderen Seite. Beide Gruppen beobachteten aus jeweils unterschiedlichen Blickwinkeln mißmutig den wachsenden Einfluß chinesischer Einwanderer auf die sozialen und wirtschaftlichen Geschicke der Stadt. Die Zahl der Chinesen hatte sich von den anfänglich 787 Immigranten, die 1849 und 1850 nach San Francisco gekommen waren, um als Küchenjungen in den protzigen Anwesen der Goldschürfer zu arbeiten, dank der vielen zum Bau der Central Pacific Railroad benötigten Gastarbeiter bis zum Jahr 1876 auf 75 000 erhöht. In ihrer asiatischen Duldsamkeit waren diese Gastarbeiter bereit, längere Arbeitszeiten bei geringerem Lohn zu leisten, womit sie sich den einmütigen Zorn der weißen Arbeiterschaft zuzogen. Bereits zehn Jahre zuvor hatte eine Meute entlassener Amerikaner, von ihrem Arbeitgeber vor die Tür gesetzt, um sie durch billige chinesische Arbeitskräfte zu ersetzen, ihren Nachfolgern mit Hilfe der einschlägigen Überzeugungswerkzeuge, nämlich Axtstielen und Pflastersteinen, eine Lektion in Sachen gewerkschaftlicher Solidarität erteilt. Die Chinesen hatten ihre Lektion so gut gelernt, daß sie sich danach ausschließlich ihren eigenen Geschäften widmeten, wobei es ihnen bis zu Beginn der siebziger Jahre gelang, nahezu das Monopol über Wäschereien, Zigarrenherstellung und die Bekleidungsindustrie in San Francisco zu ergattern, was wiederum etwa fünftausend weiße Arbeiter brotlos machte und den geschäftstüchtigen Chinesen eine vorhersehbare weitere Gängelung durch eine Flut von speziellen Verordnungen, Gesetzen und Sondersteuern einbrachte.[4]

Angesichts der sich ständig verschärfenden Depression war jeder einzelne Arbeitsplatz in der Stadt heilig, und jeder Arbeitslose machte die Chinesen für sein ganz persönliches Leid verantwortlich. Im Herbst 1875, als Bierce gerade nach San Francisco zurückkehrte, gelang es der neugegründeten, vorwiegend aus Iren bestehenden Workingmen's Party, zahlreiche Ämter, einschließlich das des Bürgermeisters, mit einer handverlesenen Liste kommunaler Politiker zu besetzen. Neue, noch restriktivere Verordnungen gegen die Chinesen waren die Folge. Es war ihnen untersagt, nach zwei Uhr morgens auf den Straßen zu sein, auf den Bürgersteigen Verkaufsstände zu errichten, in nicht feuersicheren Gebäuden Wäschereien zu betreiben, an Glücksspielen teilzunehmen und Opium zu rauchen, Waren mit ihren traditionellen Schulterstangen zu befördern – ja sogar die städtischen Krankenhäuser aufzusuchen. Nur die Luft zum Atmen wurde ihnen gewährt, und selbst die war vergiftet vom wütenden Geschrei der Workingmen's Party und ihrer Sympathisanten. Die zunehmend radikaler auftretende Partei hielt auf einem Sandplatz neben dem Rathaus öffentliche Kundgebungen ab, auf denen Gewerkschaftsführer ihr Publikum abwechselnd gegen die heidnischen Chinesen und die eigenen kapitalistischen Bosse aufwiegelten. Solange die Redner mit den Chinesen vorliebnahmen, sahen die Stadtväter geflissentlich weg; als sich die Angriffe der Partei aber auch gegen die Silberkönige und die Eisenbahnbarone zu richten begannen, denen nicht weniger die Schuld an der Misere der Arbeiter zugeschrieben wurde, bekamen es die millionenschweren Neureichen auf dem Nob Hill mit der Angst zu tun. Einer ihrer treuen Gehilfen namens Frank Pixley, ein ehemaliger Staatsanwalt, der zum glühenden Republikaner geworden war, wollte der Situation nicht länger tatenlos zusehen. Im Frühjahr 1877 gründete er eine neue Wochenschrift, den ›Argonaut‹, um dem wachsenden politischen Einfluß der Workingmen's Party entgegenzutreten. Der aus San Francisco stammende Journalist Fred Somers wurde zum Herausgeber bestimmt, während Bierce sich ohne zu zögern und mit Feuereifer für den Posten des Stellvertreters bewarb.[5]

Von Beginn an kam es zwischen Bierce und dem Verleger des ›Argonaut‹ zu Meinungsverschiedenheiten. Pixley betrachtete die Zeitschrift als politische Waffe in einem sich abzeichnenden Klassenkampf. Bierce (der gewissermaßen die gesamte Zeitschrift redigierte) schwebte ein literarisches Journal nach dem Vorbild von Bret Hartes ›Overland Monthly‹ oder Tom Hoods ›Fun‹ vor. Die Erinnerung an James Mortimers zynischen Mißbrauch seines Talents für ›The Lantern‹ war noch frisch; tatsächlich ging der Titel seiner neuen Kolumne, »The Prattler«, unmittelbar auf Henri Rocheforts ›Lanterne‹ zurück, wo Rochefort eine Rubrik gleichen Namens geschrieben hatte. In seiner Antrittskolumne in der ersten Ausgabe des ›Argonaut‹ vom 25. Mai 1877 bekannte sich Bierce denn auch trotzig zu einem literarischen Programm: »Es ist meine Absicht, den Journalismus dieser Stadt zu reinigen, indem ich solchen Schriftstellern Unterweisungen gebe, die Unterweisungen verdienen, und solche, die sie nicht verdienen, umbringe.« Insbesondere in der zweiten Kategorie war die Liste potentieller Kandidaten lang, und obwohl Bierce mehr als fünf Jahre außerhalb des Geschehens gestanden hatte, machte er sich ohne Zögern an die Arbeit. Zu seinem ersten Opfer gehörte ein Poet aus San Francisco namens Sam Davis. »Mr. Davis behauptet«, schrieb er in der Ausgabe vom 9. Juni 1877, »ich bekämpfte die Verseschmiede, die in dieser Zeitschrift veröffentlichen. Selbstverständlich kann ich die Verseschmiede, denen ich den Kampf angesagt habe, nicht daran hindern, im ›Argonaut‹ zu veröffentlichen; dies ist die Pflicht des Herausgebers, deren grobe Vernachlässigung ich mit Bedauern feststellen muß. Mr. Davis' Bemerkung gibt mir jedoch Gelegenheit, jenen Gentlemen eine seit langem überfällige ernste Erklärung zu geben, deren Verse meine geschätzte Aufmerksamkeit gefunden haben. Gegen Verseschmiede als solche habe ich nichts einzuwenden. Wenn sich der Verseschmied allerdings zum Dichter aufschwingt, wird er in meinen Augen zum Ärgernis für alle, die Geschmack und Unterscheidungsgabe besitzen. Deshalb ist es wichtig, daß die klare und scharfe Trennung zwischen Gelegenheitsversen und Dichtung von den Herren Reimverdrehern genauso klar erkannt und streng respektiert wird wie von meiner Seite. Und solange Gott will, werde ich ihre Nasen darauf stoßen, bis sie dies erkannt haben.«[6]

Ein anderer Möchtegern-Dichter, Hector Stuart, beging den unverzeihlichen Fehler, mit stümperhaften Versen auf Bierce zu antworten: »Als sein Leben ward verbraucht,/Tat er seinen letzten Hauch/ Und verging wie Watte im Nu;/Jetzt ist es vorbei/Mit seinem Geschrei/Und mit seinem Geschreibe dazu.« Bierce ließ mit einer passenden Antwort nicht lange auf sich warten. »Was meinen Nachruf durch Hector S. Stuart betrifft, mag die Feststellung genügen, daß mein Name gerne darüber stehen kann, solange der seine sich darunter befindet. Hinsichtlich seiner Auffassung, meine Arbeit sei bald vergessen, kann ich ihm versichern, diesbezüglich einer weitaus weniger düsteren Zukunft entgegenzublicken als Mr. Stuart. Ich mache mir nichts aus Ruhm, ganz im Gegensatz zu ihm; dabei beruht seine einzige irdische Hoffnung, die Nachwelt möge sich seiner erinnern, in der bescheidenen Erwähnung seines Namens in dieser Kolumne.« Eine ebenso herzlose wie zutreffende Prophezeiung. Ein Mitarbeiter des ›Argonaut‹, Jerome Hart, beurteilte später treffend Bierces ungleichen Kampf gegen wehrlose Amateur-Dichter: »Bierce verstand einiges von der Dichtkunst, was ihn bei den Dichtern – besser gesagt bei solchen, die sich dafür ausgaben – zu einem gefürchteten Kritiker machte. Es gab damals unzählige Autoren, deren Gedichte den Markt überschwemmten. Das meiste davon war mittelmäßig, vieles schlecht und manches einfach bloß lächerlich. Bierce stürzte auf die sogenannten ›Dichter‹ herab wie der Falke auf das Huhn, und ihr Gegacker hallte über den Scheunenhof, während die Federn stoben. Die meisten dieser armen Kreaturen hatten eine derart mitleidslose Behandlung nicht verdient.« Ob nun verdient oder unverdient, von Bierces unbarmherzigen Peitschenhieben blieb kaum ein Dichter verschont. »Jeder wertlose Text eines Amateurschriftstellers, der vom Herausgeber angenommen wird, schadet dessen Autor in nicht wiedergutzumachender Weise«, schäumte Bierce. »Ist die Schreibwut erst einmal in schwachen und unbelehrbaren Geistern geweckt, läßt sie sich nicht wieder austreiben; jede kleine Bestätigung stachelt sie erneut an, so daß der schriftstellerische Ehrgeiz dieses armen Idioten, der wie das

Vaterunser auf einer Nußschale Platz fände, durch ständige Ermunterung wächst, bis selbst die Wände einer Irrenanstalt nicht mehr ausreichen.«[7]

Bierces Kolumne, deren Überschrift er bald auf das eingängigere »Prattle«, Geplapper, kürzte, war praktisch identisch mit seinen früheren Artikeln als »Town Crier«. Zwischen giftigen Attacken auf Lohnschreiber, die journalistische Konkurrenz und andere literarische Dilettanten entdeckte Bierce auch wieder seine besondere Vorliebe für das Makabre. Der Selbstmord gehörte wie immer zu seinen Lieblingsthemen. »Ein bekannter Bürger San Franciscos hat sich in San Louis eine Kugel durch den Kopf gejagt«, schrieb er im Mai 1877. »Dabei bietet keine andere Stadt der Welt Selbstmördern größere Möglichkeiten als San Francisco. Wir verfügen über einen zuverlässigen und dienstbeflissenen Leichenbeschauer sowie über eine gemütliche, wenn auch schlecht beleuchtete Leichenhalle. Unsere Bestattungsunternehmer sind höfliche Menschen, und ihre Leichenkutschen sind gut gefedert. Alle Friedhöfe bieten einen reizvollen Ausblick. Von diesen Vorteilen abgesehen, ist San Francisco selbst ein ausgezeichnetes Motiv.« Als ein Ostküstenjournalist feststellte, der Strick sei bei Gaunern wie bei ehrbaren Leuten das bevorzugte Mittel für den Selbstmord, entgegnete Bierce: »Man kann hier nur von einem Glücksfall sprechen, da alle Personen, denen auf dem Weg der Rechtsprechung der Tod durch den Strick zugedacht wird, entweder der einen oder der anderen Gruppe zuzurechnen sind.« Und als das Konkurrenzblatt ›Bulletin‹ von einem Mann berichtete, der sich einer »schwächlicher Gesundheit erfreuend« in einen 350 Meter tiefen Grubenschacht gestürzt hatte, spöttelte er: »Wer sich umbringt, weil ihm mit jedem Luftzug die Schwindsucht entgegenweht und von jeder Puddingkuppe eine Magenverstimmung winkt, muß ein ausgemachter Schwachkopf sein! Und warum jemand überhaupt aus dem Leben scheiden will, solange er sich einer schwächlichen Gesundheit ›erfreuen‹ kann, übersteigt vollends unsere Vorstellungskraft.«[8]

Auch Fälle von Gattinnenmord wurden regelmäßig einer kritischen Prüfung unterzogen. »Mit Bedauern stellen wir fest, daß Mr. Lynch, dreiundsechzigjähriger Gentleman aus San Francisco, den glücklicherweise nicht weit verbreiteten Irrtum begangen hat, seine Frau zu töten, mit der er vierzig Jahre lang zusammengelebt hatte und auf die er in Zukunft, wie sich versteht, verzichten muß. Mrs. Lynch hatte zuvor ein angebotenes Glas Bier zurückgewiesen. Der Genauigkeit halber sollte man vielleicht sagen, sie hatte sich dem Befehl dazu widersetzt. Der Gatte hielt es deshalb für angebracht, ihr einen tödlichen Messerstich in den Leib zu versetzen, obwohl die wenigsten ihm darin folgen dürften, eine solche Reaktion als notwendig oder human zu erachten. Sollte es sich allerdings um ein gutes Bier gehandelt haben, besteht kein vernünftiger Grund für die ablehnende Haltung der Dame.« Auch ein aus New York gemeldeter Fall von Mord und Selbstmord fand Bierces Interesse: »Der jüngst verstorbene James Johnson aus New York folgte der Lebensregel, jede seiner Handlungen mit größter Gewissenhaftigkeit auszuführen. In Übereinstimmung mit diesem Grundsatz wurde die Dame, deren Gesellschaft Mr. Johnson überdrüssig geworden war, gestern mit durchschnittener Kehle, eingeschlagenem Schädel und sechzehn Messerstichen im Leib aufgefunden, von denen acht – also die gerechte Hälfte – offenbar ihrem ungeborenen Kind galten. Neben der Leiche lagen ein Revolver, ein Rasiermesser, ein Schustermesser und ein eiserner Schürhaken – eine Zurschaustellung von Handwerksgerät, die Mr. Johnson eindeutig als Schüler der Eastlake School of Art ausweist, die ein Vertuschen der Arbeitsmethoden verachtet und die angewandten Mittel genauso freizügig zu erkennen gibt wie das fertige Produkt. Um dem tragischen Hauptakteur Gerechtigkeit widerfahren zu lassen, sei hinzugefügt, daß er sich am Ende des düsteren Schauspiels selbst von der Bühne komplimentierte, indem er mit einem eleganten Schnitt des Rasiermessers seinen Kopf vom Rumpf trennte.« Mitgefühl empfand Bierce für »Senor Felipe Carillo aus Monterey County, den ein gehässiger Zeitgenosse als ›den gemeinsten Schurken, der an den Galgen gehört‹, bezeichnet hat, nur weil er seine Mutter in ihrem zehnten Lebensjahrzehnt mit einer mit Strychnin verzierten Kürbistorte vergiftet hat. Einige Journalisten scheinen zu glauben, eine Frau habe das Recht, ewig zu leben. Wir teilen diese Auffassung nicht. Selbst Ninon de l'Enclos, die schönste, eleganteste und am meisten bewunderte Frau ihres Jahrhunderts – obendrein noch ein Inbegriff an Tugend –, war so feinfühlig, mit neunzig abzutreten. Hätte ihr Sohn den Geist eines Senor Carillo besessen, wäre sie bereits früher gegangen. Bedauerlicherweise verliebte er sich in sie und machte selbstsüchtig vom Recht des Liebhabers Gebrauch, Selbstmord zu begehen, anstatt seiner Sohnespflicht zum Mord nachzukommen. Und so schied der einzige Verehrer, dem diese liebenswerte Dame je ihre amouröse Gunst verweigerte, aus dieser Welt.«[9]

Die Ausübung einer ähnlichen Pflicht blieb Bierce beim Tod seiner eigenen Eltern erspart, die ohne fremde Hilfe im Februar 1876 und im Mai 1878 starben. Marcus, der im Alter von achtundsiebzig Jahren in Elkhart starb, hatte sich in seinen späten Jahren aus unerfindlichen Gründen den Beinamen »Oberst« Bierce gegeben und behauptet, er hätte einst als Privatsekretär für Präsident Van Buren gearbeitet. Die ›Elkhart Review‹ berichtete nach seinem Tod, der Oberst sei »ein Mann mit außergewöhnlichen Fähigkeiten, von ruhiger Wesensart und frei von aller Eitelkeit« gewesen – ungeachtet seines fingierten Titels und der vermeintlichen Jahre im Dienst des Präsidenten. An seiner Beerdigung nahm Bierce nicht teil. Genausowenig war er unter den Trauergästen, als zwei Jahre später seine Mutter Laura starb. Für ihn waren beide in gewisser Weise schon viele Jahre zuvor gestorben. Immerhin konnte er eine Kurzgeschichte mit dem Satz eröffnen: »Mein Vater war Desodorant für tote Hunde, meine Mutter hatte den einzigen Katzenfutterladen meiner Geburtsstadt.« Selbst Waise geworden, definierte er den Begriff kurze Zeit später als »lebende Person, die der Tod der Macht kindlicher Undankbarkeit beraubt hat – ein Verlust, der jedes fühlende Menschenherz mit besonderer Sympathie erfüllen muß«.[10]

Während Bierce eifrig auf Dichter einprügelte und seine Eltern verlor, drängte Pixley ihn, die lautstarke Propaganda der Iren auf dem Sandplatz neben dem Rathaus ins Visier zu nehmen. Bierce machte zunächst wenig Anstalten, dem nachzukommen, ob nun aufgrund seiner angestammten Sympathie für Minderheiten – Iren wie Chinesen –, oder auch nur wegen einer grundsätzlichen Abneigung, sich einer Order von oben zu beugen. Je mehr Pixley ihn antrieb, die Iren aufs Korn zu nehmen, desto mehr widmete sich Bierce so belanglosen Themen wie eitlen Kunstkritikern (»dieser grandiose Hohlkopf mit dem Verstand einer dummen Gans und dem Talent eines Esels«), Freimaurerritualen (»vergolde eine Seite deines eintönigen Lebens mit dem Glanz sinnloser Mysterien, erhebe dich in den Stand der Göttlichen Ringelschwänzigen Blauen Taube oder des Wahren Großmeisters Geistiger Verblendung«) und populären Tänzen (»von denen der ›Glide‹ gegenwärtig der beliebteste ist, dessen Plumpheit den lüsternen Absichten abgehalfterter Verführer wie der nimmersatten Neugierde dummer Weiber gleichermaßen entgegenkommt«). Bierces Journalismus ist häufig und nicht zu Unrecht der Vorwurf gemacht worden, er habe insgesamt zuviel Zeit darauf verschwendet, lästige Fliegen zu verscheuchen und »Schmetterlinge aufs Rad zu flechten«, wie sein einstiger Protegé George Sterling es ausdrückte. Auch der Herausgeber des ›Argonaut‹, Fred Somers, spielte auf Bierces unbändige Streitlust an, als er Jahre später ihm gegenüber klagte: »Wir wären von vielen dieser literarischen Eintagsfliegen verschont geblieben, wenn du sie nicht zur Jagd aus ihren Löchern getrieben und ihnen damit öffentliches Mitgefühl und Beachtung verschafft hättest. Dennoch rennst du weiter gegen Windmühlen an, die du oft selbst aufstellst, um sie dann – für Lohn und Brot – niederzureißen. Egal, ob es sich um Schmeichler oder Schurken handelt.«[11]

Ungeachtet der Tatsache, daß die unzufriedenen Hafenarbeiter und arbeitslosen Ziegelträger der Workingmen's Party sogenannte »Spitzhackenbrigaden« aufstellten und düstere Parolen von »Brot oder Blut« schwangen, war Bierce mehr daran gelegen, zusammen mit Thomas A. Harcourt und William Rulofson einen überaus erfolgreichen literarischen Schwindel auszuhecken, der das in San Francisco grassierende Walzerfieber aufs Korn nahm. Im Juni 1877 veröffentlichten die drei ein schmales Bändchen unter dem Titel *The Dance of Death,* in dem sie den Walzer als »hemmungsloses und schamloses Ausleben fleischlicher Begierden« geißelten. Unter dem Pseudonym William Herman verurteilte das Trio den Tanz auf ironisch-vordergründige Weise als lasziv und unzüchtig, während es sich zur Beschreibung der vermeintlichen Sündhaftigkeit einer Sprache bediente, die nicht weniger lasziv und ausschweifend war als der Tanz selbst. Ein kurzer Ausschnitt mag den Gesamteindruck des Werkes illustrieren: »Nehmen wir zum Beispiel folgendes Paar. Er ist robust, gelenkig und vital; sie ist groß, geschmeidig und biegsam, der Inbegriff von Anmut und Schönheit! Ihr Kopf ruht auf seiner Schulter, ihre Augen blicken zu ihm auf; ihr nackter Arm umfängt fast seinen Hals; ihre schwellende Brust wogt stürmisch gegen seine; Wange an Wange wirbeln sie herum, die Gliedmaßen ineinander verflochten; mit seinem kräftigen rechten Arm auf ihrer biegsamen Taille preßt er sie an sich, bis sich ihr reizender Körper ganz an ihn schmiegt und vor Wollust erschauert... seine Augen, eine wilde, unwiderstehliche Lust versprühend, erobern satyrgleich ihren Körper, und doch weicht sie nicht. Ein göttlicher Taumel hat sie ergriffen, und sie wirbelt herum im Strudel brennenden Verlangens – ihre Seele eins mit dem Elysium.«[12]

Bierce trieb den Scherz noch weiter, indem er das Werk im ›Argonaut‹ besprach und es als »einen beispiellosen Skandal, einen kriminellen Angriff auf das öffentliche Schamgefühl und ein schamloses Zurschaustellen der niederträchtigen Neigungen des Autors« brandmarkte. »Das Buch ist von der ersten bis zur letzten Seite ein ununterbrochener Höhepunkt fiebriger Ausschweifungen – ein einziges Freudenfest berauschter Sinne.« Zum Schluß äußerte er die Hoffnung, William Herman möge seine Identität lüften. »Damit wir ihn erschießen können.« Das Buch, das auf einer Versammlung der Methodistischen Kirche ausdrückliche Unterstützung erhielt, verkaufte achtzehntausend Exemplare und war sogar Anlaß für ein Gegenpamphlet, *The Dance of Life,* an dem Bierce möglicherweise auch beteiligt war, auch wenn er dies stets bestritten hat. Seine Mitautoren begingen ironischerweise beide Selbstmord wegen »häuslichen Elends«, wie Bierce mitfühlend bemerkte. Rulofson, schrieb er, »vollführte einen Totentanz vom Dach eines Hauses«, und Harcourt trank sich zu Tode, nachdem seine Frau mit einem anderen durchgebrannt war. Rulofsons Frau stand übrigens in dem Ruf, eine begeisterte Walzertänzerin zu sein.[13]

Späße dieser Art lenkten Bierce erfolgreich von der politischen Mission ab, für die ihn Pixley ursprünglich angeworben hatte. Ende Juli 1877 jedoch erlangte die Workingmen's Party durch gewalttätige, zwei Tage dauernde Unruhen, die als Solidaritätskundgebung für streikende Bahnarbeiter im Osten begonnen hatten, widerwillig seine Aufmerksamkeit. In Baltimore, Pittsburgh und Martinsburg, West Virginia, hatte die Bundesarmee mit Gatling-Gewehren Dutzende Streikende – und dazu eine Reihe Unbeteiligter – niedergeschossen, nachdem Präsident Rutherford B. Hayes den Forderungen einiger Funktionäre der Baltimore & Ohio Railroad nachgegeben hatte, US-Soldaten als ehrenvolle Streikbrecher für die bedrängten Kapitalisten zu entsenden. Seit der Präsidentschaft von Andrew Jackson war es das erste Mal, daß die Armee gegen die eigene Bevölkerung eingesetzt wurde (von den Konföderierten und Indianern einmal abgesehen, die ohnehin nicht als amerikanische Bürger betrachtet wurden), was sowohl die Streikenden als auch einen nicht unbeträchtlichen Teil der denkenden Bevölkerung aufbrachte, die sich zu Recht fragte, wann man die Waffen auf sie richten werde. Bierce hielt nicht viel vom Unions-Veteranen Hayes, der sein Amt vier Monate zuvor hinter einer ähnlichen Phalanx aufgepflanzter Bajonette angetreten hatte, nachdem sein stark angezweifelter Wahlsieg über den demokratischen Kandidaten Samuel J. Tilden durch eine Wahlkommission aus lauter Parteifreunden bestätigt worden war. »Sowohl an Lincoln als auch an Grant gab es manches auszusetzen«, bemerkte Bierce, »aber Hayes ist nicht mehr als ein flüchtiger Schatten ohne jede Substanz. Man kann ihn nicht sehen, man kann ihn nicht fassen; aber man weiß, daß er sich unermüdlich ausbreitet und das Licht verdunkelt, angefangen beim Schattenwurf von [Ohio-Senator] John Sherman bis in die Tiefen des Raums.«[14]

Die Wut über die Schüsse im Osten entlud sich in San Francisco wie vorherzusehen an den Chinesen. Nach einer Massenkundgebung der Workingmen's Party am 24. Juli, deren Höhepunkt eine Hetzrede des Parteiführers James D'Arcy bildete, marschierten Hunderte der sogenannten »Sand-lotters« nach Chinatown, wo sie sich für den Rest des Abends damit vergnügten, die Scheiben chinesischer Geschäfte einzuwerfen, Türen einzutreten sowie zahlreiche Wäschereien, Stoffgeschäfte, Zigarrenwerkstätten und andere asiatische Betriebe in Brand zu setzen. Als die Feuerwehr in Windeseile anrückte – die Stadt besaß nach wie vor einen gehörigen Respekt vor Feuer –, behinderten die Krawallmacher die Löscharbeiten, indem sie die Schläuche durchschnitten. Am folgenden Abend versammelten sich an der Ecke von Fifth Street und Mission Street fünftausend Arbeitslose zu erneuten Ausschreitungen. Doch während ein Großteil wieder nach Chinatown zog, um dort ein weiteres Mal Geschäfte zu plündern und Passanten zu verprügeln, suchten andere Gruppen ihren Spaß in den weißen Stadtbezirken. Damit war der Bogen für die Stadtväter überspannt, und selbst Bürgermeister Bryant, der von der Workingmen's Party an die Macht gehievt worden war, sah sich zu der öffentlichen Warnung gezwungen, daß die Polizei weiteren Gewalttaten mit drastischen Mitteln Einhalt gebieten werde. In der Zwischenzeit stellte der ehemalige Vorstand des Bürgerschutzkomitees, William T. Coleman, eine neue private Schutztruppe auf, die umgehend im Hafen eingesetzt wurde, wo der Pöbel ein großes Lagerhaus mit chinesischen Waren in Brand gesetzt hatte. Nach einstündigem Kampf am Ufer der San Francisco Bay gelang es der Bürgerwehr, die Aufrührer in die Flucht zu schlagen, nachdem auch die Bundesregierung eingeschritten war und zwei Kriegsschiffe vor der Küste ankern ließ, deren Matrosen und Marines jederzeit in das Geschehen an Land eingreifen konnten.[15]

Die Juli-Aufstände hinterließen innerhalb der Parteiführung eine Lücke, in die auf verschlungenen Wegen der frisch eingebürgerte Denis Kearney vorstieß, ein ehemaliger irischer Seemann, der zum Gewerkschaftssprecher der Fuhrleute aufgestiegen war und während der jüngsten Ausschreitungen ausgerechnet auf seiten der Bürgerwehr einen Axtstiel geschwungen hatte. Der aus dem County Cork stammende Kearney war mit elf Jahren Matrose geworden und 1868 in San Francisco angekommen, wo er ein florierendes Fuhrunternehmen aufbaute, bevor die Wirtschaftskrise Mitte der siebziger Jahre sein Geschäft ruinierte. Von Natur aus fleißig, scheu und empfindsam, hatte Kearney das Lyceum for Self-Culture besucht, dort seine angeborene Schüchternheit überwinden gelernt und sich zu einem mitreißenden Redner entwickelt. Als die Workingmen's Party sich nach den Unruhen neu formierte, übernahm Kearney den Vorsitz. Obwohl auch er kein Freund der Chinesen war – sein Motto lautete »The Chinese must go!« –, erweiterte er den Kreis seiner Feinde um die Minenbesitzer und Eisenbahnbarone. »Die Monopolisten, die ihren Reichtum billigen Arbeitskräften verdanken, haben sich auf Nob Hill Prachtvillen mit Fahnenmasten auf den Dächern errichtet«, donnerte er. »Sie sollen nur darauf achten, daß daraus nicht ihre Galgen werden.« Kearney drohte, jedem seiner Anhänger ein Gewehr und hundert Schuß Munition in die Hand zu drücken und mit ihnen nach Sacramento zu ziehen, um die dortigen Gesetzgeber vor die Wahl zu stellen, das Gesetz zur Abschiebung der Chinesen zu verabschieden oder »ohne Federlesens am nächsten Laternenmast aufgehängt zu werden«. Die gleiche Drohung erging auch an »die diebischen Millionäre und jene verdammten Ausgeburten der Hölle, die aufgeblasenen Schuldscheinbesitzer«, die ihn und viele andere Kleinunternehmer arbeitslos gemacht hatten.[16]

Einmal führte Kearney dreitausend Arbeiter zum Nob Hill, um gegen den berüchtigten »Schandzaun« des Eisenbahn-Tycoons Charles Crocker zu protestieren, einen zehn Meter hohen Bretterverschlag, den Crocker um das Haus eines unwillkommenen chinesischen Nachbarn errichtet hatte, der sich weigerte, sein Grundstück an ihn zu verkaufen. »Ich brauche nur ein Wort zu sagen, und Crocker baumelt!« verkündete Kearney von den Stufen vor Crockers Villa. Zwar blieb der Befehl aus, doch Crocker hielt es verständlicherweise für geraten, vorsorglich zwei Springfield-Gewehre in seinem Arbeitszimmer zu deponieren. Bierce betrachtete den Zwischenfall mit überparteilichem Augenmaß: »Mr. Charles Crocker, der zu seinem Unglück ein stattliches Anwesen besitzt, vor dem sich regelmäßig einige hundert gesetzlose Subjekte einfinden und mit dessen Zerstörung drohen, hat gegenüber der Polizei den verständlichen Wunsch geäußert zu erfahren, ob und welche Maßnahmen zum Schutz seines Eigentums vorgesehen sind. Offen gesagt, Mr. Crocker, wir sehen keine einfache Lösung Ihres Problems. Vielleicht besitzen Sie die Güte, einmal darüber nachzudenken, ob Sie tatsächlich eine so prachtvolle Villa benötigen, während Mr. Lunglusty Sunbummer im Stroh bei den Kais nächtigt oder der ehrwürdige Mr. Gory O'Ruffian sich ein Zimmer mit seinem Schwein teilt.«[17]

Die unter dem Namen »Kearneyism« populär werdende Bewegung stellte Bierce vor ein moralisches Dilemma. Er hatte wenig übrig für die Räuberbarone, deren emporschießende Rokokovillen nicht nur Crockers eingezäuntem Nachbarn, sondern vielen anderen Bewohnern der Stadt das Sonnenlicht stahlen. Andererseits verachtete er eine politische Haltung, die sich feige den überzogenen Forderungen zynischer Demagogen wie Kearney unterwarf oder ihre Stimme meistbietend verschacherte. Als ein bekannter Industrieller aus Oakland verstarb, bemerkte Bierce trocken: »Das persönliche Eigentum des verstorbenen Anthony Chabot aus Oakland soll veräußert werden. Dies wäre eine ausgezeichnete Gelegenheit, Senator Vrooman zu erstehen.« Doch wie viele Emporkömmlinge aus ärmlichen Verhältnissen fürchtete Bierce nichts so sehr wie die Anarchie, die die Mühen eines ganzen Lebens über Nacht zunichte machen konnte. Die großen Streiks dieses rauchgeschwärzten Sommers hatten Amerikas Mittelklasse in Angst und Schrecken versetzt. Die anhaltende Depression hatte bereits die soziale und wirtschaftliche Brüchigkeit einer Nation sichtbar werden lassen, in der Millionen hart arbeitender, gottesfürchtiger Menschen sich nur eine Hypothekenrate entfernt vom Leben auf der Straße befanden. Viele stimmten mit dem Kolumnisten der ›Nation‹, E. L. Godkin, überein, der schrieb: »Wir haben den Ausbruch eines weitverbreiteten Unmuts erlebt, der weniger gegen politische Unterdrückung oder eine ungeliebte Regierung als vielmehr gegen die Gesellschaft selbst gerichtet ist.«[18]

Bierces Antwort, vorgezeichnet durch einen lebenslangen Vertrauensschwund in religiöse, politische und militärische Institutionen, bestand darin, den Boten Kearney (ein »widerlicher Lump«) zu verdammen, dem Kern seiner Botschaft von der Korruptheit des Systems aber zumindest in Teilen zuzustimmen. Anders als Kearney jedoch glaubte Bierce weder an eine politische noch an eine gewaltsame Lösung des Problems. Er war im Gegenteil davon überzeugt, daß es keine wirkliche Lösung geben konnte, zumindest nicht innerhalb der allgemein geltenden demokratischen Spielregeln. Dabei ist schwer zu entscheiden, ob er mehr die anarchistische Bedrohung von Recht und Ordnung durch die »Sand-lotters« verabscheute oder deren politische Bedrohung für das bestehende Gemeinwesen vermittels ihrer organisierten Wählerschaft. Mit fast schon hysterischem Tonfall warnte er: »Der ›Kearneyism‹ ist keine flüchtige ›Episode‹; er ist Teil einer allgemeinen Bewegung. Überall in den Vereinigten Staaten werden bewaffnete Männer für den gewaltsamen Sturz der Regierung gedrillt. Der gütige Gott, die Mehrheit, plant unseren Untergang.« Dabei war die Drohung eines gewaltsamen Umsturzes für Bierce nicht weniger ernst als die Gefahr durch offizielle Wahlen. Durch das allgemeine Wahlrecht, warnte er im Februar 1878, sei ein System entstanden, in dem »die Tyrannei der öffentlichen Meinung« eine ebenso schwankende wie prinzipienlose Regierung hervorgebracht habe. »Mehrheiten, die selbst noch die Allerdümmsten auf ihre Seite ziehen, gehen selten den richtigen Weg. Als Ausdruck des Mittelmaßes ist die öffentliche Meinung gewöhnlich falsch und schädlich. Die Folge ist, daß Schriftsteller und Politiker sich in der Öffentlichkeit gleichermaßen darin gefallen, die Massen in ihren hirnlosen Fehlern und ungeschlachten Vorurteilen noch zu bestätigen, ihre unerschütterliche Eitelkeit zu bauchpinseln und ihren tiefwurzelnden Haß auf andere Völker und den Staat anzustacheln.«[19]

Dies klingt ein wenig nach dem elitären Dünkel, der damals wie heute den Republikanern anhaftet, nur war Bierce kein Republikaner. Er mag Denis Kearney und alles, was er repräsentierte, gehaßt haben, aber seine Ablehnung galt nicht weniger dem, was er die »Verpflichtungen der Reichen gegenüber den Armen« nannte. In seinen Augen war der Despotismus die beste Regierungsform, da »der Despot gleichermaßen die Macht besitzt, Gutes wie Böses zu tun«. Dies entsprach nicht unbedingt den politischen Überzeugungen Frank Pixleys und der von ihm umworbenen Wählerschaft, so daß Bierce immer stärker in Konflikt mit dem Herausgeber des ›Argonaut‹ geriet.

Zudem blieben ihre Differenzen nicht auf politische Themen beschränkt. Pixley (und in geringerem Maße auch Somers) erregte Bierces Zorn, indem er ihm die gesamte Redaktion der Zeitschrift überließ, während er und Somers sich anderweitigen Projekten widmeten. Somers, ein gebildeter Siebenundzwanzigjähriger aus gutem Hause, der später die Tochter eines Ex-Gouverneurs aus Missouri heiratete und die vielgelobte Zeitschrift ›Current Literature‹ gründete, war zu der Zeit mit der Herausgabe zweier anderer Literaturmagazine, ›Figaro‹ und ›Californian‹, beschäftigt. Pixley hegte Ambitionen auf den Gouverneursposten in Kalifornien – was durch Bierces bittere Rundumschläge wenig befördert wurde – und ging ganz darin auf, sich dem Eisenbahnbaron und politischen Königsmacher Leland Stanford anzudienen. Bierce sah sich mit der Herausgabe der Zeitschrift zunehmend alleingelassen, für die er Artikel schrieb, Beiträge akquirierte und die gesamte Produktion überwachte. Durchaus zu Recht klagte er später: »Als Fred Somers starb, wurde er der Welt wortreich als ›Macher‹ des ›Argonaut‹ präsentiert. Jetzt, da Pixley tot ist, heißt es wieder, er war der ›Macher‹ des ›Argonaut‹. Im Licht dieser Feststellungen sehe ich mich im literarischen Pantheon vor den Statuen der zwei großen Gründungsväter stehen, mein armes verwirrtes Haupt kratzen und dunkel darüber nachsinnen, wer ich eigentlich bin, ob ich mich verirrt habe und warum mich der Hausmeister nicht vor die Tür setzt?«[20]

Somers kam mit dieser vergleichsweise milden Kritik davon. Pixley, der wie Bierces Vater den unverdienten Titel eines Oberst führte, hatte weniger Glück. Bierce bespöttelte die eher kurze Bürgerkriegskarriere des Verlegers, die nach seinen Worten allein darin bestanden hatte, »auf dem weiten Weg von San Francisco immer dem heftigsten Gefechtsdonner gefolgt zu sein, um genau in dem Augenblick am Ort des Geschehens einzutreffen, als die Schlacht von Cold Harbor sich ihrem Ende zuneigte«. Nachdem er die Schlacht verpaßt hatte, witzelte Bierce weiter, gelang es Pixley irgendwie, vor der Küste von Labrador Schiffbruch zu erleiden und »von der Mannschaft eines vorbeischwimmenden Eisbergs gerettet zu werden, um danach an die äußerste westliche Grenze des Kontinents zurückzukehren. Aufgrund seines tapferen Ritts von Cold Harbor nach Labrador verlieh ihm die Lebensrettungsgesellschaft bald darauf eine Goldmedaille. Und die Gesellschaft für den Frieden beteuert, nichts habe ihre Sache mehr vorangetrieben als der Blick dieses Mannes auf ein Schlachtfeld.« Bierce bemäkelte auch Pixleys weithin bekannte schlechte Zahlungsmoral. »Er war ein genauso ausgezeichneter Schuldner wie ein miserabler Gläubiger. Schulden bekümmerten ihn nicht, denn er war davon überzeugt, sie früher oder später zu begleichen, aber er haßte jeden, der ihm etwas schuldete.« Jahre später, als ihr Verhältnis gründlich zerrüttet war, widmete Bierce seinem ehemaligen Verleger einen der kürzesten und vernichtendsten Nachrufe der Literatur: »Hier ruht Frank Pixley – wie üblich.«[21]

Einmal zumindest war Bierce froh, Pixley in seiner Nähe zu haben. Anfang Oktober 1878 veröffentlichte Bierce ein paar mit flotter Feder geschriebene Briefe der Schauspielerin Kate Mayhew, die zu der Zeit am Baldwin Theater in San Francisco auftrat. Die Briefe selbst waren nicht weiter bemerkenswert; wie unzählige Aktricen vor und nach ihr beklagte sich Miss Mayhew, daß der Talentvermittler der Stadt ein »alter Aufschneider« und »Großschwätzer« sei. Außerdem bemängelte sie, nicht ihrem Talent entsprechend entlohnt zu werden. Bierce, dem die Briefe über einen Unbekannten zugespielt worden waren, bemerkte zurückhaltend, »das Briefeschreiben ist *keine* verlorene Kunst«, und beschrieb die Korrespondentin als »eine charmante Schurkin, diese Miss Mayhew«. Ihr Gatte Henry Widmer, Dirigent des Hausorchesters im Baldwin Theater, fand die Lektüre der Briefe wenig unterhaltsam. In Begleitung eines Freundes stürmte er in die Redaktion des ›Argonaut‹ und wollte wissen, ob Bierce der Autor des Artikels sei. »Auf die prompte Antwort, dem sei so«, erzählte Bierce seinen Lesern, »schlug er unvermittelt mit der Faust oder der flachen Hand nach mir – der Schlag verfehlte sein Ziel, so daß ich nicht mehr genau zu sagen vermag, was es war. Da ich mich auf einen Wettstreit dieser Art grundsätzlich nicht einlasse, zog ich meine Pistole, als Mr. Widmers Freund, der unbemerkt eingetreten war und nach dessen Namen zu fragen mir nicht der Mühe wert schien, sich auf mich warf und nach dem gespannten Revolver griff, während Mr. Widmer im gleichen Moment über mich herfiel. In diesem Stadium des für alle Beteiligten im unmittelbaren Aktionsradius des Revolvers nicht ungefährlichen Handgemenges trat Mr. Pixley, der weder den Anlaß des Streits noch dessen Auslöser kannte, aus seinem Büro, packte Mr. Widmer und schob ihn in die Ecke. Die ›nachfolgenden Tätlichkeiten‹ bestanden aus einem Gerangel zwischen Mr. Widmers Freund und mir um die Waffe, die schließlich im Besitz ihres Eigentümers verblieb.«[22]

Die Geschichte hätte damit beendet sein können, hätte Widmer dem ›San Francisco Chronicle‹ nicht eine gänzlich andere Version des Geschehens unterbreitet, in der er selbst als Opfer der Verunglimpfungen auftrat und Bierce einen Feigling nannte. Bierce schlug im ›Argonaut‹ zurück und warf Widmer vor, »sein Leben, das ich ihm aus reiner Barmherzigkeit ließ, der systematischen Verleumdung meiner Person und meines Handelns zu widmen. Ich will daher die Gelegenheit nutzen, alle, die in der bedauernswerten Lage sind, ihn zu kennen, daran zu erinnern, sowie die, die ihn nicht kennen, darüber aufzuklären, daß ihm die besondere Ehre gebührt, kein Mann von Prinzipien, sondern ein Raufbold zu sein; kein Mann der Wahrheit, sondern ein Lügner; kein Mann von Tapferkeit, sondern ein Feigling. Und damit unmißverständlich deutlich wird, welches Mitglied der *Canaille* ich meine, so ist die Rede von Fiedler Widmer, dem charmanten Schurken.« Das Wortgefecht hatte damit ein Ende, aber fortan trug Bierce auf der Straße immer einen geladenen Colt bei sich. Daß diese Vorsichtsmaßnahme nicht reiner Paranoia entsprang, wurde zweifelsfrei bestätigt, als Charles De Young, der bekannte und einflußreiche Verleger des ›Chronicle‹, ein Jahr später vom Sohn des soeben gewählten Bürgermeisters Isaac Kalloch erschossen wurde, nachdem Kalloch junior an einem abschätzigen Artikel De Youngs Anstoß genommen hatte.[23]

Wenn das Leben in der Stadt zu turbulent wurde, konnte Bierce sich jederzeit mit der Fähre in sein Heim in San Rafael zurückziehen. Dort allerdings war das Leben allzu beschaulich. Mollie hatte sich inzwischen daran gewöhnt, die Kinder allein aufzuziehen, und überließ ihren sporadisch aufkreuzenden Gatten ganz seinen eigenen Launen, die vor allem darin bestanden, bis weit in den Tag zu schlafen, die halbe Nacht zu arbeiten und die andere Hälfte trinkend und plaudernd mit Rauhbeinen wie Jake Tunstead, dem Sheriff von Marin County, zu verbringen, der sein Eintreffen gewöhnlich dadurch ankündigte, daß er den Kopf durchs Fenster steckte und brüllte: »Wo ist Bierce?« Als Mollie ihren Mann fragte, wie er es nur mit einem so ungehobelten Klotz aushalten könne, zuckte der bloß die Schultern und sagte: »Du solltest ihn schießen sehen.« Über Tunsteads professionelle Qualitäten schrieb Bierce im ›Argonaut‹: »Mr. Tunstead versteht es, Menschen auf so sanfte und angenehme Weise zu hängen, daß Leute mit Ambitionen in dieser Richtung nach Marin kommen, um hier ihre Morde zu begehen.«[24]

Raufbold hin oder her, Tunstead war eine weitaus angenehmere Gesellschaft als Bierces allgegenwärtige Schwiegermutter, die sich alle naselang einfand, um im Haushalt zu helfen, oder auch sein aufstrebender Schwager James. Bierce hatte sich angewöhnt, von Mollie und ihrer Familie als »der Heiligen Dreifaltigkeit« zu sprechen, und er versuchte so wenige seiner wachen Stunden wie möglich in der Nähe des Hauses zu verbringen. Allen Beteiligten war mittlerweile schmerzlich bewußt, daß er und Mollie eine unglückliche Verbindung eingegangen waren. Als das Paar mit sehr viel Wohlwollen in das *Elite Directory of San Francisco,* das im gleichen Verlag wie der ›Argonaut‹ erschien, aufgenommen wurde, waren Mollie und ihre Mutter hocherfreut. Bierce hingegen attackierte unterdessen wütend einen lokalen Klatschreporter, der über ein mit zwei Beinen zur Welt gekommenes Kalb berichtet hatte, es könne »ebensogut vorwärts wie rückwärts gehen«. »Man befestige nur einen Korken am rechten Lauf des Tieres«, wetterte Bierce, »ziehe von dort eine Kordel zu seinem Schwanz, und es würde vortreffliche Klatschspalten für die Tagespresse schreiben.« Etwa zur gleichen Zeit schrieb er: »In Kentucky wurden die Skelette zweier aufeinanderliegender Indianer ausgegraben, die sich gegenseitig an der Kehle umklammert hielten. Das Skelett der Frau blieb bislang noch unentdeckt, aber es liegt vermutlich ganz in der Nähe und ruht mit zärtlicher Hingabe an der Brust eines dritten Mannes.« Der heimische Herd bescherte Bierce zunehmend weniger Trost.[25]

Neben politischen Querelen, Familienzwist und handgreiflichen Auseinandersetzungen mit erbosten Ehemännern schrieb Bierce nach Jahren erstmals wieder zwei Kurzgeschichten, »Nächtliche Vorkommnisse in Deadman's Gulch« und »Der berühmte Gilson-Nachlaß«, die am 29. Dezember 1877 und 26. Oktober 1878 im ›Argonaut‹ erschienen. Beide Texte (die unverkennbar Bret Hartes Goldrausch-Erzählungen nachempfunden sind) spielen in kalifornischen Bergarbeitercamps und zeigen einen Autor, der nach wie vor nach seiner eigenen Stimme sucht. Beides sind Spukgeschichten, wenn auch ohne besonderen Nervenkitzel. »Nächtliche Vorkommnisse in Deadman's Gulch« handelt von einem einsamen, vielleicht auch geistesverwirrten Bergmann namens Beeson, in dessen abgelegener Hütte eines Nachts ein gespenstischer Gast auftaucht. Während der Fremde stumm bleibt, erzählt Beeson seine Geschichte: Vor zwei Jahren starb sein chinesischer Diener mitten im Winter, und da der Boden steinhart gefroren war, begrub Beeson ihn unter den Dielen seiner Hütte. Zuvor jedoch schnitt er dem Toten den Zopf ab und nagelte ihn an die Wand. »Dem chinesischen Glauben zufolge«, erklärt Beeson, »ist ein Mann wie ein Falke: Ohne einen Schweif kann er nicht in den Himmel aufsteigen.« Jede Nacht erscheint der Geist des Dieners, um den Zopf zu holen, den ihm Beeson aus nicht ganz einsichtigen Gründen vorenthält. Auch in dieser Nacht kommt der Geist in Begleitung des Teufels (»aus San Francisco, offenbar«, wie Beeson bemerkt). Im anschließenden Tumult packt der Geist den Zopf mit den Zähnen, der Teufel entschwindet durch den Kamin, und der schweigsame Gast feuert einen Schuß ab, der von einem Deckenbalken abprallt und Beesons Herz trifft. Im folgenden Frühjahr finden umherziehende Bergarbeiter Beesons Leiche und einige verschimmelte Kleidungsstücke des fremden Besuchers. Die Kleidungsstücke werden als jene identifiziert, »in denen bestimmte verstorbene Bürger von Deadman's vor Jahren beerdigt worden waren«. Der Tod hatte Beeson offenbar in Verkleidung geholt.[26]

»Der berühmte Gilson-Nachlaß« ist zweifellos die gelungenere Geschichte. Bierce-Forscherin M. E. Grenander rückt sie in übertriebener Wertschätzung gar an die Seite von Mark Twains Meistererzählung »Der Mann, der Hadleyburg korrumpierte«, wobei die Gemeinsamkeit vor allem darin besteht, daß beide Geschichten von der korrumpierenden Macht scheinbar leicht erworbenen Reichtums handeln. Hauptakteur der Bierce-Erzählung ist ein unbescholtener Bewohner der Goldgräbersiedlung Mammon Hill, Henry Brentshaw, der sich mit der Ergreifung und dem Aufknüpfen eines Spielers und vermuteten Pferdediebs namens Gilson hervorgetan hat. Vor seiner Hinrichtung setzt Gilson sein Testament auf, in dem er seinen überraschend hohen Nachlaß Brentshaw vermacht – allerdings mit einem Zusatz: Sollte jemand innerhalb der kommenden fünf Jahre beweisen können, daß Gilson die Kästen ihrer Goldwaschrinnen geplündert hat (eine Tat, die ihm ebenfalls nachgesagt wurde, aber nie bewiesen werden konnte), so soll der Nachlaß an ihn übergehen. Brentshaw, der Gilson auf frischer Tat mit einem gestohlenen Pferd im Schlepptau ertappt hatte, versucht nun mittels Bestechung, Rechtsverdreherei und den bestbezahlten Anwälten nachzuweisen, daß Gilson zu Unrecht verurteilt und aufgeknüpft wurde. Brentshaws zunehmend verzweifeltere Bemühungen um den Nachweis von Gilsons Unschuld korrumpieren paradoxerweise die gesamte Dorfgemeinschaft. Richter, Geschworene, Zeugen und selbst die Lokalpresse, die flugs »einen überaus schmeichelhaften Nachruf auf den Verblichenen« veröffentlicht, versuchen sich gegenseitig in Treuebeweisen für Gilson zu überbieten. So gelingt es Brentshaw, die öffentliche Meinung umzudrehen, aber er büßt dabei die komplette ihm in Aussicht gestellte Erbschaft ein. Mehr noch, seine Bestechungen machen aus Mammon Hill »eine Region, in welcher das moralische Empfinden tot war, das soziale Gewissen schwielig, die intellektuellen Fähigkeiten verkümmert, geschwächt und verwirrt«. Brentshaw selbst verwandelt sich von einem entschlossenen, gutmütigen Menschen in einen brütenden Melancholiker, der von Gilsons »vollkommener Schuldlosigkeit« überzeugt ist. Als ihm zuletzt Gilsons Geist erscheint, der die Asche anderer Toter aus ihren Särgen raubt, ereilt ihn im Bewußtsein seiner törichten Leichtgläubigkeit der Tod.[27]

Für die meisten Kritiker ist »Der berühmte Gilson-Nachlaß« eine klassische Gespenstergeschichte mit ironischer Schlußpointe. Eine genauere Lektüre offenbart jedoch, daß es sich hier um einen überraschend subversiven und gotteslästerlichen Text handelt. Wie eine Passage gegen Ende der Erzählung zeigt, hat Brentshaw um Gilson seine ganz persönliche Privatreligion gewoben, eine Vorgehensweise, die Bierce zufolge auf jede Religion, insbesondere auf das Christentum, übertragbar ist: »Der feste, kraftvolle Intellekt war, überreif, zur geistigen Mürbnis der zweiten Kindheit geworden. Sein weiter Verstand hatte sich verengt, barg nur noch eine einzige Idee, und an Stelle der gelassenen, zynischen Ungläubigkeit früherer Tage behauste ihn nun ein gespenstischer Glaube an das Übernatürliche, der um seine Seele huschte und flatterte, schattenhaft, einer Fledermaus gleich und Irrsinn verheißend. Sein Verstand, in jeder anderen Hinsicht zerstört, klammerte sich mit der Hartnäckigkeit eines zerrütteten Intellekts an eine einzige Überzeugung. Das war ein unerschütterlicher Glaube an die vollkommene Schuldlosigkeit des toten Gilson. Sie war für ihn zu einer Art Religion geworden. Es erschien ihm als die eine große zentrale und grundlegende Lebenswahrheit – die einzige heitere Wahrhaftigkeit in einer Welt von Lügen.« Ein solcher unhinterfragter Glaube, gibt Bierce zu verstehen, ist das Produkt eines verbohrten Denkens, das den Intellekt eines Menschen ruiniert und ihn in einer Art zweiter Kindheit gefangenhält, einer düsteren Schattenwelt am Rande des Wahns.[28]

Allein der Name von Brentshaws neuentdecktem Idol, Milton Gilson, verweist in vielerlei Hinsicht auf Jesus Christus: Der Vorname Milton erinnert an John Milton und dessen *Paradise Lost;* Gilson ist eine Zusammensetzung aus »gill«, dem frühchristlichen Symbol des Fischs, und »son«, der Sohn Gottes. Tatsächlich spiegelt Gilsons außergewöhnliche Apotheose vom gemeinen Pferdedieb zur makellosen Gottheit genauestens die Leidensgeschichte Christi wider. Aus dem Goldgräbercamp New Jerusalem verbannt, begibt Gilson sich nach Mammon Hill, wo ihn die aufgehetzte Menge zu Unrecht anklagt und – wie es in der Geschichte heißt – an Dem Baum aufknüpft. Anschließend wird der Leichnam von seinem neuen Apostel

Brentshaw abgenommen, der sich »zu Dem Baum begab, dessen Frucht zu pflücken«. Über Gilsons Grab wird ein imposantes Denkmal errichtet, das ihn wie einst Christus als »Opfer der ungerechten Schmähungen einer verleumderischen Viperbrut« ausweist. Und schließlich wird Gilson wie Christus durch Gottes Hand aus seinem Grab errettet – in diesem Fall durch eine Flut – und wandelt für kurze Zeit unter den Lebenden. Daß er dabei wie ein Dämon die Gräber seiner Nachbarn aufbricht und deren Asche in sein eigenes gibt, symbolisiert in blasphemischer Verdrehung die christliche Lehre des Jüngsten Gerichts, nach der Christus vom Himmel herabsteigen und über die Toten Gericht halten wird, während sich die Gräber genau wie auf Mammon Hill öffnen. Das ketzerische Bild von Christus als Grabschänder ist selbst für Bierce ausgesprochen bösartig.[29]

Bierce veröffentlichte im ›Argonaut‹ nicht nur seine eigenen Geschichten, sondern stellte die Zeitschrift auch bereitwillig seinen Freunden als Publikationsforum zur Verfügung. Zu den regelmäßigen (und heute zumeist vergessenen) Autoren gehörten neben T. A. Harcourt, dem Mitautor von *The Dance of Death*, Namen wie Ina Coolbrith, Emma Dawson, William Morrow, Annie Townsend, Madge Morris, Richard Realf und Charles Warren Stoddard, der jüngst aus Europa zurückgekehrt war. Das Verhältnis zwischen Bierce und Stoddard, die seit den alten Tagen des ›Overland Monthly‹ eine zehn Jahre währende feste Freundschaft verband, wurde allerdings zunehmend angespannter. Stoddards gespreizter Bericht über eine Teegesellschaft in George Eliots Londoner Domizil empfand Bierce als ein so abgeschmacktes Beispiel amerikanischer Speichelleckerei, daß er seinen alten Weggefährten in seiner »Prattle«-Kolumne scharf zurechtwies. Ein weiterer Grund für das Zerwürfnis, den Bierce Jahre später George Sterling eröffnete, war Stoddards spätes Bekenntnis zu seiner Homosexualität. Er sei nicht zufrieden gewesen mit der Art, in der Gott ihn erschaffen hätte, erklärte Bierce.[30]

Ein anderer Bekannter – zu einer Freundschaft reichte es nie –, der eine Kostprobe von Bierces Zorn zu spüren bekam, war Mark Twain. Bei einem Bankett zu Ehren des siebzigsten

Geburtstags von John Greenleaf Whittier im Dezember 1877 hatte Twain mit einem verunglückten Auftritt die ungekrönten Häupter der Literatur Neuenglands verunglimpft. Aus Gründen, die nur er selbst kennen mochte, hatte Twain die Gelegenheit ergriffen, sich ausgerechnet über das ehrwürdige Triumvirat Ralph Waldo Emerson, Henry Wadsworth Longfellow und Oliver Wendell Holmes lustig zu machen. In einer redseligen Ansprache, die anschließend als schier endlos bezeichnet wurde, unterhielt Twain seine verblüfften Zuhörer mit einer typischen Wildwestgeschichte über drei betrunkene Tramps, die unter dem Namen der drei berühmten Schriftsteller in der abgelegenen Hütte eines Bergmanns am Rand der Sierra Nevada aufgetaucht waren. Das Trio, so Twains Erzählung, war in die Hütte eingedrungen, hatte sämtliche Vorräte des Arbeiters verzehrt, seinen Whiskey ausgetrunken, ihn beim Kartenspiel übers Ohr gehauen und zuletzt auch noch das einzige Paar Stiefel des Gastgebers gestohlen. William Dean Howells, der an dem Abend zugegen war, hatte nur einmal kurz von seinem Teller aufgeschaut und Twain mit versteinerter Miene in die empörte und totenstille Runde blicken gesehen. Später sagte Howells über Twain, ihn habe »der Teufel geritten«.[31]

Als Bierce einige Wochen später von dem Vorfall hörte, war er Feuer und Flamme. In Erinnerung an seinen eigenen verunglückten Auftritt fünf Jahre zuvor im Londoner Whitefriar's Club, bei dem Twain ihm die Show gestohlen und ihn öffentlich blamiert hatte, nahm Bierce die langerwartete Gelegenheit zu einer verspäteten Revanche nur allzu dankbar an. »Mark Twains Rede in Boston«, schrieb er am 5. Januar 1878 im ›Argonaut‹, »in der der große Humorist, den übermütigen Eingebungen seiner Phantasie folgend, Longfellow, Emerson und Whittier an einem Kartenspiel in der Hütte eines kalifornischen Grubenarbeiters teilnehmen läßt, hat Berichten zufolge die Gemüter der ›erlesensten literarischen Zirkel‹ dieser Stadt so sehr erzürnt, daß der wagemutige Spaßvogel nun um seinen Hals fürchten muß. Ich hoffe, sie knüpfen ihn nicht auf; es wäre eine ungehörige und gesetzlose Tat, wenn auch durchaus gerecht und zum Wohle der Öffentlichkeit. Außerdem würde sie so manchem ehrwürdigen Sheriff allen Ehrgeiz nehmen, der sich um die strahlendste und schönste Hoffnung seines Lebens betrogen sähe.«[32]

Für Howells, der ihn später zu den drei besten amerikanischen Schriftstellern zählte, empfand Bierce eine lebenslange Antipathie. Sie lag zum Teil in der entschiedenen Ablehnung des realistischen Literaturmodells begründet, als dessen eifrigster Verfechter Howells auftrat, während Bierce Realismus in *Des Teufels Wörterbuch* als die Kunst definierte, »die Natur aus der Froschperspektive abzubilden«. Seine Kritik an der sogenannten »Reporter School in Literature« richtete sich vor allem gegen »den Oberlehrer dieser Schule, Mr. Howells. In Ermangelung der höchsten und entscheidendsten Begabung des Dichters, der Imagination, gibt er sich mit dem zufrieden, was er kann – mit seinen Augen und Ohren Notizen zu machen und sie dann auszuarbeiten, genau wie ein Reporter. Er kann nur davon erzählen, was er selbst gesehen oder gehört hat, und auf seinen Spaziergängen durch die rechtwinkligen Straßen und sauber eingefriedeten Gärten von Philistia hat er nichts gesehen oder gehört, was erzählenswert wäre.« Schriftsteller dieser Sorte, so Bierce weiter, »glauben, die banalen Dinge des Alltags werden in der Literatur interessant – die Verrichtungen, Gedanken und Gefühle des Durchschnittsbürgers, das Leben und Treiben von Knallchargen, Nieten, Ignoranten und Millionären«.[33]

Darüber hinaus schien Bierce Howells vor allem deshalb zu verachten, weil er sich als Feigling erwiesen und vor dem Bürgerkrieg gedrückt hatte. Stets nannte er ihn in einem Atemzug mit Henry James, einem weiteren zartbesaiteten Zeitgenossen, der vor dem Krieg geflüchtet war, indem er beide als »Miss Nancy Howells und Miss Nancy James« verspottete, wobei »nancy« umgangssprachlich für Homosexueller gebraucht wurde. Daß Howells ein zuvorkommender und großherziger Mensch war, der anderen Autoren half, wo immer er konnte (und im übrigen heterosexuell und verheiratet war), zählte für Bierce weniger als die Tatsache, daß er den Krieg in einem italienischen Konsulat ausgesessen hatte, während Bierce und die anderen Freiwilligen der ersten Stunde im Kugelhagel von Shiloh und Chickamauga gestanden hatten. »Dieser verlauste Schreiberling«, spöttelte er verächtlich über Howells, um ihn zusammen mit James als »die beiden herausragenden Hohlschwätzer und Kameeschleifer am Hofe Ihrer Winzigkeit, der zierlichen Jungfrau von Boston«, zu entlassen. Die »kleinen Annehmlichkeiten des Lebens«, denen Howells sich in seiner begüterten und sorgenfreien Existenz verschrieben hatte, waren Bierce grundsätzlich fremd. Von dieser Sicht der Welt hatte ihn der Krieg, neben anderen Dingen, für immer kuriert.[34]

Im Sommer 1879 war Bierce der literarischen wie politischen Querelen gleichermaßen müde. Zu Pixley und dem ›Argonaut‹ ging er zunehmend auf Distanz und verbrachte mehr und mehr Zeit in San Rafael im vergeblichen Bemühen, einen heraufziehenden Asthmaanfall abzuwehren. Unzufrieden mit seinem Beruf, seiner Familie und sich selbst, suchte er verzweifelt nach einer neuen Herausforderung. Sein Wunsch erfüllte sich schneller als erahnt, als ein Freund aus alten Tagen, Sherburne B. Eaton, ihm eine Stelle bei der neugegründeten Black Hills Placer Mining Company anbot, die im Frühjahr 1880 in Rockerville, South Dakota, den Schürfbetrieb aufnehmen wollte. Eaton, der zusammen mit Bierce in General Hazens persönlichem Stab gedient hatte und während seiner anschließenden Tätigkeit als Baumwollagent in Alabama sein Vorgesetzter beim Finanzamt gewesen war, war zum juristischen Berater des Unternehmens ernannt worden. Die Black Hills waren nach zehnjährigem zähem Ringen mit den Sioux und ihren Verbündeten über den rechtmäßigen Besitz der heiligen Paha Sapa, wie die Indianer das bodenschatzreiche Gebiet nannten, im Herbst 1879 von der Hayes-Administration erneut für Goldschürfer und Siedler freigegeben worden. Die Black Hills Placer Mining Company war eins der vielen Großunternehmen, die sich umgehend auf das lukrative Geschäft stürzten. Von George Armstrong Custer und den 261 Kavalleristen, die im Sommer 1876, genau einhundert Jahre nach der Unabhängigkeitserklärung, von den Hängen oberhalb des Little Bighorn River in den Tod geritten waren, waren mittlerweile nicht mehr als morsche Knochen und rostige Knöpfe geblieben, genau wie von den sterblichen Überresten des berühmten Revolverhelden James Butler »Wild Bill« Hickok, der in einem Saloon in Deadwood, South Dakota, sein Ende gefunden hatte, unweit der Stelle, an der Bierce sein Büro eröffnen wollte. Ohne den Rat seines Schwiegervaters oder eines anderen gestandenen Bergmanns einzuholen (man darf sich fragen, inwieweit Mollie in die Pläne einbezogen wurde), löste Bierce eilig alle Verbindungen zum ›Argonaut‹ und machte sich im Juli 1880 auf nach Deadwood, fest entschlossen, der schändlichen Tintenkleckserei des Journalismus für immer den Rücken zu kehren, wie er seinem alten Londoner Zechkumpan Henry Sampson schrieb. Wenn Sampsons Antwort ihn beunruhigt haben sollte – nach der Art, daß Hunde stets zu ihrem Erbrochenen zurückkehren –, so bewahrte er darüber eisernes Stillschweigen.[35]

Das Unternehmen entpuppte sich von Beginn an als gewaltige Pleite. Während Geldgeber im Osten allein aufgrund schöner Versprechungen Hunderttausende Dollar in die Gesellschaft investierten, gelang es Bierces Vorgänger, einem Mann mit dem kuriosen Namen Capt. Ichabone M. West, beachtliche Summen auf magische Weise verschwinden zu lassen, ohne dafür mehr vorweisen zu können als eine halbfertige, siebzehn Meilen lange Wasserleitung von Spring Creek nach Rockerville und einen Stapel Schuldscheine bei der Deadwood First National Bank. Bierces unseliger Einstieg in die Goldwäscherei großen Stils erscheint im Rückblick als Paradebeispiel für die Midlife-Crisis eines unzufriedenen achtunddreißigjährigen Autors. Abgesehen von ein paar Kurzgeschichten über Goldgräber und Gespenster und einem widerwillig verbrachten Jahr im Bundesmünzamt belief sich Bierces gesamte Goldgräbererfahrung auf den zehn Jahre zuvor mit Hazen unternommenen Ritt über die Prärie und die dabei entstandene Karte der Black-Hills-Region. Nicht gerade viel, um darauf eine neue Karriere zu gründen.[36]

Dennoch kämpfte Bierce tapfer auf seinem Posten. Ungeachtet des Widerstands von Captain West, der sich eisern weigerte, sein Amt an Bierce abzutreten, als auch von den inzwischen hellhörig gewordenen Angestellten der Deadwood Bank, die Bierce nicht weniger eisern jeden weiteren Vorschuß verweigerten, gelang ihm die Sisyphos-Aufgabe, Wasser vom Fluß bis zur Mine zu leiten. Unterstützt wurde er dabei von einem zwielichtigen Verbündeten, einem rauhbeinigen Revolverhelden namens Boone May, den er angeheuert hatte, um das geschröpfte Kapital der Gesellschaft zu sichern. Die Straße von Deadwood nach Rockerville wimmelte von Banditen, so daß viele Minenbesitzer sich zum Schutz ihrer Lohntransporte gezwungen sahen, ein halbes Dutzend Wachmänner der kalifornischen Firma Wells, Fargo & Company einzustellen. Die Wachleute waren laut Bierce »furchtlose und anständige Burschen, die über einen Killerinstinkt, außergewöhnliche Wachsamkeit und ein gutes Augenmaß verfügten, mit dem sie jeden Schuß sicher ins Ziel brachten«. An einem Sonntagmorgen beobachtete er, wie zwei von ihnen auf ihrem Spaziergang durch Deadwood ein halbes Dutzend Desperados ins Jenseits beförderten. May war so etwas wie eine lokale Berühmtheit. Er galt als der schnellste Schütze Dakotas – zumindest seit dem Tod von Wild Bill – und hatte einst den berüchtigten Banditen Frank Towle bei Robber's Roost gestellt. Auf dem Weg nach Deadwood, wo Towle den Händen des Richters übergeben werden sollte, hatte May seinen Gefangenen bei einem Fluchtversuch erschossen und am Straßenrand verscharrt. Als er anschließend erfuhr, daß auf Towles Kopf eine Belohnung von zweitausend Dollar ausgesetzt war, ritt May, der es mit dem Gesetz sehr genau nahm, zurück, grub die Leiche aus, schnitt ihr den Kopf ab und brachte ihn wie ein folgsamer Hund, der seinem Herrchen einen Stock apportiert, in die Stadt. Das war selbst für Deadwood zuviel, wo May des Mordes angeklagt, zuletzt aber freigesprochen wurde.[37]

Für Bierces Empfinden war May genau der richtige Mann, die Interessen der Black Hills Placer Mining Company zu schützen, so daß er ihn sofort unter Vertrag nahm. Die Investition sollte sich schon bald bezahlt machen, als Bierce und May Wertpapiere in Höhe von dreißigtausend Dollar von Deadwood nach Rockerville brachten. Während der Fahrt in einer offenen Kutsche durch feinen Nieselregen, so berichtete Bierce später, »hörten wir plötzlich den Hufschlag eines Pferdes hinter uns und im gleichen Moment den scharfen Befehl: ›Hände hoch!‹ Unwillkürlich riß ich an den Zügeln, so daß sich die Pferde aufbäumten, während ich nach meinem Revolver griff. Doch wie unnötig: Mit einer Schnelligkeit, die ich sonst nur bei Katzen beobachtet habe – der Reiter hatte die Worte kaum ausgesprochen –, hatte May sich über den Sitz nach hinten geworfen und zielte mit seinem Gewehr auf die keinen Meter entfernte Brust des Banditen.« Was danach geschah, so Bierce sibyllinisch, »konnte nie ganz geklärt werden«. Zumindest wurden die beiden nie wieder belästigt. Als die Firmenleitung in New York von Bierces neuem Mitarbeiter hörte, äußerte sie Bedenken über seine Einstellungspraxis. Bierce gab zurück, er habe nicht die Zeit, sein Leben bei gefährlichen Botendiensten dieser Art aufs Spiel zu setzen, und habe diese Aufgabe deshalb May übertragen. Als Zugeständnis an eine korrekte Buchführung setzte er May jedoch unter »Boone May, Mörder« auf die Gehaltsliste.[38]

Trotz aller Anstrengungen aber war das Scheitern des Unternehmens nicht aufzuhalten. Neue Investoren scheuten sich, ohne handfeste Gewinngarantien neue Gelder zur Verfügung zu stellen, und Bierce und seine Arbeiter blieben wochenlang ohne Lohn. Verzweifelt reiste Bierce im Herbst 1880 nach New York, um sich persönlich bei Eaton und der Geschäftsleitung zu beschweren, mußte aber sehr bald erkennen, daß weder er noch sonst ein Beteiligter des Unternehmens in den Black Hills von Dakota reich werden würde. (Tatsächlich wurde in der Mine von Rockerville nie Gold gefunden, obwohl zahlreiche Grubenarbeiter bis weit in die neunziger Jahre hinein auf eigene Faust weiterschürften.) Zu guter Letzt gab Bierce auf und kehrte im Dezember 1880 von New York nach San Francisco zurück. Die einzige Hinterlassenschaft seines kurzen Ausflugs ins Goldgeschäft war ein zäher Rechtsstreit, Ambrose G. Bierce gegen die First National Bank of Deadwood, in dem die Firmenleitung in seinem Namen um ein Guthaben von dreitausend Dollar stritt, dessen Auszahlung an das inzwischen bankrotte Unternehmen die Bank sich weigerte. Der Prozeß zog sich über mehrere Jahre hin, in denen Bierce nicht nur regelmäßig ausführliche Beweisprotokolle abzuliefern, sondern obendrein auch die Anwaltskosten zu übernehmen hatte. Weitaus schlimmer noch traf es Bierces Stolz, der gegenüber seiner Frau und ihrer Familie seinen Fehler eingestehen mußte, sich überhaupt auf ein so waghalsiges Unternehmen eingelassen zu haben. Abgebrannt und zerknirscht kehrte er nach San Francisco zurück, von seinem einzigen Ausflug in die Geschäftswelt des Vergoldeten Zeitalters nichts weiter mit nach Hause bringend als eine Handvoll Anekdoten aus dem Wilden Westen, die zu erzählen er zu müde war, während mit Sherburne Eaton eine weitere Freundschaft zerbrochen war. Alles in allem begann das neue Jahrzehnt für Bierce wenig vielversprechend.[39]

9

Der Teufel und die ›Wasp‹

Zum zweiten Mal innerhalb von fünf Jahren fand Bierce sich im winterlichen San Francisco wieder, ohne Perspektive, ohne Arbeit und zutiefst niedergeschlagen. Die leise Hoffnung, zum ›Argonaut‹ zurückzukehren, wurde durch seinen ehemaligen Mitarbeiter Jerome Hart zerschlagen, der Bierce in seinem neuen Heim in den Bergen bei Fort Mason mit Blick auf die San Francisco Bay besuchte. Hart hatte die undankbare Aufgabe, Bierce davon zu unterrichten, daß seine Mitarbeit beim ›Argonaut‹ nicht mehr erwünscht war. Frank Pixley und Fred Somers hatten erleichtert, wenn nicht gar mit großer Freude erkannt, daß die Zeitschrift – genau wie sie – auch gut ohne Bierce auskam. Hart, der unschuldige Überbringer der schlechten Nachricht, wurde für seine Mühen von Bierce im Vorbeigehen abgestraft. »Er verstand sich auf Gedichtrezitationen, Seidenmalerei und ein breites Lächeln«, schrieb Bierce, »und wurde überall nur die Magnetische Muschel genannt.« Weit größer war sein Zorn auf Pixley, den er, wenngleich nicht sonderlich originell, in »Mr. Pigsley vom Hogonaut« umtaufte. Von Stund an sollte zwischen beiden eine erbitterte Feindschaft herrschen, auch wenn Bierce zunächst ein neues Schlachtschiff finden mußte, von dem aus er seine Geschütze in Stellung bringen konnte.[1]

Diesmal mußte er zumindest nicht lange auf eine passende Gelegenheit warten. Die bekannte satirische Wochenschrift ›Wasp‹ bot Bierce eine Redaktionsstelle an, die er im Januar 1881 antrat. Wie ganz San Francisco wußte auch Bierce nicht, daß hinter dem vermeintlichen Verleger des Blattes, Harry Dam, der gerissene Intrigant Charles Webb Howard, Präsident der Spring Valley Water Company, die Fäden in der Hand hielt. Als offizieller Wasserlieferant für San Francisco und andere Gemeinden der Bay Area verfügte die Gesellschaft über einen hohen Werbeetat, den Howard geschickt in die eigene Tasche lenkte, indem er Woche für Woche großspaltige Anzeigen in der ›Wasp‹ veröffentlichte. Die daraus resultierenden Interessenskonflikte schienen Howard nicht weiter zu kümmern. Bierce, ahnungslos über die tatsächliche Finanzierung der ›Wasp‹, bezog zufrieden sein Büro in der Stadt und machte sich sogleich daran, die wöchentliche Spalte »Prattle« wieder aufleben zu lassen.[2]

Gegenüber den Artikeln für den ›News Letter‹ und den ›Argonaut‹ waren die wöchentlichen Kolumnen in der ›Wasp‹ noch bitterer. Zum einen war ihr Autor inzwischen älter und gestraft mit der Bürde einer unglücklichen Ehefrau, drei kleinen Kindern und einer allgegenwärtigen Schwiegermutter, die sich durch keinen Umzug abschütteln ließ. Darüber hinaus hatte ihn der schmähliche Ruin der Black Hills Placer Mining Company, auch wenn er selbst keine Schuld daran trug, zutiefst demoralisiert. Der Journalismus bedeutete für Bierce nicht die Rückkehr zu einer ersten Liebe, sondern eine letzte Zuflucht, und er machte sich sofort daran, andere für sein persönliches Mißgeschick büßen zu lassen, mochte es nun selbstverschuldet sein oder nicht. An potentiellen Opfern bestand wie üblich kein Mangel. Die öffentlichen politischen Kämpfe des vorangegangenen Jahrzehnts waren größtenteils erlahmt, wofür einerseits der Machtmißbrauch des Führers der Workingmen's Party, Denis Kearney, anderseits die zynische Aufteilung der politischen Macht verantwortlich war, die der vormalige Erfolg der Partei den Drahtziehern der Macht in Sacramento abgerungen hatte. Ein Kalb mit zwei Köpfen, das sich Demokratisch-Republikanische Partei nannte, hatte mit der großherzigen Unterstützung schwerreicher Lobbyisten, die wiederum von den The Big Four genannten Eisenbahnbaronen der Southern Pacific Railroad – Leland Stanford, Collis Huntington, Mark Hopkins und Charles Crocker – gesteuert wurden, die politische Macht übernommen und das kurze Aufflackern demokratischer Strömungen (sowohl für als auch gegen die Workingmen's Party) erstickt. Bierce genügte ein kurzer Blick auf das neue Parteiengefüge, um sein vernichtendes Urteil zu fällen: »Würde Flachsinn Dunkelheit verbreiten, müßten in Sacramento die Straßenlaternen auch tagsüber brennen; wäre Selbstsucht hörbar, erschiene selbst der feurigste Redner dieses Haufens wie ein Taubstummer, der unter ohrenbetäubendem Trommeldonner dummes Zeug von seinen Fingerspitzen unters Volk schleudert. Ich kann mich nicht entsinnen, jemals eine derart widerliche Bande, wie verschlungene Würmer ein Komplott ausbrütend, außerhalb eines Pferdekadavers gesehen zu haben – seit sich die Versammlung vertagt hat.«[3]

Die ›Wasp‹ stand seit ihrer Gründung auf seiten der Demokraten und kämpfte dementsprechend gegen die Eisenbahnmagnaten. Bierce war dafür genau der richtige Mann. Wiederholt verspottete er den Service der Central Pacific, indem er Methoden aufzählte, »mit denen die Gesellschaft ihre Fahrgäste malträtiert«. Als eine Reihe von Zügen den Beinamen »Flyer« erhielten, sah Bierce darin einen gelungenen Scherz, da eben diese Züge zu den langsamsten im ganzen Land zählten und regelmäßig mit so großer Verspätung eintrafen, daß die Reisenden »Gefahr liefen, senil zu werden«, ehe sie ihr Ziel erreichten. »Als der Overland gestern um Mitternacht mit mehr als neunstündiger Verspätung eintraf«, notierte er, »entstiegen zwanzig Fahrgäste den schneebedeckten Waggons. Alle waren steifgefroren und halb verhungert, aber heilfroh, mit dem Leben davongekommen zu sein.« Die Meldung, der beim Baubeginn der Central Pacific Railroad benutzte Spaten solle auf einer Ausstellung gezeigt werden, inspirierte Bierce zu einer finsteren »Ode auf den Central Pacific Spaten«: »Berühmtes Werkzeug zu unseliger Tat,/Welch gräßlich Zeugnis brennt auf deinem Blatt!/ Ich sehe, daß dich noch die grausen Flecken/Vom Blut und Hirn der Reisenden bedecken./Dem roten Rost der Witwe Fluch entsteigt,/Dein blinder Glanz von Waisentränen zeugt. Blutrot die Spur auf deinem Griff sich malt,/Wo dich des Trägers harte Hand umkrallt,/Als kühn und kraftvoll er das Zeichen gab:/Ein Spatenstich – zu eines Volkes Grab!« Ein 1882 veröffentlichter Cartoon zeigte eine »California« überschriebene Dame in den Fesseln von »Selbstsucht« und »Macht der Eisenbahn«, während drei Indianerhäuptlinge – Stanford, Huntington und Crocker – sich daranmachten, ein Kind mit der

Aufschrift »Fortschritt« zu skalpieren. Auf einem anderen war das Trio als fette Eber in einem Schweinekoben abgebildet, versehen mit der Textzeile: »Feist genug zum Abschlachten.«[4]

Als eine Reihe – womöglich gekaufter – Leser sich beschwerte, die ›Wasp‹ widme sich mehr den Tycoonen als den Inhalten selbst, erwiderte Bierce, »betrügerische Gesellschaften sind nicht Opfer unseres Grolls, sondern Gegenstand unserer Beobachtung. Im Fall der Central Pacific Railroad Company richtet sich unsere Beobachtung auf Stanford, Crocker und Huntington. Wird diese Gesellschaft des Diebstahls bezichtigt, sind Stanford, Crocker und Huntington die Diebe. Drei Schurken werden nicht deshalb zu ehrbaren Männern, weil sie ihre finsteren Machenschaften gemeinsam betreiben.« Zudem wies Bierce darauf hin, die Zeitschrift folge nur der öffentlichen Meinung, indem sie Mißstände aufzeige, »deren Ursachen so klar, eindeutig und unabweisbar auf der Hand liegen wie die Gier von Stanford, Crocker und Huntington«. Der Leser selbst solle entscheiden, worin »der moralische Unterschied zwischen einem aufrechten Mann mit einer Druckerpresse und einem Betrüger mit einer Eisenbahn« besteht.[5]

Bierces Kampf gegen die Eisenbahnbarone war beispiellos und erforderte einigen Mut. Nur wenige Monate, bevor er Redakteur der ›Wasp‹ wurde, war es zum sogenannten Gemetzel von Mussel Slough gekommen, einer der übelsten Ausschreitungen der Epoche, bei der Handlanger der Eisenbahn ein halbes Dutzend Farmer betrogen und ermordet hatten. Ende der siebziger Jahre hatte die Eisenbahngesellschaft einigen Farmern Land im San Joaquin Valley zur Verfügung gestellt. Als Gegenleistung für die Erschließung und Besiedlung des Gebiets war ihnen der spätere Erwerb des Landes für nicht mehr als fünf Dollar pro Morgen versprochen worden. Als aber die Farmer das bislang nur gepachtete Land kaufen wollten, schoß der Preis auf fünfunddreißig Dollar pro Morgen in die Höhe. Die Siedler zogen daraufhin vor Gericht, doch die Big Four schickten kurzerhand neue Farmer in das umstrittene Gebiet. Wie zu erwarten, schwärte auf beiden Seiten böses Blut. Im Mai 1880 gerieten in der Siedlung Mussel Slough eine Gruppe Farmer mit angeheuerten Revolverhelden, einem Vollzugsbeamten und einem Vertreter der Eisenbahn, die die Leute von ihrem Land vertreiben sollten, aneinander. Fünf Siedler und zwei Pistolenhelden wurden getötet sowie fünf weitere Siedler wegen Widerstands gegen die Staatsgewalt festgenommen und anschließend verurteilt. Der skrupellose Zynismus der Eisenbahnmagnaten schockierte die Nation, und die aufständischen Farmer wurden – wie später die Okies, die während der Großen Depression nach Kalifornien einwanderten – zu einem Symbol des armen, aber hart arbeitenden kleinen Mannes, der von den vereinten Kräften der Großgrundbesitzer, einer korrupten Gerichtsbarkeit und einer allzu willfährigen Polizeigewalt zermahlen wird. Zwanzig Jahre später verarbeitete ein anderer Schriftsteller aus San Francisco, Frank Norris, den Zwischenfall in seinem 1901 erschienenen Roman *The Octopus* (dt. *Octopus*).[6]

Die emotionalen Nachwirkungen des Ereignisses waren immer noch spürbar, als Bierce Herausgeber der ›Wasp‹ wurde. Leland Stanford wurde von ihm umgehend in »$tealand Landford« umbenannt, und aus der Perspektive der Siedler dichtete er: »Mögen unsere gefallenen Helden friedlich ruh'n/In dieser Erde, wo niemand sie stört./Und Stanford, der Schurke, ebenso tun –/Falls sein Gewissen ihm Ruhe gewährt.« Als man ihm vorwarf, im Fall von Crocker zu harsch mit einem Mann umzugehen, der »zahllose große und bleibende Verdienste für dieses Land erworben hat«, konterte Bierce verächtlich: »Da er dies mit dem Geld anderer Leute bewerkstelligt hat, ist es leichter, den Wert seiner Taten festzustellen als die Verdienste ihres Urhebers. Ich vermag nichts Ehrenwertes darin zu erkennen, wenn man seinen privaten Neigungen ohne eigene Unkosten frönt. Sein Hang zum öffentlichen Engagement ist bloß ein angeborener Instinkt, den er von seinem gemeinnützig gesinnten Ahnen ererbt hat, dem Mann, der auf dem Berg Golgatha die Pfostenlöcher ausgehoben hat.« Als Crocker, nicht zuletzt, um Bierces fortgesetzten Anschuldigungen zu entgehen, mit seiner Übersiedlung nach New York drohte, brachte der Kolumnist die Hoffnung zum Ausdruck, Crocker möge seine Umzugspläne mit der gleichen »Energie und Zähigkeit verfolgen, die ihm nach zwei betriebsamen Jahrzehnten öffentlicher und privater Schandtaten noch zur Verfügung stehen«. Er wünschte Crocker einen angenehmen Abschied »von einer Bevölkerung, deren selbstlose Hilfsbereitschaft er schamlos ausgenutzt hat – von einem Land, dessen Wirtschaft er ausgebeutet, dessen Gesetzgebung er verdreht und pervertiert, dessen Gerichte er korrumpiert, dessen Diener er zu Dieben gemacht und aus dessen politischem Bankrott er eine gemeine Freude gezogen hat, hinter der die ursprünglich eigennützige Absicht weit zurücksteht – von einer Stadt, deren Umgangsformen er mit allen Mitteln auf das Niveau seiner eigenen rohen Art niedergedrückt und deren moralische Grundsätze er durch die selbstgefällige Verderbtheit seines Herzens zu ersetzen versucht hat«.[7]

Als sei dies noch nicht deutlich genug, gab Bierce seinen Lesern eine noch vereinfachtere Sicht der Dinge, indem er donnernd gegen »die Freibeuter der Eisenbahn« wetterte: »Wir sehen in diesen Männern Feinde der Gesellschaft und Kriminelle, die vor Gericht gestellt werden müssen. Wir glauben, ihr illegal erworbener Reichtum wird in sündhafter Weise verpraßt und auf betrügerischen Wegen weitergeleitet.« Viele Bewohner Kaliforniens, das von den Big Four beherrscht wurde, teilten Bierces Ansichten, aber nur wenige hatten den Mut, sie öffentlich zu äußern. Wie couragiert sein Widerstand angesichts des sozialen und politischen Klimas jener Tage war, mag aus den Erinnerungen seines Zeitgenossen Fremont Older, Herausgeber des ›San Francisco Bulletin‹, hervorgehen: »Zu Beginn der Achtziger«, schrieb Older, »lag alle Macht in den Händen der Eisenbahn. Sie kontrollierte die beiden großen politischen Parteien in Kalifornien. Ihre Macht thronte über dem Gesetz, der Regierung und den staatlichen Behörden. Die eigentliche Hauptstadt war nicht mehr Sacramento, sondern das Eisenbahngebäude an der Ecke Fourth Street und Townsend Street. Dort saß der große Eisenbahnboss [Huntington] in seinem prunkvollen Büro und diktierte nicht nur das politische Geschehen in Kalifornien, sondern des gesamten Westens. Das riesige Unternehmen legte sich wie ein dunkler Schatten auf alle Bereiche des öffentlichen Lebens. Hier und dort wurde bisweilen zaghafte Kritik laut, doch wurden deren wagemutige Urheber sofort vom großen Boss zum Schweigen gebracht.« Bierce allerdings war aus unerfindlichen Gründen nicht davon betroffen. Vielleicht hatte die Macht der Big Four doch ihre Grenzen. Oder aber, was noch wahrscheinlicher erscheint, sie waren so mächtig, daß keine Kritik ihr dickes Fell durchdrang. Bierce jedenfalls feuerte unverdrossen auf die vier Dickhäuter, deren Versäumnis, sich zur Wehr zu setzen oder Bierce öffentlich in Mißkredit zu bringen, insbesondere Huntington einige Jahre später teuer zu stehen kommen sollte.[8]

Die Eisenbahnbarone waren in gewisser Weise nur das augenfälligste Symbol für die Verirrungen einer ganzen Nation. Bierces Unzufriedenheit mit seinem Land war über die Jahre wie ein böses Geschwür gewachsen, zurückgehend auf jenen fernen Morgen in Shiloh, als die ultimative Logik des Kriegs ihm blutig vorbuchstabiert worden war. Die nachfolgenden menschlichen Tragödien von Stones River, Chickamauga, Missionary Ridge, Franklin, Resaca und Pickett's Mill hatten sie in kleinerem militärischen Maßstab unterstrichen, bevor er sie durch den Kopfschuß bei Kennesaw Mountain auch am eigenen Leibe erfahren hatte. Sein Weltbild hatte sich in den darauffolgenden Jahren noch weiter verdüstert, in denen er mit eigenen Augen die wachsende Kluft zwischen Arm und Reich, alten und neuen Siedlern, Arbeitern und Bossen beobachtet hatte. Seine eigenen sporadischen Anstrengungen, den amerikanischen Traum nachzuleben – einschließlich Frau, Familie und dem Versuch, im Goldgeschäft über Nacht reich zu werden –, waren allesamt im Sande verlaufen. Aus einem Gefühl tiefster Enttäuschung und Desillusionierung heraus begann er nun, ein Gegenbild seines Landes zu zeichnen, das in seinem beißenden Zynismus einzigartig im viktorianischen Zeitalter war.

»Wir können nicht behaupten«, schrieb Bierce mit einigem Understatement in der ›Wasp‹ vom 23. Dezember 1882, »daß uns der gegenwärtige Zustand der Welt gefällt. Wir sehen sie von einigen hundert Millionen Menschen bevölkert, die nahezu ausnahmslos Dummköpfe sind, und unserer Gewohnheit entsprechend wollen wir diesen unbefriedigenden Stand der Dinge darlegen und illustrieren, indem wir die schlagendsten Beispiele herausgreifen.« Der selbstgestellten Aufgabe, sowohl Zeuge als auch Richter zu sein, widmete er sich mit der ganzen selbstgerechten Inbrunst seiner kalvinistischen Vorfahren. »Seid gewarnt, ihr Schurken aller Couleur und ihr gelehrten Hohlköpfe mit phosphorleuchtendem Gebiß in einem Maul voller Mondschein, ich bleibe euch dicht auf den Fersen«, warnte er. »Solange das Publikum meine Maßregelungen doppelt so hoch entlohnt, als eure Kriecherei wert ist, solange mein Gewissen nicht durch Religion getrübt, mein Urteil nicht durch Politik und Patriotismus vernebelt, mein Herz nicht durch privaten Zwist verdorben ist, solange es mir zu schreiben beliebt, wird es einen Journalismus geben, der Personen des öffentlichen Lebens verdammt oder lobend hervorhebt.«[9]

In der Praxis überwogen selbstredend die Beispiele der ersten Kategorie. War Bierce der Eisenbahnbarone überdrüssig, konnte er stets bei einem weiteren Lieblingsthema, der Religion, Ablenkung finden. Wie immer war die Stadt von Predigern jeglicher Konfusion überschwemmt. »Welch eine Prozession heiliger Quacksalber hat San Francisco in diesem Jahr erlebt«, klagte Bierce im Oktober 1881. »Flammende Eiferer und Teufels-Austreiber jeder Fasson! Den stiernackigen Moody im Verband mit dem Nasalpropheten Sankey; Hallenbeck, Earle, Knops und ihr ganzes Gefolge sich prostituierender Schreckgestalten. Und jetzt auch noch der schmalzfressende und salzverkrustete Harrison aus der Schweineregion im Nordosten, der sein Credo vom heiligen Schwein-mit-Maisbrei unters Volk bringt und den Sündern mit aller Gewalt ihre alltägliche Ration von Verfehlungen auszureden versucht.« Als Sarah Cooper, eine ehemalige Redaktionskollegin aus der Zeit beim ›Overland Monthly‹, von einem Geistlichen wegen Häresie vor Gericht gebracht wurde, eilte ihr Bierce wortgewaltig zu Hilfe: »Auf den von Schande umnebelten Gipfeln seines theologischen Reichs, hockt er [Rev. J. B. Roberts] feist auf seinem Thron persönlicher Gehässigkeit, die Siegel, die die Pest in seinem Hirn verschließen, erbrechend und die tosenden Fluten der Zerstörung gleichermaßen über Gerechte wie Ungerechte ergießend, derweil er in heiliger Verzückung daherplappert. Man sehe sich nur dieses Schreckgespenst an, das sich zwischen die Welt und das Licht geschoben hat und seinen häßlichen Schatten über uns wirft, um die Seelen von Säuglingen und Kleinkindern zu erschrecken.« Zu seiner eigenen Belustigung erfand er immer ausgefallenere Predigernamen: Rev. Dr. Dobrane, Rev. Mr. Twackbible Shrique und den ganz besonders geschätzten Bruder der Kasteiung im Fleische J. Mucker. Mit geradezu ökumenischem Frohsinn las Bierce ihnen allen die Leviten.[10]

Konnte Bierce dem Abwatschen des Klerus nach wie vor gewisse profane Freuden abgewinnen, so empfand er für die politische Situation in den frühen achtzigern nur Ekel und Abscheu. Neben der Vermehrung des persönlichen Reichtums gehörte die Politik zum beliebtesten Zeitvertreib des Vergoldeten Zeitalters – zumindest bei den Männern der weißen Ober- und Mittelschicht. In Millionen gasbeleuchteter amerikanischer Wohnungen vollzog sich nach dem Dinner allabendlich das gleiche Ritual: Die Damen der gehobenen Gesellschaft saßen untätig am Tisch, während sich ihre rotgesichtigen, schnauzbärtigen und wohlbeleibten Ehemänner in den Salon zurückzogen, um dort Zigarren zu paffen, Cognacgläser zu schwenken und den drohenden Zusammenbruch der Republik zu beklagen, sollte – Gott behüte – der oder der in ein öffentliches Amt gewählt werden. Als geborener Außenseiter blieb Bierce Gesellschaften dieser Art fern; zudem fehlte ihm das notwendige Vertrauen in das System. Im September 1882 veröffentlichte die ›Wasp‹ einen Cartoon, der zwei Bilder der rivalisierenden Demokraten und Republikaner zeigte, »wie sie sich selbst sehen« und »wie sie tatsächlich sind«. Auf dem ersten Bild prügeln Mitglieder beider Parteien heftig aufeinander ein, während sie auf dem zweiten einträchtig in einer Bar sitzen. »Seit Jahren«, schrieb Bierce, »ging es in all den hitzigen Auseinandersetzungen der beiden Parteien nicht ein einziges Mal um entscheidende Grundsatzfragen, sondern immer nur um die Verteilung der Posten.« Der monotonen Abfolge bärtiger Kriegshelden, die über die Jahre durch den Kongreß und das Weiße Haus geschleust wurden, vermochte Bierce, immerhin selbst ein Kriegsheld, wenn auch ohne Bart, wenig Respekt entgegenzubringen. Ganz im Ton heutiger Wähler bemerkte er: »Die Staatsbeamten dieses begünstigten Landes sind in der Regel so schlecht, daß Verleumdung ein Kompliment bedeutet. Unsere besten Leute sind, von wenigen Ausnahmen abgesehen, aus dem Staatsdienst getrieben worden, wenn sie nicht schon vorher abgeschreckt wurden. Wenn ihn das Gehalt nicht reizt, warum sollte dann ein Ehrenmann nach dem Posten des Präsidenten der Vereinigten Staaten streben? Während des Wahlkampfs erhält er von seiner eigenen Partei eine Unterstützung, die ihn erröten läßt, und bei allen anderen stößt er auf eine Opposition, die vor nichts zurückschreckt, um ihn hinreichend zu diffamieren. Nach seiner Wahl wird ihm die Auf- und Verteilung der Brote und Fische eine wichtige und hinfort unversöhnliche Fraktion seiner Gefolgschaft entfremden, ohne daß er aus dem gegnerischen Lager Unterstützung zu gewinnen vermag. Am Ende seiner Amtszeit kann er als höchste Belohnung erwarten, daß nicht viel mehr als die Hälfte seiner Landsleute ihn bis ans Ende ihrer Tage für einen Schurken hält.«[11]

Genau jene Verteilung von Broten und Fischen war es, die dem neugewählten Präsidenten James A. Garfield im Sommer 1881 zum Verhängnis wurde. Garfield hatte wie Bierce auf seiten der Union gekämpft. Als Stabschef unter General William S. Rosecrans war er in Chickamauga auf das Schlachtfeld zurückgeeilt, während sein Vorgesetzter geflüchtet war, eine im Augenblick getroffene Entscheidung, die für Garfield den Beginn seiner Karriere bedeutete, während sie die von Rosecrans beendete. Er war aus dem Repräsentantenhaus heraus zum Präsidenten gewählt worden (was nach ihm übrigens niemandem mehr gelang), als ein enttäuschter Postenjäger namens Charles J. Guiteau, der allerdings eher unter geistiger Verwirrtheit litt, den neuen Präsidenten am 2. Juli 1881 im Bahnhof von Pennsylvania in den Rücken schoß. Die Verletzung selbst war nicht lebensbedrohlich, aber eine Schar dilettantischer Ärzte fingerte und stocherte so lange in der Wunde herum, bis es ihnen endlich gelang, Garfield eine tödliche Infektion zu verpassen. Er starb am 19. September 1881 – dem achtzehnten Jahrestag von Chickamauga –, nachdem er den ganzen Sommer über in einem halbkomatösen Zustand gelegen hatte. (Um ihrem Präsidenten Linderung von der Hitze zu verschaffen, hatten die Ärzte eine primitive Kühlvorrichtung entwickelt, bei der feuchte Luft über einen Eisklotz geblasen wurde, ein Prototyp der modernen Klimaanlage; insofern könnte man mit gewisser Berechtigung sagen, James A. Garfield starb für die Erfindung der Klimaanlage.)[12]

Auf den ersten Blick schien Bierce durchaus angerührt durch Garfields Leidensgeschichte. »Seit die grausame Geschichte des Menschen auf diesem Planeten ihren Anfang nahm, hat es kein abscheulicheres Verbrechen gegeben als dieses Attentat«, schrieb er. »Ein Mann von Verstand und Charakter; ein Mann mit einer Vergangenheit und einer Zukunft; ein großherziger, weitsichtiger Gentleman, der sich seiner Ehrungen würdig erwiesen hat – und ein solcher Mann wird plötzlich durch die Laune eines einfältigen Strolchs niedergestreckt und ausradiert.« Die pure Ironie in diesen Sätzen wird deutlich, wenn man Bierces weitere Ausführungen über das Attentat in Betracht zieht. Nachdem er vom Beschluß schwarzer Zeitungsverleger gelesen hatte, »in ihren Blättern niemals den Namen jenes ehrgeizigen jungen Mannes zu erwähnen, der Präsident Garfield erschossen hat«, witzelte Bierce: »Es ist weit gekommen, wenn jemand seinen Namen nicht anders aus den Zeitungen heraushalten kann, als den Präsidenten seines geliebten Landes zu erschießen.« Nach Garfields Tod schäumte Bierce vor Wut über die Berichterstattung der Presse: »Ich wüßte zu gerne, welchen Zweck die Tageszeitungen mit ihren dreisten Lügen verfolgen, die sie über die Reaktionen der Öffentlichkeit auf die Nachricht vom Tod des Präsidenten verbreiten. Welchem öffentlichen Interesse wurde gedient, welche private Tasche durch Berichte gefüllt, nach denen gestandene Männer in den Straßen geweint haben, Frauen ohnmächtig wurden, riesige Menschenmengen, bleich vor Schmerz, das traurige Ereignis flüsternd diskutierten, prominente Politiker erschüttert in sprachloses Schweigen verfielen, nachdem sie die Nachricht aus dem Munde des Reporters erfahren hatten, der anschließend taktvoll wartete, bis sie ihre Fassung wiedergewannen? Jeder, der Augen im Kopf hat und über Beobachtungsgabe verfügt, weiß, daß nichts von dem wahr ist und auch nicht wahr sein kann. Es ist nicht einmal gut gelogen, sondern eine offene und gezielte Verleumdung.«[13]

Die Wurzel des Übels lag für Bierce nicht im Charakter der Politiker des Landes, sondern in der haarsträubenden Dummheit der Wählerschaft, beispielhaft vorgeführt in der paradigmatischen Figur, die er mit tiefster Verachtung »den ewigen Schafskopf, den Durchschnittsmenschen« getauft hatte. »Der ›Durchschnittsmensch‹, wie jeder ihn kennt, ist wenig gescheit, wenig gebildet und wenig moralisch«, spöttelte er. »In meinen Augen ist der Durchschnittsmensch ein ausgewachsener Dummkopf und in den meisten Fällen ein Schurke obendrein. Er verfügt über wenig Bildung, versteht praktisch nichts von politischer Geschichte oder Geschichte überhaupt, ist unfähig, einen logischen, das heißt klaren Gedanken zu fassen, unterliegt den Einflüsterungen grober und dummer Vorurteile und ist unbeschreiblich selbstsüchtig.« Wenn solche Leute zur Wahlurne gerufen wurden, ließ sich das Ergebnis gewöhnlich vorhersagen: »Weißt du eigentlich, Mister Stimmvieh, daß du ein Tölpel bist? Geht es in deinen begrenzten Verstand, daß jedesmal, wenn du dich dafür hergibst, einem von anderen vorgeschlagenen Kandidaten deine Stimme zu geben, die ehrenwerten Herrschaften, die in der Politik das Sagen haben, sich vor Lachen krümmen? Ist dir schon einmal der leise Verdacht gekommen, der einzige Lohn für deine Dienste könne ihr Hohn, deine Pension ihre stille Verachtung sein? Aha, du möchtest deine Staatsbürgerpflicht erfüllen. Du möchtest dein Land alle vier Jahre vor Unheil bewahren. Du möchtest dabei mithelfen, den schändlichen Versuch einer Hälfte seiner Bevölkerung zu vereiteln, deren einziges Ziel (offenkundig) seine Vernichtung ist. Du willst dich auf die Seite der Republikaner oder auch der Demokraten schlagen und dich deiner Sache gewissenhaft, lautstark und mit ganzem Herzen verschreiben. Nur zu. Doch wenn du dir die Füße wund marschiert, die Kehle heiser geschrien und in einer großartigen Posse deinen Ehrgeiz gestillt hast, mag es dich trösten zu wissen, daß du nur ein Werkzeug gewesen bist.« Sein Traumpaar für die Präsidentschaftswahl 1884 war das amerikanische Hausschwein als zukünftiger Präsident und der Nicaraguakanal als dessen Vize. »Morde«, lautete sein Rat, »aber gehe bloß nicht zur Wahlurne.«[14]

Das monatelange Aufsehen um Garfields Leiden und Tod hatte einen unerwarteten Effekt auf Bierce: Es brachte ihn dazu, erneut über den Bürgerkrieg nachzudenken. Am 25. Dezember erschien in der ›Wasp‹ seine berühmte Erinnerung »Was ich von

Shiloh sah«, seine erste Kriegsdarstellung überhaupt, deren revolutionäre Behandlung des Kriegs als ein halluzinatorisches und absurdes Erlebnis in vielen Dingen die Einstellung der modernen Literatur zu diesem Thema vorwegnimmt. Auch wenn der Essay und seine Auswirkungen bereits angesprochen wurden, erscheint es sinnvoll, ihn nachträglich in seinen historischen Kontext einzuordnen. Im Dezember 1881 lag der Bürgerkrieg mehr als sechzehn Jahre zurück. Die beiden Landesteile waren zum Frieden zurückgekehrt, und selbst die umstrittene Wahl von 1876 hatte zu keinen neuen Gewaltausbrüchen geführt, auch wenn politische Eiferer auf beiden Seiten versucht hatten, einen solchen Streit zu schüren. Selbst das Schwenken des »blutigen Hemds«, das von republikanischen Präsidentschaftskandidaten in den Nachkriegsjahren so erfolgreich praktiziert worden war, hatte sich überlebt. 1880 schließlich waren zwei ehemalige Generäle der Union zur Wahl angetreten, von denen einer, der unumstrittene Held von Gettysburg, Winfield Scott Hancock, die volle Unterstützung des Südens besaß. Die Veteranen auf beiden Seiten waren in eine Phase eingetreten, die der Historiker Gerald F. Linderman treffend als »Winterschlaf« bezeichnet hat, eine Phase, in der die große Mehrheit der einstigen Soldaten sich von den höllischen Erinnerungen des Kriegs zu kurieren suchte, indem man bewußt jedes Gespräch über das Thema vermied. In den zehn Jahren vor Bierces revolutionärem Essay hatte das renommierteste Geschichtsmagazin des Landes, ›The North American Review‹, gerade einmal einen einzigen Aufsatz über den Bürgerkrieg veröffentlicht; bei ›Harper's‹, dem führenden Populärmagazin, waren es zwei. Drei weitere Jahre sollten vergehen, bevor das ›Century Magazine‹ Ende 1884 mit der Veröffentlichung seiner hochgelobten Serie »Schlachten und große Männer des Bürgerkriegs« begann. Die wenigen Romane, die vor dem Hintergrund des Kriegs spielten, waren ausnahmslos sentimental und pedantisch und gaben sich als dünn verkleidete Allegorien zu erkennen, in denen mannhafte Unionsveteranen das Herz koketter Südstaatenschönheiten umwarben und eroberten und so symbolisch die Aussöhnung – vielleicht auch Schändung? – beider Landesteile zu Ende führten.[15]

Bierce war wie die meisten Veteranen viel zu sehr mit dem Aufbau einer eigenen Existenz beschäftigt, um den Krieg in Gedanken noch einmal aufleben zu lassen. Aber Garfields Tod ließ ihn zurückblicken, wenn auch nicht im Zorn, sondern in der sehnsuchtsvollen Erinnerung an jene »wunderbare Zeit« vor so vielen Jahren, »da etwas Neues unter einer neuen Sonne war«. Der Kontrast zwischen den dramatischen Jahren des Bürgerkriegs und »den herberen Zügen dieser späteren Welt, den tristen und düsteren Szenen von heute«, ließ ihn wehmütig seiner vermeintlich ungetrübten Soldatenjugend hinterhertrauern. Mit 39 Jahren gehörte er zu den typischen Vertretern seiner idealistischen Generation, die sich inmitten des geschäftigen und oft brutalen Gewinnstrebens des neuen Zeitalters zunehmend fremd fühlten. Die eigentlichen Streitfragen des Kriegs, die er für politisch motiviert und grundsätzlich undurchschaubar hielt, interessierten ihn nicht. Er empfand weder Haß für die Konföderierten, noch verklärte er seine ehemaligen Kameraden auf Unionsseite. (Als U. S. Grant vier Jahre später krebskrank im Sterben lag, sorgte sich Bierce am meisten über die nach seinem Tod »zu erwartende Flut an geistlosem Geschwätz, die das Land überschwemmen wird«.) Weit mehr ging es ihm darum, das konkrete Empfinden eines Neunzehnjährigen, der in seine erste und vermutlich einzige wirkliche Schlacht schreitet, so genau wie möglich festzuhalten. Und genau das ist ihm auf einzigartige Weise gelungen. »Was ich von Shiloh sah« ist vielleicht Bierces bester Text; gewiß aber ist es sein persönlichster.[16]

Im Gegensatz zu jener »blutbefleckten Epoche«, da paradoxerweise »alles anmutig und pittoresk war«, erschien ihm das Land nunmehr als »ein riesiger schwarzer Fleck, in dem zwei oder drei unscheinbare Lichter in einem Meer aus Ignoranz, Bigotterie, Primitivität, Betrug, Tabakkauen, geschmackloser Kleidung, schlechten Manieren und allgemeiner Barbarei unstet flackern«. Ganz im Ton seiner protestantischen Vorfahren moralisierte Bierce: »Wenn wir unsere scharlachroten Sünden je weiß wie Wolle waschen wollen, müssen wir das mit den Tränen aufrichtig empfundener Reue tun: Unsere Krokodilstränen nützen da überhaupt nichts. Wir müssen davon ablassen, nur dem Geld nachzujagen, aufhören zu lügen, aufhören zu betrügen und aufhören, die Kunst, Literatur und all die bildsamen Einrichtungen und Mittel der Zivilisation zu mißachten. Wir müssen unsere abscheuliche Angewohnheit überwinden, dem erfolgreichen Schurken die Hand zu schütteln und vor dem Reichen zu buckeln. Den Arbeitgebern sei es nicht erlaubt, sich auf das Gesetz von Angebot und Nachfrage zu berufen, um niedrige Löhne zu zahlen, während dies nur ihrem eigenen Profit dient. Unzufriedenen Arbeitern sei es nicht erlaubt, zufriedenen Kollegen die Knochen zu brechen und die Grundlagen der sozialen Ordnung zu zerstören. Es ist unredlich, die öffentliche Ordnung mit der Gier nach persönlicher Bereicherung zu betrachten. Solange wir nicht uns selbst bessern, werden alle gesetzlichen Verbesserungen vergeblich sein.« Bis dahin werde jeder Wahltag nur ein Zirkusspektakel sein, bei dem »Millionen Wähler wie Lämmerherden/Von Demagogen getäuscht und betrogen werden/Eine Armee von Quacksalbern aufmarschiert/Und das Volk dem Dümmsten applaudiert«. Beim Anblick einer solchen Parade der Ignoranz konnte man nur müde mit den Schultern zucken: »Wohlan, meine Herren – versucht euer Glück/Der Teufel fährt heute zur Hölle zurück.«[17]

Der Teufel beschäftigte Bierce überhaupt viel in jenen Tagen. Bereits in seiner ersten Nummer der ›Wasp‹ hatte er eine neue Spalte mit dem Titel »Des Teufels Wörterbuch« eingeführt, die aus satirischen Definitionen alltäglicher Wörter bestand. Einige frühere Definitionen waren unter dem Titel »The Demon's Dictionary« bereits im ›News Letter‹ und in ›Fun‹ erschienen. Aus unerfindlichen Gründen – vielleicht weil es der Aufnahme zahlreicher Wörter aus dem Umfeld der Politik entgegenkam – hatte Bierce seine Liste mit dem Buchstaben *P* eröffnet. Unter den ersten Definitionen finden sich so gelungene Formulierungen wie: »FRIEDE, *der* – In der Weltpolitik eine Periode des Betrugs zwischen zwei Perioden des Kampfs«; »POLITIK, *die* – Interessenkonflikt, maskiert als Prinzipienstreit«; oder »PRÄSIDENT, *der* - Anführer einer kleinen Gruppe von Menschen, von denen – und zwar ausschließlich – definitiv bekannt ist, daß die überwiegende Mehrheit ihrer Landsleute keinen von ihnen als Präsidenten haben wollte«. Zu den nicht die Politik betreffenden Definitionen gehörten: »KLAVIER, *das* – Gerät zur Unterwerfung aufdringlicher Besucher«; »FRÖMMIGKEIT, *die* – Verehrung für ein Höchstes Wesen; beruht auf Seiner mutmaßlichen Ähnlichkeit mit dem Menschen«; »BETEN, *v.* – Verlangen, daß die Gesetze des Universums zugunsten eines einzelnen Bittstellers aufgehoben werden, der selber bekennt, unwürdig zu sein«; »VERGNÜGEN, *das* – Die am wenigsten hassenswerte Form der Niedergeschlagenheit«; »ÜBERZEUGT, *adj.* – Lautstark im Irrtum«. Insgesamt erschienen 88 Lieferungen des Wörterbuchs mit über eintausend Definitionen, die Bierces Witz in seiner beißendsten und ätzendsten Form repräsentieren.[18]

Das Wörterbuch gewährte Bierce, der sich im korrekten Gebrauch der englischen Sprache stets sehr pedantisch zeigte, die Möglichkeit, zu allen Bereichen des menschlichen Lebens Stellung zu nehmen: Liebe, Krieg, Politik, Religion, Wirtschaft, Recht und Philosophie. Gewidmet war das Werk, wie er später sagte, allen »erleuchteten Seelen, die trockene Weine den süßen vorziehen, praktische Vernunft der Schwärmerei, Witz dem derben Spaß und reines Englisch dem Straßenjargon«. Die Unterscheidung von Witz und Humor ist hier von besonderer Bedeutung und wurde von Bierce in dem Essay »Wit and Humor« ausführlich erläutert: »Humor ist tolerant, sanft«, heißt es dort; »sein Spott streichelt; Witz sticht zu, bittet um Vergebung – und dreht die Waffe noch einmal in der Wunde.« Die Amerikaner, stellt er fest, seien immer humorvoll gewesen, doch »wer mit der Gabe des Witzes geboren ist, möge schnellstens auswandern«. Der wahrhafte Vertreter des Witzes braucht neben rhetorischen Fähigkeiten und einer soliden Kenntnis der klassischen Literatur »ein nie erlahmendes Bewußtsein, daß dies eine Welt der Narren und Schurken ist, blind vor Aberglaube, gequält von Neid, verzehrt von Eitelkeit, selbstsüchtig, falsch, grausam, geplagt von Illusionen – schäumend vor Wahnsinn! Er muß sowohl Sünder wie Heiliger sein, ein Held und ein Lump.« Dieses Berufsprofil entspricht eher Baudelaires *poète maudit* als den ihrem Publikum freundlich gesinnten Humoristen im eigenen Land wie Mark Twain, Artemus Ward oder, eine Generation später, Will Rogers. Dazu paßt, daß der zeitgenössische französische Kritiker Jules Sternberg Bierces bevorzugten Stil als *humour noir* bezeichnet hat. Anders als Twain und Rogers (die im übrigen einen weitaus subversiveren Einfluß auf die Gesellschaft ausübten, als ihr leutseliges Image vermuten läßt), befand Bierce sich außerhalb der Gesellschaft, die er satirisch aufs Korn nahm. Er konnte weder über die Adressaten seines Spotts lachen, noch konnte er überhaupt lachen. Die von ihm eingenommene Distanz war nicht allein die klassische Distanz des Satirikers zu seinem Opfer, sondern die des rechtlosen Außenseiters zum verhaßten Objekt seiner Wut und Verachtung.[19]

Womit nicht behauptet werden soll, die Definitionen in *Des Teufels Wörterbuch* seien voreingenommen und wenig unterhaltsam. Sie sind oft auf ihre Weise todernst, und zugleich urkomisch. Man kann das Buch an beliebiger Stelle aufschlagen und stößt auf Aphorismen, die Bierces verehrtem Vorbild, Alexander Pope (der keinen geringeren Beinamen als »the Wasp of Twickenham« trug), ebenbürtig sind, wie etwa: »BRAUT, *die* – Frau mit besten Aussichten auf vergangenes Glück«; »STIMMRECHT, *das* – Instrument und Symbol für die Macht des freien Mannes, sich zum Narren zu machen und sein Land zu ruinieren«; »SENAT, *der* – Versammlung älterer Herrschaften, denen hohe Pflichten und Vergehen obliegen«; »ANWALT, *der* – Einer, der das Gesetz geschickt zu umgehen vermag«; »PROZESS, *der* – Maschine, die man als Schwein betritt und als Wurst verläßt«; »HUND, *der* – Art zusätzlicher oder Untergottheit; hat die Aufgabe, den auf Erden anfallenden Überfluß bzw. Überschuß an Verehrung aufzufangen«; »CHRIST, *der* – Einer, der die Lehren Christi befolgt, soweit diese nicht mit einem sündhaften Leben unvereinbar sind«; »EPITAPH, *das* – Inschrift auf einem Grabmal, die beweist, daß durch den Tod erworbene Tugenden rückwirkend gelten«, »KOHL, *der* – Bekanntes Gartengemüse, etwa so groß und klug wie ein Menschenkopf«; »IDIOT, *der* – Angehöriger eines großen und mächtigen Stammes, der menschliche Belange stets beherrschend beeinflußt und kontrolliert hat«; »TANZEN, *v.* – Zum Klang quengelnder Musik herumhüpfen, vorzugsweise mit den Armen um Frau oder Tochter des Nachbarn«; »HEILIGE(R), *der* – Toter Sünder; bearbeitet und neu herausgegeben«; »FUSSGÄNGER, *der* – Beweglicher (und hörbarer) Teil einer Autostraße«; »GALGEN, *der* – Bühne zur

Aufführung von Mirakelspielen, bei denen der Hauptdarsteller gen Himmel befördert wird« und »VEREHRUNG, *die* – Das, was der Mensch für Gott und der Hund für den Menschen empfindet«. Daneben finden sich kürzere, aber nicht weniger vernichtende Definitionen: »IHR, *pron.* – Sein«; »WEISS, *adj.* – Schwarz«; »EINMAL, *adv.* – Genug«; »ZWEIMAL, *adv.* – Einmal zu oft«; »UNMENSCH, *der* – Siehe ›Ehemann‹«; »ALLEIN, *adj.* – In schlechter Gesellschaft«; »BERÜHMT, *adj.* – Offenkundig elend« und »KAPITALE, *die* – Sitz der Mißregierung«.[20]

Der Kritiker Robert F. Richards hat zu Recht bemerkt, »jede dieser Definitionen charakterisiert in gewisser Weise Bierce selbst«. Die Begriffe lassen sich insofern auch als verschlüsselte Autobiographie lesen, als das indirekte Selbstporträt eines zutiefst vereinzelten und entfremdeten Individuums, das sich mit seinem Land, seiner Familie, seiner Vergangenheit und sich selbst überworfen hat. Nirgendwo wird dies deutlicher als in den Definitionen zu Liebe und Ehe. Man fragt sich, wie Mollie Bierce auf Definitionen der Art reagiert hat wie: »GATTIN, *die* – Frau, oder bittere Hälfte«; »GATTE, *der* – Einer, dem nach dem Essen die Pflege des Geschirrs obliegt«; »INTIMITÄT, *die* – Beziehung, in die Narren zu ihrer gegenseitigen Zerstörung gezogen werden«; »UNVEREINBARKEIT, *die* – In der Ehe: Ähnlichkeit der Neigungen, insbesondere der Neigung, den Ton anzugeben«; »VERLOBUNG, *die* - Anbringung des Gelenkrings zur späteren Befestigung der Fußkette«; »JOCH, *das* – Ein Wort, das den Zustand der Ehe mit Exaktheit, Präzision und Schärfe wiedergibt«; »HOCHZEIT, *die* – Zeremonie; hierbei werden zwei Personen zu einer, eine zu nichts, und nichts erträglich« und »EHE, *die* – Zustand oder Befindlichkeit einer Gemeinschaft, die aus einem Herrn, einer Herrin und zwei Sklaven besteht, insgesamt also aus zwei Personen«. 1881 waren Ambrose und Mollie zehn lange Jahre verheiratet, doch den während dieser Zeit entstandenen Definitionen nach zu urteilen, war das Jubiläum alles andere als ein Festtag. Immer wieder läßt Bierce seiner tiefwurzelnden persönlichen Abneigung gegenüber der Institution der Ehe und dem weiblichen Geschlecht als der Hauptquelle für das Unglück des Mannes freien Lauf. Man betrachte nur folgende Definitionen: »HEXE, *die* – Ein häßliches und abstoßendes altes Weib, das in einem heimtückischen Bund mit dem Teufel steht. Oder eine bezaubernde, bildschöne Frau, deren Heimtücke noch den Teufel übertrifft«; »FRAU, *die* – In allen bewohnbaren Erdteilen anzutreffendes Raubtier; ansatzweise domestizierbar; gehört zur Gattung der Katzen«; sowie der vielleicht gehässigste Eintrag: »SATTHEIT, *die* - Empfinden für den Teller, nachdem er ihn leergegessen hat, gnädige Frau«.[21]

Bierces Unzufriedenheit mit seiner Ehe ist unbezweifelbar. Aber sie kann nicht allein Mollie oder ihrer Mutter zugeschrieben werden. Die Definitionen in *Des Teufels Wörterbuch* zeigen auch einen Menschen, der bereits seit Kindheitstagen mit sich haderte. Mit einigem Spürsinn läßt sich sein Lebensweg nahezu lückenlos nachzeichnen: »GEBURT, *die* – Erstes und ärgstes aller Übel«; »KINDHEIT, *die* – Jene Periode des Menschenlebens, die zwischen der Idiotie der Säuglingszeit und dem Wahnsinn der Jugend liegt«; »VERGANGENHEIT, *die* - Jener Teil der Ewigkeit, von dem uns ein kleiner Bruchteil oberflächlich und unangenehm bekannt ist«; »RELIGION, *die* - Tochter von Hoffnung und Furcht; erklärt der Unwissenheit das Wesen des Unbegreiflichen«; »GLAUBE, *der* – Dinge für wahr halten, für die es keine Parallele und keinen Beweis gibt und die jemand verkündet, der über kein Wissen verfügt«; »FRIEDHOF, *der* – Abgelegene Stelle der Vorstadt, allwo Trauernde mit Lügen wetteifern, Dichter wider ein Ziel schreiben und Steinmetze um die Wette buchstabieren«; »GESCHICHTE, *die* – Meist falscher Bericht über meist unwichtige Ereignisse, die von meist kriminellen Herrschern und meist närrischen Soldaten bewirkt worden sein sollen«; »ZYNIKER, *der* – Schuft, dessen mangelhafte Wahrnehmung Dinge sieht, wie sie sind, statt wie sie sein sollen«; »VERLEUMDEN, *v.* – Lügen über einen anderen verbreiten. Die Wahrheit über einen anderen verbreiten«; »FREUNDLOS, *adj.* – Wer keinem einen Gefallen zu erweisen hat. Ohne Vermögen. Wer es nicht lassen kann, Wahres und Vernünftiges zu äußern«; »TAG, *der* – Periode von 24 Stunden, zumeist vergeudet«; »NOVEMBER, *der* – Das elfte Zwölftel eines Überdrusses«; »JAHR, *das* – Periode von dreihundertfünfundsechzig Enttäuschungen«; »MISSGESCHICK, *das* – Das Geschick, das man nie zu vermissen gezwungen ist«. In Anbetracht einer solch düsteren Philosophie konnte vermutlich weder Mollie noch sonst ein Mensch Bierce zu einer positiveren Lebenseinstellung bewegen.[22]

Solange er sich auf so berechtigte Ziele wie die kalifornischen Eisenbahntycoone beschränkte, war Bierces bitterer Humor durchaus angebracht und nicht ohne heilsame Folgen. Seine Kritik konnte aber auch selbstgefällig, tyrannisch oder einfach nur grausam sein, gerade wenn sie gegen unbedeutende Missetäter gerichtet war. Dabei verstand er sich selbst zunehmend als höchste Autorität in Fragen des künstlerischen Geschmacks. Im März 1882 gab er zukünftigen Autoren der ›Wasp‹ folgenden Ratschlag: »Wer sich mit dem Gedanken trägt, einen Beitrag in der ›Wasp‹ zu veröffentlichen, sollte zu seinem eigenen Vorteil wissen, daß von ihm eine logische, brillante und überzeugende Sprache, ein makelloser Stil und ein sicherer Geschmack erwartet wird. Weiterer Voraussetzungen bedarf es nicht. Beiträge von erlesener literarischer Qualität werden im Büro selbst geschrieben.« Einige Wochen später ließ er die Literaten der Bay Area wissen: »Schert euch, ihr grausamen Dilettanten! Hört endlich auf, uns mit euren Waschzetteln und Rundläufen zu belästigen und uns mit eurer bloßen physischen Anwesenheit zu quälen. Bei der erhobenen schwarzen Hand des allmächtigen Satans sollt ihr wissen, es ist vorbei mit meiner Geduld!« Ein ›Wasp‹-Cartoon aus dieser Zeit zeigt »Ambrose Bierce, Literatensezierer«, wie er einem »Nachwuchsbarden« einen gewaltigen Federkiel ins Auge stößt, während hinter ihm an der Wand Bilder früherer Opfer aufgereiht sind, die gerade aufgeknüpft, gekreuzigt und über offenem Feuer gebraten werden oder sich eigenmächtig in ihrer Not vom nächsten Pier ins Wasser stürzen.[23]

Bierces Vivisektionen waren zum Teil kurz und schmerzlos, wie etwa im Fall des Theaterkritikers Peter Robertson: »Lieber gäbe ich meinen Kopf den Würmern zum Fraß, als ein solches Hirn zu besitzen.« Andere wiederum waren ausgefeilter und kunstvoller. Über W. C. Bartlett, Kunstkritiker des ›San Francisco Bulletin‹ und unverbesserlicher Propagandist des Westens, befand Bierce: »Der aufgeplusterte Gockel, der beim ›Bulletin‹ für die Kunstkritik zuständig ist, bekommt seit der Eröffnung der Frühjahrsausstellung den Schnabel kaum noch zu. Wie in jedem Jahr, seit die kalifornische Kunst sich des Gesetzes gegen unsittliche Darstellung entledigt hat, wiederholt er dabei die immergleiche Entblödung seines Geistes. Für jeden beiläufig erwähnten Namen hat der senile, glatzköpfige Stümper garantiert ein Dankbriefchen der Damen vorzuweisen, die sein überhebliches Lächeln noch steigern und seine Träume versüßen werden.« Nicht einmal alte Freunde blieben vor Bierces Sezierkünsten verschont. Von Prentice Mulford, der sich in England so rührend um die arme Mollie gekümmert hatte, während Bierce mit seinen Kumpanen auf Zechtour war, war in der Sonntagsbeilage des ›Chronicle‹ die erste Lieferung eines längeren Reiseberichts erschienen. In Bierces Augen war Mulfords Artikel »ein fader Aufguß seines Pariser Notizbuchs, nicht mehr als die ungelenken Aufzeichnungen eines Kopfes, der unfähig ist zu beobachten und zu stumpf zu schreiben. Man sagt, der Journalismus sei ein schlechtbezahlter Beruf. Und doch hat er diesen Tintenkleckser seit zwölf Jahren vor dem Armenhaus bewahrt, das ihn mit offenen Armen empfangen und bei sich aufnehmen würde.« Wie gewöhnlich blieb auch das schwache Geschlecht nicht verschont. Noch fünfzig Jahre später erinnerte sich die Schriftstellerin Charlotte Perkins Gilman an Bierces scharfe Peitschenhiebe: »Er war der Henker und Folterknecht, der tagtäglich seine Künste vorführte, hilflose Opfer zur öffentlichen Unterhaltung zu malträtieren«, schrieb sie. »Er war ein früher Meister in der Kunst, den Ruf derer anzuschwärzen, die bereits lange tot oder zu schwach waren, sich zur Wehr zu setzen, und immer dann am besten, wenn er sich gehässig über hart arbeitende Autorinnen verbreiten konnte. Nie ließ er eine Gelegenheit aus, auf die mit Baumwolle ausstaffierten Oberteile der Schriftstellerinnen hinzuweisen.«[24]

Zuweilen suchte sich Bierce auch bekanntere Opfer. Im Frühjahr 1882 schwebte der skandalträchtige Oscar Wilde auf seiner Vortragsreise durch hundertfünf Städte der Neuen Welt in San Francisco ein. Wilde, dem ein Urteil in dieser Sache wohl zustand, hatte zuvor Satiriker als minderwertige Brut bezeichnet, eine Bemerkung, an der Bierce offenbar Anstoß genommen hatte. Er beschimpfte Wilde als »intellektuelle Qualle« und rügte schärfstens das Verhalten seiner Mitbürger, vor Wildes maßgefertigten Lackschuhen den roten Teppich ausgerollt zu haben. Nachdem er seinem Unmut in einem Gedicht lang und breit Luft gemacht hatte, schloß er mit der überraschenden Wendung, »am falschen Tanz um das zweiköpfige Kalb/Beteilige ich mich mit keinem Wort«. Er beschuldigte den irischen Dramatiker der »inhaltsleeren Phrasendrescherei« und bezeichnete seine gut besuchten Vorlesungen als »sterbenslangweilig«. Bierces Stimmung wurde wenig dadurch verbessert, daß der Rest der Stadt Wilde einen triumphalen Empfang bereitete – oder daß der Autor selbst Bierces Schimpfkanonade gänzlich ignorierte.[25]

Während er seine literarischen Fehden austrug, sah Bierce seine Familie immer seltener. Vorübergehend bezog er eine kleine Wohnung am Broadway 1428, unweit der Büroräume der ›Wasp‹. Aber wie schon ein Jahrzehnt zuvor in London, verschlimmerte San Franciscos berüchtigter Nebel sein Asthma, so daß er nach einer Wohnung auf dem Land Ausschau hielt. Zuerst zog er nach Nicasio im Marin County, ganz in der Nähe seines Lieblingsortes San Rafael, und von dort weiter nach Auburn im Placer County. In Auburn, das sich rühmte, »die gesündeste Stadt Kaliforniens« zu sein, bezog Bierce im verwahrlosten Putnam House ein Zimmer. Für ihn war Auburn »Das verderbte Dorf«, ein abgelegenes Nest, »wo Klatsch und Strotzen jeden Fremden grüßt« und »Unschuld, hat sie den Tribut entrichtet,/Erschreckt, versehrt, verstört von hinnen flüchtet«. Bierces Wanderleben hatte natürlich mehr als nur gesundheitliche Gründe. Außenstehenden galt es als ausgemacht, daß er seit der Zeit beim ›Argonaut‹ getrennt von Mollie lebte, während seine Mitarbeiter nun zu ihrer Überraschung erfuhren, daß er nach wie vor mit seiner Familie zusammenlebte. Seit Jahren schon hatte er es sich zur Gewohnheit gemacht, je nach Lust und Laune zu kommen und zu gehen, wobei seine sporadischen Besuche daheim immer seltener und kürzer geworden waren. Kurz vor dem Umzug nach Auburn war es zwischen Bierce und Mollie zu einem handfesten Streit über ihren Bruder James gekommen, das eine Drittel der von Bierce so häufig verspotteten »Heiligen Dreifaltigkeit«. Auslöser des Streits war ausnahmsweise einmal nicht Ambrose, sondern James, der der Familie durch ein Verhältnis mit der noch blutjungen Tochter eines befreundeten Pfarrers einen handfesten Skandal beschert hatte. Der Kirchenmann – dessen Name in Berichten über den Zwischenfall stets verschwiegen wird – beging später Selbstmord. Bierce verweigerte jeden weiteren Kontakt zu seinem Schwager und zog erbost aus. Auch wenn Cary McWilliams und andere Biographen nachdrücklich beteuern, es sei in jener Zeit noch nicht zum endgültigen Bruch des Paars gekommen, besteht kaum ein Zweifel, daß die Ehe der beiden Anfang 1883 gründlich zerrüttet, wenn nicht gar unwiderruflich gescheitert war.[26]

Wenn Bierce in der Stadt war, absolvierte er mit seinen alten Redaktionskollegen Arthur McEwen und Peter Bigelow die berüchtigte »Cocktailroute« von San Francisco, die von der Bar des Baldwin Theaters an der Ecke Kearney und Market Street bis zum Hacquette's and Hageman's Crystal Palace an der Kreuzung von Market und Powell Street verlief. Als langjährige Saufkumpane blieben McEwen und Bigelow von Bierces genereller Verachtung für die journalistische Zunft verschont. Was den Rest seiner Zunft betraf, erklärte Bierce unumwunden: »Über meinen Berufsstand habe ich nur soviel zu sagen, daß er mir gänzlich verhaßt ist.« Es handle sich um ein Gewerbe, »dem anzugehören fast eine Schande bedeutet«. Arthur und Petey waren gleichwohl Ausnahmen. McEwen bewunderte an Bierce vor allem dessen Trinkfestigkeit. Wer wie Bierce eine ganze Nacht durchzechen und am nächsten Morgen so brillante Artikel schreiben konnte, verdiente zu Recht den Ruf eines »Saufkumpans erster Güte«. Bigelow seinerseits war eine lokale Größe, ein englischer Dandy (wie Bierce), der mit einer Blume im Knopfloch und einem Spazierstock in der Hand durch die Straßen flanierte. Unter seinen Freunden war er zu Ehren gekommen, als er eines Tages in der Redaktion des ›Examiner‹ erschien und verkündete: »Ich werde jetzt auf der Stelle zwei Dinge tun: Ein Glas Bier trinken und nach Frankreich reisen.« Was er genau in der Reihenfolge machte. Ein Jahr später erschien er wieder an seinem Schreibtisch, als sei nichts gewesen. »Gott sei Dank besitzt Petey keine Tugenden«, bemerkte Bierce anerkennend.[27]

Welche Tugenden Bierce auch für sich beanspruchen mochte, die Erziehung der Kinder gehörte zweifellos nicht dazu. Bierce war zwar ein toleranter, meistenteils allerdings abwesender Vater, der sich allenfalls noch die Zeit nahm, seinen Kindern kleinere Geschenke und Briefe zu schicken, die mit dem steifen Gruß endeten: »Dein Vater, A. G. Bierce.« Wenn er – zumeist an Wochenenden – zu Hause war, schlief er bis in den Nachmittag und zog sich dann zum Schreiben in seine Bibliothek zurück. Die Kinder interessierten ihn schlichtweg nicht. Solange sie gewaschen – Bierce war zeitlebens ein Reinlichkeitsfanatiker – und halbwegs leise waren, genügte es ihm, wenn er seinen und sie ihren eigenen Beschäftigungen nachgingen. Die Kinder wiederum bewunderten den Vater und eiferten ihm in vielen Dingen nach. Die Jungen, insbesondere Day, imitierten seinen militärischen Gang und sein schneidiges Auftreten und übernahmen vom Vater auch dessen respektlose Ausdrucksweise. Als Mollie einmal Besuch vom Pfarrer hatte (Ambrose hockte derweil stumm und feindselig in der Ecke), kam Leigh ins Wohnzimmer gestürmt und rief: »Daddy, Day hat gerade ›Damn God‹ gesagt.« Mit sichtlichem Vergnügen antwortete Bierce: »Geh und sag Day, ich hätte ihm schon hundertmal eingeschärft, daß es nicht ›Damn God‹, sondern ›God Damn‹ heißt.« Wenige Minuten später war der Pfarrer aus dem Haus. Die Aussage seiner Tochter Helen, die über ihren Vater schrieb, er sei ein »häuslicher Mensch« gewesen, der »den heimischen Herd mehr liebte als alles andere auf der Welt«, dürfte insofern mehr auf Wunschdenken denn auf tatsächliche Erfahrung zurückzuführen sein.[28]

Tatsächlich war Bierce die meiste Zeit allein, während er in den öden Dörfern um San Francisco von Hotel zu Hotel zog. Vom Putnam House in Auburn zog er ins Cranes Hotel in Sunol, von dort ins Angwin's am Howell Mountain, ins El Monte in Los Gatos, ins Wright's in der Nähe von Santa Cruz und schließlich ins Jeffrey's Place in Wrights. Dabei handelte es sich ausnahmslos um einfache Absteigen, die einer anonymen und ständig wechselnden Klientel von Handlungsreisenden, alten Jungfern und den auf die eine oder andere Weise Verwirrten, Einsamen und Alleingelassenen Quartier boten. Ihre Reize waren im günstigsten Fall überaus bescheiden. Zur üblichen Gästeschar, erinnerte sich Bierce später, gehörte »der redselige Alte, der Possenreißer und Clown, der gemeine Schmarotzer, die fettleibige Dame, die gezierte Jungfer von über fünfzig und die allzu aufdringliche Witwe«. Ein besonderes Greuel waren die gemeinsamen Mahlzeiten. »Ich würde lieber in der Leichenhalle eines Friedhofs dinieren als in einem amerikanischen Speisesaal«, schrieb er. »Das bedrückende Schweigen, die gespenstisch kalte Atmosphäre, das sichtbare Bemühen, bloß nicht aufzufallen und den vorwurfsvollen Blicken zu entgehen, mit denen jeder Missetäter bedacht wird, der sich ein Lachen oder ein lautes Wort erlaubt – alle diese Dinge drücken mich nieder. In dieser Atmosphäre ernster Verstocktheit überkommt mich Atemnot. Das Essen bleibt mir im Hals stecken, und ich verschlucke mich am Wein, bis der Kellner kommt und mich hinausträgt.«[29]

Das fehlende Zuhause bewirkte eine Rückkehr der schrecklichen Albträume, die ihn bereits in seiner Jugend heimgesucht hatten. In einem begegnete ihm »die unvergleich düstere Vision endloser Straßenfluchten, die auf eine Bank zulaufen, gesäumt von riesigen, bedrohlich nach vorn geneigten Gebäuden. Eine Schattenstadt am Grunde eines unwirklichen Ozeans. Kein Laut ist zu hören und auch nirgends eine Menschenseele zu sehen. Wie ein einsamer Fisch gleite ich ohne Ziel, ohne Hoffnung und ohne jedes Empfinden in diesem Meer des Schreckens voran, einzig getrieben von der dumpfen Ahnung, einer Meeresnixe mit bleichen Augen und Haaren aus Tang zu begegnen.« Eine Zusammenfassung seiner niedergeschlagenen Stimmung findet sich in dem Gedicht »Eine Studie in Grau«, geschrieben im Stil Thomas Hardys, in dem er zurückblickt auf »die toten Jahre«, da er noch den Verlockungen des falschen Zwillingspaars Hoffnung und Ruhm erlag:

In der Welt buntem Gelichter
Verging mir gar leicht Jahr um Jahr;
Doch heute nacht ist der Nebel dichter,
Und der Himmel, glanzlos und starr,
Ist ergraut wie der Kellnerin Haar.

Wie oft war ich von Zweifeln geschlagen
Und schäme mich dessen nicht;
Aber der Wind in diesen Tagen
Schlägt mir rauh und kalt ins Gesicht
Wie ein eisiges Sturmgericht.

Selbst die Lampen unten am Hafen
Flackern in unstetem Licht;
Wollen jeden Moment erlöschen –
Genau wie ich. Weit draußen vor dem Pier
Ruft klagend ein Nebelhorn nach mir.[30]

Aufgrund seines unsteten Wanderlebens sah Bierce sich nicht mehr in der Lage, seinen Herausgeberpflichten bei der ›Wasp‹ nachzukommen, so daß er sich von 1883 an auf seine wöchentliche Kolumne beschränkte. Neben rein logistischen Überlegungen gab es jedoch noch einen weiteren Grund für diesen Entschluß; Bierce hatte mittlerweile erfahren, daß Charles Webb Howard der tatsächliche Besitzer des Blattes war. Aufgebracht drohte er damit, den Schwindel auffliegen zu lassen, falls Howard seine Anteile nicht an den Chefredakteur Ned Macfarlane veräußerte. Howard folgte der Aufforderung ohne größeren Widerstand. Doch Macfarlane erwies sich als denkbar ungünstige Wahl. Er hatte die ›Wasp‹ mit dem Geld seines Bruders George erworben, dem große Teile der Hawaii-Inseln gehörten. Die Macfarlanes setzten sich für eine schrittweise Annexion der Inselgruppe durch die US-Regierung ein, um gleichzeitig besonders günstige Konditionen für den Zuckerexport durchzusetzen. Insofern war Bierce vom Regen in die Traufe geraten, wenngleich er auch gegenüber den neuen Eigentümern seine Unabhängigkeit kompromißlos behauptete. Unverblümt brachte er seine Verachtung für die amerikanischen Kolonialisten auf den Inseln zum Ausdruck: »Selbst wenn einer dieser Halunken ein Heiliger im Himmel wäre, würde er noch die Rinde vom Baum des Lebens schälen und sie als Treibstoff in die Hölle schmuggeln.« Nicht weniger schroff jedoch lehnte er im Februar 1883 eine Einladung der Insulaner ab, an der Krönungsfeier der neuen Königin von Hawaii teilzunehmen: »Was kümmert es mich, wenn irgendwo ein Negerweib zur Königin der Fliegendreck-Inseln gekrönt wird?«[31]

Doch auch hellhäutige Frauen blieben von Bierces Peitschenhieben nicht verschont. Er bezeichnete sie grundsätzlich als »das harte Geschlecht« oder auch »die Weiberbrut«. »Um die guten und schlechten Eigenschaften einer Frau studieren zu können«, schrieb er, »braucht man keine zwei Exemplare.« Die Gleichberechtigung der Frau lehnte er mit dem Hinweis auf die ungleichen biologischen Voraussetzungen der beiden Geschlechter ab. »Es gibt nur einen unvergleichlich nützlichen und würdigen Dienst«, so Bierce, für den Frauen »vorzüglich geeignet sind, nämlich Mütter von Männern zu sein«. Einigen mochte er selbst das nicht zugestehen, wie etwa der italienischen Operndiva Adelina Patti oder der englischen Schauspielerin Lillie Langtry. Jeden ihrer regelmäßigen Auftritte in San Francisco empfand Bierce als einen unmittelbaren Schlag ins Gesicht. Die rabenschwarze Patti kam mit einem Luxuswaggon der Eisenbahn angereist, der unter anderem ein pinkfarbenes Schlafabteil mit Verzierungen in Elfenbein, Gold und Purpur besaß. Sie war zwar mit einem französischen Marquis verheiratet, reiste aber in Begleitung eines italienischen Tenors. Wo immer ihre Kutsche in der Stadt auftauchte, wurde sie begeistert von der Menge gefeiert. Die Frauen kleideten sich nach der neuesten Patti-Mode oder entwarfen Patti-Menus. Tickethändler zahlten eine Sondersteuer von einhundert Dollar, nur um die Karten für ihre Auftritte direkt vor der Oper verkaufen zu können. Und ein gewitzter Geschäftsmann warb sogar damit, als einziger in der Stadt ihre besondere Korsettmarke zu führen. Bierce blieb wie üblich von der allgemeinen Begeisterung ungerührt. Er verglich Pattis Gesang mit »dem Gejaule einer angesengten Katze«. Weit mehr noch ärgerten ihn jedoch ihre europäischen Moralvorstellungen: »Gleich hinter ihrem Ruhm als Sängerin folgt ihr Ruhm als Ehebrecherin«, schrieb er im Frühjahr 1884. »Die Beweihräucherung des weltweiten Dirnentums ist Kennzeichen einer Zivilisation, die in ihrem Kern faul und verderbt ist.«[32]

Lillie Langtry, besser bekannt als »Jersey Lily«, erging es nicht besser. Zu ihren Bewunderern gehörten der Prince of Wales, der schillernde Judge Roy Bean (selbsternannter »Hüter des Gesetzes westlich des Pecos«) und – so amüsant es klingt – auch Oscar Wilde. Lillie rückte mit zweiunddreißig Kleidertruhen, achtundzwanzig Koffern und einem Revolver in San Francisco an, den ihr Bean in einem Saloon in Texas zum Geschenk gemacht hatte. Auch sie hatte einen begüterten Spieler und Playboy namens Freddie Gebhardt an ihrer Seite, der zuvor in St. Louis den Herausgeber einer Zeitung zum Duell herausgefordert hatte, nachdem dieser eine verfängliche Skizze ihrer angrenzenden Hotelzimmer veröffentlicht hatte. Bierce zeigte sich gegenüber Langtry noch unbarmherziger als gegen Patti und verurteilte »das gespreizte Gebaren einer Dirne, die sich der Gunst eines Prinzen erfreut«. Für ihn war das berühmte Gesicht der Langtry, die als eine der schönsten Frauen ihrer Zeit galt, nicht mehr als »eine von den blaublütigen Lippen eines betrunkenen Wüstlings und den anschließenden Ehrerbietungen eines schmutzigen kleinen Spielers besudelte Stirn«. Wie durch ein Wunder blieb Bierce vor einer erneuten Herausforderung zum Duell verschont.[33]

Während seiner Zeit bei der ›Wasp‹ schrieb Bierce fünf neue Kurzgeschichten: »Mr. Swiddlers Flipflop«, »Katzencargo«, »Ein unvollständiger Brand«, »George Thurston« und »Ein harter Strauß«. Die ersten beiden sind unbedeutende Wildwestgeschichten, die Bierce weit weniger lagen als Twain oder Harte. Die dritte, »Ein unvollständiger Brand«, bildete den Auftakt zu jenem berüchtigten Erzählquartett, dem Bierce später den Titel *Der Elternmörder-Klub* gab. Sie beginnt mit einem seiner meistzitierten Sätze: »An einem frühen Junimorgen 1872 ermordete ich meinen Vater – eine Tat, die mich damals tief beeindruckte.« Der Vatermord war fraglos eins von Bierces Lieblingsthemen, tief verwurzelt in seinem lebenslangen inneren Konflikt mit seinen Eltern, und er scheint ein besonderes Gefallen an der Geschichte eines jugendlichen Einbrechers zu finden, der seinen Vater tötet, weil dieser bei der Aufteilung der Beute aus ihrem nächtlichen Raubzug eine Spieluhr für sich behalten will. Die betreffende Uhr »konnte nicht nur eine Vielzahl von Stücken spielen, sie konnte auch pfeifen wie eine Wachtel, bellen wie ein Hund, jeden Morgen bei Tagesanbruch krähen und die zehn Gebote brechen. Es war letztere Fähigkeit, die meines Vaters

Herz gewann und ihn veranlaßte, die einzig unehrenhafte Tat seines Lebens zu begehen, obwohl er vielleicht noch weitere begangen hätte, wenn er verschont geblieben wäre.«[34]

Nach der Ermordung des Vaters tötet der Erzähler – einer spontanen Eingebung folgend – auch seine Mutter und versteckt beide in einem der Bücherschränke der Bibliothek. Anschließend bekennt er seine Tat freimütig dem Polizeichef, »selbst ein Mörder von weitläufiger Erfahrung«. Der Polizeichef rät ihm, eine hohe Versicherung auf das Haus abzuschließen und es dann niederzubrennen. Er befolgt diesen Rat, muß aber bei seiner Rückkehr feststellen, daß der Bücherschrank »kerzengerade und unverletzt« an der alten Stelle steht. Die Leichen der Eltern sind hinter dem Glas deutlich zu sehen, doch wie so oft in Bierces Erzählungen kommt der Täter ungestraft davon. Drei Jahre später, »als die hier berichteten Ereignisse fast aus meinem Gedächtnis geschwunden waren«, reist der Erzähler zur Übergabe einiger gefälschter Obligationen nach New York, wo er in einem Möbelgeschäft einen identischen Bücherschrank entdeckt. Wie der Händler erklärt, handelt es sich um ein feuerfestes Modell, entwickelt von einem verrückten Erfinder. Dennoch kann sich der Erzähler nicht zum Kauf des Schrankes durchringen, da »er Erinnerungen weckte, die ausgesprochen unangenehm waren«.[35]

Als Bierce im März 1886 »Ein unvollständiger Brand« niederschrieb, war sein Vater fast zehn Jahre tot. Gleichwohl kann man sich bei der Lektüre des Eindrucks nicht erwehren, Bierce habe diese Geschichte mehr zu seinem eigenen Vergnügen erzählt, als daß er dem Leser eine wie auch immer versteckte moralische Botschaft mitzuteilen hätte. Allerdings handelt es sich um ein höchst befremdliches Vergnügen, das über Bierces eigene Sicht der Vaterschaft genausoviel aussagt wie über den Konflikt mit seinem Vater. Sein ältester Sohn Day war zu diesem Zeitpunkt beinahe vierzehn, und es erscheint durchaus plausibel, daß ein unterschwelliges Bewußtsein von Schuld, seine Kinder mehr oder weniger alleingelassen zu haben – was Marcus Bierce bei all seinen Fehlern nie getan hatte –, unbeabsichtigt in die Geschichte eingeflossen ist. Der Kritiker Stuart C. Woodruff liegt falsch mit seiner Behauptung, »Ein unvollständiger Brand« gehöre wie die drei anderen Geschichten des *Elternmörder-Klubs* zum Schlechtesten, was Bierce je geschrieben hat – es gibt in der Tat noch schlechtere Geschichten aus seiner Feder. Ungeachtet ihrer wenig überzeugenden literarischen Qualitäten sind sie allerdings von unschätzbarem biographischem Wert, denn sie widerlegen die weitverbreitete Auffassung, Bierce sei durch den Bürgerkrieg aus dem seelischen Gleichgewicht geraten. Ein Mann, der in seinen Geschichten wieder und wieder seine Eltern umbringen muß, und dies noch Jahre über ihr tatsächliches Ableben hinaus, hat seine Verwundungen lange Zeit vor dem ersten Kanonenschuß bei Fort Sumter erlitten.[36]

Psychologisch interessant sind auch die beiden Bürgerkriegsgeschichten aus den frühen Achtzigern, »George Thurston« und »Ein harter Strauß«, auch wenn sie hinter seinen späteren Kriegserzählungen zurückbleiben. Beide behandeln eine weitere Obsession des Autors, nämlich den Selbstmord. Dieses Motiv taucht in den Bürgerkriegsgeschichten so häufig auf, daß man meinen könnte, Bierce habe im Krieg nichts weiter als Variationen des Selbstmords gesehen. In gewisser Weise trifft dies sogar zu, nur unterschlägt eine solche Lesart einen ganz entscheidenden Punkt: Für Bierce, wie vielleicht auch für viele andere, gab es ›gute‹ und ›schlechte‹ Beispiele des Selbstmords. Während seiner gesamten Karriere verteidigte er das Recht, »sich das Leben zu nehmen«, wenn die eigene Existenz einem unerträglich wird. Wie die französischen Existentialisten ein halbes Jahrhundert nach ihm, betrachtete er den Selbstmord unter gewissen Umständen als einen zutiefst moralischen Akt. »Die blasierte, selbstgerechte Art, mit der wir heutzutage auf diesen Akt als die Tat eines Feiglings oder eines Geistesgestörten herabblicken, ist das Werk von Priestern, Spießbürgern und Frauen«, schrieb er. »Es gibt in dieser Frage kein abstraktes Prinzip; allein die Umstände lassen einen Suizid als gerechtfertigt oder ungerechtfertigt erscheinen; über jeden Einzelfall ist neu zu befinden, und derjenige, der über diesen Akt nachdenkt, ist der alleinige Richter. Seine Entscheidung, im Licht welcher Gründe sie auch getroffen sein mag, ist von jedem rechtschaffenen Menschen zu akzeptieren.« Im Hinblick auf den moralischen und unmoralischen Charakter der Tat räumte Bierce ein, daß »die moralische Beurteilung des Selbstmords kein leichtes Unterfangen ist; da sich keine allgemeinen Regeln aufstellen lassen, kann jeder Fall, wenn überhaupt, nur unter umfassender Kenntnis der besonderen Umstände beurteilt werden.« Er stellte sogar eine Liste mit sechs ethisch zu rechtfertigenden Selbstmordgründen auf: schmerzhafte oder unheilbare Krankheit; nahestehenden Menschen eine unzumutbare Last zu sein; die Gefahr permanenter geistiger Umnachtung; Alkoholsucht oder andere zerstörerische Laster; der Verlust von Freunden, Besitz, Arbeit oder Lebensmut und persönliche Schande. Unter den genannten Umständen ist »jeder Suizid eine mutige Tat«, da »der Selbstmörder dem Tod nicht nur ins Auge sieht, sondern ihn eigenhändig bewerkstelligt, und dies mit der Gewißheit, dafür nicht mit Ruhm, sondern mit Vorwürfen bedacht zu werden. Wenn dies kein Akt der Tapferkeit ist, muß unser Vokabular neu definiert werden.«[37]

Bierces Liste war für die Anwendung in Friedenszeiten gedacht. In Zeiten des Kriegs trat noch ein siebter Grund für den ethisch gerechtfertigten Selbstmord auf den Plan: der selbstlose Opfertod. Ein Beispiel für einen ›guten‹ Selbstmord findet sich in der Erzählung »Ein Sohn der Götter«, in der ein namenloser junger Offizier auf seinem schneeweißen Pferd absichtlich in den Tod reitet, um auf den hinter einer Hügelkuppe verborgenen Feind aufmerksam zu machen. »Tot bei Resaca«, »Die Spottdrossel«, »Die Geschichte eines Gewissens« und »Ein Vorpostengefecht« liefern ebenfalls Beispiele für den moralisch zulässigen Selbstmord. Die Offiziere in »Tot bei Resaca« und »Ein Vorpostengefecht« geben ihr Leben hin, um damit ihre Ehre wiederherzustellen, nachdem sie von ihren Geliebten betrogen worden sind. Der Gemeine Grayrock in »Die Spottdrossel« erschießt sich, als er entdeckt, daß er unwissentlich seinen Bruder getötet hat. Und Hauptmann Hartroy in »Die Geschichte eines Gewissens« stirbt durch die eigene Hand, nachdem er gezwungen war, einen Spion der Konföderation hinzurichten, der ihm zu einem früheren Zeitpunkt des Kriegs das Leben gerettet hatte.

Im Gegensatz dazu sind die Protagonisten in »George Thurston« und »Ein harter Strauß«, genau wie der von panischer Angst getriebene Hauptmann Graffenreid in »Ein Offizier, ein Mann«, Beispiele für einen ›schlechten‹ Selbstmord. Alle drei sterben, weil sie nicht Herr ihrer Emotionen sind. Die Titelfigur in »George Thurston« fürchtet den Vorwurf der Feigheit so sehr, daß er sich wiederholt großer Gefahr aussetzt, nur um zuletzt bei einem banalen Unfall im Lager (den er durch sein selbstmörderisches Verhalten selbst provoziert) einen absurden Tod zu sterben. Leutnant Byring ficht seinen »harten Strauß« mit seiner übertriebenen Empfindsamkeit; die Gegenwart einer Leiche bringt ihn derart um den Verstand, daß er ungeachtet immer verzweifelterer Versuche, seinen Geist in eine andere Richtung zu lenken, zuletzt die Kontrolle verliert und auf den Leichnam einhackt, bevor er sich in seinen eigenen Degen stürzt. Hauptmann Graffenreid begeht Selbstmord, weil er die Anspannung eines erwarteten Angriffs, der ironischerweise ausbleibt, nicht länger ertragen kann. In allen drei Fällen ist der Suizid eine feige Reaktion auf erlittene Angst, nicht die mutige Antwort auf eine ausweglose moralische Situation. Für Bierce bedeutet Feigheit »ein Zurückweichen vor der Gefahr, nicht aber ein Ausweichen vor der Pflicht«. Und der Krieg, so ließe sich ergänzen, bedeutet nichts anderes als eine gefährliche Pflicht.

Mitte 1885 blieb Ned Macfarlanes Mismanagement der ›Wasp‹ selbst ihrem abwesenden Herausgeber nicht länger verborgen. Als das Blatt an Oberst J. P. Jackson von der ›Evening Post‹ verkauft wurde, verabschiedete Bierce sich mit einer hymnischen Lobrede von seinen Lesern: »Wir treten ab mit der unerschütterlichen Überzeugung von der Schurkenhaftigkeit der Eisenbahngang, der Water Company, des ›Chronicle‹ und des ganzen Heiligenkalenders von Ehrlosen, Scheusalen, Nichtsnutzen und moralischer Kanaille. Was die Heerscharen der Einfaltspinsel und Dummköpfe betrifft – schwärmende Seelenfänger, kleingeistige Propheten, literarische Aufschneider, ehrgeizige Parvenüs, die sich mit den Zähnen an die Gesellschaft hängen, aufgeblasene Patrioten, widerliche Partisanen, zartbesaitete Seelen, quacksalbernde Philanthropen, großschwätzige Abstinenzler und andere Rebläuse, torkelnde Gewohnheitstrinker und alles andere eingebildete Volk, der gesellschaftliche Abschaum und der ganze abstoßende Haufen potentieller Schurken, in deren unfruchtbarem Charakter die Saat des Verbrechens ruht, um beim ersten Sonnenstrahl der Gelegenheit aufzugehen, so nehmen wir an, daß die ›Wasp‹ ihnen nun eine Generalamnestie erteilen wird.« Er selbst mochte sich nicht zu einem solchen Gnadenakt durchringen.[38]

Mit dreiundvierzig Jahren wieder einmal ohne Arbeit, zog Bierce sich in höhere Gefilde zurück, diesmal nach St. Helena am nördlichen Ausgang des Napa Valley. Mollie und die Kinder bezogen eine Wohnung in der Stadt, während Bierce sich im noch weiter nördlich gelegenen Angwin niederließ, einem einstigen Goldgräbercamp am Fuß des Howell Mountain, das inzwischen zu einem Kurort geworden war. Nach dem Bericht seiner Tochter fuhr er dort Rad, wanderte, sammelte Tannenzapfen und Pfeilspitzen und lockte Vögel an, »die sich in dichten Trauben auf seinen ausgestreckten Armen und seinem Kopf niederließen«. Dies könnte durchaus der Wahrheit entsprechen, zumal ein Foto von Bierce existiert, auf dem ihm ein Eichhörnchen aus der Hand frißt. Seine Lebensweise in der Nachfolge des heiligen Franziskus wurde von gelegentlichen Besuchen einer alten Bekannten, der unverbesserlichen Feuerwehr-Närrin Lillie Hitchcock Coit, unterbrochen, die sich von ihrem Mann getrennt hatte und im benachbarten Larkmead wohnte. Unbeirrt vom Klatsch der Nachbarschaft, freundete sich das ungleiche Paar an und wanderte gemeinsam in den Bergen oder picknickte unter freiem Himmel. »Lil Coit«, sagte Bierce später, »ist eine echte Frau.« Mollie Bierce hüllte sich dazu wie üblich in Schweigen.[39]

Ein Freund hatte Bierce erzählt, ein einjähriger Aufenthalt in den Kiefernwäldern von Howell Mountain werde ihn für immer von seinem gefürchteten Asthma kurieren. Bierce war entschlossen, solange auszuharren, auch wenn die Kurgesellschaft in Angwin – dem er umgehend den Spitznamen »Kap der letzten Hoffnung« gab – aus den üblichen gesellschaftlichen Emporkömmlingen mit blassen Gesichtern bestand, die er seit jeher verachtete. Als der ›St. Helena Star‹ im Januar 1886 berichtete, »Mr. Bierce, bekannt als der Stachel der ›Wasp‹, weilt seit geraumer Zeit in Angwin am Howell Mountain«, wandte sich Bierce mit einem bösen Leserbrief an den Herausgeber des von ihm als ›St. Helena Leberleiden‹ titulierten Blattes. Als Antwort setzte er seine eigene gehässige Klatschkolumne auf: »Der alte Sichtwechsel und seine Frau haben sich ein weiteres Mal getrennt. Mrs. Vorsitzende der Gesellschaft für Austernstatistik der Vereinigten Staaten Jones ist im Occidental abgestiegen. Mrs. Großkotz ist aus Knochendorf zurückgekehrt, nachdem sie in den Sommermonaten der Familie ihres Bruders auf der Tasche gelegen hat. Mrs. Oberst Pimpernelles Mittwochabendgesellschaften finden ab sofort Donnerstag nachmittags statt. Mr. Chris Grobklotz trägt sich mit der Absicht, in den Westen aufzubrechen und das Leben der freien Natur zu verdrießen.« Selbst in abgelegenen Bergregionen war einem keine Ruhe vergönnt.[40]

Nach und nach zog es Bierce zurück in die Stadt, zumindest bis Oakland, wo er eine kleine Wohnung neben dem Haus seines Bruders Albert bezog. An einem Nachmittag im März 1887 stand ein blonder Mann von dreiundzwanzig Jahren vor seiner Tür. Sein Name war William Randolph Hearst. Bierce selbst hat die Begegnung Jahre später in einem berühmten Abschnitt seiner *Collected Works* festgehalten: »Vor mir stand ein junger Mann, der jüngste, wie es mir damals schien, der mir je begegnet war. Seine Erscheinung, sein Auftreten, sein Benehmen und seine ganze Persönlichkeit verrieten äußerste Schüchternheit. Ich bat ihn nicht herein, ließ ihn nicht auf meinem besseren Stuhl (ich hatte zwei) Platz nehmen und fragte ihn nicht, was ihn zu mir führte. Wenn meine Erinnerung mich nicht trügt, sagte ich nur ›Well‹ und wartete auf seine Antwort.

›Ich bin vom ›San Francisco Examiner‹, erklärte er mit einer Stimme wie hörbar gemachter Veilchenduft und trat einen Schritt zurück.

›Oh‹, sagte ich, ›Sie kommen von Mr. Hearst.‹ Da blickte mich das unirdische Kind mit seinen blauen Augen an und lispelte: ›Ich bin Mr. Hearst.‹«[41]

Der auf dem Sprung zur Legende stehende Hearst erläuterte Bierce, daß er eigens die San Francisco Bay überquert hatte, um ihn für den ›Examiner‹ zu gewinnen. Er hatte damit begonnen, die besten Journalisten des Westens um sich zu scharen – Bierces alte Kumpane Petey Bigelow und Arthur McEwen hatten bereits unterschrieben –, und hatte für Bierce ein bis zwei wöchentliche »Prattle«-Kolumnen im Auge. Bierce, der mittlerweile genügend kieferngeschwängerte Luft für den Rest seiner Tage geatmet hatte, war dazu auf der Stelle bereit, vorausgesetzt, Hearst werde »Prattle« in unzensierter Form auf der Leitartikelseite drucken. Per Handschlag besiegelten die beiden Männer einen Vertrag, von dem beide Seiten in den kommenden zwanzig Jahren immens profitieren würden. Für Bierce begann die Zeit seines größten beruflichen Wirkens – und seiner schlimmsten privaten Tragödien.[42]

10

Die Reibung, die wir Schmerz nennen

Trotz seiner wiederholt geäußerten Verachtung für den Journalistenberuf konnte Ambrose Bierce im Frühjahr 1887 auf nahezu zwei Jahrzehnte journalistischer Tätigkeit zurückblicken. Angefangen von den Lehrjahren beim ›Californian‹, der ›New Era‹ und dem ›Overland Monthly‹ in den späten Sechzigern, über die Zeit als »Town Crier« beim ›News Letter‹, einem kurzen Auslandsgastspiel in London beim ›Figaro‹, ›Fun‹ und ›The Lantern‹, bis hin zu der professionelleren Arbeit als gefürchteter »Prattler« beim ›Argonaut‹ und der ›Wasp‹. Im mörderischen Treibhausklima des Westküstenjournalismus war Bierce – je nach Standpunkt – berühmt oder berüchtigt. Zumindest hatte er sich in der Öffentlichkeit einen Namen gemacht. Aber nichts in seiner langen Karriere hatte ihn auf die bizarre Situation vorbereitet, beim ›San Francisco Examiner‹ für William Randolph Hearst zu arbeiten. Gänzlich unbedarft war er auf den neuesten, schrillsten und glamourösesten Wagen im bunten Karnevalstreiben der Zeitungen aufgesprungen, den es je in der amerikanischen Geschichte gab. Und wie alle anderen Autoren, Redakteure, Künstler und Leser der Hearst-Presse würde Bierce die zwanzig Jahre dauernde Fahrt abwechselnd als zermürbend, aufregend oder einfach nur erheiternd empfinden.

Der unscheinbare Jüngling am Steuer des Wagens, der aus heiterem Himmel bei Bierce auf der Türschwelle erschienen war, hatte zwei Jahre zuvor durch einen höchst simplen Trick seinen Rausschmiß in Harvard erwirkt, indem er jedem seiner Professoren einen geblümten Nachttopf zukommen ließ, auf dessen Boden der Name des Beschenkten eingraviert war. Weder Bierce noch sonst jemand konnte ahnen, daß William Randolph Hearst angetreten war, zum einflußreichsten Zeitungsmagnaten des Jahrhunderts aufzusteigen. Groß, schlank, mit sanfter Stimme und einem blonden Flaum auf der Oberlippe, der zu verschwinden schien, wenn man genauer hinsah, machte Hearst einen schüchternen und zerbrechlichen Eindruck, fast wie sein eigenes Fotonegativ. Unter dem unscheinbaren Äußeren jedoch ruhten die untrüglichen Instinkte eines Mannes, der die Massen zu unterhalten verstand. Ein Leben lang fühlte sich Hearst von professionellen Entertainern angezogen, eine Neigung, die ihren Höhepunkt in der skandalumwitterten, jahrzehntelangen Affäre mit der Revuetänzerin und späteren Schauspielerin Marion Davies fand. Seine Leidenschaft ist wenig verwunderlich, verstand Hearst sich doch selbst als eine Art Entertainer; nur war sein Proszenium nicht die Leinwand, sondern die Titelseite. Als junger Mann trug er mit Vorliebe schrille Krawatten und sorgte mit ausgefallenen Exemplaren aus seiner riesigen Spazierstock-Sammlung für Aufsehen, von denen einer beim Gehen sogar pfiff. Als Mensch war er zuvorkommend, ohne sich anzubiedern; wortgewandt, aber nicht weitschweifig; und er kannte nur ein großes Ziel: den ›Examiner‹ zur erfolgreichsten Zeitung des Westens zu machen – was nicht notwendigerweise hieß, ihn auch zur besten zu machen, obwohl Hearst zwischen beiden Dingen nie einen Unterschied machte.[1]

Wie viele von einer großen Idee besessene Männer arbeitete Hearst unermüdlich an deren Verwirklichung. Im Gegensatz zu den meisten anderen jedoch besaß er den unschätzbaren Vorteil, von ganz oben anfangen zu können. Sein Vater, George Hearst, gehörte zu den Millionären von Nob Hill. Ursprünglich aus Missouri stammend, hatte er beim Aufspüren von Gold- und Silbervorkommen ein solch unglaubliches Talent entwickelt, daß ihm die Indianer den bewundernden Spitznamen »Junge-zu-dem-die-Erde-spricht« gaben. Relativ spät im Leben entdeckte Hearst senior sein Herz für die Politik, indem er die Kandidaten der Demokratischen Partei großzügig unterstützte und deren kalifornischer Hauszeitung, dem ›Examiner‹, beachtliche Geldsummen lieh. Im Oktober 1880 wurde er alleiniger Eigentümer des Blattes, nachdem er dem schrulligen Einfall verfallen war, der neue Gouverneur des Staates zu werden. Er verlor die Wahl, wurde aber sechs Jahre später für seine Großherzigkeit belohnt, indem er für den frühzeitig ausscheidenden John T. Miller in den Senat einziehen durfte. Sein Sohn, den er liebevoll »Billy Buster« nannte, absolvierte unterdessen ein einjähriges Praktikum bei Joseph Pulitzers neue Maßstäbe setzender Zeitung ›The New York World‹. Dort lernte Hearst aus erster Hand die Regeln des Boulevard-Journalismus, eine spritzige Mischung aus Sensationslust und Idealismus, mit einem Schwerpunkt auf flott geschriebenen und illustrierten Berichten über Verbrechen, Skandale, Korruption und gesellschaftliche Laster – Zutaten, die in jeder größeren Stadt der Ost- und Westküste praktisch unerschöpflich zur Verfügung standen. Kritiker rümpften über Pulitzers Sensationsjournalismus verächtlich die Nase, während die Auflage der ›World‹ binnen drei Jahren von 15 000 auf 150 000 Exemplare stieg. Hearst junior verfolgte die Entwicklung aufmerksam, und als sein Vater 1886 ins Senatorenamt gewählt wurde, sandte er ihm umgehend einen Brief, in dem er darum bat, ihm den ›Examiner‹ zu überantworten. »Wir müssen kühner und origineller sein als alle anderen«, schrieb er darin. »Wir müssen ehrlich und unerschrocken sein. Und wir müssen mehr Abwechslung denn je erreichen.« Alles war genauestens durchdacht, und da sein Vater ihm ohnehin selten einen Wunsch abschlagen konnte, ließ er dem Sohn auch diesmal seinen Willen. Im Februar 1887 übernahm Billy Buster die Zeitung, und zwei Wochen später heuerte er Ambrose Bierce als neuen Leitartikler an.[2]

Als wöchentlicher Kolumnist brauchte Bierce nicht hinter einem Schreibtisch in der Redaktion des ›Examiner‹ zu hocken; er konnte seine Arbeit wie gehabt dort verrichten, wo es ihm gerade paßte. Dennoch ließ er sich um der reinen Unterhaltung willen gelegentlich im Hauptquartier des Blattes auf der Montgomery Street blicken. Unter der Ägide des nimmermüden Hearst herrschte in der Redaktion, die ein Zeitgenosse als teils Piratenschiff, teils Drei-Manegen-Zirkus bezeichnete, ein lautes und lebendiges Treiben. Reporter liefen unablässig ein und aus, alle auf der Suche nach Geschichten, die dem besonderen Gütesiegel der Zeitung, dem sogenannten »Potzblitz«-Gefühl, gerecht werden sollten. Die Leser des Blattes sollten dazu gebracht werden, »Potzblitz!« zu rufen, wenn ihr Blick auf die Titelseite fiel, »Lieber Herr Jesus«, wenn sie die zweite Seite aufschlugen, und »Allmächtiger Gott« bei der dritten. Alles darunter wurde als Fehlschlag gewertet. George P. West, der damals für die Zeitung arbeitete, erinnerte sich später: »Die Redaktion des ›Examiner‹ war ein Tollhaus, bewohnt von lauter talentierten und höchst unberechenbaren jungen Männern, die sich am Leben einer Stadt berauschten, wie es sie zuvor nie gegeben hatte und später nie mehr geben sollte. Angeführt wurden sie von einem verrückten Boss, der wild mit Geld um sich schmiß, den Lebensstil eines spätrömischen Kaisers pflegte und sie unermüdlich anfeuerte, während sie Zeitungsgeschichte schrieben.«[3]

Zuweilen sorgte man auch selbst für die Sensationen, über die es zu berichten galt. Einem Reporter beispielsweise gelang es, sich ins Irrenhaus einweisen zu lassen, nachdem er mitten in der San Francisco Bay von einem Fährboot ins Wasser gesprungen war und wie ein Wahnsinniger getobt hatte, als man ihn herausgefischt hatte. Nach einem Monat in der Irrenanstalt wurde er als geheilt entlassen und konnte seine Erlebnisse in einem Sensationsbericht festhalten. Die rothaarige Reporterin Winifred Sweet, ein ehemaliges Starlet und mutmaßliche Erfinderin des Tränendrüsenjournalismus, verkleidete sich als obdachlose Streunerin, fingierte einen Zusammenbruch auf offener Straße und wurde ins städtische Armenspital eingeliefert, wo sie nacheinander beschimpft, herumgestoßen, mit einem heißen Senfbrechmittel behandelt und zurück auf die Straße geschickt wurde. Ihr anschließender Aufmacher auf der ersten Seite bewirkte einen Aufschrei der Krankenhausbelegschaft und einen Redaktionsbesuch des aufgebrachten Chefarztes, der von einem bulligen Redaktionskollegen von Miss Sweet kurzerhand zu Boden gestreckt wurde, nachdem er die hocherfreute Journalistin durch den Arzt tätlich angegriffen sah. Andere Reporter retteten friedlich dümpelnde Fischer, prüften die Lebensrettungskenntnisse der Fähr-Mannschaften in der Bucht von San Francisco und begleiteten die Schauspielerin Sarah Bernhardt, die zu einem Gastspiel angereist war, höchstpersönlich auf einer mitternächtlichen Spritztour durch die finsteren Opiumhöhlen in Chinatown, um das dort zur Schau gestellte menschliche Elend aus nächster Nähe mitzuerleben.[4]

Während die eifrige Schar von Jungredakteuren auf der Jagd nach Nachrichten war, rührte Hearst in seinem Büro eifrig die Werbetrommel, um die Auflage weiter zu steigern. Der »Monarch der Tagespresse«, wie Hearst den ›Examiner‹ großspurig bezeichnete, sei »die größte, strahlendste und beste Zeitung der Pazifikküste«. Sie garantiere ihren Lesern »die ausführlichsten Regionalmeldungen, den neuesten Gesellschaftsklatsch und die jüngsten und außergewöhnlichsten Sensationsberichte«. Um seine Versprechungen einzuhalten, scheute Hearst keine Kosten. Als die Konkurrenz dem ›Examiner‹ bei einem Großbrand in einem Hotel in Monterey zuvorkam, charterte der zerknirschte Herausgeber umgehend einen Zug und eilte mit einem Generalstab von Reportern und Pressezeichnern zum Ort der Katastrophe, um mit einer bis dahin nie dagewesenen vierzehnseitigen Sonderausgabe herauszukommen, deren zweispaltige Schlagzeile im berühmten »Potzblitz«-Stil vom Boss höchstpersönlich stammte: »HUNGRIGE FEUERSBRUNST/Frißt sich in Sekunden über First, Dach und Fassade/Überfällt zitternde Gäste in zorniger Wut.« An ereignislosen Tagen ließ Hearst ein junges Pärchen in einem Ballon mit der Aufschrift EXAMINER über der Stadt aufsteigen und sich in luftiger Höhe trauen oder versprach den ersten tausend neuen Abonnenten bei der Vorlage des Bestellcoupons eine Rundfahrt auf dem Vergnügungsdampfer James M. Donohue. Was er auch in Angriff nahm, es wurde ein Erfolg. Innerhalb weniger Monate hatte Hearst die Auflage des ›Examiner‹ verdoppelt, und 1890 schrieb das einst schuldengeplagte Blatt erstmals schwarze Zahlen.[5]

Der Erfolg war indes begleitet von schweren Prüfungen, die meist aus den eigenen Reihen stammten. Auch wenn die Branche seit jeher für ihren Alkoholkonsum bekannt ist, so setzte die Mannschaft des ›Examiner‹ auch auf diesem Gebiet neue Maßstäbe. Bierce, der selbst über einige Standfestigkeit am Tresen verfügte, war im Vergleich zu seinen Kollegen ein wahrer Waisenknabe. Chefredakteur Sam Chamberlain, überall nur »der trunkene Sam« genannt, hatte die Angewohnheit, aus heiterem

Himmel einen Transatlantikdampfer zu besteigen und seine Lieblingskneipen im belgischen Antwerpen aufzusuchen, bis einer von Hearsts Korrespondenten in Europa ihn aufstöberte und mit dem nächsten Schiff nach Hause schickte. (»Wenn er einen Tag im Monat nüchtern ist, bin ich zufrieden«, bemerkte Hearst nachsichtig.) Bierces alte Zechkumpane Arthur McEwen und Petey Bigelow waren ebenfalls gefürchtete Säufer, wenn auch vielleicht etwas bodenständiger in der Wahl ihrer Lokalitäten. Einmal suchte Hearst in ganz San Francisco nach McEwen, um ihn zuletzt sturzbetrunken zusammengekauert unter seinem Schreibtisch in der Redaktion zu finden. Ein anderes Mal hatte der spindeldürre Bigelow sich während einer mehrtägigen Zechtour den Bart abrasiert und war in eine Kneipe an der Market Street gestolpert, wo ein Zechbruder beim Anblick der aschgrauen Erscheinung entsetzt zurückwich und aufschrie: »Bei Gott, der Heilige Gral!«[6]

Die Meßlatte für die Redaktion aber setzte Reporter Robert Duncan Milne, der von Hearst schließlich zu einer breit ausgeschlachteten Entziehungskur auf Zeitungskosten überredet wurde. Milne zeigte sich folgsam und trat eine mörderische zweiwöchige Behandlung in einem Sanatorium an, über die er einen reißerischen Artikel schrieb, in dem er über die am eigenen Leib erlittenen seelischen und körperlichen Qualen des Alkoholentzugs berichtete. Sobald der Artikel stand, verschwand Milne in der nächsten Bar, während Hearst sich zu einer redaktionellen Klarstellung genötigt sah, derzufolge Milne sich »aus rein experimentellen Zwecken einer Behandlung mit Bichlorid unterzog. Seine Entziehungskur entsprang somit keinesfalls dem Wunsch nach Mäßigung.« Ein zweiter, fast schon überflüssiger Brief des Klinikdirektors unterstrich, daß »Milne offenbar nicht den Wunsch nach Heilung hatte, sondern vielmehr davon überzeugt war, sämtliche Freuden des Lebens unter dem Einfluß von Alkohol genossen zu haben und auch in Zukunft mehr Genuß in der Trunksucht als im nüchternen Zustand zu erfahren«. Nicht einmal Bierce hätte dies besser formulieren können.[7]

Als Arbeitgeber zeigte sich Hearst bemerkenswert nachsichtig, ein Charakterzug, den Bierce weder für sich selbst in Anspruch nehmen noch bei anderen nachvollziehen konnte. »Statt gerecht zu sein, ist Mr. Hearst immer großherzig«, erinnerte Bierce sich. »Bevor er der Beschwerde eines Angestellten über einen Mitarbeiter nachgeht, ist er eher geneigt, den Beschwerdeführer mit einem Landhaus, einem Boot oder einem Bündel Banknoten zufriedenzustellen. Und ehe er jemanden wegen Inkompetenz oder Unredlichkeit entläßt, setzt er ihn lieber auf einen höheren Posten. Seine Art, Probleme aus der Welt zu schaffen, ist die Beförderung.« Einmal sah Bierce mit Befremden zu, wie Hearst einen Redakteur an Bord behielt, der sich aus der Bürokasse bedient hatte. »Oh, das war nur eine Lappalie«, erklärte Hearst unbekümmert. »Wir haben eine gemeinsame Vereinbarung getroffen. Er darf in Zukunft nur noch kleinere Beträge stehlen; die größeren muß er bei mir abgeben.« Es war nicht ungewöhnlich, daß ein Angestellter von einem Vorgesetzten gefeuert wurde, schnurstracks ins Büro des Direktors ging und dort so lange auf seiner Stelle beharrte, bis Hearst mit den Schultern zuckte, das Interesse an der Sache verlor und beide Männer auf der Gehaltsliste behielt. Dabei war Hearst keineswegs ein Mann ohne Durchsetzungsvermögen – Dinge, die ihm wirklich wichtig waren, verfolgte er mit eiserner Willenskraft. Andererseits war er sich bewußt, eine außergewöhnliche Mannschaft zu besitzen, so daß er im Hinblick auf seine hochgesteckten Ziele nur allzugern über kleinere Verfehlungen hinwegsah.[8]

Das Verhältnis zwischen Hearst und Bierce war – wie bei Bierce nicht anders zu erwarten – alles andere als unkompliziert. Grundsätzlich schien der Zeitungsverleger Bierce zu mögen, zumindest schätzte er dessen schriftstellerische Fähigkeiten. Mehr als einmal lotste Hearst ihn persönlich zurück in den Redaktionsstall, nachdem sein Kolumnist aufgrund tatsächlicher oder eingebildeter Querelen erzürnt das Handtuch geworfen hatte. Zuletzt zahlte er Bierce wöchentlich einhundert Dollar, was bei einem Artikel pro Woche kein schlechter Verdienst war. Zudem erschienen im ›Examiner‹ eine Reihe der besten Kurzgeschichten des Autors. Bierce seinerseits nahm Hearst glühend gegen den Vorwurf in Schutz, der Herausgeber mische sich in seine Arbeit ein und manipuliere in welcher Weise auch immer die Themen und Inhalte seiner Kolumnen, selbst wenn diese oft genug in unmittelbarer Opposition zur allgemeinen Linie des ›Examiner‹ standen. Dennoch entwickelte Bierce kein warmherziges Verhältnis zu seinem eigenartig distanzierten Arbeitgeber, dessen mehr oder weniger radikale politische Ansichten er als die »eines durchtriebenen Demagogen« betrachtete. Unter Hearst stand der ›Examiner‹ klar auf der Seite der Arbeiter, was sich unter anderem in einer wöchentlichen Arbeiterspalte sowie der Verteidigung der Arbeiterstreiks während der Unruhen in den neunziger Jahren äußerte. Für Bierce waren diese Ansichten selbstverständlich Anathema; er arbeitete auf der einen Seite der Straße und Hearst auf der anderen. »Fragt man mich nach dem Grund, warum ich so viele Jahre für Zeitschriften gearbeitet habe, deren politische Überzeugungen ich nicht teilte und deren Charakter mir zuwider war«, schrieb Bierce viele Jahre später, »so muß ich bekennen, daß womöglich die angenehmen Arbeitsbedingungen den Ausschlag gaben. Und was den Punkt der persönlichen Ehre angeht... nun, ich redete mir ein, meine Dienste seien dort am sinnvollsten eingesetzt, wo ich am dringendsten gebraucht wurde – bei den Millionen von Lesern, die von Mr. Hearst in die Irre geführt wurden.«[9]

Selbst ein geborener Außenseiter, erkannte Bierce auch bei Hearst einen ähnlichen Charakterzug. »Trotz zahlreicher liebenswerter und einnehmender Qualitäten, zu denen eine fast schon an Schüchternheit grenzende persönliche Bescheidenheit gehört oder einst gehörte, besitzt dieser Mann auf der ganzen Welt keinen einzigen Freund. Tatsächlich verdient er auch keinen, da er aufgrund eines angeborenen oder erworbenen Eigensinns nicht in der Lage ist, den Gedanken einer selbstlosen Freundschaft oder eines uneigennützigen Motivs zu fassen. Ruhig und lächelnd wandelt er unter den Menschen, der einsamste Mensch von allen. Er ist sich bewußt, daß Gott allein ihn liebt; wobei er die Liebe Gottes nur insofern schätzt, als sie in seiner Vorstellung dazu beitragen kann, sein wunderliches Ziel zu erreichen und die Pforte des Weißen Hauses zu verdüstern. Was dies betrifft, wäre er in meinen Augen genau die Art von Präsident, die dieses Land – von Demokratie verblödet und bis ins Mark verderbt – allmählich verdient hat.« Zieht man die Bescheidenheit und die politischen Ambitionen ab, läßt sich darin durchaus ein Selbstporträt des Autors erkennen.[10]

Bierces Kolumne im ›Examiner‹ unterschied sich kaum von seinen früheren Artikeln für den ›Argonaut‹ oder die ›Wasp‹. Seine Beiträge, die regelmäßig in der Sonntagsausgabe erschienen, umfaßten circa achthundert Wörter, aufgeteilt in ein Dutzend Abschnitte zu meist ebenso vielen Themen. Die Ziele seiner Angriffe waren die alten: Politiker, Pfarrer, Journalisten, Feministinnen (die er »die Schreihälse« nannte), Bürokraten, Geschäftsleute und Amateurschriftsteller: »Haben Sie es schon einmal mit dem Strick versucht?« fragte er einen Möchtegern-Poeten, der ihn um Rat angegangen war. »Wenn ja, und wenn sich niemand findet, der Sie erschießt, oder wenn Sie zu sehr am Leben hängen, können Sie Ihre Gedichte zur kritischen Begutachtung in dieser Kolumne einreichen. Auch wenn dies Ihre poetischen Ergüsse nicht aufhalten wird, so dürfte es Sie doch von Ihrer störrischen Abneigung gegenüber dem Tod kurieren.« Eine Nachwuchspoetin der Bay Area, die unter dem Pseudonym Berenice schrieb, wurde für ihren »außerordentlich flüssigen Stil« gerühmt, den Bierce mit »einer Schlafzimmergarnitur« verglich, »die im Sturzbach die Treppe hinunterpoltert«. Die Verse eines dritten Poeten glichen »dem rhythmischen Gurgeln und Plätschern einer Pumpe am Straßenrand, mit der gerade eine Pferdetränke aufgefüllt wird«. Bierces Bericht über den kalifornischen Winzer Arpad Haraszthy brachte dem Blatt um ein Haar eine Verleumdungsklage ein: »Arpad Haraszthys Wein besitzt ein ganz eigenes Bouquet. Er reizt und kitzelt den Gaumen und gluckert, wenn er durch die Speiseröhre rinnt. Er erwärmt das Herz und verbrennt die Magenschleimhaut.« Als der empörte Winzer mit einer Klage drohte, falls kein Widerruf im ›Examiner‹ erfolgte, kam Bierce dem pflichtschuldig nach: »Arpad Haraszthys Wein besitzt kein ganz eigenes Bouquet. Er reizt und kitzelt den Gaumen nicht und gluckert nicht, wenn er durch die Speiseröhre rinnt. Er wärmt das Herz nicht und verbrennt nicht die Magenschleimhaut.«[11]

Auch den Politikern, ob groß oder klein, erging es nicht viel besser. Als Präsident Benjamin Harrison – ein weiterer ehemaliger General der Union – im Mai 1891 den Westen bereiste, beklagte Bierce, die Reise habe den Charakter eines »königlichen Triumphzugs«, bei dem das Volk »willig vor der Herrschaft eines einzelnen« buckle. Harrison, so Bierce weiter, »reist mit großem Prunk durchs Land, sich delektierend an Wein, Weib und Gesang, um in seinen Reden, die auf den Durchschnittsbürger von Coon Hollow, Indiana, zugeschnitten sind, ausgesuchte Platitüden und geballten Flachsinn unters Volk zu werfen«. Mit Erstaunen kommentierte er das ungebrochene Vertrauen seiner Landsleute in das politische System: »Alle vier Jahre darf das Volk neue Ganoven wählen. Welch ein unschätzbares Privileg, sich der vollgesogenen Blutegel zu entledigen und die hungrigen heranzulassen! Zumal man noch nicht einmal unter den kleineren Tieren wählen kann, sondern mit denen vorliebnehmen muß, die die Parteioberen und Wahlkampfpropagandisten uns anpreisen.« Über seine eigenen politischen Überzeugungen schrieb er: »Mein persönliches Vertrauen in die republikanischen Institutionen ist schwach, da ich sie nicht als ein praktikables System zur Regierung eines Volkes erachte.« Bis zu seinem fünfunddreißigsten Lebensjahr habe er politische Hoffnungen gehegt – »allerdings war Benjamin Harrison in den Jahren auch noch nicht zum Präsidenten aufgestiegen«. Doch selbst George Washington, der »Vater unserer Nation«, kam nicht ungeschoren davon. In Bierces Augen war Washington »ein leidlich rechtschaffener Mann mit drittklassigen Fähigkeiten, ein halbwegs passabler Soldat, ein etwas besserer Politiker, dem anderen Geschlecht verständnisvoll zugeneigt, gewissenhaft und unbeirrt in seinem Jähzorn und ein eingebildeter Aristokrat«, den man mittlerweile zu einem mythischen Nationalhelden und »einem unbeschreiblichen Langeweiler« stilisiert habe. Christoph Columbus, der vermeintliche Entdecker des Landes, galt Bierce als ungelernter Pirat und Abenteurer, dessen zufällige Entdeckung Amerikas nur ein Produkt seiner grenzenlosen Habsucht gewesen sei. »Wäre der Italiener auf seiner Atlantiküberfahrt gescheitert, wäre den Göttern das erhebende Schauspiel versagt geblieben, ein ganzes Volk vor der blutbesudelten Gestalt eines schamlosen Lügners im Staub kriechen zu sehen.« Zu den Schurken vor der eigenen Haustür gehörte James Frye, »die Weinerlichkeit und triefende

Gefühlsseligkeit in Person«, während ein hoher Polizeibeamter in San Francisco als »dieser ruchlose und uneinsichtige Verbrecher, dieser Oberlump und Schuft« bezeichnet wurde, »dessen Machenschaften selbst dem Teufel die Schamröte ins Gesicht treiben und die Finsternis der Hölle noch vermehren«.[12]

Im übrigen schien das ganze Land in den Orkus zu fahren, worüber Bierce am wenigsten traurig war: »Die Früchte der Herrschaft des Volkes waren Sodomsäpfel, die auf den Lippen unserer politischen Hoffnungen zu bitterer Asche zerfielen. Unser Land ist die Heimat der politischen Eiferer, das Paradies der Diebe und die Hölle für ehrbare Männer.« Das amerikanische Volk – »dieser zusammengewürfelte und ungesiebte Haufen Unrat, den man einst auf einer hinreichend großen Fläche abgeladen hat« – war mittlerweile zu »einer Nation von Dummköpfen und Spitzbuben« verkommen. »Krieg, Hungersnot oder Pest – mir sei jedes Mittel recht, sofern es nur die Leute zur Rechtschaffenheit bringt und die Lüge auf Unternehmer und Politiker beschränkt.« Sich selbst bezichtigte er der »einstigen Unbesonnenheit – die mir durch meine Jugend verziehen sein mag –, für den Erhalt dieses Staates vier lange Jahre gekämpft und dabei einen zerschmetterten Schädel davongetragen zu haben. Heute, da der zerschmetterte Schädel durch den Schnee des Alters ein wenig abgekühlt ist, bin ich der Überzeugung, daß dieser Staat es nicht wert ist, verteidigt zu werden, und daß die Sklaven nicht reif für ihre Befreiung waren.«[13]

Angesichts der allgemein bekannten politischen Grundsätze Bierces bedeutete es eine Überraschung, als eine Delegation angesehener Bürger der Stadt im Frühjahr 1888 bei ihm in Auburn vorstellig wurde und ihn bat, ein Gedicht zum Gedenken an den Unabhängigkeitstag zu schreiben. Nicht weniger überraschend war, daß Bierce zustimmte. Er feilte und verbesserte lange an den achtundzwanzig Strophen, die er dem Herausgeber der Tageszeitung von Auburn vorlas, um dessen Meinung zu erfragen. Auf einem Festakt am 4. Juli wurde das hundertzwölf Zeilen lange Poem vom Schauspieler George Osbourne im San Francisco Opera House vorgetragen und am folgenden Tag, versehen mit einer Einleitungsnotiz, die vermutlich von Bierce selbst stammte, im ›Examiner‹ abgedruckt: »Dieses Gedicht wurde nicht auf Bestellung geschrieben und eilfertig zur Feier des Tages zu Papier gebracht. Es folgt einem konkreten Anlaß, ohne sich jedoch jener flüchtigen Tagesaktualität zu unterwerfen, die bereits am nächsten Tag allen Reiz verloren hat.« Der Ton des Gedichts war in der Tat ätzender als die üblichen Elogen zum Unabhängigkeitstag, was allerdings kaum verwundert bei einem Autor, der zwei Jahre später über den 4. Juli vermerkte: »Es ist wenig wünschenswert, die politische Unabhängigkeit mit großem Brimborium zu feiern und dabei deutlich zu machen, daß ihr augenfälligstes Produkt in einer nationalen Verblendung besteht, die vor jedem Spott gefeit und rationalen Argumenten nicht zugänglich ist.« Eine charakteristische Passage des Gedichts lautet:

Doch wenn (oh, ferne sei die Zeit!)
Der Mehrheit blinder Wahn sich regt
Die Gewalt des Schwerts das Recht zerschlägt
Und das Land versinkt in blut'gem Streit;

Oder – drohender noch – wenn im Land
Die Schwachen sich wie winselndes Getier
Zu Boden werfen vor der Gottheit Gier
Und schwänzeln auf deren eherner Hand;

Ja, wenn die steinernen Stufen der Macht
Ausgetreten von der Diebe Schritte
Und Mammon in der klagenden Schnitter Mitte
Zwischen den Garben sitzt und lacht:

Dann schenke uns das Wunder deiner Huld
Besteige den Thron, schließe die Kette,
Erneuere dein Reich an alter Stätte
Und verhülle dein Haupt in stummer Geduld.

Trotz seines eher gequält wirkenden Patriotismus war das Gedicht ein großer Erfolg, und Bierce, der bislang stets verkannte Dichter, sonnte sich in seinem kurzzeitigen Ruhm.[14]

Sein Privatleben war weit weniger erfolgreich, sondern

wurde von Katastrophen geschüttelt. Bei einem Besuch der Familie im Frühjahr des Jahres kam es zwischen Day und seinem Vater zu einer bösen Auseinandersetzung. Anlaß war der Wunsch des Jugendlichen, die Schule zu verlassen und wie sein Vater Journalist zu werden. Den meisten Vätern hätte es geschmeichelt, den Sohn in die eigenen Fußstapfen treten zu sehen, zumal Bierce viel zu selten zu Hause war, um über die Entwicklungen seiner Kinder informiert zu sein oder ihnen zur Seite stehen zu können. In Anbetracht seiner negativen Einstellung zum Journalistenberuf und dem nie erlahmenden Bewußtsein seiner eigenen unzureichenden Schulbildung aber war es unvermeidlich, daß Bierce dem Plan ablehnend gegenüberstand. In seinen Augen war Day mit fünfzehn noch zu jung, um auf eigenen Füßen zu stehen. Der Streit spitzte sich zu, Mollie brach in Tränen aus, und der überaus stolze junge Mann – der in dieser Hinsicht ganz auf seinen Vater kam – stürzte aus dem Zimmer. Einige Wochen später, als Bierce längst wieder verschwunden war, riß Day von zu Hause aus und nahm eine Stelle beim ›Sentinel‹ in Red Bluff an, etwa einhundert Meilen von St. Helena entfernt. Mollie flehte ihren Mann an, nach Red Bluff zu reisen und ihn zurückzuholen, doch Bierce, der offenbar davon ausging, es könne dem Jungen nur guttun, einige Wochen für sich selbst sorgen zu müssen, lehnte ab. (Vielleicht war er von der stolzen Unbeugsamkeit, mit der Day ihm nacheiferte, auch stärker beeindruckt, als er nach außen hin zugeben wollte.) Selbst als aus den Wochen Monate wurden, war Bierce nicht dazu zu bewegen, seinen Sohn zu besuchen. Besorgt schickte Mollie ihm Geld, das er aber postwendend mit einem herablassenden Brief zurücksandte.[15]

Bierce ließ sich derweil in seinem Schlupfwinkel am Howell Mountain durch Days Fortbleiben nicht in seiner Arbeit stören, zumal er gerade eine überaus schöpferische Phase erlebte. Nachdem er ein Vierteljahrhundert ausschließlich als Journalist gearbeitet und in der Zeit, mit Ausnahme der 1881 entstandenen Erinnerung »Was ich von Shiloh sah«, kaum über den Bürgerkrieg geschrieben hatte, kehrte das Thema nun mit aller Macht zu ihm zurück. Drei Ereignisse des Jahres 1887 mögen dazu beigetragen haben, sein vorübergehend schlummerndes Interesse erneut zu wecken. Zuerst war Mitte Januar ganz plötzlich und unerwartet sein Freund und Mentor aus Kriegstagen, William Hazen, gestorben. Gerade einmal sechsundfünfzig, hatte Hazen sich bei einem Empfang durch Präsident Grover Cleveland im Weißen Haus eine Grippe zugezogen. Drei Tage später war er tot. Auch wenn die beiden Männer ihre eigenen Wege gegangen waren, hatten Bierce und Hazen in den zwei Jahrzehnten nach ihrem Abschied im Presidio im Jahr 1867 regelmäßig in Kontakt gestanden. Besonders bewegt hatte Bierce seine namentliche Erwähnung in Hazens *Narrative of Military Service* von 1885: »Bierce, ein mutiger und unerschrockener Soldat ... der sich inzwischen durch sein außergewöhnliches literarisches Talent in Kalifornien einen Namen erworben hat.« Das zweite mit dem Bürgerkrieg verbundene Ereignis war eine Einladung zum Veteranentreffen des Neunten Indiana-Regiments in Delphi, Indiana, im August desselben Jahres. Bierce lehnte ab, schrieb aber seinem ehemaligen Sergeanten Abe Dils einen Dankesbrief, in dem er erklärte: »Ein Wiedersehen mit den Männern vom alten Neunten, von denen ich einige in wärmster Erinnerung halte, würde mir große Freude bereiten, und ich hoffe, eines Tages Gelegenheit dazu zu finden.« Nicht weniger erfreut zeigte er sich über die verdienstvolle Erwähnung seines wagemutigen, wenngleich glücklosen Rettungsversuchs von Korporal Dyson Boothroyd in der Schlacht von Laurel Hill im Jahr 1861 in der Regiments-Chronik, fügte aber hinzu, Dils möge die fehlerhafte Schreibweise seines Namens – »Bruce« – in zukünftigen Ausgaben verbessern. »Ich werde Sie immer als guten Soldaten und treuen Kameraden in Erinnerung behalten«, schloß er.[16]

Im Herbst desselben Jahres nahm Bierce zum kontroversen Vorschlag des Kriegsministers William Endicott Stellung, die erbeuteten Konföderationsflaggen an die jeweiligen Südstaaten zurückzugeben. Die vermeintlich harmlose Anregung löste bei Veteranen und Zeitungen des Nordens einen Feuersturm des Protests aus. Die ›New York Tribune‹ überschrieb ihren Kommentar mit der Schlagzeile: »Die Sklavenpeitsche rührt sich wieder.« Lucius Fairchild, Vorsitzender des Veteranenverbands Grand Army of the Republic, verkündete den Bannfluch: »Möge Gott die Hand lähmen, die diesen Befehl schrieb, das

Hirn, das ihn ersann, und die Zunge, die ihn diktierte.« Bierce, der gegenüber der Konföderation nie Rachegelüste hegte, gab in Versform den Rat: »Gebt die eitlen Flaggen denen zurück,/ Die für sie starben aus Vaterlandsliebe/Und scheint euch mein Rat zu vermessen? So wißt,/Ich war einer der Flaggendiebe.«[17]

Den Krieg wieder lebhaft vor Augen, zog Bierce im Geist erneut in den Kampf. In seinem Feldlager am Howell Mountain saß er von Mitternacht bis Sonnenaufgang bei Kerzenschein an seinem Schreibtisch, den Totenschädel eines alten Freundes – William Rulofson? Thomas Harcourt? Der englische Dichter Richard Realf? – gleich neben sich, und tauchte in eine überaus fruchtbare dreijährige Schaffensphase ein, die in Anbetracht des beachtlichen, wenngleich begrenzten Talents des Autors in der amerikanischen Literatur ihresgleichen sucht. Angefangen von der ersten Geschichte dieses Schaffensrausches, »Einer der Vermißten«, die er im März 1888 schrieb, bis zu »Halpin Fraysers Tod« im Dezember 1891, wechselte Bierce souverän zwischen mit strengem Kalkül geschriebenen Bürgerkriegserzählungen und makabren, wie aus einer anderen Welt stammenden Spukgeschichten. Das vorrangige Publikationsforum seiner Arbeiten, die Sonntagsbeilage des ›Examiner‹, leistete der Neigung zum Verschrobenen und Schockierenden Vorschub. Berichte über grausame Morde, übereilte Begräbnisse, unaufgeklärte Verschwindensfälle und aufsehenerregende Hinrichtungen wetteiferten hier mit Gespenstergeschichten von Arthur Conan Doyle, Guy de Maupassant und anderen Meistern des Genres. Dennoch schrieb Bierce keine auf einen bestimmten Markt oder Leserkreis zugeschnittene Dutzendware. Wie jeder gute Schriftsteller forschte er in seinem Inneren nach einem ebenso zwingenden wie mitreißenden Thema. Das ureigene Sujet, auf das er bei dieser Suche stieß und das er in seinen Bürgerkriegs- und Horrorgeschichten immer neu variierte, war die Angst. Und zwar sowohl die rationale Angst des Soldaten vor einem gewaltsamen Tod (und die kaum weniger starke Furcht vor Feigheit und Schande) wie auch die irrationale Angst des einfachen Bürgers vor dem Unheimlichen und Unerklärlichen. Zugleich erweisen sich Ursprung und Folgewirkungen dieser Angst hier wie dort oft als Ausgeburten der eigenen Psyche.

Dem jungen Leutnant in »Ein harter Strauß«, der sich eigenhändig den Degen in die Brust stößt, nachdem er eine Nacht lang mit seiner panischen Angst vor einer neben ihm liegenden Leiche gerungen hat, entspricht auf ziviler Seite der weltläufige Intellektuelle in »Der Mann und die Schlange«, der aus Furcht über den Anblick einer ausgestopften Schlange unter seinem Bett stirbt. Beide sind Opfer ihrer eigenen Vorstellungskraft. Die Unfähigkeit, ihrer Angst Herr zu werden (der sich beide ironischerweise durchaus bewußt sind), führt letztendlich genauso zum Tod wie eine feindliche Kugel oder ein tatsächlicher Schlangenbiß.[18]

Bierce selbst fürchtete den Tod nicht; er hatte ihm oft genug auf den Schlachtfeldern des Bürgerkriegs ins Auge gesehen, ohne seine Soldatenpflicht zu vernachlässigen oder einem Gefecht auszuweichen. Genau wie Franklin D. Roosevelt fürchtete er weniger den Tod als vielmehr die Furcht selbst. Nicht anders als Ernest Hemingway eine Generation nach ihm war Bierce ein von Natur aus gewissenhafter Mensch, der durch seinen überwachen Verstand und seine morbide Introspektionsgabe unablässig dazu gedrängt wurde, seine völlig normale Reaktion in Gefahrensituationen zu hinterfragen. Bei beiden scheint die Furcht vor Feigheit in einer gestörten Beziehung zu ihren Vätern zu wurzeln, die von den Söhnen, ob nun zu Recht oder zu Unrecht, als schwach und feige betrachtet wurden. Hemingways Vater wird in den Büchern des Sohnes erbarmungslos als Pantoffelheld porträtiert; Bierces Vater, sofern von ihm überhaupt die Rede ist, erscheint in der Regel als ferne Autoritätsperson, die ihrerseits unter der Herrschaft der weitaus stärkeren Ehefrau steht. Nicht zufällig verachteten sowohl Hemingway als auch Bierce ihre Mütter, und der menschenverachtende Ton (der bei Hemingway noch deutlicher hervortritt als bei Bierce) läßt sich vielleicht auf eine unterschwellige Furcht vor weiblicher – genauer gesagt: mütterlicher – Dominanz zurückführen.

Eine weitere Gemeinsamkeit im Werk beider Autoren ist das Gespür des drohenden Untergangs. In *A Farewell to Arms (dt. Der Abend vor der Schlacht)* zeichnet Hemingway das Bild einer gleichgültigen Welt, in der zuerst die Guten, Sanftmütigen und

Aufrechten fallen, bevor der Rest hinweggerafft wird. Bierce wiederum sieht den Menschen zur Existenz in einer Welt verdammt, in der das Gesetz einer »›Nature red in tooth and claw‹ ihm einen tödlichen Hinterhalt bereitet«. Im Dezember 1888, inmitten seiner schöpferischen Phase, erinnerte er in einem ›Examiner‹-Beitrag an den fünf Jahre zurückliegenden Vulkanausbruch auf der Insel Krakatau, der Schätzungen zufolge 36 000 Menschenleben gefordert hatte. Er beschreibt darin »die Wut und Verzweiflung der Menschen, die sich mit aller Gewalt an ein Leben klammerten, das von Geburt an dem Untergang geweiht war: Binnen Sekunden waren alle verschwunden, ausgelöscht bis zum letzten Mann«, und schließt mit der kleinlauten Einsicht: »Wir wollen dankbar dafür sein, eine solche Erde zu bewohnen, ein Leben am seidenen Faden zu führen und uns mit viel Glück so lange durchschlagen zu können, bis wir einzeln oder zu Tausenden Opfer blinder Naturgewalten werden, deren Wirken weit weniger malerisch ist als der Zerfall der Materie und der Untergang ganzer Welten.« In einer anderen Kolumne bekannte er, unser Schicksal werde allein »vom König Zufall regiert, jener böswilligen und gefühllosen Intelligenz, die sich mit der nimmermüden Regsamkeit des Enkelados unter seinem Fels in die irdischen Geschicke einmischt«. Dieser Zufall, eng verwandt mit Hardys »dunklen Naturgewalten«, tritt dem Menschen weder feindselig noch wohlwollend entgegen. Er ist vielmehr »eine grausame, blinde Kraft, wie die unbewußte Bösartigkeit eines Geistesgestörten«.[19]

Als diese Sätze im ›Examiner‹ gedruckt wurden (in der Ausgabe vom 31. August 1890), hatte Bierce allen Grund, an die Existenz einer heimtückischen, die Welt regierenden Macht zu glauben. Zwei Tragödien, von denen zumindest eine selbst verschuldet war, erschütterten sein so mühsam behauptetes inneres Gleichgewicht. Die erste, die ihn in den Wintermonaten 1888/1899 ereilte, war das Scheitern seiner Ehe mit Mollie. Schon seit geraumer Zeit, spätestens seit der glücklosen Episode mit der Black Hills Placer Mining Company ein Jahrzehnt zuvor, bestanden zwischen den Eheleuten tiefgreifende Differenzen, die durch Bierces unstetes Kommen und Gehen nur verschärft wurden. Mollie war immer noch verhältnismäßig jung und attraktiv, und wenn ihr Ehemann ihre Reize nicht zu schätzen wußte, so taten dies offenbar andere. Anlaß für die endgültige Trennung war nach den Worten der damals dreizehnjährigen Tochter Helen Bierces zufällige Entdeckung einiger Liebesbriefe, die Mollie von einem geheimnisvollen »dänischen Gentleman«, der den Sommer in St. Helena verbrachte, erhalten hatte. Bierce selbst spielt in dem Gedicht »Oneiromancy« auf diesen Zwischenfall an:

Als ich dereinst gar friedlich schlief,
Fiel ich, wie Vulcan, aus Himmeln tief;
Wie ihn traf mich ein Ungemach,
Bei ihm der Fuß, bei mir das Herz zerbrach;
Da ich bei meiner Liebsten entdeckte,
Wie sie ein Brieflein im Handschuh versteckte.[20]

Helen zufolge »gab es eine furchtbare Szene, als er den Brief des Dänen entdeckte. Danach packte er seine Sachen und verschwand für immer. Mutter war untröstlich. Sie sah den anderen nie wieder und versicherte mir, es habe keine Romanze zwischen ihnen gegeben, aber Vater blieb unerbittlich – ihm genügte es, daß sie sich Liebesbriefe hatte schreiben lassen.« Wutentbrannt über ihre Untreue, zog er von Howell Mountain nach Sunol, wo er jeden Versöhnungsversuch von Mollie eisern zurückwies. »Ich lasse mich auf keinen Wettbewerb ein – nicht einmal in der Liebe«, erklärte er einem guten Freund. Dabei hatte es sich allenfalls um einen harmlosen Flirt gehandelt, auch wenn Helen zugestehen mußte, daß »Mutter sich von dem Fremden in der Tat geschmeichelt fühlte. Wie zurückhaltend und verschwiegen ihre gegenseitige Verehrung auch gewesen sein mochte – zu dem Zeitpunkt, da mein Vater den Brief fand, hatte sie ihn definitiv nicht nach Dänemark zurückgeschickt.« Dennoch fällt es aus heutiger Sicht schwer, Mollie für ihre Tat zu verurteilen. Bierces ständige Abwesenheit, von seinen fortgesetzten Kommentaren zur unseligen Einrichtung der Ehe ganz zu schweigen – »Die Ehe gleicht einer elektrischen Vergnügungsapparatur: Sie bringt einen zum Tanzen, aber man kann nicht mehr loslassen«, lautete eine seiner bissigen Beobachtungen –, hätte die meisten Frauen Jahre früher in die Flucht getrieben. Statt dessen aber war Bierce gegangen. Die kalte, kompromißlose Art, in der er Mollie nach siebzehn treuen Ehejahren abwies, entsprach ganz seinem übertriebenen Gerechtigkeitssinn. Dennoch bleibt das ungute Gefühl, daß er nur nach einer günstigen Entschuldigung zur Auflösung seiner Ehe gesucht hatte, die ihm selbst in ihren besten Zeiten wenig Befriedigung gebracht hatte. Mollies geheime Briefe kamen ihm insofern gerade recht.[21]

Eine noch schlimmere Tragödie ereignete sich wenige Monate darauf. Day Bierce, noch keine siebzehn Jahre alt, hatte sich unglücklich verliebt. Keiner der beiden Elternteile wußte davon; wahrscheinlich war ihnen nicht einmal bekannt, wo ihr Sohn sich aufhielt. Im April 1889 hatte Day die gleichaltrige Eva Atkins bei einem Picknick im benachbarten Chico kennengelernt und auf der Stelle seinen Job beim ›Sentinel‹ aufgegeben, um in ihrer Nähe zu sein. Day war wie sein Vater stolz und eifersüchtig; außerdem trug er stets eine Pistole am Gürtel. Das Objekt seiner Begierde, die sinnliche Miss Atkins, war Hilfsarbeiterin in einer Konservenfabrik, während ihre zum zweiten Mal verheiratete Mutter eine Pension in Chico betrieb. Day quartierte sich dort ein und bewachte Eva mit solchen Argusaugen, daß er, als sie eine Stelle als Stubenmädchen in einem benachbarten Hotel antrat, den ganzen Tag dort verbrachte, um sicherzugehen, daß sie nicht mit den männlichen Gästen sprach. Wie sich herausstellte, war sein Mißtrauen nicht unbegründet. Die nachfolgende Geschichte war so banal, daß Bierce sie mit Wonne in einer seiner Kolumnen verarbeitet hätte. Days Flamme brannte mit seinem besten Freund Neil Hubbs durch, und das zwei Tage vor der anberaumten Hochzeit von Day und Eva. Die Lokalpresse hatte ihr gefundenes Fressen. Der ›Chico Enterprise‹ berichtete unter der Schlagzeile: HOCHZEITSPLÄNE VEREITELT! BRÄUTIGAM WEGEN EINES RIVALEN SITZENGELASSEN, um dem Schmerz des Betroffenen noch den Spott hinzuzugesellen, indem man Day als »den Sohn des berühmten Satirikers vom ›San Francisco Examiner‹« identifizierte.[22]

Vier Tage später kehrten die Ausreißer zurück und gaben Evas Mutter ihre Vermählung bekannt. Day, der anschließend als »hitzköpfiger junger Mann, der über eine Beleidigung oder ein angebliches Unrecht rasch die Fassung verlor«, beschrieben wurde, ruhte sich bei der Ankunft des Hochzeitspaars gerade in seinem Zimmer im ersten Stock aus. Er kam die Treppe heruntergestürmt und begrüßte die beiden – nach dem Zeugnis der frischgebackenen Mrs. Hubbs – mit dem Satz: »Sieh an, was für'n feines Pärchen.« Das klingt zwar eher nach der Redeweise eines ungelernten Hilfsarbeiters als nach dem Sohn eines beflissenen Wortakrobaten, dem Slang und fehlerhafte Grammatik ein Greuel waren, doch was auch immer seine genauen Worte waren, fest steht, daß Day auf sein Zimmer zurückging und kurz darauf mit einem Revolver wiederkam. Hubbs, der offenbar auf einen wenig herzlichen Empfang seines ehemaligen Freundes vorbereitet war, hatte mittlerweile ebenfalls einen Revolver gezückt, woraufhin beide im Wohnzimmer des Hauses aufeinander feuerten. Hubbs wurde von einer Kugel in den Bauch getroffen, während Day unverletzt blieb. Anschließend fuhr er herum, richtete seine Waffe auf Eva und rief: »Jetzt bist du an der Reihe!« Seine zweite Kugel durchschlug das Ohr des Mädchens und fügte ihrem Kopf eine Streifwunde zu. Trotz seiner tödlichen Verletzung gelang es Hubbs, Day den Revolver zu entwinden und ihm damit einen Schlag auf den Kopf zu versetzen. »Mein Gott, Neil, was habe ich getan?« soll Day gerufen haben, durch den Schlag offenbar wieder zur Vernunft gebracht. »Lade deinen Revolver und töte mich – ich bin es nicht wert weiterzuleben.« Auch dieser Satz klingt wenig authentisch. Sofern Hubbs seinen Revolver nicht stets nur mit einer Patrone lud, hätte er noch genügend Munition haben müsssen, um der Bitte seines von Gewissensbissen geplagten Freundes nachzukommen. Wie dem auch sei, Hubbs' vordringliches Anliegen war es, sich um einen Arzt für Eva zu kümmern. Day, so der Bericht des ›Examiner‹, »schleppte sich auf sein Zimmer, legte sich aufs Bett, steckte eine Patrone in den Revolver, preßte ein chloroformgetränktes Tuch auf sein Gesicht, hielt die Pistole an die rechte Schläfe und drückte ab, so daß sein Gehirn über die Bettdecke spritzte.«[23]

Die beiden jungen Männer quälten sich durch die Nacht, bevor sie im Abstand von wenigen Stunden am 27. Juli 1889 ihren

Verletzungen erlagen. Bierce, den die Hiobsbotschaft in Sunol erreichte, telegrafierte zurück: »Komme morgen.« Er kam »äußerlich gebrochen von der fürchterlichen Tat des Sohnes« in Chico an, wie der rührige ›Enterprise‹ berichtete, und traf alle Vorkehrungen, den Leichnam seines Sohnes zur Beerdigung nach St. Helena zu überführen. Als er im Leichenschauhaus auf den leblosen Körper des Jungen starrte, soll er gemurmelt haben: »Bist eine edle Seele, Day. Hast recht getan.« Ein merkwürdiger Ausspruch für einen Vater, wenn es denn tatsächlich so war. Über die Jahre haben sich so viele Informationen aus zweiter und dritter Hand um diese tragische Episode gerankt (Bierce verlor nie auch nur ein Wort darüber), daß die tatsächlichen Umstände hoffnungslos darunter verschüttet sind. Unstrittig ist allein, daß zwei junge Männer, ehedem die besten Freunde, bei einer Schießerei wegen eines sechzehnjährigen Mädchens den Tod fanden, und daß einer der beiden Ambrose Bierces älterer Sohn war, ein ehrgeiziger Junge, auf dem große Hoffnungen ruhten, und zwar nicht allein auf seiten des Vaters. Von der Witwe Mrs. Hubbs wird berichtet, sie habe am Bahnhof gestanden, als die beiden Särge mit ihrem Ehemann und ihrem Ex-Verlobten mit zwei Zügen in entgegengesetzter Richtung davonfuhren. »Ist schon irgendwie komisch«, soll sie einem Lokalreporter gesagt haben. »Der eine rollt dahin, und der andere dorthin, und ich bleibe hier zurück!«[24]

Bierce war wie zu erwarten am Boden zerstört. Doch selbst in der Tiefe seines Kummers konnte er sich nicht dazu durchringen, sich mit seiner Frau auszusöhnen. Unmittelbar nach Days Beerdigung trafen sie sich zu einem kurzen Gespräch in Mollies Haus, von dem Mollie später gegenüber Freunden berichtete, dort erst habe sie erkannt, daß es zwischen ihnen zu keiner Aussöhnung kommen könne. Abgesehen von einer zufälligen Begegnung einige Jahre darauf, war es die letzte Zusammenkunft des Paares. Allein zog Bierce sich ins Sunol Glen Hotel zurück, wo ihn ein erneuter, zweifellos streßbedingter Asthmaanfall ereilte. Mehrere Wochen lang war er buchstäblich sprachlos vor Schmerz, während er auf alle Beileidsbezeugungen mit der gleichen stoischen Phrase antwortete: »Alles einerlei.« Eine Zeitlang trug er Days Revolver mit Elfenbeingriff mit sich herum, vermutlich mehr als einmal mit dem Gedanken spielend, es seinem Sohn nachzutun, bevor er ihn schließlich seiner Freundin Amy Cecil zusteckte, die ihn auf einer Seereise nach Japan über Bord werfen sollte. Er selbst, sagte er, könne ihn weder wegwerfen noch vergessen. In dieser Situation bedurfte es eines besonders niederträchtigen Angriffs durch seinen Erzfeind Fred Pixley, um ihn, zumindest teilweise, aus seiner lähmenden Trauer herauszureißen.[25]

Am 5. August nutzte Pixley im ›Argonaut‹ die Gelegenheit, dem am Boden liegenden Bierce noch einen weiteren Fußtritt zu verpassen, der selbst gemessen an Pixleys Maßstäben ungemein bösartig war. »Wenn die Behauptungen zutreffen, daß durch den Spott und die Sticheleien der Lokalpresse der *schwächliche* Geist eines jungen Mannes, rasend vor Leidenschaft und verwirrt durch seine Eifersucht wegen eines *nichtsnutzigen* Frauenzimmers, derart aus der Bahn geworfen wurde, daß ihm nur Mord und Selbstmord als letzte Zuflucht blieb, um seiner ebenso mißlichen wie lächerlichen Lage ein Ende zu setzen, sollte dieser Zwischenfall dann nicht denjenigen Schriftstellern eine *moralische Lehre* sein, die sich genüßlich solch grausamer und menschenverachtender Satire befleißigen? Sollte der Tod des jüngeren Bierce den älteren Mann, seinen Vater, nicht lehren, wie unheilvoll die bitteren, herzlosen und ungerechtfertigten Verleumdungen waren, deren Charakter er zeit seines Lebens verfeinert hat, nur um seine Mitmenschen um so grausamer zu treffen? Hätte ein Leben, das sich langsam dem Ende nähert, nicht gewinnbringender für die Menschheit und befriedigender für die eigene Person zugebracht werden können, als sich fortgesetzt in der Kunst zu üben, seine Feder grausamer zu schärfen als das blitzendste und tödlichste Schwert? Lastet auf dem Vater nicht der Schatten einer dunklen Furcht, daß sein Erbteil zu *Verbrechen* und Tod geführt hat, während er sein Talent kultivierte, genauso empfindsame und zarte Naturen zu verletzen, die nicht den Mut besaßen, sich durch Mord und Selbsttötung auszulöschen, sondern ihren Schmerz in aller Heimlichkeit zu erdulden? Vielleicht erinnert sich der Mann mit dem brennenden Stift der Namen derer, die er mit Spott und Häme überschüttet hat; der Männer und Frauen, die er gequält und gedemütigt hat; vielleicht hinterfragt er das *moralische Gebot,* nach dem er gehandelt hat, und überdenkt seine Beziehungen zu Menschen, von denen er zumindest in Erinnerung haben sollte, daß Dankbarkeit etwas anderes ist als eine bloße Ware oder eine einzufordernde Schuld.«[26]

Auch wenn der Artikel noch weiter ging und Pixley scheinheilig bekundete, ein »aufrichtiger Bewunderer« Bierces zu sein, so ist der Kern seiner Vorwürfe hier wiedergegeben. Es dauerte drei Wochen, bis Bierce sich zu einer Antwort aufraffen konnte, die für seine Verhältnisse ungewohnt harmlos ausfiel: »Sie haben eine beachtliche Weitsicht bewiesen, Mr. Pixley, die Gunst der Stunde zu nutzen und um Nachsicht zu bitten. Aber ich vermag der Situation nichts abzugewinnen, was Ihre Hoffnung bestärken könnte. Sie und Ihresgleichen werden sich in Zukunft nicht anders als in der Vergangenheit in Tapferkeit üben müssen, denn Sie sind mir nicht weniger verhaßt als zuvor. Vielleicht bin ich aufgrund einer vorübergehenden leichten Verwirrung nicht in der Lage, einen Zusammenhang zwischen meinem persönlichen Unglück und Ihrem hochtrabenden ›Warum verfolgst du mich?‹ zu erkennen. Sie werden mir zugestehen, die Frage als ungeeignet und gegenstandslos abzutun – der bloße Taschenspielertrick eines unbedeutenden Schurken, der aus der Gelegenheit Kapital schlagen will. Ihr Auftritt *ex post facto* als *Das große Licht* ist ein jämmerliches Schauspiel: Einzig in Ihrer wahren Rolle als Kriecher und bezahlter Verleumder leuchten Sie wie ein strahlender Stern am Himmel.«[27]

Das Eingeständnis einer »leichten Verwirrung« war Bierces äußerste Reaktion, seinen Schmerz zu zeigen. Vermutlich quälte ihn tatsächlich die von Pixley angesprochene Frage, ob er eine Mitschuld am Tod seines Sohnes trug, den er als »ein zweiter Chatterton« bezeichnete. Er war seinen Kindern kein besserer Vater gewesen als der eigene Vater ihm; wenn ihnen auch Rute und Religion erspart geblieben waren, so hatte er ihnen doch das größte Geschenk von Eltern vorenthalten – seine Zeit. Trost in seinem Schmerz fand er allein, wie er später einem trauernden Vater riet, in der Lektüre von Epiktet. »Sag nie von einer Sache: ›Ich habe sie verloren‹, sondern: ›Ich habe sie zurückgegeben‹«, lehrt uns der Philosoph. »Dein Kind ist gestorben? Es wurde zurückgegeben. Deine Frau ist gestorben? Sie wurde zurückgegeben. ›Man hat mir mein Grundstück gestohlen.‹ Nun, auch das wurde zurückgegeben. ›Aber es ist doch ein Schuft, der es mir gestohlen hat.‹ Was schert es dich, durch wen es der Geber von dir zurückforderte? Solange er es dir zur Verfügung stellt, behandle es als fremdes Eigentum wie die Reisenden ihre Herberge.« Zu gegebener Zeit würde Bierce dem sein eigenes Epigramm hinzufügen: »Einzig Eltern können den untröstlichen Schmerz des Todes empfinden. Wenn die Jungen sterben und die Alten leben, entsteht in der Maschinerie der Natur die Reibung, die wir Schmerz nennen.«[28]

Zögernd wandte sich Bierce wieder der Arbeit zu. Im September 1889 versicherte er den Lesern des ›Examiner‹, er sei nach wie vor »das Lästermaul, dessen Geschäft der Tadel ist; die Dummköpfe sind sein Thema, und die Satire ist sein Lied«. In Anbetracht der Ereignisse der letzten Monate überraschte es nicht, daß er sich mit Vorliebe der weiblichen Durchtriebenheit zuwandte. »Noch ehe du ein Mädchen lange genug kennst, um dich an ihre Haarfarbe zu erinnern, hat sie bereits eine getreue Nachbildung deines Skalps an ihrem Türpfosten baumeln«, schrieb er in seiner Kolumne vom 13. Oktober. »Nie bin ich einer weiblichen Gegenspielerin begegnet, die nicht mit der gleichen Unbekümmertheit gelogen und betrogen hätte wie ein zu allerlei Späßen aufgelegtes Schwein.« Eine Woche darauf erschien seine erste Kurzgeschichte seit der Tragödie von Chico, »Das Gefecht bei Coulter's Notch« (»The Affair at Coulter's Notch«). Die Geschichte ist eigenartig zwiespältig und enthält Anklänge an zahlreiche frühere Kurzgeschichten. Sie handelt von einem in den Südstaaten geborenen Artillerie-Offizier, Hauptmann Coulter, der sich auf die Seite des Nordens geschlagen hat. Als er in das Gebiet seiner Heimat zurückkehrt, offenbar der Westen Virginias, erhält Coulter eines Tages von seinem neuen Divisionskommandanten den Befehl, ein scheinbar selbstmörderisches Gefecht mit einem Dutzend feindlicher Kanonen aufzunehmen, die zum Schutz eines Gebirgspasses abgestellt sind, über den die Konföderierten sich zurückziehen. Obwohl die Kanonen der Rebellen in Schußweite der Unionsinfanterie liegen, verweigert der General den Scharfschützen das Feuer. Statt dessen verlangt er von Coulter, eine Kanone in der Paßkerbe aufzustellen und den Feind in ein Scharmützel zu verwickeln. Der mit der Überbringung des ungewöhnlichen Befehls beauftragte Oberst wendet ein, daß in der Kerbe nur Platz für eine einzige Kanone sei. »Das stimmt – für nur eine auf einmal«, sagt der Kommandeur. »Aber immerhin, Ihr tapferer Coulter – allein eine ganze Batterie.« Nicht weniger überrascht ist der Oberst von Coulters unverhohlener Abneigung, dem Befehl nachzukommen, hatte er den jungen Mann doch bislang für einen außerordentlich tapferen Offizier gehalten.[29]

Schließlich jedoch beugt Coulter sich der Anweisung. Bei dem sich ergebenden Artilleriegefecht werden mehrere Unionskanoniere und eine etwa gleich große Zahl von Konföderierten getötet, deren Kanonen in unmittelbarer Nähe eines stattlichen Anwesens stehen. Zuletzt erfährt der Oberst von seinem Adjutanten den Grund für den seltsamen Befehl. Im Vorjahr hatte der General eine Division kommandiert, die mehrere Wochen in der Nähe von Coulters Heim kampiert hatte. Nachdem es zwischen dem General und Coulters Frau – »eine gute Frau aus bestem Stall« – zu nicht näher benannten Schwierigkeiten gekommen war, hatte es eine Beschwerde beim Armeehauptquartier gegeben, und der General war zu einer anderen Division versetzt worden. Unbekannt allerdings war dem Oberst, daß Coulter den Befehl erhalten hatte, sein eigenes Haus unter Beschuß zu nehmen. Am Abend findet der Oberst Coulter, nunmehr »ein Teufel, in die siebte Hölle verflucht«, mit wirrem Blick im Keller seines zerstörten Hauses hockend, die Leichen seiner Frau und seines Kindes an sich gedrückt, die seine eigenen Kugeln getötet haben.[30]

Man wird die Geschichte nicht zu den besten des Autors zählen, aber sie gewährt tiefe psychologische Einblicke. Allein die Tatsache, daß Bierce ausgerechnet zu diesem Zeitpunkt eine Geschichte schreibt, in der ein Mann mit eigener Hand Frau und Kind tötet, verweist unmittelbar auf seine eigenen jüngsten Verluste. Wie Mollie wurde auch Coulters Frau offenbar von einem anderen umworben, wobei die Erzählung sich bezeichnenderweise in Schweigen hüllt, ob diese Annäherungen Erfolg hatten oder nicht. Das Wort *Affair* im Titel könnte auf ein Verhältnis der Frau mit dem General hinweisen, zumindest in den Augen des Ehemannes (genau wie Bierce Mollie ein Verhältnis unterstellte). Offen ausgesprochen wird der Ehebruch in einer Erzählung mit einem ähnlichen Titel, »An Affair at Outposts« (»Ein Vorpostengefecht«), in der die Frau eines Offiziers eine heimliche Affäre mit dem Gouverneur unterhält. Andererseits deutet die Rachsucht des Generals auf eine Zurückweisung durch Mrs. Coulter oder ein böses Ende ihrer Liebschaft hin. Was auch immer der Hintergrund sein mag, der Zwischenfall endet im buchstäblichen Ruin von Coulters Heim und seiner Familie, genau so, wie auch Mollie Bierces harmloser Flirt und die Reaktion des Ehemannes zum Ruin ihrer Ehe führten. Selbst der Tod des Kindes kann als versteckte Anspielung auf den Selbstmord von Day Bierce gelesen werden. Da der Vater in der Geschichte unzweifelbar für den Tod des Kindes verantwortlich ist, darf bei Bierce zumindest ein untergründiges Bewußtsein einer Mitschuld an der Tragödie vermutet werden. Zwar läßt Bierce in Geschichten wie »Die Spottdrossel« oder »Ein Reiter vor dem Himmel« Soldaten den eigenen Bruder oder Vater töten oder den Hauptmann in »Eine Sorte Offizier« kaltblütig auf die eigenen Männer schießen, doch sind in »Das Gefecht bei Coulter's Notch« erstmals Frau und Kind die Opfer. Wenn der innerlich gebrochene junge Hauptmann am Schluß der Erzählung sagt: »Ich bin Hauptmann Coulter«, so klingt dieser Satz wie aus Bierces eigenem Mund.

Die Veröffentlichung von Leo Tolstojs skandalumwitterten Roman *Die Kreutzer-Sonate* im gleichen Jahr war für Bierce ein weiterer willkommener Anlaß, in versteckter Form zum Scheitern seiner Ehe Stellung zu nehmen. Das Buch, das in den Vereinigten Staaten vorübergehend indiziert war, handelt von einem russischen Adeligen, der mit dreißig eine junge Frau heiratet, nachdem er bis dahin »das wohlgeordnete und vernünftige Leben eines Junggesellen« geführt hat. Schon nach kurzer Zeit ist er seiner Frau überdrüssig, haßt sie alsbald sogar und tötet sie schließlich, als sie sich in einen feurigen Musiker verliebt. Die Parallelen zu Bierces eigener Ehe liegen auf der Hand, und zweifellos ist genau dies der Grund, warum er so großen Gefallen an dem Roman fand. Trotz seiner vielfältigen literarischen

Feldzüge versuchte sich Bierce nur selten an Buchkritiken, und aus seiner Besprechung des Tolstoj-Romans spricht in fast peinlicher Offenheit seine eigene unverhüllte Wut. Gleich zu Beginn hält er fest, daß »Buchkritiken schlechte Ratgeber sind. Ihre Feststellungen sind weniger nützlich als interessant, vornehmlich deshalb, weil sie uns Einblick in das Denken eines anderen gewähren, und zwar nicht in das Denken des besprochenen Autors, sondern das des Kritikers.« Seine Zusammenfassung des Romangeschehens gewährt einen besonders tiefen Einblick: »Ein Mann heiratet eine Frau. Selbstverständlich streiten sie sich; und selbstverständlich ist ihr Leben elender, als es mit Worten beschrieben werden kann. Naturgemäß entsteht Eifersucht, und der Mann tötet die Frau.« Bierce lobt Tolstoj für seinen »Mut, eine Wahrheit von so großer Tragweite ausgesprochen zu haben, daß die eine Hälfte der zivilisierten Welt sich seit Jahrhunderten verschworen hat, sie vor der anderen Hälfte zu verbergen – die Wahrheit nämlich, daß das neuzeitliche Experiment der monogamen Ehe unter den führenden Stämmen Europas und Amerikas ein gewaltiger Fehlschlag ist.«[31]

Die *Kreutzer-Sonate,* so Bierce, sei vor allem jungen Mädchen zur Lektüre empfohlen, damit sie rechtzeitig die bittere Wahrheit erfahren, »daß die Ehe ebensowenig wie Reichtum Garant eines beständigen Glücks ist. Trotz der Beteuerung ›Und sie lebten glücklich bis ans Ende ihrer Tage‹ ist es kein Zufall, daß Liebesgeschichten gewöhnlich mit dem Geläut der Hochzeitsglocken enden.« Und was die verheirateten Paare betrifft, so sind »sie allesamt Mitglieder einer unredlichen Verschwörung. Sie verheimlichen ihre Wunden und schwören, es gehe ihnen gut und alles sei in bester Ordnung. Sie stellen ihre Hölle in strahlendem Licht dar, aber im Innern ihrer Seelen ächzen und stöhnen sie unter der Hitze ihrer Ketten. Und wenn sie aus der Fäulnis und den Leichenknochen hervorkriechen, dann nur, um ihrer Gruft einen blendendweißen Anstrich zu geben und lautstark die vielfältigen Vorzüge ihrer Behausung zu beteuern.« Die Ehe, schließt Bierce, ist eine Einrichtung, die sich »auf monströseste Weise in den Dienst des Bösen gestellt hat«.[32]

Wer von der Ehe als einer von stinkenden Zombies bewohnten Hölle auf Erden spricht, mag sich nicht unbedingt in seine veränderte Lebenssituation eingefunden haben. Ein lebendiges Bild vom Ambrose Bierce jener Tage ist uns durch die Schriftstellerin Gertrude Atherton überliefert, die ihm im Januar 1891 einen denkwürdigen Besuch in Sunol abstattete. Atherton, eine weitgereiste vierundzwanzigjährige Witwe, hatte von sich aus um das Treffen ersucht, nachdem sie im Herbst des Vorjahres nach San Francisco zurückgekehrt war. Bierce willigte ein, nachdem sie seine Kurzgeschichte »Ein Totenwächter« mit den Worten gelobt hatte, sie habe nach der Lektüre eine Woche lang kein Auge zugetan und könne seither nicht mehr alleine im Haus schlafen. Die Geschichte, einer der gelungeneren Ausflüge Bierces ins Reich des Makabren, handelt von einem Streich mit tödlichen Folgen. Drei Freunde, darunter zwei Ärzte, streiten darüber, ob ein Mensch eine Nacht mit einer Leiche in einem Raum eingesperrt sein könne, »ohne völlig verrückt zu werden«. Sie beschließen, die Probe aufs Exempel zu machen und einen von ihnen – ohne das Wissen des Eingesperrten – als Leiche auszugeben. In der betreffenden Nacht will sich der vermeintliche »Leichnam« einen Spaß machen und den Totenwächter erschrecken. Der Scherz funktioniert nur allzu gut, denn der Mann stirbt vor Angst, und der Spaßvogel, dessen Haar vor Entsetzen schlohweiß geworden ist, verliert den Verstand. Es gelingt ihm zwar, sich als der Genarrte auszugeben und im allgemeinen Durcheinander zu entkommen, doch ist sowohl sein Leben als auch das der beiden Ärzte (die nach dem Zwischenfall als Spieler umherziehen) zerstört. Einmal mehr geht es in der Geschichte um Angst, und es erscheint durchaus nicht abwegig, in ihr ein weiteres Echo von Day Bierces Tod zu sehen. Der mit einem Leichnam in einem dunklen Raum eingesperrte Mann könnte Bierce selbst sein, der einem Freund nach dem Tod seines Sohnes gestand: »In manchen Augenblicken beginne ich zu vergessen, doch dann kehrt die Erinnerung schlimmer als zuvor zurück.« Wie der Mann in der Geschichte hat er Totenwache an der Bahre seines Sohnes gehalten, nur kehren die Toten in der Realität nicht wieder ins Leben zurück, nicht einmal für einen bloßen Scherz.[33]

Atherton erschien wie vereinbart mit dem Frühzug um

8.30 Uhr und wurde von Bierce am Bahnhof empfangen. Ihrer Beschreibung nach war er »von großer Statur, sehr schlank und drahtig, mit stahlgrauen Locken, borstigem Schnurrbart, buschigen Brauen über finster dreinblickenden Augen, fein geschnittenen Gesichtszügen und schönen Händen«. Die attraktive, ein wenig pausbäckige Witwe, die ein »überaus vorteilhaftes blaues Kleid trug«, wurde von Bierce zum Mittagessen auf sein Hotelzimmer geladen. Der dritte im Bunde war Sam Chamberlain, »der trunkene Sam«, Herausgeber des ›Examiner‹. Nach dem Essen zog Chamberlain – »ein geistreicher und brillanter Redner« – sich diskret zurück, woraufhin Bierce seine Besucherin dreist in sein Schlafzimmer führte und sich mit dem Hinweis auf sein Asthma aufs Bett legte, während Atherton auf dem einzigen Sessel im Raum Platz nahm. Wenn Bierce sich auf die galante Verführung eines hilflosen Opfers eingerichtet hatte, so sah er sich alsbald in eine hitzige Diskussion mit einer scharfzüngigen, selbstbewußten und entschieden eigenwilligen jungen Frau verstrickt, die sich auch durch die unumwundene Bemerkung nicht einschüchtern ließ, sie habe noch nichts geschrieben, was der Beachtung wert sei. Sie hielt ihm im Gegenzug vor, seine Geschichten könnten zwar als »handwerklich und stilistisch vorbildlich gelten«, ließen aber »jede menschliche Regung vermissen, so daß sie an wahre Kunst nicht heranreichten und allenfalls einen begrenzten Leserkreis ansprechen könnten«. Bierce hielt dem entgegen, Romane wie die ihren seien nicht der Mühe wert, da »die einzige Form, in der man die Vervollkommnung der Kunst und die Wirkung des Abgeschlossenen erreichen könne, die der Kurzgeschichte sei«. Der Gedanke selbst war nicht neu, da Bierce ihn bereits wiederholt in Zeitungsartikeln geäußert hatte. Atherton allerdings hatte die letzten Jahre fern von San Francisco verbracht und sah darin – vielleicht nicht zu Unrecht – einen persönlichen Angriff. Wütend erklärte sie, Bierce rede allein deshalb abfällig über den Roman, weil er unfähig sei, selbst einen zu schreiben. »Alle Kurzgeschichtenschreiber blicken neidisch auf die Romanciers. Sie wollen alle Romane schreiben, doch nur den wenigstens gelingt es. Jeder halbwegs kultivierte Geist, der über ein bißchen Talent verfügt, ist in der Lage, eine Kurzgeschichte zu schreiben, selbst wenn es ihm an echter schriftstellerischer Gabe gebricht – wie Ihr eigenes Beispiel deutlich macht.«[34]

Vor allem der letzte Vorwurf saß tief, so daß Atherton die verletzende Bemerkung abzumildern suchte, indem sie Bierce einen bedeutenden Mann nannte. Doch die veränderte Taktik schlug fehl. »Er fiel fast über mich her«, erinnerte sie sich. »Er sei nicht bedeutend. Und er wolle auch nicht bedeutend genannt werden. Er sei ein Versager, ein bloßer Lohnschreiber. Dabei lief er hochrot an, daß ich befürchtete, er würde einen neuen Asthmaanfall bekommen. Er zählte mir etwa zwanzig Gründe auf, warum er nicht bedeutend sei, doch habe ich sie allesamt vergessen.« Die beiden setzten ihre hitzige Auseinandersetzung fort, bis es für Atherton Zeit war, den Zug nach Hause zu nehmen. Bierce begleitete sie zum Bahnhof, als er (ihrer eigenen Version zufolge) »in der Dunkelheit zwischen dem Bahnhof und einem übelriechenden, von lautem Grunzen erfüllten Schweinekoben ... plötzlich seine Arme um mich schlang und mich zu küssen versuchte. In einem Geistesblitz wußte ich, wie ich mich zu wehren hatte. Nicht, indem ich ihn zurückstieß und ihn beschimpfte. Ich warf meinen Kopf – für ihn unerreichbar – zurück und lachte hell auf. ›Der große Bierce!‹ rief ich. ›Meister des Stils! Der Gott auf dem Olymp, zu dessen Füßen sich die bewundernden Pilger scharen – und hier versucht er, eine Frau neben einem Schweinekoben zu küssen.‹« Bierce ließ unvermittelt von ihr ab und half ihr in den Zug. »Ich möchte Sie nie wieder sehen!« fuhr er sie an. »Sie sind die durchtriebenste kleine Hexe, die mir je untergekommen ist, und ich hatte einen höchst unerfreulichen Tag.«[35]

Atherton gab die Geschichte von Bierces täppischem Verführungsversuch wiederholt zum besten, wobei sie sich stets im günstigsten Licht präsentierte, ohne sich je um eine Erklärung zu bemühen, warum Bierce sie gänzlich unbehelligt gelassen hatte, während sie allein in seinem Hotelzimmer waren, um beim ersten Schritt in der Öffenlichkeit wie ein liebestoller Schuljunge über sie herzufallen. Nach eigener Aussage und dem Zeugnis ihrer inzwischen weitgehend vergessenen Bücher war sie eine kokette, abenteuerlustige junge Frau, die sich darin gefiel, die Männer von oben herab zu behandeln. Vielleicht hatte

Bierce ihre Signale, die ganz so eindeutig nicht gewesen sein konnten, falsch verstanden. Vielleicht hatte er sich auch einfach nur vorgebeugt, um ihr einen harmlosen väterlichen Kuß zum Abschied zu geben. Oder aber, die Geschichte hat sich in der Form nie zugetragen. Eine so barsche Zurückweisung hätte Männer mit weit weniger sensiblem Charakter als Bierce tödlich verletzt, insbesondere, wenn man seine dünnhäutige Verfassung zu diesem Zeitpunkt in Betracht zieht. Dennoch blieb Bierce über zwei Jahrzehnte nach jenem unseligen Abend freundschaftlich mit Atherton verbunden, lobte ihre literarische Produktion und stand ihr regelmäßig mit kollegialem Rat zur Seite. Zudem verschaffte er ihr einen Job beim ›Examiner‹, wo sie im Herbst 1891 für kurze Zeit die Kolumne »Woman in Her Variety« schrieb. In ihr imitierte sie in peinlicher Art Bierces Stil, indem sie die Ehe attackierte, zur Scheidung riet und Frauen, die in einer erkalteten Verbindung gefangen waren, empfahl, den Mord des Gatten als einfachste Lösung des Problems in Erwägung zu ziehen – wobei feine Glassplitter in des Treuesten Wein, flüssiges Blei und eine in die Ohrmuschel gestoßene Stricknadel zu den beliebtesten Beseitigungsstrategien gehörten. Was die edleren Gefühlsregungen betraf, schrieb sie: »Zum Teufel mit der Nächstenliebe. Menschen, die nicht in der Lage sind, sich selbst aus der Welt zu schaffen, sollten aus rein christlicher Nächstenliebe mit dem Kopf in ein Chloroformfaß gesteckt werden.« Das Ansinnen, ihr Vorbild noch zu übertreffen, ließ bei William Randolph Hearst rasch die Einsicht reifen, sein Blatt könne zwar einen Bierce verkraften, aber keine zwei. Kurz darauf kehrte Mrs. Atherton San Francisco für immer den Rücken.[36]

Andere junge Schriftsteller, die sich weitaus gefälliger als Atherton gaben, besuchten Bierce regelmäßig in Sunol und Howell Mountain, wohin er im November 1891 zurückkehrte. Darunter waren zahlreiche Autorinnen, ungeachtet der Tatsache, daß Bierce fortwährend gegen ihr Geschlecht polemisierte. Zu seinen größten Widersprüchen zählt, daß Bierce mit absoluter Aufrichtigkeit schreiben konnte: »Sowohl intellektuell als auch körperlich ist die Frau dem Mann unterlegen ... [sie] verfügt über wenig Verstand«, und gleichzeitig stundenlang geduldig Manuskripte lesen und lektorieren konnte, die Frauen ihm zur Begutachtung vorlegten. Zweifellos fühlte er sich durch ihre Aufmerksamkeit geschmeichelt – genau wie umgekehrt –, auch wenn er im gleichen Atemzug behauptete: »Frauen, die schreiben, mangelt es nicht nur an gesundem Menschenverstand, sondern auch am rechten Verständnis für Recht und Unrecht – sie sind ausnahmslos moralisch verwirrt.« Die Liste seiner weiblichen Verehrerinnen war lang, wenn sie auch wenig bedeutende Namen enthielt, angefangen bei Ina Peterson, Adoptivnichte der Lyrikerin Ina Coolbrith, die Bierce in verquaster Himmelsmetaphorik als »gekrönt mit einem Heiligenschein glitzernder Sterne« apostrophierte. Bierce pflegte seine literarischen Nachhilfestunden mit ausgedehnten Waldspaziergängen aufzulockern, über die er gegenüber einem anderen Schüler, dem Dichter George Sterling, in Casanova-Manier behauptete: »Manchmal bediene ich mich der Szenerie, manchmal des Mädchens.« In Anbetracht der Tatsache, daß Sterling selbst ein unverbesserlicher Schürzenjäger war, mag man den Satz als bloße Aufschneiderei unter Freunden betrachten, obwohl ein anderer enger Vertrauter Bierces, Adolph Danziger, später von Bierces »freilaufendem Harem seiner Verehrerinnen« sprach, die »ihn anhimmelten und ihn mit Zeichen ihrer Gunst überschütteten. Wenn ich ihn mit ›dunklen neidvollen Blicken‹ ansah, wie er sich auszudrücken pflegte, grinste er wie der Fuchs in der Fabel, dem der Rabe soeben das Kaninchenjunge überlassen hat.« Zur Schar der Verehrerinnen gehörten, laut Danziger, »Strohwitwen und Ehefrauen von Dichtern, von denen Bierce sagte, sie seien geschlechtslos und ihre Frauen folglich Freiwild. Zu ihm kamen überspannte Mädchen, die den großen Mann sehen wollten, Frauen, die wie Männer schrieben, und manchmal auch Männer, die überhaupt nicht schreiben konnten, aber in Begleitung aufreizender Frauen kamen. Wenn Bierce ihrer überdrüssig war, las er ihnen so eindrucksvoll die Leviten, daß die armen Dinger in hysterisches Schluchzen ausbrachen und mit tränenblinden Augen die Straße hinunter zum Omnibus stolperten.«[37]

Bierces Liebesdienste – zumindest die literarischen – waren nicht allein auf Frauen beschränkt. Neben Sterling und Danziger förderte und unterstützte er hoffnungsvolle junge Talente wie William C. Morrow, Herman Scheffauer, Edwin Markham, Carroll Carrington, Herman Whittaker und Charles William Doyle. Aus der Liste dieser Namen wurde nur Markham wirklich bekannt, vor allem mit seinem vielbeachteten Gedicht »Der Mann mit der Hacke«, das einige Jahre später im ›Examiner‹ publiziert wurde und nationalen Ruhm erlangte. Das auf dem bekannten gleichnamigen Bild von Jean-François Millet basierende Gedicht gehörte einst zum Pflichtpensum höherer Englischklassen, sowohl wegen seiner deklamatorischen Qualitäten wie auch wegen seiner verhalten anarchistischen Botschaft. Bierce selbst verachtete das Gedicht und brachte dies auch in einer Reihe von Artikeln zum Ausdruck, die seiner Freundschaft mit Markham ein jähes Ende setzten. Was die lyrischen Qualitäten betraf, warf Bierce Markhams Gedicht vor, es sei »steif, ungeschmeidig und monoton«; seine politische Botschaft sei »die Drohung des geknechteten Arbeiters, sich gegen die bösen Reichen zu erheben und seine Wut an ihnen auszulassen. Sie ist so neu wie ein stinkender Fisch.« Diejenigen, die Bierce Neid als Hauptmotiv für seine Attacke gegen Markhams Gedicht unterstellten, übersahen einen wichtigen Punkt: Bierce hatte völlig recht. »Der Mann mit der Hacke« ist scheinheiliges Hinterwäldlergerede, unabhängig davon, was Bierce an harscher Kritik gegen das Gedicht vorzubringen hat. Dennoch wird man dem Urteil eines anderen ehemaligen Protegés, Joseph Lewis French, zustimmen müssen, der bemerkte, daß Bierce »kein Gespür dafür hatte, wann es genug war und wie er die Verletzungen, die er anderen mit seinem beißenden Sarkasmus zugefügt hatte, mit versöhnlichen Worten zurücknehmen konnte«. Markham, der eine Art sanfter Anarchist war, hat auf Bierces Vorwürfe nie geantwortet und über seinen einstigen Weggefährten in der Öffentlichkeit nur lobende Worte geäußert.[38]

Doch selbst wenn Bierce sich gegenüber jungen Nachwuchsautoren häufig grausam verhielt – »Ich vermute, das haben Sie noch während Ihrer Schulmädchenzeit geschrieben«, erklärte er einem Jungautor –, so konnte er andererseits auch überaus zuvorkommend sein, wie seine kurze Bekanntschaft mit Lily

Walsh, einer tauben jungen Frau, beweist. Die dreiundzwanzigjährige Walsh, die als Zimmermädchen in einem Hotel in Santa Cruz arbeitete, war ein inoffizielles Mündel seiner Freundin Louise Hirshberg, deren Ehemann ein Heim für schwer erziehbare Jungen leitete (Bierce hatte Mr. Hirshberg einmal mit dem Vorschlag überrascht, da keiner der Jungen seines Heims je von seinem kriminellen Charakter geheilt werden könne, sollten alle zu irgendeinem Kriegsschauplatz verschifft werden und dort sterben). Auf Anregung von Mrs. Hirshberg hatte Walsh ihm eins ihrer Gedichte zugesandt. Irgend etwas an diesem kindlichen jungen Mädchen mußte Bierce persönlich berührt haben – vielleicht der Umstand, daß sie so alt war wie Day, wenn er noch lebte –, denn er gab ihr den behutsamen Rat, zunächst ihren Schulabschluß zu machen, bevor sie sich als Dichterin versuche. Anschließend setzte er sich dafür ein, ihr einen Platz am Institut für Taubstumme und Blinde in Berkeley zu verschaffen. Tragischerweise erkrankte Walsh bereits an ihrem ersten Tag an einem tödlichen Fieber, dem sie zwei Monate später erlag. Ihre Familie verweigerte ihr den letzten Wunsch, in Bierces Nähe am Fuß der kalifornischen Berge begraben zu werden, doch stiftete Bierce ihren Grabstein auf dem St. Mary's Cemetery in Oakland und besuchte bis zu dem Tag, da er Kalifornien für immer verließ, regelmäßig ihr Grab. »Kein Erdbeben«, hatte Walsh über Bierce geschrieben, »kann unsere Freundschaft zerstören.«[39]

Zwischen den Besuchen seiner Bewunderer und den regelmäßigen Kolumnen für den ›Examiner‹ arbeitete Bierce weiter an seiner stetig wachsenden Sammlung von Kurzgeschichten. Neben den großen Geschichten aus dem Bürgerkrieg – »Chickamauga«, »Ein Sohn der Götter«, »Tot bei Resaca«, »Ein Reiter vor dem Himmel«, »Ein Vorpostengefecht« und »Einer der Vermißten« – entstanden einige seiner besten Schauergeschichten wie »Ein Totenwächter«, »Der Mann und die Schlange«, »Die Augen des Panthers« und »Die angemessene Umgebung«. Mitte Juli 1890 erreichte seine kreative Schaffensphase ihren Höhepunkt mit einer Erzählung, die auf einzigartige Weise beide Genres miteinander verbindet, »Ein Vorfall an der Owl-Creek-Brücke«. Mehr als in jedem anderen Text lebt Bierces Name in dieser Erzählung fort – und zwar aus gutem Grund. »Ein Vorfall an der Owl-Creek-Brücke« ist, innerhalb seiner brillant gehandhabten Parameter, ein vollendetes Meisterwerk. (»Diese Geschichte hat alles. Es gibt nichts Besseres«, schwärmte der junge Stephen Crane einige Jahre später gegenüber einem Freund.) Es ist die am häufigsten anthologisierte Erzählung Bierces, die in praktisch jeder Collegesammlung zur amerikanischen Literatur und zahllosen Anthologien großer Kurzgeschichten vertreten ist. 1963 gewann eine französische Verfilmung der Erzählung einen Akademiepreis für den besten Kurzfilm, der später in der populären Fernsehserie *The Twilight Zone* vor amerikanischem Millionenpublikum lief. Bierce mag die Erzählung in einigen über sein Werk verstreuten kurzen Passagen noch übertroffen haben – etwa die Prozession der verwundeten Soldaten in »Chickamauga«, die nächtliche Überfahrt und der Abstieg ins Todestal in »Was ich von Shiloh sah«, die Schlußpassage von »Ein Sohn der Götter« oder die an Faulkner erinnernde Komik von »Jupiter Doke, Brigadegeneral« –, aber als Ganzes genommen ist »Ein Vorfall an der Owl-Creek-Brücke« Bierces unbestrittenes Meisterwerk.[40]

Der Handlungsaufbau der Geschichte ist täuschend simpel: Der Zivilist Peyton Farquhar, dessen Sympathien dem Süden gehören, soll wegen versuchter Sabotage an der Bahnlinie über die Owl-Creek-Brücke gehängt werden. Während er stumm auf seine Exekution wartet, bemerkt der Verurteilte eine übernatürliche Schärfung seiner Sinne; das Ticken seiner Taschenuhr erscheint ihm wie die Schläge eines Schmiedehammers auf dem Amboß. Als der Unionssergeant von der Planke tritt, auf der Farquhar steht, zeigt die Geschichte in einem Rückblick, wie der »wohlhabende Pflanzer« durch einen verdeckten Kundschafter der Union dazu angestiftet wird, die Brücke in Brand zu setzen. (Farquhars überaus romantische und weltfremde Vorstellungen vom Krieg tragen in gleicher Weise zu seiner fatalen Entscheidung bei.) Die Hinrichtung nimmt ihren Lauf, als plötzlich das Seil reißt und Farquhar in den Fluß stürzt, sich der Fesseln entledigt und mit einem Schrei aus dem Wasser taucht. Verzweifelt schwimmt er im Kugelhagel der Unionssoldaten flußabwärts. Schließlich gelangt er nach Hause, wo ihn seine

Frau auf der Veranda erwartet. Er springt auf sie zu, um sie in die Arme zu schließen, als er »einen betäubenden Schlag im Genick fühlt; ein blendendes weißes Licht flammt um ihn her mit dem Dröhnen wie der Abschuß einer Kanone – dann ist alles Dunkelheit und Stille«. Die Geschichte endet mit einem der berühmtesten Sätze der amerikanischen Literatur: »Peyton Farquhar war tot; sein Körper schaukelte mit gebrochenem Hals sanft von einer Seite zur anderen unter den Schwellen der Owl-Creek-Brücke.« Seine Flucht war lediglich eine trügerische Halluzination.[41]

Flüchtige Leser (zu denen überraschenderweise auch Cleanth Brooks und Robert Penn Warren gehörten, die Bierce vermutlich deshalb nicht mochten, weil er Unionssoldat gewesen war) haben die Geschichte als eine Art umgekehrten Taschenspielertrick im Stil von O. Henry mißverstanden. In ihren Augen erscheint der überraschende Schluß gänzlich unmotiviert. Eine aufmerksame Lektüre der mit penibler Sorgfalt geschriebenen Erzählung zeigt allerdings, daß der Schluß für niemanden überraschend kommt – ausgenommen den unseligen und leicht zu täuschenden Farquhar. Die gesamte Erzählung hindurch bereitet Bierce den Leser auf die einzig mögliche Auflösung vor. Zuallererst geht es um einen *Vorfall* – also ein konkret sich vollziehendes Ereignis – *an* der Owl-Creek-Brücke – d. h. auf oder in unmittelbarer Nähe der Brücke, nicht weiter stromabwärts und schon gar nicht Meilen entfernt bei Farquhars Heim. Entsprechend der Ausgangssituation, die in der Eröffnungspassage in präziser militärischer Sprache beschrieben wird, kann das einzig mögliche Ereignis, das an diesem Morgen an der Owl-Creek-Brücke vorfällt, nur das Aufknüpfen eines Verurteilten sein. Zudem wird Farquhar im häufig fehlinterpretierten zweiten Abschnitt der Erzählung als genau jener Typ Aufschneider entlarvt, dem der Traum einer so verwegenen Flucht nur allzuleicht zuzutrauen ist. Als wohlhabender Zivilist, der dem Militärdienst vermutlich aufgrund des »Twenty Negro Law« entgangen ist, das Plantagenbesitzer mit mehr als zwanzig Sklaven vom Militärdienst freisprach, »litt er unter der unrühmlichen Zwangsruhe und sehnte sich nach der Freisetzung seiner Energien, dem freieren Leben des Soldaten, der Chance, sich auszuzeichnen. Diese Chance, fühlte er, würde kommen, wie sie in Kriegszeiten zu allen kommt.« Sie würde tatsächlich kommen, aber in der Form von e.e. cummings *es* in dem Gedicht »Platon sagte«, das einem anderen verblendeten Kriegsfanatiker, »ein japanisiertes stück von der alten sixth avenue s-bahn in seinem hirnkasten«, den zuletzt zu zahlenden Preis für seine naive Kriegsbegeisterung lehrt. Die Erzählung endet, genau wie Farquhars Geschichte seiner tollkühnen Flucht, mit einem plötzlichen Ruck, aber nicht mit einer echten Überraschung.[42]

Genaugenommen endet »Ein Vorfall an der Owl-Creek-Brücke« damit zweimal, und zwar beide Male in derselben Weise. Der dritte und letzte Erzählabschnitt beginnt mit einem sehr bildhaften und überzeugenden Bericht über Farquhars Tod am Strick. »Ein scharfer Druck gegen seine Kehle, dem ein Gefühl des Erstickens folgte«, wird begleitet von »schneidenden, stechenden Agonien, [die] von seinem Hals durch jede Faser seines Körpers und seiner Glieder nach unten zu schießen schienen«. Dem wiederum folgt »ein Gefühl der Fülle – von Blutandrang« in seinem Kopf und ein Bewußtsein von Bewegung, während er »unvorstellbare Schwingungsbögen, wie ein riesiges Pendel, durchschwang«. Zuletzt hat er das Gefühl, mit einem »furchtbaren Brüllen in seinem Kopf« nach oben katapultiert zu werden – nachdem das Seil abgelaufen ist, wird er in umgekehrter Richtung emporgerissen –, »und alles war kalt und dunkel«. In diesem Moment ist Farquhar tot und die Geschichte zu Ende, doch besteht Bierces meisterliche Leistung darin zu zeigen, wie ein sterbender Mann in den noch verbleibenden Sekundenbruchteilen seines Lebens das Empfinden, zu fallen, stranguliert zu werden und wieder nach oben zu schießen, als den rettenden Sprung ins tiefe Wasser mißverstehen kann. Niemand weiß, ob der Tod durch den Strick tatsächlich dem Tod durch Ertrinken entspricht (vermutlich ist dem nicht so), aber die Vergleichbarkeit der beiden Todesarten ist unumstritten: Wir erleben Farquhars Traum, und da er an einer Brücke über einen Fluß gehängt wird, erscheint es nur natürlich, daß er sich seine Flucht durch einen Sturz ins Wasser ausmalt und den Blutstau im Hirn durch Ersticken mit dem Gefühl des Ertrinkens verbindet.[43]

Der Rest der Geschichte vollzieht sich in keiner realen Zeit, sondern in dem kurzen Moment, in dem Farquhar durch die Luft fällt und buchstäblich am Ende seines Lebensfadens angelangt. Er spürt, wie er seine Hände freizubekommen versucht, was jeder in seiner Lage tun würde, und sein überraschender Aufschrei: »Legt sie zurück, legt sie zurück!« könnte in der Tat ein Anzeichen sein, daß er eine Hand freibekommen hat und der Unionshauptmann der Wache zuruft, sie ihm erneut hinter dem Rücken festzubinden; genausogut könnte es sich auch um seinen letzten verzweifelten Wunsch handeln, das Hinrichtungskommando möge die Planke wieder zurücklegen, die sie ihm soeben unter den Füßen weggezogen haben. Auch hier korrespondieren seine Empfindungen mit denen eines Aufgeknüpften: »Sein Hals schmerzte furchtbar; sein Hirn stand in Flammen; sein Herz, das nur noch matt geflattert hatte, tat einen wilden Sprung und versuchte, sich durch seinen Mund hinauszuzwängen. Sein ganzer Körper wurde mit unerträglicher Qual gefoltert und zerrissen!« Seine Sinne jedoch sind auf übernatürliche Weise geschärft (man muß dabei unweigerlich an Dr. Johnsons Bemerkung denken, derzufolge das Wissen eines Menschen um seinen bevorstehenden Tod durch den Strang eine wundersame Belebung seines Geistes bewirkt). Neben schier unmögliche Wahrnehmungen seines Gehörs und seiner Augen tritt eine nicht weniger titanenhafte physische Kraft – »welche herrliche, welche übermenschliche Stärke« –, mit der er sich seiner Fesseln entledigen und fliehen kann. Mehrere Kritiker haben darauf hingewiesen, daß Farquhars Auftauchen aus dem Wasser – zuerst der Kopf, dann die Schultern, dann der Oberkörper, und zuletzt sein verwunderter Aufschrei, als sich seine Lungen mit Luft füllen – dem Vorgang der Geburt entspricht (von Bierce als »erstes und ärgstes aller Übel« bezeichnet). Ein Kritiker wagt sogar die Behauptung, der Schrei »Legt sie zurück!« sei im Sinne Freuds als der Wunsch des Neugeborenen zu interpretieren, seine Nabelschnur wieder mit dem Körper der Mutter zu verbinden, wobei das Seil des Henkers in dem Fall in ironischer Verkehrung nicht den Übergang ins Leben, sondern in den Tod markiert.[44]

In zahlreichen jüngeren wissenschaftlichen Studien konnte

ein ähnliches Empfindungsmuster bei Sterbeerlebnissen nachgewiesen werden, nämlich das eines Sturzes (oder Aufsteigens) durch einen dunklen Tunnel einem fernen und zuletzt allumfassenden Licht entgegen, in dem einige Forscher die unterdrückte Erinnerung an die eigene Geburt sehen. Da Bierce zu Lebzeiten nichts von derartigen Forschungsergebnissen wissen konnte, erscheint es um so bemerkenswerter, daß Farquhar ein »blendendes weißes Licht« umfängt und er im gleichen Moment ein »Dröhnen wie den Abschuß einer Kanone« hört – das Geräusch seines brechenden Genicks. Seine eigene Todeserfahrung am Kennesaw Mountain im Jahr 1864 hat Bierce nie beschrieben, so daß nur darüber spekuliert werden kann, ob er bei der Beschreibung von Farquhars Schicksal auf persönliche Erfahrungen zurückgriff oder lediglich seiner schriftstellerischen Erfindungsgabe vertraute. Andere persönliche Erfahrungen haben zweifellos Eingang in die Geschichte gefunden; etwa der tatsächliche Owl Creek, der an das Schlachtfeld von Shiloh grenzt; oder die Dienste seines Regiments zum Schutz der Eisenbahnlinie im Norden Alabamas, die exakt in die Zeit fallen, in der die Geschichte spielt; oder die zahllosen Exekutionen, denen er als Armeesoldat und später als Reporter in San Francisco beiwohnte; selbst die wundersame »Flucht« des Gehängten verweist auf das zentrale Handlungsmoment des Schauspiels *Ambrose Gwinett; or A Sea-Side Story.* Gerade die Häufung realistischer Details läßt das irreale Geschehen im Kern der Erzählung um so plausibler erscheinen. Wir glauben es, weil wir wie Farquhar daran glauben wollen.

Im Januar 1892 erschien Bierces erste Kurzgeschichtensammlung *Tales of Soldiers and Civilians* (die englische Ausgabe trug den Titel *In the Midst of Life*). Sein Freund E. L. G. Steele zeichnete als Verleger des Buches, von dem Bierce aus unerfindlichen Gründen behauptete, es sei »von sämtlichen größeren Verlagshäusern dieses Landes abgelehnt worden«. Gleichwohl ist nichts darüber bekannt, daß Bierce das Manuskript je einem der großen Verlage an der Ostküste vorgelegt hat, so daß es sich bei der ungewöhnlichen Vorbemerkung um eine bloße Schutzmaßnahme des Autors handeln könnte, mit der er möglichen Nachfragen nach dessen Publikation im Eigenverlag zuvorkommen wollte. Was auch immer die Hintergründe der Veröffentlichung gewesen sein mögen, von der Kritik, die besonders die erzählerische Kraft der Geschichten wie auch deren technische Meisterschaft hervorhob, wurde das Buch einhellig positiv aufgenommen. Eine Ausnahme bildete die englische Zeitschrift ›Literature‹, die in Bierce »das unselige Opfer einer maßlosen und unkritischen Überschätzung« sah und seine Geschichten als »eine Anhäufung berechnender, gewalttätiger und plakativer Schlachtszenen, die man zwischen zwei Buchdeckel gepreßt hat«, bezeichnete. Die ›New York Sun‹, eine Erzfeindin des Hearst-Blattes, warf Bierce vor, er sei »ein Spötter und Menschenverächter, der eine Art diabolisches Vergnügen an seinen grausamen Geschichten empfindet«. Bierce wies jedes diabolische Ansinnen mit der Feststellung zurück: »Ich habe meine grausamen Geschichten ohne Rücksicht auf die Nerven oder gar die Existenz unschuldiger Geister verfaßt, sondern allein in der Überzeugung, daß es sich um gute und wahre Kunst handelt – einen Glauben, an dem ich auch weiterhin hartnäckig festhalten werde.« Ein weitsichtiger Rat zur Steigerung seiner Verkaufschancen kam von seinem alten Freund und Zunftkollegen Arthur McEwen. Er warnte Bierce, das Buch könne sich als »Fisch auf dem Trockenen« erweisen, da »in allem, was du schreibst, nicht eine Spur von Mitgefühl zu entdecken ist. Nirgends erscheint ein hübsches Mädchen.« »Zum Teufel mit den hübschen Mädchen«, erwiderte Bierce. »Eben das ist dein Problem«, sagte McEwen. Man mag darüber streiten, ob Bierces Geschichten bar jeder menschlichen Anteilnahme sind; auf ihre eigene Art sind sie voller Mitgefühl, nur handelt es sich dabei um das subtile und unausgesprochene Mitgefühl des modernen Schriftstellers und nicht um die schwülstige Sentimentalität der Viktorianer. Darüber hinaus hätte Bierce auch antworten können, jene falsche Sentimentalität sei überhaupt erst der Grund, warum die Soldaten in seinen Geschichten in eine tödliche Situation gerieten. Sein vordringliches Anliegen ist nicht Mitgefühl, sondern Klarheit.[45]

Den *Tales of Soldiers and Civilians* ließ Bierce im darauffolgenden Jahr eine weitere Kurzgeschichtensammlung unter dem Titel *Can Such Things Be?* folgen. Der Band, der vor allem

Spuk- und Schauergeschichten versammelt, besitzt nicht das literarische Gewicht seines Vorgängers, enthält aber dennoch eine Reihe kleinerer Meisterwerke wie »Halpin Fraysers Tod«, »Moxons Herr«, »Eine Kruke Sirup«, »Das Reich des Unwirklichen«, »Die Straße im Mondlicht«, »Das verdammte Ding« und »Der mittlere Zeh des rechten Fußes«. Dieses Mal versuchten Bierce und Steele, das Buch auf dem New Yorker Markt zu lancieren und Cassell & Company als Verleger zu gewinnen. Kaum jedoch war das Buch erschienen, ging der Verlag pleite, nachdem der Manager mit der Firmenkasse durchgebrannt war. Zu allem Unglück starb Steele im Sommer desselben Jahres, so daß Bierce wieder gänzlich ohne Verleger dastand. Zudem hatte er eine öffentliche Kontroverse mit seinem Freund und Schüler Adolph Danziger über die Rechte ihrer Gemeinschaftsproduktion *The Monk and the Hangman's Daughter* auszufechten, eine Schauernovelle, die auf der von Danziger aus dem Deutschen übersetzten Erzählung »Der Mönch von Berchtesgaden« von Richard Voß basierte. Danziger, ein jüdischer Hansdampf in allen Gassen, hatte sich bereits als Zahnarzt, Rechtsanwalt und Rabbi versucht, ehe er sich entschied, Schriftsteller zu werden. Irgendwie hatte er Bierce dazu überreden können, *The Monk and the Hangman's Daughter* zu überarbeiten und als Fortsetzungsroman im ›Examiner‹ abzudrucken. Das Resultat war ein verschrobenes, um nicht zu sagen lächerliches, mit religiöser Erotik verbrämtes Melodram, in dem ein Franziskanermönch namens Ambrosius (!) seine verbotene Leidenschaft für die hübsche Henkerstochter Benedicta entdeckt. Nach zähem Ringen um sein Seelenheil tötet Ambrosius Benedicta, um sie den sündigen Händen ihres adligen Verehrers Rochus zu entreißen. Pikanterweise stellt sich heraus, daß es sich bei dem Mädchen um Rochus' Halbschwester handelt, wie auch, daß Benedicta für Ambrosius »eine geheime und verbotene Liebe« hegte. Genau wie Hauptmann Coulter tötet der Mönch den Menschen, den er liebt.[46]

Auch wenn man Bierce die abstruse und schwülstige Handlung nicht zum Vorwurf machen kann, bleibt dennoch einigermaßen rätselhaft, warum er seinen Namen für ein solches Machwerk hergab. Möglicherweise handelte es sich um eine reine

Freundschaftsgeste, da Danziger Bierce unermüdlich umworben hatte und ihn unterwürfig mit »Meister« anredete. Außerdem hatte er Bierce überreden können, ihm fünfhundert Dollar zur Gründung seines Verlags, der Western Authors Publishing Company, zu leihen, in dem Danziger eben jene Sorte zweitklassiger Literatur zu veröffentlichen gedachte, die Bierce seit zwei Jahrzehnten in seinen Kolumnen gnadenlos zerpflückte. Als ironische Pointe sei hinzugefügt, daß das einzige von der Western Authors Publishing Company verlegte Werk von Bierce selbst stammte. 1892 brachte der Verlag *Black Beetles in Amber* heraus, eine Sammlung weitgehend unbedeutender satirischer Gedichte, die gegen so altbekannte Schurken wie Frank Pixley, Leland Stanford, Denis Kearney und Dutzende anderer weniger bekannter Persönlichkeiten San Franciscos gerichtet waren, deren Missetaten, ungeachtet des von Bierce vorgebrachten Protests, längst vergessen sind. Das Buch erlebte einen kurzen, durchweg negativen Lokalerfolg, der vor allem daher rührte, daß zahlreiche seiner in Bernstein eingelegten Opfer gleich mehrere Exemplare erwarben, um das Werk aus dem Verkehr zu ziehen, oder aber die Leihbüchereien aufsuchten, um heimlich die Seiten herauszureißen, auf denen Bierce mit ihnen abrechnete. Im großen und ganzen bedeutete das Buch einen Rückschritt für den Autor der *Tales of Soldiers and Civilians,* so daß Arthur McEwen mit einer gewissen Berechtigung bemerkte: »Nachdem er die Hälfte seines Lebens damit zugebracht hat, mit einer Elefantenbüchse auf Spatzen zu schießen, hat er nun, da er Einlaß ins Elefantenland gefunden hat, keine bessere Waffe vorzuweisen als eine harmlose Schreckschußpistole.« Ein anderer Kritiker schlug vor, das Buch in *Rote Paprikaschoten in Essig* umzubenennen. Mittlerweile brachte der Chicagoer Verleger F. J. Schulte *The Monk and the Hangman's Daughter* in einer Auflage von sechstausend Exemplaren auf den Markt, die allerdings, in bester Tradition seiner übrigen Verleger, sehr bald wieder verschwand, ohne daß Bierce oder Danziger auch nur einen Cent Honorar gesehen hatten. Zwei Jahre lang stritten sich die einstigen Partner um Geldforderungen und die Autorenrechte an *The Monk and the Hangman's Daughter* und *Black Beetles in Amber.* Als Bierce zuletzt des Gezänks überdrüssig wurde, zerschlug er einen Spazierstock auf Danzigers Schädel und stellte die Bruchstücke auf seinem Schreibtisch aus, um ihn, wie er sagte, »an das Wesen der Freundschaft« zu erinnern.[47]

Die öffentliche Fehde mit Danziger trug dazu bei, den Vorwurf des Antisemitismus weiter zu verstärken, der Bierce im Anschluß an den Selbstmord des jungen jüdischen Dichters David Lesser Lezinsky im Frühjahr 1894 anhaftete. Wie viele seines Schlags hatte Lezinsky sich die Häme des Kolumnisten mit so dilettantischen Versen zugezogen wie, »Deine Größe gleicht einem aufsteigenden Stern,/Der sich mit dem Glanz des Kometen erhebt./Mag auch die Welt zugrunde gehen,/Dein Name in alle Ewigkeit lebt.« Die Verse waren nicht schlechter als das Gros der Gedichte, die Bierce in seiner Kolumne verriß, und er behandelte Lezinsky auch nicht strenger als gewöhnlich. Unter dem Pseudonym seiner Lieblingsdichterin, der unsäglichen Mrs. Plunkett, warf Bierce dem Poeten vor, ihre »berühmte ›Ode an eine tote Kuh‹« plagiiert zu haben, und fügte hinzu: »Ich bin mir gewiß, er wird noch weitere Verse in die Welt setzen, sofern er nur über einen Toten stolpert, an dem er sein poetisches Feuer auslassen kann. Nun denn, es wird dem armen Kerl die Hölle schmackhaft machen.« Anhänger Lezinskys beschwerten sich bei Bierce über »die brutale Art Ihres jüngsten Angriffs auf David Lezinsky ... einem hoffnungsvollen jungen Mann mit großen Talenten«, und drohten ihm eine vom Opfer selbst verabreichte Tracht Prügel an. »Solange ich Lezinskys harte Faust nicht zu spüren bekommen habe«, gab Bierce zurück, »fahre ich mit meinem Spott unbekümmert fort.« Das Geplänkel zog sich hin, bis Lezinsky sich inmitten des Schlagabtauschs unerwartet das Leben nahm. Nach den Worten Danzigers, dessen Zeugnis allerdings mit großen Vorbehalten zu sehen ist, hatte Bierce genau dies erwartet und erklärte Lezinskys Suizid zur »einzig ruhmreichen Tat, die er je vollbracht hat«.[48]

Die nicht unbeträchtliche Schar seiner Gegner, angeführt von der Dichterin Ina Coolbrith, die Bierce immer noch übelnahm, ihre dreißigjährige Nichte beinahe auf die falsche Bahn gebracht zu haben, warf dem Kolumnisten eine moralische Mitschuld an Lezinskys Tod vor. Edwin Markham, der Bierces

Zorn erst einige Jahre später zu spüren bekommen sollte, schrieb eine plakative Fabel über eine heimtückische Wespe, die Frösche in einem Wasserloch quält. Nach seinen Worten hatte Bierce den feinfühligen Lezinsky geschüttelt wie »eine zitternde und hilflose Ratte«. Vorwürfe von Antisemitismus wurden laut. Bierce verwahrte sich dagegen, gab aber in seinem Essay »Der Jude«, der etwa zur gleichen Zeit entstand, seinen Kritikern unbedarft neue Munition. Darin erklärte er die Juden zu »einem sonderbaren Volk, das auf sonderbare Weise verhaßt ist«, und riet ihnen, »ihr Leben nicht in der Erfüllung von Gebräuchen und Ritualen, den Zeremonien und symbolhaften Handlungen einer längst untergegangenen Vergangenheit« einzuschließen sowie anzuerkennen, daß »die Welt größer ist als Judäa und Gott mehr als nur der private Beschützer der Kinder Israels«. Wie eine Mischung aus Bruder Ambrosius und einem späteren Gast in Berchtesgaden ermahnte Bierce die Juden »zu begreifen, warum sie das Subjekt des Hasses und der Verfolgung durch die Nichtjuden sind«. Nämlich deshalb, so Bierce, weil »der orthodoxe Jude auf tausenderlei Wegen, die alle nur dem einen Zweck dienen, seine religiöse Abgrenzung in einem selbstgewählten Ghetto zu garantieren, überall laut die Überzeugung seiner Auserwähltheit und seines besonderen Werts herumposaunt«. Warnend gab Bierce zu verstehen, daß, »wenn eine gewisse anmaßende Selbstgerechtigkeit tadelnswert ist, ihre natürliche und unausweichliche Bestrafung nicht gänzlich unverdient erscheint«. Nach dem Zeugnis der Bibel, fuhr er fort, war der Jude »einst ein höchst ungeselliger Nachbar. Jeder angrenzende Stamm, der nicht ihren Gott akzeptierte, lud ihren wütenden Haß auf sich, der sich in unvorstellbarer Grausamkeit entlud. Sie regierten ihre kleine Welt mit eiserner Hand, säten rundum Verderben und zwangen ihren Nachbarn eine Politik der blutig geschlagenen Nasen und zerbrochenen Kronen auf. Selbst heute noch halten sie an ihrem unbotmäßigen Anspruch fest, auf der obersten Sprosse der Schöpfung zu stehen, auch wenn sie nicht mehr in der Lage sind, ihn mit Feuer und Schwert zu behaupten.«[49]

Mit dem Selbstmord eines unbekannten jüdischen Nachwuchspoeten hatte all dies wenig zu tun, abgesehen von der

Tatsache, daß es Bierce San Francisco, »das Paradies der Ignoranz, der Anarchie und der allgemeinen Sensationsgier«, noch mehr verleidete. »Es ist himmelschreiender Unsinn, mich für Lezinskys Tod verantwortlich machen zu wollen«, protestierte er. »Ich bin ihm nie begegnet und hätte abgelehnt, wenn sich die Gelegenheit dazu ergeben hätte. Zudem habe ich nie ihn persönlich, sondern ausschließlich seine Verse angegriffen. Als er sich entschloß, Dichter zu werden, stimmte er zugleich stillschweigend der öffentlichen Kritik dessen zu, was er seinem Publikum vorlegte.« Aller Rechtfertigungsversuche ungeachtet, sahen sich andere gekränkte Dichterseelen durch die Kontroverse dazu ermuntert, sich gegen ihren Peiniger zu erheben. William Greer Garrison etwa, dessen Verse Bierce mit einer »Pumpe am Straßenrand, die plätschernd eine Pferdetränke füllt«, verglichen hatte, erklärte seinen Rachegott nun zum »größten literarischen Bankrotteur des Jahrhunderts«, dessen Werk nicht mehr als »eine Warntafel ist, die die Ruine eines gänzlich verfehlten Lebens und das Grab eines Ränkeschmieds der Literatur ziert«. John Bonner von der ›Wave‹ pflichtete ihm bei. Er verglich Bierce mit »dem Iren, der nie einen Kopf sah, ohne darauf einprügeln zu wollen. Er scheint von dem trügerischen Wahn befallen, der Literaturpapst der Westküste zu sein. Allen Schriftstellern, deren literarisches Talent dem seinen nicht ebenbürtig erscheint, verweigert er nicht nur das Recht, zum Stift zu greifen, sondern überhaupt zu existieren.«[50]

Bierce gab sich kämpferisch – »Ich helfe gerade einer ehrbaren jungen Frau, eine Briefmarkensammlung aufzubauen«, schrieb er in seiner Kolumne, »und freue mich über jede eingehende Beschwerde« –, aber seine streitbaren Reserven waren aufgebraucht. Die anhaltende Pechsträhne, die sieben Jahre zuvor mit dem Bruch seiner Ehe begonnen hatte, hatte seine Kräfte aufgezehrt. In den folgenden Jahren hatte er seinen begabten älteren Sohn durch Selbstmord verloren, seine junge Schülerin Lily Walsh war Opfer einer heimtückischen Krankheit geworden, und viele seiner Freunde waren gestorben oder hatten sich von ihm abgewandt. Sein zweiter Sohn Leigh war auf dem besten Wege, sich ins Grab zu trinken, und seine Tochter Helen lebte getrennt von ihm bei der Mutter. Er hatte zwei

Bücher mit außergewöhnlichen Kurzgeschichten publiziert, nur um miterleben zu müssen, wie sie nach kurzem Erfolg von der Bildfläche verschwanden, vor allem, weil er an der Ostküste keinen Verleger gefunden hatte. Seine einstmals gefürchtete Kolumne wurde zwar weiterhin von vielen gelesen, zog aber eine immer unerschrockener auftretende Kritik auf sich. Sein Asthma, das sich in Zeiten der Anspannung verschlimmerte, plagte ihn regelmäßig; schließlich brach er sich bei einem Sturz vom Fahrrad eine Rippe und schürfte sich so böse beide Hände, daß er mehrere Wochen keinen Stift halten konnte. Zu Beginn des Jahres 1896 war er dreiundfünfzig, und der kreative Fluß, der ihn eine ebensogroße Zahl von Kurzgeschichten hatte schreiben lassen, war zu einem dünnen Rinnsal verebbt. Als Leigh Bierce auf einer ausgedehnten Zechtour Adolph Danziger erklärte: »Ich möchte zur Hölle fahren«, hätte sein Vater mit einiger Berechtigung hinzufügen können, dort bereits seit einigen Jahren auf ihn zu warten.[51]

11

Was ist dies nur, ein Geist zu sein

Wie schon im Jahr 1887, als Bierce sich allein und verbittert in Oakland verkrochen hatte, kam auch 1896 William Randolph Hearst zu seiner Rettung, indem er ihm ein neues (im Grunde genommen war es ein altes) Betätigungsfeld vorschlug, an dem er seine Spottlust auslassen konnte. Collis P. Huntington, der unersättliche Eisenbahnmogul, der die Southern Pacific Railroad – und große Teile Kaliforniens – wie ein Lehnsherr regierte, hatte in seinem Hauptquartier in San Francisco beschlossen, mit einem Heerlager von Lobbyisten, Rechtsanwälten und ausgebufften Drahtziehern in die Hauptstadt der Nation einzufallen und im Kongreß die sogenannte Funding Bill durchzupauken, die ihm einen unbegrenzten Zahlungsaufschub der 75 Millionen Dollar öffentlichen Schulden seiner Gesellschaft gewähren sollte. Hearst, der die Gelegenheit zu einem weiteren auflagefördernden Kreuzzug witterte, mobilisierte die Opposition. Aus New York, wo er das ›Morning Journal‹ aufgekauft hatte, telegrafierte er an Bierce in seinem kalifornischen Refugium: »Eisenbahnkartell in Washington so stark, daß seine Macht kaum zu brechen scheint. Doch ist es die Pflicht aller, denen die Interessen der Westküste am Herzen liegen, größtmögliche Anstrengungen zu unternehmen. Würden Sie bitte für den ›Examiner‹ nach Washington gehen?« Das war in etwa die deutlichste Art von Befehl, die von Hearst zu erwarten war, und Bierce, dem ermüdenden Kleinkrieg und der einschmeichelnden Schüler, die seinen Alltag in Kalifornien bestimmten, gleichermaßen überdrüssig, ließ mit der Antwort nicht lange auf sich warten: »Ich bin mit Freuden bereit, alles in meiner Macht Stehende zu tun, um Mr. Huntingtons Funding Bill zu Fall zu bringen und werde am kommenden Montag nach Washington abreisen.«[1]

In Begleitung seines Sohnes Leigh reiste Bierce zum ersten Mal seit seinen glücklosen Verhandlungen mit den Betreibern der Black Hills Placer Mining Company fünfzehn Jahre zuvor in Richtung Osten. Unterwegs machte er kurz Zwischenstation bei dem jungen Literaturkritiker Percival Pollard in Chicago, der sich dadurch seine Sympathien erworben hatte, daß er Stephen Cranes jüngst erschienenen und hochgelobten Roman *The Red Badge of Courage* als »Bierce-Imitation« kritisiert und hinzugefügt hatte: »Was bei Mr. Crane in kruder Form erscheint, ist bei Bierce auf unnachahmliche Weise gelungen.« Bierce, der den außerordentlich talentierten jungen Autor herablassend als den »Crane-Knaben« bezeichnete, war von dem Vergleich überaus angetan. Als Pollard von zwei anderen Jungautoren, H. W. Phillips und Rupert Hughes, behauptete, sie seien noch schlechtere Schriftsteller als Crane, gab Bierce zurück: »Ich habe immer geglaubt, die einzigen beiden Schriftsteller noch unter Stephen Crane wären zwei Stephen Cranes.« Der unberechtigte Seitenhieb läßt viel von Bierces eigener Frustration durchscheinen, sowohl im Hinblick darauf, daß seinen eigenen Bürgerkriegsgeschichten ein breites Publikum versagt blieb, als auch bezüglich seines Eindrucks, Crane habe Stil und Inhalte von ihm abgeschaut. Pollard berührte genau diesen Punkt, als er behauptete: »In *The Red Badge of Courage* ist nicht eine Passage zu finden, die annäherend so eindringlich und wahrhaftig den über das Schlachtfeld kriechenden Zug der Verwundeten beschreibt wie in Bierces ›Chickamauga‹.« Nicht weniger wurmte Bierce die Tatsache, daß ein junger Mann, der erst sechs Jahre nach Kriegsende geboren war, einen Bestseller zu einem Thema geschrieben hatte, das Bierce, mit einigem Recht, als seine ureigene Domäne betrachtete. Crane seinerseits machte aus seiner Bewunderung für Bierce kein Hehl, doch selbst wenn sein Stil unverkennbar an Bierce geschult ist, war Crane unbestritten der bessere Schriftsteller, was sehr wohl der eigentliche Grund für den Verdruß des Älteren gewesen sein könnte.[2]

Bierce kam in der letzten Januarwoche in Washington an und bezog im Page Hotel unweit des Kapitols Quartier. Anschließend übernahm er den Generalstab über ein kleines Bataillon von Autoren, Fotografen und Karikaturisten, die Hearst vom New Yorker ›Morning Journal‹ abkommandiert hatte, und erläuterte seine Strategie eines Dauerfeuers ad hominem auf den verhaßten Huntington. Der Eisenbahntycoon, der Bierces verbale Nadelstiche seit Jahren mit dem Gleichmut eines Grizzly, der eine lästige Fliege verscheucht, abgewehrt hatte, konnte nun an seinem überraschend schlagkräftigen Gegner nicht länger vorbeisehen. Gleich in seinem ersten Artikel vom 1. Februar, der unter der Schlagzeile BIERCE ÜBER DIE FUNDING BILL erschien, legte er die Marschroute für die weitere Auseinandersetzung fest: »Er berichtet, wie Huntington in Washington erbittert kämpft,/wie eine in die Ecke gedrängte Ratte, mit seinen altbekannten Waffen,/einer bestochenen Presse und einer Heerschar gestriegelter und gewissenloser Schurken.« Huntingtons Kopf verglich Bierce mit dem Aussehen eines Dromedars, wobei »seine zwei Höcker Habgier und Eitelkeit wie zwei Bergkuppen sein im Tal dazwischen liegendes wertvollstes Organ überschatten«. Höhnisch wies er die düstere Warnung des Moguls ab, der Eisenbahn solle ein Großteil, wenn nicht gar alle Schulden erlassen werden, da sie anderenfalls von der bloßen Schuldenlast in den Bankrott getrieben würde, indem er laut nachdachte, wie jemand ernstlich erwarten könne, »daß man einer Firma, die seit dreißig Jahren ihren Zinszahlungen nicht nachkommt und nun auch noch das Kapital nicht zurückzahlen möchte, weil sie beschlossen hat, sowohl Kapital als auch Zinsen zu stehlen, in Zukunft trauen soll, beides je zurückzuzahlen«. Als die ersten Anhörungen im Kongreß anstanden, meldete der ›Examiner‹ schadenfroh: »Huntington vor seinem letzten Gefecht.«[3]

Angefangen hatte die Streitfrage unter der Lincoln-Administration, als man vor dem Hintergrund des Bürgerkriegs beschlossen hatte, den Bau einer Eisenbahn quer durch den Kontinent dadurch voranzutreiben, daß man jedem, der sich dieser Herausforderung annahm, großzügige Anleihen und Landschenkungen in Aussicht stellte. »Diese gewissenlose Sippschaft«, polterte Bierce, sich auf die Big Four Huntington, Stanford, Crocker und Hopkins beziehend, »war als arme Schlucker in den Eisenbahnbau eingestiegen, um sich auf die eine oder andere Art – die Details lesen sich wie die Gerichtsakten eines schweren Diebstahls – jeder um fünfzehn bis zwanzig Millionen Dollar zu bereichern.« Als letzter Überlebender des legendären Quartetts der »railrogues« bot Huntington der Regierung zerknirscht an, einen Teil des Landes zurückzugeben, sofern seine Schulden für fünfundsiebzig weitere Jahre storniert würden. Der leicht zu durchschauende Coup hätte sogar beinahe geklappt – das Gesetz stand kurz vor der Verabschiedung –, hätte Hearst nicht die öffentliche Meinung dagegen mobilisiert und Bierce nach Washington entsandt, um den Volksvertretern auf die Finger zu klopfen. Huntington trug zur Klärung der Sachlage wenig bei, indem er vor dem Untersuchungsausschuß abwechselnd in selbstherrlicher oder anbiedernder Manier auftrat und eine skandalöse Unkenntnis über die exakten Baukosten der Eisenbahn vorschützte, die er mal mit 36 Millionen Dollar, dann wieder mit 122 Millionen Dollar bezifferte – und das von einem Mann, der einmal in der Abrechnung eines Hotelpagen einen Fehler von 25 Cents festgestellt und ihn großsprecherisch zurechtgewiesen hatte: »Junger Mann, die Quarters, die ich in meinem langen Leben fallen gelassen habe, können Sie an einer Hand abzählen.«[4]

Bierce, der Huntington seit Jahren verachtete, war ganz in seinem Element. Tag für Tag versetzte er dem alten Grizzly neue Schläge. Huntingtons gelegen kommenden Gedächtnisverlust bezüglich seiner Auslagen entlockte Bierce den hämischen Kommentar: »Mr. Huntingtons Vergeßlichkeit ist chronisch und unheilbar. Die Zahl der Dinge, die seinem Gedächtnis entfallen sind, wird in Zukunft nicht weniger werden; und die Hartnäckigkeit, mit der er sich ihrer nicht erinnern kann, ist durch keinerlei Anstrengung zu beheben.« Über Huntingtons Auftritt vor dem Senatsausschuß zur Pacific Railroad am 14. Februar berichtete Bierce: »Er erschien heute nicht nur vor der Kommission, sondern verweigerte auch seiner Hand kurzzeitig den Griff in irgendwelche fremde Taschen, um sie zu heben und den Eid zu schwören. Er wurde nicht gefragt, ob er wisse, was ein Eid sei; man ging davon aus, daß das der Fall sei.« Unter dem Vorwurf, Huntington wolle sich mit seinem Hinweis auf »die

Schwächen des Alters« nur fremdes Mitgefühl erschleichen, gab Bierce unumwunden zu verstehen, daß hier »bloß Betrug mit den Mitteln des Meineids versucht wird. Der Anblick dieses alten Mannes an der Schwelle zur Ewigkeit, die Taschen vollgestopft mit unredlich erworbenem Gold, von dem er weder weiß, wie er es genießen, noch wem er es einst vermachen soll, gehörte zu den traurigsten Momenten meines Lebens. Er weiß, daß er ein Freigänger sämtlicher Strafanstalten dieser Welt ist; er verdient es, an jedem Ast jeden Baumes in jedem Staat und jeder Gegend, in die seine Gleise vorgedrungen sind, aufgeknüpft zu werden, mit Ausnahme von Nevada, wo es keine Bäume gibt.« Die dazugehörigen Schlagzeilen lauteten unter anderem: MR. HUNTINGTON AUF DEM ROST, UNANGENEHMER AUFTRITT VOR DEM EISENBAHNAUSSCHUSS oder COLLIS SCHMUTZIGE GESCHÄFTE. Bierce streute noch weiter Salz in die Wunden, indem er Freiexemplare des ›Examiner‹ an die Adresse von Huntingtons Suite im La Normandie Hotel verschicken ließ, wo sie »in schändlicher Weise wie Abfall behandelt werden«, wie er befriedigt bemerkte.[5]

Als die Ablehnung des Gesetzentwurfs immer wahrscheinlicher wurde, griff Huntington zuletzt zu einem für ihn typischen Mittel. Eines Nachmittags steuerte er auf den Stufen zum Kapitol direkt auf Bierce zu und fragte den Kolumnisten unverwandt nach seinem Preis. Bierce schüttelte angewidert den Kopf. »Jeder Mensch ist käuflich«, sagte Huntington, lediglich eine Allerweltsweisheit äußernd. Bierces Antwort sollte im ganzen Land zur Schlagzeile werden: »Mein Preis ist 75 Millionen Dollar. Sollten Sie zur Zahlung bereit und ich zufällig nicht in der Stadt sein, dürfen Sie die Summe bei meinem Freund hinterlegen, dem Schatzmeister der Vereinigten Staaten.« Am nächsten Tag brachte der ›Examiner‹ einen Cartoon, der einen kämpferischen Bierce mit aufgerollten Hemdsärmeln zeigte, in der einen Hand ein dichtes Büschel von Huntingtons Haaren, während der gestürzte Eisenbahnmagnat unrühmlich vor den Stufen zum Kapitol lag und seine Sohlen wie die eines Landstreichers im Wind flatterten.[6]

Bierce eröffnete ein gnadenloses Sperrfeuer auf den angeschlagenen Huntington, indem er ihn, neben vielen anderen

Dingen, eine »aufgeblasene alte Schweinshaut«, einen »Veteran unter den Ehrabschneidern«, einen »Bauern, der seine Schäfchen ins trockene gebracht hat« oder »dieses Schwein des Jahrhunderts« nannte. »Unter den vierzig größten Dieben unserer Tage«, posaunte er, »gebührt Mr. Huntington der Platz der ersten sechsunddreißig.« Als Huntington den unheilvollen Umschwung der politischen Meinung registrierte, versuchte er das Ruder mit letzter Anstrengung herumzureißen. Die Southern Pacific, verkündete er stolz, werde bei der Schaffung neuer Arbeitsplätze für Frauen eine führende Rolle übernehmen. Tatsächlich, bemerkte Bierce, hat die Eisenbahn kürzlich dreißig oder vierzig weibliche »Spione« eingestellt, die in den Zügen mitfahren und diebische Schaffner auf frischer Tat ertappen sollen. »Es ist eine wahrhaft rühmliche Aufgabe«, höhnte Bierce, »die Löcher in Mr. Huntingtons Taschen zu stopfen, um zu verhindern, daß das Geld anderer Leute an seinen Beinen entlang zu Boden fällt.« Dennoch, räumte der Kolumnist ein, »ist Mr. Huntington kein durch und durch schlechter Mensch. Er ist zwar streng, aber auch barmherzig. Er sagt häßliche Dinge über seine Feinde, ist aber nachsichtig genug, darauf zu achten, daß es sich größtenteils um Lügen handelt.« Als Huntington den Vorwurf erhob, auch der ›Examiner‹ stehe auf seiner privaten Lohnliste, gelobte Bierce öffentlich, seinem Erzfeind die Hand zu reichen, sollten sich die Anschuldigungen als zutreffend erweisen. »Ich bitte mir nur eine Bedingung aus«, fügte er hinzu. »Mr. Huntington darf keinen Anstoß an meinem Handschuh nehmen.« Wie zu erwarten, kam es nie zu dem angebotenen Handschlag.[7]

Zu guter Letzt umschiffte der Kongreß die Funding Bill, nachdem er seine Entscheidung so lange hinausgezögert hatte, bis der Kongreßabgeordnete H. Henry Powers – Bierce nannte ihn den »Vorsitzenden des Komitees für zur Schau gestellte Tugenden« – einen Zusatzartikel einbrachte, der Huntingtons ursprüngliche Forderung nach einem kompletten Schuldenerlaß in einen langfristigen Rückzahlungsentwurf über einen Zeitraum von achtzig Jahren verwandelte. Auch wenn keine der beiden Seiten mit dem ausgehandelten Kompromiß zufrieden war, feierte Hearst ihn als Triumph auf der ganzen Linie. HUN-

TINGTONS HERRSCHAFT BEENDET verkündete der ›Examiner‹ Ende Mai auf der Titelseite, gefolgt von einer klassischen Lebensweisheit aus Bierces Feder: »Heute hat Mr. Huntington miterleben müssen, wie das betrügerische Werk vieler Jahre auf einen Schlag zusammenfiel.« Für die Zukunft wagte Bierce die bitterböse Prophezeiung: »Schon nach wenigen Tagen im Neuen Jerusalem wird dieser gute Mann eine Gelegenheit entdeckt haben, einen Stapel Steine aus dem goldenen Pflaster herauszubrechen und sich damit in die Hölle abzusetzen, um sich dort nach der Art eines Gentlemans an ihnen zu erfreuen.«[8]

Die Monate unermüdlicher Arbeit – für Bierce die härteste Zeit seit Jahren – blieben nicht ohne Folgen. Im Juni meldete sich sein Asthma so schwer zurück, daß er das feuchte Klima Washingtons fliehen mußte und zu einem Erholungsurlaub nach Gettysburg, Pennsylvania, aufbrach. Den restlichen Sommer und den Herbst hielt er sich in New York auf, wo Leigh eine Anstellung beim ›Morning Journal‹ gefunden hatte. Sein zweiter Sohn, der sich mehr und mehr zum Frauenheld entwickelte, bereitete Bierce zunehmend Sorgen. »Er braucht Disziplin, Aufsicht und Arbeit«, ließ Bierce einen Freund der Familie wissen. »Er muß an sich selbst lernen, daß das Leben nicht nur eitel Freude und Sonnenschein ist.« Dennoch konnte oder wollte Bierce für seinen Sohn nicht mehr tun, als ihm einen Job in dem Metier zu verschaffen, das mittlerweile schon zur Familientradition geworden war. Leighs Hang zu unglücklichen amourösen Abenteuern ärgerte seinen Vater ganz besonders, der die verschwiegene Verführung immer schon als eine Art Kunst betrachtet hatte. Als Leigh – in die Fußstapfen Days tretend – sich in die Tochter seiner Pensionswirtin verliebte, verheimlichte er die Affäre vor seinem Vater, der seinem Sohn anschließend mit kühler Distanz begegnete und seine neue Schwiegertochter mit eisiger Ablehnung strafte.[9]

Eine Zeitlang spielte Bierce mit dem Gedanken, sich in New York niederzulassen und ebenfalls für das ›Morning Journal‹ zu arbeiten, aber wiederholte Auseinandersetzungen mit den Herausgebern des Blattes – die er als »Dummköpfe, Betrüger und Mißgeburten« bezeichnete – durchkreuzten sehr rasch diese Pläne. Sein hauptsächlicher Gegenspieler war Willis J. Abbot, den Hearst vom Chicagoer ›Record‹ abgeworben und zum Chefredakteur der Zeitung ernannt hatte (In der Redaktion witzelte man, er sei vor allem als Wachhund für Bierce angeheuert worden.) Abbot machte sich keine Illusionen über seine neue Aufgabe. Nach seinem ersten Arbeitstag erklärte er Freunden, er habe »einen lukrativen Job in einem Irrenhaus übernommen«. Vermutlich wußte er nichts von Hearsts zehn Jahre altem Versprechen gegenüber Bierce, keiner seiner Artikel werde der Zensur unterliegen; zumindest gerieten er und der berüchtigte »Prattler« bald aneinander. Als er den Tod einer bekannten Schauspielerin zu vermelden hatte, fühlte sich Bierce zu dem Zusatz gedrängt: »Stets für ihre festen Prinzipien bekannt, befindet sie sich nun in einem reichlich unbefestigten Zustand.« Abbot strich den geschmacklosen Satz, Bierce kündigte fristlos, Hearst holte ihn mit einer Lohnerhöhung zurück, und Bierce beschloß, einen ihm wohlgesinnteren Ort aufzusuchen. Im Dezember 1896 kehrte er nach Kalifornien zurück und verbrachte mehrere Wochen im Haus seines früheren Vorgesetzten beim Bundesmünzamt, General O. H. LaGrange, in Los Angeles. Er empfing dort mehrmals seine Tochter Helen, der er bei einem dieser Treffen eröffnete: »In meinem Leben habe ich nur eine Frau wirklich geliebt, und diese Frau ist deine Mutter.« Wenn dies der Wahrheit entsprach, so lief sein Handeln diesem Bekenntnis strikt zuwider. Molly lebte gleichfalls in Los Angeles, wo sie ihre alte Mutter pflegte, doch Bierce unternahm keinerlei Anstrengungen, sie zu sehen, und lehnte LaGranges Angebot, eine Versöhnung in die Wege zu leiten, schroff ab. Der General, der die offenbar nicht ganz unbegründete Vermutung hegte, Bierce habe sich von seiner Frau abgewandt, beging den unverzeihlichen Fehler, ihn über die Pflichten und das rechte Verhalten eines Ehemannes in der Gesellschaft aufzuklären, womit er sich umgehend in die Phalanx ehemaliger Freunde einreihte, von denen Bierce sich in offizieller Form »entbunden« hatte.[10]

Bei seiner Ankunft in San Francisco wurde Bierce als heimkehrender Held und unerschrockener Journalist gefeiert, der im Kampf gegen die »railrogues« einen klaren Sieg errungen hatte. Karikaturen zeigten ihn als einen mit Blumen bekränzten, edlen

Imperator, der den Barbaren vor den Toren Roms Einhalt gebietet. Mit der wenige Wochen zurückliegenden Wahl des liberalen Kandidaten James D. Phelan zum Bürgermeister der Stadt schien ein neues Zeitalter politischer Reformen angebrochen, und nicht wenige sahen in Bierce den Wegbereiter dieser Entwicklung. Der Journalist Charles Edward Russell sprach im Namen vieler, als er Bierces Artikel gegen die Eisenbahn als »herausragende Beispiele eines aufklärenden und bitteren Sarkasmus« beschrieb. Als Bierce seine Kampagne begann, so Russell, glaubten nur wenige, die Funding Bill könne gestoppt werden, doch »durch sechs Monate unaufhörliches Sperrfeuer lehrte Mr. Bierce die Eisenbahnmagnaten Heulen und Zähneklappern; und noch vor Jahresfrist hatte er sie zu Fall gebracht«. Dies griff den Ereignissen ein wenig voraus, wie Bierce im Januar 1897 selbst feststellte: »Der Kampf in Washington, bei dem Abgeordnete unseres Landes jene schändliche Funding Bill unterstützen und die Tugenden eines Mr. Huntington hervorkehren, ist noch längst nicht entschieden«, mahnte er. »Dreitausend Meilen vom Schauplatz des Geschehens entfernt, komme ich mir wie ein hilfloser Tölpel vor, während meine Kollegen sich in der letzten Anhörungsperiode mit aller Macht gegen dieses himmelschreiende Unrecht in die Bresche werfen. Fürwahr! Es wäre weit besser, dort mitten im Getümmel zu stehen.«[11]

Wie zur Bestätigung dieser Warnung ritt der kalifornische Abgeordnete Grove L. Johnson, ein fester Posten auf Huntingtons Bestechungsliste, im Kongreß eine wütende Attacke gegen Hearst, indem er »unseren Willie« als »aufgeblasenen Gecken« beschimpfte, »zügellos in seinen Vorlieben, königlich in seinen Ausschweifungen und nicht tragbar für den Umgang mit anständigen Frauen und rechtschaffenen Männern«. Er beschuldigte den Verleger sogar, »an den Ufern des Nils Heilung von einer abscheulichen Krankheit gesucht zu haben, mit der er sich in den Höhlen des Lasters infiziert hatte« – zweifellos der erste Fall in der Geschichte, bei dem jemand zur Heilung einer Geschlechtskrankheit nach Ägypten reiste. Als Anhänger Hearsts konterten, Johnson hätte wegen Fälschung in Syracuse, New York, vor Gericht gestanden, beklagte sich der erboste Kongreßabgeordnete lautstark, es sei nachgerade unfair, »alte Jugendsünden wieder aufzuwärmen« – auch wenn er zur Zeit des Prozesses bereits zweiunddreißig gewesen war. Trotz aller Anstrengungen von Powers und Johnson stimmte der Kongreß mit 168 zu 102 Stimmen gegen die erweiterte Funding Bill und brachte ein neues Gesetz ein, das die Eisenbahngesellschaft auf die volle Rückzahlung ihrer Schulden einschließlich der Zinsen innerhalb von zehn Jahren verpflichtete. Bierce, der den Vorschlag gemacht hatte, die Regierung solle ganz einfach »die Hypothek für null und nichtig erklären« und die Eisenbahn verstaatlichen, war über diesen Sieg wenig begeistert. »Der Jubel will sich nicht so recht einstellen«, bemerkte er. Es gehört zu einer der vielen ironischen Wendungen der Geschichte, daß ausgerechnet Johnsons Sohn Hiram, der spätere Gouverneur Kaliforniens, eine staatliche Eisenbahnkommission einsetzte, deren strenge Auflagen den letzten Überbleibseln der politischen Macht der Eisenbahn ein für allemal ein Ende setzten.[12]

Immer noch vom Asthma geplagt, kehrte Bierce San Francisco den Rücken und zog sich ins El Monte Hotel in Los Gatos am Fuß der Santa Cruz Mountains zurück. Hier nahm er seine Rolle als literarischer Mentor für zahlreiche junge Autoren und Autorinnen wieder auf. Zur ersten Gruppe gehörte ein sensibler junger Immigrant aus Bayern namens Herman Scheffauer. Scheffauer hatte eine vielversprechende Architektenkarriere aufgegeben und war Dichter geworden. Wie George Sterling führte er ein zügelloses Bohemeleben, das Bierce persönlich verabscheute, und zudem waren Scheffauers Gedichte noch schlechter als die Sterlings. Gleichwohl bot Bierce beiden seine loyale Hilfe und Unterstützung an und überredete Scheffauer sogar, der literarisch interessierten Öffentlichkeit einen Bären aufzubinden, indem er dessen Gedicht »The Sea of Serenity« als kürzlich entdecktes Werk von Edgar Allan Poe ausgab, das ein entfernter Verwandter des großen Mannes dem ›Examiner‹ zur Veröffentlichung angeboten hatte. Doch der Schwindel flog auf und beendete zugleich Bierces Freundschaft mit Scheffauer. Der zur Literatur übergelaufene Architekturstudent schloß sich 1927 der langen Liste von Bierces Bekannten an, die ihr Leben von eigener Hand beendeten – in dem Fall durch einen Sprung aus einem Hotelfenster, nachdem er zuvor seine Frau erdolcht hatte.

Zu den weiblichen Bewunderinnen, die Bierce umlagerten, gehörte der Teenager Lella Cotton; sie war Bierce eines Morgens buchstäblich in die Arme gerannt, als er sich im Jeffreys Hotel in Wright, in den Bergen oberhalb von Los Gatos, aufhielt. Zu den älteren Freundinnen zählten zwei Witwen mittleren Alters, Josephine McCrackin und Una Hume, deren Luxusranches Monte Paraiso und Glen Una als willkommene Refugien nach Trinkgelagen unter freiem Himmel, Verführungsspaziergängen und literarischen Seminaren *al fresco* dienten, mit denen sich Bierce nach seiner Rückkehr aus Washington vornehmlich die Zeit vertrieb.[13]

In seiner behaglichen Enklave in den kalifornischen Bergen gab Bierce sich bis zum Ende des Jahres 1897 kurzweiligen Vergnügungen hin, während die Nation unweigerlich auf einen neuen Krieg zusteuerte. Einer der Kriegstreiber war William Randolph Hearst. In einem erbitterten Auflagenkampf mit Joseph Pulitzers ›New York World‹ hatte sich Hearst zum Fürsprecher der vermeintlichen Freiheitsbestrebungen Kubas gemacht, das seit über einem halben Jahrhundert einen nahezu ununterbrochenen Befreiungskampf gegen Spanien führte. In den zwei Jahren, die Bierce mit dem Kampf gegen die »railrogues« in Washington verbracht hatte, hatte Hearst in New York einen Dreifrontenkrieg gegen verschiedene Konkurrenzblätter, eine apathische amerikanische Öffentlichkeit und die Politik der Präsidenten Grover Cleveland und William McKinley geführt, die sich beide geweigert hatten, gegen ein weitgehend Hearsts eigener Phantasie entspringendes Monstrum die Waffen zu erheben. Als jemand, für den der Begriff *jingo* erfunden wurde, blieb Hearst von den sich gegen ihn verbündenden Mächten unbeeindruckt. Mit einem Feuereifer, der genauso bemerkenswert war wie seine Ziele geheuchelt, legte der Herausgeber des ›Journal‹ im Alleingang den Grundstein für einen Krieg. In jeder neuen Ausgabe erschienen sensationelle Horrornachrichten über Gewalttaten der Spanier gegen die kubanischen Revolutionäre, die das Blatt in schamloser Übertreibung als »vom gleichen unerschrockenen Geist durchdrungen, der unsere Gründungsväter in Philadelphia am 4. Juli 1776 bewegte«, bezeichnete. Den Spaniern dagegen wurde regelmäßig unterstellt, Gefangene den Haifischen zum Fraß vorzuwerfen, Brunnen zu vergiften, Jungfrauen zu schänden, Nonnen zu schikanieren und katholische Priester über offenem Feuer zu rösten. Je energischer die spanischen Behörden solche Vorwürfe dementierten, desto hartnäckiger brachte das ›Journal‹ Schlagzeilen wie SPANIER VERSCHACHERN KUBANISCHE MÄDCHEN. Als der bekannte Illustrator Frederic Remington, der sich im Auftrag Hearsts auf Kuba befand, empört telegrafierte: »Alles ist friedlich. Keinerlei Unruhen. Es wird keinen Krieg geben«, antwortete Hearst mit dem legendären Spruch: »Sie kümmern sich um die Bilder, und ich kümmere mich um den Krieg.«[14]

Was er denn auch tat. Ganze Heerscharen von Reportern und Zeichnern des ›Journal‹ fielen in Kuba ein und berichteten von der Veranda des Inglaterra Hotel im Zentrum Havannas von angeblichen Greueltaten der Spanier. Ein in den Staaten eingebürgerter kubanischer Zahnarzt namens Ricardo Ruiz, der zur Unterstützung der Revolution in seine Heimat zurückgekehrt war und später in einem spanischen Gefängnis Selbstmord verübte, wurde kurzerhand als »der ermordete Amerikaner« bezeichnet. Eine junge Frau mit Namen Evangelina Cisneros, die beim Versuch, ihren Vater gewaltsam aus dem Gefängnis zu befreien, verhaftet worden war, wurde als »Heilige Johanna Kubas« gefeiert. Ihr tatsächliches Vergehen hatte nach Behauptungen des ›Journal‹ darin bestanden, sich der wollüstigen Annäherungen eines durchtriebenen spanischen Oberst zu erwehren. Zuletzt wurde Cisneros durch den ›Journal‹-Reporter Karl Decker aus dem Gefängnis »befreit«, der die Rettungsaktion in einem abenteuerlichen Bericht beschrieb, ohne freilich zu erwähnen, daß er lediglich die Wächter bestochen hatte und beide seelenruhig aus dem Fenster klettern konnten. Cisneros wurde zu einem großen Siegesbankett im Delmonico's Restaurant nach New York gebracht und von Decker, »dem d'Artagnan unserer Tage«, durch die Stadt geführt, während Hearst für eine amerikanische Intervention und eine höhere Auflage des ›Journal‹ die Trommel rührte. Sämtliche Anstrengungen Hearsts hätten sich beinahe als fruchtlos erwiesen – Spanien war verzweifelt darum bemüht, jeder weiteren Forderung Amerikas nachzukommen –, wäre nicht das amerikanische Kriegsschiff

Maine in der Nacht des 15. Februar 1898 unter mysteriösen Umständen im Hafen von Havanna explodiert. »Das bedeutet Krieg«, frohlockte Hearst, als er die Nachricht hörte. Umgehend setzte er eine Belohnung von fünfzigtausend Dollar (die nie ausgezahlt werden mußte) für Hinweise zur Ergreifung der Täter aus und ließ in fünfzehn Zentimeter hohen Lettern auf der Titelseite des ›Examiner‹ ein wenig voreilig verkünden: WIE GEFÄLLT IHNEN UNSER KRIEG?[15]

Es war in der Tat der Krieg des ›Journal‹ – Pulitzers ›World‹ blieb sowohl in der Zahl der nach Kuba entsandten Korrespondenten als auch im Rühren der Kriegstrommel weit abgeschlagen –, doch der berühmteste Kolumnist des Blattes hüllte sich in Fragen des Konflikts über Monate in verdächtiges Schweigen. Bereits 1895 hatte Bierce das Kriegstreiben der Presse lächerlich gemacht, indem er feststellte: »Ein grausamer Krieg zwischen den Vereinigten Staaten und Spanien ist wie die roten Blattern in den Zeitungen ausgebrochen, deren Kapitäne ihre Fregatten bereits voll aufgetakelt und ihre Topplaterne mit überaus pelagischer Zungenfertigkeit und unbekümmert um alle Wahrheit angezündet haben.« Allerdings war dies noch, bevor Hearst das ›Journal‹ erworben hatte. Danach schrieb Bierce nur selten über dieses Thema und schwieg in den letzten zehn Monaten vor Ausbruch des Kriegs im April 1898 zur dringlichsten Frage jener Tage ganz. Im Licht seines späteren Eingeständnisses, daß Hearst ihn »in zwei oder drei Fällen gebeten hat, meine persönliche Meinung, die im Widerspruch zur offiziellen Politik der Zeitung stand, für einige Zeit zurückzuhalten«, ist davon auszugehen, daß sein Schweigen vom Herausgeber verordnet war.[16]

Unabhängig davon gab es noch weitere Gründe für Bierces auffällige Zurückhaltung. Zunächst teilte er nicht die oberflächliche Begeisterung seiner Landsleute für den Krieg im allgemeinen und den Spanisch-Amerikanischen Krieg im besonderen. »Die Altarfeuer des Patriotismus, die im Land der Vergleichsweise Freien neu entzündet sind und in den Himmel lodern«, vermochten ihn nur wenig zu erwärmen. »Patriotismus«, bemerkte er, »ist glühend wie ein Fieber, mitleidslos wie ein Grab, blind wie ein Stein und kopflos wie ein geschlachtetes Huhn.« In gleicher Weise lehnte er auch die hochtrabende Berufung auf höhere menschliche Ziele ab, mit der sich die Nation in den Krieg stürzte. »Wir führen heute Krieg mit Spanien, weil wir einer Einflüsterung erlegen sind, die seit den Gründungstagen unserer Nation immer mehr an Einfluß gewonnen hat. Die Gier nach mehr Land hat einst ein löwenartiges Wüten geweckt; nachfolgende Eroberungen hat sie nur noch gestärkt. Und genau das ist das Fieber, das heute das amerikanische Blut in Wallung bringt.« In der Frage nach unterschwelligen religiösen Motiven (McKinley hatte berichtet, er sei auf die Knie gefallen und habe zu Gott gebetet, ihm den rechten Weg in der Behandlung der Kuba-Frage zu weisen) bemerkte Bierce schroff, »das massenhafte Abschlachten unserer Brüder in diesem wie in jedem anderen Krieg sollte nach meinem Dafürhalten weniger als religiöse denn als politische Pflicht betrachtet werden«. Für seine Person habe er große Schwierigkeiten, sich »Jesus Christus als den Kommandanten eines Kriegsschiffs vorzustellen; genauso unziemlich ist es, in Gottvater einen Konteradmiral der amerikanischen Marine zu sehen«.[17]

Ein weiterer Grund für Bierces Ablehnung des Kriegs könnte Rassismus gewesen sein. Für ihn, wie vermutlich auch für Hearst, gehörten die kubanischen Rebellen zu einer entschieden untergeordneten Rasse von »Negern oder Negroiden, allesamt ungebildet, unfaßbar abergläubisch und äußerst brutal«. Drei Jahre zuvor, als es zwischen den Vereinigten Staaten und Großbritannien kurzzeitig zu Kriegsdrohungen über Grenzfragen in Mittelamerika gekommen war, hatte den zeitlebens anglophilen Bierce ein kalter Schauder bei dem Gedanken erfaßt, »einhunderttausend Menschenleben zu opfern, nur um das Recht einer schmutzigen kleinen ›Neger-Republik‹ zu verteidigen, ungestraft gegen internationales Völkerrecht zu verstoßen. Ein großer Krieg zur Rettung eines Sumpfes voller Halbaffen hängt in skandalöser Weise allein von der Macht einiger Kriegstreiber ab, uns in dieses Verbrechen hineinzuziehen.« Im Hinblick auf Kuba warnte er, daß »keine Nation unter Negerherrschaft es je zu wirtschaftlichem Wohlstand gebracht hat. Annexion wäre kaum hilfreich; der männlichen Bevölkerung könnte das Wahlrecht nicht lange vorenthalten werden, so daß wir uns erneut vor die Alternative einer schlechten Negerregierung oder die Unterdrückung mit Waffengewalt gestellt sähen.« Mit diesem Argument befand er sich in guter oder zumindest namhafter Gesellschaft. Winston Churchill, zu der Zeit noch junger Soldat in der britischen Armee, hatte Kuba 1896 besucht und war mit dem Gefühl einer »ernsthaften Gefahr« zurückgekehrt. Mit Sorge stellte Churchill fest, »zwei Fünftel der Aufständischen sind Neger«, die im Falle eines Sieges eine entsprechend große Regierungsbeteiligung fordern würden, »mit dem Ergebnis, daß nach jahrelangen Kämpfen eine weitere schwarze Republik entsteht«.[18]

Zumindest betrachteten Bierce und Churchill die Frage unter rein politischen Gesichtspunkten; verglichen mit den Statements anderer namhafter Figuren in der Öffentlichkeit mußten sie geradezu als moderat bezeichnet werden. Der Zeitungsverleger William Allen White aus Kansas etwa behauptete unumwunden, die Kubaner seien »Halbwilde ohne die Fähigkeit, sich selbst zu regieren, ein gelbbeiniger, messerschwingender und heimtückischer Haufen«. Thomas B. Reed, Kongreßvorsitzender und Kriegsgegner, nannte sie »Gelbbäuche« und verspottete »die edle Armee der kubanischen Märtyrer« als »einen bewaffneten Mob, der ebenso ehrlos wie verlaust ist«. Selbst einige der führenden Kriegsoffiziere empfanden für ihre kubanischen Verbündeten bloße Verachtung. Armeeoberst Leonard Wood äußerte unzufrieden die Klage, daß die kubanische Armee »zu einem beträchtlichen Teil aus halbgescheiten Schwarzen besteht, in denen der alte Geist der Barbarei durch jahrelange Kämpfe mehr oder weniger auflebt«. Sein fähiger Adjutant, Oberstleutnant Theodore Roosevelt, mußte enttäuscht feststellen, daß die legendären *insurrectos* »nahezu ausschließlich Schwarze und Mulatten waren«. Der vielzitierte Brief eines jungen spanischen Soldaten unterstrich die Tapferkeit und den Edelmut der amerikanischen Truppen im Gegensatz zur verschlagenen Guerillataktik der Rebellen, »einem Volk ohne Religion, ohne Moral, ohne Gewissen und von zweifelhafter Herkunft«. Selbst Bierces junger Rachegott Stephen Crane, der sich so weit vom Rassismus befreit hatte, wie dies einem Weißen der Mittelschicht im ausgehenden neunzehnten Jahrhundert möglich war, berichtete, die

Kubaner hätten den amerikanischen Beistand »mit dem unergründlichen Gleichmut und Desinteresse gewöhnlicher Slumbewohner« entgegengenommen.[19]

Nachdem der Krieg nicht mehr aufzuhalten war, widmete Bierce sich dem Thema unter der pragmatischen Perspektive des erfahrenen Soldaten. Über den Ausgang des Unternehmens hegte er nicht den geringsten Zweifel. »Wir können dieses Volk ohne große Mühe unterjochen«, schrieb er, »gehören wir doch zu einer Rasse von Völlern und Trunkenbolden, denen die Herrschaft über die Enthaltsamen naturgemäß zufällt. Sofern es uns beliebt, können wir ihnen widerstandslos sieben Tage die Woche das Fell über die Ohren ziehen.« Doch die planlose und dilettantische Art der militärischen Führung ließen ihn angewidert hochfahren »beim Anblick von soviel Stümperei und Inkompetenz, die noch der Apathie die Schamröte auf die Wangen und der Hoffnung Tränen in die Augen treiben würden«. Er unterzog die Verantwortlichen von der Spitze an einer kritischen Prüfung und stellte lauter Mängel fest. McKinley hatte in seinen Augen »wahrscheinlich alles so gut gemacht wie er konnte; der Fehler war nur, ihn so viel machen zu lassen«. Außenminister John Sherman (William Tecumsehs Bruder) war »ein Opfer senilen Schwachsinns, das man gewaltsam in sein Amt gedrängt hatte, um im Senat Platz für Mark Hanna zu schaffen«. Kriegsminister Russell A. Alger, ein Veteran der Unionsarmee, war »nicht nur die Unfähigkeit in Person … sondern hatte sich im Bürgerkrieg alle Unehre gemacht, weil er seine Truppe im Stich gelassen hatte«. Beide Männer konnten nach Bierces Ansicht vorteilhaft durch »zwei angesehene Männer aus der Quäker-Gemeinschaft« ersetzt werden. Dem Begleittroß der Kriegskorrespondenten schließlich, der der eigentlichen Armee quer über die Insel hinterher- oder gelegentlich auch vorauseilte, warf Bierce vor, es gebreche ihnen an »der ersten, zweiten und dritten Qualifikation für ihre Arbeit, eine militärische Ausbildung«.[20]

Die Frage, warum er nicht selbst nach Kuba ging, wurde nie ausreichend beantwortet (bzw. erst gar nicht gestellt). Gewiß, er war bereits sechsundfünfzig, aber trotz seines Alters noch rüstig und gesund, sein regelmäßig wiederkehrendes Asthma einmal ausgenommen. Vermutlich hatte Hearst, der Kuba als sein eigener Chefkorrespondent einen kurzen, aber abenteuerlichen Besuch abstattete, aus gutem Grund auf seine Entsendung verzichtet, weil er nur allzugut wußte, daß ein erfahrener und kritischer Veteran wie Bierce der Sache des ›Journal‹ an der Front erheblichen Schaden zufügen konnte. Ob Bierce gegangen wäre, wenn man ihn gefragt hätte, steht auf einem anderen Blatt. Er fühlte sich ausgesprochen wohl in Kalifornien, umgeben von anbetungsvollen Schülern, gefälligen jungen Frauen und einer Schar reicher Witwen; er *war* sechsundfünfzig und, was vielleicht noch wichtiger ist, er glaubte nicht an den Krieg, weder als notwendiges Mittel der amerikanischen Außenpolitik noch als das große Abenteuer für die jungen Soldaten. In vier Jahren Bürgerkrieg hatte er gesehen, was der Krieg anrichten kann, hatte »das große Sterben hautnah gespürt«, wie es der Emporkömmling Crane beschrieb, und anders als die chauvinistischen ›Journal‹-Reporter vom Schlage eines Richard Harding Davis, der den Krieg als eine Art ruhmreiches Football-Match Harvard gegen Yale betrachtete, gab er sich keinen Illusionen über die patriotische Ehre hin, die mit einer spanischen Mauser-Kugel im Herzen zu gewinnen war. Auf der anderen Seite läßt die Begeisterung, mit der er die Entwicklung des Kriegsgeschehens verfolgte, darauf schließen, daß Bierce zumindest in Gedanken damit gespielt hatte, nach Kuba zu gehen. Doch Hearst stellte ihn nie vor diese Entscheidung. In Anbetracht von Bierces vielfältigen journalistischen Qualitäten – ein klarer Blick, ein packender Stil und vor allem das aus eigener Erfahrung gewonnene Wissen über den zermürbenden, wenig heroischen Alltag eines Infanteristen – war es ein Verlust für die Literatur, daß er daheim blieb. Die Frage, wie Bierce den Spanisch-Amerikanischen Krieg mit all seinen farcenhaften Kapriolen literarisch verarbeitet hätte, muß somit Gegenstand ebenso reizvoller wie müßiger Spekulation bleiben.

Anstatt als direkter Beobachter verfolgte Bierce den Krieg aus der Ferne, wobei er seine Kolumne während der 113 Tage des Konflikts in »Aktuelles vom Krieg« umbenannte. Darin warnte er vor typisch amerikanischer Überheblichkeit, spottete über die »großartigen Siege«, die atemlos von unerfahrenen

Korrespondenten gemeldet wurden, und betrachtete die lauthals gefeierte Marine mit der kampferprobten Verachtung eines altgedienten Fußsoldaten. Noch weitsichtiger zeigte er sich, als er als einer der ersten Amerikas zukünftige Rolle auf den Philippinen zur Diskussion stellte. Bereits drei Wochen nach Kriegsausbruch fragte er, was ein Sieg über Spanien für die aufständischen Filipinos bedeuten würde, die seit Jahren gegen die alte Kolonialmacht kämpften. »Es ist sehr gut möglich, daß wir dort wenig willkommen sind – daß man uns eben jenes Maß an Gastfreundschaft gegenüber Fremden erweist, das ihren hartnäckigen Bemühungen dient, sie aus dem Land zu werfen«, warnte Bierce. »Gegenwärtig sieht es so aus, als hätten wir in einem großen Sieg Spaniens weiße Elefanten erobert, aber es macht nicht den Anschein, als wüßten wir mit einiger Klarheit, was wir in absehbarer Zukunft damit zu tun gedenken.« Hellsichtig erkannte er, daß die Philippinen, und nicht Kuba, der eigentliche Prüfstein für Amerikas Außenpolitik darstellte, nämlich »ob wir an unserer althergebrachten Politik der selbstgewählten Neutralität festhalten … oder aber in das allgemeine Ringen um koloniale Expansion mittels Verträgen, Kauf oder gewaltsamer Eroberung eintreten wollen«. Alle Zeichen deuteten allerdings unmißverständlich in Richtung eines langfristigen politischen Engagements auf den Philippinen. Einzig die Absicht eines »Eroberungskriegs«, so Bierce, könne den Einsatz einer Invasionsarmee gegen Spanien erklären, obwohl keinerlei Zweifel bestünde, daß die United States Navy, ungeachtet ihrer schwerfälligen Ineffizienz, den Krieg ohne jede weitere Unterstützung gewinnen könne. Vor diesem Hintergrund mahnte Bierce zur Besonnenheit. »Die Situation auf den Philippinen«, schrieb er im Juli 1898, »scheint alle notwendigen Voraussetzungen für einen hochrangigen internationalen Konflikt zu erfüllen.« Als der Vorsitzende des Senatsausschusses für internationale Fragen mit blumigen Worten darauf hinwies, Amerika könne sich nicht reinen Gewissens auf seine frühere Politik der Nichteinmischung zurückziehen, übersetzte Bierce die Botschaft »in eine allgemein verständliche Sprache, daß, nachdem wir zaghaft vom Wein der Eroberung und des Ruhms gekostet haben, mit einem Mal der Geschmack erwacht ist und wir jetzt mehr wollen. Das Schicksal mag zeigen, ob es sich dabei um ein ehrenwertes oder verderbliches Ansinnen handelt, nur sollten wir uns in dieser Frage nicht der Heuchelei schuldig machen.«[21]

Der Verlauf des Kriegs war nach all den flaggenschwingenden Paraden und feurigen Reden eher enttäuschend. Bierce, der reinen Glaubens von ähnlich hohen Verlusten wie im Bürgerkrieg ausgegangen war, sprach nun spöttisch von einem »Schaukrieg«, der aus wenig mehr als einer Reihe erbärmlicher Buschkämpfe bestand. In späteren Jahren, so seine Prophezeiung, hätten ergraute Veteranen ihren Enkelkindern keine Geschichten über ein kubanisches Chickamauga oder Spotsylvania zu erzählen. Unter dem Gesichtspunkt seines reinen Unterhaltungswerts sei er »weit weniger interessant als eine Cholera-Epidemie und nur wenig aufregender als die Beulenpest«. Darüber hinaus besaß der »Yanko-Spanko-Krieg«, wie er ihn neuerdings nannte, den schädlichen Effekt, das Land mit in das »große Spiel« des europäischen Imperialismus zu ziehen. Bierce lehnte die Kolonisation der Philippinen nicht aus moralischen Gründen ab, wie etwa sein alter Freund Mark Twain, dessen bitterer Essay zu dem Thema, »To the Person Sitting in Darkness«, 1901 erschien und damit gut zweieinhalb Jahre Bierces eigener anti-imperialistischer Grundsatzerklärung hinterherhinkte. Seine Einwände waren eher praktischer Natur. Die Zahl der philippinischen Widerstandskämpfer überschätzend, erklärte Bierce im Dezember 1899 mit Sorge: »Die Philippinen sind eine große Inselgruppe; sie umfaßt mehrere hundert Inseln, von denen uns die meisten gänzlich unbekannt sind. Wenn wir bedenken, daß wir seit mehreren Jahrhunderten einen vielversprechenden Unterdrückungskrieg gegen die Indianer auf eigenem Terrain führen, daß dieser Krieg längst noch nicht beendet ist und daß die Indianer nie mehr als eine Million zählten, erscheint die Aufgabe, acht bis zehn Millionen Filipinos sechstausend Meilen von zu Hause entfernt zu unterwerfen, alles andere als ein Spaziergang zu werden. Bislang sind wir mehr oder weniger als unerwünschte Besucher vor einem Wespennest erschienen, ohne daß die Wespen ausgeschwärmt wären. Wenn sich aber der Rest der Filipinos als so kampfeslustig wie die Aguinalderos erweisen sollte, haben wir in unserer neuen Kolonie ein dauerhaftes militärisches Trainingscamp, das an die Stelle dessen treten kann, mit dem uns die Indianer so lange beglückt haben.« Die nachfolgenden Ereignisse sollten ihm allerdings Unrecht geben. In einem brutalen, Vietnam vorwegnehmenden Guerillakrieg, inklusive der Wasserfolter als Verhörmethode, dem Niederbrennen von Dschungeldörfern und der Strategie, keine Gefangenen zu machen, anstatt die einheimische Bevölkerung mit Herz und Verstand auf seine Seite zu ziehen, gelang der Armee die Befriedung der Philippinen – zum Preis von 220 000 toten Filipinos und 4200 gefallenen US-Soldaten. Für Bierce war das Spektakel nur eine weitere Demonstration, daß »die Geschäfte einer Nation nicht weniger bar jeder Moral sind als die eines Diebes oder Piraten«. Allerdings, räumte er ein, »galt unser Versprechen der Rechtschaffenheit auch nur für die Karibik, nicht aber für den Pazifik«.[22]

Die Artikel über den Spanisch-Amerikanischen Krieg und dessen Folgen waren Bierces letzte ernsthafte journalistische Arbeiten. Das Jahrhundert näherte sich seinem Ende, und die alten Konflikte – sowohl familiärer als auch politischer und literarischer Natur –, denen er seit nunmehr dreißig Jahren einen Großteil seiner Energie gewidmet hatte, berührten ihn immer weniger. Mitte Dezember 1899, nachdem er sich nacheinander mit Una Hume, Lella Cotton, Edwin Markham und einer Reihe weiterer langjähriger Freunde und Weggefährten überworfen hatte, ging Bierce überraschend zurück nach Washington. Der ›Examiner‹ berichtete – wie kaum anders zu erwarten – in seiner Ausgabe vom 14. Dezember ausführlich über Bierces Scheiden. Die im Kongreß anstehenden Themen, hieß es in einem langen Leitartikel, seien von so »außerordentlicher Bedeutung«, daß sie »des Kommentars, der Kritik und der Erhellung« durch den berühmten »Prattler« bedurften. Gleichzeitig jedoch bemühte sich das Blatt, sich von Bierces extremen Positionen zu distanzieren, indem ausdrücklich darauf hingewiesen wurde, daß »Mr. Bierces Arbeiten zwangsläufig eine kritische Haltung herausfordern, die nicht unbedingt mit den Ansichten und politischen Überzeugungen des ›Examiner‹ übereinstimmen muß. Nicht selten war es so, daß seine heftigen Angriffe gegen die grundlegenden Überzeugungen dieser

Zeitung gleich neben dem Leitartikel zu finden waren.« Diese wenig schmeichelhafte Beurteilung von Bierces politischem Scharfsinn wurde dadurch abgemildert, daß man sein »unnachahmliches Talent zu Späßen, Anspielungen und Wortwitz« lobend hervorhob. Abschließend hielt der ›Examiner‹ fest, Ambrose Bierce sei, ungeachtet seiner Fehler und Schwächen, »derzeit unter den Journalisten Amerikas durch niemand zu ersetzen«. Vor seiner Abreise besuchte Bierce ein letztes Mal den Friedhof von Oakland, wo Lily Walsh und so viele andere alte Freunde, Weggefährten und auch Feinde begraben lagen. Mit Enttäuschung stellte er fest, daß Frank Pixley eingeäschert worden war und er deshalb, wie er beklagte, nicht auf sein Grab spucken konnte.[23]

Nachdem er sich in Washington niedergelassen hatte, trottete er jeden Tag pflichtergeben von seiner Wohnung auf der Fünfzehnten Straße zur Presseloge des Kapitols, um über aktuelle Ereignisse wie den Burenkrieg (erwartungsgemäß stand Bierce auf seiten der Briten), die Verhandlungen über den Bau des Panamakanals, den Boxeraufstand in China, das Attentat auf den italienischen König Humbert und die »grotesken Ideen« eines Thomas Edison und Nikola Tesla zu berichten. Dennoch fehlte seinen Artikeln der frühere Biß. Allein der Titel seiner neuen Kolumne, »The Passing Show«, scheint auf eine insgeheime Gleichgültigkeit gegenüber großen wie kleinen Dingen hinzudeuten. Zwischendurch gelangen ihm immer noch beißende Spitzen, wie etwa sein Nachruf auf Collis Huntington, der im August 1900 starb: »Daß Huntington nun endlich ruhen mag,/Ist aller Welt ein Freudentag./Denn der Lohn seiner Geschäftigkeit,/War sein Gewinn, und unser Leid.« Die meisten seiner Artikel sind jedoch von einer Lustlosigkeit geprägt, die geradezu symptomatisch für die vielen depressiven Phasen seines Lebens ist. Gegenüber seiner alten Freundin Amy Cecil, die vor zwölf Jahren die Pistole seines Sohnes Day in den Ozean geworfen hatte, klagte er: »Mein Leben ist ein einziges Warten – nicht auf ein besonderes Ereignis, sondern auf das Ende von alledem. Mein Streben ist allein darauf gerichtet, mit so wenig Reibung wie möglich weiterzumachen. Die meisten Beobachter werden wahrscheinlich sagen, ich hätte ein leidlich gutes Leben, und gewöhnlich sage ich mir das auch selbst; aber möge der Himmel den Übeltäter strafen, der dieses todlangweilige Ding erfunden hat, ein leidlich gutes Leben.«[24]

Das gute Leben, was auch immer davon zu halten war, währte nicht lange. Im März 1901 eilte Bierce nach New York, um am Sterbelager seines Sohnes Leigh zu wachen. Der lag mit einer Lungenentzündung danieder, nachdem er im Auftrag seines Arbeitgebers, des ›Morning Journal‹, Weihnachtsgeschenke an notleidende Kinder in den Armenvierteln Hell's Kitchen und Tenderloin verteilen sollte und sich dabei eine schwere Erkältung zugezogen hatte. Seiner alten Gewohnheit nach hatte er unterwegs eine Kneipe aufgesucht, sich »um jeden Verstand getrunken« und anschließend die Geschenke unter den Gästen verteilt, bevor sie ihre eigentlichen Adressaten erreichten. Bierce, der sich erst wenige Monate zuvor mit Leigh ausgesöhnt hatte, traf auf »einen vom Tod gezeichneten Jungen – ein bloßes Skelett«. Eine Laune des Schicksals ließ Leigh so weit genesen, daß »Anlaß zu einem Funken Hoffnung« bestand, bevor sich sein Zustand abermals verschlechterte und er elf Tage später, am 31. März, im Alter von sechsundzwanzig Jahren starb. »Leigh heute morgen verstorben«, telegrafierte Bierce stoisch seinen engeren Freunden. Seine Tochter Helen traf rechtzeitig aus Los Angeles ein, um die Beerdigungsvorbereitungen zu übernehmen. Bierce überstand die Zeremonie tapfer, während er Helen von der Pflicht predigte, in jeder Situation ein würdiges Ansehen zu bewahren. Danach kehrte er nach Washington zurück und legte sich ins Bett. Helen blieb einige Tage bei ihm, während er mit dem Schmerz über den Tod seines zweiten Sohnes rang, über den er nie wirklich hinwegkommen sollte. »Ich bin schwerer getroffen, als du denken magst – das alles hat mich arg mitgenommen und mich grau werden lassen«, schrieb er an George Sterling, ein Geständnis, das aus dem Munde Bierces einem tiefen Seelenbekenntnis gleichkam. Noch ein Jahr später zählte er die Tage, die seit Leighs Tod vergangen waren, und sein bis dahin aschblondes Haar war schlohweiß geworden.[25]

Im September 1901 war Bierce einmal mehr durch einen Asthmaanfall ans Bett gefesselt, als er unbeabsichtigt zum Mittelpunkt einer neuerlichen öffentlichen Kontroverse wurde. Ein beinahe in Vergessenheit geratener Vierzeiler, den er fast zwei Jahre zuvor geschrieben hatte, sollte im nachhinein zum Stolperstein für William Randolph Hearsts wachsende Ambitionen auf das Amt des Präsidenten werden. Am 6. September wurde Präsident McKinley auf einer Veranstaltung in Buffalo, New York, beim Bad in der Menge durch die Kugel eines arbeitslosen Farbrikarbeiters und selbsternannten Anarchisten namens Leon Czolgocz lebensgefährlich verletzt. Als McKinley acht Tage später seiner Verwundung erlag, wurde Hearst von seinen Feinden in der Presse öffentlich einer Mitschuld am Tod des Präsidenten angeklagt. Der Vorwurf stützte sich hauptsächlich auf einige geschmacklose Schüttelverse, die Bierce im Februar 1900 zu Papier gebracht hatte, als der designierte Gouverneur Kentuckys, William Goebel, bei einem Streit unmittelbar nach der Wahl erschossen worden war. Der Text lautete: »Goebels Kugel aus Mörderhand/Im ganzen Westen niemand fand;/Wo sie doch hierher weiterfliegt,/Bis McKinley auf der Bahre liegt.« Hatte das Gedicht damals auch keinerlei Aufmerksamkeit erregt, so betrachtete man es nun in einem ganz anderen Licht, zumal Hearsts Zeitungen McKinley scharf attackiert hatten, weil er nichts gegen die großen Trusts unternahm, unter denen die amerikanischen Verbraucher zunehmend zu leiden hatten. In Verbindung mit früheren Kommentaren des ›Journal‹, in denen McKinley als »der verhaßteste Mann des amerikanischen Kontinents« bezeichnet worden war und der skandalöse Rat zu lesen war, daß, »wenn schlechte Einrichtungen und schlechte Männer nur dadurch zu ändern sind, daß man sie aus der Welt schafft, so muß man dies tun«, wurde Bierces unselige Prophezeiung zum Knüttel, um Hearsts politische Ambitionen zu Fall zu bringen.[26]

Als Hearst 1904 die Wahl zum Gouverneur von New York als Sprungbrett ins Weiße Haus anstrebte, entsandte der damalige Präsident Theodore Roosevelt seinen Kriegsminister Elihu B. Root in den Bundesstaat, um die alten Vorwürfe wieder aufzuwärmen, nach denen Hearst für McKinleys Tod mitverantwortlich war. Der geschickte Schachzug kostete den Verleger gerade so viele Stimmen, daß er die Wahl verlor und damit auch seine aussichtsreichste Chance auf das Präsidentenamt.

Bierce war nicht traurig darüber, Hearst nicht ins Weiße Haus einziehen zu sehen, aber noch mehr empörte ihn Roosevelts und Roots kaltschnäuzige Art, mit der sie sich seiner harmlos gemeinten Verse bedienten. »Wenn noch irgendwer glaubt, Mr. Root werde nicht zur Hölle fahren, dann nur der Teufel in Person, bei dem der Wunsch zweifellos Vater des Gedankens ist.« Eine besonders ironische Pointe, daß Hearst durch Roosevelt gestoppt wurde, liegt darin, daß Roosevelt selbst ohne den Ruhm, den er sich im Spanisch-Amerikanischen Krieg erworben hatte, nie Präsident geworden wäre, durch einen Krieg also, zu dessen Entstehen niemand soviel beigetragen hatte wie Hearst. Nur widerwillig folgte Bierce einige Jahre später Roosevelts Einladung ins Weiße Haus, wo T. R. ihm, wie er Freunden berichtete, vertraulich eröffnet hatte, seine Erzählung »Ein Sohn der Götter« habe ihn zu seinem unerschrockenen Ritt auf San Juan Hill inspiriert – ein Unternehmen, von dem er und Bierce wußten, daß es nie stattgefunden hatte (Roosevelt hatte den Hügelabsatz mit den legendären Rough Riders zu Fuß erstürmt). Bierce verließ das Treffen mit der Überzeugung, daß Roosevelt ein gefährlicher Aufschneider war.[27]

Es ist Hearst hoch anzurechnen, daß er die Goebel-Kontroverse nie Bierce gegenüber zur Sprache brachte und sogar die Forderungen einiger seiner Redakteure zurückwies, den Kolumnisten unverzüglich vor die Tür zu setzen. Statt dessen überwies er Bierce auch weiterhin wöchentlich einhundert Dollar und ließ ihn über die Dinge schreiben, die ihn interessierten – was mittlerweile sehr wenig geworden war. Die meiste Zeit über begnügte er sich damit, Washington zu Fuß oder auf dem Fahrrad zu erkunden, oft in Begleitung eines jungen Mannes aus Virginia namens Walter Neale, der soeben in Washington einen Verlag gegründet hatte und Bierce gegenüber bereitwillig die Rolle einnahm, die Boswell für Dr. Johnson gespielt hatte. In seinem Buch mit dem eher irreführenden Titel *Life of Ambrose Bierce* von 1929 – tatsächlich besteht der Band ausschließlich aus Aufzeichnungen von gemeinsamen Gesprächen und enthält kaum biographische Hinweise – entwirft Neale ein nicht nachprüfbares, aber gleichwohl stimmiges Bild von Bierce während seiner Jahre in Washington. Wie üblich hatte Bierce zu allem etwas zu sagen, angefangen von der Frage nach Christus' Gottesebenbildlichkeit bis hin zur »unverzeihlichen« Werbung in Zeitungen und Magazinen. Die beiden diskutierten über Liebe, Ehe, Sex, Krieg, Politik, Religion, Literatur und die Abstammung der Völker – sämtliche großen Themen also, denen Bierce sich seit nunmehr vier Jahrzehnten ausführlich gewidmet hatte. Neales Bierce ist »durch und durch Mann«, stark, männlich, schlagfertig und attraktiv, ein begnadeter Humorist, der niemals laut lacht und selten lächelt, »es sei denn seine ganz eigene Art von ›Lächeln‹ – so sardonisch und makaber, daß den Betrachter unweigerlich ein leises Frösteln überkam«. Der um fast dreißig Jahre jüngere Neale ließ sich durch die unberechenbaren Launen seines Gefährten nicht abschrecken und blieb auch nach Bierces Umsiedlung nach New York im Jahr 1903 dessen enger Freund und Vertrauter.[28]

Ein weiteres Bierce-Porträt jener Tage ist durch einen unbekannten Reporter der ›Washington Times‹ überliefert, der Bierce im August 1902 in seiner Wohnung besuchte. »Wir trafen Mr. Bierce in seiner Höhle, einem mit roten Wandbehängen und Teppichen ausgestatteten Raum, in dem sich ein türkisches Sofa mit Stapeln von Kissen, ein Tisch voller interessanter Bücher sowie ein wunderliches kleines Büfett mit allerlei Gläsern, Karaffen und einer Wärmepfanne befinden«, wußte das Blatt zu berichten. »Er ist ein bescheidener Mensch und erklärt, der beste Teil seiner Arbeit sei der, den er nicht schreibe, nämlich die Lohnschecks, und selbst die könnten besser sein. Gegenwärtig, so sagt er, mache er rein gar nichts, um dann hinzuzufügen, ›außer schreiben‹.« Der hier gezeigte Bierce erscheint versöhnlicher, als wir uns ihn gemeinhin vorstellen, doch der bittere kleine Scherz über seine Lohnschecks klingt ebenso wahr wie seine wehmütige Bemerkung, er beschäftige sich augenblicklich mit nichts »außer schreiben«. Er teilte sich seine Wohnung mit dem Eichhörnchen John Henry Legs und dem Kanarienvogel Mr. Dooley und verbrachte einen großen Teil seiner Zeit in seinen beiden Lieblingskneipen, dem Army-Navy-Club und dem treffend benannten Coffin Room, eine dunkle, enge Bar im Keller des Raleigh Hotel. Zum ersten und einzigen Mal in seinem Leben begann er, sich mit seinem militärischen Ehrentitel vorzustellen und ließ sich im Washingtoner Telefonbuch als Major Bierce eintragen.[29]

Davon überzeugt, daß die Hearst-Zeitungen »nicht mehr von Zirkusplakaten zu unterscheiden« seien, war Bierce froh darüber, vom Tagesjournalismus zur Monatspresse überzuwechseln, als Hearst im Frühjahr 1905 die ›Cosmopolitan‹ erwarb. Sein Debüt als Zeitschriftenautor verzögerte sich allerdings durch eine weitere unerwartete Nachricht aus Kalifornien. Mollie Bierce war aus unerfindlichen Gründen der Idee verfallen, ihr seit langem entschwundener Ehemann wolle eine rechtskräftige Scheidung, und hatte pflichtschuldig im Dezember 1904 den entsprechenden Antrag gestellt. Noch bevor die Scheidung rechtskräftig wurde, war sie am 27. April 1905 gestorben. Bierce, der seine Frau seit vielen Jahren nicht mehr gesehen hatte (und im übrigen keine Scheidung wollte), war von ihrem plötzlichen Tod betrübt und überrascht. »Einmal mehr hat der Tod meine Familie heimgesucht, und du weißt, wie sehr einem dies zu Herzen geht«, schrieb er an Sterling, ihn gleichzeitig davon in Kenntnis setzend, daß er noch keinen Beitrag für die ›Cosmopolitan‹ geschrieben habe, da er dazu »nicht in der richtigen Verfassung« gewesen sei. Seine Familie war nunmehr auf eine einzige Person zusammengeschrumpft, nämlich auf seine zweimal geschiedene Tochter Helen, die kurz vor ihrer dritten Ehe stand und die er zärtlich »Bib« nannte. Gelindert wurde die Einsamkeit durch das Eintreffen einer alten Freundin der Familie aus Kalifornien, Carrie Christiansen, die in dasselbe Mietshaus wie Bierce, das Olympia am Iowa Circle, einzog und sich als eine Art unbezahlte Privatsekretärin und Krankenpflegerin betätigte. Dennoch senkte sich ein dunkler, halb von Müdigkeit und halb von Kummer genährter Schatten über seine Washingtoner Tage. »Ich bin jetzt 366 Jahre alt«, bemerkte er gegenüber einem alten Freund. Bei der Lektüre von *König Lear* überfiel ihn eines Nachts ein vernichtender Schmerz, ein Gefühl von »toten Händen, die von überall her nach mir griffen«.[30]

Tiefsitzende Schuldgefühle überschatteten zwei neue Kurzgeschichten, »Die Straße im Mondlicht« und »Jenseits der Mauer«, die Bierce kurz nach Mollies Tod für die ›Cosmopolitan‹ schrieb. Die erste handelt von einer unschuldigen jungen

Frau, die von ihrem eifersüchtigen Ehemann erdrosselt wurde und seither zur Schar der Wiedergänger gehört, »die in ewigem Dämmer über die Schauplätze unseres früheren Lebens schleichen, unsichtbar für uns selbst und füreinander, und uns doch verloren an einsamen Plätzen verbergen; voll der Sehnsucht danach, mit unseren Lieben sprechen zu können, aber stumm und so furchtsam ihnen gegenüber wie sie uns. Ihr meint, wir gehörten einer anderen Welt an. Nein, wir kennen keine andere Welt als die eure, wenn sie uns auch kein Sonnenlicht, keine Wärme, keine Musik, kein Lachen, keinen Vogelgesang noch irgendeine Kameradschaft bringt. O Gott! Was ist dies nur, ein Geist zu sein, in einer veränderten Welt zu kauern und zu beben, ausgeliefert an Besorgnis und Verzweiflung!« Der verwirrte Ehemann hat durch seine wahnsinnige Tat nicht nur sein eigenes und das Leben seiner Frau zerstört, sondern auch das seines Sohnes, »eines vielversprechenden Jungen mit glänzenden Anlagen«. Es fällt nicht schwer, in der Geschichte Anklänge an Bierces eigene unglückliche Ehe mit Mollie und den Tod ihres Sohnes Day zu entdecken; die kalte Schattenwelt, in der die Erzählerin, abgeschnitten von allem, was ihr einst lieb und teuer war, ihr Dasein fristet, spiegelt auf bedrückende Weise auch die seelische Verfassung des Autors.[31]

Die literarisch schwächere, gleichwohl aber ergreifendere Erzählung ist »Jenseits der Mauer«. In ihr kehrt ein reicher Kaufmann in seine alte Heimat San Francisco zurück und besucht seinen alten Freund Mohun Dampier, der seit ihrer letzten Begegnung ungewöhnlich gealtert ist. Ein leises Klopfen an der Wand seiner Wohnung scheint Dampier seltsam zu beunruhigen. Er erklärt dem Erzähler, daß er zehn Jahre zuvor im Garten seines Hauses einer jungen Frau begegnet sei und sich Hals über Kopf in sie verliebt habe. Da ihm aber »das Talent zum Heiraten« fehlte, hatte er sich mit einer platonischen Freundschaft begnügt, die darin bestand, daß beide sich durch die Trennwand ihrer Apartments Klopfsignale zusandten. Dies hielt eine Weile an, bis das junge Mädchen einmal aus unbekannten Gründen auf sein Signal nicht antwortete und Dampier später aus Rachsucht ihr wieder aufgenommenes Klopfen ignorierte. Am nächsten Morgen erfuhr er, daß die junge Frau

– die wie Mollie Bierce »große schwarze Augen« besaß – in der vorangegangenen Nacht nach langer, schwerer Krankheit gestorben war. Ihr letzter Wunsch hatte darin bestanden, ihr Bett an die andere Seite des Zimmers zu rücken, um eine letzte Botschaft herüberzusenden. Nun ist der Geist des toten Mädchens wiedergekehrt, um Dampier heimzusuchen, der sich der Last auf seinem Gewissen nicht erwehren kann und Selbstmord begeht. Denkt man an die schroffe Art, mit der Bierce allen Kontakt zu seiner Frau abgewiesen hatte, so scheint das sanfte Klopfen an der Wand zwischen dem in seinem Stolz verletzten Dampier und dem Mädchen mit den glänzenden dunklen Augen wie ein schmerzliches Symbol für die verlorene Liebe und die gestörten Beziehungen zwischen dem unglücklichen Ehepaar Bierce.[32]

Alle Geschichten, die Bierce für die ›Cosmopolitan‹ schrieb, handeln in der ein oder anderen Weise von Geistern, einschließlich der Bürgerkriegsgeschichten »Ein vereitelter Hinterhalt«, »Die Mitbewohner«, »Drei und eins sind eins« und »Eine fortgeführte Identität«. Fast hat man den Eindruck, als führte Bierce inzwischen selbst eine gespenstische Existenz, was durch seinen Besuch der Schlachtfelder des Bürgerkriegs in West Virginia und Tennessee noch unterstrichen wird. Insbesondere das herbstliche West Virginia zog ihn in seinen Bann. »Der ganze Landstrich ist wild und großartig, und wenn je einer der Männer, die in ihrer goldenen Jugendzeit als Soldaten durch seine verschlafenen Täler und anmutigen Hügel zogen, zur Zeit der Herbstnebel hierher zurückkehrt, wenn das Herbstlaub überall in Flammen steht, verspreche ich ihm Empfindungen, denen er sich mit Wonne hingeben wird, und Gefühle, derer er sich nicht zu schämen braucht. Darunter, so fürchte ich, wird aber auch der glühende Neid auf jene Kameraden sein, deren Tod und Begräbnis in dieser verzauberten Erde sie einst beweinten.« Außerdem schrieb er einen weiteren Vierzeiler, diesmal über sich selbst: »Wehe dem, den das Schicksal zu langem Leben verbannte,/der sich der zweiten Kindheit nähert, und doch keine erste kannte./Hinter ihm kein Licht, und vor ihm kein heller Schein –/Nur schwärzeste Nacht an beiden Enden seiner dunklen Pein.«[33]

1906 zeigte sich ein Lichtschein am dunklen Horizont, als Doubleday, Page & Company sich zur Veröffentlichung seiner gesammelten teuflischen Begriffsdefinitionen entschloß. Bierce reiste zu einer Besprechung mit Verlagsvertretern nach New York, darunter auch Robert Lanier, Sohn des aus Georgia stammenden Dichters Sidney Lanier, der es als einziger Bürgerkriegsveteran neben Bierce nach dem Krieg zu literarischen Ehren gebracht hatte. Den Verlegern gefielen die Definitionen, aber sie stießen sich an dem geplanten Titel *Des Teufels Wörterbuch*. Bierces wachsende Ungeduld, in New York mit einem Buch an die Öffentlichkeit zu treten, läßt sich unmittelbar daran ablesen, daß er einer Umbenennung in *Des Zynikers Wörterbuch* eilig zustimmte. »Als das Werk in Buchform erschien«, klagte er später, »war das Land bereits von einer Fülle von Nachahmungen in Gestalt ›zynischer‹ Bücher überflutet – ›Dies vom Zyniker‹, ›Das vom Zyniker‹ und ›Anderes vom Zyniker‹. Die meisten dieser Bände waren schlichtweg albern, wiewohl sich einige noch durch ihre Dummheit auszeichneten. Sie brachten das Wort ›Zyniker‹ so arg in Mißkredit, daß jegliches Werk, welches dieses in sich schloß, in Verruf geriet, noch ehe es veröffentlicht wurde.« Ob nun verrufen oder nicht, *Des Zynikers Wörterbuch* wurde überraschenderweise kein Erfolg und blieb Bierces einzige Publikation in New York. »Hier im Osten«, erklärte er Sterling, »ist der Teufel ein Heiliger (der vierte im Bunde der Dreifaltigkeit, wie ein Ire sagen würde), dessen Name nicht mißbraucht werden darf.« Vielleicht hätte er mehr Aufsehen erregt, hätte er seine eigene bis heute unveröffentlichte Lieblingsdefinition mit aufgenommen: »PARADIES, das – Kopulation ohne Höhepunkt.«[34]

Auch seine Artikel für die ›Cosmopolitan‹ fanden in der Öffentlichkeit wenig Anklang, selbst nachdem Hearst ihn dazu überredet hatte, seine Kolumne in »Der griesgrämige Philosoph« umzubenennen. Der Titel hätte unglücklicher kaum sein können: Zum einen war Bierce weder ein Philosoph, noch in seinem zunehmend lustlosen Zustand ein Griesgram, sondern allenfalls ein schrulliger Kauz. Die meiste Zeit verbrachte er damit, über die Sozialisten im Land, kindische Erfindungen wie das Flugzeug und über Leute herzuziehen, die es gewagt hatten, seine lächerlichen Lobeshymnen auf das vermeintlich an Tennyson erinnernde Versepos »A Wine of Wizardry« aus der Feder seines Freundes Sterling zu kritisieren. Gelegentlich blitzte noch sein alter Witz auf, etwa als er laut darüber nachdachte, ob nicht jemand die Romane von Henry James ins Englische übersetzen könne. Das meiste des »Griesgrämigen Philosophen« aber war eher belanglos. »Der Titel behindert mich so sehr, daß mir nichts Rechtes gelingen will«, klagte Bierce, mußte allerdings selbst eingestehen, ein Großteil seiner Arbeit sei »hoffnungslos antiquiert. Allein meine Schecks sind immer taufrisch.« Hearst teilte diese Meinung; als er aber Bierce dazu ermuntern wollte, ein paar Gemeinheiten gegen Joseph Pulitzer und die ›World‹ loszulassen, eröffnete der wütende Kolumnist Sam Chamberlain, dem Herausgeber der ›Cosmopolitan‹: »Ich mag den Job einer angeketteten Bulldogge nicht, die nur losgelassen wird, um den bösen Jungen, die mit Steinen nach einem geworfen haben, die Hosenböden aufzureißen. Ihnen würde das genauso mißfallen. In Zukunft werde ich niemanden mehr beißen.« Seinem Freund Robert Mackay erklärte er: »Ich bin Hearsts Lohnsklave. Andererseits sind die Negerquartiere leidlich komfortabel, Mais und Speck erträglich, und ich bin hier in Washington der Peitsche des Aufsehers entzogen. Manchmal wünschte ich, ein freier Neger zu sein, doch was soll's.« Im Frühjahr 1909 trennte sich Bierce dann doch von der Zeitschrift, verließ die Plantage und löste seine zweiundzwanzigjährige Verbindung mit William Randolph Hearst. Alles in allem konnte er sich über die Jahre ihrer Zusammenarbeit nicht beklagen.[35]

Anlaß für den endgültigen Abschied war der Vorschlag von Walter Neale, eine Ausgabe seiner gesammelten Werke zu verlegen. Zutiefst geschmeichelt von dem Angebot, in dem er die letzte Chance zur Festigung seiner »Untergrund-Reputation« sah, machte sich Bierce sofort an die Arbeit, Berge von Artikeln aus vergilbten Jahrgängen des ›News Letter‹, des ›Argonaut‹, der ›Wasp‹ und des ›Examiner‹ auszuschneiden und zusammenzuleimen. Ungeachtet seiner Warnung gegenüber George Sterling, »in frühen Tagen ein schlampiger Autor« gewesen zu sein, war Bierce außerstande, auf irgendeinen seiner alten Texte zu verzichten. Nach fünf Monaten unermüdlicher Arbeit hatte er genügend Material für fünf dickleibige Bände zusammengetragen. Neale hatte unterdessen einen aufwendigen Verlagsprospekt aufgesetzt, in dem eine limitierte und signierte Auflage von 250 Exemplaren zum Preis von 120 Dollar angekündigt wurde, »gedruckt auf hochwertigem Papier und in großzügigem Bleisatz; gebunden in Levantiner Maroquinleder, mit Vignetten auf Einband und Rücken, von Hand gebunden und mit doppelter Fadenheftung versehen sowie Kapitalband aus Moiréseide und umlaufendem Goldschnitt.« Die Tatsache, daß Neale weit mehr über die Ausstattung als über den Inhalt zu sagen hatte, ließ bereits etwas von dem monströsen Sammelsurium erahnen, zu dem sich das Projekt auswachsen sollte. »Traurig stimmt mich der Gedanke«, schrieb Bierce an seinen Verleger, »daß mir vielleicht großer Ruhm zuteil geworden wäre, hätte ich mich mehr meiner Kunst und weniger dem Vergnügen verschrieben.« Auch wenn es dazu jetzt zu spät war, schnipselte und klebte Bierce unverdrossen weiter, ohne zu erkennen, daß weniger statt mehr seiner Sache weitaus zuträglicher gewesen wäre.[36]

Die beiden ersten Bände der *Collected Works of Ambrose Bierce* erschienen 1909 in einer Startauflage von 1250 Exemplaren, die sich nur schleppend verkauften. Der erste Band enthielt eine Reihe an Swift geschulter Satiren unter dem Titel »Ashes of the Beacon« und »The Land Beyond the Blow«, seine richtungsweisenden Bürgerkriegserinnerungen »On a Mountain«, »What I Saw of Shiloh«, »A Little of Chickamauga«, »The Crime at Pickett's Mill«, »Four Days in Dixie«, »What Occured at Franklin« und »›Way Down in Alabam‹« sowie zwei Berichte über seine Reise in den Westen mit General Hazen, »Across the Plains« und »The Mirage«. Elbert Hubbard, ein ehemaliger Mitarbeiter bei der ›Cosmopolitan‹, lenkte als erster den Blick auf die äußere Aufmachung des Buches, die in der Folgezeit zum Hauptaugenmerk der Kritik werden sollte: »Der erste Band liegt nun vor uns. Druck und Einband sind von der traumhaften Schönheit eines Sonnenuntergangs, wenn der Himmel im Westen in goldbraunem Licht erstrahlt.« Der zweite Band umfaßte die großartige Kurzgeschichtensammlung *Tales of*

Soldiers and Civilians, die unter ihrem englischen Titel *In the Midst of Life* erschien. In unregelmäßigen Abständen folgten weitere Bände, in der Regel drei pro Jahr, deren gediegene Aufmachung oftmals im Gegensatz zur Vergänglichkeit des Inhalts stand. Der im Frühjahr 1910 veröffentlichte dritte Band vereinigte die Gespenstergeschichten aus *Can Such Things Be?,* ergänzt um eine Handvoll jüngerer Erzählungen aus dem Bereich des Übernatürlichen und eine Reihe tatsächlicher »mysteriöser Verschwindensfälle«, die später einen ironischen Bezug zu Bierces eigener Biographie bekommen sollten. Die Bände vier und fünf versammelten Bierces Gelegenheitsgedichte, von denen viele unbedeutenden Personen der Westküste gewidmet waren, die ungeachtet der gegenteiligen Beteuerungen des Autors nicht dem wohlverdienten Vergessen zu entreißen waren. Band sechs enthielt den unsäglichen Roman *The Monk and the Hangman's Daughter* sowie die gesammelten »Fantastischen Fabeln« im Stil Aesops, die Bierce für Tom Hoods ›Fun‹ und andere englische Zeitschriften geschrieben hatte. Band sieben bestand ausschließlich aus *Des Teufels Wörterbuch,* erweitert um zahlreiche Definitionen, die in der früheren Doubleday-Ausgabe nicht enthalten waren. Die abschließenden Bände acht bis zwölf erschienen bis zum Herbst 1912 im Rhythmus der Jahreszeiten, woraufhin Bierce einem Freund mitteilte: »Der Abschluß meiner *Collected Works* ist (hoffentlich) auch der Abschluß meines Lebenswerks. Sofern mich kein unwiderstehlicher Drang überfällt, was wenig wahrscheinlich ist, habe ich die Schriftstellerei hinter mir.«[37]

Das Urteil der Kritik über die *Collected Works* war vernichtend. Die zwölf Bände wurden abwechselnd als »Kartoffeln in Platin«, »Steckrüben in der Auslage von Tiffany's« oder »Hohles Geschwätz in Plüschhosen« verrissen. Die Londoner ›Athenaeum‹ hob zwar ausdrücklich die »kostbare Ausstattung« hervor, bemängelte aber zu Recht: »Mr. Bierces großer Fehler oder Mangel besteht darin, daß sein sprunghafter Geist, sofern er nicht durch einen ernsten künstlerischen Vorsatz gezügelt wird, nur allzuschnell abschweift und sich in humoristischen Pointen, Überspanntheiten oder reiner Geschwätzigkeit verliert, die seine Schriften, zumindest zum gegenwärtigen Zeitpunkt, sehr stark in die Nähe des Gewöhnlichen rücken.« Die ›Nation‹ konstatierte noch harscher: »Alles, was weite Ränder, Goldschnitt und ein Ledereinband mit Stempelprägung für diese Bücher tun können, wurde getan, und Gentlemen, deren Bibliotheken braun tapeziert sind, werden in ihnen eine geschmackvolle Dekoration finden. Aber vom innenarchitektonischen Standpunkt abgesehen, handelt es sich gar nicht um Bücher, und Mr. Bierce hat seinem beachtlichen, wenn auch exzentrischen Talent großen Schaden zugefügt, indem er dessen Früchte in so rascher Folge auf den Markt warf.« Neale hatte zwischenzeitlich bei einer Washingtoner Bank einen Kredit von 7500 Dollar aufnehmen müssen, um das Projekt zu Ende zu bringen, und auch Bierce mußte aus eigener Tasche 2000 Dollar für Lagerkosten zuschießen. Doch der Verkauf lief weiter zäh, und für jeden alten Freund, der wie Sterling aus Loyalität eine Ausgabe erwarb, gab es vier andere, die Bierce um Freiexemplare angingen. Sein Lebenswerk schien tatsächlich beendet. Schlimmer noch, es schien zur Bedeutungslosigkeit verdammt zu sein.[38]

Zweifellos trug niemand anderes als Bierce selbst die Schuld am vernichtenden Urteil der Kritik. Ein wohlgesinnter, aber nüchterner Herausgeber wie Percival Pollard hätte das Chaos ordnen und die *Werke* beherzt auf die Hälfte ihres Umfangs zurechtstutzen können. Eine Ausgabe mit Bestand hätte sich beschränkt auf *Tales of Soldiers and Civilians, Can Such Things Be? The Devil's Dictionary,* die Kriegserinnerungen »Bits of Autobiography«, die »Mysterious Disappearances«, eine Handvoll ernsthafter Gedichte wie »A Study in Gray«, »My Day of Life«, »Reminded« und »Invocation«, einige wenige repräsentative satirische Gedichte und Fabeln, *The Parenticide Club,* »Jupiter Doke, Brigadier-General« und schließlich einige ausgewählte Essays wie »A Thumb-Nail Sketch«, »The Kreutzer Sonata«, »Wit and Humor« und »Taking Oneself Off«. Ein besserer Herausgeber als Bierce hätte auch angeregt, ein oder zwei Bände mit journalistischen Arbeiten aufzunehmen, die zweifellos besser und gewichtiger waren als Bierce glaubte. Unter seinen frühen Texten für den ›News Letter‹, den ›Argonaut‹ und die ›Wasp‹ finden sich eine ganze Reihe brillanter persönlicher und politischer Schmähschriften, während seine sachbezogeneren

Artikel zur Funding Bill, dem Spanisch-Amerikanischen Krieg und zur Annexion der Philippinen durch ihre Stichhaltigkeit und Weitsicht überzeugen. Allein der Geringschätzung seines Berufs ist es zu verdanken, daß Bierces sämtliche journalistischen Arbeiten aus den *Collected Works* verbannt wurden. Im übrigen hätte Pollard bei der Herausgabe seiner Werke kaum behilflich sein können. Er starb im Dezember 1911 an einem Gehirntumor, und Bierce reiste pflichtschuldig zur Beerdigung nach Baltimore. Dort begegnete er Pollards Freund und Schüler H. L. Mencken, damals einunddreißig und Herausgeber einer Zeitschrift. Beide machten vierzig Prozent der Trauergemeinde aus – Pollards Freundeskreis war dünn gesät. Die beiden Männer fuhren gemeinsam in einer Kutsche zum Krematorium, wo Bierce bemerkte: »Zu Lebzeiten hat Pollard zahlreiche Opfer über dem Feuer geröstet, und jetzt ist er selbst an der Reihe.« Mencken, dessen nimmermüder und streitbarer Krieg gegen die »dumme Masse« in vielem Bierces eigenem Feldzug gleichen sollte, war leicht irritiert über ihr Gespräch, das, wie er sich später erinnerte, »aus einer endlosen Folge ebenso makabrer wie unterhaltsamer Anekdoten bestand. Er berichtete von abgebrannten Krematorien, in denen die versammelte Trauerschar bald mit eingeäschert worden wäre, von toten Säufern, deren sterbliche Überreste explodiert waren, und von Witwen, die die ganze Nacht über am Kaminfeuer wachten, damit ihre Ehemänner unter keinen Umständen entkommen konnten.« Bierce schlug vor, Pollards Asche zu Kugeln zu kneten und damit auf Verleger zu schießen oder sie der New York City Elks Lodge zu vermachen. Man könne sie auch in einem anonymen Brief an Ella Wheeler Wilcox schicken, einer salbungsvollen Autorin der ›Cosmopolitan‹, die zu so überschwenglichen Bekenntnissen neigte wie: »Alles Heil dem Leben – auf Erden und darüber hinaus, denn unser hiesiges Dasein ist nur die Vorbereitung für etwas unvergleichlich Größeres und Nützlicheres!« Die tatsächliche Entsorgung von Pollards Asche war zwar weniger spektakulär, aber mindestens genauso makaber. Pollards Witwe war kurz nach der Einäscherung verschwunden, so daß Mencken buchstäblich mit dem Beutel in der Hand zurückblieb, der nicht nur Asche enthielt, sondern auch noch einige größere Knochen sowie den noch vollständig erhaltenen Schädel. Einige Monate hielt Mencken sie in Verwahrung, auf Mrs. Pollards Entscheidung wartend, was sie mit den sterblichen Überresten ihres Gatten zu tun gedachte. Schließlich unternahm er den Versuch, sie nach Iowa zu schicken, wo Pollard seine Jugendjahre verbracht hatte. Doch das Postamt verweigerte die Annahme des Pakets, mit der Begründung, es enthalte eine Leiche und könne daher nicht ohne behördliche Genehmigung verschickt werden. Nach vielem Hin und Her gelang es Mencken, ein Bestattungsunternehmen ausfindig zu machen, das die erforderlichen Papiere für 15 Dollar beschaffen wollte. Bierce amüsierte sich köstlich über Menckens »dead letter« und prophezeite, die guten Christen von Iowa würden Pollards Knochen postwendend exhumieren und zurück über die Staatsgrenze werfen.[39]

Bierce reiste in jenen Tagen nicht nur zu Beerdigungen. Das politische Klima in Washington unter dem allmächtigen neuen Präsidenten William Howard Taft war für jeden zivilisierten Menschen kaum zu ertragen. »Die Zeitungen überschlagen sich in unterwürfiger Beweihräucherung von Taft, Mrs. Taft, dem Taft-Nachwuchs und allen, die zum Umkreis des Präsidenten gehören«, ereiferte sich Bierce. »Ich wünschte, ich könnte den Gestank meines Landes aus meiner Nase und meiner Kleidung vertreiben.« Mit diesem Gedanken besuchte er im Frühjahr 1910 nach fast elf Jahren zum ersten Mal wieder Kalifornien. Bei seiner Ankunft in San Francisco am 19. Mai war er entsetzt und traurig über das veränderte Aussehen der Stadt als Folge des großen Erdbebens vier Jahre zuvor. »Der Anblick des Gesichts eines für sein Leben verunstalteten Freundes oder das eines Nachkommens mit seinem Namen könnte nicht schlimmer sein«, bemerkte er. »Nein, mein San Francisco ist verschwunden, und ein anderes ist mir gleichgültig.« Er floh aus der Stadt und besuchte seinen Bruder Albert in dessen Ferienhütte am Russian River bei Guerneville. Dort unternahm er Wanderungen und Kanufahrten, flirtete mit jungen Frauen und führte politische Diskussionen mit Alberts Sohn und dessen Frau, die einen modischen Sozialismus predigten. Eine noch stärkere Prise linker Politik wehte ihm entgegen, als er Sterlings neugegründete Künstlerkolonie in Carmel besuchte. Der mit bescheidenem Talent gesegnete Sterling und seine Nachwuchs-Bohemiens stolzierten wie die Waldschrate über die weißen Strände und kiefernbestandenen Hügel oberhalb von Point Lobos, während sie tiefsinnige Gespräche über die Dichtung und die Verzückungen durch die Kunst führten. Bierce empfand für derlei aufgesetzte Posen nur tiefste Verachtung. Der typische Bohemien, schrieb er, sei »ein fauler, träger, gefräßiger, versoffener und verlogener Stümper, der als Folge seiner eigenen Unfähigkeit – resultierend aus dem Mangel an Talenten, die ihm der Himmel undankbarerweise verweigert hat – die Gesellschaft schockiert, die Literatur entehrt, die Kunst beschmutzt und ein unverbesserliches, unsägliches und unermeßliches Ärgernis darstellt«. Schlimmer noch, die hochnäsigen Müßiggänger in Carmel seien »ein Anarchistennest« – der ärgste Vorwurf in Bierces Wortschatz.[40]

Unter diesen Voraussetzungen wundert es nicht, daß Bierce von der neuen kalifornischen Künstlergemeinde nicht gerade mit offenen Armen empfangen wurde. Insbesondere die Schriftstellerin Mary Austin hegte deutliche Aversionen gegenüber dem prominenten Besucher. Miss Austin, die sich selbst gern als eine Art weißhäutige Indianerin sah und unablässig über deren Weisheiten und die Liebe zur Natur redete, betrachtete den spröden Bierce als »einen Mann, der über das Scheitern seiner künstlerischen Versuche insgeheim verbittert war ... einen Mann von ungeheuer provokativer Kraft, immer heimlich – vielleicht sogar vor sich selbst – bestrebt, diejenigen Talente in anderen zur Entfaltung zu bringen, die ihm selbst versagt geblieben waren. In meinen Augen war er eine Art Schauspieler, der dazu neigte, seine dürftige Inspiration mit apokalyptischen Gebärden zu überspielen.« Einen weit herzlicheren Empfang fand Bierce bei Jack London, mit dem Sterling ihn im gleichen Sommer zusammenführte. Ungeachtet seiner Befürchtungen, die beiden würden politisch heftig aneinandergeraten (London war überzeugter Sozialist), verstanden sich die beiden bekanntesten Schriftsteller Kaliforniens auf Anhieb. Bierce hatte erfahren, daß Londons erstes Kind vor wenigen Monaten ein paar Tage nach der Geburt gestorben war. Da er selbst zwei Söhne verloren hatte, empfand er tiefes Mitgefühl für Londons Verlust. Als die beiden auf dem Jahresfest des Bohemian Club unweit von Alberts Sommerhaus zum ersten Mal aufeinandertrafen, schüttelten sie einander wie alte Bekannte die Hand und begannen sofort zu zechen. Stunden später, nachdem man über William Randolph Hearst hergezogen hatte, für den London über den Russisch-Japanischen Krieg berichtet hatte, wie auch über die Künstlerkolonie in Carmel, die für London ein rotes Tuch war, weil sie seine angeblich untalentierte Frau abgewiesen hatte, machten sich die beiden Männer auf den Heimweg zu Alberts Hütte. Unterwegs war Bierce plötzlich verschwunden, bis London ihn neben einer sechs Meter tiefen Böschung friedlich schlummernd in einem Farnbeet fand. Erfrischt durch sein kurzes Nickerchen, lud Bierce London zu einer weiteren Flasche Dreisterne-Cognac von Martell ein, und der Abend endete damit, daß die Männer um ein knisterndes Lagerfeuer hockten und mit Sterling und dem Fotografen Arnold Genthe aus San Francisco Anekdoten austauschten, bis »keiner von uns mehr sagen konnte, worüber überhaupt gesprochen wurde«.[41]

Das Treffen mit London war der Höhepunkt von Bierces Ausflug nach Kalifornien. Der sich immer eitler gebärdende Sterling wurde bald zur Plage, während andere alte Freunde sich woanders niedergelassen hatten, gestorben waren oder sich aus welchen Gründen auch immer versteckt hielten. »Wo sind die tapferen Männer vom einstigen Vigilante Committee?« fragte er sich. »Wo sind die, die in den Tagen von Denis Kearney dem Pöbel mit Axtstielen auf die Köpfe schlugen? Gibt es denn gar keine Männer ihres Schlags mehr?« Die Antwort war ihm nur allzugut bekannt. »Ihre Zeit ist abgelaufen«, schrieb er in einem Gedicht. »Ihr Götter, welch eine Posse, deren Trug mit der Sonne versinkt!« Er ging fort, ohne sich von irgendeinem Menschen zu verabschieden, und verbrachte einige einsame Tage im Grand Canyon, wo er offenbar mehrere Aufnahmen von einer besonders abgelegenen Stelle machte, an der er, wie er später Walter Neale berichtete, in Frieden Selbstmord begehen könne, in der beruhigenden Gewißheit, daß man seine Gebeine nie finden würde. Washington war bei seiner Rückkehr deprimierend wie immer, zumal der Kongreß mit den einstigen Gründungsvätern nicht mehr Gemeinsamkeiten hatte

»als eine Engelschar mit dem Vorstand der Western Federation of Miners«. Angesichts seines regelmäßig wiederkehrenden Asthmas, der weiterhin enttäuschenden Aufnahme seiner *Collected Works,* Pollards Tod und einer Reihe unschöner Querelen mit alten Bekannten des Army-Navy Clubs, begann Bierce sich immer mehr als sein eigenes Gespenst zu fühlen, gefangen zwischen zwei Welten, die Kontinente voneinander entfernt lagen.[42]

Ein zweiter Besuch in Kalifornien im Sommer 1912 verstärkte dieses Gefühl noch. Beim Gehen mußte er sich gebeugt auf seinen Stock stützen und wirkte zum ersten Mal alt. Seine wenigen Gäste empfing er in einem Lehnsessel in der Lobby seines Hotels in Oakland. Selbst bei einem kurzen Besuch in Sterlings kleinem Künstlerzirkus in Carmel hatte er, wie er dem Gästebuch des Dichters anvertraute, »nichts zu sagen«. Seine Freunde hatten das untrügliche Gefühl, er wolle Lebewohl sagen; einem vertraute er an, er sei »sterbensmüde«. Ein letztes Mal besuchte er den Friedhof in St. Helena, auf dem Mollie, Day und Leigh unter einem Erdhügel ohne Grabstein, umgeben von vier Palmen, begraben lagen. Nachdem er dem Totengräber etwas Geld für die Grabpflege zugesteckt hatte, verließ er das kleine Dorf, in dem er mit seiner Familie gelebt hatte, und kehrte in die Einsamkeit seiner Washingtoner Wohnung zurück. Kalifornien sollte er nie wiedersehen. Wie der Totengräber sich später erinnerte, hatte er etwas von »nach Mexiko gehen« gemurmelt.[43]

12

Denn es gibt verschiedene Arten des Todes

Im Frühjahr 1913 saß Bierce wieder an seinem Schreibtisch in Washington, schrieb Briefe an Freunde im ganzen Land und beobachtete argwöhnisch die Amtsgeschäfte des neuen Präsidenten Woodrow Wilson, den er zumindest für einen besseren Schreiber als seinen Vorgänger, wenngleich auch für einen politischen Blender hielt. Die vernichtende Niederlage seines Vorgängers Theodore Roosevelt, der den Republikanern den Rücken gekehrt und seine eigene Progressive Party bzw. »Bull Moose« Party gegründet hatte, erfüllte Bierce, wie er seiner Tochter Helen schrieb, »mit tiefem inneren Seelenfrieden«. Seinen eigenen Seelenfrieden verdankte er allerdings eher der Resignation denn der Zufriedenheit. »Mein Werk ist fertig, und ich bin es auch«, schrieb er im Januar an B. J. S. Cahill. Andere Briefe klangen nicht ganz so verzweifelt, versetzten aber ihre Empfänger nicht weniger in Unruhe. Denn Bierce redete jetzt immer häufiger davon, nach Mexiko oder Südamerika zu gehen, und dies in einem unverkennbar fatalistischen Ton. Seine Briefe waren in der Tat so düster und unheilvoll, daß sich der Verdacht aufdrängt, ihr Autor streue hier gezielt die Saat eines großen Mysteriums, das, einmal abgesehen von den Schlußdetails, alles andere als ein Rätsel gewesen sein mag.[1]

Bierce stimmte seinen zunehmend lauter werdenden Schwanengesang zum ersten Mal in einem Brief an seine Tochter vom 27. Januar an, in dem er ihr eine Gruft auf dem Friedhof in St. Helena überschrieb. »Im übrigen«, heißt es beiläufig am Schluß des Briefes, »möchte ich nicht dort begraben werden. Dafür sind alle Vorkehrungen getroffen, so daß du dir über die sterblichen Überreste Deines Daddys keine Sorgen machen mußt.« Welche genauen Vorkehrungen er aber hinsichtlich seiner letzten Ruhestätte getroffen hatte, verschwieg der Brief, und Helen fragte nicht weiter nach. Als er sie einige Monate später in Bloomington, Illinois, besuchte, brachte er eine große Kiste mit Briefen, Papieren und Dokumenten mit. Es war ein angenehmer, ja sogar warmherziger Besuch, bei dem Bierce viel Zeit mit Helens beiden Stiefsöhnen, Henry und Victor Cowden, verbrachte. Er schien bei guter Gesundheit – seiner Tochter erzählte er, er habe sich nie besser gefühlt –, andererseits aber auch von einer inneren Unrast getrieben. Eines Abends saßen Vater und Tochter auf der Veranda, als auf der Straße ein alter Mann vorbeischlurfte. »Hast du den alten Mann gesehen, Bip?« fragte Bierce nach kurzem Schweigen. »So werde ich nie sein. Alte Menschen sind launisch, eigen und unsäglich langweilig.« Als Helen ihm versicherte, er könne jederzeit bei ihr wohnen, lächelte er geheimnisvoll und wechselte das Thema. An einem anderen Abend, kurz vor seiner Abreise, erklärte er ihr, er werde nach Washington zurückkehren, dort seine Angelegenheiten in Ordnung bringen und dann nach Mexiko aufbrechen. »Die Kämpfe dort unten interessieren mich«, sagte er. »Ich möchte da runter und nachsehen, ob diese Mexikaner ordentlich schießen können.« Die gleiche Ankündigung sollte er in den Wochen vor seiner endgültigen Abreise aus Washington gegenüber zahlreichen Freunden wiederholen.[2]

Im Mai machte er Curtis J. Kirch, dem Herausgeber des in Chicago beheimateten ›Lantern‹-Magazins, das versteckte und halbherzige Angebot, die Leitung der Zeitschrift zu übernehmen, indem er ihm mitteilte: »Ihre Zeitschrift braucht einen Chefredakteur – am besten älteren Jahrgangs, vorzugsweise amerikanischer Herkunft und selbstredend voller Energie. Zumindest sollte er einen wachen Verstand besitzen. Die Entscheidung liegt bei Ihnen.« Kirch, der ihn lediglich um eine Besprechung der Zeitschrift gebeten hatte, ignorierte das Angebot. Im September fuhr Bierce für ein paar Tage nach New York. Dort kam es zu einem bitteren Streit mit Walter Neale, woraufhin Bierce seinen geplanten Besuch in dessen Haus in Bensonhurst absagte und vorzeitig nach Washington zurückkehrte. Der Grund des Streits ist nicht bekannt, aber vermutlich hatte er etwas mit Bierces überraschender Entscheidung zu tun, seine sämtlichen Rechte und künftigen Honorare Carrie Christiansen zu überschreiben, seiner langjährigen Sekretärin, die Neale nicht mochte. (In seinem Buch bezeichnet Neale sie als »häßliches Entlein« und läßt durchblicken, sie wäre mit Bierce verheiratet gewesen, ohne für diese Behauptung einen Beleg zu erbringen.) Bierce jedenfalls entschuldigte sich kurz darauf für den Zornesausbruch, bat Neale, »sich keine weiteren Gedanken darüber zu machen«, und brachte – was für ihn einigermaßen ungewöhnlich war – sein tiefes Bedauern über den Zwischenfall zum Ausdruck.[3]

Am 10. September, dem Tag seines Entschuldigungsbriefes an Neale, schrieb Bierce noch zwei weitere Briefe an seine Nichte Lora Bierce und an Josephine McCrackin in Kalifornien, in denen er seine Reise nach Mexiko ankündigte. Sie bildeten den Auftakt zu einer ganzen Serie von Briefen, die Bierce in den nächsten Monaten an zahlreiche Freunde und Verwandte schickte und weitgehend das gleiche mitteilte: Daß er im Begriff sei, nach Mexiko (und von dort weiter nach Südamerika) zu gehen, und daß angesichts der Kriegsgefahr nicht mit seiner Rückkehr zu rechnen sei. Es ist natürlich durchaus möglich, daß er den Plan zu seiner verwegenen Reise schon vor dem Streit mit Neale gefaßt hatte – zumindest hatte er bereits bei seinem Besuch Helens zu Beginn des Jahres darüber nachgedacht. Der Zeitpunkt der offiziellen Ankündigung läßt allerdings darauf schließen, daß der Zwist mit Neale der letzte Anstoß in einer langen Reihe zerbrochener Freundschaften und persönlicher Enttäuschungen war, die Bierce im Verlauf mehrerer Jahre erlebt hatte. In Kürze würde er auch George Sterling wegen seiner Klatschsucht und seinem lasterhaften Lebenswandel den Rücken kehren, indem er seinen einstigen Protegé »einen großen Dichter und noch größeren Schuft« nannte und, wie Sterling später berichtete, mit ihm redete wie »der heilige Herrgott mit einem Straßenjungen«. Selbst sein Bruder Albert, das letzte Bindeglied zu seinen Kindheitstagen in Indiana, erhielt einen so scharfen und verletzenden Brief, daß man darin eine der Ursachen für den Schlaganfall sah, dem er wenige Monate später erlag. Mit wachsender Dringlichkeit schien Bierce sich in jenem Herbst von seiner Umwelt loszusagen, und zwar mit einer Endgültigkeit, die auf eine wahrhaft lange Reise hindeutete.[4]

Ende 1913 nach Mexiko zu gehen, war ein gefährliches Unterfangen – das Land befand sich seit sieben Jahren in einem Bürgerkrieg, der am Ende eine Million Menschenleben fordern würde –, so daß man Bierces Briefen aus jener Zeit entweder eine perverse Unbekümmertheit oder ein berechnendes Kalkül unterstellen muß. Anstatt die Gefährlichkeit des Unternehmens vor seinen Freunden herunterzuspielen, setzte er alles daran, sie mit düsteren Spekulationen über sein Schicksal zu beunruhigen. Bedenkt man die gewissenhafte Art, mit der Bierce sein schriftstellerisches Handwerk betrieb, kann es kein Zufall sein, daß das zentrale Bild (und in manchen Fällen sogar der genaue Wortlaut) der Briefe gebetsmühlenartig wiederholt werden. In seinem ersten Brief an die sanftmütige Josephine McCrackin vom 10. September schreibt er: »Ich gedenke nach Südamerika zu gehen, es vielleicht zu durchqueren – möglicherweise über Mexiko, sofern ich durchkomme, ohne irgendwo an die Wand gestellt und als Gringo erschossen zu werden. Aber das ist besser, als im Bett zu sterben, stimmt's?« Und an Lora Bierce schreibt er am 1. Oktober: »Leb wohl! Wenn du hören solltest, daß man mich vor eine mexikanische Mauer gestellt und in Fetzen geschossen hat, dann bedenke bitte, daß ich es für eine recht angenehme Art halte, aus diesem Leben zu scheiden. Besser als ein Greisenalter mit Krankheiten oder die Kellertreppe herunterzufallen. Ein Gringo in Mexiko – ah, das ist Euthanasie!« Einen Tag zuvor hatte er James D. Blake, Verkäufer eines Buchladens in San Francisco und somit kaum als enger Freund zu bezeichnen, angewiesen: »Schreiben Sie mir nicht; ich breche in ein oder zwei Tagen nach Mexiko auf. Wenn ich hereinkomme (und wieder heraus), schiffe ich mich von einem Hafen an der Westküste nach Südamerika ein. Vermutlich wird man mich eher herein- als wieder hinauslassen, aber alle guten Gringos kommen in den Himmel, wenn sie durch eine Kugel fallen.«[5]

Schwelgte Bierce bloß in morbiden Gedanken, oder verfolgte er mit seinen Mitteilungen ein geheimes Motiv? Noch war er nicht nach Mexiko aufgebrochen, so daß er kaum mit Gewißheit sagen konnte, wie gefährlich – oder auch nicht – sein Unternehmen sein würde. Zugegeben, das Land wurde von einer Revolution erschüttert, und Revolutionen sind bekannt für ihre Unwägbarkeiten, besonders in Lateinamerika, doch fanden die Kämpfe ausschließlich zwischen den Regierungstruppen des Präsidenten Victoriano Huerta und den Truppen der Rebellenführer Venustiano Carranza, Emiliano Zapata und Francisco »Pancho« Villa statt. Darüber hinaus waren US-Bürger und amerikanisches Eigentum in ganz besonderer Weise geschützt: Keine der beiden Seiten wollte durch tatsächliche oder unterstellte Übergriffe auf amerikanische Bürger eine Intervention der Vereinigten Staaten zugunsten der Gegenseite provozieren. Selbst dem gefürchteten Villa, ein ausgemachter Bandit und Killer, der nach den Worten seines eigens von ihm bestimmten Biographen »mehr von einem Jungen als von einem Mann besaß«, wurde nachgesagt, die Gringos mit ungewöhnlicher Zuvorkommenheit und Zurückhaltung zu behandeln. Als ein berühmter amerikanischer Schriftsteller, eine in der Öffentlichkeit von New York bis San Francisco bekannte Figur und als Journalist mit Verbindungen zum mächtigsten Zeitungsverleger der Welt konnte Bierce (dem es an Selbstachtung nicht mangelte) eine weit respektvollere Behandlung erwarten als an die nächste Adobemauer gestellt und erschossen zu werden. Einmal mehr also drängt sich der Verdacht auf, daß er, wie er McCrackin schrieb, »zu einem ganz bestimmten Zwecke, den ich jedoch gegenwärtig nicht offenbaren kann«, nach Mexiko reiste. Worin aber bestand dieser Zweck, und warum durfte er ihn nicht offenbaren? Vor allem aber, warum war Bierce, nachdem er sein Land seit fast vierzig Jahren nicht mehr verlassen hatte, mit einem Mal so hartnäckig darauf versessen, ein Land zu bereisen, das sich mitten in einer Revolution befand und an dem er, wie deutlich hervorgehoben werden muß, nie auch nur das geringste Interesse bekundet hatte, obwohl er drei Jahrzehnte im benachbarten Kalifornien gelebt hatte?[6]

Die einfachste und romantischste Antwort auf diese Frage besteht darin, ihn unmittelbar beim Wort zu nehmen. Und genau dies haben seine Biographen – mit einer einzigen Ausnahme – bisher auch getan und so jenes inzwischen legendäre

Bild von Bierce als einem unerschrockenen, alternden Don Quichotte erschaffen, der, nachdem ihn in Washington der Unmut und die Abenteuerlust packen, Hals über Kopf ins revolutionsgeschüttelte Mexiko aufbricht, um dort mit Pancho Villa Tequilas zu trinken und seine im Bürgerkrieg erworbene Treffsicherheit an einigen *federales* zu erproben, und dann, mit perfektem theatralischem Timing, in »der guten, guten Dunkelheit« der Geschichte unterzutauchen. Ein Bild, an dessen Entstehen Bierce selbst durch seine wiederholten Andeutungen, erschossen zu werden und für immer zu verschwinden, mit großer Sorgfalt gearbeitet hat. Doch auch hier wieder die Frage: Handelt es sich um die begründeten Überlegungen eines einundsiebzigjährigen Asthmatikers, der weiß, daß er sich auf eine gefährliche Reise begibt und der Bedrohung realistisch ins Auge sieht, oder aber handelt es sich nicht vielmehr um eine genauestens eingefädelte Finte, um von seinem eigentlichen Vorsatz abzulenken, der vielleicht weniger spektakulär war, dafür aber um so entschiedener verfolgt wurde? Können wir seine Briefe, wie erst jüngst ein Literaturwissenschaftler behauptet hat, als »eine offizielle Ankündigung seines Selbstmords« lesen? Machte sich Ambrose Bierce tatsächlich auf nach Mexiko, um dort den Tod zu finden? Oder, noch provozierender gefragt, ging er überhaupt nach Mexiko? Das sind zugegebenermaßen heikle Fragen, die jedoch gestellt, wenn nicht gar beantwortet werden müssen, wollen wir Bierce auf der letzten Etappe seiner traurigen, ungewöhnlichen Lebensreise begleiten.[7]

Bierces Unternehmungen zwischen seinem Aufbruch in Washington am 2. Oktober bis zu seiner Ankunft in Laredo, Texas, Anfang November sind recht genau dokumentiert. Er schrieb weiterhin regelmäßig Briefe an seine Tochter, seine Nichte und seine Sekretärin Carrie Christiansen, die über seine Mitteilungen ausführlich Buch führte, obwohl sie die eigentlichen Briefe auf Bierces Geheiß hin vernichtete. Ebenso interessant wie vielleicht entscheidend ist, daß Bierce nicht auf direktem Weg nach Mexiko ging. Zunächst verbrachte er drei anstrengende und verregnete Wochen mit der Besichtigung der alten Schauplätze des Bürgerkriegs im Süden. Einige der Schlachtfelder hatte er bereits zu zwei früheren Gelegenheiten aufgesucht, jedoch nie über einen so langen Zeitraum, so daß man sich an einen alten Mann erinnert fühlt, der vor seinem Tod von seiner Vergangenheit Abschied nimmt. Der Wunsch, die alten Kriegsschauplätze noch einmal zu sehen, war keineswegs ungewöhnlich; ergraute Veteranen von Union wie Konföderation begaben sich in ständig schrumpfender Zahl auf ähnliche Besichtigungstouren. Die Tatsache aber, daß Bierce trotz seiner erklärten Absicht, nach Mexiko zu gehen, einen so ausgedehnten Umweg einschlug, läßt nachdrücklich darauf schließen, daß er, aus welchen Gründen auch immer, nicht davon ausging, jemals wieder zurückzukehren.

Nach Christiansens Reisechronik brach Bierce in der Nacht des 2. Oktober um 22.10 Uhr in Washington auf. Er reiste ohne Begleitung. Am kommenden Nachmittag erreichte er um 17.00 Uhr sein erstes Ziel Chattanooga, wo er im Patten Hotel auf der East Eleventh Street abstieg. Samstag, den 4. Oktober, verbrachte er von morgens bis abends auf den Schlachtfeldern von Orchard Knob und Missionary Ridge, den zehn Meilen langen Weg entlang der steilen Waldhänge, die er fast fünfzig Jahre zuvor unter vernichtendem Feuer erstürmt hatte, in beide Richtungen zu Fuß abschreitend. Am nächsten Tag besuchte er Chickamauga, wo er fünfzehn Meilen unter der brennenden Sonne spazierte und die grausamen Kämpfe auf jenem blutgetränkten Stück Wildnis im Norden Georgias im Geist noch einmal durchlebte. Bei Snodgrass Hill, wo er und sein Bruder Albert sich während General Thomas' legendärem Gefecht begegnet waren, fertigte er eine Zeichnung des Denkmals für Alberts Batterie an, der Achtzehnten Ohio Leichten Artillerie, die er ihm schicken wollte. Von dort ging es weiter nach Murfreesboro und dem Schauplatz der Schlacht von Stones River, wo Hazens Brigade bei Hell's Half-Acre eine vernichtende Niederlage abgewendet und Bierce Leutnant Braden tollkühn aus dem Feuerhagel gerettet hatte. Zweifellos besuchte er auch Hazens Denkmal; wie der Protagonist in »Eine fortgeführte Identität« hatte er nun selbst weißes Haar bekommen und dachte voller Verwunderung an all die Jahre, die wie im Flug vergangen waren. Der nächste Halt war Franklin, wo der Stolz der Südstaatenarmee an den eiligst aufgestellten Brustwehren der

Union zerschellt war und 6200 Männer am letzten Novembertag des Jahres 1864 durch das »Werk des Teufels« eine Stunde vor Sonnenuntergang getötet, verwundet oder gefangengenommen worden waren. Am 10. Oktober traf er in Nashville ein, wo die gespenstischen Überreste der gleichen Rebellenarmee entgegen allen Absichten und Plänen vor den Augen der Yankees zerrieben worden waren, während Bierce hinter den Linien gestanden und reumütig beobachtet hatte, wie die Truppen der Schwarzen, die zu führen er einst abgelehnt hatte, sich in einem das Schicksal der Schlacht entscheidenden Frontalangriff, wie man sich »kein schöneres Beispiel für Tapferkeit und Disziplin hätte vorstellen können«, geopfert hatten.[8]

Zwei Tage später machte er sich auf nach Shiloh, wobei er einen großen Bogen nach Süden beschrieb, um per Boot an Pittsburgh Landing vorbeizukommen, wo er und seine Kameraden des Neunten Indiana-Regiments nachts mit einer Fähre den Fluß überquert hatten wie Charon den Styx, während sich am anderen Ufer geflüchtete Soldaten mit schreckensstarren Augen zusammengedrängt hatten und Bierce auf dem Boot der kreidebleichen Frau eines Unionssoldaten begegnet war, die eine Pistole mit Elfenbeingriff in der Hand gehalten und geschworen hatte, ihre Pflicht zu tun, »sollte es zum Schlimmsten kommen«. Ursprünglich wollte Bierce ein oder zwei Tage in Shiloh verbringen, blieb aber zuletzt doppelt so lange dort. Was er von Shiloh gesehen hatte, hatte ihn schließlich zum Schriftsteller gemacht – oder ihn zumindest in seinem Selbstverständnis gestärkt – und ihn in die Brüderschaft jener Männer aufgenommen, die an einem verregneten Aprilmorgen des Jahres 1862 gemeinsam den Untergang der alten Welt erlebt hatten. Ihre Gräber waren noch da, darunter einundzwanzig von Männern des Neunten Indiana, doch nur die Hälfte der dreitausend Grabsteine von Unionssoldaten trugen einen Namen. Bierce entdeckte das Grab von T. J. Patton, dem Regimentsadjutanten, mußte allerdings bestürzt feststellen, daß man Pattons Dienstgrad auf dem Stein vergessen hatte – seit über fünfzig Jahren lag er hier, von niemandem beachtet, ohne die ihm zustehenden militärischen Ehren. Die Felder auf der gegenüberliegenden Flußseite lagen unverändert da, aber die Todesschlucht, in der er die verkohlten Überreste Hunderter abgeschlachteter Soldaten des Fünfundfünfzigsten Illinois gefunden hatte, war inzwischen nicht mehr als eine grasbewachsene Senke, nicht anders als ein Bunker auf einem adrett gepflegten Golfplatz. Einen ganzen Tag hockte Bierce in Shiloh einfach nur in der Sonne. »Und das ist oh so lange her! Wie sie sich wieder einstellen – undeutlich und gebrochen, aber mit welcher Zaubermacht! – diese Jahre meiner Soldatenjugend!«[9]

Spätestens am 20. Oktober war die Sonne verschwunden und der Zauberbann gebrochen. Ein verfrühter Schneesturm hatte den Westen Tennessees und den Norden Mississippis mit einer dichten Schneedecke überzogen. Bierce quälte sich mit einem holprigen Automobil durch den Schnee und war bei seiner Ankunft in Corinth so steif gefroren, daß er seinen Namen nur mit Mühe ins Hotelregister setzen konnte. Der unansehnliche Eisenbahnknotenpunkt lag unter einer dichten Kohlenstaubwolke aus Hunderten von Lokomotiven. Wiederzuentdecken gab es hier ohnehin nicht viel; Corinth war eine »einzige Farce« gewesen, deren einzig bemerkenswerte Umstände General Hallecks zähes Ausweichen vor einer Schlacht und der desillusionierende Frontbesuch des Gouverneurs von Indiana, Oliver P. Morton, gewesen waren, den Bierce in seiner brillanten Erzählung »Ein Vorpostengefecht« verewigt hatte. Am nächsten Morgen floh Bierce mit einem der ersten Züge in Richtung Süden und gelangte, immer noch unter dem dunklen Schatten eines Blizzards aus Südwest, nach Hatttiesburg, Mississippi, wo er seine erste richtige Mahlzeit seit Shiloh und sein erstes Vollbad seit Nashville genoß. Am 23. Oktober setzte er nach New Orleans, schon immer eine seiner Lieblingsstädte, über und stieg im St. Charles Hotel ab. Nachdem das Wetter sich wieder beruhigt hatte, spazierte er zwischen Baumwollballen den Fluß entlang. Die Strapazen der Reise lösten einen erneuten Asthmaanfall aus, der so schwer war, daß Bierce sich nachts nicht zum Schlafen hinlegen konnte. Doch er rang das Asthma nieder und hatte sich rasch so weit erholt, daß er einem Reporter des ›New Orleans States‹ ein Interview geben konnte. Der Artikel erschien unter der Überschrift: BIERCE, BERÜHMTER AUTOR, ZU BESUCH IN UNSERER STADT./UNTERWEGS NACH

Mexiko, um die Wahrheit zu ermitteln. Der solide geschriebene Artikel gibt Auskunft darüber, was Bierce bewußt oder unbewußt über seine bevorstehende Reise zu sagen hatte. Da es sich zugleich um eins der letzten unabhängigen und zuverlässigen Lebenszeugnisse des Autors handelt, soll er hier in voller Länge wiedergegeben werden:

Auf einer Reise durch jene Gebiete, die er als Soldat im Bürgerkrieg unter General Hazen durchquert hat, ist der berühmte Schriftsteller und angesehene Kritiker Ambrose Bierce in New Orleans eingetroffen. Sein erster Besuch in unserer Stadt fand allerdings nicht während des Kriegs, sondern erst in den Jahren danach statt. Jetzt hat ihn der Zufall auf seinem Weg nach Mexiko erneut hierher geführt. Die Orte auf seiner Reise sind in zahllosen Liedern und Geschichten verewigt – jene Orte, an denen die größten Schlachten geschlagen wurden, wo der Mond bei Nacht auf die Totengräber fiel und wo bei Tage die blankgeputzten Bajonette in der Sonne blitzten und der Rauch aus den Mündern der Kanonen in den Himmel stieg.

Denn Mr. Bierce war in Chickamauga; er war in Shiloh, in Murfreesboro, Kennesaw [sic] Mountain, Franklin und Nashville. Erst eine Verwundung während des Atlanta-Feldzugs brachte ihn zurück in seine Heimat. »Ich habe es seither nie zu viel gebracht«, sagte er uns am Samstag. Aber seine Geschichten über den großen Kampf, die als unsterbliche Beschreibungen des blutigen Geschehens weiterleben, zeigen, wozu er es »seither gebracht hat«.

Vielleicht war es aus Trauer über die Toten, über deren Schlachtfelder er seinen Weg nach New Orleans genommen hat, daß Mr. Bierce ganz in Schwarz gekleidet war. Sein Aufzug war von Kopf bis Fuß in dieser Farbe, abgesehen von den wenigen Stellen, wo die weißen Manschetten, der Kragen und die Hemdbrust hervorragten. Selbst sein Gehstock war schwarz wie Ebenholz und ohne jede Verzierung aus Gold oder Silber. Doch in seinen blauen Augen, die so scharf dreinblickten, als wollten sie den Pulverdampf von Chickamauga durchdringen, lag immer noch das Feuer des unbeugsamen Kämpfers.

»Ich bin auf dem Weg nach Mexiko, weil mir das Spiel gefällt«, sagte er. »Ich liebe den Kampf, ich will dabeisein. Außerdem glaube

ich nicht, daß die Situation für Amerikaner wirklich so gefährlich ist, wie behauptet wird, und möchte mich gerne selbst von der Wahrheit überzeugen. Ich gehe natürlich nicht nach Mexiko, wenn sich zeigt, daß es für Amerikaner nicht sicher ist, aber ich möchte zu Pferde diagonal von Nordosten nach Südwesten, dann mit dem Schiff nach Südamerika, quer über die Anden und, wenn möglich, durch den ganzen Kontinent, und anschließend mit dem Schiff nach Amerika zurück.

Ich habe für keine Familie zu sorgen; außerdem habe ich das Schreiben aufgegeben und will mich ausruhen. Meine Reise dient ganz bestimmt nicht der Suche nach neuen Eindrücken. Ich habe mich auf mein Altenteil zurückgezogen, genau wie ein Händler oder Geschäftsmann dies tut. Ich überlasse den jüngeren Autoren das Feld.«

Die neugierige Frage, ob er allein durch sein Schreiben ausreichend für seinen Lebensabend vorgesorgt habe, beantwortete Mr. Bierce ohne Umschweife.

»Ich habe nur wenige bescheidene Bedürfnisse«, sagte er, »und kann von meinen Einnahmen leidlich leben. Ich brauche nicht viel und verbringe meine Zeit mit gemächlichen Reisen. Seit fünf Jahren habe ich nichts mehr geschrieben. Glauben Sie nicht, daß ein Mann, der soviel gearbeitet hat wie ich, eine Ruhepause verdient hat? Vielleicht werde ich nach einiger Zeit wieder arbeiten – wer weiß, es gibt so viele Dinge –«, und dabei verlor sich der Blick seiner klaren blauen Augen in weiter Ferne, »es gibt so viele Dinge, die sich bis zu meiner Rückkehr ereignen können. Meine Reise kann mehrere Jahre dauern, und ich bin schon heute ein alter Mann.«

Von seinem dichten, schneeweißen Haar abgesehen, würde ihn niemand für alt halten. Seine Hände sind frei von Zittern und er steht straff und groß da – vielleicht sechs Fuß.[10]

Bierce gefiel der Artikel so gut, daß er ihn zwei Wochen später Lora Bierce zusammen mit einem Begleitschreiben schickte, das seinen Biographen bis heute Rätsel aufgibt. Der Brief war auf den 6. November in Laredo datiert, wurde aber am 5. November in San Antonio abgeschickt, wie Bierce in einer weiteren Mitteilung an seine Nichte erläuterte. Er hatte eine ganze Woche in San Antonio verbracht, den Alamo besucht (»den von allen Texanern verehrten Schrein«), der nach seinen Worten so klein sei, daß man ihn unter einem Hut verstecken könne, und auch Fort Sam Houston, wo die Offiziere der Dritten Kavallerie ihn wie einen ausländischen Botschafter empfangen hatten und nur mit Mühe davon abzubringen waren, das Regiment in Ehrenformation aufmarschieren zu lassen. Wie er Carrie Christiansen schrieb, kannte er einige der Offiziere aus San Francisco und hatte eine Reihe anderer im Army-Navy Club in Washington kennengelernt; die meisten von ihnen kannten seine Bücher. In seinem Brief an Lora wiederholte er seine Absicht, nach Mexiko zu gehen, wo »mächtige Kämpfe im Gange sind, [aber] in meiner Eigenschaft als ›unschuldiger Zuschauer‹ sollte mir kaum eine Gefahr drohen, wenn ich nicht zuviel Geld bei mir trage, meinst du nicht?« Der Brief schließt mit dem verwirrenden Postskriptum: »Du mußt nicht *alles* glauben, was die Zeitungen über mich und mein Vorhaben schreiben. Ich mußte ihnen *irgendwas* erzählen.« Was aber genau hatte er ihnen erzählt? Man ist geneigt, in den eingestreuten Zitaten des kurzen Artikels im New Orleans States eine geheime Botschaft herauszulesen. Bierce hatte gesagt, er wolle nach Mexiko gehen, weil ihm »das Spiel gefällt« und er »den Kampf« liebe – und das aus dem Mund eines Mannes, der fünfzehn Jahre zuvor nicht das geringste Interesse gezeigt hatte, während des Spanisch-Amerikanischen Kriegs nach Kuba zu gehen, dem größten Konflikt der Nation seit dem Bürgerkrieg, und der den Krieg in seinen Kurzgeschichten und Zeitungsartikeln, auf der Basis schmerzlicher persönlicher Erfahrungen, ausnahmslos als selbstmörderisch, inhuman und von unerbittlicher Zerstörungswut beschrieben hatte. Er wolle nicht gehen, wenn sich zeige, daß es »nicht sicher ist« – eine Einschränkung, die er gegenüber seinen Freunden und seiner Familie verschwieg –, doch selbst wenn er ginge, seien da »so viele Dinge, die sich ereignen können«, und außerdem sei er ein alter Mann. Dennoch beabsichtigte er, das gesamte dürre und revolutionsgeschüttelte Land zu Pferde zu durchquerern und sich dann nach Südamerika einzuschiffen, den gefährlichen Weg über die Anden und durch den Urwald auf sich zu nehmen und »wenn möglich« nach Amerika zurückzukehren. Alles in allem ein höchst unwahrscheinliches Szenario.[11]

Zuletzt bleibt also die Frage: Welchen Aussagen des Interviews sollte seine Nichte keinen Glauben schenken? Da er ihr bereits von seinen Reiseplänen erzählt hatte, sollte sie lediglich den Anmerkungen zu seiner Rückkehr mißtrauen? Wollte ihr Bierce vielleicht auf schonende Weise beibringen, daß er nicht mehr zurückkommen werde? Sein letzter Brief an sie vom 6. November enthält zweifellos dunkle Vorahnungen: »Ich werde nicht lange genug hierbleiben, um von Dir zu hören, und weiß nicht, wo ich demnächst sein werde. Aber ich glaube, das ist nicht so wichtig. Adios.« Das klingt nicht nach einem Mann, der die Absicht hat zurückzukehren. Betrachtet man noch einmal das Interview, kann man sich des Eindrucks nicht erwehren, daß Bierce für den Reporter eine einstudierte Rolle zum besten gibt. Angefangen bei seiner schwarzen Kleidung, den ungewohnt chauvinistischen Tönen (»Ich gehe nach Mexiko, weil mir das Spiel gefällt«), bis hin zur sorgsam erwogenen Pause um des dramatischen Effekts willen (»dabei verlor sich der Blick seiner klaren blauen Augen in weiter Ferne, ›es gibt so viele Dinge, die sich bis zu meiner Rückkehr ereignen können‹«), ist das Bild, das er zu vermitteln sucht, das eines müden alten Mannes, der zu seiner letzten gefährlichen Reise aufgebrochen ist. Auch wenn dem zweifellos so war, so scheint die düstere Vorstellung auf den Reporter aus New Orleans – der von Berufs wegen geübt war, solche Posen zu durchschauen – nicht ganz überzeugend gewirkt zu haben. Die »klaren blauen Augen« wollen nicht recht zum sich »in weiter Ferne« verlierenden Blick passen, und auch Bierces Behauptung, er sei ein alter Mann, wird durch die nachfolgende Bemerkung des Reporters unmittelbar widersprochen: »Von seinem dichten, schneeweißen Haar abgesehen, würde ihn niemand für alt halten.« Warum aber sollte Bierce, der sich soviel auf seine körperliche Zähigkeit und Ausdauer zugute hielt, so sorgsam darauf bedacht gewesen sein, sich in der Öffentlichkeit als alternder Ruheständler zu präsentieren, der das Feld kraftlos den jüngeren Männern räumt?[12]

Eine – zurückhaltend formuliert – phantastische Theorie

wurde 1972 von Sibley Morrill, Autor aus San Francisco, in seinem Buch *Ambrose Bierce, F. A. Mitchell-Hedges and the Crystal Skull* vorgestellt. Morrill behauptet, Bierce sei als Geheimagent der amerikanischen Regierung nach Mexiko gegangen, um dort etwas über die zahllosen Machenschaften der Deutschen und Japaner in Erfahrung zu bringen, denen man zum einen den Plan eines gemeinsamen japanisch-mexikanischen Angriffs auf die Vereinigten Staaten unterstellte oder aber einen von den Deutschen unterstützten Angriff der Marine auf den beinahe fertiggestellten Panamakanal. Gerade weil er ein so unwahrscheinlicher Kandidat war, so Morrill, sei Bierce genau der richtige Mann für einen Spionageauftrag gewesen: ein bekannter, redegewandter, die Aufmerksamkeit auf sich ziehender Einzelgänger vorgerückten Alters, dessen langjährige Verbindungen – etwa als Mitglied des Army-Navy Clubs – zu hochrangigen Persönlichkeiten des Militärs und der Nachrichtendienste die ideale Visitenkarte zum Eintritt in die abgeschirmte Spionagewelt waren. Niemand hätte hinter einem asthmatischen, einundsiebzigjährigen Schriftsteller einen Geheimagenten vermutet, behauptet Morrill, so daß Bierce sich in Begleitung des englischen Abenteurers und späteren Spions F. A. Mitchell-Hedges überall ungehindert im Land bewegen konnte (wobei Hedges passenderweise den Namen Bierce in seiner Autobiographie von 1954 an keiner Stelle erwähnt – für Morrill der unstrittige Beweis, daß die beiden Männer Verbündete in geheimer Mission waren). In Morrills Lesart sind Bierces Briefe, Interviews und seine vielbeachtete Besichtigungstour zu den Schlachtfeldern des Bürgerkriegs allesamt Teil eines sorgfältig eingefädelten Verwirrungsmanövers, um feindliche Agenten von seiner Fährte zu locken und gleichzeitig der amerikanischen Regierung eine glaubwürdige Geschichte präsentieren zu können für den durchaus nicht auszuschließenden Fall, daß er während seines Auftrags getötet werden sollte.[13]

Bis zu diesem Punkt klingt Morrills Hypothese plausibel, wenn auch reichlich weit hergeholt – die amerikanische Regierung verfügte über mehr als ausreichende nachrichtendienstliche Kapazitäten auf beiden Seiten der mexikanischen Grenze, als daß sie auf einen versprengten Einzelgänger wie Bierce hätte zurückgreifen müssen –, doch jetzt kommt Morrill erst richtig in Fahrt. In seinem immer bizarrer werdenden Bericht reisen Bierce und Mitchell-Hedges, die sich aus nicht näher benannten Gründen zusammengetan haben, quer durch Mexiko und Guatemala, wo sie auf der Durchreise den sogenannten »Schädel des Verderbens« der Maya, auch unter dem prosaischen Namen *The Crystal Skull* bekannt, kaufen oder stehlen, der in den Händen der Hohepriester der Maya zahllosen Menschen den Tod gebracht haben soll. Anschließend ziehen beide weiter nach Honduras, wo Bierce – nachdem er sich offenbar seiner lästigen Spionagepflichten entledigt hat – sich von Mitchell-Hedges trennt und den Rest seiner Tage damit verbringt, mysteriösen Verschwindensfällen im sogenannten honduranischen Yalbac-Dreieck nachzuspüren, bis er zuletzt von Maya-Zauberern in eine Höhle unter der Erde verschleppt wird und dort (so zumindest der Stand von 1972) immer noch in Honduras lebt und sich bester Gesundheit erfreut.[14]

Auch Joe Nickell, ein ehemaliger Privatdetektiv, der Bierces letzte Tage für sein 1992 erschienenes Buch *Ambrose Bierce Is Missing and Other Historical Mysteries* untersucht hat, hält den Auftritt des Autors in New Orleans für ein Täuschungsmanöver, wenn auch mit weitaus weniger übernatürlichen Absichten. Einer Theorie folgend, die Walter Neale erstmals in seiner Bierce-Biographie von 1929 formulierte, sieht Nickell in Bierces Vorgehen ein Verwirrspiel, mit dem er von seinem eigentlichen Reiseziel – nämlich den Grand Canyon – wie auch von seinem wahren Vorhaben – sich dort das Leben zu nehmen – ablenken möchte. »Zur Verwirklichung seines Plans brauchte er lediglich eine alle Aufmerksamkeit auf sich ziehende Nebelkerze, die er dadurch zündete, daß er das kriegsgeschüttelte Mexiko als sein vermeintliches Reiseziel nannte«, schreibt Nickell. »In einer Serie von Abschiedsbriefen schürte er die Illusion, die Grenze überquert zu haben, während der gerissene Fuchs sich in Wahrheit flink aus dem Staube machte. Vielleicht wird er irgendwann in den Tagen, bevor er mit grimmiger Entschlossenheit seinen Revolver spannte, trocken gelächelt haben bei dem Gedanken, eine ganz andere Grenze zu überschreiten.« Andere Bierce-Biographen haben bezeichnenderweise Neales

Version zugunsten eines dramatischeren Verschwindens in Mexiko abgelehnt. Dennoch läßt sich aus dem, was wir von Bierce wissen – seine wiederholt geäußerte Bejahung des Selbstmords, seine besondere Schwäche für mysteriöse Verschwindensfälle, seine Vorliebe für klug eingefädelte Finten, seine rätselhaft düsteren Briefe und seine sentimentale Reise zu den Schlachtfeldern des Bürgerkriegs –, eine starke, wenn auch auf bloßen Indizien ruhende Verteidigung jener Theorie gewinnen. Dazu muß man allerdings zunächst einmal achtzig Jahre dunkler Spekulation über Bierces »vermutliches« Schicksal außer acht lassen und einen unvoreingenommenen Blick auf die Situation im Norden Mexikos zur Zeit seines Verschwindens Ende Dezember 1913 werfen, insbesondere in Verbindung mit dem beinahe zeitgleichen Verschwinden eines anderen streitbaren Ausländers, William S. Benton, im mexikanischen Grenzgebiet. Eine genauere Untersuchung der Hintergründe des Benton-Falls läßt Bierces Verschwinden in einem neuen Licht erscheinen, da daran deutlich wird, wie schwierig, wenn nicht gar unmöglich es für eine bekannte Persönlichkeit wie Ambrose Bierce gewesen sein müßte, in der Treibhausatmosphäre der mexikanischen Revolution zu genau jenem Zeitpunkt und an genau diesem Ort spurlos vom Erdboden zu verschwinden.[15]

Bei Ausbruch der Revolution war der aus Schottland stammende Benton einer der reichsten Rancher des Bundesstaates Chihuahua. Der ehemalige Goldgräber hatte ein Mädchen aus der Region geheiratet und seine Ranch Los Remidios zu einem millionenschweren Großunternehmen ausgebaut. Ebenso stolz wie eigensinnig, war er es nicht gewohnt, sich nach den Befehlen anderer zu richten. Nachdem Pancho Villa in einer Reihe von Kämpfen im Herbst und Winter 1913/14 die Regierungstruppen aus dem Bundesstaat vertrieben hatte, beschlagnahmte er kurzerhand Bentons Ranch und wies ihren regierungstreuen Besitzer an, Mexiko umgehend zu verlassen. Mit mehr Wagemut als Verstand besuchte Benton Villa höchstpersönlich in Juárez, von wo aus der Revolutionsführer jenseits der Grenze in El Paso neue Waffen und Ausrüstungsmaterial einkaufen wollte. An einem Morgen Anfang Februar 1914 stürmte Benton in Villas Hauptquartier und forderte lautstark die Rückgabe seines

Besitzes. Villa lehnte ab, bot dem Rancher aber eine Entschädigung für seinen Verlust, wobei er hinzufügte: »Da Sie britischer Staatsbürger sind und ich Verwicklungen mit dem Ausland zu vermeiden gedenke, bin ich bereit, Ihnen den Wert bzw. den Kaufpreis Ihrer Ranch zu erstatten, und danach begeben Sie sich außer Landes.« Benton geriet über diesen Vorschlag so sehr in Rage, daß er seine Pistole zog und Villa an Ort und Stelle erschießen wollte. Doch bevor er abdrücken konnte, wurde er von Wachen überwältigt und unter Arrest gestellt.[16]

Für Villa bedeutete dies eine mißliche Situation. Einerseits wollte er die Engländer nicht gegen sich aufbringen, andererseits aber konnte er unmöglich zulassen, daß jemand unbedarft in sein Hauptquartier spazierte und ihn über den Haufen zu schießen versuchte. Nachdem er verschiedene Alternativen durchgespielt hatte, entschied der Guerillahäuptling sich zuletzt für die abgefeimteste Lösung; er ließ Benton im Schutz der Dunkelheit aus Juárez wegschaffen und von einem Geheimkommando exekutieren. Im vierzig Meilen weiter südlich gelegenen Samalayuca hob eine kleine Gruppe Villistas ein flaches Grab aus, und Rodolfo Fierro, Villas bevorzugter Mordgehilfe, näherte sich Benton von hinten und schlug ihm mit einer Schaufel den Schädel ein. Ohne sich darum zu kümmern, ob ihr Opfer auch wirklich tot war, stießen die Killer den Rancher ins Grab und schaufelten es in aller Eile zu.[17]

Trotz der Verschwiegenheit der Tat sickerten bald schon Gerüchte von Bentons Tod durch. Der amerikanische Konsul George Carothers begleitete Bentons Witwe höchstpersönlich zu Villas Hauptquartier, um eine vollständige Aufklärung des Falls zu verlangen. Villa beteuerte seine Unschuld, indem er vorgab, Benton nie begegnet zu sein, während er gleichzeitig mit theatralischem Eifer in ganz Juárez nach ihm suchen ließ. Unterdessen sprachen Amerikaner jenseits der Grenze in El Paso offen davon, daß Benton ermordet worden sei. Die ›New York Times‹ bekam Wind von der Geschichte und verurteilte den Mord in aller Schärfe, die Warnung hinzufügend, die Wilson-Administration könne sich durch Bentons Tod gezwungen sehen, zugunsten der Regierung Huerta in Mexiko zu intervenieren. Carothers überbrachte Villa persönlich ein Schreiben des Außenministers William Jennings Bryan, in dem dieser die Vorgänge als »ernsthaften Zwischenfall« bewertete. Gleichzeitig verlangte auch die britische Regierung eine lückenlose Aufklärung.[18]

Angesichts des massiven internationalen Drucks gab Villa schließlich zu, man habe Benton hingerichtet, bestand aber darauf, daß das Urteil rechtmäßig von einem Revolutionstribunal gefällt worden sei. Anschließend richtete er einen Brief an die ›New York Times‹, in dem er erklärte, »Benton wurde standrechtlich von einem Kriegsgericht zum Tode verurteilt, weil er einen Anschlag auf mein Leben verübt hatte, wie ich unstrittig beweisen kann«. Im weiter westlich gelegenen Nogales schaltete sich jetzt auch Villas Kampfgefährte, Revolutionsgeneral Venustiano Carranza, in die Vorgänge ein und verlangte, daß alle Benton betreffenden Fragen an ihn als den »Ersten Kommandaten der Revolution« zu richten seien. Der amerikanische Korrespondent John Reed – der in Kürze für seine Berichte über die Russische Revolution berühmt werden sollte, die ihm zugleich den Stoff für seinen Bestseller *Zehn Tage, die die Welt erschütterten* lieferten – nahm Carranza beim Wort und besuchte ihn in seinem Hauptquartier, um ihn über den Fall zu befragen. Während Reed eifrig mitschrieb, verurteilte Carranza lautstark jede amerikanische Einmischung und warnte, »wenn die Vereinigten Staaten aufgrund eines derart billigen Vorwands in Mexiko einmarschieren, wird diese Intervention unausweichlich zu einem Krieg führen, der zwischen den Vereinigten Staaten und ganz Lateinamerika einen tiefen Haß säen wird«![19]

Unter dem wachsenden Druck von allen Seiten stimmte Villa widerwillig zu, Bentons Leiche einer internationalen Untersuchungskommission zu übergeben. Da von einer medizinischen Autopsie des Opfers auszugehen war, befahl Villa seinen Leuten, die Leiche des Engländers zu exhumieren und mit Kugeln zu durchsieben, um so eine Exekution durch ein Erschießungskommando vorzutäuschen. Bevor dieser makabre Plan allerdings in die Tat umgesetzt werden konnte, erklärte Carranza, jede weitere Nachforschung in diesem Fall werde als nicht hinzunehmende Verletzung der mexikanischen Souveränität betrachtet, woraufhin der unselige Benton weiterhin in seinem

Grab verwesen mußte. Unter Androhung einer ähnlichen Strafe war es den Bewohnern von Juárez und den Dörfern der Umgebung verboten, den Namen des Ermordeten auch nur in der Öffentlichkeit zu erwähnen.[20]

Der Fall Benton wurde von den Bierce-Biographen routiniert unterschlagen, ungeachtet der Tatsache, daß die meisten von ihnen Bierce ein ähnliches Schicksal unterstellten. Angesichts der internationalen Proteste, die Bentons Tod umgehend auf beiden Seiten des Atlantiks sowie entlang der amerikanisch-mexikanischen Grenze von Texas bis Kalifornien auslösten, erscheint dies nicht weiter verwunderlich. Denn wenn schon die sorgfältig vertuschte Ermordung eines vergleichsweise unbekannten englischen Ranchers so rasch in der Öffentlichkeit publik wurde, in der erlauchten ›New York Times‹ für Schlagzeilen sorgte und das drohende Gespenst einer amerikanischen Intervention in Mexiko wachrief, welchen Aufschrei mochte dann erst die Ermordung eines der berühmtesten Schriftsteller Amerikas bewirkt haben? Man kann mit einiger Gewißheit sagen, daß die Meldung vom Tod Ambrose Bierces Anfang 1914 genauso zu einem Einmarsch amerikanischer Truppen nach Mexiko und zu entsprechenden Vergeltungsaktionen geführt hätte, wie die Schändung der amerikanischen Flagge in Tampico im März des gleichen Jahres mit einer sechsmonatigen Seeblockade des bedeutendsten mexikanischen Hafens Veracruz beantwortet wurde oder Villas fehlgeschlagener Angriff auf Columbus, New Mexiko, zwei Jahre später eine elf Monate dauernde Strafexpedition von 6600 amerikanischen Soldaten unter General John J. Pershing nach Chihuahua zur Folge hatte. Und es ist nicht weniger gewiß, daß, wenn Bierce zu dieser Zeit eines gewaltsamen oder auch natürlichen Todes gestorben wäre, dies bestimmt nicht unbemerkt geblieben wäre. Villas Armee wurde in jenen Tagen von einem großen Troß ausländischer Reporter, vorwiegend Amerikaner, begleitet; zudem verfolgten Amerikaner zu beiden Seiten der Grenze aufmerksam die Entwicklung des Kriegs. Die US-Armee verfolgte das Geschehen durch zahlreiche Militärbeobachter und mexikanische Informanten von ihren Forts entlang der Grenze, von denen Bierce zwei innerhalb der letzten Wochen besucht hatte. Wie die Benton-Affäre unmißverständlich zeigt, wäre der Tod eines so bekannten Gringos nicht lange geheim geblieben.

Statt dessen gibt es nichts: kein Wort von Bierce, keine Berichte über seine Person, nicht einmal die leisesten Gerüchte über sein Schicksal. Carrie Christiansens Tagebuch, in dem bis dahin Bierces Reise minutiös dokumentiert ist, weist über seinen vermeintlichen Verbleib nach dem 13. November 1913 nur noch zwei kurze Eintragungen auf. Die erste vermutet ihn am 28. November »zwanzig oder dreißig Meilen südlich von Juárez«; der zweiten Eintragung nach befindet er sich am 26. Dezember auf dem Ritt nach Chihuahua City, von wo aus er in einem letzten Brief seinen Aufbruch nach Ojinga am folgenden Tag mitteilt. Mittlerweile, so Christiansen, sei er von den Revolutionären »herzlich aufgenommen« und mit entsprechenden Ausweispapieren versehen worden, um Villas Armee zu begleiten. Der Rest, wie die meisten Biographen unheilvoll vermerken, ist Schweigen. Angesichts der Tatsache, daß Villa die Schlacht von Ojinga am 11. Januar 1914 gewann, wird gemeinhin vermutet, daß Bierce während des Kampfes getötet wurde und sein Leichnam anschließend zum Schutz vor einer grassierenden Typhusepidemie zusammen mit den anderen Gefallenen verbrannt wurde. Auf den ersten Blick erscheint diese Schlußfolgerung vollkommen logisch. Tatsächlich aber basiert sie auf einem hohen Maß an Leichtgläubigkeit.[21]

Zunächst einmal gibt es keinerlei verläßliche Hinweise, daß Bierce jemals in Ojinga war. Zwischen dem Brief an Christiansen vom 26. Dezember und der Schlacht am 11. Januar liegen immerhin 16 Tage, an denen der fleißige Briefeschreiber offenbar mit niemandem korrespondiert hat. Dieses Faktum allein ist nicht weiter bemerkenswert; inmitten einer militärischen Operation erscheint die Vernachlässigung der privaten Korrespondenz nur verständlich. Berücksichtigt man aber, daß Ojinga vor seiner Einnahme von den Villistas zehn volle Tage belagert wurde und daß die Stadt unmittelbar gegenüber des texanischen Presidio auf der anderen Seite des Rio Grande liegt, erscheint es unwahrscheinlich, daß Bierce die dazwischenliegenden Tage nicht dazu genutzt haben sollte, irgendwem eine Nachricht zukommen zu lassen, und sei es auch nur, um seine sichere Ankunft mitzuteilen. Zudem existieren keinerlei verläßliche Berichte über Bierces Teilnahme an der Schlacht, einmal abgesehen von einer nach dem Krieg in Umlauf gebrachten unbestätigten Meldung, nach der »ein alter Gringo« auf dem Weg zur Front gesehen wurde. Unmittelbar nach der Schlacht zogen sich die Regierungstruppen unter General Salvador Mercado und General Pascual Orozco über die Grenze nach Presidio zurück, von wo aus General Pershing höchstpersönlich ihre Internierung im nahegelegenen Fort Bliss beaufsichtigte. Wäre Bierce gewissermaßen vor Pershings Augen umgekommen, hätte der General zweifellos davon erfahren, zumal er nach der Schlacht auch mit Villa zusammentraf. Tatsächlich aber erreichte Pershing keine Meldung über die Beteiligung eines amerikanischen Staatsbürgers an den Kämpfen, geschweige denn die Nachricht eines amerikanischen Todesopfers. Der Journalist Norman Walker, der im Auftrag des ›El Paso Herald‹ über die Schlacht berichtete, äußerte später gegenüber einer Untersuchungskommission, er könne mit Sicherheit sagen, daß Bierce in Ojinga nicht dabei war.[22]

Obwohl keinerlei Beweise existieren, folgen die meisten Bierce-Biographen bereitwillig der Ojinga-Version, vermutlich vor allem deshalb, weil sie Bierce auf die einfachste und angenehmste Art von der Bildfläche verschwinden läßt. Wie Hamlets Geist – wenn auch ohne dessen großen Monolog im ersten Akt – wird Bierce gleich zu Beginn des Stücks hinter der Bühne umgebracht, was weitaus unkomplizierter ist, als ihn noch Monate oder gar Jahre später durch Mexiko streifen zu lassen, ohne daß je ein Landsmann ihn zu Gesicht bekommt, während gleichzeitig mehrere offizielle und inoffizielle Forschungsexpeditionen nicht auch nur den leisesten Hinweis auf seine Existenz erbringen und immer wildere Spekulationen über sein Ableben die Runde machen. Nach einer weithin akzeptierten Version soll Bierce sich durch seine Drohung, zu Carranzas Lager überzulaufen, Villas Zorn zugezogen haben, woraufhin der Guerillaführer ihn herzlich umarmt und verabschiedet haben soll, um anschließend seinen Killer Fierro hinter ihm herzuschicken und ihn mit einem gezielten Kopfschuß in der Dunkelheit niederzustrecken. (Aufgrund ethnischer und kultureller Differenzen, die etwas mit dem nach wie vor angespannten Klima zwischen Mexiko und Amerika zu tun haben, wird diese Version vor allem in Mexiko favorisiert.) Ihr Hauptproblem allerdings – einmal abgesehen von der wenig überzeugenden Unterstellung, Bierce hätte so dumm sein können, den für seinen Jähzorn bekannten Villa offen zu beleidigen – liegt in der Datierung. Villa und Carranza waren, zumindest dem Anschein nach, bis zum September 1914 Verbündete, bevor sich die beiden Kriegsherren über den weiteren Verlauf der Revolution zerstritten. Selbst wenn man vor dem endgültigen Bruch einige Monate wachsender Spannungen hinzurechnet, müßte Bierce im Rahmen dieses Szenarios noch mehrere Monate nach seinem vermeintlichen Tod in Ojinga zu Villas Troß gehört haben. Das aber war, wie sich leicht zeigen läßt, nicht nur höchst unwahrscheinlich, sondern praktisch geradezu unmöglich.[23]

Im Herbst 1913 war Pancho Villa der berühmteste Mann Mexikos, wenn nicht sogar der ganzen Welt. Seine wahren oder auch nur erfundenen Heldentaten machten von Dallas bis Paris Schlagzeilen. Zahllose Legenden feierten ihn als eine Art modernen Robin Hood, der seine (gestohlenen) Reichtümer unter der bedürftigen Bevölkerung von Chihuahua verteilte und sich sämtliche Techniken des Guerillakriegs selbst beigebracht hatte. Bekannte Journalisten wie John Reed oder junge Abenteurer wie der spätere Filmstar Tom Mix machten ihm ihre Aufwartung. Nach der amerikanischen Besetzung von Veracruz luden ihn General Hugh Scott und Konsul George Carothers zu einer vielbeachteten Konferenz im Grenzgebiet zwischen Juárez und El Paso, um das Vorgehen der US-Regierung zu erläutern und es sich von dem früheren Banditen absegnen zu lassen. Als Villa der Intervention großherzig seine Unterstützung zusagte und seinen aufrichtigen Wunsch nach »engsten und herzlichsten Beziehungen zu unseren Nachbarn im Norden« zum Ausdruck brachte, beschrieb ihn ein erleichterter Präsident Wilson gerührt als einen »Mexikaner von großherziger Gesinnung und Edelmut«.[24]

Mit seinem breiten Sombrero, dem nach unten gezwirbelten Schnauzbart und den blitzenden Patronenriemen entsprach Villa ganz dem Bild des schneidigen Revolutionärs. Sein rundes und – zumindest dem äußeren Anschein nach – joviales Gesicht gaben ihm ein wenig das Aussehen eines mexikanischen Babe Ruth, und wie Ruth erschuf Villa sich ein Image, das bis heute fortwirkt. Indem er das Interesse der gesamten Welt auf sich lenkte, wurde jeder Schritt Villas sowohl von der amerikanischen Öffentlichkeit als auch von deren militärischer und politischer Führung genauestens beobachtet. Hätte Bierce sich unter Villas Gefolgsleuten befunden, wäre er sofort der mitreisenden Presse aufgefallen. Sein letztes bekanntgewordenes Interview gab er freilich Anfang November Lokal-Reportern in San Antonio, die pflichtschuldig die Anwesenheit des »berühmten« und »anerkannten« Schriftstellers in ihrer Stadt meldeten und einmal mehr die inzwischen routiniert einstudierte Geschichte seiner Reise durch Mexiko und Südamerika wiederholten. Kein weiterer Journalist, einschließlich so erfahrener Kriegskorrespondenten wie Floyd Gibbons, Federick Palmer oder Gregory Mason, hat je etwas von Bierce gehört oder gesehen. Timothy Turner von der ›Associated Press‹, der später ein Buch über Villas Feldzug geschrieben hat, weigert sich darin, auch nur Vermutungen über Bierces Verschwinden anzustellen, »da ich mich der Wahrheit verpflichtet fühle und mich nicht an wilden Spekulationen beteiligen möchte«. Villa selbst hat Carothers ausdrücklich versichert, Bierce nie begegnet zu sein, was von Villas letzter Frau Señora Soledad Seanez de Villa bestätigt wurde. Professor Haldeen Braddy von der University of Texas in El Paso, eine ausgewiesene Autorität im Fall Bierce, hat Dutzende Interviews mit ehemaligen Villistas, darunter auch Villas Witwe, geführt, ohne daß einer der Befragten den Autor in Villas Lager gesehen hätte. »Ich bin zu der Überzeugung gelangt«, so Braddys damaliges Fazit, »daß der weitverbreitete Glaube vom Tod Bierces in Mexiko gegenwärtig jeder gesicherten Grundlage entbehrt und deshalb entschieden abzulehnen ist.« Ob Bierce nun in Mexiko starb oder nicht, es gibt zumindest keinerlei Beweise, daß er je mit Pancho Villa zusammengetroffen ist, geschweige denn ihn auf seinem von der Presse ausführlich dokumentierten Feldzug im Norden Mexikos in den Jahren 1913–1914 begleitet hat.[25]

Wenn Bierce aber nicht bei Villa oder in dessen Armee war,

wie es die Legende will, wo war er dann? Sein letzter überlieferter Aufenthalt in Chihuahua in den Weihnachtstagen 1913 basiert allein auf Carrie Christiansens Abschrift seines vorgeblich auf den 26. Dezember datierten Briefes. Bedauerlicherweise existiert der Original-Brief nicht mehr, besteht doch aller Grund zu der Annahme, daß Bierce nie in Chihuahua war. Der amerikanische Konsul Carothers, dessen Sitz in der Stadt war, hat später bezeugt, Bierce nie an diesem Ort begegnet zu sein. Da Carothers die offizielle Schaltstelle zwischen Villa und der amerikanischen Regierung darstellte, wirft sein fehlender Kontakt mit Bierce – einem der bekanntesten amerikanischen Journalisten, wie nicht oft genug betont werden kann – einigen Zweifel auf den weitverbreiteten Glauben, Bierce sei im Besitz einer offiziellen Presseakkredition zur Begleitung von Villas Armee gewesen. Auch Carothers Nachfolgerin Marion Letcher bestritt, Bierce je gesehen zu haben. 1930 schrieb Letcher in einem Bericht: »Zur Zeit von Mr. Bierces Verschwinden verrichtete ich in Chihuahua meinen Dienst, und ich erinnere mich noch gut an einige Nachrichten über den Fall in der Presse, doch soweit ich mich erinnere, hat Mr. Bierce das Bezirkskonsulat in jenen turbulenten Revolutionstagen nie aufgesucht. Ich pflegte in jener unruhigen Zeit ein sehr genaues Register über den jeweiligen Aufenthalt amerikanischer Staatsbürger in meinem Distrikt zu führen, und bin mir sicher, hätte Mr. Bierce den Bundesstaat Chihuahua für längere Zeit, also für mehr als ein paar Tage, besucht, hätte ich darüber eine Aktennotiz angefertigt und könnte mich jetzt daran erinnern. Während meiner Zeit in Chihuahua wechselte ich mehrere Briefe mit einer jungen Dame in Washington [Carrie Christiansen], die mich um Mithilfe bei ihren Nachforschungen über Mr. Bierces Verbleib bat. Nachdem ich 1916 nach Washington versetzt wurde, hatte ich auch ein persönliches Gespräch mit ihr. Der Bitte der Dame folgend, stellte ich damals Nachforschungen an, konnte aber nicht den geringsten Hinweis auf Mr. Bierces Aufenthalt in Chihuahua finden.«[26]

Vom heutigen Standpunkt aus ist es unmöglich, definitiv zu entscheiden, ob Bierce je in Chihuahua war oder nicht, auch wenn seine Teilnahme an Villas Feldzug zunehmend unwahrscheinlicher erscheint. Vielleicht läßt sich aus Letchers Feststellung, »hätte Mr. Bierce den Bundesstaat Chihuahua für längere Zeit als ein paar Tage besucht, hätte ich darüber eine Aktennotiz angefertigt«, ein Hinweis zur Lösung des Rätsels gewinnen. Es ist nämlich durchaus denkbar, daß Bierce – wie Christiansen behauptet – nach Chihuahua ging, ohne dort zwangsläufig zu Villas Heer zu stoßen. Er könnte auch einfach nur dorthin gegangen sein, um eine Nebelkerze zu setzen, wie Nickell vermutet, und damit seine tatsächlichen Pläne und sein eigentliches Ziel zu vertuschen. Zusätzliches Gewicht erhält diese Theorie durch einen Brief des Journalisten George Weeks an den Bierce-Biographen Vincent Starrett aus dem Jahr 1918, in dem Weeks von einem Gespräch mit William A. Willis vom ›New York Herald‹ und anderen Kriegskorrespondenten berichtet, die sich im Hotel Sheldon in El Paso einquartiert hatten. Weeks' Aussage zufolge hatte Willis erklärt, Bierce »hätte sich von ihnen mit den Worten verabschiedet, er ginge nach Mexiko, um sich dort der Revolutionsarmee anzuschließen und wenn nötig auch sein Leben zu opfern. Sollte man ihm den Kampf mit der Waffe verweigern, werde er sich ›in irgendeinem abgelegenen Loch in den Bergen verkriechen und dort sterben‹.«[27]

Auf den ersten Blick scheint diese Aussage zu bestätigen, daß Bierce tatsächlich nach Mexiko ging und dort bei Ojinga oder auf einem anderen unbekannten Schlachtfeld verschwand. Andererseits widerspricht einer solchen Lesart Bierces tiefwurzelnde Aversion gegen Radikale, Revolutionäre und Anarchisten jedweder Couleur, wobei alle drei Begriffe eine durchaus angemessene Beschreibung für Pancho Villa abgeben. Walter Neale, der Bierce in seinem letzten Lebensjahrzehnt wie kein anderer kannte, weist die Vorstellung, Bierce könne sich Villas Revolutionstruppen angeschlossen haben, weit von sich: »Bierce hat Villa während dessen steiler Banditenkarriere oft genug in Bausch und Bogen verurteilt. Ihn sich jemals im Kreis von Villas Pöbelhaufen vorzustellen, ist schlichtweg undenkbar.« Zugleich steht Bierces Äußerung gegenüber den Journalisten in El Paso in völligem Einklang mit der für sein Mexiko-Abenteuer charakteristischen zweideutigen Redensweise.

Zunächst kündigt er an, nach Mexiko zu gehen, um dies sogleich mit einem vagen Hinweis auf sein voraussichtliches Schicksal zu verknüpfen. Mit dem Hinweis aber, er werde entweder Villas Heer beitreten oder aber sich zum Sterben in die Berge verkriechen, könnte er den Versammelten auf der Veranda in El Paso durchaus die halbe Wahrheit verraten haben. Ob er dann tatsächlich für ein paar Tage südwärts nach Chihuahua weiterreiste, wie Christiansen behauptet, oder aber sich sogleich in umgekehrter Richtung auf den Weg zum Grand Canyon machte, wie Neale und Nickell glauben, spielt letzten Endes keine große Rolle. Weitgehend sicher ist nur, daß Bierce Ende Januar 1914 nicht mehr lebt. Zu dem Zeitpunkt gab es seit mehr als einem Monat keine Nachricht mehr von ihm; und es würde auch in Zukunft keine mehr geben. Da sein Tod in Mexiko unwahrscheinlich erscheint, muß er an irgendeinem anderen Ort gestorben sein. Nur wo?[28]

Die einzig plausible Alternative zur Mexiko-Version ist Neales Behauptung, Bierce habe im Grand Canyon den Tod gefunden, vielleicht sogar durch dieselbe Pistole, die er Freunden zu verschiedenen Anlässen präsentiert haben soll. Auch wenn sich diese Version allein auf Neales Aussage stützt, besitzt sie den unschätzbaren Vorteil, zugleich eine psychologisch schlüssige Interpretation für Bierces mysteriöse letzte Tage wie auch eine logische Erklärung dafür zu liefern, warum seine Leiche nie gefunden wurde. Wie der Fall Benton gezeigt hat, erscheint es höchst zweifelhaft, daß ein so berühmter Mann wie Ambrose Bierce unbemerkt im damals gefährlichsten Pulverfaß auf dem Erdball – dem Norden Mexikos – gestorben sein könnte, und zwar weder auf Befehl von noch an der Seite des zu der Zeit weltweit berüchtigten Mannes, Pancho Villa, ohne daß ein ganzes Bataillon amerikanischer Journalisten das Verschwinden eines ihrer bekanntesten Zunftgenossen in ihrer Nähe bemerkt hätte. Genausowenig, so versichern uns die amerikanischen Konsulatsvertreter, hätte Bierce sich ohne ihr Wissen längere Zeit in Chihuahua aufhalten können. Abzulehnen ist schließlich auch die Version, nach der Bierce noch Monate oder gar Jahre weiterlebte, ohne sich bei Freunden oder Familienangehörigen zu melden, bevor er zuletzt von einem Schergen Villas getötet wurde, wie verschiedentlich behauptet wird. Auch der schwärmerische Gedanke, Bierce habe in Mexiko seinen Tod herausgefordert oder herbeigesehnt, ohne an seinem Ableben aktiv beteiligt gewesen zu sein, erscheint wenig überzeugend. Ein Mann wie Bierce, der die unberechenbaren Launen des Krieges nur zu genau kannte, dürfte sich in seinem Wunsch nach einem schnellen, sauberen Tod kaum auf die Schießkünste der mexikanischen *federales* verlassen haben. Seine fanatische Gewissenhaftigkeit hätte ihn schlichtweg vor einem quälenden Dahinsiechen als Folge eines Magendurchschusses oder einer eitrigen Infektion in einer armseligen mexikanischen Hütte zurückschrecken lassen. Der halb herbeigesehnte Selbstmord, so steht zu befürchten, existiert nur in Romanen und Filmen. Wenn Bierce tatsächlich den Tod gesucht hat, wußte er, wie er dabei vorzugehen hatte. Die Frage ist also nur, wann und wo?

Die große Schwierigkeit, Neales Version mit den Mitteln moderner Untersuchungsmethoden zu stützen, besteht im Nachweis eines Negativums: daß Bierce nämlich nicht nach Mexiko gegangen ist. Auf den ersten Blick erscheint dies als eine schier unlösbare Aufgabe; zu groß ist das Gewicht anekdotischer Zeugnisse, auf die sich die geläufige Version von Bierces bewegten und abenteuerlichen letzten Tagen als frisch bekehrter Villista im gefahrvollen Norden Mexikos gründet. Wie wir jedoch gesehen haben, gibt es keinerlei stichhaltige Beweise dafür, daß Bierce sich je Villas Armee angeschlossen hat; mehr noch, es gibt gute Gründe, daran zu zweifeln. Und selbst wenn Bierce nach Chihuahua City ging, bedeutet dies nicht, daß er sich dort längere Zeit aufgehalten haben muß. Er hätte problemlos die Mexican National Railroad zurück nach El Paso nehmen und von dort für die letzte Reiseetappe in den Grand Canyon auf die Atchison, Topeka & Santa Fe-Linie umsteigen können. Dort angekommen, hätte er im Schutz einer Höhle oder eines Felsvorsprungs unbeobachtet seinen deutschen Revolver hervorziehen und womöglich mit einem Lächeln über sein gelungenes Ablenkungsmanöver ohne große Zeremonie und mit noch weniger Bedauern den Vorhang vor einer heillosen Welt herabsenken können.

Eingestandenermaßen gibt es für dieses Szenario nicht mehr

und nicht weniger handfeste Beweise als für jedes andere. Kein Wanderer, Floßfahrer oder Park Ranger im Grand Canyon hat je ein Skelett, die Reste schwarzer Kleidung oder einen verwitterten bleichen Schädel mit einem Einschußloch in der Schläfe entdeckt, die auf die letzte Ruhestätte des Autors hinweisen könnten. Wie Bierce prophezeit hatte, wurden seine sterblichen Überreste nie gefunden. Insofern ist es genausogut möglich, daß er, wie er den Reportern in El Paso berichtete, sich zum Sterben ganz einfach in eine Höhle in den Bergen Mexikos verkrochen hat, oder aber, wie andere vermutet haben, hingestreckt von Fieber, Asthma oder Herzschwäche unerkannt in einer Adobe-Hütte inmitten dunkelhäutiger Fremder hustend seine letzten Atemzüge tat. Letzten Endes bleibt sein Schicksal unbekannt, so wie er es gewollt hat. Dennoch ist der Gedanke, Bierce habe seinem Leben freiwillig und mit Bedacht ein Ende gesetzt, nur schwer abzuweisen. Erfahrene Detektive, die vor einem scheinbar unlösbaren Todesfall stehen, greifen in der Regel auf die einfachste Erklärung zurück. In Anbetracht der Tatsache, daß es keinerlei Augenzeugen gibt und der Leichnam auf immer verschollen ist, spricht alle Logik dafür, daß Bierce allein starb, wie es seinem Willen entsprach, und daß er von niemandem beobachtet wurde, wozu er peinlich genaue Vorkehrungen traf. Das heißt aber auch, daß er vermutlich nicht in Mexiko starb. Mehr läßt sich dazu nicht sagen.[29]

Nachdem zuerst Wochen, dann Monate keine Nachricht von Bierce eintraf, wandten sich seine Tochter Helen und Carrie Christiansen an die Behörden mit der Bitte, ihnen bei der Suche nach dem vermißten Schriftsteller zu helfen. Im September 1914 schrieb General Hugh Scott, Stabschef der Armee, einen Brief an Villas engen Vertrauten Felix Sommerfeld, in dem er ihn bat, auf der mexikanischen Seite der Grenze Nachforschungen über das Verschwinden des Autors anzustellen. »Der Innenminister, Mr. Franklin K. Lane, bittet dringend um Nachrichten über einen Mann namens Ambrose Bierce, der im vergangenen Jahr nach Mexiko einreiste und von dem seine Freunde seit Dezember ohne Nachricht sind«, schrieb Scott. »Im Herbst letzten Jahres war er in Juárez, wo er Ausweispapiere zur

Durchreise des von der Regierung kontrollierten Gebiets und einen Begleitschein für Villas Truppen erhielt. Soweit uns bekannt ist, schloß er sich nicht der Armee an und nahm auch nicht aktiv am Feldzug teil.« Sommerfeld stellte daraufhin Nachforschungen in Chihuahua an, konnte aber lediglich in Erfahrung bringen, daß Bierce die Stadt irgendwann im Januar mit unbekanntem Ziel verlassen hatte – ein weiterer Hinweis, der, sofern er zutrifft, der weitverbreiteten Auffassung widerspricht, Bierce sei am 27. Dezember nach Ojinga aufgebrochen. General Frederick Funston, der die amerikanische Intervention in Veracruz leitete und anschließend den Oberbefehl über die gesamten Truppenverbände im Süden übernahm, stellte seinerseits Nachforschungen zu Bierces Verschwinden an, ohne dabei auf konkrete Hinweise zu stoßen. Im Anschluß an den endgültigen Sieg der Rebellen im Jahr 1917 beschäftigte sich auch der amerikanische Anwalt Samuel T. Marston von seinem damaligen Büro in Mexiko City aus mit dem Fall. Mit gewissenhafter Akribie durchforschte Marston die offiziellen Protokolle des mexikanischen Kriegsministeriums, konnte aber keinen Hinweis auf Bierces Verschwinden entdecken. Weder Suchmeldungen in mexikanischen Zeitungen noch durch die Gesellschaft der mexikanischen Pilger verteilte Handzettel und Fragebögen, die an alle britischen und amerikanischen Konsulatsvertreter mit Schlüsselpositionen während der Zeit der Revolution verschickt wurden, brachten irgendwelche weiteren Informationen. Bierces Spuren waren offenbar endgültig verwischt.[30]

Im Frühjahr 1915 flackerte erneut ein sporadisches Interesse auf, nachdem verschiedene amerikanische Zeitungen das Gerücht verbreitet hatten, Bierce habe sich nach England abgesetzt und sei dem Stab des Briten Lord Kitchener beigetreten. Ausgelöst wurden diese Meldungen offenbar durch die Aussage eines kalifornischen Weggefährten Bierces, B. F. Mason, der der ›Oakland Tribune‹ gegenüber behauptet hatte, ein englischer Verwandter habe ihm brieflich mitgeteilt, Bierce an der Kriegsfront in Frankreich an Kitcheners Seite gesehen zu haben. Als nächstes überfielen Reporter Helen Cowden in Bloomington, Illinois, um die Kopie eines Briefes zu ergattern, den Helen von ihrem Vater erhalten haben sollte und der genau dieses Gerücht bestätigen sollte. Aber es gab keinen solchen Brief. Carrie Christiansen hatte eine Reihe Zeitungsausschnitte aus Kalifornien zugeschickt bekommen, die sie unbedarft an Helen weitergeleitet und so den Ansturm auf Bloomington ausgelöst hatte. Auch wenn es amüsant sein mag, sich den eingeschworenen Englandverehrer Ambrose Bierce zusammen mit Kitchener und Haig bei taktischen Beratungen an den Ufern der Marne vorzustellen – auf eine größere Schnapsidee hätte Bierce im übrigen kaum verfallen können –, so gibt es keinen ernsthaften Grund zu glauben, Bierce habe noch lange genug gelebt, um den Schrecken des Ersten Weltkriegs aus erster Hand mitzuerleben. »Wie sehr hätte meinem Vater der Krieg in Europa gefallen«, schrieb Helen im Anschluß an den Zwischenfall an Walter Neale, eine Behauptung, die vor dem Hintergrund dessen, was wir von der besonderen Vorliebe ihres Vaters für politischen Wahn und das grausame Abschlachten von Menschen wissen, als glattes Understatement zu bewerten ist.[31]

1919 präsentierte der texanische Journalist George T. Weeks, damals Herausgeber einer Literaturzeitschrift in Mexiko City, eine neue Version der Ereignisse, indem er behauptete, Bierce sei im Sommer 1915 von einem Gefolgsmann Villas, General Tomás Urbina, gefangengenommen und hingerichtet worden. Nach Weeks' Bericht war Bierce in der Nähe der Stadt Icamole, 110 Meilen östlich von Torreón, in Begleitung eines mexikanischen Bauern aufgegriffen worden. Beide sollten angeblich ein Maschinengewehr und Munition auf vier Eseln transportiert haben, die für Carranzas Truppen in Torreón bestimmt waren. Urbina, so die Geschichte weiter, verhörte die Gefangenen – da Bierce kein Spanisch sprach, dürften keine großen Auskünfte von ihm zu erwarten gewesen sein –, ließ sie dann mit erhobenen Armen im Staub niederknien und von einem Exekutionskommando mit einer einzigen Salve niedermähen. Weeks gab an, die Geschichte von seinem Mitherausgeber Edmund Melero erfahren zu haben, der Bierce während des Kriegs kurz begegnet war. Die Meldung war immerhin interessant genug, um den Herausgeber des ›San Francisco Bulletin‹, Fremont Older, dazu zu veranlassen, seinen Reporter James H. Wilkins nach Mexiko City zu entsenden und Melero zu interviewen. Wilkins behauptete anschließend, einen Freund Meleros getroffen zu haben, der in Urbinos Armee gedient und die Hinrichtung mit eigenen Augen gesehen hatte. In Wilkins' Bericht, der im März 1920 im ›Bulletin‹ erschien, waren die vier bepackten Maultiere zu einem kompletten Munitionszug angewachsen. Außerdem behauptete der Autor, der anonyme Zeuge habe ihm eine Fotografie von Bierce gezeigt, die er einer Tasche des Toten entnommen habe. Bedauerlicherweise konnte Wilkins weder den geheimnisvollen Informanten noch dessen angebliche Fotografie als Beleg vorweisen. Auch Urbina schied als Zeuge aus, nachdem ihn ebenfalls im Sommer 1915 das Schicksal aus der Hand Pancho Villas ereilt hatte.[32]

Eine Flut neuer Anekdoten folgte im Jahr 1929 erwartungsgemäß auf die Veröffentlichung von gleich vier Bierce-Biographien aus der Feder von Walter Neale, Carey McWilliams, C. Hartley Grattan und Adolph (Danziger) De Castro. In einer wurde in Abwandlung der bekannten Weeks-Wilkins-Version behauptet, Anhänger Villas hätten einen für Präsident Huertas Truppen in Torreón bestimmten Munitionszug unterwegs abgefangen. Bei dem anschließenden Feuergefecht seien etwa fünfundvierzig Regierungssoldaten getötet worden, darunter zwei Syrer und ein Mann vermutlich englischer Nationalität unter dem Namen »A. Pierce«. Der mexikanische Oberst Dario Silva, im Krieg Pancho Villas Privatsekretär, erklärte gegenüber McWilliams, im Februar 1914 einen Bericht über die Erbeutung des Versorgungszugs bekommen zu haben, den er aber, da es sich um die Zeit der Benton-Affäre handelte und Villa verständlicherweise wenig an einem weiteren toten Engländer in seinem Umkreis gelegen war, eiligst vernichtet habe. Silvas Aussage ist insofern interessanter als die meisten anderen Mutmaßungen, da in mehreren Berichten davon die Rede ist, daß Bierce nach seinem Aufenthalt in Südamerika nach England gehen wollte. Dennoch findet sich in den Aufzeichnungen des State Department kein Eintrag, daß Bierce in dem fraglichen Zeitraum ein Paß ausgestellt wurde.[33]

Eine weitere faszinierende, wenngleich ebenfalls unbewiesene Geschichte berichtet von einem älteren Amerikaner mit grauem Haar, Bart und Asthma, der angeblich Anfang 1914 zu

Villas Hauptquartier stieß. Den Mitgliedern von Villas Stab soll der alte Mann erklärt haben, er sei in Amerika Schriftsteller gewesen, wolle aber fortan – offenkundig amerikanischen Slang parodierend – mit Jack Robinson angesprochen werden. Der ungebetene Gast verfolgte die Kriegstaktik der Mexikaner mit kritischem Blick, spöttelte über ihre unprofessionelle Art und wurde von allen als lästiger Plagegeist betrachtet. Als er sich zuletzt auch noch mit Villa anlegte, wurde »Robinson« vom allgegenwärtigen Fierro im November 1914 bei Guadalajara erschossen. Die Geschichte klingt durchaus nach Bierce, auch wenn sein Haar weiß anstatt grau war und er sein Leben lang nie einen Bart getragen hatte. Die eigentliche Crux aber ist, daß Villa sich im November 1914 nicht in der Nähe von Guadalajara aufhielt, sondern im einhundert Meilen entfernten Aguascalientes an einem Treffen der Revolutionsführer teilnahm, um anschließend seinen Weggefährten General Emiliano Zapata in Mexiko City zu treffen und für jenes berühmte Foto zu posieren, auf dem er auf dem verwaisten Präsidentenstuhl im Nationalpalast sitzt. Flankiert wird er auf dieser Aufnahme von Urbina und Fierro – zwei von Bierces mutmaßlichen Mördern.[34]

Kurz vor ihrem Tod wurde Helen Bierce Isgrigg (sie hatte inzwischen ein drittes Mal geheiratet) von Medien, Spiritisten und Hellsehern belagert, die alle behaupteten, das Schicksal ihres Vaters zu kennen. Doch auch die Hilfe der Geisterwelt brachte ihr keine neuen Erkenntnisse. Der Journalist Vincent Starrett aus Chicago, der Helen bei der Vorbereitung einer Bibliographie der Werke Bierces kennengelernt hatte, gab wahrscheinlich die Ansicht der Familie wieder, als er feststellte, das Rätsel Bierce »werde wohl nie gelöst werden, und vielleicht ist es auch besser so«. Ein unaufgeklärtes Verschwinden ist letzten Endes immer noch besser als ein nachgewiesener Selbstmord.[35]

Im Laufe der Jahre tauchten immer wieder neue Versionen von Bierces Tod auf, die eine zumeist lächerlicher als die andere. Ein Mann in El Paso erklärte einer Zeitung in Los Angeles, Bierce sei in seinem Garten vergiftet worden – ohne freilich sagen zu können wie, warum und vom wem. Ein Spezialist für paranormale Phänomene, der dem Verschwinden eines gewissen Ambrose Small nachging, sah in der Tatsache, daß Bierce etwa zur gleichen Zeit wie Small verschwunden war, einen unstrittigen Beweis für das Wirken dämonischer Kräfte, die es auf alle Personen mit Vornamen Ambrose abgesehen hatten – was der Grund dafür sein mag, warum Ambrose heutzutage ein so seltener und wenig beliebter Vorname ist. Anfang der dreißiger Jahre kursierte in Buenos Aires das Gerücht, ein Forscher mit Namen Johnson sei im unwegsamen Urwald des brasilianischen Mato Grosso auf einen seltsamen weißen Mann mit schlohweißer Mähne gestoßen. Der mit einem Leopardenfell bekleidete alte Mann sei Gefangener eines Indianerstamms gewesen, der ihn als Gott verehrte. Johnson hingegen war überzeugt, es habe sich um Bierce gehandelt. Außerdem wurde Bierce regelmäßig in Mexiko gesichtet; einmal wurde behauptet, er habe sich in San Luis Potosí unter dem Namen Don Ambrosio niedergelassen, ein anderes Mal trank er einen Brandy im Café Gambrinus in Mexiko City. Der Glücksritter Edward S. O'Reilly wiederum erklärte, unweit des Dorfes Sierra Mojada auf das Grab des vermißten Autors gestoßen zu sein, nachdem ihm zu Ohren gekommen war, daß ein alter Mann in den Tagen der Revolution auf der Suche nach Villa in der Stadt aufgetaucht und von einheimischen Guerilleros erschossen worden sei. Der Tote habe einen zerfledderten Briefumschlag mit einem Poststempel aus Oakland bei sich getragen.[36]

1985 schrieb der mexikanische Schriftsteller Carlos Fuentes den Bestseller *El Gringo Viejo* (dt. *Der alte Gringo*), in dem er die Schicksale von Bierce, Benton, Urbina und Villa zu einer klassischen Dreiecksgeschichte verschmolz, deren Hauptdarsteller eine alte Jungfer aus Washington, D.C., ein heißblütiger junger Revolutionär und ein ergrauter lebensmüder Greis waren. Indem er die Biographien von Villa und Urbina vermengte und zudem das altbekannte Bild des ganz in Schwarz gekleideten »Bitter Bierce« einschließlich des postmortalen Erschießungskommandos, das Villa einst Benton zuteil werden ließ, einstreute, schuf Fuentes eine weitere Version von Bierces Tod, die noch aufgesetzter und unglaubwürdiger als sämtliche Vorgänger war, auch wenn man Fuentes zugute halten muß, daß er sein Werk ausdrücklich als Roman ausgab. 1989 wurde das Buch mit

Gregory Peck als Bierce, Jimmy Smits als Urbina/Villa (im Film lautete der Name Arroyo) und Jane Fonda (!) als jungfräuliche Schuldirektorin verfilmt, fiel aber durch.

Nachdem sämtliche Theorien sich als wenig beweiskräftig erwiesen haben, bleibt immer noch die Frage des Selbstmords. Anzeichen dafür, daß Bierce ernsthaft mit diesem Gedanken spielte, gab es genug: die mit entsprechenden Andeutungen gespickten Briefe an seine Freunde, sein nostalgischer Besuch der Schlachtfelder des Bürgerkriegs und auch das Versprechen gegenüber seiner Tochter, sie brauche sich um sein Begräbnis nicht zu sorgen. Wenn man Walter Neale als zuverlässige Quelle nimmt (was viele Bierce-Biographen ablehnen), hat Bierce in seinen letzten Jahren häufig von Selbstmord gesprochen. Andererseits liegen uns auch ohne Neales Zeugnis genügend Aussagen vor, die Bierces lebenslängliche Faszination für dieses Thema belegen, angefangen bei seinen frühen Artikeln für den ›News Letter‹ bis zu seinem späten Essay »Taking Oneself Off«, in dem er sechs Rechtfertigungsgründe zu diesem Schritt aufzählt: eine schmerzhafte und unheilbare Krankheit; den Freunden zur Last zu fallen; die Gefahr dauerhafter geistiger Umnachtung; Trunksucht oder eine andere selbstzerstörerische Sucht; den Verlust von Freunden, Besitz, Arbeitsplatz oder Lebensmut; persönliche Schande. Angesichts der Tatsache, daß Bierce sich in seinem einundsiebzigsten Lebensjahr befand und sich sein Gesundheitszustand laufend verschlechterte, seine beiden Söhne wie auch seine Frau verloren hatte, die meisten seiner alten Freunde entweder gestorben waren oder sich mit ihm überworfen hatten, er das Schreiben aufgegeben hatte, seine *Collected Works* kaum beachtet wurden und sich sein Land in eine unerträgliche Heimstätte der Prohibition und des Frauenwahlrechts verwandelte, mag wohl kaum jemand daran zweifeln, daß ein Großteil dieser grausamen Bedingungen – zumindest nach seiner eigenen Vorstellung – auf ihn zutrafen.

Angst vor dem Tod kannte Bierce nicht; auf die ein oder andere Weise hatte er ihn ein Leben lang als enger Weggefährte begleitet. Oft genug war er ihm persönlich begegnet, angefangen beim Tod seines jüngeren Bruders und seiner zwei Schwestern daheim in Indiana, über die Albträume seiner Kindheit, die vier Soldatenjahre auf einigen der blutigsten Schlachtfelder des Bürgerkriegs, bis hin zu den lauernden Gefahren im Alabama der Nachkriegszeit und des von Indianern und Outlaws unsicher gemachten Westens. Wie viele ehemalige Soldaten, die dem Tod auf dem Schlachtfeld nur knapp entronnen sind, war Bierce für den Rest seines Lebens mit einer morbiden Faszination für alle Formen des gewaltsamen Todes geschlagen. Er besuchte öffentliche Hinrichtungen, trieb sich im Leichenschauhaus von San Francisco herum und durchstöberte die Lokalpresse nach immer blutigeren und makabren Mord- und Suizidgeschichten. Seine eigenen Artikel und Erzählungen handeln so häufig vom Tod, daß ein geachteter Kritiker unumwunden konstatierte: »Bierces einziges Thema ist der Tod.« Er hatte am Totenbett seines sechzehnjährigen Sohnes gestanden, nachdem dieser sich eine Kugel in den Kopf geschossen hatte, während der zweite sechsundzwanzigjährig auf traurige und heimtückische Weise an Lungenentzündung gestorben war. Sein bester Freund in England, Tom Hood, war jung gestorben, genau wie der von ihm hochgeschätzte Kritiker Percival Pollard. Seine Ex-Frau Mollie lebte ebenso nicht mehr wie sein einstiger Mentor aus dem Bürgerkrieg, William Hazen; nicht zu vergessen Mark Twain, Bret Harte, Joaquin Miller, seine ehemaligen Kollegen Thomas Harcourt und William Rulofson und schließlich auch sein tapferer kleiner Schützling Lily Walsh. Der Tod mochte nicht gerade sein Freund sein, aber er war ganz bestimmt kein Fremder für ihn. Ob Bierce nun durch eine verirrte Kugel in Ojinga, durch einen heimtückischen Schuß in den Nacken außerhalb von Pancho Villas Lager oder durch die Salve eines abgerissenen Exekutionskommandos vor einer Wand irgendwo in Mexiko ums Leben kam; ob er an Krankheit oder Auszehrung in einer staubigen Hütte starb oder aber, eigenwillig bis zuletzt, eine geheime Stelle im Grand Canyon aufsuchte und dort seinem Leben mit einem Todesschuß in die Schläfe ein Ende setzte, als für Bierce jener Moment kam, der uns alle einmal erwartet, war er zweifellos für diese Begegnung gerüstet.[37]

Zum Schluß scheint es angebracht, Bierce das letzte Wort zu

überlassen – schließlich war es sein Leben und sein Tod. Gleich dem umherstreifenden Araber in seiner Erzählung »Ein Bewohner von Carcosa« läßt sich von ihm sagen, er habe eine trostlose Landschaft durchquert, bis er zuletzt auf einem verlassenen Friedhof einen verwitterten Grabstein mit seinem eigenen Namen und seinen Lebensdaten entdeckte: »Ambrose Gwinett Bierce, 1842–1914?« Das abschließende Fragezeichen, vielleicht das berühmteste der ganzen Literaturgeschichte, hängt immer noch in der Luft, stumm und unbeantwortet, während Literarhistoriker unermüdlich weiter nach Hinweisen suchen und über die weisen Worte des Propheten Hali nachdenken: »Denn es gibt verschiedene Arten des Todes – einige, bei denen der Körper verweilet; und bei einigen vergehet er zur Gänze mit dem Geiste. Gemeinhin geschieht dies nur in Einsamkeit (durch Gottes Willen), und da niemand das Ende gesehen, sagen wir, dieser Mensch sei verloren oder habe eine lange Reise angetreten – wie es sich ja auch verhält.« Eine Reise, auf die Ambrose Bierce sich ein Leben lang vorbereitet hatte.[38]

Epilog

Ob Bierces Verschwinden geplant war oder nicht, sein unvermitteltes Untertauchen wirkte sich auf seinen posthumen Ruf fraglos negativ aus. Die Leere am Ende seiner Lebensgeschichte vereitelt wie der fehlende Schlußakkord am Ende einer Symphonie unseren Wunsch nach Abgeschlossenheit, was unweigerlich zur Folge hat, daß unsere Aufmerksamkeit weniger seinem Werk gilt als vielmehr abenteuerlichen, wenngleich fruchtlosen Spekulationen über das Wann, Wie und Wo seines Todes. Der Autor und sein Werk sind dadurch weitgehend in den Hintergrund getreten, eine Entwicklung, die Bierce bei aller kühlen Verachtung für öffentliche Anerkennung sicherlich nicht beabsichtigt hatte, als er zu seiner letzten Reise aufbrach. Kritiker wie Biographen haben sich seitdem mit wechselndem Erfolg an der schwierigen Aufgabe versucht, den spröden Zyniker vom ernsthaften Künstler zu trennen, ein Prozeß, der immer noch andauert und vermutlich nie abgeschlossen sein wird.

Während alle Welt über die genauen Umstände seines Todes Vermutungen anstellte, blieb die Frage, welcher Platz Bierce in der amerikanischen Literaturgeschichte rechtmäßig zusteht, gänzlich unbeantwortet. Zum Zeitpunkt seines Verschwindens war er weitgehend vergessen, nicht mehr als ein Westküstenjournalist im Ruhestand, von dem gesagt werden konnte, er habe eine Handvoll grausamer und morbider Erzählungen verfaßt, die zumeist ungeeignet für die Lektüre von Damen waren. Sein Ruf, wie sein Freund H. L. Mencken bemerkte, war entschieden der eines literarischen Sonderlings, der allenfalls den besonderen Geschmack eines kleinen Publikums traf. Darüber hinaus war es für die meisten zeitgenössischen Kritiker noch zu früh, Bierces Werk unter einer weitläufigeren Perspektive einzuordnen. Der gigantische Flickenteppich seiner *Collected Works* wie auch sein eingeschworener Ruf als streitsüchtiger Polemiker vermittelten selbst wohlgesinnten Lesern den Eindruck, den Namen des Autors nur mit viel Mühe und Arbeit retten zu können. Die wenigen verbliebenen Freunde scheuten verständlicherweise vor dieser undankbaren Aufgabe zurück, während seine zahllosen Feinde nur allzu froh waren, über ihn den Mantel des Schweigens, wenn auch nicht notwendigerweise der Versöhnung, auszubreiten.

Die erste Flut von Biographien, die alle im Jahr 1929 erschienen, widmeten sich mit wechselndem Erfolg der Darstellung des Menschen Bierce, ohne jedoch dem Künstler Bierce größere Aufmerksamkeit zu schenken. Selbst Carey McWilliams, der die beste und Bierces Leben gegenüber aufgeschlossenste frühe Biographie schrieb, stellte die Person über den Künstler, indem er behauptete, Bierce sei »als Mensch interessanter als in seiner literarischen Bedeutung«. Nachfolgende Biographen porträtierten ihn in ihren Studien als *Bitter Bierce, The Wickedest Man in San Francisco* und *The Devil's Lexicographer,* wobei allein durch die Bezeichnungen suggeriert wird, bei Bierce handle es sich um eine Art amerikanischen Aleister Crowley, eine zwielichtige Figur am äußersten Rand der Gesellschaft. Der gleiche Tenor wurde in einer 1946 publizierten Werkauswahl angeschlagen, deren Einleitungsessay den Titel »Porträt eines Misanthropen« trug. Je mehr sich dieses Bild über die Jahre festigte, desto stärker geriet Bierce in den Ruf eines satanischen Hohepriesters der schwarzen Künste und eingeschworenen Menschenfeinds, der sich lange vor seinem endgültigen Verschwinden wie Timon von Athen in seine Höhle zurückgezogen hatte, um seinen Spott und Hohn über die Menschheit zu ergießen.

Zu einem gewissen Teil trug Bierce selbst die Schuld an diesem Image. Die gefühllosen, wenngleich amüsanten Aphorismen aus *Des Teufels Wörterbuch,* der rabenschwarze Humor des *Parenticide Club*, die unverhohlene Sensationslust seiner Zeitungsartikel und die beißenden kurzen Epigramme seiner Gedichte und Fabeln bestätigen allesamt das Bild des ewigen Nörglers. Die Welt war niemals Bierces Auster, wie viele flüchtige Perlen bitterer Wahrheiten die ständige Reibung mit ihr zuweilen auch hervorbringen mochte. Der unablässige Wechsel der Genres sorgte zudem für eine Fülle höchst unterschiedlicher und nicht selten widersprüchlicher Klassifizierungen als Satiriker, Humorist, Naturalist, Realist, Moralist (bzw. Immoralist) oder als Autor von Schauergeschichten und Fabeln. Es versteht sich von selbst, daß keine dieser Bezeichnungen Bierces Schaffen gerecht wird. Wie sein ehemaliger Kommandant im Bürgerkrieg, William Rosecrans, war er »ein wunderlicher Mensch mit tausend Talenten«.

In jüngster Zeit gehen die Bestrebungen dahin, in Bierce einen Vorläufer des Surrealismus oder auch einen geistigen Ziehvater des in Lateinamerika beheimateten »magischen Realismus« zu sehen, für den Autoren wie Borges, Fuentes oder Cortazar stehen. Diese Bemühungen, in denen viel von Semiotik, Subtexten, *ficciones* und einer Dialektik der Wahrnehmung die Rede ist, sind ebenso anspruchsvoll wie bemerkenswert, wenngleich auch von einer gewissen einseitigen Strenge. Zu guter Letzt lassen sie uns nicht viel mehr als das fiktionale Konstrukt »Ambrose Bierce«, das allenfalls noch eine flüchtige Ähnlichkeit mit dem Menschen Bierce besitzt. Zudem steht zu befürchten, daß der tatsächliche Autor nicht auch nur halb soviel Spaß beim Aufschreiben seiner Geschichten hatte, wie uns die moderne Literaturwissenschaft glauben machen möchte. *Spielerisch* ist jedenfalls keine Vokabel, die sich zur Beschreibung des Autors oder auch des Menschen Bierce unmittelbar aufdrängen würde.

So gewinnbringend solche Untersuchungen auch für die akademische Wissenschaft sein mögen, am eigentlichen Kern seines Werkes, dem herausragenden Merkmal, das ihn unstrittig von talentierteren Zeitgenossen wie Mark Twain und Stephen Crane unterscheidet, zielen sie doch vorbei: seiner einzigartigen Rolle als Augenzeuge. Hat man die Person erst einmal vom abgedroschenen Image des *Bitter Bierce* und den wuchernden Treibhausgewächsen eines Jorge Luis Bierce befreit, stößt man zuletzt auf den Ersten Leutnant Ambrose Bierce, Neuntes Indiana-Regiment, den blutbefleckten Veteran von Shiloh, Chickamauga, Pickett's Mill und einem Dutzend weiterer

Schlachtfelder, der den Krieg im Kleinen wie im Großen auf eine Art und Weise kennengelernt hatte wie kein anderer amerikanischer Autor in den fünf Jahrzehnten vor Ausbruch des Ersten Weltkriegs. Seine wahre Bedeutung als Schriftsteller, ganz im Gegensatz zu seiner Rolle als gern zitierter Menschenverächter oder neuerdings auch als Autor von »Texten«, liegt allein darin begründet, daß er als erster Amerikaner Zeugnis abgelegt hat von der modernen Kriegsführung und der grausamen Banalität des Sterbens.

Vom Ende unseres Jahrhunderts aus läßt sich nur schwer ermessen, wie schockierend und revolutionär Bierces Botschaft auf die feinfühlige Leserschaft einer unschuldigen Zeit wirkte, all jene kultivierten jungen Männer und Frauen des Vergoldeten Zeitalters, für die William Dean Howells' Teekränzchen-Tragödien und Henry James' neurasthenische Erbinnen vertraute Stimulantien einer wohligen Traurigkeit waren, die so zuverlässig und folgenlos wirkte wie ein befreiender Tränenschwall. Bierce hingegen weint nie in seinen Geschichten; zumeist gestattet er sich nicht einmal ein Wimpernzucken. Statt dessen betrachtet er noch das grausamste Geschehen mit einer Haltung, die fast schon unbeteiligt wirkt – aber eben nur fast, ist doch der bloße Akt des Wahrnehmens bereits ein Akt tiefsten Mitgefühls, und ruht gerade in solchem Mitgefühl, wie uns der tragisch verstorbene englische Lyriker Wilfred Owen versichert, der Kern aller Dichtung.

Mittlerweile hat der Rest der Welt Bierce selbstverständlich längst eingeholt, und die Höllenszenarien des 20. Jahrhunderts lassen seine diabolischen Visionen aus heutiger Sicht vergleichsweise harmlos erscheinen. Und dennoch hätte die endlose Parade von Verbrechen und Wahn, die uns erst in jüngster Zeit so kurzweilige Spektakel wie die »ethnischen Säuberungen« in Bosnien oder den grausamen Völkermord in Ruanda beschert hat, für Ambrose Bierce keine Überraschung bedeutet. Von Natur aus ein unbeugsamer Kämpfer, betrachtete er den Krieg immer als »ein Nebenprodukt der Friedenskünste« und den Patriotismus als »entflammbaren Müll, bereit für die Fackel eines jeden, der ehrgeizig ist und seinen Namen beleuchtet sehen möchte«. Ungeachtet der unterschiedlichen Qualität seines Schaffens und der sinnlosen Verschwendung von Zeit und Talent für Belanglosigkeiten und privaten Zwist wird die humane Unmenschlichkeit seiner besten Kriegsgeschichten die Zeiten überdauern – »Jeremias wird niemals ohne Aufgabe sein«, wie Clifton Fadiman einmal bemerkt hat. Unsere Aufgabe als Leser ist es, die Fähigkeit wachzuhalten, uns schockieren zu lassen, und auf diese Weise Dichtung und Mitgefühl immer wieder neu zu entdecken.

Danksagungen

Für die Vorbereitung – wenn auch nicht notwendigerweise die Fertigstellung – dieser neuen Ambrose-Bierce-Biographie bin ich den Pionierarbeiten von Cary McWilliams, Paul Fatout und E. M. Grenander zu großem Dank verpflichtet, die mit unermüdlichem Fleiß dazu beigetragen haben, die Lebenszeugnisse eines höchst widersprüchlichen, umstrittenen und verschlossenen Menschen zu bewahren und zu vermehren. Professor Grenander gilt mein besonderer Dank für ihre nie nachlassende Geduld bei der Beantwortung unzähliger Fragen sowie ihrem lebenslangen Bemühen, die unstete Flamme von Ambrose Bierces posthumem Ruhm wachzuhalten. Danken möchte ich auch Oberst James D. Stephens, Präsident des Kentucky Military Institute, Inc., für seine hilfreichen Auskünfte zu Bierces kurzer Karriere am KMI; ebenso Judith C. Ferrell, Bibliothekarin der Stadtbücherei von Elkhart, Indiana, Michael R. Gannett, Stadthistoriker und Vorsitzender der Cornwall Historical Society, Judith Ellen Johnson, Bibliothekarin und Genealogin der Connecticut Historical Society, und Mitchell Yockelson vom Nationalarchiv für ihre Unterstützung bei den Nachforschungen zu Bierces Kindheit und Jugend.

Besonderer Dank gebührt meinem Agenten Robert Gottlieb, Senior-Vize-Präsident und Aufsichtsratsmitglied der William Morris Agency, für seine stets sachkundigen Hinweise wie auch meinem Verleger James O'Shea Wade für die besondere Eigenschaft, die offenherzige Art des Südens mit einem wahrhaft diabolischen Vergnügen an Bierccescher Geistesschärfe zu verbinden.

Dank gilt auch meinen Freunden aus Chattanooga, Jan

Strunk, Mike Bullock von Computer Cove und Jerry Sanders von Beeline Printing für ihre unverzichtbare technische Unterstützung.

Ein ganz besonderer Dank schließlich ergeht an meine Eltern, Roy und Margaret Coode Morris, für ihre Liebe und Unterstützung; an meinen Schwiegervater G. Burton Pierce für seinen ausdauernden und geschätzten Großmut; an meinen Nachbarn und Zunftkollegen Nat Hughes für persönlichen Rat und professionelle Hilfe; und an meine vielgeplagte Frau Leslie, die meine oftmals von Heiterkeitsausbrüchen begleitete Lektüre des Bierce-Kanons ertragen mußte, für all das und vieles mehr.

Anmerkungen

Die Zitate im Text entstammen folgenden Ausgaben:

Ambrose Bierce. *Werke in vier Bänden.* Hg. v. Gisbert Haefs. Zürich: Haffmans 1986–1989.
Bd. 1: *Des Teufels Wörterbuch.* Übersetzt von Gisbert Haefs. Zürich 1986. (=TW)
Bd. 2: *Geschichten aus dem Bürgerkrieg.* Übersetzt von Jan-Wellem van Diekmes. Zürich 1989. (=GB)
Bd. 3: *Horrorgeschichten.* Übersetzt von Gisbert Haefs. Zürich 1988. (=HG)
Bd. 4: *Lügengeschichten und Fantastische Fabeln.* Übersetzt von Viola Eigenberz und Trautchen Neetix. Zürich 1987. (=LG/FF)

Ambrose Bierce. *Ausgewählte Werke.* Hg. v. Utz Riese. Übersetzt von Werner Beyer u. a. Leipzig: Sammlung Dieterich 1993. (=AW)

Ambrose Bierce. *Aus dem Wörterbuch des Teufels.* Übersetzt von Dieter E. Zimmer. Frankfurt am Main: Insel 1966. (=WT)

1. Kapitel: Das ärgste aller Übel

1. Richard Ellman, *Oscar Wilde.* München/Zürich: Piper 1991, S. 229. *San Francisco Wasp,* 31. März 1882.
2. Ellman, *Oscar Wilde,* S. 238. *Wasp,* 31. März 1882. *Letters of James Whitcomb Riley,* hg. v. William Lyon Phelps. Indianapolis: Bobbs-Merrill 1933, S. 197.
3. Paul Fatout, *Ambrose Bierce: The Devil's Lexicographer.* Norman: University of Oklahoma Press 1951, S. 3.
4. »The Ancestral Bond«, in *The Collected Works of Ambrose Bierce.* New York: Neale Publishing Company 1909–1912, Bd. 11, S. 330. Im folgenden zitiert als *Works.* Carey McWilliams, *Ambrose Bierce: A Biography.* New York: A. und C. Boni 1929, S. 13. TW, S. 92. AW, S. 429. TW, S. 21.
5. McWilliams, *Ambrose Bierce,* S. 13. David Hackett Fischer, *Albion's Seed: Four British Folkways in America.* New York: Oxford University Press 1989, S. 243. Amos Otis, *Genealogical Notes of Barnstable Families.* Baltimore: Genealogical

Publishing Company 1979, S. 52–53. *Passengers to America*, hg. v. Michael Tepper. Baltimore: Genealogical Publishing Company 1977, S. 125–127. *Dictionary of National Biography*, hg. v. Sir Leslie Stephen und Sir Sidney Lee. New York: Oxford University Press 1921, S. 147.

6. »Rationalhymne«, AW, S. 496. TW, S. 45. McWilliams, *Ambrose Bierce*, S. 26.
7. Fatout, *Devil's Lexicographer*, S. 11–12. Edward C. Starr, *A History of Cornwall, Connecticut*. New Haven: Tuttle, Morehouse & Taylor 1926, S. 375–376. Theodore S. Gold (Hrsg.), *Historical Records of the Town of Cornwall, Connecticut*. Hartford: Hartford Press 1904, S. 71.
8. McWilliams, *Ambrose Bierce*, S. 16. Donald Lines Jacobus, »The Bierce Family«, Connecticut Historical Society Genealogical Manuscript Collection, S. 2. Fatout, *Devil's Lexicographer*, S. 6–9. M. E. Grenander, *Ambrose Bierce*. New York: Twayne Publishers 1971, S. 15. Walter Neale, *Life of Ambrose Bierce*. New York: Neale Publishing Company 1929, S. 33. *The Letters of Ambrose Bierce*, hg. v. Bertha Clark Pope. San Francisco: The Book Club of California 1922, S. VI. (Im folgenden zitiert als *Letters*.)
9. »Mein Lieblingsmord«, S. 95. »Ein unvollständiger Brand«, S. 9. »Der Hypnotiseur«, S. 112. »Hundeöl«, S. 49. Alle in LG/FF.
10. Fatout, *Devil's Lexicographer*, S. 14 und 18. Richard O'Connor, *Ambrose Bierce: A Biography*. Boston: Little, Brown 1967, S. 14–15. Richard Lingeman, *Theodore Dreiser: At the Gate of the City 1871–1907*. New York: G. P. Putnam's Sons 1986, S. 61–70. »The Social Unrest«, *Cosmopolitan* (Juli 1906), S. 299.
11. Fatout, *Devil's Lexicographer*, S. 19–24. *Wasp*, 3. November 1883.
12. Fatout, *Devil's Lexicographer*, S. 13 und 16. *San Francisco Examiner*, 13. November 1892. »Drei und eins sind eins«, GB, S. 200. *The Fiend's Delight*. London: John Camden Hotten 1873, S. 136–137.
13. *Examiner*, 8. Juni 1899. John Dos Passos, *Die schönsten Zeiten*. Reinbek: Rowohlt 1969. S. 256. *Wasp*, 26. Dezember 1885. »The Love of Country«, *Works*, Bd. 9, S. 255.
14. »Visions of the Night«, *Works*, Bd. 10, S. 122–123.
15. TW, S. 43.
16. McWilliams, *Ambrose Bierce*, S. 23. *San Francisco Argonaut*, 8. Juni 1878. Fatout, *Devil's Lexicographer*, S. 19. *Cobwebs from an Empty Skull*. London: George Routledge & Sons 1974, S. 149.
17. *San Francisco News Letter*, 25. Juni 1870.
18. Carey McWilliams, »Ambrose Bierce and His First Love«, *Bookman* 35 (Juni 1932), S. 255. *News Letter*, 2. Oktober 1869. *Examiner*, 26. April 1891. Neale, *Life of Bierce*, S. 66.
19. Fatout, *Devil's Lexicographer*, S. 15, 31 und 33.
20. McWilliams, *Ambrose Bierce*, S. 17–18. S. auch George W. Knepper, (Hrsg.), *Travels in the Southland, 1822–1823: The Journal of Lucius Verus Bierce*. Columbus: Ohio State University Press 1966.
21. Knepper, *Travels in the Southland*, S. 12–16. McWilliams, *Ambrose Bierce*, S. 18–19. Louise Bilebof Ketz (Hrsg.), *Dictionary of American History*. New York: Scribner 1976, Bd. 5, S. 227.

22. Knepper, *Travels in the Southland,* S. 17–18. *Summit Beacon,* 12. Oktober 1842.
23. Knepper, *Travels in the Southland,* S. 22–26. McWilliams, *Ambrose Bierce,* S. 28–29.
24. Knepper, *Travels in the Southland,* S. VIII. McWilliams, *Ambrose Bierce,* S. 25. Carl E. Kramer, *Capital on the Kentucky: A Two-Hundred-Year History of Frankfort and Franklin County.* Frankfort: Historic Frankfort, Inc. 1984, S. 140–141. Patricia L. Faust (Hrsg.), *Historical Times Illustrated Encyclopedia of the Civil War.* New York: Harper & Row 1986, S. 365.
25. John E. Kleber (Hrsg.), *The Kentucky Encyclopedia.* Lexington: University Press of Kentucky 1992, S. 506. Brief von Oberst James Darwin Stephens an den Autor, 20. August 1993.
26. Fatout, *Devil's Lexicographer,* S. 34. *Elkhart Daily Truth,* 7. Oktober 1922. McWilliams, »Ambrose Bierce and His First Love«, S. 255–256.
27. Fatout, *Devil's Lexicographer,* S. 36. *Examiner,* 9. Mai 1897. McWilliams, *Ambrose Bierce,* S. 30.
28. McWilliams, »Ambrose Bierce and His First Love«, S. 257.

2. Kapitel: Was ich von Shiloh sah

1. Daniel Aaron, *The Unwritten War: American Writers and the Civil War.* New York: Oxford University Press 1973, S. 122–123.
2. Justin Kaplan, *Walt Whitman: A Life.* New York: Simon & Schuster 1980, S. 261–262. Aaron, *The Unwritten War,* S. 72.
3. Leon Edel, *Henry James.* New York: Harper & Row 1985, S. 56. Aaron, *The Unwritten War,* S. 96.
4. Charles D. Anderson (Hrsg.), *The Centennial Edition of the Works of Sidney Lanier.* Baltimore: John Hopkins Press 1945, Bd. 7, S. 42. Joseph Gustaitis, »South Carolina's Henry Timrod«, *America's Civil War* (September 1992), S. 12–14. Aaron, *The Unwritten War,* S. 134–136.
5. Aaron, *The Unwritten War,* S. 91–92.
6. William Dudley Foulke, *Life of Oliver Morton.* Indianapolis und Kansas City: Bowen-Merrill Company 1899, Bd. 1, S. 93. William B. Weeden, *War Government, Federal and State, in Massachusetts, New York, Pennsylvania and Indiana, 1861–1865.* New York: Houghton-Mifflin 1906, S. 147. Fatout, *Devil's Lexicographer,* S. 37–38. Howard H. Peckham, *Indiana: A Bicentennial History.* New York: W. W. Norton 1978, S. 71.
7. Faust, *Illustrated Encyclopedia,* S. 495. James M. McPherson, *Für die Freiheit sterben.* München: List 1992, S. 291. Richard O. Curry und F. Gerald Ham (Hrsg.), »The Bushwhackers' War: Insurgency and Counter-Insurgency in West Virginia«, *Blue & Gray* (Februar-März 1985), S. 36. McWilliams, »Ambrose Bierce and his First Love«, S. 256.
8. Fatout, *Devil's Lexicographer,* S. 38. *Indianapolis Sentinel,* 2. Juni 1861.
9. Zur Schlacht von Philippi s. David Mallinson, »Confused First Fight«, *America's Civil War* (Januar 1992), S. 46–52.

10. Mallinson, »Confused First Fight«, S. 48–49. »On a Mountain«, *Works*. Bd. 1, S. 227.
11. Stephen W. Sears, *George B. McClellan: The Young Napoleon*. New York: Ticknor & Fields 1988, S. 80. »On a Mountain«, *Works*, Bd. 1, S. 226. Mallinson, »Confused First Fight«, S. 51. McWilliams, *Ambrose Bierce*, S. 32.
12. Mallinson, »Confused First Fight«, S. 51. *Examiner*, 19. Juli 1891. Roy Morris, Jr., *Sheridan: The Life and Wars of General Phil Sheridan*. New York: Crown 1992, S. 231.
13. »Eine Sorte Offizier«, GB, S. 136 und 147–148.
14. »On a Mountain«, *Works*, Bd. 1, S. 225 und 227.
15. Sears, *McClellan*, S. 83–84. McPherson, *Für die Freiheit sterben*, S. 288.
16. Sears, *McClellan*, S. 86 und 88.
17. McWilliams, *Ambrose Bierce*, S. 32. Fatout, *Devil's Lexicographer*, S. 39–40. *Indianapolis Journal*, 27. Juli 1861.
18. Sears, *McClellan*, S. 89–92. McPherson, *Für die Freiheit sterben*, S. 289. Fatout, *Devil's Lexicographer*, S. 400.
19. Sears, *McClellan*, S. 91. »On a Mountain«, *Works*, Bd. 1, S. 226. McPherson, *Für die Freiheit sterben*, S. 290.
20. »On a Mountain«, *Works*, Bd. 1, S. 228–229.
21. »On a Mountain«, *Works*, Bd. 1, S. 231–232. McWilliams, *Ambrose Bierce*, S. 33–34. Faust, *Illustrated Encyclopedia*, S. 323–324.
22. »On a Mountain«, *Works*, Bd. 1, S. 232–233. Napier Wilt, »Ambrose Bierce and the Civil War«, *American Literature* 1 (November 1929), S. 270.
23. »On a Mountain«, *Works*, Bd. 1, S. 233. »Der Gnadenstoß«, GB, S. 97 u. 99.
24. »Ein Reiter vor dem Himmel«, GB, S. 11, 15–16 und 18.
25. »On a Mountain«, *Works*, Bd. 1, S. 229. William B. Hazen, *A Narrative of Military Service*. Boston: Ticknor & Company 1885. S. 21. Faust, *Illustrated Encyclopedia*, S. 354–355.
26. »The Crime at Pickett's Mill«, *Works*, Bd. 1, S. 284. Hazen, *Narrative*, S. 21–22.
27. »The Crime at Pickett's Mill«, *Works*, Bd. 1, S. 284.
28. Shelby Foote, *The Civil War: A Narrative*. New York: Random House 1958–1974, Bd. 1, S. 320–323.
29. Ulysses S. Grant, *Personal Memories of U. S. Grant*. New York: Charles L. Webster & Company 1885, Bd. 1, S. 249–250. U.S. War Department, *The War of the Rebellion: A Compilation of the Official Records of the Union and Confederate Armies*. Washington, D.C.: U.S. Government Printing Office 1880–1901, Bd. 10, Teil 2, S. 94–95. (Im folgenden zitiert als *OR*.) James McDonough, *Shiloh – In Hell Before Night*. Knoxville: University of Tennessee Press 1977, S. 56. Foote, *The Civil War*, Bd. 1, S. 327–329.
30. McDonough, *Shiloh*, S. 92. Foote, *The Civil War*, Bd. 1, S. 334–336.
31. McDonough, *Shiloh*, S. 161. Hazen, *Narrative*, S. 24. »What I Saw of Shiloh«, *Works*, Bd. 1, S. 240. (Deutsche Ausgabe: »Was ich von Shiloh sah.« Übersetzt von Georg Deggerich. Zürich: Haffmans ca. 1999.) Foote, *The Civil War*, Bd. 1, S. 340–341. William S. McFeely, *Grant: A Biography*. New York: W. W. Norton 1981, S. 115.

32. »What I Saw of Shiloh«, *Works,* Bd. 1, S. 244–245.
33. »What I Saw of Shiloh«, *Works,* Bd. 1, S. 243–244. Faust, *Illustrated Encyclopedia,* S. 799–800. McDonough, *Shiloh,* S. 210.
34. »What I Saw of Shiloh«, *Works,* Bd. 1, S. 245–248.
35. »What I Saw of Shiloh«, *Works,* Bd. 1, S. 253–255.
36. »What I Saw of Shiloh«, *Works,* Bd. 1, S. 255–257.
37. »What I Saw of Shiloh«, *Works,* Bd. 1, S. 258–262. McDonough, *Shiloh,* S. 156. Ernest Hemingway, »Eine Naturgeschichte der Toten«, in *Gesammelte Werke in sechs Bänden.* Reinbek: Rowohlt 1977, Bd. 4, S. 379–380.
38. »What I Saw of Shiloh«, *Works,* Bd. 1, S. 263–267. Hazen, *Narrative,* S. 47.
39. Fatout, *Devil's Lexicographer,* S. 43. Hazen, *Narrative,* S. 36. McPherson, *Für die Freiheit sterben,* S. 404. McDonough, *Shiloh,* S. 213 und 225. Grant, *Memoirs,* Bd. 1, S. 369.

3. Kapitel: Die Wälder von Chickamauga

1. Foote, *The Civil War,* Bd. 1, S. 375–376 und 381. »What I Saw of Shiloh«, *Works,* Bd. 1, S. 237.
2. Foote, *The Civil War,* Bd. 1, S. 376. McFeely, *Grant,* S. 116–120. *Examiner,* 4. Dezember 1898.
3. William Fox, *Regimental Losses in the American Civil War: 1861–1865.* Albany: Augustus S. Bradshaw 1898, S. 341. Hazen, *Narrative,* S. 50. Foote, *The Civil War,* Bd. 1, S. 384–385. Lew Wallace, *An Autobiography.* New York und London: Harper & Brothers 1906, Bd. 2, S. 581. »Ein Vorpostengefecht«, GB, S. 114.
4. »Ein Vorpostengefecht«, GB, S. 114–117.
5. »Ein Vorpostengefecht«, GB, S. 120–125.
6. Zu Turchin s. Roy Morris, Jr., »The Sack of Athens«, *Civil War Times Illustrated* (Februar 1986), S. 26–32.
7. *Examiner,* 15. Mai 1898. *Elkhart Review,* 30. August 1862.
8. Hazen, *Narrative,* S. 53–56. Zur Schlacht von Richmond, Kentucky, s. Roy Morris, Jr., »Battle in the Bluegrass«, *Civil War Times Illustrated* (Dezember 1988), S. 15–23.
9. Foote, *The Civil War,* Bd. 1, S. 714. S. auch James P. Jones, Jr., »›Bull‹ and the ›Damned Puppy‹: A Civil War Tragedy«, *American History Illustrated* (November 1972), S. 12–21.
10. *Examiner,* 8. Mai 1898. *Examiner,* 4. Dezember 1898. Hazen, *Narrative,* S. 67.
11. Foote, *The Civil War,* Bd. 1, S. 768. »What Occurred at Franklin«, *Works,* Bd. 1, S. 326. *Examiner,* 4. März 1900. Fatout, *Devil's Lexicographer,* S. 46–47.
12. Fatout, *Devil's Lexicographer,* S. 47. *Examiner,* 5. Juni 1898.
13. Hazen, *Narrative,* S. 72. Peter Cozzens, *No Better Place to Die: The Battle of Stones River.* Urbana und Chicago: University of Illinois Press 1990, S. 46.
14. Foote, *The Civil War,* Bd. 2, S. 87. Hazen, *Narrative,* S. 89–90.
15. Cozzens, *No Better Place,* S. 151–158. Morris, *Sheridan,* S. 105–109.

16. Cozzens, *No Better Place,* S. 165–166. Hazen, *Narrative,* S. 75 und 93. O'Connor, *Ambrose Bierce,* S. 30.
17. William M. Lamers, *The Edge of Glory: A Biography of General William S. Rosecrans, U.S.A.* New York: Harcourt, Brace & World 1961, S. 225. *Examiner,* 29. Oktober 1899.
18. Cozzens, *No Better Place,* S. 169–171. Hazen, *Narrative,* S. 71 und 77. Marvin E. Kroeker, »William B. Hazen: A Military Career in the Frontier West, 1855–1880«, Ph.D. Dissertation, University of Oklahoma 1987, S. 76–77.
19. »Eine fortgeführte Identität«, GB, S. 188–191.
20. »Eine fortgeführte Identität«, GB, S. 191–195.
21. McWilliams, *Ambrose Bierce,* S. 46. Grenander, *Ambrose Bierce,* S. 99–102.
22. Hazen, *Narrative,* S. 77 und 95–96.
23. Ambrose Bierce Military Service Records, National Archives. *San Francisco Argonaut,* 21. Dezember 1878.
24. O'Connor, *Ambrose Bierce,* S. 31. *Argonaut,* 21. Dezember 1878.
25. Hazen, *Narrative,* S. 96–98. »Ein vereitelter Hinterhalt«, GB, S. 206–208.
26. »Tot bei Resaca«, GB, S. 70. Grenander, *Ambrose Bierce,* S. 20.
27. Superintendent's Report, Kentucky Military Institute, 16. Juni 1859. Fatout, *Devil's Lexicographer,* S. 30. »George Thurston«, GB, S. 160–161.
28. *Examiner,* 12. Juni 1887. Paul Fatout, »Ambrose Bierce: Civil War Topographer«, *American Literature* 36 (November 1954), S. 395–396. »George Thurston«, GB, S. 161.
29. Hazen, *Narrative,* S. 103 und 114.
30. Foote, *The Civil War,* Bd. 2, S. 675 und 687. Hazen, *Narrative,* S. 120. »A Little of Chickamauga«, *Works,* Bd. 1, S. 270–271.
31. »A Little of Chickamauga«, *Works,* Bd. 1, S. 273. Glenn Tucker, *Chickamauga: Bloody Battle in the West.* Indianapolis: Bobbs-Merrill Company 1961, S. 148–149. Hazen, *Narrative,* S. 121–122.
32. Hazen, *Narrative,* S. 122. Peter Cozzens, *This Terrible Sound: The Battle of Chickamauga.* Urbana und Chicago: University of Illinois Press 1992. S. 253–255. »A Little of Chickamauga«, *Works,* Bd. 1, S. 271–272.
33. »A Little of Chickamauga«, *Works,* Bd. 1, S. 272. Cozzens, *This Terrible Sound,* S. 281–285 und 338–340.
34. Tucker, *Chickamauga,* S. 203. Hazen, *Narrative,* S. 129–130.
35. Hazen, *Narrative,* S. 125. Cozzens, *This Terrible Sound,* S. 348. »A Little of Chickamauga«, *Works,* Bd. 1, S. 273.
36. Tucker, *Chickamauga,* S. 307.
37. Lamers, *Edge of Glory,* S. 353. Tucker, *Chickamauga,* S. 312–313. Cozzens, *This Terrible Sound,* S. 468–469.
38. »A Little of Chickamauga«, *Works,* Bd. 1, S. 274–275.
39. »A Little of Chickamauga«, *Works,* Bd. 1, S. 275–276.
40. »A Little of Chickamauga«, *Works,* Bd. 1, S. 276–277.
41. »A Little of Chickamauga«, *Works,* Bd. 1, S. 277.
42. »Chickamauga«, GB, S. 33–34.
43. »Chickamauga«, GB, S. 34–37.
44. »Chickamauga«, GB, S. 37–39.

45. »Chickamauga«, GB, S. 41–42.
46. Vincent Starrett, *Buried Caesars.* Chicago: Covici McGee 1923, S. 60.
47. *Examiner,* 24. April 1898.

4. Kapitel: Ein mutiger und unerschrockener Soldat

1. Zur Rolle Danas s. Roy Morris, Jr., »A Bird of Evil Omen: The War Department's Charles Dana«, *Civil War Times Illustrated* (Januar 1987), S. 20–29. *Examiner,* 8. Mai 1898.
2. McWilliams, *Ambrose Bierce,* S. 51–52. *OR.* Bd. 30, Teil 1, S. 765.
3. Morris, »A Bird of Evil Omen«, S. 29.
4. James Lee McDonough, *Chattanooga – A Death Grip on the Confederacy.* Knoxville: University of Tennessee Press 1984, S. 91–93.
5. »Jupiter Doke, Brigadegeneral«, GB, S. 217–218. S. auch G. Thomas Couser, »Writing the Civil War: Ambrose Bierce's ›Jupiter Doke, Brigadier-General‹«, *Studies in American Fiction* 18 (Spring 1990), S. 87–98.
6. »Jupiter Doke«, GB, S. 218–223.
7. »Jupiter Doke«, GB, S. 224–226.
8. »Jupiter Doke«, GB, S. 227–230.
9. »Jupiter Doke«, GB, S. 230.
10. »The Crime at Pickett's Mill«, *Works,* Bd. 1, S. 280–281.
11. *Wasp,* 13. Februar 1886. McFeely, *Grant,* S. 147–148.
12. Zur Belagerung von Chattanooga s. Roy Morris, Jr., »All Hell Can't Stop Them«, *Military History* (Februar 1986), S. 34–40. McDonough, *Chattanooga,* S. 96.
13. Hazen, *Narrative.* S. 180–235.
14. *OR.* Bd. 31, Teil 1, S. 282 und 288. Morris, *Sheridan,* S. 147–148.
15. *OR.* Bd. 31, Teil 2, S. 69. Morris, »All Hell Can't Stop Them«, S. 40.
16. McWilliams, »Ambrose Bierce and His First Love«, S. 256. Fatout, *Devil's Lexicographer,* S. 49.
17. McWilliams, »Ambrose Bierce and His First Love«, S. 257.
18. Hazen, *Narrative,* S. 249.
19. Zu McPhersons folgenschwerem Zaudern siehe Roy Morris, Jr., und Phil Noblitt, »The History of a Failure«, *Civil War Times Illustrated* (September 1988), S. 36–43.
20. Hazen, *Narrative.* S. 250. Morris und Noblitt, »The History of a Failure«, S. 42. Albert Castel, *Decision in the West: The Atlanta Campaign of 1864.* Lawrence: University Press of Kansas 1992, S. 168–169.
21. Hazen, *Narrative,* S. 252.
22. »Tot bei Resaca«, GB, S. 70–74.
23. »Tot bei Resaca«, GB, S. 76.
24. »Tot bei Resaca«, GB, S. 77–78.
25. »Tot bei Resaca«, GB, S. 78–79.
26. Richard McMurry, »Resaca: ›A Heap of Hard Fiten‹«, *Civil War Times Illustrated* (Dezember 1971), S. 48. »Tot bei Resaca«, GB, S. 75–76.

27. »Tot bei Resaca«, GB, S. 72.
28. McWilliams, »Ambrose Bierce and His First Love«, S. 257–258.
29. O'Connor, *Ambrose Bierce,* S. 38.
30. Faust, *Illustrated Encyclopedia,* S. 373.
31. Castel, *Decision in the West,* S. 229–230.
32. Hazen, *Narrative,* S. 257. »The Crime at Pickett's Mill«, *Works,* Bd. 1, S. 284–286. Howell und Elizabeth Purdue, *Pat Cleburne: Confederate General.* Hillsboro: Hill Junior College Press 1973, S. 324–328.
33. »The Crime at Pickett's Mill«, *Works,* Bd. 1, S. 287–288.
34. Purdue und Purdue, *Pat Cleburne,* S. 324. Castel, *Decision in the West,* S. 241.
35. »The Crime at Pickett's Mill«, *Works,* Bd. 1, S. 291 und 294. Castel, *Decision in the West,* S. 240.
36. Castel, *Decision in the West,* S. 235. »The Crime at Pickett's Mill«, *Works,* Bd. 1, S. 79.
37. Benjamin Roundtree (Hrsg.), »Letters from a Confederate Soldier«, *Georgia Review* 18 (1964), S. 287–288. Hazen, *Narrative,* S. 254 und 262. Foote, *The Civil War,* Bd. 3, S. 354.
38. Foote, *The Civil War,* Bd. 3, S. 356. »Ein Sohn der Götter«, GB, S. 47.
39. »Einer der Vermißten«, GB, S. 53–69.
40. »Ein Offizier, ein Mann«, GB, S. 151–159.
41. »Ein Sohn der Götter«, GB, S. 48–52.
42. *OR,* Bd. 38, Teil 1, S. 425. Hazen, *Narrative,* S. 264–265. McWilliams, *Ambrose Bierce,* S. 55–56. O'Connor, *Ambrose Bierce,* S. 41.
43. »Four Days in Dixie«, *Works,* Bd. 1, S. 307. Fatout, *Devil's Lexicographer,* S. 54.
44. McWilliams, *Ambrose Bierce,* S. 56–57.

5. Kapitel: Ich lehne die Ernennung respektvoll ab

1. *OR,* Bd. 38, Teil 5, S. 754. McPherson, *Für die Freiheit sterben,* S. 795. *OR,* Bd. 39, Teil 3, S. 660. John F. Marszalek, *Sherman: A Soldier's Passion for Order.* New York: Free Press 1993, S. 293–298.
2. »Four Days at Dixie«, *Works,* Bd. 1, S. 307. McWilliams, *Ambrose Bierce,* S. 57.
3. »Die Mitbewohner«, GB, S. 213–216.
4. Bierce litt nach seiner Verwundung regelmäßig unter »bohrenden Kopfschmerzen und Übelkeit«, wie es in seinem Pensionsantrag heißt, und erhielt bis zum 15. November 1912 entsprechende Entschädigungsbezüge. Ambrose Bierce Pension Records, National Archives, Akten-Nr. 1135804.
5. »Four Days at Dixie«, *Works,* Bd. 1, S. 297–302.
6. »Four Days at Dixie«, *Works,* Bd. 1, S. 302–305.
7. »Four Days at Dixie«, *Works,* Bd. 1, S. 305–309.
8. »Four Days at Dixie«, *Works,* Bd. 1, S. 309–310.
9. »Four Days at Dixie«, *Works,* Bd. 1, S. 310–314.
10. *Examiner,* 19. August 1888.
11. »What Occurred at Franklin«, *Works,* Bd. 1, S. 316–320.

12. »What Occurred at Franklin«, *Works,* Bd. 1, S. 319–320.
13. James Lee McDonough und Thomas L. Connelly, *Five Tragic Hours: The Battle of Franklin.* Knoxville: University of Tennessee Press 1983, S. 157. Purdue und Purdue, *Pat Cleburne,* S. 420.
14. »What Occurred at Franklin«, *Works,* Bd. 1, S. 319–324. Sam R. Watkins, *Co. »Aytch«.* New York: Collier Books 1962, S. 235.
15. »Die Geschichte des Majors«, GB, S. 233–240.
16. *Wasp,* 14. Juli 1883. *Examiner,* 5. Juni 1898. *OR,* Bd. 45, Teil 1, S. 508.
17. *OR,* Bd. 45, Teil 1, S. 293. Bierce Service Records, National Archives. *Examiner,* 17. August 1890.
18. »›Way Down in Alabam‹«, *Works,* Bd. 1, S. 328–329. Fatout, *Devil's Lexicographer,* S. 59. Matthew C. O'Brien, »Ambrose Bierce and the Civil War: 1865«, *American Literature* 48 (November 1976), S. 378. Robert Selph Henry, *The Story of Reconstruction.* Indianapolis: Bobbs-Merrill 1938, S. 63. S. auch Walter L. Fleming, *Documentary History of Reconstruction,* Bd. 1. Cleveland: Arthur H. Clark Company 1906, S. 25–33.
19. »›Way Down in Alabam‹«, *Works,* Bd. 1, S. 329–331. Henry, *Story of Reconstruction,* S. 62. Walter L. Fleming, *Civil War and Reconstruction in Alabama.* New York: Columbia University Press 1905, S. 291–299. James E. Sefton, *United States Army and Reconstruction, 1865–1877.* Baton Rouge: Louisiana State University Press 1967, S. 39–40.
20. »›Way Down in Alabam‹«, *Works,* Bd. 1, S. 333.
21. »›Way Down in Alabam‹«, *Works,* Bd. 1, S. 328 und 332–334. Robert G. Rogge, »Heartland Hammered Furiously«, *America's Civil War* (Mai 1988), S. 18–24.
22. »›Way Down in Alabam‹«, *Works,* Bd. 1, S. 328–329 und 335–337.
23. »›Way Down in Alabam‹«, *Works,* Bd. 1, S. 337–340.
24. »›Way Down in Alabam‹«, *Works,* Bd. 1, S. 340–344.
25. »›Way Down in Alabam‹«, *Works,* Bd. 1, S. 344–348.
26. Fleming, *Civil War and Reconstruction,* S. 292–293 und 301. Sefton, *United States Army,* S. 39. Henry, *Story of Reconstruction,* S. 64. »›Way Down in Alabam‹«, *Works,* Bd. 1, S. 335. E. Merton Coulter, *The South During Reconstruction.* Baton Rouge: Louisiana State University Press 1947, S. 8.
27. Kroeker, »William B. Hazen«, S. 105–106. Fatout, *Devil's Lexicographer,* S. 66. »Across the Plains«, *Works,* Bd. 1, S. 361–363.
28. »Across the Plains«, *Works,* Bd. 1, S. 363. Kroeker, »William B. Hazen«, S. 109. Robert M. Utley, *The Indian Frontier and the American West, 1846–1890.* Albuquerque: University of New Mexico Press 1984, S. 99–100.
29. Kroeker, »William B. Hazen«, S. 110 und 117–118.
30. Kroeker, »William B. Hazen«, S. 112. »A Sole Survivor«, *Works.* Bd. 1, S. 387.
31. »Across the Plains«, *Works,* Bd. 1, S. 361 und 364–365. Zum Fetterman-Massaker siehe Kevin D. Randle, »Reckless Pursuit Halted«, *Military History* (August 1986), S. 20–25.
32. Kroeker, »William B. Hazen«, S. 112–113. Evan S. Connell, *Son of the Morning Star.* San Francisco: North Point Press 1984, S. 1–4. Juliana Clayton, »Lieutenant's Ghastly Discovery«, *Wild West* (August 1992), S. 26–32.

33. »A Sole Survivor«, *Works,* Bd. 1, S. 387. Rosalind Lock, »Jim Beckwourth«, *Wild West* (Juni 1993), S. 8 und 78–79. William Gardner Bell, »Attack Outside Fort's Walls«, *Wild West* (Juni 1993), S. 40.
34. »Across the Plains«, *Works,* Bd. 1, S. 365.
35. »Across the Plains«, *Works,* Bd. 1, S. 368.
36. »Across the Plains«, *Works,* Bd. 1, S. 364. Kroeker, »William B. Hazen«, S. 115. Fatout, *Devil's Lexicographer,* S. 70. *Argonaut,* 31. Mai 1879. *Wasp,* 30. April 1881.
37. Kroeker, »William B. Hazen«, S. 120–121. »Across the Plains«, *Works,* Bd. 1, S. 369.
38. Fatout, *Devil's Lexicographer,* S. 72. McWilliams, *Ambrose Bierce,* S. 76–77. »Across the Plains«, *Works,* Bd. 1, S. 369.
39. Robert M. Utley, *Cavalier in Buckskin: George Armstrong Custer and the Western Military Frontier.* Norman: University of Oklahoma Press 1988, S. 40. Grenander, *Ambrose Bierce,* S. 29.

6. Kapitel: Mentor, Geißel und Spiegel der Stadt

1. Zur Geschichte San Franciscos s. Oscar Lewis, *San Francisco: Mission to Metropolis.* Berkeley: Howell-North 1966, S. 41–64. Doris Muscatine, *Old San Francisco: The Biography of a City.* New York: Putnam's 1975, S. 250–255.
2. Lewis, *Mission to Metropolis,* S. 64.
3. Muscatine, *Old San Francisco,* S. 202–205.
4. Oscar Lewis, *This Was San Francisco.* New York: David McKay 1962, S. 175–176.
5. Lewis, *This Was San Francisco,* S. 169 und 179–180.
6. McWilliams, *Ambrose Bierce,* S. 80–82. Fatout, *Devil's Lexicographer,* S. 74.
7. McWilliams, *Ambrose Bierce,* S. 80.
8. McWilliams, *Ambrose Bierce,* S. 79–80. Muscatine, *Old San Francisco,* S. 158.
9. Muscatine, *Old San Francisco,* S. 169. Lewis, *Mission to Metropolis,* S. 2–3.
10. Jon Guttman, »Emperor Norton I«, *Wild West* (Februar 1989), S. 8 und 55–58.
11. Guttman, »Emperor Norton I«, S. 58. Muscatine, *Old San Francisco,* S. 170.
12. Lewis, *Mission to Metropolis,* S. 70 und 94.
13. Lewis, *Mission to Metropolis,* S. 71–74. Muscatine, *Old San Francisco,* S. 161. Franklin Walker, *San Francisco's Literary Frontier.* New York: Alfred A. Knopf 1939, S. 246–247.
14. Walker, *Literary Frontier,* S. 243 und 247–248. Muscatine, *Old San Francisco,* S. 160.
15. Lewis, *Mission to Metropolis,* S. 70. Fatout, *Devil's Lexicographer,* S. 75–76. *Write it Right,* in *The Devil's Advocate: An Ambrose Bierce Reader,* hg. v. Brian St. Pierre. San Francisco: Chronicle Books 1987, S. 221.
16. Richard Saunders, *Ambrose Bierce: The Making of a Misanthrope.* San Francisco: Chronicle Books 1985, S. 12. O'Connor, *Ambrose Bierce,* S. 66–67. Muscatine, *Old San Francisco,* S. 394. Lewis, *This Was San Francisco,* S. 173–174.

17. *Argonaut,* 9. März 1878. McWilliams, *Ambrose Bierce,* S. 81. Fatout, *Devil's Lexicographer,* S. 55 und 76–77.
18. Walker, *Literary Frontier,* S. 241–242.
19. Fatout, *Devil's Lexicographer,* S. 76.
20. Fatout, *Devil's Lexicographer,* S. 78. Walker, *Literary Frontier,* S. 248–249.
21. Fatout, *Devil's Lexicographer,* S. 79–80. McWilliams, *Ambrose Bierce,* S. 87–88. Justin Kaplan, *Mr. Clemens and Mark Twain.* New York: Simon & Schuster 1966, S. 13, 69 und 75. *Examiner,* 8. November 1889.
22. Fatout, *Devil's Lexicographer,* S. 79–80.
23. *News Letter,* 5. Dezember 1868. O'Connor, *Ambrose Bierce,* S. 72.
24. *News Letter,* 4. Februar 1871. *News Letter,* 28. August 1869. *News Letter,* 11. Februar 1871.
25. *News Letter,* 18. Dezember 1869. *News Letter,* 17. Juli 1869. *News Letter,* 15. Mai 1869.
26. *News Letter,* 8. Oktober 1870. Walker, *Literary Frontier,* S. 253. *News Letter,* 24. Juli 1869. *News Letter,* 6. August 1870.
27. *News Letter,* 13. Februar 1869. *News Letter,* 29. Mai 1869. *News Letter,* 3. Dezember 1870.
28. *News Letter,* 26. Dezember 1868. *News Letter,* 20. Januar 1872.
29. *News Letter,* 23. April 1870. *News Letter,* 8. Mai 1869. *News Letter,* 7. Januar 1871.
30. *News Letter,* 10. April 1869.
31. *News Letter,* 6. Januar 1872.
32. *News Letter,* 6. Februar 1869. O'Connor, *Ambrose Bierce,* S. 72. *News Letter,* 18. November 1871.
33. *News Letter,* 18. November 1871. *News Letter,* 29. Mai 1869. *News Letter,* 23. Oktober 1869. Walker, *Literary Frontier,* S. 254.
34. *News Letter,* 5. Juni 1869. Walker, *Literary Frontier,* S. 252–253.
35. *News Letter,* 27. November 1869. O'Connor, *Ambrose Bierce,* S. 75. Walker, *Literary Frontier,* S. 240 und 250. McWilliams, *Ambrose Bierce,* S. 87. Fatout, *Devil's Lexicographer,* S. 90.
36. Fatout, *Devil's Lexicographer,* S. 90. *News Letter,* 21. Mai 1870. *News Letter,* 4. September 1869. *News Letter,* 15. Juli 1871.
37. *News Letter,* 30. Juli 1870. *News Letter,* 9. März 1872. *News Letter,* 19. Februar 1870. *News Letter,* 18. Juni 1870. *News Letter,* 27. August 1870.
38. *News Letter,* 23. April 1870.
39. *News Letter,* 6. August 1870. *News Letter,* 8. April 1871. *News Letter,* 24. September 1870.
40. *News Letter,* 8. April 1871. *News Letter,* 27. Januar 1872.
41. Walker, *Literary Frontier,* S. 258. *Examiner,* 3. März 1889. *News Letter,* 27. August 1870.
42. Grenander, *Ambrose Bierce,* S. 32–33. *Overland Monthly,* März 1871. *Overland Monthly,* Juni 1871.
43. *Overland Monthly,* Januar 1871.
44. Grenander, *Ambrose Bierce,* S. 33. Kaplan, *Mr. Clemens and Mark Twain,* S. 131. »Das Spuktal«, HG, S. 221–229.

45. »Das Spuktal«, HG, S. 231–236.
46. »Das Spuktal«, HG, S. 221, 223–224 und 234.
47. »Das Spuktal«, HG, S. 230 und 233–234.
48. TW, S. 46. O'Connor, *Ambrose Bierce,* S. 75.
49. Neale, *Life of Bierce,* S. 140–142.
50. McWilliams, *Ambrose Bierce,* S. 90–92. *News Letter,* 18. März 1871.

7. Kapitel: Ein besseres Land

1. Anderson, *Works of Sidney Lanier,* Bd. 5, S. 138 u. Bd. 8, S. 12.
2. McWilliams, *Ambrose Bierce,* S. 90–91. O'Connor, *Ambrose Bierce,* S. 78. Fatout, *Devil's Lexicographer,* S. 92.
3. Grenander, *Ambrose Bierce,* S. 34. McWilliams, *Ambrose Bierce,* S. 91–92.
4. *News Letter,* 5. Februar 1870. McWilliams, *Ambrose Bierce,* S. 91–92. TW, S. 64 und 69. O'Connor, *Ambrose Bierce,* S. 79.
5. O'Connor, *Ambrose Bierce,* S. 81. *News Letter,* 16. Januar 1869. McWilliams, *Ambrose Bierce,* S. 92 und 94.
6. McWilliams, *Ambrose Bierce,* S. 93. O'Connor, *Ambrose Bierce,* S. 81. *News Letter,* 30. Dezember 1871.
7. Neale, *Life of Bierce,* S. 115–116 und 123.
8. Neale, *Life of Bierce,* S. 118.
9. »The Kreutzer Sonata«, *Works,* Bd. 10, S. 160–161.
10. *News Letter,* 9. März 1872.
11. McWilliams, *Ambrose Bierce,* S. 94.
12. Fatout, *Devil's Lexicographer,* S. 94–95. »Mein Lieblingsmord«, LG/FF, S. 97. Maurice Frink, »A Sidelight on Ambrose Bierce«, *Book Notes* (August 1923), S. 154.
13. McWilliams, *Ambrose Bierce,* S. 95. Grenander, *Ambrose Bierce,* S. 36. *Weekly Alta California,* 24. August 1872.
14. Grenander, *Ambrose Bierce,* S. 36. M. E. Grenander, »Ambrose Bierce and Charles Warren Stoddard: Some Unpublished Correspondence«, *Huntington Library Quarterly* 23 (Mai 1960), S. 261–264. *Weekly Alta California,* 27. Juli 1872.
15. Fatout, *Devil's Lexicographer,* S. 98. Zu Joaquin Miller siehe M. M. Marberry, *Splendid Poseur: Joaquin Miller – American Poet.* New York: Thomas Y. Crowell 1953.
16. McWilliams, *Ambrose Bierce,* S. 97. M. E. Grenander, »Ambrose Bierce and *Cobwebs from an Empty Skull*: A Note on BAL 1100 and 1107«, *Papers of the Bibliographical Society of America* 69 (1975), S. 404. Fatout, *Devil's Lexicographer,* S. 97. M. E. Grenander, »Ambrose Bierce, John Camden Hotten, *The Fiend's Delight,* and *Nuggets and Dust*«, *Huntington Library Quarterly* 28 (August 1965), S. 355.
17. Grenander, »Ambrose Bierce and *Cobwebs from an Empty Skull*«, S. 404–405.
18. Stephen und Lee, *Dictionary of National Biography,* S. 664–667. Fatout, *Devil's Lexicographer,* S. 98. *Wasp,* 14. Februar 1885.

19. Stephen und Lee, *Dictionary of National Biography,* S. 719, 769 und 876–877. »A Sole Survivor«, *Works,* Bd. 1, S. 388–389.
20. »Working for an Empress«, *Works,* Bd. 1, S. 349. *New York Times,* 25. Februar 1911. McWilliams, *Ambrose Bierce,* S. 109. Fatout, *Devil's Lexicographer,* S. 99.
21. Grenander, »Ambrose Bierce, John Camden Hotten«, S. 355. M. E. Grenander, »California's Albion: Mark Twain, Ambrose Bierce, Tom Hood, John Camden Hotten, and Andrew Chatto«, *Papers of the Bibliographical Society of America* 72 (1978), S. 457–462.
22. Steven Marcus, *Umkehrung der Moral. Sexualität und Pornographie im viktorianischen England.* Frankfurt am Main: Suhrkamp 1979, S. 78–84. Grenander, »California's Albion«, S. 460.
23. Marcus, *Umkehrung der Moral,* S. 80. Grenander, »Ambrose Bierce, John Camden Hotten«, S. 56–57. Grenander, »California's Albion«, S. 458.
24. McWilliams, *Ambrose Bierce,* S. 98–100.
25. McWilliams, *Ambrose Bierce,* S. 100.
26. Grenander, »Ambrose Bierce, John Camden Hotten«, S. 357–359.
27. Grenander, »Ambrose Bierce, John Camden Hotten«, S. 359–360. McWilliams, *Ambrose Bierce,* S. 98–99. *Nuggets and Dust.* London: Chatto & Windus 1872, S. 124. Neale, *Life of Bierce,* S. 121. *Examiner,* 4. September 1887.
28. Grenander, »Ambrose Bierce, John Camden Hotten«, S. 362–366. Fatout, *Devil's Lexicographer,* S. 101–102. *The Fiend's Delight,* S. 75. O'Connor, *Ambrose Bierce,* S. 87–88.
29. »Mortality in the Foothills«, *Works,* Bd. 12, S. 316. McWilliams, *Ambrose Bierce,* S. 99 und 107. Grenander, »Ambrose Bierce, John Camden Hotten«, S. 365.
30. Grenander, »Ambrose Bierce, John Camden Hotten«, S. 365. »A Sole Survivor«, *Works,* Bd. 1, S. 391–393. O'Connor, *Ambrose Bierce,* S. 93–94.
31. McWilliams, *Ambrose Bierce,* S. 101–102. Fatout, *Devil's Lexicographer,* S. 106. Neale, *Life of Bierce,* S. 133.
32. Grenander, »Ambrose Bierce and Charles Warren Stoddard«, S. 267. Mc Williams, *Ambrose Bierce,* S. 102–103.
33. Grenander, »Ambrose Bierce, John Camden Hotten«, S. 368. Grenander, *Ambrose Bierce,* S. 39. »D.T.«, in *Nuggets and Dust,* S. 17–20.
34. »A Working Girl's Story«, in *Nuggets and Dust,* S. 20–22.
35. *Nuggets and Dust,* S. 134, 137, 140, 150 und 170.
36. McWilliams, *Ambrose Bierce,* S. 100–101. M. E. Grenander, »A London Letter of Joaquin Miller to Ambrose Bierce«, *Yale University Library Gazette* 46 (Oktober 1971), S. 113. Grenander, »Ambrose Bierce and Charles Warren Stoddard«, S. 267 und 275.
37. McWilliams, *Ambrose Bierce,* S. 107–108. Grenander, »Ambrose Bierce and Charles Warren Stoddard«, S. 280. Alyn Brodsky, *Imperial Charade: A Biography of Emperor Napoleon III.* Indianapolis und New York: Bobbs-Merrill 1978, S. 273. »Working for an Empress«, *Works,* Bd. 1, S. 357.
38. »Working for an Empress«, *Works,* Bd. 1, S. 350–351. Fatout, *Devil's Lexicographer,* S. 109.

39. Fatout, *Devil's Lexicographer,* S. 112. Byron Farwell, *Queen Victoria's Little Wars,* New York: Norton 1972, S. 190–191. »Working for an Empress«, *Works,* Bd. 1, S. 353.
40. »Working for an Empress«, *Works,* Bd. 1, S. 354–355 und 358. McWilliams, *Ambrose Bierce,* S. 112–113.
41. O'Connor, *Ambrose Bierce,* S. 101. Grenander, »Ambrose Bierce and Charles Warren Stoddard«, S. 278. Fatout, *Devil's Lexicographer,* S. 113–114. McWilliams, *Ambrose Bierce,* S. 106.
42. McWilliams, *Ambrose Bierce,* S. 104–105. »Das verdammte Ding«, HG, S. 336.
43. McWilliams, *Ambrose Bierce,* S. 113–114. *Argonaut,* 9. Februar 1879. *Argonaut,* 9. November 1878.

8. Kapitel: Prattle

1. McFeely, *Grant,* S. 393–394. Lewis, *Mission to Metropolis,* S. 150–154.
2. Lewis, *Mission to Metropolis,* S. 147–150. Muscatine, *Old San Francisco,* S. 304–316. O'Connor, *Ambrose Bierce.* S. 105.
3. Saunders, *Ambrose Bierce,* S. 24–25. McWilliams, *Ambrose Bierce,* S. 120. Fatout, *Devil's Lexicographer,* S. 116–119. TW, S. 19. *Examiner,* 14. Oktober 1888.
4. Lewis, *Mission to Metropolis,* S. 135–138. McWilliams, *Ambrose Bierce,* S. 120–121.
5. Lewis, *Mission to Metropolis,* S. 139. Muscatine, *Old San Francisco,* S. 389–390. McWilliams, *Ambrose Bierce,* S. 122.
6. O'Connor, *Ambrose Bierce,* S. 108–109. *Argonaut,* 25. März 1877. McWilliams, *Ambrose Bierce,* S. 123. *Argonaut,* 9. Juni 1877.
7. McWilliams, *Ambrose Bierce,* S. 124–125. *Argonaut,* 16. November 1878.
8. *Argonaut,* 5. Mai 1877. *Argonaut,* 2. Juni 1877. *Argonaut,* 27. Oktober 1877.
9. *Argonaut,* 20. Juli 1878. *Argonaut,* 26. Juni 1878. *Argonaut,* 28. April 1877.
10. Fatout, *Devil's Lexicographer,* S. 118 und 127. »Eine Revolte der Götter«, LG/FF, S. 44. TW, S. 123.
11. *Argonaut,* 1. April 1877. *Argonaut,* 25. April 1877. McWilliams, *Ambrose Bierce,* S. 129.
12. McWilliams, *Ambrose Bierce,* S. 121. Saunders, *Ambrose Bierce,* S. 26. O'Connor, *Ambrose Bierce,* S. 113. Lois Rather, *Bittersweet: Ambrose Bierce and Women.* Oakland: Rather Press 1975, S. 47–48.
13. McWilliams, *Ambrose Bierce,* S. 127. *Argonaut,* 23. Juni 1877. Fatout, *Devil's Lexicographer,* S. 143. *Examiner,* 5. Februar 1888.
14. Zu den Streiks von 1877 siehe Nell Irvin Painter, *Standing at Armageddon.* New York und London: W. W. Norton 1987, S. 15–18. McWilliams, *Ambrose Bierce,* S. 134–135.
15. Lewis, *Mission to Metropolis,* S. 139–141.
16. Lewis, *Mission to Metropolis,* S. 141–142. Muscatine, *Old San Francisco,* S. 403–404. O'Connor, *Ambrose Bierce,* S. 106.

17. Lewis, *Mission to Metropolis,* S. 142. Muscatine, *Old San Francisco,* S. 330. O'Connor, *Ambrose Bierce,* S. 106. *Argonaut,* 3. November 1877.
18. O'Connor, *Ambrose Bierce,* S. 117. Page Smith, *The Rise of Industrial America.* New York: McGraw-Hill 1984, S. 188.
19. *Argonaut,* 24. Mai 1879. *Argonaut,* 16. Februar 1878.
20. *Argonaut,* 18. Mai 1878. O'Connor, *Ambrose Bierce,* S. 110.
21. O'Connor, *Ambrose Bierce,* S. 109. Franklin Walker, *Ambrose Bierce: The Wickedest Man in San Francisco.* San Francisco: Colt Press 1941, S. 21.
22. Rather, *Bittersweet,* S. 40. *Argonaut,* 5. Oktober 1878.
23. McWilliams, *Ambrose Bierce,* S. 126. *Argonaut,* 12. Oktober 1878. Muscatine, *Old San Francisco,* S. 163.
24. McWilliams, *Ambrose Bierce,* S. 133–134. *Argonaut,* 2. Februar 1878.
25. Rather, *Bittersweet,* S. 48–49. O'Connor, *Ambrose Bierce,* S. 118. *Argonaut,* 22. April 1877. *Argonaut,* 27. April 1878.
26. »Nächtliche Vorkommnisse in Deadman's Gulch«, HG, S. 259–270.
27. »Der berühmte Gilson-Nachlaß«, HG, S. 34–45.
28. »Der berühmte Gilson-Nachlaß«, HG, S. 42–43.
29. »Der berühmte Gilson-Nachlaß«, HG, S. 38 und 40.
30. Fatout, *Devil's Lexicographer,* S. 126–127. Grenander, »Ambrose Bierce and Charles Warren Stoddard«, S. 289–291.
31. Kaplan, *Mr. Clemens and Mark Twain,* S. 209–211.
32. *Argonaut,* 5. Januar 1878.
33. McWilliams, *Ambrose Bierce,* S. 219. TW, S. 89.
34. »On with the Dance«, *Works,* Bd. 8, S. 268. *Wasp,* 17. Februar 1883. W. D. Howells, »Criticism and Fiction«, in George McMichael (Hrsg.), *Anthology of American Literature,* Bd. 2. New York: Macmillan 1980, S. 599.
35. McWilliams, *Ambrose Bierce,* S. 144–146.
36. McWilliams, *Ambrose Bierce,* S. 142 und 145. Fatout, *Devil's Lexicographer,* S. 132.
37. O'Connor, *Ambrose Bierce,* S. 124–126. »A Sole Survivor«, *Works,* Bd. 1, S. 394–395.
38. »A Sole Survivor«, *Works,* Bd. 1, S. 396–397.
39. McWilliams, *Ambrose Bierce,* S. 145–146. Fatout, *Devil's Lexicographer,* S. 133. O'Connor, *Ambrose Bierce,* S. 129.

9. Kapitel: Der Teufel und die ›Wasp‹

1. Fatout, *Devil's Lexicographer,* S. 134. *Examiner,* 24. Januar 1897. McWilliams, *Ambrose Bierce,* S. 157.
2. McWilliams, *Ambrose Bierce,* S. 154–155.
3. Fatout, *Devil's Lexicographer,* S. 138. *Wasp,* 9. April 1881.
4. Saunders, *Ambrose Bierce,* S. 38. *Wasp,* 22. November 1884. AW, S. 501. Walker, *Wickedest Man,* S. 19.
5. *Wasp,* 3. Mai 1884. *Wasp,* 14. Oktober 1882.
6. Saunders, *Ambrose Bierce,* S. 36–37.

7. *Wasp,* 2. April 1881. *Wasp,* 15. Juli 1882. *Wasp,* 18. Oktober 1884.
8. *Wasp,* 7. Oktober 1882. Ernest Jerome Hopkins (Hrsg.), *The Ambrose Bierce Satanic Reader.* Garden City: Doubleday & Company 1968, S. 195.
9. *Wasp,* 23. Dezember 1882. *Wasp,* 19. Juli 1884.
10. *Wasp,* 21. Oktober 1881. McWilliams, *Ambrose Bierce,* S. 161–162. Fatout, *Devil's Lexicographer,* S. 137.
11. *Wasp,* 23. September 1882. »Der Schatten auf dem Zifferblatt«, AW, S. 538–539.
12. Allan Peskin, *Garfield.* Kent: Kent State University Press 1978, S. 601–607.
13. Walker, *Wickedest Man,* S. 28. *Wasp,* 24. Juni 1881. *Wasp,* 23. September 1881.
14. »The Game of Politics«, *Works,* Bd. 11, S. 78–79. *Wasp,* 2. August 1884. Walker, *Wickedest Man,* S. 30.
15. Gerald F. Linderman, *Embattled Courage: The Experience of Combat in the American Civil War.* New York: Free Press 1987, S. 266 und 271. Nina Silber, *The Romance of Reunion: Northerners and the South, 1865–1900.* Chapel Hill: University of North Carolina Press 1993, S. 106–122.
16. »What I Saw of Shiloh«, *Works,* Bd. 1, S. 269. *Wasp,* 28. Februar 1885.
17. »What I Saw of Shiloh«, *Works,* Bd. 1, S. 269. *Wasp,* 12. Dezember 1885. »The Game of Politics«, *Works,* Bd. 11, S. 73. »Election Day«, *Works,* Bd. 4, S. 270–271.
18. McWilliams, *Ambrose Bierce,* S. 155. TW, S. 41, 83. *Writings,* S. 332. TW, S. 64, 41, 17. WT, S. 118. TW, S. 113.
19. AW, S. 407–408. TW, S. 132. »To Train a Writer«, *Works,* Bd. 10, S. 77. B. S. Field, Jr., »Ambrose Bierce as Comic«, *Western Humanities Review* 31 (1977), S. 175.
20. TW, S. 19, 102, *Writings,* S. 361. TW, S. 11, 85, 56, 21. WT, S. 25. TW, S. 64, 58, 108, 53, 42, 43. WT, S. 117, 52. TW, S. 124, 30, 129, 115, 9, 16 und 63.
21. Robert F. Richards, *Concise Dictionary of American Literature.* New York: Philosophical Library 1955, S. 15. *Writings,* S. 260. TW, S. 43, 59. WT, S. 114–115. TW, S. 119. AW, S. 436. TW, S. 55 und 28. *Writings,* S. 387. TW, S. 40. *Writings,* S. 355.
22. TW, S. 43, 63, 118, 92. WT, S. 42. TW, S. 41, 46, 129. WT, S. 119, 32. TW, S. 108, 77, 61. WT, S. 70.
23. *Wasp,* 17. März 1882. O'Connor, *Ambrose Bierce,* S. 137–138.
24. *Wasp,* 29. Mai 1886. McWilliams, *Ambrose Bierce,* S. 156–157. *Wasp,* 26. August 1881.
25. *Wasp,* 31. März 1882. »To Oscar Wilde«, *Works,* Bd. 4, S. 145.
26. »Das verderbte Dorf«, AW, S. 494. McWilliams, *Ambrose Bierce,* S. 162–164.
27. McWilliams, *Ambrose Bierce,* S. 161. *Wasp,* 5. Mai 1882. *Wasp,* 28. März 1885.
28. McWilliams, *Ambrose Bierce,* S. 162 und 173. Fatout, *Devil's Lexicographer,* S. 139. Helen Bierce, »Ambrose Bierce at Home«, *American Mercury* 30 (Dezember 1933), S. 453.
29. McWilliams, *Ambrose Bierce,* S. 164. »Californian Summer Pictures«, *Works,* Bd. 5, S. 276. *Wasp,* 8. Juli 1881.

30. »A Study in Gray«, *Works,* Bd. 4, S. 259–260.
31. McWilliams, *Ambrose Bierce,* S. 155 und 165–166. *Examiner,* 11. Juli 1897.
32. »Epigrams«, *Works,* Bd. 8, S. 350. »The Opposing Sex«, *Works,* Bd. 11, S. 291. Walker, *Wickedest Man,* S. 37.
33. Walker, *Wickedest Man,* S. 38.
34. »Ein unvollständiger Brand«, LG/FF, S. 9.
35. »Ein unvollständiger Brand«, LG/FF, S. 11–13.
36. Stuart C. Woodruff, *The Short Stories of Ambrose Bierce: A Study in Polarity.* Pittsburgh: University of Pittsburgh Press 1964, S. 117.
37. »Taking Oneself Off«, *Works,* Bd. 11, S. 340–343.
38. Fatout, *Devil's Lexicographer,* S. 148. *Wasp,* 5. Dezember 1885.
39. Fatout, *Devil's Lexicographer,* S. 151. Helen Bierce, »Ambrose Bierce at Home«, S. 453 und 455.
40. Fatout, *Devil's Lexicographer,* S. 152–153.
41. »A Thumbnail Sketch«, *Works,* Bd. 12, S. 305.
42. McWilliams, *Ambrose Bierce,* S. 174.

10. Kapitel: Die Reibung, die wir Schmerz nennen

1. William A. Swanberg, *Citizen Hearst.* New York: Charles Scribner's Sons 1961, S. 33.
2. Swanberg, *Citizen Hearst,* S. 4, 32 und 34–37. O'Connor, *Ambrose Bierce,* S. 153–154.
3. O'Connor, *Ambrose Bierce,* S. 155. Swanberg, *Citizen Hearst,* S. 71.
4. Swanberg, *Citizen Hearst,* S. 59–60. *Examiner,* 16. Mai 1887.
5. Swanberg, *Citizen Hearst,* S. 42–47.
6. Swanberg, *Citizen Hearst,* S. 60 und 106. Adolph DeCastro, *Portrait of Ambrose Bierce,* New York: Century Company 1929, S. 92.
7. Swanberg, *Citizen Hearst,* S. 66–67.
8. »A Thumbnail Sketch«, *Works,* Bd. 12, S. 312.
9. »A Thumbnail Sketch«, *Works,* Bd. 12, S. 307.
10. »A Thumbnail Sketch«, *Works,* Bd. 12, S. 314–315.
11. *Examiner,* 18. November 1894. *Examiner,* 27. Juli 1890. *Examiner,* 14. Juli 1889. O'Connor, *Ambrose Bierce,* S. 159.
12. *Examiner,* 10. Mai 1891. *Examiner,* 29. April 1894. *Examiner,* 27. November 1892. *Examiner,* 23. Oktober 1892. *Examiner,* 18. September 1887.
13. *Examiner,* 6. Juli 1890. *Examiner,* 3. Juni 1894. *Examiner,* 29. April 1894.
14. McWilliams, *Ambrose Bierce,* S. 81. »Invocation«, *Works,* Bd. 4, S. 31–39.
15. McWilliams, *Ambrose Bierce,* S. 188–189. Fatout, *Devil's Lexicographer,* S. 165.
16. Hazen, *Narrative,* S. XXIV und 265. Fatout, *Devil's Lexicographer,* S. 159–160.
17. Zur Kontroverse um die Konföderationsflaggen siehe Morris, *Sheridan.* S. 383. »The Confederate Flags«, *Works,* Bd. 4, S. 337.
18. Saunders, *Ambrose Bierce,* S. 50.
19. *Examiner,* 11. Dezember 1887. *Examiner,* 9. Dezember 1888. *Examiner,* 22. Mai 1892. *Examiner,* 31. August 1890.

20. Helen Bierce, »Ambrose Bierce at Home«, S. 455–456. »Oneiromancy«, *Works,* Bd. 4, S. 363.
21. Helen Bierce, »Ambrose Bierce at Home«, S. 455–456. McWilliams, *Ambrose Bierce,* S. 189. »Epigrams«, *Works,* Bd. 8, S. 347.
22. McWilliams, *Ambrose Bierce,* S. 191–192. Fatout, *Devil's Lexicographer,* S. 170–172.
23. Fatout, *Devil's Lexicographer,* S. 172–174. *Examiner,* 27. Juli 1889. *Chico Enterprise,* 26. Juli 1889.
24. McWilliams, *Ambrose Bierce,* S. 192–194. Fatout, *Devil's Lexicographer,* S. 174–175. *Enterprise,* 27. Juli 1889.
25. McWilliams, *Ambrose Bierce,* S. 194. Saunders, *Ambrose Bierce,* S. 57.
26. *Argonaut,* 5. August 1889.
27. *Examiner,* 25. August 1889.
28. McWilliams, *Ambrose Bierce,* S. 193. Lawrence Berkove, »Ambrose Bierce's Concern with Mind and Man«, Ph.D. Dissertation, University of Pennsylvania 1962, S. 72–74. »Epigrams«, *Works,* Bd. 8, S. 363.
29. *Examiner,* 3. September 1889. *Examiner,* 13. Oktober 1889. »Das Gefecht bei Coulter's Notch«, GB, S. 81–83.
30. »Das Gefecht bei Coulter's Notch«, GB, S. 83–92.
31. »The Kreutzer Sonata«, *Works,* Bd. 10, S. 150 und 152.
32. »The Kreutzer Sonata«, *Works,* Bd. 10, S. 153–154.
33. Emily Leider, »›Your Picture Hangs in My Salon‹: The Letters of Gertrude Atherton to Ambrose Bierce«, *California History* (Winter 1981/82), S. 336. »Ein Totenwächter«, HG, S. 53–68.
34. Gertrude Atherton, *Adventures of a Novelist.* New York: Liveright 1923, S. 202–205. Leider, »›Your Picture Hangs in My Salon‹«, S. 338.
35. Atherton, *Adventures of a Novelist,* S. 205.
36. Leider, »›Your Picture Hangs in My Salon‹«, S. 342–343.
37. *Examiner,* 23. März 1890. *Examiner,* 4. Oktober 1891. McWilliams, *Ambrose Bierce,* S. 183. George Sterling, »The Shadow Maker«, *American Mercury* 6 (September 1925), S. 14. O'Connor, *Ambrose Bierce,* S. 192.
38. *Examiner,* 22. Januar 1899. Zum Streit zwischen Bierce und Markham siehe J. S. Goldstein, »Edwin Markham, Ambrose Bierce, and ›The Man with the Hoe‹«, *Modern Language Notes* 58 (März 1943), S. 165–175. O'Connor, *Ambrose Bierce,* S. 191.
39. McWilliams, *Ambrose Bierce,* S. 249–251. Grenander, *Ambrose Bierce,* S. 64–65.
40. John Berryman, *Stephen Crane,* New York: World Publishing Company 1962, S. 170.
41. »Ein Vorfall an der Owl-Creek-Brücke«, GB, S. 19–32.
42. »Ein Vorfall an der Owl-Creek-Brücke«, GB, S. 23. e.e. cummings, »Platon sagte«, in *Poems – Gedichte.* Ebenhausen: Langewiesche-Brandt 1982, S. 81. Siehe auch F. J. Logan, »The Wry Seriousness of ›Owl Creek Bridge‹«, *American Literary Realism* 10 (Spring 1977), S. 101–113.
43. »Ein Vorfall an der Owl-Creek-Brücke«, GB, S. 25.
44. »Ein Vorfall an der Owl-Creek-Brücke«, GB, S. 26. Peter Stoicheff, »›Some-

thing Uncanny‹: The Dream Structure in Ambrose Bierce's ›An Occurrence at Owl Creek Bridge‹«, *Studies in Short Fiction* 30 (Sommer 1993), S. 355–365.

45. McWilliams, *Ambrose Bierce,* S. 210 und 212–214.
46. Grenander, *Ambrose Bierce,* S. 59–61. *The Monk and the Hangman's Daughter,* in *Works,* Bd. 6, S. 19–162.
47. Grenander, *Ambrose Bierce,* S. 59–60. Fatout, *Devil's Lexicographer,* S. 192–193. *McEwen's Letter,* 25. Mai 1895. McWilliams, *Ambrose Bierce,* S. 214.
48. O'Connor, *Ambrose Bierce,* S. 207–209.
49. Joseph W. Slade, »›Putting You in the Papers‹: Ambrose Bierce's Letters to Edwin Markham«, *Prospects* 1 (1975), S. 340. »The Jew«, *Works,* Bd. 9, S. 373–381.
50. O'Connor, *Ambrose Bierce,* S. 209. *Examiner,* 20. Oktober 1895. *Examiner,* 8. November 1895.
51. *Examiner,* 21. Januar 1894. DeCastro, *Portrait of Bierce,* S. 216.

11. Kapitel: Was ist dies nur, ein Geist zu sein

1. McWilliams, *Ambrose Bierce,* S. 237. Fatout, *Devil's Lexicographer,* S. 214.
2. Fatout, *Devil's Lexicographer,* S. 214. Grenander, *Ambrose Bierce,* S. 65. *Examiner,* 26. Juli 1896.
3. *Examiner,* 1. Februar 1896. McWilliams, *Ambrose Bierce,* S. 239.
4. O'Connor, *Ambrose Bierce,* S. 228–231. Fatout, *Devil's Lexicographer,* S. 215 und 218.
5. Hopkins, *Ambrose Bierce Satanic Reader,* S. 220. *Examiner,* 14. Februar 1896. *Examiner,* 29. Februar 1896.
6. McWilliams, *Ambrose Bierce,* S. 240–241. Fatout, *Devil's Lexicographer,* S. 219.
7. Fatout, *Devil's Lexicographer,* S. 217–218. O'Connor, *Ambrose Bierce,* S. 231–232. McWilliams, *Ambrose Bierce,* S. 239. *Examiner,* 21. März 1896.
8. Fatout, *Devil's Lexicographer,* S. 219. *Examiner,* 10. Januar 1897. Hopkins, *Ambrose Bierce Satanic Reader,* S. 221. O'Connor, *Ambrose Bierce,* S. 232.
9. McWilliams, *Ambrose Bierce,* S. 243–244. AB an J. H. E. Partington, 26. März 1893, in Pope, *Letters,* S. 27–28. Fatout, *Devil's Lexicographer,* S. 237.
10. AB an S. O. Howes, 14. Mai 1899, zitiert in McWilliams, *Ambrose Bierce,* S. 259. O'Connor, *Ambrose Bierce,* S. 235. McWilliams, *Ambrose Bierce,* S. 245–246.
11. McWilliams, *Ambrose Bierce,* S. 244–245. *Examiner,* 10. Januar 1897.
12. O'Connor, *Ambrose Bierce,* S. 230, 233–234 und 236. *Examiner,* 17. Januar 1897.
13. McWilliams, *Ambrose Bierce,* S. 249–253. Fatout, *Devil's Lexicographer,* S. 231–232.
14. *New York Journal,* 11. Oktober 1895. Swanberg, *Citizen Hearst,* S. 107–110.
15. Swanberg, *Citizen Hearst,* S. 113–143.
16. *Examiner,* 17. März 1895. »A Thumbnail Sketch«, *Works,* Bd. 12, S. 305.

17. *Examiner,* 24. April 1898. »Civilization«, *Works,* Bd. 11, S. 59. *Examiner,* 31. Juli 1898. *Examiner,* 10. Juli 1898.
18. *Examiner,* 9. Mai 1898. *Examiner,* 12. Mai 1895. *Examiner,* 3. April 1898. G. J. A. O'Toole, *The Spanish War: An American Epic.* New York und London: W. W. Norton 1984, S. 53–54.
19. Gerald F. Linderman, *The Mirror of War: American Society and the Spanish-American War.* Ann Arbor: University of Michigan Press 1974, S. 128 und 138–139.
20. *Examiner,* 7. August 1898. *Examiner,* 4. September 1898. *Examiner,* 7. April 1898. *Examiner,* 6. November 1898.
21. *Examiner,* 8. Mai 1898. *Examiner,* 29. Mai 1898. *Examiner,* 17. Juli 1898.
22. *Examiner,* 19. Februar 1899. *Examiner,* 3. Dezember 1899. *Examiner,* 4. Dezember 1898.
23. McWilliams, *Ambrose Bierce,* S. 260–263. Fatout, *Devil's Lexicographer,* S. 235–236. *Examiner,* 14. Dezember 1899. AB an Amy Cecil, 2. Januar 1901, zitiert in McWilliams, *Ambrose Bierce,* S. 270.
24. McWilliams, *Ambrose Bierce,* S. 265. Fatout, *Devil's Lexicographer,* S. 239.
25. McWilliams, *Ambrose Bierce,* S. 269–270. Fatout, *Devil's Lexicographer,* S. 243–244. AB an George Sterling, 2. Mai 1901, in Pope, *Letters,* S. 46. Neale, *Life of Bierce,* S. 53.
26. Fatout, *Devil's Lexicographer,* S. 246–247. *Examiner,* 4. Februar 1900. Swanberg, *Citizen Hearst,* S. 191–194. »A Thumbnail Sketch«, *Works,* Bd. 12, S. 308–309.
27. O'Connor, *Ambrose Bierce,* S. 257–258. »A Thumbnail Sketch«, *Works,* Bd. 12, S. 310. Neale, *Life of Bierce,* S. 112–113.
28. »A Thumbnail Sketch«, *Works,* Bd. 12, S. 310. Neale, *Life of Bierce,* S. 60 und 209.
29. McWilliams, *Ambrose Bierce,* S. 275.
30. McWilliams, *Ambrose Bierce,* S. 272–273, 277 und 292. AB an George Sterling, 16. Mai 1905, in Pope, *Letters,* S. 110. »Reminded«, *Works,* Bd. 4, S. 190.
31. »Die Straße im Mondlicht«, HG, S. 178–191.
32. »Jenseits der Mauer«, HG, S. 271–283.
33. Fatout, *Devil's Lexicographer,* S. 262. »Epigrams«, *Works,* Bd. 8, S. 361.
34. McWilliams, *Ambrose Bierce,* S. 289. Fatout, *Devil's Lexicographer,* S. 272. Vorwort zu *Des Teufels Wörterbuch,* in AW, S. 407. AB an George Sterling, 6. Mai 1906, in Pope, *Letters,* S. 120.
35. Fatout, *Devil's Lexicographer,* S. 268. O'Connor, *Ambrose Bierce,* S. 276–279. John C. Stubbs, »Ambrose Bierce's Contributions to *Cosmopolitan*: An Annotated Bibliography«, *American Literary Realism* 4 (Winter 1971), S. 58–59. McWilliams, *Ambrose Bierce,* S. 295. AB an Robert Mackay, 20. August 1906, Huntington Library.
36. Neale, *Life of Bierce,* S. 414–421. Fatout, *Devil's Lexicographer,* S. 281–282. AB an George Sterling, 21. Februar 1907, in Pope, *Letters,* S. 131. AB an Walter Neale, 25. Oktober 1908, Huntington Library.
37. Fatout, *Devil's Lexicographer,* S. 288. AB an Ruth Robertson, 3. November 1912, University of Southern California.

38. Neale, *Life of Bierce,* S. 419, 424 und 426. *London Athenaeum,* 16. September 1911. *Nation,* 31. August 1911.
39. M. E. Grenander, »H. L. Mencken to Ambrose Bierce«, *Book Club of California Quarterly News Letter* 22 (Winter 1956), S. 5–6. McWilliams, *Ambrose Bierce,* S. 286. *New York World,* 1. März 1925. Fred Hobson, *Mencken: A Life.* New York: Random House 1994, S. 112.
40. McWilliams, *Ambrose Bierce,* S. 298 und 302. AB an George Sterling, 11. Juni 1906, in Pope, *Letters,* S. 121. Fatout, *Devil's Lexicographer,* S. 289. Kevin Starr, *Americans and the California Dream,* New York: Oxford University Press 1973, S. 267–273. O'Connor, *Ambrose Bierce,* S. 288–289.
41. Mary Austin, »George Sterling at Carmel«, *American Mercury* 41 (Mai 1927), S. 67–68. Fatout, *Devil's Lexicographer,* S. 291. Saunders, *Ambrose Bierce,* S. 89–92. O'Connor, *Ambrose Bierce,* S. 289–290.
42. McWilliams, *Ambrose Bierce,* S. 298 und 304. »My Day of Life«, *Works,* Bd. 4, S. 344. Neale, *Life of Bierce,* S. 431–432.
43. McWilliams, *Ambrose Bierce,* S. 312–314.

12. Kapitel: Denn es gibt verschiedene Arten des Todes

1. AB an Helen Cowden, 6. November 1912, in M. E. Grenander, »Seven Ambrose Bierce Letters«, *Yale University Library Gazette* 32 (Juli 1957), S. 13. AB an B. J. S. Cahill, 20. Januar 1913, in Pope, *Letters,* S. 189.
2. AB an Helen Cowden, 27. Januar 1913, in Grenander, »Seven Ambrose Bierce Letters«, S. 15. McWilliams, *Ambrose Bierce,* S. 315–316.
3. AB an Curtis J. Kirch, 22. Mai 1913, in Pope, *Letters,* S. 193. Neale, *Life of Bierce,* S. 446–447.
4. AB an Lora Bierce, 10. September 1913, in Pope, *Letters,* S. 194. AB an Josephine McCrackin, 10. September 1913, in Pope, *Letters,* S. 195. O'Connor, *Ambrose Bierce,* S. 298.
5. AB an Josephine McCrackin, 10. September 1913, in AW, S. 587. AB an Lora Bierce, 29. September 1913, in Pope, *Letters,* S. 196–197. AB an James D. Blake, 29. September 1913, in Grenander, »Seven Ambrose Bierce Letters«, S. 15–16.
6. John S. D. Eisenhower, *Intervention: The U.S. and the Mexican Revolution, 1913–1917.* New York: W. W. Norton 1993, S. 79. Martin Luis Guzman, *The Eagle and the Serpent.* New York: Alfred A. Knopf 1930. S. 44. AB an Josephine McCrackin, 13. September 1913, in AW, S. 588.
7. Joe Nickell, *Ambrose Bierce is Missing and Other Historical Mysteries.* Lexington: University Press of Kentucky 1992, S. 23.
8. Carey McWilliams, »The Mystery of Ambrose Bierce«, *American Mercury* 22 (März 1931), S. 335. *Examiner,* 5. Juni 1898.
9. McWilliams, »Mystery of Ambrose Bierce«, S. 336. McWilliams, *Ambrose Bierce,* S. 321. »What I Saw of Shiloh«, *Works,* Bd. 1, S. 268.
10. McWilliams, »Mystery of Ambrose Bierce«, S. 336. Pope, *Letters,* S. XIV–XVI.

11. AB an Lora Bierce, 5. November 1913, in AW, S. 589–590. McWilliams, »Mystery of Ambrose Bierce«, S. 336.
12. AB an Lora Bierce, 6. November 1913, in AW, S. 590.
13. Sibley S. Morrill, *Ambrose Bierce, F. A. Mitchell and the Crystal Skull.* San Francisco: Cadleon Press 1972, S. 44–57.
14. Morrill, *Ambrose Bierce,* S. 60–79.
15. Nickell, *Ambrose Bierce is Missing,* S. 29–31. Neale, *Life of Bierce,* S. 429–449.
16. Eisenhower, *Intervention,* S. 72–73. S. auch Ronald Atkin, *Revolution: Mexico, 1910–1920*. New York: John Daly Company 1970, S. 167–173.
17. Eisenhower, *Intervention,* S. 74.
18. Eisenhower, *Intervention,* S. 74–75.
19. Eisenhower, *Intervention,* S. 75–77.
20. Eisenhower, *Intervention,* S. 78.
21. McWilliams, »Mystery of Ambrose Bierce«, S. 337. Grenander, *Ambrose Bierce,* S. 74–75.
22. McWilliams, »Mystery of Ambrose Bierce«, S. 333. Eisenhower, *Intervention,* S. 59.
23. Eisenhower, *Intervention,* S. 181.
24. Eisenhower, *Intervention,* S. 54 und 128.
25. Ambrose Bierce Papers, Stanford University. O'Connor, *Ambrose Bierce,* S. 306–307. Dale L. Walker. »A Last Laugh for Ambrose Bierce«, *American West* 10 (November 1973), S. 63.
26. O'Connor, *Ambrose Bierce,* S. 306–307. McWilliams, »Mystery of Ambrose Bierce«, S. 334–335.
27. Nickell, *Ambrose Bierce is Missing,* S. 31–33. William A. Willis an Vincent Starrett, 31. Januar 1918, Ambrose Bierce Papers, Stanford University.
28. Neale, *Life of Bierce,* S. 432–433.
29. Robert L. Arnberger, Oberaufseher des Grand Canyon National Park, in einem Brief an den Autor, 27. Januar 1995.
30. McWilliams, »Mystery of Ambrose Bierce«, S. 334–335. Walker, »Last Laugh for Ambrose Bierce«, S. 38.
31. McWilliams, *Ambrose Bierce,* S. 328. Neale, *Life of Bierce,* S. 434–436.
32. McWilliams, *Ambrose Bierce,* S. 327–328. Starrett, *Buried Caesars,* S. 63–64.
33. McWilliams, »Mystery of Ambrose Bierce«, S. 331–332.
34. McWilliams, »Mystery of Ambrose Bierce«, S. 333–334. Eisenhower, *Intervention,* S. 158–168.
35. Starrett, *Buried Caesars,* S. 68.
36. McWilliams, »Mystery of Ambrose Bierce«, S. 330–333. Starrett, *Buried Caesars,* S. 67. Walker, »Last Laugh for Ambrose Bierce«, S. 39. O'Connor, *Ambrose Bierce,* S. 297.
37. Edmund Wilson, *Patriotic Gore: Studies in the Literature of the American Civil War.* New York: Oxford University Press 1962, S. 622.
38. »Ein Bewohner von Carcosa«, HG, S. 347.

Bibliographie

Manuskripte

Boston Public Library
Brigham Young University
Brooklyn Public Library
California State Library
Connecticut Historical Society
Dartmouth College
Elkhart Public Library
Ella Strong Denison Library
Filson Club
Harvard University
Huntington Library
University of Illinois
Indiana Historical Society
Kentucky Historical Society
Knox College
Library of Congress
University of Louisville
Marietta College
University of Michigan
Middlebury College
New York Historical Society
Oakland Public Library
Princeton University
University of Oregon
University of Pennsylvania
University of Rochester
University of Southern California
Stanford University
Syracuse University
University of Virginia
Wagner College
Yale University

Zeitungen

Chico *Enterprise*
Elkhart *Daily Truth*
Elkhart *Review*
Indianapolis *Journal*
Indianapolis *Sentinel*
New York Times
San Francisco *Argonaut*
San Francisco *Examiner*
San Francisco *News Letter*
San Francisco *Wasp*
Washington *Times*
Weekly Alta California

Staatsarchiv-Dokumente

U.S. War Department. *The War of the Rebellion: A Compilation of the Official Records of the Union and Confederate Armies.* 128 vols. Washington, D.C.: U.S. Government Printing Office, 1880–1901.

Ambrose Bierce Military Service Records and Pension Records, National Archives, Washington, D.C.

Werke von Ambrose Bierce

Bierce, Ambrose. *Black Beetles in Amber.* San Francisco: Western Authors Publishing Company, 1892.

–. *Can Such Things Be?* New York: Cassell Publishing Company, 1893.

–. [Dod Grile, Pseud.]. *Cobwebs from an Empty Skull.* London: George Routledge and Sons, 1974

–. *The Collected Works of Ambrose Bierce.* 12 Bde. New York: Neale Publishing Company, 1909–1912.

–. *The Cynic's Word Book.* New York: Doubleday, Page and Company, 1906.

–. [William Herman, Pseud.]. *The Dance of Death.* San Francisco: Henry Keller & Company, 1877.

–. *Fantastic Fables.* New York: G. P. Putnam's Sons, 1899.

–. [Dod Grile, Pseud.]. *The Fiend's Delight.* London: John Camden Hotten, 1873.

–. [zusammen mit C. A. Danziger]. *The Monk and the Hangman's Daughter.* Chicago: F. J. Schulte, 1892.

–. [Dod Grile, Pseud.]. *Nuggets and Dust.* London: Chatto & Windus, 1872.

–. *The Shadow on the Dial and Other Essays.* San Francisco: A. M. Robertson, 1909.

–. *Shapes of Clay.* San Francisco: W. E. Wood, 1903.

–. *Tales of Soldiers and Civilians.* San Francisco: E. L. G. Steele, 1892.

–. *Write It Right.* New York: Neale Publishing Company, 1909.

–. *The Collected Writings of Ambrose Bierce.* Hg. v. Clifton Fadiman. New York: Citadel Press, 1946.

–. *The Complete Short Stories of Ambrose Bierce.* Hg. v. Ernest Jerome Hopkins. Lincoln und London: University of Nebraska Press, 1970.

Bücher, Aufsätze und Dissertationen

Aaron, Daniel. »Ambrose Bierce and the American Civil War.« In *Critical Essays on Ambrose Bierce,* hg. v. Cathy N. Davidson. Boston: G. K. Hall, 1982.

–. *The Unwritten War: American Writers and the Civil War.* New York: Oxford University Press, 1973.

Anderson, Charles D. (Hrsg.). *The Centennial Edition of the Works of Sidney Lanier.* 10 Bde. Baltimore: Johns Hopkins Press, 1945.

Anderson, D. D. »Can Ohio and the Midwest Claim Ambrose Bierce?« *Ohioana* 16 (Sommer 1973), 84–89.

–. »The Old Northwest.« In *Critical Essays on Ambrose Bierce,* hg. v. Cathy N. Davidson. Boston: G. K. Hall, 1982.

–. Andrews, W. L. »Some New Ambrose Bierce Fables.« *American Literary Realism* 8 (Herbst 1975), 349–52.

Atherton, Gertrude. *Adventures of a Novelist.* New York: Liveright, 1923.

–. »The Literary Development of California.« *Cosmopolitan* 10 (Januar 1891), 269–78.

Atkin, Ronald. *Revolution: Mexico, 1910–1920.* New York: John Daly Co., 1970.

Austin, Mary. »George Sterling at Carmel.« *American Mercury* 41 (Mai 1927), 65–72.

Bachtzhold, Howard G. *Mark Twain and John Bull: The British Connection*. Bloomington und London: Indiana University Press, 1970.
Bahr, Howard W. »Ambrose Bierce and Realism.« *Southern Quarterly* 1 (Juli 1963), 309–31.
Beer, Thomas. *The Mauve Decade*. New York: Alfred A. Knopf, 1926.
Bell, William Gardner. »Attack Outside Fort's Walls.« *Wild West* (Juni 1993), 38–44.
Berkove, Lawrence. »Ambrose Bierce's Concern with Mind and Man.« Ph.D. Dissertation, University of Pennsylvania, 1962.
–. Ambrose Bierce: *Skepticism and Dissent. Selected Journalism from 1898–1901*. Ann Arbor: Delmas Books, 1980.
–. »Arms and the Man: Ambrose Bierce's Response to War.« *Michigan Academician* 1 (1969), 21–30.
–. »›Hades in Trouble‹: A Rediscovered Story by Ambrose Bierce.« *American Literary Realism* 25, 67–84.
–. »The Heart Has Its Reasons: Ambrose Bierce's Successful Failure at Philosophy.« In *Critical Essays on Ambrose Bierce,* hg. v. Cathy N. Davidson. Boston: G. K. Hall, 1982.
–. »The Man with the Burning Pen: Ambrose Bierce as Journalist.« *Journal of Popular Culture* 15 (Februar 1981), 34–40.
–. »A Strange Adventure: The Story Behind a Bierce Tale.« *American Literary Realism* 14 (1981), 70–76.
Berryman, John. *Stephen Crane*. New York: World Publishing Company, 1962.
Bierce, Helen. »Ambrose Bierce at Home.« *American Mercury* 30 (Dezember 1933), 453–58.
Braddy, Haldeen. »Ambrose Bierce and de Maupassant.« *American Notes & Queries* 1 (April–Mai 1941), 67–68.
–. »Trailing Ambrose Bierce.« *American Notes & Queries* 1 (April–Mai 1941), 4–5, 20.
Brazil, John R. »Behind the Bitterness: Ambrose Bierce in Text and Context.« *American Literary Realism* 13 (1980), 225–37.
Brodsky, Alyn. *Imperial Charade: A Biography of Emperor Napoleon III*. Indianapolis und New York: Bobbs-Merril, 1978.
Brooks, Van Wyck. *The Confident Years: 1885–1915*. New York: E. P. Dutton, 1952.
–. *Emerson and Others*. New York: E. P. Dutton, 1927.
Castel, Albert. *Decision in the West: The Atlanta Campaign of 1864*. Lawrence: University Press of Kansas, 1992.
Clayton, Juliana. »Lieutenant's Ghastly Discovery.« *Wild West* (August 1992), 26–32.
Conlogue, William. »A Haunting Memory: Ambrose Bierce and the Ravine of the Dead.« *Studies in Short Fiction,* 28 (Winter 1991), 21–29.
Connell, Evan S. *Son of the Morning Star*. San Francisco: North Point Press, 1984.
Cooper, A. B. »Ambrose Bierce, an Appraisal.« *Bookman 33* (Juli 1911), 471–78.
Cornish, Dudley Warner. *The Sable Arm: Black Troops in the U.S. Army, 1861–1865*. Lawrence: University of Kansas Press, 1956.

Coulter, E. Merton. *The South During Reconstruction.* Baton Rouge: Louisiana State University Press, 1947.

Couser, Thomas G. »Writing the Civil War: Ambrose Bierce's ›Jupiter Doke, Brigadier-General.‹« *Studies in American Fiction* 18 (Frühjahr 1990), 87–98.

Cozzens, Peter. *No Better Place to Die: The Battle of Stones River.* Urbana und Chicago: University of Illinois Press, 1990.

–. *This Terrible Sound: The Battle of Chickamauga.* Urbana und Chicago: University of Illinois Press, 1992.

Crane, J. K. »Crossing the Bar Twice: Post-Mortem Consciousness.« *Studies in Short Fiction* 6 (1968), 361–65.

Curry, Richard O. und F. Gerald Ham (Hrsg.). »The Bushwhackers' War: Insurgency and Counter-Insurgency in West Virginia.« *Blue & Gray* (Februar–März 1985), 30–37.

Davidson, Cathy N. (Hrsg.). *Critical Essays on Ambrose Bierce.* Boston: G. K. Hall, 1982.

–. *The Experimental Fictions of Ambrose Bierce.* Lincoln: University of Nebraska Press, 1984.

–. »Literary Semantics and the Fiction of Ambrose Bierce.« *ETC: A Review of General Semantics* 31 (1974), 263–71.

DeCastro, Adolph. »Ambrose Bierce as He Really Was.« *American Parade* 1 (Oktober 1926), 28–44.

–. *Portrait of Ambrose Bierce.* New York: Century Company, 1929.

DeGregorio, William A. *The Complete Book of U.S. Presidents.* New York: Dembner Books, 1984.

Dimeo, Steven. »Psychological Symbolism in Three Early Tales of Invisibility.« *Riverside Quarterly* 5 (1971), 20–27.

Dos Passos, John. *The Best Times.* New York: New American Library, 1966. Deutsche Ausgabe: *Die schönsten Zeiten. Jahre mit Freunden und Fremden.* Übersetzt von Paul Bandisch. Reinbek: Rowohlt, 1969.

Dunbar, J. R. »Letters of George Sterling to Carey McWilliams.« *California Historical Society Quarterly* 46 (Sommer 1967), 235–52.

Edel, Leon. *Henry James.* New York: Haper & Row, 1985.

Eisenhower, John S. D. *Intervention: The U.S. and the Mexican Revolution, 1913–1917.* New York: W. W. Norton, 1993.

Ellman, Richard. *Oscar Wilde.* New York: Alfred A. Knopf, 1988. Deutsche Ausgabe: *Oscar Wilde.* Übersetzt von Hans Wolf. München/Zürich: Piper, 1991.

Fadiman, Clifton (Hrsg.). *The Collected Writings of Ambrose Bierce.* New York: Citadel Press, 1946.

Farwell, Byron. *Queen Victoria's Little Wars.* New York: W. W. Norton, 1972.

Fatout, Paul. »Ambrose Bierce.« *American Literary Realism* 1 (Herbst 1967), 13–19.

–. *Ambrose Bierce and the Black Hills.* Norman: University of Oklahoma Press, 1956.

–. »Ambrose Bierce: Civil War Topographer.« *American Literature* 36 (November 1954), 391–400.

–. *Ambrose Bierce: The Devil's Lexicographer.* Norman: University of Oklahoma Press, 1951.

Faust, Patricia L. (Hrsg.). *Historical Times Illustrated Encyclopedia of the Civil War.* New York: Harper & Row, 1986.

Field, B. S., Jr. »Ambrose Bierce as Comic.« *Western Humanities Review* 31 (1977), 173–80.

Fischer, David Hackett. *Albion's Seed: Four British Folkways in America.* New York: Oxford University Press, 1905.

Fleming, Walter L. *Civil War and Reconstruction in Alabama.* New York: Columbia University Press, 1905.

–. *Documentary History of Reconstruction.* Bd. 1. Cleveland: Arthur H. Clark Company, 1906.

Follett, Wilson. »Ambrose Bierce – An Analysis of the Perverse Wit That Shaped His Work.« *Bookman* 68 (November 1928), 284–89.

–. »Ambrose, Son of Marcus Aurelius.« *Atlantic Monthly* (Juli 1937), 32–42.

Foote, Shelby. *The Civil War: A Narrative.* 3 Bde. New York: Random House, 1958–74.

Fortenberry, G. E. »Ambrose Bierce: A Critical Bibliography of Secondary Comment.« *American Literary Realism* 4 (Winter 1971), 11–16.

Foulke, William Dudley. *Life of Oliver Morton.* Bd. 1. Indianapolis and Kansas City: Bowen-Merrill Company, 1899.

Fox, William. *Regimental Losses in the American Civil War: 1861–1865.* Albany: Augustus S. Bradshaw, 1898.

Francedese, Janet M. »Ambrose Bierce as Journalist.« Ph.D. Dissertation, New York University, 1977.

Fraser, J. M. »Points South: Ambrose Bierce, Jorge Luis Borges.« *Studies in 20th-Century Literature* 1 (1977), 173–81.

Frink, Maurice. »A Sidelight on Ambrose Bierce.« *Book Notes* (August 1923), 154.

Fuentes, Carlos. *The Old Gringo.* New York: Farrar, Straus & Giroux, 1985. Deutsche Ausgabe: *Der alte Gringo.* Übersetzt von Maria Bamberg. Stuttgart: Deutsche Verlags-Anstalt, 1986.

Gold, Theodore S. (Hrsg.). *Historical Records of the Town of Cornwall, Connecticut.* Hartfort: Hartford Press, 1904.

Goldstein, J. S. »Edwin Markham, Ambrose Bierce, and ›The Man with the Hoe.‹« *Modern Language Notes* 58 (März 1943), 165–75.

Grant, Ulysses S. *Personal Memoirs of U.S. Grant.* 2 Bde. New York: Charles L. Webster & Company, 1885.

Grattan, C. Hartley. *Bitter Bierce: A Mystery of American Letters.* New York: Doubleday, 1929.

Grenander, M. E. *Ambrose Bierce.* New York: Twayne Publishers, 1971.

–. »Ambrose Bierce and Charles Warren Stoddard: Some Unpublished Correspondence.« *Huntington Library Quarterly* 23 (Mai 1960), 261–92.

–. »Ambrose Bierce and *Cobwebs from an Empty Skull:* A Note on BAL 1100 and 1107.« *Papers of the Bibliographical Society of America* 69 (1975), 403–6.

–. »Ambrose Bierce, John Camden Hotten, *The Fiend's Delight,* and *Nuggets and Dust.*« *Huntington Library Quarterly* 28 (August 1965), 353–71.

–. »Bierce's Turn of the Screw: Tales of Ironical Terror.« *Western Humanities Review* 11 (Sommer 1957), 257–63.
–. »California's Albion: Mark Twain, Ambrose Bierce, Tom Hood, John Camden Hotten, and Andrew Chatto.« *Papers of the Bibliographical Society of America* 72 (1978), 457–62.
–. »H. L. Mencken to Ambrose Bierce.« *Book Club of California Quarterly News Letter* 22 (Winter 1956), 5–10.
–. »A London Letter of Joaquin Miller to Ambrose Bierce.« *Yale University Library Gazette* 46 (Oktober 1971), 109–16.
–. »Seven Ambrose Bierce Letters.« *Yale University Library Gazette* 32 (Juli 1957), 12–18.
Guelzo, Allen C. »Bierce's Civil War.« *Civil War Times Illustrated* (September 1981), 36–45.
Gustaitis, Joseph. »South Carolina's Henry Timrod.« *America's Civil War* (September 1992), 10–14.
Guttman, Jon. »Emperor Norton I.« *Wild West* (Februar 1989), 8, 55–58.
Guzman, Martin Luis. *The Eagle and the Serpent*. New York: Alfred A. Knopf, 1930.
Harding, Ruth Guthrie. »Mr. Boythorn Bierce.« *Bookman* 61 (August 1925), 636–43.
Harris, Leon. »Satan's Lexicographer.« *American Heritage* 28 (April 1972), 57–63.
Hartwell, Ronald. »What Hemingway Learned from Ambrose Bierce.« *Research Studies 38* (Dezember 1970), 309–11.
Hazen, William B. *A Narrative of Military Service*. Boston: Ticknor & Company, 1885.
Hemingway, Ernest. *The Short Stories of Ernest Hemingway*. New York: Charles Scribner's Sons, 1938. Deutsche Ausgabe: *Gesammelte Werke in sechs Bänden*. Übersetzt von Annemarie Horschitz-Horst u. a. Reinbek: Rowohlt, 1977.
Henry, Robert Selph. *The Story of Reconstruction*. Indianapolis: Bobbs-Merrill, 1938.
Highsmith, James Milton. »The Forms of Burlesque in *The Devil's Dictionary*.« *Satire Newsletter* (Frühjahr 1970), 115–27.
Hobson, Fred. *Mencken: A Life*. New York: Random House, 1994.
Hopkins, Ernest Jerome (Hrsg.). *The Ambrose Bierce Satanic Reader*. Garden City: Doubleday and Company, 1968.
–. *The Complete Short Stories of Ambrose Bierce*. Lincoln und London: University of Nebraska Press, 1970.
Jacobus, Donald Lines. »The Bierce Family.« Connecticut Historical Society Genealogical Manuscript Collection.
Jones, Idwal. »San Francisco: An Elegy.« *American Mercury* 20 (August 1925), 477–84.
Jones, James P., Jr. »›Bull‹ and the ›Damned Puppy‹: A Civil War Tragedy.« *American History Illustrated* (November 1972), 12–21.
Kaplan, Justin. *Mr. Clemens and Mark Twain*. New York: Simon & Schuster, 1966.
–. *Walt Whitman: A Life*. New York: Simon & Schuster, 1980.

Kelly, Dennis. »Atlanta Campaign: Mountains to Pass, A River to Cross.« *Blue & Gray* (Juni 1989), 8–30, 46–58.

Ketz, Louise Bilebof (Hrsg.). *Dictionary of American History.* Bd. 5. New York: Scribner, 1976.

Kleber, John E. (Hrsg.). *The Kentucky Encyclopedia.* Lexington: University Press of Kentucky, 1992.

Klein, Marcus. »San Francisco and Her Hateful Ambrose Bierce.« *Hudson Review* 7 (August 1954), 392–407.

Knepper, George W. (Hrsg.). *Travels in the Southland, 1822–1823: The Journal of Lucius Verus Bierce.* Columbus: Ohio State University Press, 1966.

Knight, Melinda. »Cultural Radicalism in the American Fin de Siècle: The Emergence of an Oppositional Literary Culture.« Ph.D. Dissertation, New York University, 1992.

Kramer, Carl E. *Capital on the Kentucky: A Two-Hundred-Year History of Frankfort and Franklin County.* Frankfort: Historic Frankfort, Inc., 1984.

Kroeker, Marvin E. »William B. Hazen: A Military Career in the Frontier West, 1855–1880.« Ph.D. Dissertation, University of Oklahoma, 1987.

Lamers, William M. *The Edge of Glory: A Biography of General William S. Rosecrans, U.S.A.* New York: Harcourt, Brace & World, 1961.

Leider, Emily. »›Your Picture Hangs in My Salon‹: The Letters of Gertrude Atherton to Ambrose Bierce.« *California History* (Winter 1981–82), 333–49.

Lewis, Oscar. *San Francisco: Mission to Metropolis.* Berkeley: Howell-North, 1966.

–. *This Was San Francisco.* New York: David McKay, 1962.

Linderman, Gerald F. *Embattled Courage: The Experience of Combat in the American Civil War.* New York: Free Press, 1987.

–. *The Mirror of War: American Society and the Spanish-American War.* Ann Arbor: University of Michigan Press, 1974.

Lingeman, Richard. *Theodore Dreiser: At the Gate of the City 1871–1907.* New York: G. P. Putnam's Sons, 1986.

Lock, Rosalind. »Jim Beckwourth.« *Wild West* (Juni 1993), 8, 78–79.

Logan, F. J. »The Wry Seriousness of ›Owl Creek Bridge.‹« *American Literary Realism* 10 (Frühjahr 1977), 101–13.

Mahoney, Tom. »The End of Ambrose Bierce.« *Esquire* (Februar 1936), 62, 149–50.

Mallinson, David. »Confused First Fight.« *America's Civil War* (Januar 1992), 46–52.

Malone, Dumas (Hrsg.). *Dictionary of American Biography.* Bd. 5. New York: Charles Scribner's Sons, 1932.

Marberry, M. M. *Splendid Poseur: Joaquin Miller – American Poet.* New York: Thomas Y. Crowell, 1953.

Marcus, F. H. »Film and Fiction: ›An Occurrence at Owl Creek Bridge.‹« *California English Journal* 7 (1971), 14–23.

Marcus, Steven. *The Other Victorians: A Study of Sexuality and Pornography in Mid-Nineteenth-Century England.* New York: Basic Books, 1964. Deutsche Ausgabe: *Umkehrung der Moral. Sexualität und Pornographie im viktorianischen Eng-*

land. Übersetzt von Angela Praesent und Ann Anders. Frankfurt a. M.: Suhrkamp, 1979.
Mariani, Giorgio. »Ambrose Bierce's Civil War Stories and the Critique of the Martial Spirit.« *Studies in American Fiction* 19 (Herbst 1991), 221–28.
Marszalek, John F. *Sherman: A Soldier's Passion for Order.* New York: Free Press, 1993.
Martin, Jay. »Ambrose Bierce.« *The Comic Imagination of American Literature,* hg. v. Louis D. Rubin, Jr. New Brunswick: Rutgers University Press, 1973.
McCann, William (Hrsg.). *Ambrose Bierce's Civil War.* Los Angeles, Chicago und New York: Henry Regnery Company, 1956.
McDonough, James Lee. *Chattanooga – A Death Grip on the Confederacy.* Knoxville: University of Tennessee Press, 1984.
–. *Shiloh – In Hell Before Night.* Knoxville: University of Tennessee Press, 1977.
McDonough, James Lee und Thomas L. Connelly. *Five Tragic Hours: The Battle of Franklin.* Knoxville: University of Tennessee Press, 1983.
McFeely, William S. *Grant: A Biography.* New York: W. W. Norton, 1981.
McGinty, Brian. »His Bones Were Never Found.« *American History Illustrated* (Januar–Februar 1990), 52–57.
McMichael, George (Hrsg.). *Anthology of American Literature.* Bd. 2. New York: Macmillan, 1980.
McMurry, Richard. »Resaca: ›A Heap of Hard Fiten.‹« *Civil War Times Illustrated* (Dezember 1971), 20–28, 43–49.
McPherson, James M. *Battle Cry of Freedom.* New York: Oxford University Press, 1988. Deutsche Ausgabe: *Für die Freiheit sterben. Die Geschichte des amerikanischen Bürgerkriegs.* Übersetzt von Holger Fließbach und Christa Seibicke. München: List, 1992.
McWilliams, Carey. *Ambrose Bierce: A Biography.* New York: A. und C. Boni, 1929.
–. »Ambrose Bierce and His First Love.« *Bookman* 35 (Juni 1932), 254–59.
–. »The Mystery of Ambrose Bierce.« *American Mercury* 22 (März 1931), 330–37.
Mencken, H. L. *A Book of Prefaces.* New York: Alfred A. Knopf, 1917.
–. »The Ambrose Bierce Mystery.« *American Mercury* 18 (September 1929), 124–26.
–. *Prejudices, Sixth Series.* New York: Alfred A. Knopf, 1927.
Millard, Bailey. »Personal Memories of Bierce.« *Bookman* 40 (Februar 1915), 653–58.
Miller, Arthur M. »The Influence of Edgar Allan Poe on Ambrose Bierce.« *American Literature* 4 (Mai 1932), 130–50.
Monaghan, Frank. »Ambrose Bierce and the Authorship of *The Monk and the Hangman's Daughter.*« *American Literature* 2 (Januar 1932), 337–49.
Morrill, Sibley S. *Ambrose Bierce, F. A. Mitchell-Hedges and the Crystal Skull.* San Francisco: Cadleon Press, 1972.
Morris, Roy, Jr. »All Hell Can't Stop Them.« *Military History* (Februar 1986), 34–40.
–. »Battle in the Bluegrass.« *Civil War Times Illustrated* (Dezember 1988), 15–23.

–. »A Bird of Evil Omen: The War Department's Charles Dana.« *Civil War Times Illustrated* (Januar 1987), 20–29.

–. »The Sack of Athens.« *Civil War Times Illustrated* (Februar 1986), 26–32.

–. *Sheridan: The Life and Wars of General Phil Sheridan.* New York: Crown, 1992.

Morris, Roy, Jr. und Phil Noblitt. »The History of a Failure.« *Civil War Times Illustrated* (September 1988), 36–43.

Muscatine, Doris. *Old San Francisco: The Biography of a City.* New York: Putnam's, 1975.

Nations, Leroy J. »Ambrose Bierce: The Gray Wolf of American Letters.« *South Atlantic Quarterly* 25 (1926), 253–58.

Neale, Walter. *Life of Ambrose Bierce.* New York: Neale Publishing Company, 1929.

Nickell, Joe. *Ambrose Bierce Is Missing and Other Historical Mysteries.* Lexington: University Press of Kentucky, 1992.

O'Brien, Matthew C. »Ambrose Bierce and the Civil War: 1865.« *American Literature* 48 (November 1976), 377–81.

O'Connor, Richard J. *Ambrose Bierce: A Biography.* Boston: Little, Brown, 1967.

Otis, Amos. »Bearse.« *Genealogical Notes of Barnstable Families.* Baltimore: Genealogical Publishing Company, 1979.

O'Toole, G. J. A. *The Spanish War: An American Epic.* New York und London: W. W. Norton, 1984.

Owens, David M. »Bierce and Biography: The Location of Owl Creek Bridge.« *American Literary Realism* 26 (Frühjahr 1994), 82–89.

Painter, Nell Irvin. *Standing at Armageddon.* New York und London: W. W. Norton, 1987.

Partridge, Eric. »Ambrose Bierce.« *London Mercury* 16 (Oktober 1927), 625–38.

Peckham, Howard H. *Indiana: A Bicentennial History.* New York: W. W. Norton, 1978.

Peskin, Allan. *Garfield.* Kent: Kent State University Press, 1978.

Phelps, William Lyon (Hrsg.). *Letters of James Whitcomb Riley.* Indianapolis: Bobbs-Merrill, 1933.

Pollard, Percival. *Their Day in Court.* New York: Neale Publishing Company, 1909.

Pope, Bertha Clark (Hrsg.). *The Letters of Ambrose Bierce.* San Francisco: The Book Club of California, 1922.

Powers, James G. »Freud and Farquhar: An Occurrence at Owl Creek Bridge?« *Studies in Short Fiction* 19 (Sommer 1982) 278–81.

Purdue, Howell und Elizabeth. *Pat Cleburne: Confederate General.* Hillsboro: Hill Junior College Press, 1973.

Randle, Kevin D. »Reckless Pursuit Halted.« *Military History* (August 1986), 20–25.

Rather, Lois. *Bittersweet: Ambrose Bierce and Women.* Oakland: Rather Press, 1975.

Reed, Ishmael. »On Ambrose Bierce's *Tales of Soldiers and Civilians*.« In *Classics of Civil War Fiction*, hg. v. David Madden und Peggy Bach. Oxford: University Press of Mississippi, 1991, 37–43.

Richards, Robert F. *Concise Dictionary of American Literature.* New York: Philosophical Library, 1955.

Rogge, Robert G. »Heartland Hammered Furiously.« *America's Civil War* (Mai 1988), 18–25.

Roth, Russell. »Ambrose Bierce's ›Detestable Creature.‹« *Western American Literature* 9 (November 1974), 169–76.

Roundtree, Benjamin (Hrsg.). »Letters from a Confederate Soldier.« *Georgia Review* 18 (1964), 287–88.

Saunders, Richard. *Ambrose Bierce: The Making of a Misanthrope.* San Francisco: Chronicle Books, 1985.

Schaefer, Michael Wingfield. »›Just What War Is‹: Realism in the Civil War Writings of John W. De Forest and Ambrose Bierce.« Ph.D. Dissertation, University of North Carolina, 1990.

Sears, Stephen W. *George B. McClellan: The Young Napoleon.* New York: Ticknor & Fields, 1988.

Secrest, Philip. »Scene of Awful Carnage.« *Civil War Times Illustrated* (Juni 1971), 5–9, 45–49.

Sefton, James E. *United States Army and Reconstruction, 1865–1877.* Baton Rouge: Louisiana State University Press, 1967.

Silber, Nina. *The Romance of Reunion: Northerners and the South, 1865–1900.* Chapel Hill: University of North Carolina Press, 1993.

Slade, Joseph W. »›Putting You in the Papers‹: Ambrose Bierce's Letters to Edwin Markham.« *Prospects* 1 (1975), 335–68.

Smith, Page. *The Rise of Industrial America.* New York: McGraw-Hill, 1984.

Soloman, Eric. »The Bitterness of Battle: Ambrose Bierce's War Fiction.« *Midwest Quarterly* 5 (1963–64), 147–65.

Starr, Edward D. *A History of Cornwall, Connecticut.* New Haven: Tuttle, Morehouse & Taylor, 1926.

Starr, Kevin. *Americans and the California Dream.* New York: Oxford University Press, 1973.

Starrett, Vincent. *Buried Caesars.* Chicago: Covici McGee, 1923.

Stein, W. B. »Bierce's ›The Death of Halpin Frayser‹: The Poetics of Gothic Consciousness.« *Emerson Society Quarterly* 18 (1972), 115–22.

Stephen, Sir Leslie und Sir Sidney Lee (Hrsg.). *Dictionary of National Biography.* New York: Oxford University Press, 1921.

Sterling, George. »The Shadow Maker.« *American Mercury* 6 (September 1925), 10–19.

Stoicheff, Peter. »›Something Uncanny‹: The Dream Structure of Ambrose Bierce's ›An Occurrence at Owl Creek Bridge.‹« *Studies in Short Fiction* 30 (Sommer 1993), 355–65.

St. Pierre, Brian (Hrsg.). *The Devil's Advocate: An Ambrose Bierce Reader.* San Francisco: Chronicle Books, 1987.

Stubbs, John S. »Ambrose Bierce's Contributions to *Cosmopolitan:* An Annotated Bibliography.« *American Literary Realism* 4 (Winter 1971), 57–59.

Suhr, Robert Collins. »Storming Through the Ice.« *America's Civil War* (Mai 1989), 26–33.

Superintendent's Report, Kentucky Military Institute, Juni 16, 1859.
Swanberg, William A. *Citizen Hearst.* New York: Charles Scribner's Sons, 1961.
Tepper, Michael (Hrsg.). *Passengers to America.* Baltimore: Genealogical Publishing Company, 1977.
Thomas, Jeffrey. »Ambrose Bierce.« *American Literary Realism* 8 (Sommer 1975), 198–201.
Tucker, Glenn. *Chickamauga: Bloody Battle in the West.* Indianapolis: Bobbs-Merrill Company, 1961.
Utley, Robert M. *Cavalier in Buckskin: George Armstrong Custer and the Western Military Frontier.* Norman: University of Oklahoma Press, 1988.
–. *The Indian Frontier and the American West, 1846–1890.* Albuquerque: University of New Mexico Press, 1984.
Walker, Dale L. »A Last Laugh for Ambrose Bierce.« *American West* 10 (November 1973), 34–39, 63.
Wallace, Lew. *An Autobiography.* 2 Bde. New York und London: Harper & Brothers, 1906.
Walter Franklin. *Ambrose Bierce: The Wickedest Man in San Francisco.* San Francisco: Colt Press, 1941.
–. *San Francisco's Literary Frontier.* New York: Alfred A. Knopf, 1939.
Watkins, Sam R. *Co. »Aytch.«* New York: Collier Books, 1962.
Watson, Bruce. »Who Was It Wrote *The Devil's Dictionary*?« *Smithsonian* (März 1992), 103–114.
Weeden, William B. *War Government, Federal and State, in Massachusetts, New York, Pennsylvania and Indiana, 1861–1865.* New York: Houghton-Mifflin, 1906.
Weimer, David R. »Ambrose Bierce and the Art of War.« In *Essays in Literary History,* hg. v. Rudolf Kirk und C. F. Main. New York: Russell & Russel, 1965.
West, George. »The California Literati.« *American Mercury* 8 (Juli 1926), 281–86.
Wiggins, R. A. »Ambrose Bierce: A Romantic in the Age of Realism.« *American Literary Realism* 4 (Winter 1971), 1–10.
Williams, Stanley T. »Ambrose Bierce and Bret Harte.« *American Literature* 17 (Mai 1945), 179–80.
Wilson, Edmund. *Patriotic Gore: Studies in the Literature of the American Civil War.* New York: Oxford University Press, 1962.
Wilt, Napier. »Ambrose Bierce and the Civil War.« *American Literature* 1 (November 1929), 260–85.
Woodruff, Stuart C. *The Short Stories of Ambrose Bierce: A Study in Polarity.* Pittsburgh: University of Pittsburgh Press, 1964.
Zinn, Howard. *A People's History of the United States.* New York: Harper & Row, 1980.

Register